ANHANG

MAGISCHE MOMENTE

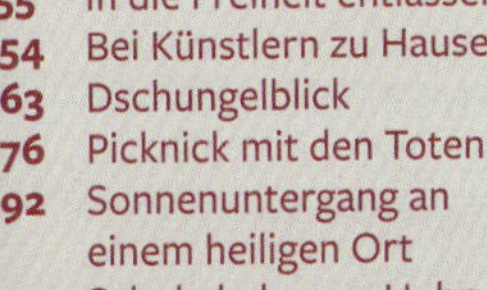

ÜBERRASCHENDES

Magischer Sonnenuntergang in Mazunte

D
DAS IST …

Mexiko

Die großen Themen
rund um das Land der Chiles, Fiestas und Kulturen.
Lassen Sie sich inspirieren!

Auch aus bunten Fäden lassen sich schöne, traditionelle Kunstwerke zaubern. ▶

BAEDEKER

M
MEXIKO

»

Jade zerbricht,
Gold wird zerdrückt,
Quetzalfedern knicken.
Nichts dauert auf
Erden, alles lebt nur
einen Hauch lang.

«

Aztekische Weisheit

baedeker.com

DAS IST MEXIKO

TOUREN

ZIELE VON A BIS Z

LEGENDE

Baedeker Wissen
● Textspecial, Infografik & 3D

Baedeker-Sterneziele
★★ Top-Reiseziele
★ Herausragende Reiseziele

HINTERGRUND

ERLEBEN & GENIESSEN

PRAKTISCHE INFORMATIONEN

PREISKATEGORIEN

Restaurants
Preiskategorien für ein Hauptgericht

€€€€	über 20 €
€€€	12 – 20 €
€€	7 – 12 €
€	bis 7 €

Hotels
Preiskategorien für ein Doppelzimmer

€€€€	über 120 €
€€€	75 – 120 €
€€	50 – 75 €
€	bis 50 €

HULO
BONITA

DA IST DER WURM DRIN

Mezcal hat sich in den letzten Jahren zum In-Getränk entwickelt – nicht nur in Mexiko. Auch in London, New York und Berlin hält er Einzug in die Bars. Die rauchig-erdige Agavennote des hochprozentigen Schnapses ist gewöhnungsbedürftig, doch ist man ihr einmal verfallen, möchte man alle Geschmacksvarianten durchtesten. Das geht!

◄ Klar und mindestens 45 % Alkohol – das zeichnet einen guten Mezcal u. a. aus. Bei einer Probe erfahren Sie noch mehr.

MIT einem Holz, so groß wie ein Paddel, rührt Don Gustavo in einem Bottich einen rauchigen, zähflüssigen Pflanzenbrei durch. Aus dieser Maische soll bald ein klarer Schnaps entstehen – der Mezcal.

Bis der Mezcal klar und kräftig in der Flasche landet, ist es ein arbeitsaufwändiger Prozess. Die wahren Meister des Agavenschnapses sind die **»Mezcaleros«**, wie Don Gustavo. Sie kennen die Schritte, um einen aromatisch hochwertigen Mezcal herzustellen, genau. Und sie geben ihr Wissen an die nächste Generation ihres Familienbetriebs weiter.

Über 50 Agavensorten gedeihen in Oaxaca, dem unbestrittenen Zentrum der Mezcalproduktion. Aus allen Sorten lässt sich übrigens die Spirituose gewinnen. **Tequila ist übrigens eine Variante des Mezcal**, der nur aus der blauen Agave und nur in der Umgebung der Stadt Tequila produziert werden darf.

Echte Knochenarbeit

Um Mezcal herzustellen, werden nur die Agavenherzen verwendet und die stachligen, fleischigen Blätter entfernt. In einer Grube entzündet Mezcalero Don Gustavo Eichenstämme und erhitzt Steine darüber. Glühen sie, legt er feuchte Agavenfasern und die -herzen darauf und bedeckt alles mit Erde – so **schmort und köchelt es zehn Tage im Naturofen** vor sich hin. Anschließend schneidet der vierfache Familienvater die Herzen mit der Machete in handliche Stücke und zerkleinert sie in einer alten Steinmühle – mit Hilfe zweier Ochsen. **Die Familienbetriebe arbeiten noch traditionell.** Die Kunst beruht auf Erfahrung und Gefühl. Der braune, faserige Pflanzenbrei kommt nun ein bis zwei Wochen in das große Holzfass zum Gären. Die eigentliche Destillation findet in der Palenque statt, einem lehmversiegelten Kupferfass.

DURCHPROBIEREN

In der Mezcaloteca im Zentrum von Oaxaca können Sie mit Ihrer Mezcalprobe beginnen. Besitzerin Silvia erklärt alles Wissenswerte und bietet Proben aus über 50 Sorten Mezcal (▶ S.248, Abb. rechts).
Auf der Ruta de Mezcal südlich von Oaxaca-Stadt haben Sie die Gelegenheit, eine der zahlreichen Mezcalfabriken zu besuchen, wie El Rey Zapoteco in Santiago Matatlán. (www.elreyzapoteco.com.mx).

Mezcalero Don Gustavo gönnt sich eine wohlverdiente Pause.

Getränk der Götter

Eine Art Mezcal kannten auch schon die **prähispanischen Ureinwohner**. Sie ließen den Saft der Agave lediglich fermentieren – der **Pulque** war geboren. Auf bildlichen Darstellungen danken sie den Göttern für diese Gabe der Natur oder brachten Pulque als Opfer dar. Das säuerliche Getränk mit etwa 3 bis 8 % Alkohol wird noch heute produziert und ist nach wie vor beliebt. Spätestens mit den Konquistadoren kam die Destillation der Agaven mit ins Spiel und der Mezcal (»metl« für »Agave« und »ixcalli« für »kochen« – also: »gekochte Agave«) war geboren.

Zum Schluss der Kick

Einen guten Mezcal erkennen Sie daran, dass er klar ist und mindestens 45 % Alkohol besitzt, denn nur dann bewahrt er sein Aroma. Die Geschmacksnoten reichen von blumig und krautig bis rauchig und trocken. Je mehr Luftblasen beim Schütteln einer Flasche entstehen, desto mehr Alkohol ist drin.

Und was schwimmt dort am Flaschenboden? Ein **»Gusano« – eine rosafarbene Raupe**, die in den Wurzeln der Agaven lebt. Ihr Zweck? Nichts weiter als ein Marketinggag, der einst dem gewitzten Mezcalero Jacobo Lozano Páez eingefallen ist. Bei Weitem nicht alle Mezcal-Marken tragen den Wurm in sich. Doch in jeder Cantina wird er mit angeboten – zu Pulver zermahlen, mit Salz und Chile gemischt, gibt dieses »sal de gusano« dem Mezcalgenuss eine zusätzlich erdige Note. Unter den mehreren Hundert Sorten gibt es auch **cremig-süße Varianten**, versetzt mit verschiedenen Fruchtnoten und einer Konsistenz wie Eierlikör.

VIVA LA VIDA

Was wäre eine Fiesta Mexicana ohne Tanzmusik, was wäre die Tanzfläche ohne Sombreros und Cowboystiefel, was wäre der Cowboy ohne Tequila oder ein kühles Corona...!? Dass Mexikaner gerne feiern, ist nicht nur ein Gerücht! Und auch die Toten sind mit von der Partie ...

◄ Der Tod ist Ehrengast am Día de los Muertos, dem Totenfest in Mexiko.

IN Mexiko gibt es immer etwas zu feiern. Nicht umsonst ist die Fiesta Mexicana legendär! **Jedes Dorf hat sein Fest** zu Ehren seines Schutzheiligen, dabei geht es garantiert nicht leise zu. Böller werden gezündet, Bands spielen auf, oft finden Wettkämpfe im Stierreiten statt, dazu gibt es einen Markt, Karusselle und jede Menge Süßkram, Tacos, Quesadillas und Getränke – vom Hibiskusblüten-Eistee bis zu Tequila und selbstgebranntem Mezcal. Getanzt wird bis spät in die Nacht, wobei **lässige Ranchero-Rhythmen und Zweivierteltakt-Banda** verbreiteter sind als Salsa oder andere bekannte Latino-Klänge. Sollten Sie also die Gelegenheit erhalten, irgendwo laute Musik zu hören und festlich gekleidete Menschen zu sehen: Halten Sie an, tanzen Sie mit und probieren Sie mexikanische Köstlichkeiten!

Masken, Tänze, Trommelwirbel …

… gibt es nicht nur in Rio! Vor allem in **Veracruz** wird er groß gefeiert: der Karneval zum Frühlingsauftakt. Gitarrenklänge und Marimba-Töne, bunte Röcke und riesige Hüte, dazu Salsa-, Cumbia- und Mambo-Rhythmen … und vor allem jede Menge guter Laune! Die Veracruzaner rühmen sich, den **»fröhlichsten Carnaval der Welt«** zu feiern. Neun Tage im Februar dauert das Spektakel, der berühmteste Karneval in Mexiko. Sollten Sie zur richtigen Zeit vor Ort sein, mischen Sie sich unter die Paraden, Stelzenläufer, Salsatänzer und riesigen Pappmaché-Figuren – auch die üppig geschmückten Wagen, die Carros Alegóricos, werden Sie begeistern. Die Krönung des neuen Königspaars ist der Höhepunkt des Umzugs.

Falls Sie zur Faschingszeit in anderen Regionen Mexikos unterwegs sind: Berühmt für ihren Karneval mit Musik, Tänzen und pompösen Umzügen sind auch **Mérida** mit 2500 Tänzern, **Mazatlán** mit seinem traditionsreichen, seit über 100 Jahren gefeierten Karneval am Strand mit der Nachahmung einer großen Seeschlacht sowie Acapulco, Cozumel, Ensenada und La Paz.

Auch die Toten feiern mit

Spätestens seit dem oscarprämierten Animationsfilm »Coco – Lebendiger als das Leben«! ist er endgültig nach Europa geschwappt: der Tag der Toten – **Día de los Muertos**, wie er in Mexiko heißt, der mittlerweile auch in deutschen Großstädten vom 31. Oktober bis 2. November gefeiert wird.

Der Tag der Toten ist keine Trauerveranstaltung, sondern vielmehr **eine Verbeugung vor dem Leben**: ein buntes Fest mit Musik, Girlanden, Straßenparaden, Blumen, dekorierten Schaufenstern, gutem Essen und bunten Altären mit »ofrendas«, einer Sammlung von Fotos der verstorbenen Verwandten und anderen persönlichen Dingen. Ihre Seelen kehren an diesen Tagen laut Volksglauben in das Diesseits zurück und feiern mit den Lebenden das Leben. Und den Tod. Denn er gehört nun mal dazu. In Mexiko erinnert man sich **gemeinsam mit Familie und Freunden** an die Verstorbenen. Und zwar so, wie sie im Leben waren, mit all ihren kleinen und großen Eigenheiten, unvergessenen Geschichten, dazu gibt es ihr Lieblingsessen. Und vielleicht auch ihren Lieblingsschnaps. Eine schöne Tradition.

MITFEIERN

Berühmt sind die Totenfeste am Lago de Pátzcuaro und im Panteón von Atzompa bei Oaxaca, die Parade in Mexiko-Stadt und die Prozessionen in Tlacepaque, einem Vorort von Guadalajara. In Aguascalientes, dem Entstehungsort der Calavera Catrina, der Symbolfigur des Totenfestes, wird fast eine Woche lang das Festival de Calaveras gefeiert, mit einer großen Schädelparade auf der Avenida Madero.

(▶ S. 469)

SCHARF, SCHÄRFER, CHILES

Mexiko isst scharf, das hat sich herumgesprochen. Denn mexikanische Chileschoten haben es in sich: Chile Ancho, Chile Poblano und Chile Chipotle sind nur drei von über 50 verschiedenen Chilesorten des Landes. Und: Chili con Carne hat damit gar nichts zu tun.

MANGO am Stil mit einer dickflüssigen Chilesauce, gekochter Maiskolben mit weißem Reibekäse und Chilepulver, Hühnchen mit scharfer Schokoladensauce: **»Chiles«**, wie sie in Mexiko heißen, gehören bei Mexikanern zu fast jedem Gericht. Verschiedene Chilesalsas stehen in Restaurants und den einfacheren Comedores immer auf dem Tisch, damit sich die Gäste ihre Tacos, Tamales, Enchiladas oder Quesadillas ganz nach eigenem Schärfeverlangen würzen können. Nun wird auch klar: Nicht alle mexikanischen Gerichte sind von Grund auf scharf. Chiles werden oft nach Bedarf »untergemixt«. Auch wenn manche Sorten für den europäischen Gaumen eine Herausforderung sind: Gut dosiert machen Chiles das Essen einfach überirdisch »rico« – lecker.

Nicht verpassen

Einfach »rico« und Highlights der mexikanischen Chileküche, die Sie nicht verpassen dürfen, sind die **»Mole Poblano/ Mole Negro« und das »Chile en Nogada«**. Die Mole »poblano/mole negro« wird vor allem in Puebla und Oaxaca gegessen und ist eine Sauce aus vollmundiger Zartbitterschokolade, kombiniert mit zig verschiedenen Gewürzen und natürlich Chiles – dazu gibt es Huhn oder Enchiladas. Das »Chile en Nogada« ist eine Spezialität, die besonders ab August auf den Tisch kommt, denn dann sind die Walnüsse für die helle Soße reif. Diese wird über eine grüne Poblano-Chile gegossen und das Ganze zum Schluss mit Granatapfelkernen garniert – fertig sind die mexikanischen Nationalfarben. Chili con Carne ist dagegen ein Gericht aus dem Süden der USA, vor allem in Texas ist es beliebt. Dass sich dennoch so hartnäckig das Gerücht hält, es sei »typisch mexikanisch«, liegt wahrscheinlich an der Verwendung verschiedener Chiles für diesen Eintopf, was nun mal »typisch mexikanisch« ist –, und schließlich gehörte Texas ja mal zu Mexiko.

Noch mehr Feuer

Auch vor Getränken machen die feurigen Chiles nicht halt. Auf fast jeder Menükarte werden Sie in der Liste verschiedener Biersorten auch **»Michelada«** lesen. Das ist ein Mix aus Bier mit roter Chilesoße, Limettensaft und Maggi, ergänzt durch einen Salz-Chilepulver-Rand am Glas – das volle Mexiko-Aroma!
Das Feuer der Chiles nutzten auch schon die indigenen Völker lange vor Ankunft der Europäer: Im Kriegsfall wurden die **Chileschoten zur Abwehr von Feinden** benutzt – über dem Feuer geröstet trieben sie bei der richtigen Windrichtung den Gegnern die Tränen in die Augen, ein kräftiger Hustenreiz inklusive. Doch keine Panik: Wenn Sie sich in Maßen und Stück für Stück an die Chiles herantasten, möchten Sie bald nicht mehr auf sie verzichten!

Einfach köstlich! Michelada sieht nicht nur toll aus, schmeckt auch so.
Lecker und dekorativ: »Chile en nogada« (links).

»VOLLER BAUCH, FRÖHLICHES HERZ«

Lassen Sie sich von Mexikanern zeigen, wie Sie die scharfen Schoten am besten verarbeiten – dann klappt's später auch zu Hause. Kochkurse und -schulen gibt es im ganzen Land. Die kulinarische Hauptstadt Mexikos ist Oaxaca. Hier ziehen Sie mit den Teilnehmenden des Workshops »Que rico es Oaxaca« zum Einkaufen über den Markt Abasto, bevor Sie gemeinsam in einer großen Küche kochen (www.quericoesoaxaca.com.mx).
Auch Nora teilt während ihrer Kochkurse »Alma de mi tierra« in Oaxaca die Geheimnisse ihrer Rezepte mit ihren Gästen getreu dem mexikanischen Motto: »barriga llena, corazon contenta« – »voller Bauch, fröhliches Herz«. (Aldama 205, Barrio de Jalatlaco, Oaxaca, www.almademitierra.net)

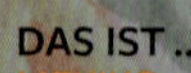

KULTURELLES ERBE

Bunte Märkte, farbenfrohe Trachten, exotische Düfte: Kunsthandwerk und althergebrachte Traditionen sind in Mexiko nahezu unerschöpflich. Das Erbe der indigenen Völker wird bewusst gelebt und an die nächsten Generationen weitergegeben. Tauchen Sie ein in eine andere, faszinierende Welt!

Auf den Märkten in Mexiko, wie hier in Mexiko-Stadt, wird jeder fündig. ▶

WENN Javier Servín durch sein Atelier im kleinen Dorf Tarandacuao bei Guanajuato wandelt, erfüllt ihn das mit Stolz. Alles, was er hier sieht, hat er selbst aufgebaut, selbst erschaffen. Jedoch nicht ohne sich von seinen indigenen Vorfahren inspirieren zu lassen. Don Javier ist Keramikkünstler und Schmuckdesigner. Mit einem einfachen Brennofen, den ihm sein Lehrmeister einst schenkte, fing alles an. Er tüftelte und probierte, las viel und studierte die Kunst der alten Völker. Bald produzierte er **Vasen, Teller, Schüsseln in Hochbrandkeramik** – mit einem besonderen Dekor aus Punkten und Linien. Diesen Stil entwickelte der Maestro über die Jahre stets weiter, er schreibt bis heute sein eigenes Erfolgsrezept. Kein Wunder, dass Javier seine Produkte auf Märkten, in Kunsthandwerksgeschäften und sogar in Galerien verkaufen kann.

AUSPROBIEREN

Versuchen Sie sich selbst mit ruhiger Hand und bemalen Sie Keramik oder Holzfiguren nach Ihrem Geschmack – Sie werden merken, es gehört viel Übung und Geduld dazu. Führungen und Workshops bietet Don Javier in seinem Atelier bei Querétaro an. Sie sollten es nicht verpassen, eine Nacht in einer seiner rustikalen Cabañas zu verbringen, drumherum ein traumhafter Garten.
(▶ S. 304)

Altes Erbe

Schon die indigenen Völker, wie die Zapoteken, Maya und Azteken, dekorierten ihre Gefäße mit Mustern, Hieroglyphen und mythischen Bildern. Die meisten hatten dabei einen rituellen Charakter und spielten in den heiligen Zeremonien eine Rolle. Im Anthropologischen Museum in Mexiko-Stadt können Sie sich einen Überblick verschaffen. **Vieles der alten Symbolik fließt noch heute in die Volkskunst ein**. So erscheinen Schutzgeister, Totems bzw. in Mexiko »Nahual« genannt, als Bemalung auf Keramik oder als bunter Dekor auf Alebrijes. Motive des Maya- und Azteken-Kalenders tauchen in Silberschmuck wieder auf, und Architekturelemente der prähispanischen Tempel und Pyramiden werden in farbenprächtige Teppiche gewebt. Mexiko lebt von und mit dem Erbe der Ureinwohner.

Platz lassen im Reisekoffer

Künstler wie Don Javier gibt es einige in Mexiko – und viele dieser kreativen Köpfe können Sie in ihren Ateliers besuchen. Sie können ihnen bei der Arbeit zusehen, Fragen stellen und natürlich ihre Produkte kaufen.
Außerdem ist Mexiko **voll von bunten Kunsthandwerkermärkten** – Sie werden sich einen Extra-Koffer wünschen! Berühmt sind die Ciudadela in Mexiko-Stadt, der Mercado 20 de Noviembre in Oaxaca und der Mercado de Santo Domingo in San Cristóbal de las Casas. Auch der Silbermarkt in Taxco kann sich sehen lassen! Handeln Sie gute Preise aus – meist wird zuerst ein höherer Preis aufgerufen, doch wer freundlich nachfragt, bekommt gerne Rabatt.

Shopping mit Gute-Laune-Garantie auf dem Markt in Cancún: fröhlich, bunt – und handmade

Mi cas

»MI CASA ES TU CASA«

Unbestritten: Mexikaner sind gastfreundlich. Hier ein herzlicher Schwatz, dort eine Einladung zum Tequila, dazu ein kumpelhaftes »salud amigo« – Prost, mein Freund. Doch ist ihr zu Hause auch wirklich mein zu Hause? Zeit, der Sache auf den Grund zu gehen.

EGAL, wo man sich trifft, egal, wen man kennenlernt, egal, dass man sich noch gar nicht lange kennt – schnell ist er ausgesprochen und wird Ihnen auf Ihrer Reise sicherlich begegnen, der Satz **»mi casa es tu casa«** – »mein Haus ist dein Haus« oder eben auch »su casa«, wenn der Kontakt noch etwas formeller ist. Nett gesagt, freundlich gemeint, doch wie genau darf man das verstehen?

Frank, wir feiern!

Ein Beispiel: Frank, ein Deutscher, hat gerade seinen neuen Job in den VW-Werken von Puebla angetreten. Gleich am ersten Arbeitstag begrüßt ihn sein Kollege Ricardo sehr freundlich und kumpelhaft, klopft ihm auf die Schulter und sagt: »Bienvenidos en México« – »Herzlich willkommen in Mexiko«! »Este fin de semana fiesta en tu casa!« – »Dieses Wochenende ist Party bei dir zu Hause.« Frank antwortet verdattert, dass er doch gerade erst in Mexiko angekommen sei und noch niemanden kenne. Der Kollege feixt: »Deshalb ja. Sabado en tu casa.« Am Samstag bereitet Frank emsig die Feier vor – doch niemand kommt. Bei Ricardo allerdings steigt die Fiesta mit allen Arbeitskollegen, doch schließlich stellt er fest: »Schade, Frank kommt wohl nicht mehr.« – ein Missverständnis, das nicht selten passieren kann.

Reich doch mal die Schlüssel rüber ...

... Nein! Ganz so ist es eben auch nicht. **Dabei sind die Mexikaner gastfreundlich und hilfsbereit**, wie Franks Geschichte zeigt. Wer auf der Straße suchend umherirrt, wird ange-

sprochen, ob Hilfe nötig ist. Hat man eine Frage oder ein Problem, sind Mexikaner schnell zur Stelle und bemühen sich gerne für Fremde – **Höflichkeit ist ihnen wichtig**. Doch die Privatsphäre und die Familie sind es auch. Und so ist »mi casa es tu casa« oft nur eine höfliche Floskel, die Sympathie ausdrücken soll. Und dass man sich gern einmal wiedersehen kann. Das gilt für Bekannte, Kollegen und Freunde. Je länger man sich kennt, desto wörtlicher kann man »mi casa es tu casa« nehmen.

Innerhalb der »familia« sind die Regeln natürlich anders. Vor allem auf dem Land leben oft noch **mehrere Generationen unter einem Dach,** und »mein Haus ist dein Haus« hat eine tief verwurzelte Bedeutung.

Rein ins Getümmel, feiern, Kontakte knüpfen – das ist in Mexiko, etwa in Oaxaca, nicht schwer.

OFFEN SEIN!

Lassen Sie sich auf die Gastfreundlichkeit der Mexikaner ein! Werden Sie auf eine Hochzeit eingeladen? Gehen Sie hin! Ein gemeinsamer Tequila? Warum nicht! Die Dorf-Fiesta des Jahres findet statt und Sie sollen vorbei kommen? Aber klar! Das sind die spontanen Erlebnisse, die unvergessen bleiben. Sie werden interessante Menschen treffen, viel Spaß haben und können zu Hause von Ihren neuen Bekanntschaften lustige Stories erzählen.

T

TOUREN

Durchdacht, inspirierend, entspannt

Mit unseren Tourenvorschlägen lernen Sie Mexikos beste Seiten kennen.

Abenteuer erleben: mit dem Boot durch den Cañón del Sumidero

UNTERWEGS IN MEXIKO

Organisierte Rundreisen

Viele Mexiko-Reisende wählen zumindest bei ihrem ersten Aufenthalt in dem großen, vielfältigen Land eine **Pauschaltour**. Vor allem für die Halbinsel Yucatán (mit ihren zahlreichen Maya-Stätten) werden solche Pakete von mehreren deutschen Reiseveranstaltern angeboten. Aber auch **Rundreisen** von Mexiko-Stadt aus in Richtung Süden (Puebla, Oaxaca) oder zu den Kolonialstädten Zentralmexikos haben inzwischen einige Urlaubsorganisatoren im Programm.

Mexiko auf eigene Faust

Wer das Land auf eigene Faust erkunden möchte, wird keine größeren Probleme bekommen; nur ein paar Dinge gilt es von vornherein in Betracht zu ziehen.
So empfiehlt es sich, bei knappem Zeitvorrat **große Distanzen mit dem Flugzeug** zurückzulegen. Das Flugnetz iinnerhalb von Mexiko ist recht gut ausgebaut, und inzwischen haben sich auch Low-Cost-Airlines auf dem Markt etabliert. Zwischen mehr als zwei Dutzend Städten werden tägliche Verbindungen angeboten. Die Flüge können bereits zu Hause in Deutschland in jedem IATA-Reisebüro und natürlich auch über das Internet (entweder bei den Veranstaltern oder direkt) gebucht werden. Bei der Reiseplanung sollte allerdings berücksichtigt werden, dass die Flüge – gerade bei Billigfliegern – nicht immer pünktlich sind.

Die »authentischste« Art, Mexiko zu bereisen, bietet der **Bus** (▶ S. 504). Das Land verfügt über ein ausgezeichnetes Busnetz – insgesamt werden ca. 360 000 Straßenkilometer befahren, Terminals und Fahrzeuge sind teils hochmodern. Etliche Busgesellschaften in allen Landesteilen bedienen Nah- und Fernstrecken. Es gibt mehrere Komfortstufen – mehr von Land und Leuten erleben Sie in der 2. Klasse. Sperriges Gepäck können Sie im Gepäckraum des Busses verstauen; Sie erhalten dafür dafür direkt am Fahrzeug einen Belegzettel.
Für kürzere Überlandentfernungen eignet sich ein **Sammeltaxi** (»pesero«, »colectivo«). Man zahlt je nach Entfernung einen fixen Preis (beim Aussteigen). Wer unsicher ist, ob dieser korrekt ist, schaut, was Einheimische bezahlen – meist sind es sowieso nur wenige Pesos. Das Fahrtziel steht manchmal am Fahrzeug angeschrieben; in manchen Orten verweist indes schon der Halteplatz auf das Ziel. Ansonsten: Fragen Sie am besten, sofern Sie Spanisch sprechen können. Meist handelt es sich bei den »colectivos« um einen VW-Bus, manchmal auch um einen Pkw. Fast immer geht es im Inneren recht eng zu!
Mexikanische **Stadttaxis** sind ebenfalls vergleichsweise günstig. Vor allem in Cancún und Mexiko-Stadt sollte man sich aber vor Fahrern in Acht nehmen, die Touristen prellen wollen. Generell sind Taxis, die vor Hotels und am Flughafen warten, teurer als jene, die man am Straßenrand anhält. Am Flughafen von Mexiko-Stadt verkaufen inzwischen bestimmte Schalter Taxi-Vouchers (Gutscheine), die einen Festpreis für die Fahrt ins Zentrum garantieren. Nach einer Empfehlung des Auswärtigen Amtes sollten in Mexiko-Stadt »... ausschließlich Taxis von offiziellen Taxiständen (»sitios«) oder telefonisch bestellte benutzt werden. Bei auf der Straße angehaltenen Taxis besteht besonders nach Einbruch der Dunkelheit, aber auch tagsüber ein beachtliches Risiko, entführt und/oder ausgeraubt zu werden.«
Ein **Mietwagen** bietet die höchste Flexibilität (▶ S. 503). Allerdings ist diese Art der Fortbewegung nicht gerade billig, mitunter recht anstrengend und manchmal auch eintönig – etwa wenn es zwischen Cancún und Mérida gut 400 km auf der Autobahn durch fast nichts als Dschungel geht. Achtung: Das Auswärtige Amt (**www.auswaertiges-amt.de**) warnt, dass es »bei Überlandfahrten in der Vergangenheit zu Raubüberfällen durch bewaffnete Banden« kam. Individualreisen in entlegene Gebiete sollten nicht ohne professionelle Führung unternommen werden!
Die mexikanischen **Eisenbahnen** haben nach der Privatisierung die Personenbeförderung praktisch komplett eingestellt. Ausnahmen sind der »**Chepe«** auf der landschaftlich besonders reizvollen Strecke durch die Kupferschlucht in der Sierra Madre (▶ S. 62; Fahrkarten kann man in Deutschland unter **www.nativetrails.de** buchen) und der touristische Tequila-Express (▶ S. 504).

AUF DEN SPUREN DER MAYA

Start: Cancún | **Ziel:** Palenque | **Länge:** ca. 2000 km | **Dauer:** 6–10 Tage

Tour 1

Ein Muss für alle, die nicht nur am Strand braten, sondern die Siedlungen der Maya-Völker kennenlernen möchten: Bis auf Tulum liegen all die prachtvollen Tempel und Pyramiden im Herzen der Halbinsel Yucatán. Abstechern nach Mérida und Campeche lassen das koloniale Erbe erleben.

Imposante Festung am Meer

Die Rundreise beginnt in ❶ **Cancún** oder im etwas weiter südlich gelegenen Playa del Carmen, dem in Konkurrenz zu Cancún getretenen Badeziel an der ❷★ **Riviera Maya**. Hier wie dort können Sie einige Tage verweilen, um sich ian das tropische Klima zu gewöhnen. Nach rund 60 bzw. 130 km Fahrt an der Küste entlang erhebt sich einzigartig am Saum des Meeres das Maya-Zentrum ❸★ **Tulum** mit seinem majestätischen Castillo. Die einzige bekannte große Festungsstadt der Maya am Meer thront weithin sichtbar auf 12 m hohen Felsklippen.

Meistbesuchte Maya-Stätte Yucatáns

Von dort in nordwestlicher Richtung verbergen sich im Dschungel die Ruinen der Maya-Stätte 4 ★ **Cobá** mit der höchsten Pyramide der Region. Etwa die gleiche Distanz gilt es zurückzulegen bis in das etwas verschlafen wirkende Kolonialstädtchen Valladolid, das sich als Zwischenstopp anbietet auf dem Weg nach 5 ★★ **Chichén Itzá**, der größten, berühmtesten und folgerichtig meistbesuchten Pyramidenanlage Yucatáns. Ein halber Tag reicht hier kaum aus, um all die Relikte einer großartigen Zivilisation zu bestaunen: die Kukulkán-Pyramide, den Kriegertempel, den Ballspielplatz, den Venustempel und den Caracol.

Kulturelles Zentrum der Kolonialzeit

Mit einem kleinen Bogen nach Norden gelangen Sie in das sonnengelb leuchtende Städtchen 6 **Izamal**, einst ebenfalls ein bedeutendes Maya-Zentrum, in dessen Mitte seit dem 16. Jh. der größte geschlossene Kirchplatz Mexikos zu finden ist. Erbaut wurde dieser mit den Steinen der ehemals hier stehenden Popol-Chac-Pyramide. Nächstes Etappenziel ist 7 ★ **Mérida**, die »weiße Stadt« im Westen der Halbinsel. Bis heute lässt sich der Reichtum der Sisal-Barone an den Fassaden des Paseo Montejo ablesen. In den Straßen um den Zócalo paart sich koloniale Architektur mit pulsierendem Alltagsleben.

Ruine im klassischen Puuc-Stil

Etwa 90 km südlich wartet im Gebiet der ehemaligen Sisal-Haciendas, von denen viele inzwischen zu Luxusherbergen oder Museen umgewandelt wurden, eine weitere Perle der Maya-Zeit: 8 ★★ **Uxmal**. Hauptattraktionen sind hier die »Pyramide des Zauberers« und der Komplex des »Nonnenklosters«. Um die recht isoliert zwischen den Orten Muna und Ticul liegende Ausgrabungsstätte haben sich schon seit Längerem eine Handvoll kleinerer Hotelanlagen angesiedelt.
Uxmal gilt als Highlight der 9 ★ **Puuc-Route**; weitere Maya-Stätten in diesem Stil liegen weiter südlich (Kabah, Labna, Sayil), unweit der Landstraße 261 in Richtung Hopelchén.
Von hier lässt sich ein Abstecher machen zum ehemaligen Maya-Zentrum 10 ★ **Edzná**, wo die kleine und große Akropolis sowie der »Palast der fünf Stockwerke« den Besuch und Aufstieg lohnen.

Kolonialzeitliches Juwel

Noch 65 km trennen Sie nun von der Hafenstadt 11 **Campeche** – ebenfalls ursprünglich eine Maya-Siedlung, aber von den spanischen Eroberern zerstört und im Kolonialstil neu errichtet. Das historische Zentrum wurde restauriert und zählt heute zum Weltkulturerbe der UNESCO.

Klassische Maya-Kunst im Dschungel

Von Campeche lohnt ein – zugegebenermaßen anstrengender – Abstecher nach 12 ★★ **Palenque**. Doch der Anblick dieser Maya-Stätte mitten im Regenwald, wo Brüllaffen in den Ästen schaukeln, entschädigt sicher für die Strapazen der langen Fahrt. Kaum sonst wo in Mexiko lässt sich das Kunstschaffen der klassischen Maya-Epoche besser erschließen als hier.

AB IN DEN SÜDEN

Start: Mexiko-Stadt | **Ziel:** Acapulco | **Länge:** ca. 400 km | **Dauer:** mindestens 3 Tage

Eindrucksvolle Berglandschaften, uralte Höhlen mit prächtigen Wandmalereien und spektakulären Tropfsteinformationen, die legendäre Silberstadt Taxco und der berühmte Badeort Acapulco sind die Höhepunkte dieser Tour von Mexiko-Stadt gen Süden.

Startpunkt dieser Tour ist ❶ ★★**Mexiko-Stadt**, die nicht immer zu Recht geschmähte Kapitale Mexikos. Denn bei einem Bummel durch das belebte Zentrum lässt sich die vielschichtige Vergangenheit der Riesenmetropole von ihren prähispanischen Ursprüngen und der Pracht der Kolonialzeit bis hin zur unerschrockenen Moderne entdecken. Und schon allein die herausragende Museen wie das Museo Nacional de Antropología lohnen es, Mexiko-Stadt nicht nur als Ausgangspunkt für die restliche Tour zu betrachten.

Über die Insurgentes Süd, vorbei am Aztekenstadion und den rechterhand in der Ferne liegenden schwimmenden Gärten von Xochimilco, erreichen Sie auf der MEX 95 nach rund 80 km kurvenreichem Auf und Ab ❷ ★**Cuernavaca**

mit seinem charmanten, altkolonialen Kern. Schon die Aztekenherrscher bauten hier ihre Sommerpaläste – und Kaiser Maximilian tat es ihnen gleich. Revolutionsführer Emiliano Zapata sandte von der »Stadt des ewigen Frühlings« seinen Kampfruf »¡Tierra y libertad!« durchs Land, Malcom Lowry schrieb in ihren Mauern seinen berühmten Roman »Unter dem Vulkan«.

Berühmte Silberstadt

Statt weiter auf der Autobahn zu fahren, nehmen Sie nun die alte Landstraße Richtung Taxco. Ein kleiner Umweg führt zu der auf einem Bergkegel angelegten prähispanischen Kultstätte 3★**Xochicalco**. Auf dem weiteren Weg nach Taxco liegt zudem das weitläufige Tropfsteinhöhlensystem der 4★**Grutas de Cacahuamilpa**.
Bald schon erreichen Sie schließlich die sich steil an zwei Bergrücken hinaufziehende Silberstadt 5★★**Taxco**. Hoch über dem Netz ihrer fast senkrecht ansteigenden Gassen mit kleinen Palais, schmucken, niedrigen Häuschen und unzähligen »platerias« (Silberwerkstätten) erhebt sich am kleinen Zocaló majestätisch die üppig dekorierte Kathedrale San Sebastián y Santa Prisca. José Borda stiftete das monumentale Gotteshaus Mitte des 18. Jahrhunderts. Der französische Baske war durch die Entdeckung einer gewaltigen Silberader in den El-Atache-Bergen bei Taxco quasi über Nacht zu einem der reichsten Männern Mexikos aufgestiegen. Der Anblick seines geschlossenen kolonialen Stadtbildes macht Taxco zu einem der schönsten Ziele Mexikos. In der Abenddämmerung, wenn die Lichter aus den Fenstern funkeln, wirkt das denkmalgeschützte Bergstädtchen wie ein Juwel.
Über Iguala, wo ebenfalls die Silber- (und Gold-)Schmiedekunst blüht und in der letzten Februarwoche das große Fahnenfest mit Parade und Kunsthandwerksmarkt gefeiert wird, geht es auf der MEX 95 (oder der parallel verlaufenden Landstraße) weiter gen Süden; eventuell mit einem Abstecher zur Lagune von Tuxpan.
Nach rund 100 km erreichen Sie die in einem Tal der Sierra Madre gelegene Stadt 6 **Chilpancingo**. Das historische Rathaus ist heute Museum; weitere Attraktionen sind die Casa Los Bravos, das Kunsthandwerkszentrum und die Pfarrkirche. Vor allem bietet sich die Stadt als Ausgangspunkt für Ausflüge in die unberührte Bergregion der Umgebung an. Etwa 9 km südlich von Chilpancingo zweigt östlich ein Sträßchen ab Richtung Colotilipa. Noch einmal 7 km nördlich davon liegen die Tropfsteinhöhlen von 7 **Juxtlahuaca** mit 3000 Jahre alten Wandmalereien.

Traditionsreicher Badeort

Über die Ausläufer der Sierra Madre del Sur sind es von Chilpancingo dann noch ungefähr 130 km bis zum legendären und sehr quirligen 8★**Acapulco**, dessen Namen weltweit glamouröses und mondänes Urlaubsvergnügen verheißt. Blaues Meer, weiße Strände und Felsklippen, von denen sich die wagemutigen »clavadistas« kopfüber ins Wasser stürzen, bilden ein landschaftliches Paradies.

KOLONIALSTÄDTE UND VIEL GESCHICHTE

Start: Querétaro | **Ziel:** Pátzcuaro-See | **Länge:** ca. 400 km | **Dauer:** 4 – 5 Tage |

Tour 3

Die Hochebene mit ihren blauen Bergen und roten Felsen, schmalen Schluchten und breiten Tälern, weiten Ebenen und großflächigen Seen war für die spanischen Eroberer offenbar von besonderem Reiz: Hier errichteten sie die schönsten und bedeutendsten Kolonialstädte Mexikos.

Geschichtsträchtiger Auftakt

Der historische Kern von ❶ **Querétaro**, das von Mexico-Stadt aus in rund zwei Autobahnstunden zu erreichen ist, wurde dank seiner Kolonialarchitektur bereits 1996 von der UNESCO zum Weltkulturerbe erklärt. Wichtige Ereignisse in der Geschichte Mexikos sind mit dem Namen der Stadt verbunden: Sie gilt als Keimzelle des Freiheitskrieges und ist Vertragsort der bis heute gültigen Landesverfassung.

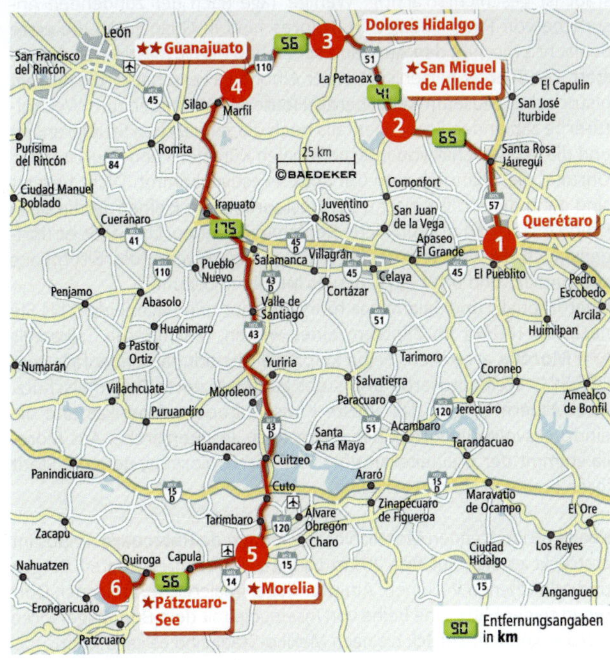

Stadt der Künste

Die Route führt weiter in die trotz Industriegürtel beschauliche Metropole 2★**San Miguel de Allende**. Die charmante Künstlerstadt mit ihrer hoch angesehen Akademie schmiegt sich an einen Hügel. Der Reichtum einst hier ansässiger Minenbesitzer spiegelt sich in prächtigen Kolonialhäusern wider. Mit ihrem Namen erinnert die Stadt an den hier geborenen Freiheitskämpfer Ignacio de Allende, der zusammen mit Pater Miguel Hidalgo y Costilla im frühen 19. Jh. den Kampf um die Unabhängigkeit Mexikos von den Spaniern initiierte.
Hildalgo wirkte im nordwestlich liegenden 3 **Dolores Hidalgo**, einem heute eher ruhigen Städtchen, das für seine farbenfrohen Keramikarbeiten bekannt ist. Vor dem Portal der Pfarrkirche stieß der engagierte Priester 1810 den berühmten »grito de dolores« (Schrei von Dolores) aus, der letztlich den Aufstand der Mexikaner gegen die Eroberer auslöste. Das kleine Museo de la Independencia im ehemaligen Kerker von Dolores erinnert an die Taten von Pater Hidalgo, dessen Denkmal nun im tropischen Grün der Plaza Principal steht.

Koloniale Pracht

Durch waldiges Hügelland fahren Sie nun in gut einer Stunde ins rund 50 km südwestlich gelegene 4★★**Guanajuato**. Auch diese in einen Talkessel gezwängte, von Silber- und Goldminen umgebene Kolonialstadt ist geschichtsträchtig: Wenige Tage nach der zündenden Ansprache von Pater Hidalgo in Dolores fand in Guanajuato die erste Schlacht zwischen den Aufständischen und der royalistischen Armee statt. Die Spanier hatten sich in der Alhóndiga verschanzt, die nun ein historisches Museum beherbergt. Heute sorgen in der zum Weltkulturerbe zählenden Stadt allenfalls noch die zahlreichen Studierenden und die große Schar von internationalen Künstlern und Touristen für Unruhe, die alljährlich zum Cervantes-Festival kommt. Dicht besetzt sind dann die Straßentische der Restaurants am kleinen Jardín de la Unión mit seinen uralten Ficus-Benjamini-Bäumen. Die Stadt ist übrigens auch der Geburtsort des Malers Diego Rivera (das Elternhaus steht noch) und birgt ein skurriles Mumienmuseum.
Über Irapuato und Salamanca führt die Tour nun nach Süden, bis Sie nach ca. 180 km im Zentrum eines weiten, fruchtbaren Talkessels 5★**Morelia** erreichen. Seine koloniale Altstadt zählt ebenfalls zum UNESCO-Weltkulturerbe und steht komplett unter Denkmalschutz. Ihre Mauern bergen das älteste Konservatorium Amerikas und die eindrucksvolle Bibliothek der ehemaligen Jesuitenkirche. Aus Morelia stammt der Freiheitskämpfer José María Morelos, dem die Stadt ihren heutigen Namen verdankt.

Mexikos schönster See

Knapp 60 km trennen Morelia vom 6★**Lago de Pátzcuaro**. Imposant erstreckt er sich auf fast 20 km Länge zwischen bewaldeten Bergen und erloschenen Vulkanen. Am Ufer liegen malerische, indigenen Dörfer, in seiner Mitte eine Reihe von Inseln, die mit dem Boot angefahren werden können. Zurück bis nach Mexiko-Stadt sind es ca. 350 km.

AB DURCH DIE MITTE

Start: Mexiko-Stadt | **Ziel:** San Cristóbal de las Casas | **Länge:** ca. 1000 km | **Dauer:** mindestens 4 Tage (ohne Weiterfahrt nach Palenque)

Tour 4

Faszinierende Landschaften, eindrucksvolle archäologische Stätten, koloniale Städte und die Begegnung mit den Nachfahren jener prähispanischer Zivilisationen, denen Mexiko seinen kulturellen Reichtum verdankt, prägen diese eindrucksvolle Tour von der Landeshauptstadt zur beeindruckenden Maya-Stadt.

Vulkan und Stadt

Nach der Hälfte des Weges von ❶★★**Mexiko-Stadt** (▶ Tour 2) in das südöstlich gelegene Puebla grüßt majestätisch zur Rechten der ❷★**Popocatépetl**. Der »rauchende Berg« wird bis heute seinem Namen gerecht, schwebt doch über dem Gipfel des Vulkans häufig eine Rauchwolke.

Der ursprüngliche Name von ❸★**Puebla** war »Ciudad de los Ángeles« (Stadt der Engel), da diese angeblich den spanischen Franziskanermönchen zeigten, dass sie sich an jenem Ort niederlassen sollten. Heute ist aus ihm eine Industriestadt (VW) mit charmantem historischen Kern geworden. Die UNESCO nahm die Altstadt in die Liste der Weltkulturerbestätten auf. Leuchtende Talavera-Kacheln schmücken die Fassaden, unzählige Kirchenkuppeln ragen in den Himmel und im ehemaligen Kloster Santa Rosa erzählt ein eindrucksvolles Museum von der Kulturgeschichte, den Kunsthandwerkstraditionen und den kulinarischen Besonderheiten der Stadt.

Ein kleiner Abstecher führt von Puebla ins nahe indigene Heiligtum ❹★**Cholula**, wo mit der Pyramide von Tepanapa das höchste Bauwerk dieser Art in ganz Mexiko steht. Es übertrifft vom Volumen her sogar die Cheops-Pyramide von Kairo.

Schatzkammer Mexikos

Durch die Sierra Mixteca mit ihren einsamen Höhenzügen, farbigen Erosionsfelsen und riesigen Kandelaber-Kakteen geht es weiter nach ❺★★**Oaxaca**. Rund um die gleichnamige Hauptstadt mit ihrem hübschen, kolonialspanischen Kern, malerischen Markt und eindrucksvollen Museum neben der Kathedrale liegen bedeutende archäologische Stätten – allen voran die wie eine Königin über dem Tal von Oaxaca thronende alte Zapoteken-Siedlung ❻★★**Monte Albán**, ebenfalls ein UNESCO-Weltkulturerbe.

Vorbei am berühmten, angeblich 2000 Jahre alten Baum von Tule, fahren Sie gen Süden zu den Ausgrabungen von ❼★**Mitla**, wo mächtige Kakteenzäune einen grünen Schutzwall bilden für prächtige prähispanische Bauten mit kunstvollen Steinarbeiten. Nächstes Etappenziel ist die schmalste Stelle Mexikos, der tropische Istmo de Tehuantepec.

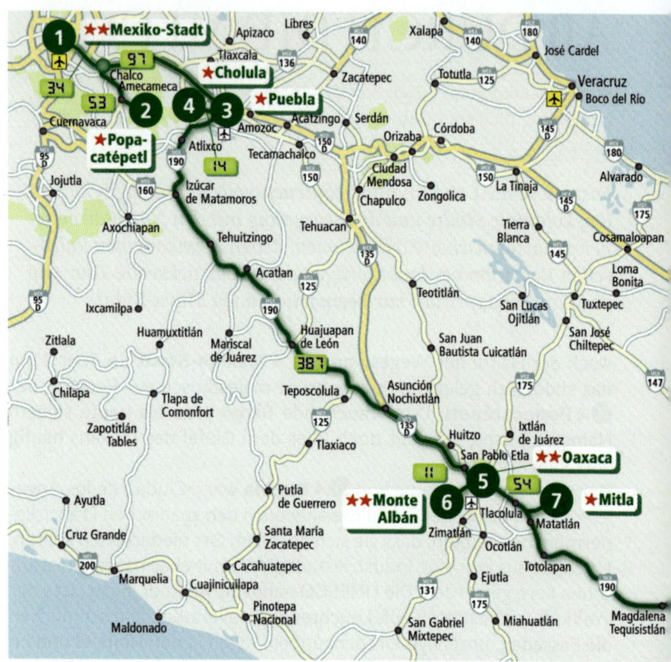

Von der Golfküste geht die Fahrt dann wieder hinauf in die Berge bis nach ❽ **Tuxtla Gutièrrez**, das sich dank der Erdölfunde in Chiapas sehr modern präsentiert (zwischen Tuxtla und Oaxaca besteht auch eine Flugverbindung). Bei Chiapa de Corzo etwa 15 km westlich bietet sich ein atemberaubender Blick in den ❾★**Cañón del Sumidero**, eine fast 1000 m tiefe Schlucht, durch die der Rio Grijalva fließt.

Versunkene Maya-Stadt

Rund 50 km trennen Sie an diesem Punkt noch von ❿★**San Cristóbal de las Casas**, der vorwiegend aus einstöckigen, in kräftigen Farben leuchtenden Häuser bestehenden indigenen Hauptstadt, die auch als Hochburg der Zapatisten-Bewegung von sich reden machte. Das Gros der indigenen Bevölkerung Mexikos lebt in dem Gebiet um San Cristóbal; 125 Maya-Kommunen sind in den Altos de Chiapas offiziell registriert. Im kolonialen Zentrum von San Cristóbal prägen meist Tzotzil-Indígenas mit ihren farbenfrohen Trachten das Straßenbild, vor allem auf dem traditionellen Kunsthandwerksmarkt an der Kirche Santo Domingo. Die indigenen Dörfer der Umgebung verstecken sich meist in tiefen Schluchten oder schmiegen sich am Ende einer Piste, eines Pfades irgendwo an die Flanken des zum Teil bis auf fast 3000 m aufragenden, üppig bewaldeten Gebirgsmassivs.

Noch am einfachsten zu erreichen ist Chamula. Vor allem der Markt vor der weißen Kirche mit ihren türkisblauen Ornamenten bezaubert alle Besucher. Von San Cristóbal erreichen Sie, falls Sie die Tour noch verlängern wollen, nach gut 200 km im tropischen Teil von Chiapas die versunkene Maya-Stadt ⓫★★**Palenque** (▶ Tour 1).

Z
ZIELE

Magisch, aufregend, einfach schön

Alle Reiseziele sind alphabetisch geordnet. Sie haben die Freiheit der Reiseplanung

In Cobá, inmitten des Dschungels, können Sie einige der Maya-Pyramiden noch besteigen und erkunden. ►

★ ACAPULCO

Bundesstaat: Guerrero (Gro.) | **Höhe:** 2 m ü. d. M. |
Einwohner: 673 000 | **Entfernung:** 420 km südlich von Mexiko-Stadt

R 21

Acapulco verband man lange mit Lichterglanz, Luxus und schicken Hotels. Doch seit ein paar Jahren bringt der Drogenkrieg der Stadt nur noch Negativpresse ein – was der Tourismus deutlich zu spüren bekommt. Seinen besonderen Reiz versprüht Acapulco jedoch noch immer.

Einst schillernder Touristen-Hotspot

Álvaro bekreuzigt sich, während er auf dem Felsen steht, und schickt ein kurzes Gebet zur Jungfrau von Guadalupe: »protégeme« (»Beschütze mich«). Dann springt er 42 m in die Tiefe, wo er von den anrollenden Wellen begrüßt wird. Die Klippenspringer von Acapulco sind legendär und die Touristenattraktion der Stadt. Sieben Meter breit und nur wenige Meter tief ist die Felsschlucht »La Quebrada«, in die die Wagemutigen springen. Präzision ist gefragt, der Moment des Absprungs wird nach Gehör bestimmt, die Wellen geben den Takt vor. Álvaro war 15, als er das erste Mal sprang und das Adrenalin und das Glücksgefühl verspürte. Doch es ist sicher nicht nur das, was viele junge Männer anlockt, sondern auch das sichere Geld, das ein **»Clavadista«, ein Klippenspringer**, verdient. Denn inzwischen ist es ein anerkannter Beruf in Mexiko und viele wollen bei der Organisation »Clavadistas Profesionales« mitmachen. Dabei ist das Springen nicht ungefährlich, kaum einer bleibt ohne Verletzungen. Auch Álvaro erwischt es einmal: Er taucht nicht richtig ein, schlägt hart auf dem Wasser auf, das Schulterblatt bricht und er landet bewusstlos im Krankenhaus. Bis zu seinem ersten Sprung nach dem Unfall verging eine lange Zeit.

Als das Klippenspringen in den 1940er-Jahren als Touristenattraktion entdeckt wurde – zuvor sprangen nur Fischer, um ihre verhakten Angelschnüre von den Felsen zu lösen – war Acapulco dabei, sich vom Fischerort zur aufstrebenden Urlaubshochburg zu entwickeln. Der Megaboom entwickelte sich in den 1960er- und 1970er-Jahre, und da kam nicht irgendwer: Viele Promis, darunter Elizabeth Taylor und Frank Sinatra, sowie jede Menge US-Touristen entdeckten die romantische **Bahía de Acapulco** mit ihrem weißen Sand für sich. Der erste Europäer am Traumstrand dürfte dagegen **Gil Gonzales Ávila** gewesen sein, ein spanischer Konquistador, der bereits 1521 die Bucht und ihr Potential als Hafen und Handelsstützpunkt entdeckte. So ankerten bald Schiffe aus Südamerika und Asien in Acapulco, die Stadt florierte – bis Bartolomeu Diaz das Kap der guten Hoffnung umsegelte und damit den neuen Seeweg nach Indien eröffnete.

Wagemutige Clavadistas springen vm berühmten Quebrada-Felsen in die Tiefe.

Auch heute hat es Acapulco wie ganz Mexiko nicht leicht. Der Drogenkrieg bringt schlechte Presse und tobte 2011 bis 2018 besonders heftig. Stars bleiben fern, ausländische Touristen kommen weniger. Abends und nachts sollten Sie die Straßen in Acapulco daher meiden. Das touristische Leben konzentriert sich entlang der Avenida Costera Miguel Aleman, der Küstenstraße von Acapulco. Hier liegt der Hafen und sind die meisten großen Hotels, Restaurants, Nachtlokale und Geschäfte zu finden. **Eine Reise dorthin wird allerdings derzeit nicht empfohlen. Man sollte sich im Voraus gut informieren.**

Wohin in Acapulco?

Mit dem Kopf voran

Mittags und abends springen die berühmten »clavadistas« von einem 42 m hohen Felsen per Kopfsprung in die Brandung der Quebrada-

ACAPULCO ERLEBEN

TOURISTENINFORMATION

Av. Costera Miguel Alemán s/n,
Farallón, C.P. 39690
Tel. 744 4 40 70 71

Von Mexiko-Stadt fliegen mehrmals täglich Aeromar, Interjet und Aeroméxico nach Acapulco (Flugzeit ca. 1 Std., Preise zwischen 70 und 170 €). Wer mit dem **Auto** unterwegs ist, nimmt die Autopista del Sol (MEX 95, ab Mexiko-Stadt ca. 3,5 Std., mautpflichtig). Viele **Busgesellschaften** fahren nach Acapulco, auch über Nacht. Von Mexiko-Stadt starten Busse am Südterminal Taxqueña (ca. 4,5 Std.).

② PAITITI DEL MAR €€€

Hier wird die mexikanische Küche aufgemischt. Peruanisches Ceviche und gebratener Tintenfisch mit Pesto sind besonders zu empfehlen.

ACAPULCO

① La Cabaña de Caleta
② Paititi del Mar

① Hotel El Cano
② El Mirador Acapulco

©BAEDEKER

Ignacio Zaragoza 6
744 4 80 00 31
paititidelmar.restaurantweb experts.com

❶ LA CABAÑA DE CALETA €€
Im La Cabaña de Caleta bekommen Sie ausgezeichnete Meeresfrüchte und großzügig bemessene Margaritas.
Playa Caleta Lado Oriente
744 4 82 50 07
www.lacabanadecaleta.com

❶ HOTEL ELCANO €€€€
Die Zimmer (180) sind schon in der Standardkategorie oft mit schönen Fliesenböden ausgestattet und bieten Balkone mit einem fantastischen Blicken auf die Bucht.
Avenida del parque y las palmas S/N
Tel. 744 4 35 15 00
www.hotelelcano.com.mx

❷ HOTEL EL MIRADOR ACAPULCO €€€€
Das alte Hotel El Mirador Acapulco (130 Z.) bietet einen spektakulären Blick auf die Stadt. Die berühmten »clavadistas« (▶Abb S. 45) stürzen sich hier vor Publikum von einem 40 m hohen Felsen in die Tiefe.
La Quebrada 74
Tel. 558 87 38 79 6
www.miradoracapulco.com

Schlucht. Am Abend werden die Springer vom Flutlicht angestrahlt, einige stürzen sich mit Fackeln in die Tiefe. Es gibt eine kostenpflichtige Aussichtsplattform, von der oberen, kleinen Plattform haben Sie den besten Blick. Sie können das Spektakel auch von der Terrasse des bekannten Restaurants **La Perla im Hotel El Mirador** gleich nebenan genießen. Der Schweizer Swingmusiker **Teddy Stauffer** (1909–1991) eröffnet es 1949 und machte damit Acapulco in Europa bekannt.

Shows um 13, 19.30, 20.30, 21.30 und 22.30 Uhr | Eintritt 60 MEX$ | Taxi zum Kreuzfahrt-Terminal ca. 300 MEX$ (20 Min.)
La Perla: Eintritt 10 € inkl. Getränk

Eine blaue Kuppel und der bunte Hauptplatz

Catedral

Auf dem **Zócalo** (Plaza Álvarez), dem Hauptplatz der Stadt, kann man Mariachis und diversen Straßenkünstlern lauschen oder in einem der vielen Cafés und Restaurants eine Pause einlegen. Hier steht auch die in den 1930er-Jahren im maurisch-byzantinischen Stil errichtete Kathedrale **Nuestra Señora de la Soledad**, die mit ihrer blauen Kuppel einen Besuch wert ist.

Schutz vor Piraten

Fuerte San Diego

Zwischen 1615 und 1617 errichteten die Spanier die Festung San Diego, um die Handelsschiffe gegen Piraten zu schützen. Heute befindet sich hier das historische Museum (**Museo Histórico de Acapulco**), das Ausstellungen zur Konquista, Piraterie, Geschichte des Forts und der Handelsbeziehungen zu Asien zeigt.

Di–So 9–18 Uhr | Eintritt 60 MEX$, So. frei

Schöne Aussichten

Capilla de la Paz

Wunderschön auf einem Hügel oberhalb der Küstenstraße zum Flughafen liegt die Capilla de la Paz, die **»Friedenskapelle«**. Der Blick über die Bucht von Acapulco ist fantastisch, die Ruhe und Landschaft ebenso.

Taxi inkl. einer halben Stunde Aufenthalt ca. 400 MEX$

Strände bei Acapulco

Ausflug mit dem Glasbodenboot

Beliebte Strände

Acapulco und seine nähere Umgebung haben mehr als 20 Strände zu bieten. Die beliebtesten sind die benachbarten Strände **Hornos**, **Hornitos**, **Condesa** und **Icacos**, die die östliche Hälfte der Bucht von Acapulco säumen. Die vor allem vormittags von Einheimischen besuchten Strände **Caleta** und **Caletilla** liegen klein und windgeschützt im Süden der Halbinsel Península de Playas. Sie bieten ruhiges, klares Wasser und eine schöne Unterwasserfauna, die Sie durch die gläsernen Böden der Ausflugsboote bewundern können.

Die Jungfrau unter Wasser

Isla La Roqueta

Von der Playa Caletilla fahren Boote zur Insel La Roqueta mit dem gleichnamigen Strand. Die Insel ist in einen prächtigen **Naturschutzpark** umgewandelt worden. Man kann dort auch tauchen, schnorcheln und einen Zoo besuchen. Nordöstlich vor La Roqueta befindet sich in ca. 2 m Wassertiefe eine Bronzestatue der Jungfrau von Guadalupe (Virgen Submarina).

Grenzenloses Wasservergnügen

Wassersport

In Acapulco können Sie alle Arten von Wassersport ausprobieren, z. B. Wasserski, Jetski, Banana-Boat-Fahren und Parasailing. An den kleineren Stränden können Sie auch Segelboote, Tretboote, Kanus, Schnorchelausrüstungen etc. mieten. Zudem werden bei Tag und Nacht Kreuzfahrten angeboten.

Rund um Acapulco

Spaziergang mit Panoramablick

Pie de la Cuesta

12 km nordwestlich von Acapulco erstreckt sich auf einer Sanddüne, die den Strand von der Laguna de Coyuca trennt, der Ort Pie de la Cuesta. Hier ist es ruhig und sauber, der lange Strand lädt zu endlosen Spaziergängen ein, das Panorama von Acapulco immer im Blick. Schwimmen kann durch den Sog und die starke Brandung allerdings gefährlich sein. Im beliebten **Restaurant Tres Marías**

(tgl. 9–18 Uhr, tresmariasacapulco.com) genießen Sie Meeresfrüchte und die Aussicht auf das türkisblaue Meer.

Übernachten im Naturparadies

Laguna de Coyuca

Ab Pie de la Cuesta werden Bootsausflüge in die Süßwasserlagune Coyuca angeboten, ein Naturparadies mit dichter tropischer Vegetation, zahlreichen Fischen und Vögeln. Zu den Stränden **El Carrizol** und **Playas de San Jeronimo**, wo Sie auch übernachten können, gelangen Sie von Coyuca de Benitez aus.

Sonnenuntergänge bei gutem Essen

Laguna de Tres Palos/Playa Barra Vieja

20 km in östliche Richtung liegt die Mangroven-Lagune Tres Palos, bevölkert von Wasservögeln, die Sie vom **Restaurant Toledo** (tgl. 9–19.30 Uhr) wunderbar beobachten können.
Ein Stückchen weiter gen Osten erstreckt sich der weitläufige, ruhige Strand Barra Vieja. Traumhafte Sonnenuntergänge sind garantiert, Pferderitte werden angeboten und Sie können jede Menge guter Fischrestaurants ausprobieren, z. B. das **Restaurant El Tiburón de Barra Vieja**, das direkt an der Mündung der Lagune ins Meer liegt (tgl. 8–20 Uhr, am Wochenende bis 23 Uhr).

Küstenfahrt von Acapulco nach Puerto Escondido

Strände, Lagunen, tropische Vegetation

Verlauf

Die Strecke führt über die MEX 200 in die Region der Costa Chica, wie die Küstengegend südöstlich von Acapulco genannt wird. Bald nach Verlassen des Stadtgebiets haben Sie von der Carretera Escénica einen herrlichen Ausblick über die Bucht von Acapulco. Danach passiert man die Bucht von **Puerto Marqués** (13 km östlich von Acapulco) und kann später die malerische Lagune Tres Palos besuchen. Das Wasser nahe des Fischerdorfs Puerto Marqués ist eher ruhig, man kann gut segeln und Wasserski fahren. Nach etwa 1 km gelangt man zur **Playa Revolcadero**, einem langen Strand am offenen Pazifik mit hoher Brandung und starker Unterströmung. Hier werden diverse Surfwettbewerbe ausgetragen und Reitausflüge am Strand angeboten.
Das nun folgende Gebiet mit den überschaubaren Orten San Marcos (ca. 80 km), Cruz Grande (ca. 120 km), San Luis Acatlán (Abzweigung, ca. 27 km), Ometepec (Abzweigung, ca. 16 km), Cuajinicuilapa (ca. 234 km), Montecillos (Abzweigung, 17 km) und Punta Maldonado (Abzweigung, ca. 14 km) liegt zwischen der Sierra Madre del Sur und dem Pazifik. Aufgrund seiner überbordenden **tropischen Vegetation** sowie den vielen Flüssen, idyllischen Lagunen und bizarren Felsformationen sollte man einen Ausflug hierher machen.

AGUASCALIENTES

Bundesstaat: Aguascalientes (Ags.) | **Höhe:** 1889 m ü. d. M. | **Einwohner:** 1 425 000 | **Entfernung:** ca. 500 km nordwestl. von Mexiko-Stadt, 131 km von Zacatecas

M 18

Die Stadt der »Heißen Wasser«, wie Aguascalientes übersetzt heißt, ist bekannt für die heilsamen Thermalquellen, das milde Klima in einer fruchtbaren Hochebene mit vorzüglichem Wein, für eines der größten Volksfeste und nicht zuletzt für den bedeutendsten Karikaturisten Mexikos.

Stadt der Thermalquellen

Jeder Mexiko-Besucher stößt auf seine Bilder: **José Guadalupe Posada** wurde 1854 in Aguascalientes geboren. Schon als Jugendlicher liebte er die Kunst, doch er blieb den etablierten, akademischen mexikanischen Künstlerkreisen fern. Seine sozialkritischen Arbeiten wetterten gegen den diktatorischen Präsidenten Porfirio Diaz und die reiche Oberschicht, die er als Skelettfiguren darstellte. Seine berühmte Figur **»La Catrina«** hat Promistatus erreicht und ist heute besonders zum Tag der Toten an jeder Ecke zu sehen.

Abendstimmung am Zócalo von Aguascalientes, den die Kathedrale, Paläste, Cafés und das Theater umstehen.

»
Der Tod ist demokratisch. Am Ende werden sie alle zu Skeletten, ganz gleich ob sie blond oder brünett, arm oder reich waren.
«

José Guadalupe Posada

Kein Wunder, dass Aguascalientes eine besonders prächtige »Fiesta de Calaveras« feiert. Posada erlebte den Beginn der mexikanischen Revolution, die er so angestrebt hatte und die im **Eisenbahnknotenpunkt** Aguascalientes besonders heftig ausgefochten wurde, 1910 gerade noch mit und starb drei Jahre später völlig verarmt. Kein geringerer als Diego Rivera entdeckte die Werke Posadas wieder und verhalf ihm postum zu Ruhm. Einen Besuch im Posada-Museum sollten Sie nicht verpassen.
Mehr als die Hälfte der Bewohner des Bundesstaats Aguascalientes leben in der gleichnamigen Hauptstadt, wo Verarbeitung und Handel mit den Produkten der landwirtschaftlichen Betriebe, **Weingüter und Obstplantagen** die meisten Arbeitsplätze bieten.

Wohin in Aguascalientes?

Hauptplatz mit vielen Sehenswürdigkeiten

Zócalo

Am Zócalo (**Plaza de la Patria**) ist immer was los, vor allem abends und an den Wochenenden herrscht Trubel. Die hohe Säule wurde 1808 zu Ehren des spanischen Königs Carlos IV. aufgestellt. Auf ihr sitzt heute das Nationalsymbol von Mexiko: Der Adler mit einer Schlange im Schnabel zeigte einst den Azteken, wo sie ihre neue Stadt gründen sollten, Tenochtitlán, das heutige Mexiko-Stadt. Am Zócalo steht auch Rathaus (**Palacio Municipal**) und der Regierungspalast (**Palacio del Gobierno**) aus dem 17. bzw. 18. Jh.; letzterer war früher das Palais des Marqués de Guadalupe, die Fassade wurde vollständig aus Tezontle, einem rötlichen Vulkanstein, gestaltet. Im Innenhof des prächtigen Barockbaus befinden sich Wandmalereien des Rivera-Schülers Osvaldo Barra Cunningham, die die Landwirtschaft und Industrie von Aguascalientes darstellen.
An der anderen Seite der Plaza steht die barocke **Kathedrale Nuestra Señora de Asunción** (18. Jh.), in der Gemälde von Miguel Cabrera zu sehen sind, einem der wichtigsten Künstler der Kolonialzeit. Daneben befindet sich das **Teatro Morelos** im Porfiriato-Stil. Die hier 1914 beschlossene Konvention von Aguascalientes söhnte die Revolutionsführer aber nur kurze Zeit miteinander aus. Schräg gegenüber der Kathedrale in der Calle Carranza können Sie die **Casa de la Cultura** besuchen. In diesem früheren Kloster und

AGUASCALIENTES ERLEBEN

CENTRO DE ATENCIÓN AL TURISMO MUNICIPAL

Plaza Patria S/N
Tel. 449 9 10 10 30
www.ags.gob.mx/turismo/
www.vivaaguascalientes.com

Direktflüge von Mexiko-Stadt dauern ca. 80 Min., Preis ab 80 €. Mit dem **Auto** fährt man von Mexiko-Stadt auf der MEX 57 bis Querétaro und folgt dann der MEX 45 via Salamanca und Léon nach Aguascalientes. Der **Bus** braucht hierfür knapp sechs Stunden.

Eines der größten Volksfeste Mexikos, die **Feria de San Marcos**, wird seit 1604 jährlich um den 25. April zu Ehren des Stadtheiligen gefeiert.

MITLA RESTAURANTE €€

Ausgesprochen beliebt ist dieses traditionelle mexikanische Lokal mit leckeren Gerichten und kleinen Snacks. Besonders zu empfehlen sind die mittags angebotenen Menüs und das Buffet an Sonntagen.
Av. Francisco I. Madero 220
Tel. 449 1 45 20 41

QUINTA REAL AGUASCALIENTES €€

Im eleganten Antiquitätenstil eingerichtetes Haus (75 Suiten) direkt am Stadtpark gelegen.
Av. Aguascalientes Sur No. 601
Jardines de la Asunción
Tel. 449 9 78 58 18
www.quintareal.com

Herrenhaus aus dem 17. Jh. finden heute viele kulturelle Veranstaltungen wie Kunstausstellungen und Konzerte statt. Auch vom **Café Catedral** an der Nordseite der Plaza können Sie dem geschäftigen Treiben auf der Plaza in aller Ruhe zusehen.
Casa de la Cultura: tgl. 10–22 Uhr

Museo Posada

Museum für den großen mexikanischen Karikaturisten
Im Jardín del Encino befindet sich bei der gleichnamigen Kirche das Museo Posada. Es zeigt Drucke und Zeichnungen des berühmten Karikaturisten **José Guadalupe Posada**. Erst nach der Revolution wurden seine sozialkritischen Werke so bedeutend, dass sie noch heute zur Identität Mexikos gehören.
Di–So 12–18 Uhr | Eintritt 10 MEX$

Museo Nacional de la Muerte

Über den Tod
Dank der »Catrina« von José Posada spielt der Tod in Aguascalientes eine besonders wichtige Rolle. Darum widmet sich dieses Museum in einem schönen Patiohaus dem **Tod in all seinen Erscheinungsformen**. Skulpturen, Gemälde und Erklärungstafeln helfen den mexika-

nischen Totenkult zu verstehen. Ein tolles Fotomotiv: der Riesenschädel am Eingang.

Di–So 10–18 Uhr | Eintritt 50 MEX$, Mi. frei | museonacionaldelamuerte.uaa.mx

Shoppen und Entspannen

Um die Expo Plaza

Etwa 1 km westlich des Zócalo (**Plaza de la Patria**) liegt das moderne Einkaufs- und Unterhaltungszentrum Expo Plaza, von dem eine großzügig angelegte Fußgängerzone direkt zur neuen Stierkampfarena **Plaza de Toros Monumental** führt, wo nach wie vor umstrittene Stierkämpfe, aber auch andere Veranstaltungen stattfinden. In die entgegengesetzte Richtung führt die Calle Paní/ Paseo de la Feria zur **Kirche San Marcos** und dem schattigen **Jardín de San Marcos**, ein schöner Park zum Entspannen und Eisessen.

Kultur statt Baden

Los Arquitos

Eines der einstigen Thermalbäder kam als **Kulturzentrum** zu neuen Ehren. Die im frühen 19. Jh. geschaffene Anlage an der Avenida Alameda mit maurischen Galerien, üppigen Grünanlagen, den Kammern der kleinen **»baños de placeres«**, den offenen Becken sowie einer Reihe öffentlicher Plätze zum Wäschewaschen für Kleidung wurde von einem eigenen, unterirdischen Viadukt gespeist. Ein Teil des Ensembles ist heute ein Museum, in weiteren Gebäuden sind ein Bühnensaal und eine Cafeteria sowie Räumlichkeiten für Studierende der Theater- und Musikwissenschaft, der Kunst sowie der Literatur untergebracht.

Rund um Aguascalientes

Ort der Entspannung

Baños Termales de Ojocaliente

Zwischen 32 und 40 Grad heiß ist das Wasser der bekannten **Thermalquellen von Ojocaliente** am Stadtrand von Aguascalientes, ca. 8 km vom Zentrum entfernt. Neben Schwimmbecken und kleineren Pools gibt es verschiedene Saunen und Ruhezonen. Zudem werden Massagen, **Temazcal** (traditionelles Dampfbad) und Wassergymnastik angeboten.

Avenida Tecnologico 102 | tgl. 8–20 Uhr | Eintritt ca. 250 MEX$/Std. | Sie können einen Pool ganz privat und pro Stunde mieten | Tel. 449 9 70 07 21

Schönes Weinerlebnis

Hacienda de Letras

Entdecken Sie die kulinarische Seite des Bundesstaates und besuchen Sie die Winzer in ihren Weinanbaugebieten! Auf der Hacienda de Letras, 30 km nördlich von Aguascalientes, können Sie die weißen und roten Tropfen bei einer **Weinverkostung und Führung durch**

die Weinfelder ausgiebig probieren. Von der Pflanzung der Weinstöcke bis zum Abfüllen der reifen Traube – jeder Schritt wird Ihnen ausführlich erklärt. Wert wird vor allem auf eine hohe Qualität gelegt – im **Restaurant** mit romantischem »Weingarten« können Sie sich davon überzeugen oder Sie nehmen sich im **Shop** der Hacienda eine Flasche für einen gemütlichen Abend mit.
Tgl. 11–18 Uhr | haciendadeletras.com

BAJA CALIFORNIA

Bundesstaaten: Baja California Norte (B.C.N.), Baja California Sur (B.C.S.) | **Fläche:** 144 000 km²

A–L 4–11

Nordmexiko – das ist die trocken-mexikanische Landschaft aus Abenteuerromanen und Western-Filmen. Meterhohe Kakteen trotzen kargen Wüstengegenden, unerschrockene Rancheros reiten auf ihren Pferden durch schroffe Canyons, den Cowboyhut zum Schutz vor der ewigen Sonne tief ins Gesicht gezogen. Ab und an ein hoher Gebirgszug, ansonsten Weite, Weite, Weite. Tropenfeeling kommt nur an der Südspitze auf.

Facetten-reiche Halbinsel

1200 km lang und im Durchschnitt gerade einmal 90 km breit ist die Halbinsel Baja California (**»Niederkalifornien«**) im äußersten Nordwesten Mexikos. Man merkt schnell, warum der Name California von »calido forno« abgeleitet ist: **die Luft ist heiß und trocken** – eben wie in einem Ofen. Doch dieser Ofen ist nicht nur heiß, sondern hat ganz verschiedene Gesichter. Im Westen schlagen die Wellen des kühleren **Pazifik** an die Küste, während auf der Ostseite der ruhige und warme **Golf von Kalifornien** plätschert. Dafür bietet der Pazifik ein Highlight, das weltweit zu den besten seiner Art gehört: Hier können Sie **Grauwale** hautnah beobachten, die zur Paarung vorbeiziehen. Das Highlight am Golf: Robben und Delfine beim Fischen beobachten.
Genau auf dem 28. Breitengrad verläuft die Grenze der beiden Bundesstaaten Baja California Norte und Baja California Sur. Vor allem der **Norden**, mit bekannten Städten wie Tijuana und Ensenada, ist zur Hochsaison von November bis März fest in US-amerikanischer Hand, darf man hier doch schon mit 18 Jahren Alkohol trinken und nicht erst mit 21 wie zu Hause. Lästerer nennen die Halbinsel daher auch den 51. Bundesstaat der USA. Auch der **Süden** wird gern aus dem Nachbarland aus besucht. Hier liegen die weißen Strände mit schicken Resorts, hier warten die Tauch- und Wassersportreviere, hier herrscht Tropenfeeling und Schönwettergarantie. Die **Carrete-**

ra Transpeninsular (MEX 1) verbindet den Norden von der US-Grenze bis zum südlichsten Punkt der Halbinsel im Badeort Cabo San Lucas.

 Entlang der Carretera Transpeninsular (MEX 1)

Beliebter Ort für den Wassersport

Ensenada

Tijuana, an der Grenze zu den USA, ist Ausgangspunkt der 1700 km langen, die gesamte Halbinsel der Länge nach durchziehenden MEX 1 nach Cabo San Lucas. Zunächst erreichen Sie nach 30 km Rosarito. Die nächste erwähnenswerte Stadt ist nach 80 km Ensenada (330 000 Einw.). Dieser Fischereihafen, jetzt ein beliebter Touristenort für **Wassersport und Hochseefischerei**, erstreckt sich entlang der schönen Bucht Todos los Santos, die 1542 von dem portugiesischen Seefahrer Rodríguez Cabrillo entdeckt wurde. Nach der Trennung des Nordteils vom Südteil der Halbinsel war Ensenada von 1888 bis 1910 Hauptstadt des Nordteils, bis Mexicali diese Stelle einnahm. Neben dem Tourismus sind der Fischfang und der Tiefseehafen die Haupteinnahmequellen der Stadt. In dieser befindet sich übrigens auch eine der größten Weinkellereien Mexikos und die älteste von Baja California: die 1888 gegründeten **Bodegas Santo Tomás**. Ihre 14 Industriebauten aus dem frühen 20. Jh. wurden als erstes Architekturensemble Baja Californias zum Nationalmonument erklärt. Bemerkenswert ist zudem das **Museo Histórico Regional**.

Etwa 16 km südlich von Ensenada zweigt bei Maneadera eine Straße nach Norwesten zur Landspitze **Punta Banda** (22 km) ab, wo mit La Bufadora (von »bufar« = schnauben) ein an der Pazifikküste häufiges Naturschauspiel zu sehen ist: Das Meerwasser wird dort von der Brandung durch eine enge Felsöffnung gepresst und spritzt unter heftigem Getöse bis zu 20 m hoch.

Bodegas Santo Tomás: www.santo-tomas.com

Museo Histórico Regional: Gastélum s/n, Zona Centro, Ensenada | Di–So 9–17 Uhr | www.inah.gob.mx

Alte Missionsstationen und schöne Strände

San Quintín

Auf die MEX 1 zurückgekehrt, können Sie auf der nun folgenden ca. 175 km langen Strecke nach San Quintín einige alte Missionsstationen wie **Santo Tomás**, **San Vicente** und **Vicente Guerrero** und die von den Cochimí (Indigene) bewohnten Orte **La Huerta** und **San Miguel** besuchen. Der in einem fruchtbaren Tal an der gleichnamigen flachen Bucht gelegene Bauern- und Fischereiort San Quintín hat schöne Sandstrände.

Die weiter nach Süden führende Straße verlässt bei El Rosario die Küste und verläuft nun im Innern der Halbinsel. Neben El Rosario finden sich entlang der Strecke weitere Missionsstationen wie

BAJA CALIFORNIA ERLEBEN

SECRETARÍA DE TURISMO DEL ESTADO DE BAJA CALIFORNIA

Av. Revolución 791, Zona Centro
22000 Tijuana
Tel. 664 6 82 33 67
https://bajacalifornia.travel

Mit dem **Flugzeug** gelangen Sie von Mexiko-Stadt nach Tijuana, La Paz, Mexicali und San José del Cabo. Eine Fahrt mit dem **Bus** auf die Baja California dauert ca. 32 Std. Von den USA aus können Sie mit dem Flugzeug, mit dem Bus und mit dem Auto anreisen.

4 JAZAMANGO €€€

Jazamango bringt frischen Wind in die mexikanische Küche. Die Gerichte sind ein wahrer Genuss.
Calle Naranjos, Fraccionamiento La Huerta, 23300 Todos Santos
Di–So 13–21 Uhr
Tel.: 612 6 88 15 01
www.jazamango.com

3 LAS TRES VIRGENES €€€

Romantisch sitzen Sie hier im Garten. Auch das Essen ist vorzüglich – gute Burger und Steaks, aber auch mal ausgefallenere Gerichte werden serviert. Dazu gibt's leckere Cocktails.
C. Francisco I. Madero 1130, 23000 La Paz
Tgl. 13–23 Uhr, Tel. 612 12 32 22 6
www.lastresvirgenes.com

1 MANZANILLA €€

Zwischen Bistro und Pub: Benito Molina bietet eine gute Kombination aus lokalen Produkten und traditionellen mexikanischen Aromen.
Teniente Azueta 139
Recinto Portuario, 22800 Ensenada
Tel. 646 1 75 70 73
rmanzanilla.com

2 HISTÓRICO LAS CASITAS €€

Javier serviert mexikanische Klassiker, kräftige Steaks und frisches Seafood bei einem angenehmen Service.
Francisco I Madero 50
23900 Mulegé
Mo–So 7–22
Tel.: 615 1 53 00 19

1 LAS ROSAS HOTEL SPA €€€€

Alle 48 Zimmer dieses noblen Hotels nördlich von Tijuana haben Meerblick. Im Spa lässt sich bei Sauna und Massage vortrefflich entspannen.
Carretera Tijuana
Ensenada Km 105,5
Tel. 646 1 74 43 10
www.lasrosas.com

2 CASA MAYORAL €€€

Fernab vom Trubel der Großstadt inmitten der Weinbauregion liegt dieses kleine aber feine B&B. Die Zimmer sind modern, hell und geräumig. Der Garten und die Terrasse bieten großartige Blicke in die Landschaft.
Carretera Tecate-Ensenada
km 88.6 No. 243
San Antonio de las Minas
22766 Valle de Guadelupe
Tel. 664 2 57 24 10
www.casamayoral.com

Auf dem Fischmark in Ensenada werden die verschiedensten Muschelarten fangfrisch geknackt

San Fernando, **San Agustín** und das in einer eindrucksvollen Felslandschaft gelegene **Cataviña**.

Zwischen zwei Zeitzonen

Grenze

Weiter auf der MEX 1 erreichen Sie zunächst Rosarito. Kurz vor Guerrero Negro markiert ein 40 m hoher Stahladler (**Monumento Águila**) den 28. Breitengrad, die Grenze zwischen den Bundesstaaten Baja California Norte und Baja California Sur, gleichzeitig auch Gren-

ze zwischen den Zeitzonen **Hora del Pacífico** im Norden und **Hora de las Montañas** im Süden (+1 Std.).
Ganz in der Nähe von Guerrero Negro befinden sich große, durch Verdunstung entstandene **Salzlager**, die zu den größten der Welt zählen.

Paarung der Grauwale

Bahía de Sebastián Vizcaíno

Die ruhigen Gewässer der Lagunen an der Bahía de Sebastián Vizcaíno (Laguna Scammon, Laguna Ojo de Liebre) sowie die besser zugängliche **Lagune San Ignacio** (ein gutes Stück entfernt, Abzweigung zur Küste ab San Ignacio an der MEX 1) bieten alljährlich von Ende Dezember bis März das einmalige Schauspiel der Grauwale (span. »ballena gris«), die sich hier paaren und ihre Jungen zur Welt bringen. Teile dieser Bahía hat die UNESCO 1993 zum Weltnaturerbe erklärt. In und um **Guerrero Negro** gibt es mehrere Punkte, von denen aus Sie die Wale beobachten können. Etwa 3 km südlich der Stadt zweigt eine mit Grauwalsymbolen markierte Straße zum dann noch 27 km entfernten Naturpark ab (**Parque Natural de la Ballena Gris**). Die Bestimmungen zur Walbeobachtung auf dem Wasser sind hier sehr streng; man darf nur für etwa eine Stunde in die Bucht hinausfahren. Auch die Anzahl der Boote und der Fahrten ist beschränkt. Die bis zu 25 t schweren und 10–15 m langen Grauwale beginnen im Herbst in den arktischen Gewässern der Beringsee ihre lange Reise. Nachdem sie Anfang des 20. Jh.s durch Jagd stark dezimiert wurden, stehen sie seit 1947 unter Schutz. Erst 1992 konnten sie von der Liste der bedrohten Tierarten gestrichen werden.

Mit dem am besten erhaltenen kolonialen Gotteshaus

San Ignacio

Von Guerrero Negro führt die Straße landeinwärts und erreicht nach 126 km den hübschen Ort San Ignacio. Er besitzt mit der 1728 begonnenen und 1786 von Juan Crisóstomo Gómez vollendeten **Jesuitenkirche** das am besten erhaltene koloniale Gotteshaus in Baja California. Erwähnenswert ist auch das lokale **Museo Rupestre**.

Noch unerforschte Höhlemalereien entdecken

Cueva de la Cuesta del Palmerito

Für Interessierte empfiehlt sich von hier aus ein Ausflug zu den drei bis vier Stunden entfernten **Höhlenmalereien** der Sierra de San Francisco, z. B. zur Cueva de la Cuesta del Palmerito mit großen Tier- und Menschendarstellungen, deren Herkunft bisher unerforscht ist. Die Felszeichnungen (100 v.– Chr.–1300 n. Chr.) wurden von der UNESCO zum Weltkulturerbe erklärt. In der Umgebung gibt es weitere **Höhlen bei Santa Martha**. Auf dem Weg zur Küste liegt zur Linken der noch tätige Vulkan **Las Tres Vírgenes**.

Von französischen Bergbauern gegründet

Santa Rosalía

74 km nach San Ignacio gelangt man zu dem Hafenstädtchen Santa Rosalía (12 000 Einw.). Der Ort wurde erst Mitte des 19. Jh.s gegrün-

det. Franzosen, denen früher die Kupferminen der Gegend gehörten, errichteten die **Kirche Santa Rosalía**. Sehenswert ist ferner das **Bergbaumuseum** (Museo de Historia de la Minería) am nördlichen Ortseingang mit einem alten Erztransportzug.

Museo de Historia de la Minería: Jean Mitchell Cousteau 1 / Luis Pasteur | Mo–Sa 8–15 Uhr

Prähistorische Wandmalereien

Cuevas de San Borjita

Setzen Sie die Fahrt von Santa Rosalía aus fort, kommen Sie nach ca. 40 km zu einer Abzweigung zur Hacienda Baltasar, die auf einem Feldweg zu den rund 22 km entfernten **Höhlen** von San Borjita in der Sierra de la Guadalupe führt, wo **Wandmalereien** mit Jagd- und Kriegsszenen besichtigt werden können. Die Anfahrt empfiehlt sich jedoch nur **mit einem geländegängigen Fahrzeug**. In der Umgebung gibt es noch andere Höhlen mit Malereien (La Trinidad, San José de los Arces, El Coyote, La Esperanza, El Rancho Guajodomi, Santa Teresa, San Baltasar del Carmen).

Durch Dattelpalmenhaine spazieren

Mulegé

Die nächste größere Ortschaft ist das am Golf von Kalifornien gelegene Städtchen Mulegé (5000 Einw.) mit der Jesuitenmission **Santa Rosalía de Mulegé** (1705), einer Nachbildung des aus Volksliedern und Moritaten berühmten Gefängnisses von Cananea, das weder Gitter noch verschlossene Türen besaß. Ein schöner Spaziergang führt durch die Dattelpalmenhaine entlang des Flusses. Der Ort bietet auch mehrere **Strände und gute Angelmöglichkeiten**.

Älteste Jesuitengründung der Halbinsel

Loreto

Von Mulegé gelangen Sie nach 135 km zu dem malerischen Städtchen Loreto (10 000 Einw.), das 1697 von Jesuiten mit dem Bau der heute restaurierten Missionskirche gegründet wurde und somit die älteste Jesuitengründung auf der Halbinsel ist. Die Fiesta des Orts wird jedes Jahr am 8. September, dem **Día de Nuestra Señora de Loreto**, begangen. Loreto war Ausgangspunkt der Erforschung und Christianisierung Niederkaliforniens, was im **Missionsmuseum** dokumentiert wird. Zwischen 1776 und 1830 war die Stadt auch Hauptstadt Niederkaliforniens. Der Küstenort am Golf von Kalifornien eignet sich besonders als **Ausgangspunkt für Ausflüge** zu den vorgelagerten Inseln, zum Hochseeangeln und Tauchen.

Abstecher zur Walbeobachtung

Von Loreto nach Cabo San Lucas

Rund 40 km südlich von Loreto wendet sich die MEX 1 wieder ins Landesinnere und erreicht nach 80 km die Ortschaft Villa Insurgentes. Von dort führt eine Abzweigung zu dem an der ausgedehnten Bahía de Magdalena (Pazifikküste) gelegenen **Puerto Adolfo López Mateos**. Wie an der Bucht von Sebastián Vizcaíno paaren sich hier

viele Grauwale und gebären ihre Junge; jedes Jahr verbringen die Meeressäuger an dieser Bucht den Winter.
Ein ähnlich guter Platz für die Walbeobachtung per Boot ist das südlich gelegene Hafenstädtchen **San Carlos**, das man am besten ab Ciudad Constitución auf der MEX 22 erreicht. Auf der in der Bucht gelegenen Isla Santa Margarita leben viele Seelöwen.
Kehrt man bei Ciudad Constitución auf die Carretera Transpeninsular zurück, sind es noch ca. 210 km nach La Paz (▶ S.155). Von La Paz führt die MEX 1 über San Pedro (nach 26 km Abzweigung nach Todos Santos und Cabo San Lucas) und die ehemalige Bergbaustadt El Triunfo zu dem Fischerdorf und Seebad **Los Barriles** (104 km). Nach weiteren 6 km folgt **Buenavista**, das hauptsächlich von Sportfischern und Seglern besucht wird.
Von Buenavista über die Ortschaft Miraflores, einer ehemaligen Siedlung der Pericúe, jetzt bekannt für schöne Lederarbeiten, sind es noch rund 75 km nach **San José del Cabo** (▶ S.154). Nach etwa 35 km gelangt man nach **Cabo San Lucas** (▶ S.153), dem Endpunkt der Carretera Transpeninsular (▶ Los Cabos).

★★ BARRANCA DEL COBRE

Bundesstaat: Chihuahua (Chih.) | **Fläche:** ca. 60 000 km²

Sie ist länger und tiefer als der Grand Canyon und sogar viermal so groß, besteht aus mehreren, bis zu 1800 m tiefen Schluchten und lockt jede Menge Abenteurer an. Denn entlang der Barranca del Cobre, der Kupferschlucht, warten aufregende Erlebnisse. Und es gibt einen, der viele Highlights verbindet: »Chepe«, der legendäre Zug, der sich spektakulär durch den Canyon schlängelt.

E–H 11–14

Im Herzen der Sierra Madre Occidental befinden Sie sich in einer der spannendsten Gegenden Mexikos! Schroffe Felsen ragen aus der Tiefe auf, bilden imposante Furchen, ihre kantigen Schatten legen sich auf die steilen Wände, deren kupferner Farbton den Canyons ihren Namen gab. Die Kupferschlucht war schon immer ein Territorium für Furchtlose, für Abenteurer, für Menschen, die Einzigartiges suchen: Jesuitenmissionare entdeckten das Gebiet für die Europäer und nannten es Barranca del Cobre (Kupferschlucht). Die Spanier fanden in den Schluchten Silber, Gold und Opale. Zuvor siedelten auf den Hochebenen Chihuahuas die **Tarahumara**, ein indigenes Volk,

Während der Bahnfahrt mit dem »Chepe« zieht die Kupferschlucht an Ihnen vorbei – spannende Perspektivwechsel garantiert.

das auch heute noch hier lebt. Doch es wurden von Großgrundbesitzern aus ihren ursprünglichen Dörfern bis in die unwegsamen Kupferschluchten zurückgedrängt. Sicher werden Sie ihnen begegnen. Die Frauen der Tarahumara sind an ihren bunten Trachten erkennbar, die Männer an hellem Lendenschurz mit farbigen Plusterhemden. Am besten entdecken Sie die Kupferschlucht mit der **Ferrocarril Chihuahua al Pacífico**, kurz »Chepe« genannt: 650 Kilometer, 16 Stunden, 2500 m Höhenunterschied. Die Bahnstrecke führt von Los Mochis nach Chihuahua (inzwischen nur noch nach Creel) oder umgekehrt ab Creel. Gute Zwischenstopps, um tiefer in die Kupferschlucht vorzudringen, sind die Orte **Creel** und **Divisadero**. Während Sie spektakuläre Wasserfälle sehen, imposante Aussichten genießen, einsame Bergbaudörfer besuchen und das Kunsthandwerk der Tarahumara bewundern, bringt die Reise mit dem Chepe neben all den Erlebnissen vor allem auch eines: Entschleunigung.

Bahnfahrt von Los Mochis nach Chihuahua und zurück

Ab durch die Kupferschlucht

Fahrt mit dem »Chepe«

Die Strecke von Los Mochis nach Chihuahua wird von Ferrocarril-al-Pacífico-Gesellschaft derzeit mit einem Touristenzug (Primero) und einem 2.-Klasse-Zug in beide Richtungen befahren. Die Abfahrt des **Ferrocarril de Chihuahua al Pacífico** – kurz »Chepe« genannt – lag ursprünglich in Chihuahua. Heutzutage verkehrt der Chepe, je nach Saison zwei- bis dreimal wöchentlich zwischen Los Mochis und Creel. Tickets sollten vorab gekauft werden.

Auskunft und Reservierung Tel. 800 12 24 37 3 | www.chepe.mx

Durch abwechslungsreiche Landschaften

Start in Los Mochis

Wer aus Texas kommt und an die mexikanische Westküste oder nach Baja California will, wählt die Tour von Chihuahua nach Los Mochis. Von Los Mochis sind es noch 25 km bis nach Topolobampo am Pazifik, wo die Fähre nach La Paz ablegt. Allerdings kann es aufgrund von Verspätungen vorkommen, dass die landschaftlich interessantesten Abschnitte zwischen Creel und Los Mochis erst bei Dunkelheit durchfahren werden. Empfehlenswert ist der Start ab Los Mochis, da man dann die schönsten Streckenabschnitte bei Tageslicht erleben kann. Die Bahn überwindet annähernd **2500 m Höhenunterschied** und führt durch **86 Tunnel** und über **39 Brücken**.

Sie passieren abwechslungsreiche Landschaften, die von Hochebenen mit Kakteen über nadelholzbewaldete Hügel und Berge, bizarre Felsformationen und Schluchten, üppig bewachsene Berghänge und subtropische Plantagen bis zu Palmen- und Bambushainen reichen. Zwischen Creel und Los Mochis sind die gewaltigen Cañons bis zu 1200 m tief und 1500 m breit und übertreffen noch den berühmten Grand Canyon in Arizona. Während die Höhen oft kahl, teils auch von Nadelwäldern und im Winter mit Schnee bedeckt sind, wuchern am Boden der Canyons üppige tropische Pflanzen, z. B. Zitrusfrüchte und Bananenstauden. Die wichtigsten Schluchten sind die von Batopilas, Sinforosa, Tararécura, Chinipas, Candameña und Río San Miguel.

Guter Ausgangspunkt für Ausflüge

Creel

Das Städtchen Creel (2338 m) lebt von der Holzindustrie. Es eignet sich als Ausgangspunkt für Ausflüge in die Umgebung. Etwa 20 km südlich befindet sich in Cusarare eine **Missionskirche** des 18. Jh.s, die von der indigenen Bevölkerung ausgemalt wurde. In der Nähe gibt es auch indigene **Höhlenmalereien** und einen prächtigen **Wasserfall**, der zu Fuß oder mit einem Geländewagen zu erreichen ist. Abstecher empfehlen sich nach Basíhuare, Humira (52 km), zum Minenort La Bufa, nach Batopilas und zur Mission San Ignacio. Weitere Tarahumara-Siedlungen in dieser Region sind Rocheáchic, Norogáchic und Guachóchic.

Von Creel aus lassen sich auch die herrlichen **Wasserfälle von Basaseáchic** (► S. 100) besuchen. Die Anfahrt erfolgt über San Juanito (31 km), von wo eine nicht asphaltierte Straße zum Parque Natural Cascadas (ca. 130 km) führt.

BARRANCA DEL COBRE ERLEBEN

www.parquebarrancas.com
Weitere Auskünfte ▶ Chihuahua

Mit dem **Auto** nimmt man die Straße von Chihuahua nach Cuauhtémoc (104 km), dann die Asphaltstraße über La Junta (152 km) nach Creel. Mit der Bahn, dem **»Chepe«**, kann man von Los Mochis nach Chihuahua (653 km) fahren, zudem fliegen auch **Kleinflugzeuge** nach Chihuahua.

EL TAQUITO €

Das einfache mexikanische Restaurant hat rund um die Uhr geöffnet und liegt direkt im Zentrum.
Av. Gral. Gabriel Leyva 333 Sur Centro
81200 Los Mochis
Tel. 668 8 18 40 85

TÍO MOLCAS €

Gutes mexikanisches Essen in rustikaler Atmosphäre.
Av Adolfo López Mateos 35
33200 Creel
Tel. 635 4 56 00 33

SANTA ANITA €€

Dieses zentral gelegene Hotel (110 Z.) ist der ideale Ausgangspunkt für eine Eisenbahnfahrt durch die Kupferschlucht.
Av. Gral. Gabriel Leyva s/n
81200 Los Mochis
Tel. 668 8 16 70 46
www.santaanitahotel.com

Und...knips!

Divisadero

Bei Divisadero (2250 m), wo die Bahn gewöhnlich einen kurzen Fotostopp einlegt, verläuft die Wasserscheide zwischen Atlantik und Pazifik. Von hier haben Sie einen herrlichen Ausblick über **das grandiose Panorama** der Schluchten del Cobre, Urique und Tararécura.

Wasserfälle und Serpentinen

Cerocahui

Die Ortschaft Cerocahui befindet sich 12 km von der Bahnstation Bahuichivo entfernt. Hier gibt es eine Missionsschule der Jesuiten (Ende 17. Jh.), an der heute noch Kinder unterrichtet werden. In der Umgebung finden Sie wiederum **Wasserfälle**. Nach Bahuichivo beginnt der Abstieg über Serpentinen hinunter zur Pazifikküste.

Von der Conquista (fast) unberührt

Tarahumara (indigenes Volk)

Die Barranca del Cobre ist das Siedlungsgebiet der etwa 50 000 Tarahumara, das sich über 60 000 km² fast ausschließlich im Bundesstaat Chihuahua erstreckt. Über die Vergangenheit der Tarahumara, die sich selbst **Rarámuri** (Läufer) nennen, weiß man wenig; sicher ist, dass sie vor der Konquista über weite Teile Chihuahuas verbreitet wa-

ren. Nach erbitterten Kämpfen, die sie bis ins 20. Jh. gegen Weiße und Mestizen führten, wurden sie in die unwegsame Sierra Madre Occidental abgedrängt und konnten dort ihre Eigenständigkeit einigermaßen bewahren.
Manche von ihnen leben im Winter in **Höhlenwohnungen** am Boden der Schluchten. Die lokale Verwaltung jedes Dorfs wird durch einen gewählten 30-köpfigen Rat gebildet. Die langhaarigen Männer tragen ein weißes oder rotes Kopfband, einen einfachen Umhang und eine Art Lendenschurz. Eine sackähnliche Tunika und ein weiter, mit einem Gürtel zusammengehaltener Wollrock ist die Tracht der Frauen. Neben der Jagd wird etwas Ackerbau und Viehzucht betrieben. Unter den kunstgewerblichen Arbeiten des Stammes findet man Räuchergefäße aus Ton, geflochtene Korbwaren, Holzmasken, die Menschen oder Tiere darstellen, bunte handgewebte Gürtel und Wolldecken. Die Tarahumara sind zwar pro forma zum guten Teil christianisiert, doch überwiegt bei ihnen noch ihre **ursprüngliche Religion**. Die Hauptgottheiten sind Sonne und Mond. Ebenso wie bei den Huicholes ist ihnen der Peyotl-Kaktus heilig. Ein wichtiges Ereignis im Jahresablauf sind **Laufwettbewerbe**. Sie erstrecken sich meist über mehrere Tage und Strecken von über 200 km, wobei oft mit dem Fuß ein Holzball vorangetrieben wird.

★ BONAMPAK · YAXCHILÁN

Bundesstaat: Chiapas (Chis.) | **Höhe:** 360 m. ü. d. M. |
Entfernung: 130 km südöstl. Palenque

Maya-Kultur hautnah: Versteckt im Dschungel von Chiapas liegen die einzigartigen Fresken von Bonampak und die Ruinen der Maya-Stadt Yaxchilán. Die Grenze zu Guatemala ist ganz nah. Und während Rufe der Tukane durch die schwüle Luft schallen, öffnen Sie ein Fenster in die Vergangenheit der alten Maya. Beide Stätten können von ***▶Palenque*** ***aus besichtigt werden.***

R 29

Als der US-amerikanische Forscher **Sylvanus Morley** (1883–1948) das erste Mal einen Fuß auf die überwucherten Steine von Bonampak setzte, ahnte er vermutlich nicht, dass er an diesem verlassenen Ort eine Weltsensation entdecken würde. Nachdem er sich mehrere Tage durch Lianen und andere Schlingpflanzen gekämpft hatte, stieß er 1946 auf einen Tempel, dessen Innenräume über und über mit

BONAMPAK

Von Palenque aus werden **Bus- und Bootstouren** nach Bonampak und Yaxchilán angeboten. Da die Wege relativ weit und die Straßen nicht immer in gutem Zustand sind, dauern diese Trips meistens zwei Tage (Camping). Alternativ kann man auch ein kleines **Flugtaxi** chartern. Diese Möglichkeit gibt es ebenfalls von Tuxtla Gutiérrez, San Cristóbal de las Casas oder Ocosingo und Comitán im Bundesstaat Chiapas sowie von Villahermosa und Tenosique in Tabasco. **Autofahrer** nehmen von Palenque die Carretera Federal 199 in Richtung Chancalá bis zur Kreuzung »Crucero de Bonampak« (ca. 135 km). Mit einem **Shuttle** können Sie sich zur ca. noch 10 km entfernten archäologischen Zone bringen lassen.
Wer weiter nach Yaxchilán möchte, fährt bis in die Grenzstadt Frontera Corozal und nimmt dort ein Boot nach Yaxchilán (45 min.).

Buntes, lebendiges und hervorragend erhaltenes Zeugnis der Maya: Die Fresken im Templo de las Pinturas wurden vor über 1200 Jahren an die Wand gemalt.

bunten Gemälden verziert waren – ein Tor in die Welt der Maya, lebendig und faszinierend, auf einer beeindruckenden Fläche von 144 m^2. Morley gab der alten Stadt den Maya-Namen Bonampak, »bemalte Mauern«. Obwohl seine Entdeckung berühmt wurde, ist bis heute nur ein Bruchteil der klassischen Stätte (300–900) ausgegraben. Die Fresken gehören zu den herausragendsten Bildwerken der Maya, die meisten wurden restauriert und warten auf staunende Besucher. Gute Repliken sind im Anthropologischen Museum in Mexiko-Stadt zu sehen.

Die wesentlichen Gebäude der **Anlage** sind um einen rechteckigen Platz gruppiert, doch nur die südlichen sind einigermaßen erhalten. Hauptattraktion ist zweifellos der Tempel der Wandmalereien (Templo de las Pinturas, Edificio I) mit seinen Fresken, die die Maya bei ihren Zeremonien und Riten zeigen.

Tempel mit weltberühmten Wandmalereien

Templo de las Pinturas

Alle drei Räume des Gebäudes haben die gleichen Maße, ihre Wände sind ganz mit den weltberühmten Wandmalereien (entst. 790–792) bedeckt. Man hat dabei die **klassische Freskentechnik** benutzt. Bevorzugt wurden tiefes Blau als Farbe für den Untergrund, Ockerrot für die Figuren sowie Schwarz, Gelb, Grün und Rosa.

In **Raum 1** sieht man links Würdenträger bei einer Zeremonie; sie sind mit Umhängen und Muscheln geschmückt (Symbole der Erde und der Unterwelt). Auf einer Plattform sitzt der Herrscher des Stadtstaats, flankiert von zwei Frauen, während am Rand ein Diener steht und das Kind des Herrschers auf dem Arm hält. Drei Häuptlinge niederen Ranges sind von zahlreichen Dienern umgeben; in der Mitte des unteren Teils stehen ebenfalls drei Häuptlinge mit großem Quetzalfederschmuck. Links davon stehen Musikanten mit Instrumenten sowie zwei Personen mit Sonnenschirmen. Unter den Musikanten bewegen sich maskierte Gottheiten, rechts sieht man Zuschauer, ebenfalls mit Sonnenschirmen.

Raum 2 enthält Kampfszenen zwischen geschmückten und mit Lanzen bewaffneten Kriegern, die unbekleidete, waffenlose Männer angreifen; die Fresken sind mit 2. August 792 datiert. Es scheint sich um einen Überraschungsangriff der Krieger von Bonampak zu handeln, um Gefangene für Opferungen zu machen. Eine weitere Darstellung zeigt die Vorführung der Gefangenen: Auf einer Plattform steht der mit Jaguarweste und -gamaschen, Jade und Quetzalfedern geschmückte Herrscher, umgeben von seinen Häuptlingen und Würdenträgern. Vor ihnen sitzen und liegen die fast nackten Gefangenen.

Die Darstellungen in **Raum 3** zeigen die Vorbereitungen für ein Fest. Man sieht den Häuptling, der ein Blutopfer bringt, indem er seine Zunge durchbohrt. Zu der Szene scheinen auch zehn Würdenträger sowie neun sitzende Personen zu gehören. Weiter oben sieht man zwölf Männer, die auf einer Bahre eine kleine, grotesk aussehende

Gestalt (Erdgott?) tragen. Den größten Teil dieses Raums nimmt die Schlussszene mit dem Menschenopfer und den Tänzern ein.

Tgl. 8–16.30 Uhr | Eintritt 90 MEX$

Junge Opfer der Zivilisation

Lacandonen

In der Umgebung der Ruinenstätte am Río Lacan-há leben die letzten Familien der **Lacandón-Maya**. Diese galten vor einiger Zeit noch als die einzigen von der Zivilisation unberührten Nachfahren der Maya. Bei der Frage nach ihrer Herkunft ist man auf Vermutungen angewiesen, denn der Stamm hatte nie Berührung mit den Spaniern. Die Lacandonen nennen sich selbst Kariben und ihre Siedlungen werden daher auch Caribal genannt. Sie tragen ihre Haare lang und kleiden sich in lange weiße Gewänder. Bis vor wenigen Jahren jagten diese isoliert im Wald lebenden Indigenen noch mit Pfeil und Bogen und hielten ihre traditionellen Riten in den Ruinen alter Tempel ab. Mittlerweile wurden sie zu einem beliebten Besuchsziel von Missionaren, Ethnologen und Touristen, wodurch sie ihre Eigenständigkeit weitgehend verloren haben.

Yaxchilán

Fesselnder »Ort der grünen Steine«

Bedeutende Maya-Stätte

Fast vom Dschungel verschluckt liegt am Rio Usumacinta, dem Grenzfluss zwischen Mexiko und Guatemala, und 40 km nördlich von Bonampak die Maya-Stadt Yaxchilán. Schon die **Bootsfahrt** hierher ist aufregend. Einmal angekommen, tauchen Sie ein in eine andere Welt ein. Einsam und mysteriös, doch gleichzeitig erhaben erstrecken sich Tempel, Plätze, Stelen und Altäre entlang des trägen Flusses. Yaxchilán war in der Maya-Klassik (300–900) zusammen mit Palenque (Mexiko), Piedras Negras, Tikal und Quirigua (alle in Guatemala), Caracol (Belize) sowie Copan (Honduras) einer der religiösen und politischen Mittelpunkte im zentralen Tiefland des Maya-Reiches. Zu ihrer Blütezeit im 8. Jh. herrschte die Stadt über etliche Orte der Umgebung, darunter auch Bonampak. Der österreichische Forscher **Teobert Maler** nannte sie Yaxchilán, den »Ort der grünen Steine«. Besonders bekannt ist die Stadt für die **zahlreichen Schriftzeichen**, die hier gefunden wurden.

Tgl. 8–16.30 Uhr | Eintritt 80 MEX$

Vom Dschungel nahezu verschluckt

Anlage

Die entlang des Río Usumacinta und auf den Hügeln verteilten fast **100 Bauwerke** sind nur zu einem geringen Teil ausgegraben und restauriert, die meisten noch oder schon wieder vom Urwald überwachsen. Die oberen Teile der Fassaden sowie die Dachkämme (Cresterías) waren einst mit Stuck- und Steinfiguren geschmückt. Wie in der großen Maya-Stätte Palenque zeigen die Dächer den sogenannten **»Mansardeneffekt«**. Bedeutend sind in Yaxchilán die einzigartig feinen und doch kraftvollen Reliefs, die in die Stelen, Altäre, Türstürze und Stufen eingemeißelt wurden. Sie zeigen oft zwei Figuren, die einen Machtwechsel versinnbildlichen.

Das bedeutendste Bauwerk der Anlage ist das Gebäude 33 oder der Palast des Königs (**Edificio 33, Palacio del Rey**) an der südwestlichen Seite des Platzes. Die Hieroglyphentreppe ist mit 13 Paneelen versehen, die die Thronbesteigung von »Vogel Jaguar« 752 zum Thema haben. Seine spezielle Hieroglyphe ist eine kleine Dschungelkatze mit Federn am Rücken und einem Vogel auf ihrem Kopf. Elf der Paneele zeigen Ballspielszenen. Die drei Eingänge sind mit Türbalken geschmückt, die Szenen aus dem Leben des Herrschers darstellen; darüber befinden sich Nischen, in denen einst Steinfiguren saßen. Der Fries zeigt noch Reste von früheren Dekorationen. Der besonders schöne doppelte Dachkamm weist rechteckige Vertiefungen auf, die acht waagerechte Reihen bilden. In der Mitte saß einst die 2,5 m große Statue einer Herrschergestalt mit prächtigem Kopfschmuck. Vor dem Gebäude steht der Torso einer im Innern gefundenen Figur, die als König (Rey) bezeichnet wird; der Kopf dieser Statue liegt etwas abseits.

Nicht versäumen sollte man den Aufstieg zu **Edificio 41**, dem etwas abseits gelegenen, höchsten Gebäude Yaxchiláns. Die Aussicht auf die gesamte Stätte und ihre dschungelartige Umgebung ist wunderschön. Die Guides weisen jedoch oftmals nicht darauf hin, dass der Weg eine besondere Anstrengung bedeutet.

CAMPECHE

Bundesstaat: Campeche (Camp.) | **Höhe:** 16 m ü. d. M. | **Einwohner:** ca. 249 000 | **Entfernung:** ca. 200 km südwestlich von Mérida

Eine gewaltige Festungsmauer umgibt die Altstadt von Campeche an der Westküste Yucatáns am Golf von Mexiko. Durch die engen Gassen weht das Flair einer Hafenstadt, die oft von Piraten heimgesucht wurde. An jeder Ecke stehen wunderschöne Kolonialhäuser, bepinselt in bunten Pasteltönen. Eine Stadt zum Verlieben.

O 30

Logisch: Die Hafenstadt Campeche ist so geschichtsträchtig und schön, dass sie bereits 1999 zum UNESCO-Welterbe erklärt wurde. Komisch: Der Tourismus steckt noch in den Kinderschuhen. Sie haben die Kolonialstadt am Golf von Mexiko also noch fast für sich, während Sie auf Erkundungstour gehen.

Als die Spanier den alten Maya-Ort **Ah Kin Pech** entdeckten, zerstörten sie alle Häuser und bauten darüber ihr neues Campeche zu einer bedeutenden Hafenstadt aus. Womit sie nicht gerechnet hatten: das Verladen der Maya-Schätze Jade und Silber auf ihre Galeonen blieb nicht unentdeckt. Prompt waren Piraten zur Stelle und überfielen die Stadt mehrmals. 1685 hatten die Spanier genug und bauten Stadtmauern und Festungen – 40 Prozent sind noch erhalten.
Begeben Sie sich in den alten Bastionen, den **»Baluartes«**, auf historische Spurensuche – interessante Museen warten auf Sie. Wenn sich nach einem spannenden Tag der Abend nähert, ist es Zeit, an der Kaimauer den Sonnenuntergang über dem Meer zu genießen. Und: Lassen Sie sich auf keinen Fall die köstliche **Fischsuppe** und deftige **Fischlasagne** entgehen – beides Spezialitäten der Piratenstadt.
Die Straßen mit geraden Zahlen verlaufen parallel zum Meer und beginnen seltsamerweise mit der Calle 8 direkt innerhalb der Stadtmauer. Die Straßen mit ungeraden Zahlen führen hingegen quer dazu landeinwärts. Sieben der ursprünglich acht Bastionen sind noch er-

Auf zum nächsten Auftritt: Die Mariachis haben mit Campeches bunten Kolonialhäusern schon mal die perfekte Kulisse gefunden.

halten und können bei einem Spaziergang entlang der Avenida Circuito Baluartes besichtigt werden.

Wohin in Campeche?

Mit der ersten Kirche Yucatáns

Unweit der Plaza Principal liegt die Bastion Baluarte de la Soledad. Sie beherbergt heute das **Museo de Estelas Mayas** mit interessanten Steinmetzarbeiten. Baluarte de la Soledad

Gegenüber sehen Sie die erste Kirche Yucatáns. Die Kathedrale **La Concepción**, deren Bau bereits 1540 begonnen, aber erst 1705 beendet wurde, steht neben schönen, alten Kolonialhäusern.

Di–So 9–15 Uhr | Eintritt 45 MEX$

Lust auf Kunsthandwerk?

In der prächtigen Villa Mansión Carvajal in der Calle 10 Nr. 584 finden Sie eine beachtliche Verkaufsausstellung für mexikanisches Kunsthandwerk. Mansión Carvajal

Sitz der Regierung

Wenn Sie in die Calle 8 nach rechts einbiegen und das Stadttor Puerta del Mar passieren, gelangen Sie zum Palacio del Gobierno (auch Edificio de Poderes), dem **modernen Regierungsgebäude**, und zur Cámara de Diputados, dem **Parlament des Bundesstaats**. Palacio del Gobierno

Oase mitten in der Stadt

Die Calle 8 stößt auf das Bollwerk San Carlos, in dem heute ein Stadtmuseum (**Museo de la Ciudad**) untergebracht ist. Die Mauern der Bastion Santiago bergen hingegen den kleinen **botanischen Garten Xmuch'haltun** mit Palmen, Agaven und anderen einheimischen Gewächsen. Baluarte San Carlos, Baluarte Santiago

Museo de la Ciudad: tgl. 8–21 Uhr | Eintritt 25 MEX$
Baluarte Santiago: tgl. 9–16 Uhr | Eintritt 15 MEX$

Schätze der Vergangenheit

In der Casa del Teniente del Rey, Calle 59 Nr. 40 (nahe der Puerta de Tierra), wurde das **Regionalmuseum** eingerichtet. Es zeigt archäologische Funde zur Geschichte Campeches, u. a. Grabbeigaben aus Calakmul, darunter eine kostbare Mosaikmaske. Casa del Teniente del Rey

Ort der ersten christlichen Messe

An der Kreuzung der Calle 59 und Calle 18 erhebt sich die aus dem 16. Jh. stammende **Kirche** San Francisco. Sie enthält fünf holzgeschnitzte Altäre, die in Zinnoberrot und Weiß bemalt sind. Am Kai Miguel Alemán (Malecón) in nördlicher Richtung steht das **Kloster** Iglesia San Francisco

CAMPECHE ERLEBEN

Centro Cultural Casa No. 6
Calle 57 (Südwestecke Parque Principal)
Tel. 981 8 16 17 82
www.turismocampeche.com

Mit dem **Flugzeug** benötigen Sie von Mexiko-Stadt ca. 1,5 Stunden, mit dem **Bus** 17 Stunden.

HACIENDA PUERTA CAMPECHE €€€€

Subtiler Luxus in einem Ensemble restaurierter Häuser aus dem 17. Jh., spektakulärer Pool, romantische Dachterrasse. Das Haus zählt zur 2008 mit dem To-Do-Preis für nachhaltigen Tourismus ausgezeichneten Grupo Plan, die auf der Halbinsel Yucatán ehemalige Sisal-Landgüter restauriert. Die Investitionen in diese Haciendas del Mundo Maya fördern die wirtschaftliche Entwicklung der Region und bieten den Maya der Umgebung neue Quellen für Einkommen und Bildung.
Calle 59, No. 71 Pro 16 & 18
Tel. 981 8 16 75 08
www.marriott.com

LA PIGUA €€€

Das im Stil einer verglasten Hütte gebaute Restaurant ist bekannt für gute Seafood-Gerichte im mexikanischen Stil.
Av Miguel Alemán 179
www.lapigua.com.mx
Tel. 981 16 01 68 4

San Francisco. An dieser Stelle soll im Jahr 1517 die erste christliche Messe auf mexikanischem Boden abgehalten und der 1562 geborene Enkel von Hernán Cortés, Jerónimo, getauft worden sein. Das Taufbecken wird noch heute benutzt.

Gut beschütztes Museum

Fuerte San Miguel

Am südlichen Stadtrand führt eine Abzweigung von der Küstenstraße zu der hübsch oberhalb der Stadt gelegenen Festung Fuerte de San Miguel. Sie ist über eine Zugbrücke zu erreichen und mit Kanonen bestückt. Im Innern findet man das kleine, aber sehr sehenswerte **Museo de Arqueología** mit Funden aus den Maya-Kulturen. Besondere Beachtung verdienen die Terrakottafiguren aus Jaína sowie die gelungenen Übersichtstafeln aller prähispanischen Kulturen.
Di–So 8–17 Uhr | Eintritt 85 MEX$

Für Freunde maritimer Fundstücke…

Fuerte San José

…zeigt das **Museo de Marinería y Armas** u. a. Schiffsmodelle aus der Kolonial- und Piratenzeit. Von der Festung hat man zudem einen schönen Blick auf die Stadt.
Di–So 8–17 Uhr | Eintritt 45 MEX$

Rund um Campeche

Im »Haus der Masken«

Edzná

Die Ausgrabungsstätte Edzná (Haus der Masken), die Sie 65 km südöstlich von Campeche abseits der MEX 261 erreichen, befindet sich am Rand eines archäologischen Gebiets, das nach einer häufigen Nachsilbe bei den Ortsnamen dieser Gegend Chenes (Brunnen) genannt wird. In der Region herrschte der sogenannte Chenes-Stil (s. u.) vor, doch Edzná ist diesem nicht eindeutig zuzuordnen, da man hier auch Merkmale von Río Bec, Puuc und klassischer Maya-Architektur vorfand. Edzná lag einst an einer Haupthandelsroute der Maya zwischen Hochland und Küste. Seine Blütezeit lag zwischen 600 und 900, wobei man davon ausgeht, dass **um 650 rund 60 000 Einwohner** in der Stadt lebten. Wie so oft in den alten Maya-Städten wurden auch hier die Gebäude zum Teil mehrmals überbaut, was zu Schwierigkeiten bei der Datierung führt.

Sehenswert sind hauptsächlich die um die **Plaza Central** angeordneten Bauten. Auf dessen Mitte steht ein quadratischer Altar mit einem kleinen Aufsatz an der Westseite, der La Picota genannt wird.

An der Ostseite steht das interessanteste zugängliche Monument Edznás, das Gebäude der Fünf Stockwerke (**Edificio de los Cinco Pisos**). Man nimmt an, dass die ersten vier Stockwerke mit Kammern als Wohnungen für die Priesterschaft und der Tempel mit dem Altar als eigentlicher Schrein dienten. Im unteren Stockwerk sieht man Säulen aus Mauerwerk, die an den Río-Bec-Stil erinnern, während im vierten Stock bereits monolithische Säulen mit Kapitellen verwendet wurden, wie sie im Puuc-Gebiet gebräuchlich waren. Dieses beeindruckende Bauwerk ist ein gutes Beispiel für den in Edzná vorherrschenden nüchternen Stil mit einfachen Simsen und schmucklosen Fassaden, der sich so deutlich von der Bauweise der Kultstätten im klassischen Chenes- oder Puuc-Gebiet unterscheidett.

An der Westseite der Plaza Central steht das restaurierte Haus des Mondes (**Casa de la Luna**). Das Bauwerk ruht auf einer Plattform und wird von den Resten eines Tempels überragt.

Erwähnenswert ist noch die um einen anderen Platz gruppierte Gebäudereihe, die man **Grupo del Centro Ceremonial** nennt. Im Osten des Platzes liegt die sogenannte Große Akropolis (**La Gran Acrópolis**), im Westen das Große Haus (**Casa Grande oder Nohol'ná**), im Norden die Plattform der Messer (**Plataforma de los Cuchillos**) und im Süden der Tempel des Südens (**El Templo del Sur**). Da ein Teil der Anlagen Edznás unter dem Meeresspiegel lag, mussten die Maya das Stadtgebiet aufgrund der häufigen Regenfälle entwässern. Dies gelang durch ein ausgeklügeltes System von unterirdischen Kanälen und Auffangbecken, das sich südlich der Großen Akropolis befand.

Tgl. 9–17 Uhr | Eintritt 85 MEX$

Das gut 30 m hohe Gebäude der Fünf Stockwerke (Edificio de los Cinco Pisos) überragt die gesamte Anlage von Edzná.

Monsterrachen und langnasige Göttermasken

Chenes-Kultur

Von Hopelchén (ca. 50 km nordöstlich von Edzná) empfiehlt sich für archäologisch Interessierte ein Abstecher nach Süden in das Gebiet der Chenes-Kultur (550–830 n. Chr.). In der späten Klassik wurde die Halbinsel Yucatán von drei Maya-Baustilen geprägt: Im Nordwesten war es die **Architektur des Puuc-Stils** (▶ Uxmal), im Süden die des **Río Bec** (▶ Chetumal) und nördlich davon die des **Chenes**. Die Bauweisen ähneln einander, doch unterscheidet sich der Chenes- vom Puuc-Stil dadurch, dass die gesamte Fassade eine Verkleidung aus behauenem Stein und aus Stuck trägt. Ein Monsterrachen bildet das Eingangstor, die Gebäudeecken sind mit langnasigen Göttermasken dekoriert. Beispiele finden sich in den Ausgrabungsstätten Dzehkabtún, Hochob, Dzibilnocac, El Tabasqueño und Dzibalchén (San Pedro), 20 km südöstlich von Hopelchén.

CANCÚN

Bundesstaat: Quintana Roo (Q. R.) | **Höhe:** Meereshöhe | **Einwohner:** 889 000 | **Entfernung:** 320 km östlich von Mérida

M 34

Studierende aus ganz »Gringolandia« stürmen die Strände, Discos und Bars: Zur Spring Break, den amerikanischen Frühlingsferien von Februar bis April, steht Cancún Kopf. Doch auch außerhalb dieser studentischen Hochsaison herrscht in der Tourismushochburg mit ihrem herrlich türkisblauen Meer, dem weißen Sand und tropischem Klima Trubel, Feierlaune und ausgelassene Stimmung.

Touristen-Hotspot

Heute ist es kaum noch vorstellbar, dass auf dem Gebiet von Cancún mit seinen Hotels, Pools, Restaurants, Discos, Bordellen, Shoppingmalls und Wassersportanbietern einst einfache Maya-Hütten standen. Jede Woche landen allein aus Deutschland 14 Flugzeuge mit sonnenhungrigen Gästen in der Karibikstadt. Von günstigen bis luxuriösen Hotels gibt es hier alles.
In den 1970er-Jahren wurde Cancún **auf dem Reißbrett entworfen** und systematisch zu einem Badeziel ausgebaut. Zu dieser Zeit lebten hier noch immer um die 100 Maya, die sich ihren Lebensunterhalt mit Fischfang und der Suche nach dem Chicle-Saft, aus dem Kaugummi hergestellt wird, verdienten. Sie mussten weg – das Tourismusprojekt war beschlossene Sache der Regierung

Wohin in Cancún?

Zweigeteilt

Zona Comercial, Zona Hotelera

Cancún ist in zwei unterschiedliche Hälften geteilt. In der Innenstadt, der **Zona Comercial**, gibt es im Wesentlichen öffentliche Einrichtungen, Geschäfte und Wohnhäuser, einige kleinere Hotels sowie die Stierkampfarena und den großen Markt.
Der eigentliche Badeort, auch **Zona Hotelera** genannt, liegt auf der vorgelagerten Insel, die mit dem Festland durch Brücken verbunden ist. Sie formt einen reizvollen Küstengürtel, auf dem sich die großen Hotels aneinanderreihen. Eine Menge Freizeitaktivitäten werden hier angeboten – vom Tauchen, über Hochseeangeln und Parasailing bis hin zum Golfen.

Die Welt der Maya

Museo de Antropología y Historia

Im Kongresszentrum (**Centro de Convenciones**) versammelt das Museo de Antropología y Historia Objekte zur Maya-Kultur und Exponate zur Geschichte des Bundesstaats Quintana Roo. In unmittelbarer Nähe liegen zwei der vielen Einkaufszentren des Blvd. Kukulkán.

CANCÚN ERLEBEN

Secretaría Turismo Cancún
Av Náder y Coba s/n
Tel. 998 88 73 37 9
www.cancungob.com

Mit dem **Flugzeug** von Mexiko-Stadt (ca. 2 Std.), Mérida und Monterrey; aus Deutschland Direktflüge mit Condor ab München und Frankfurt/Main, Lufthansa ab Frankfurt/Main und Eurowings ab München und Düsseldorf. Mit dem **Bus** von Mexiko-Stadt benötigt man ca. 24 Std.

Das moderne Einkaufszentrum **Plaza Caracol** am Paseo Kukulcán in der Hotelzone lässt kaum einen Wunsch offen. Neben Designerkleidung finden Sie auch einheimisches Kunsthandwerk und gut sortierte Buchläden. Das **Costa-Blanca-Einkaufszentrum** neben der Plaza Caracol bietet eine große Auswahl an moderner und traditioneller mexikanischer Kleidung. Kleinere Läden gibt es auf der **Av. Tulum**.

❶ LA HABICHUELA €€€€
Eine Art Institution: Seit 1977 serviert man im Salon und im edel eingedeckten Garten Fisch, Pasta, Geflügel und Steaks. Berühmt ist die Cocobichuela mit Languste und tropischen Früchten.
Calle Magaritas 25
Tel. 998 8 84 31 58
www.lahabichuela.com

❷ LABNA €€
In edlem Ambiente gibt es hier yucatekische Spezialiäten wie Sopa de Lima, Cochinita Pibil oder Pan de Cazón.
Calle Margaritas 25
Tel. 998 88 43 15 8

❸ LA PALAPA BELGA €€
Im Belga wird belgische Küche vom Feinsten bereitet.
Calle Quetzal 13
Tel. 998 88 35 45 4
www.lapalapabelga.com.mx

❷ LE BLANC €€€€
Designer-Resort (260 Z.) mit großem Bambusgarten-Spa, Butler-Service und drei Pools, über die ein Concierge wacht.
Blvd Kukulcan, bei Km 10
Zona Hotelera
Tel. 998 19 30 28 5
www.leblancsparesort.com

❶ AMBIANCE SUITES €€
Geräumige Zimmer in ruhiger aber zentraler Lage. Ein kleiner Pool im Garten bietet die perfekte Erfrischung.
Av. Tulúm 227
Tel.: 998 8 92 03 92
www.ambiancecancun.com

Schöne Aussichten

Torre de Cancún

Einen spektakulären Blick über Cancún bietet der Torre de Cancún am benachbarten El-Embarcadero-Center. In einer rotierenden Panorama-Kapsel gelangt man bis zur Spitze des Aussichtsturms in 80 m Höhe.

Punta Sam
Isla Mujeres
Isla Mujeres
MUSA
Habichuela
Labna
La Palapa Belga
Ambiance Suites
Le Blanc
Puerto Juárez
Av. López Portillo
180
CANCÚN
Av. Uxmal
Avenida
Tulum
Playa Las Perlas
Av. Cobá
Blvd. Kukulcán
Bahía de Mujeres
Playa Juventud
Playa Langosta
Playa Linda
Marina Terminal
Blvd. Kukulcán
Playa Tortugas
Playa Caracol
Punta Cancún
Centro de Convenciones
Plaza Caracol
Playa Gaviota Azul
307
Golf
Laguna Bojórquez
Playa Chac-Mool
Playa Marlin
Isla Cancún
Laguna del Amor
Laguna de Nichupté
Playa Ballenas
Blvd. Kukulcán
Playa San Miguelito
Zona Arqueológica San Miguelito
Golf
Laguna Cabra
Zona Arqueológica El Rey
Playa Delfines
Mar Caribe
Laguna Río Inglés
2 km
©BAEDEKER
Aeropuerto
Blvd. Kukulcán
Punta Nizuc
Parque Nacional Submarino Punta Nizuc

Tourismusmagnet

Strände

Von der Stadtgrenze aus erstrecken sich entlang des Boulevard Cancún und des Paseo Kukulkán die Strände **de las Perlas, Juventud, Linda, Langosta, Tortugas, Caracol und Chac-mool**, von denen die drei letztgenannten die beliebtesten sind. Bei Kilometer 7,5 des Paseo Kukulkán wurde der öffentliche Golfplatz Pok-ta-Pok (18 Löcher) angelegt. Seit einigen Jahren boomt der Tourismus an der etwa 150 km langen ▶ **Riviera Maya**, dem Küstenabschnitt zwischen Cancún und ▶ Tulum – nicht zuletzt dank der schönen Strände.

Inselhopping

Inseln

Zu den **Inseln** ▶ Cozumel und ▶ Isla Mujeres fährt ein Tragflügelboot (Ablegestelle ist beim Centro de Convenciones). Zur unbewohnten Isla Contoy, wichtigster Seevogel-Nistplatz der mexikanischen Karibik, verkehren Boote, jedoch dürfen täglich nur 200 Besucher hinüber.

Über 500 lebensgroße Statuen begrüßen Taucher auf dem Meeresboden – eines der einzigartigen Projekte des Museo Subacuático de Arte (MUSA).

Kunst unter dem Meer

Museo Subacuático de Arte (MUSA)

Ein Tauchgang zwischen Punta Cancún und Isla Mujeres hält Außergewöhnliches bereit: Hunderte lebensgroßer **Skulpturen**, darunter Nachbildungen diverser, z.T. erstaunlich echt aussehender Menschengruppen, tummeln sich in 8 m Tiefe auf dem Meeresgrund. Der britische Künstler Jason deCaires Taylor und seine Kollegen verknüpfen hier Kunst mit Naturwissenschaft: Auf dem pH-neutralen Material der Skultpuren wachsen Korallen hervorragend heran. Auch Muscheln und Algen fühlen sich auf den Figuren wohl, die somit ein Teil der Unterwasserwelt werden. Entdecken können Sie diese Unterwasser-Installationen **im Glasbodenboot, beim Tauchgang oder Schnorcheln**.

ab 50 MEX$ | www.musamexico.org

CHETUMAL

Bundesstaat: Quintana Roo (Q. R.) | **Höhe:** Meereshöhe | **Einwohner:** 169 000 | **Entfernung:** ca. 450 km südöstl. von Mérida, ca. 380 km südl. von Cancún

In Chetumal lassen Sie am besten die Seele baumeln – und zwar in einer der berühmten Hängematten des Ortes! Das Städtchen lädt zum Entspannen ein, bevor es weiter nach Belize oder Guatemala geht.

Ort zum Entspannen

Doña María, 65, sitzt auf der Veranda ihres Hauses und knüpft an einer Hängematte. Seit sie fünf Jahre alt ist, stellt sie **»hamacas«**, Hängematten, her. »Früher wurden auf ganz Yucatán viele Sisal-Plantagen gepflanzt, denn diese Agave lieferte die Fasern für die hamacas.«, erzählt sie. Heute werde auch gerne Baumwolle verwendet, billiges Nylon, das auch zum Einsatz kommt, gefalle ihr aber nicht. Neben Mérida ist hier also der Ort, wo Sie eine Hängematte erstehen sollten, denn hier werden sie gemacht. Achten Sie auf enge Maschen und wenn Sie zu zweit darin Platz finden möchten, kaufen Sie eine »Matrimonial« – ein »Ehebett«.

Bevor sie sich wieder ganz ihrer »hamaca« widmet, verrät Doña María noch, dass man in Chetumal unbedingt noch das **Mayamuseum** besuchen sollte, denn dort werden die Traditionen der Region und das Kunsthandwerk sehr schön gezeigt.

Einst war Chetumal ein **wichtiger Hafen der Maya**, von dem aus sie Gold, Federn und Kupfer in den Norden Yucatáns brachten. Danach war der Ort bis 1898 nur dünn besiedelt. Die ersten Spanier, die hier 1512 als Schiffbrüchige landeten und Sklaven der Maya wurden, wa-

CHETUMAL ERLEBEN

SECRETARÍA DE TURISMO

Dirección de desarrollo turístico
Calle 5 de Mayo
Tel. 983 8 33 24 65

Mit dem **Bus** reisen Sie von Mexiko-Stadt in ca. 22 Std., von Mérida acht Std, von Cancún sechs Std. nach Chetumal. Tägliche **Flüge** von/nach Cancún, Mérida und Mexiko-Stadt.

LA BOTANA DE PELÍCANOS

Frisches Ceviche, leckere Tacos und aufmerksamer Service. Sehr zu empfehlen: die Shrimps im Speckmantel.

Blvd. Bahía 70
Barrio Bravo
Tel. 983 8 32 65 03

CHICANNÁ ECOVILLAGE RESORT

Gegenüber der archäologischen Zone von Chicaná stehen die doppelstöckigen, Maya-Bauten nachempfundenen Casas (32 Z.) mit Kachelböden und dezenter Ausstattung. Mit Pool und Restaurant.

Carretera Escárcega
Km 150, Xpuhil
Tel. 981 1 42 73 27
www.chicannaecovillageresort.com

ren Gerónimo de Aguilar und Gonzalo Guerrero. Während Aguilar später von Cortés befreit wurde und ihm unschätzbare Dienste als Dolmetscher leistete, heiratete Guerrero eine Maya-Prinzessin und kämpfte längere Zeit erfolgreich auf der Seite der Maya gegen die spanischen Eindringlinge. **1898 erst beginnt die spanische Geschichte Chetumals**, als die Stadt von Kapitän Othón Blanco unter dem später wieder aufgegebenen Namen Payo Obispo gegründet wurde.

Heute ist Chetumal die Hauptstadt des Bundesstaats Quintana Roo. Die Stadt liegt **am südlichsten Punkt der Ostküste Yucatáns** an der Mündung des Río Hondo, des Grenzflusss zu Belize (ehem. Britisch-Honduras). Die Hafenstadt hat seit dem Ausbau der Landwege und der Einrichtung eines Freihafen einen raschen Aufschwung genommen. Die mexikanische Zentralregierung erbaute nach einem vernichtenden Wirbelsturm 1954 eine neue Stadt, die heute als Handelszentrum für die Ostküste der Halbinsel Yucatán eine beachtliche Rolle spielt.

Chetumal hat als **Ausgangspunkt für Reisen** zu den zahlreichen archäologischen Stätten sowie wegen der schönen Lagunen und Riffe in der Umgebung touristische Bedeutung erlangt. Wegen seiner **Nähe zu Belize** sind die Märkte der Stadt an den Wochenenden oft voller Kunden aus dem Nachbarland.

Über das Leben der Maya

Museo de la Cultura Maya

Die moderne Stadt Chetumal bietet, abgesehen von einigen alten Holzhäusern, wenig Bemerkenswertes. Zu erwähnen ist das Museo de la Cultura Maya, das einen Überblick über Kunst, Architektur, Religion und das tägliche Leben der Maya gibt. Einige Modelle zeigen bedeutende Maya-Bauwerke, wie sie in ihrer Blütezeit wohl ausgesehen haben. Mithilfe von Touchscreen-Computern kann man zudem einiges über den Kalender und die Glyphen erfahren sowie Repliken von Stelen und Wandmalereien betrachten.

Av. Niños Héroes | Di–So 9–17 Uhr | Eintritt 64 MEX$, So frei

Rund um Chetumal

Riesiger See, viele Sportmöglichkeiten

Laguna Bacalar

Nach 35 km Fahrt in nordwestlicher Richtung über die MEX 307 erreicht man die Laguna Bacalar. In den flachen und ruhigen Gewässern des 56 km langen **Süßwassersees** können Sie viele Arten von Wasser- und Angelsport treiben. An den Küsten der Lagune finden sich Maya-Ruinen und Reste spanischer Siedlungen. In Bacalar am Südwestende der Lagune steht noch die alte spanische Festung **Fuerte de San Felipe** aus dem 18. Jh., die heute ein historisches Museum beherbergt. Vom 13. bis 16. August wird hier das **Fest des hl. Joachim** (San Joaquín) gefeiert. Etwa 3 km außerhalb der Stadt liegt der mehr als 70 m tiefe **Cenote Azul**, an dessen Ufer Sie auch einkehren können.

Der Kult des sprechenden Kreuzes

Felipe Carrillo Puerto

Gut 150 km nördlich von Chetumal liegt an der MEX 307 der **Verkehrsknotenpunkt** Felipe Carrillo Puerto (20 000 Einw.). Unter dem Namen Chan Santa Cruz war er das Zentrum des Kults des Sprechenden Kreuzes, eine Bewegung der Indigenen, die den Krieg der Kasten (1847–1901) auslöste. In dieser Zeit war Chan Santa Cruz vorübergehend auch die Hauptstadt des unabhängigen Maya-Staats von Yucatán. Reste des ursprünglichen Tempels des Sprechenden Kreuzes befinden sich an der Nordwestecke der Calle 60 y 69. Im **Museo Santuario de la Cruz Parlante** sind Dokumente und Fotos zum Krieg der Kasten und zur Stadtgeschichte ausgestellt. Auf dem Hauptplatz steht die 1858 erbaute große **Kirche** dieses Kults, aus der die Stimme des Kreuzes zu den Indigenen sprach und ihre Geschicke leitete – wahrscheinlich sprach aber ein Bauchredner oder ein versteckter Mann zu den Indigenen.

Inmitten des tropischen Urwalds

Kohunlich

Die freigelegten Ruinen von Kohunlich liegen inmitten des tropischen Urwalds und gehören trotz ihrer isolierten Lage zu den gepflegtesten

Ein Fenster in die faszinierende Maya-Kultur – die Ruinen von Becán

Ausgrabungsorten Mexikos. Sie erreichen sie von Chetumal aus auf der MEX 186 Richtung Westen; nach 58 km nehmen Sie in Francisco Villa links die Abzweigung zu der 9 km entfernten Ruinenstätte. Kohunlich ist ein aus dem englischen »Cohoon Ridge« verballhornter Name für die eigentliche Ortsbezeichnung Aserradero (Sägemühle). Im Rahmen der 1912 durchgeführten archäologischen Forschungen im benachbarten Süd-Campeche wurde Kohunlichs Lage erstmals aufgezeichnet. Richtig entdeckt wurde der Ort allerdings **erst 196**8, als Plünderer dabei überrascht wurden, die Großmasken vom Tempel der Masken zu stehlen. Seither wurde hier vorbildliche Ausgrabungs- und Restaurierungsarbeit geleistet. Das bisher erkundete archäologische Gebiet von Kohunlich erstreckt sich über mehr als 2 km². Die früheren Bewohner planierten und zementierten fast die Hälfte des gesamten Geländes; sie bauten natürliche Gräben zu Sammelbecken aus, in denen ein Trinkwasservorrat für die Trockenzeit angelegt werden konnte.

Das interessanteste und in seiner Art im Maya-Gebiet einzigartige Bauwerk ist die Pyramide der Masken (**Pirámide de los Mascarones**) aus dem 5. Jahrhundert. Grabräuber fanden einst die Freitreppe von acht großen Stuckmasken flankiert, von denen noch fünf vor-

handen sind. Sie scheinen den Sonnengott (Kinich Ahau) darzustellen. Im großen Kopfschmuck können Sie ein mythologisches Wesen mit schneckenförmigen Augen erkennen. Einige Augen der Masken tragen das Zeichen Chuen, welches dem Tzolkin, dem heiligen Jahr der Maya mit 260 Tagen, entspricht. Wie bei den noblen Maya üblich, sind die Nasen mit Ringen geschmückt; die raubkatzenartigen Münder, welche mit den Zwirbelbärten des Regengotts versehen sind, weisen interessanterweise olmekische Merkmale auf. Alle Masken tragen Ohrringe mit Pflöcken, deren Seiten Schlangen abbilden, die den Regen symbolisieren könnten.
Der große Platz der Stelen (**Plaza de las Estelas**) wurde nach den im Ostgebäude (**Edificio Oriente**) gefundenen vier monolithischen Stelen benannt, die jetzt an den Treppenseiten eingelassen sind. Auf dem Platz können Sie noch Reste des festen Bodens erkennen, den die Maya mit einem Gemisch aus Kalk und Honig anlegten.
Tgl. 8–17 Uhr | Eintritt 85 MEX$

Die vielleicht größte Maya-Stadt

Calakmul, Balamkú und weitere Maya-Stätten

Auf der MEX 186 Richtung Westen gelangen Sie zunächst zu den Archäologischen Stätten Xpuhil und Becán im Río-Bec-Stil und den Augrabungsort Chicanná und gelangen, weiter Richtung Süden, mit über 6000 Gebäuden zur vielleicht größten Maya-Stadt überhaupt, nach Calakmul. Kürzlich entdeckte man sieben Fernstraßen (»sacbeob«) und reich geschmückte Grabstätten, darunter das Grab eines bedeutenden Herrschers von Calakmul. Man nimmt an, dass die Maya-Metropole schon in der vorklassischen Zeit zusammen mit Nakbé und El Mirador (beide Guatemala) eine dominierende Rolle in der Region gespielt hat. Man fand bisher ca. 120 Stelen mit Datierungen von 435 bis 810. Das 7500 km² große Biosphärenreservat der Region ist nach Calakmul benannt.
Etwa 60 km westlich von Xpujil, bei der Abzweigung an der Ortschaft Conhuas, erreicht man Balamkú (**Tempel des Jaguar**). Diese gut erhaltene, prächtige Ruinenstätte gleicht überraschenderweise weder dem benachbarten Río-Bec- noch dem Chenes-Stil im Norden. Das Auffälligste ist die Struktur »La Casa de los Cuatro Reyes« (Haus der vier Könige) mit einem originellen Figurenfries (17 × 1,5 m) am oberen Teil der Fassade, z. B. mit Szenen von vier Königen, Jaguaren mit grotesken Masken, aus deren Fängen Schlangen heraushängen.
Ungefähr 15 km nordöstlich von Balamkú liegt die wieder entdeckte Ruinenstätte **Nadzcaan**, die aus drei Gruppen mit mindestens 40 Strukturen (u. a. zwei Pyramiden, ein Tempel, ein Ballspielplatz und 13 Stelen) besteht. Zusammen mit Balamkú hatte Nadzcaan in der frühen Klassik (300–600) eine wichtige kulturelle, kommerzielle und soziale Stellung zwischen dem guatemaltekischen Petén und Edzná. **Dzibanché und Kinichná** sind andere wichtige Maya-Stätten dieser Region.
Tgl. 8–17 Uhr | Eintritt Calakmul 85 MEX$, Balamkú 70 MEX$

Und weiter ...

Verbindung nach Palenque und Villahermosa

Von Chetumal bis zum Verkehrsknotenpunkt Francisco Escárcega sind es 273 km. Hier mündet die MEX 261 aus Campeche und Champotón in die MEX 186. Nach 150 km überquert man den Río Usumacinta und nach 182 km erreicht man bei Catazajá eine Abzweigung nach ▸ Palenque. Von Catazajá sind es noch 116 km bis nach ▸ Villahermosa; kurz vor der Stadt überquert man den Río Grijalva.

★★ CHICHÉN ITZÁ

Bundesstaat: Yucatán (Yuc.) | **Höhe:** 10 m ü. d. M. |
Entfernung: 120 km östlich von Mérida

N 32

21. März: Die Sonne steht senkrecht über dem Äquator, es herrscht Tagundnachtgleiche. Eine riesige Schlange scheint sich über die Treppenstufen der 24 m hohen Kukulkán-Pyramide zu winden. Der Maya-Gott Quetzalcoatl zeigt sich den Menschen – und Tausende schauen zu.

Die berühmteste Maya-Stätte

21. März: Gegen 16 Uhr macht sich die »Schlange« auf den Weg und gleitet die 91 Treppenstufen der Kukulkán-Pyramide hinab. Viele Besucher sind traditionell in Weiß gekleidet. Manche meditieren, einige verneigen sich und berühren mit der Stirn den Boden, andere wiederum stehen mit ausgebreiteten Armen vor dem Maya-Gott und wollen die Energie des Moments aufsaugen. Es ist ein Spektakel.

Das Schauspiel wiederholt sich am 21. September, wenn Tag und Nacht wieder gleich lang sind. Die Baumeister und Astronomen von Chichén Itzá haben dieses Phänomen genau berechnet, denn die Pyramide diente mit ihren 364 Stufen als **monumentaler Jahreskalender** – Tag 365 bildete die obere Tempelplattform und verband gleichzeitig Himmel und Erde. Bevor ein Amerikaner vor Jahren von der Plattform stürzte, konnte sie von Besuchern noch erklommen werden – was früher allein dem Maya-Priester vorbehalten war. **Tipp**: Wenn Sie die Menschenmassen zum offiziellen Schauspiel an den Haupttagen umgehen möchten, kommen Sie die Tage davor oder danach nach Chichén Itzá. Das Phänomen ist auch sichtbar, doch weniger Besucher sind da.

Chichén Itzá, seit 1988 Weltkulturerbe, ist nach Teotihuacán die meistbesuchte Stätte in Mexiko. Leider wird die einst so mystische Stadt inzwischen auch als Tourismusmarkt für Kunsthandwerk genutzt. Viele Wege sind mit Händlern gesäumt. Wenn Sie sich jedoch

OBEN: Die Pyramide des Kukulkán ist der absolute Star der Anlage. An den Wänden des Heiligtums sind Reliefs und Steinfiguren zu sehen.

UNTEN: Im Inneren befinden sich ein Chac-mool (vorne) und ein Altar oder Thron in Form eines Jaguars – seine Zähne stammen sogar von einem echten Jaguar (hinten).

in stillere Ecken begeben, z. B. in Richtung der Südgruppe, spüren Sie noch die Magie des Ortes.

Rätselhaft – bis heute

Geschichte

Es muss unglaublich für die ersten Forscher gewesen sein, als sie ab 1840 in den Dschungel der alten Maya-Stadt vorstießen und überall überwucherte Pyramiden, Tempel und Altäre entdeckten – so unberührt, als hätten die Maya den Ort gerade erst verlassen, als hät-

CHICHÉN ITZÁ ERLEBEN

Mit dem **Bus** oder mit dem **Auto** auf der MEX 180 benötigen Sie von ▶Mérida ca. zwei Stunden, von Valladolid eine Stunde. Von Cancún und Playa Del Carmen aus können Sie Chichén Itzá entspannt an einem Tag erkunden, viele Busse fahren für einen Tagesausflug hierher.

OXTUN €€

Auf die internationale Kundschaft eingestelltes Lokal mit breitem Angebot. Idealer Ort, um sich nach dem Besuch der Ruinen bei einem kühlen Bier zu erfrischen.
Local 7 Parador Turistico
Tel. 985 8 51 03 54
www.oxtun.com

HACIENDA CHICHÉN & YAXKIN SPA €€€

Das kleine, ruhige Hotel (15 Bungalows) ist eine schöne umgebaute Hacienda aus dem 16. Jahrhundert. Heil- und Schönheitsbehandlungen nach Maya-Tradition.
Carretera Merida
Puerto Juárez, bei Km 120,5
Tel. 999 9 20 84 07
www.haciendachichen.com

te die Natur ihn in Windeseile zurückerobert. Ihre **Zeichnungen und Beschreibungen der Stadt** rückten die Entdecker schnell in ein breiteres Interesse, viele Wissenschaftler widmeten sich ihrer Erforschung. Trotzdem ist eine genaue Rekonstruktion der Geschichte von Chichén Itzá bis heute nicht möglich. Die Hinweise, wie archäologische Funde, Hieroglyphentexte und Berichte aus der Kolonialzeit, geben immer nur kleine Einblicke in die Welt der Itzá-Maya.
Chichén Itzá gelangte erst in der Spätklassik zwischen dem 8. und 11. Jh. zur Blüte, denn nun entstanden die meisten Bauwerke. Doch es kam immer wieder zu Angriffen, Kriegen und Herrscherwechseln. Einige Bauten zeigen toltekische Stilelemente aus Zentralmexiko. Heute geht man jedoch nicht mehr von einer Eroberung durch Tolteken aus Tula aus, sondern nimmt an, dass dieser Stil dem Zeitgeschmack entsprach.
Als die Stadt vollendet war, erstreckte sie sich über eine Fläche von 16 km². Die verschiedenen Architekturkomplexe waren durch **mehr als 70 Sacbé**, gemauerte Wege, miteinander verbunden. Für Touristen ist nur ein kleiner Teil zugänglich.

Früh da sein!
Die öffentliche archäologische Zone erstreckt sich über **ein Gebiet von ca. 8 km²**. Wie bei fast allen prähispanischen Stätten ist auch in Chichén Itzá nur ein Teil der Gebäude ausgegraben. Ihre oft irreführenden Bezeichnungen stammen entweder aus frühen spanischen Anlage

Quellen oder von Archäologen; die historischen Maya-Namen sind nahezu alle in Vergessenheit geraten. Am Haupteingang befindet sich ein großes **Besucherzentrum** mit interessantem Museum, Auditorium, Restaurant und Buchladen. **Tipp**: Seien Sie am besten früh da, bevor die Reisebusse eintreffen.

Öffentliche archäologische Zone: tgl. 8–17 Uhr | Eintritt 481 MEX$

Chichén Nuevo (Nordgruppe)

Im toltekischen Stil

Stilistische Merkmale

In der Nordgruppe findet man in erster Linie Merkmale des toltekischen Stils. Charakteristisch ist die Figur des **Chac-mool** (roter Jaguar), eine zurückgelehnte Steinfigur mit abgewandtem Gesicht, die eine Opferschale hält und wahrscheinlich als Tempelwächter diente. Typische toltekische Elemente sind auch die **Atlanten**, Steinbilder aufrecht stehender Krieger, die Tempeldächer oder Altäre trugen. Das immer wieder auftauchende Symbol der gefiederten Schlange verdrängte Darstellungen des Maya-Regengottes Chac. Auch **Kampf- und Opferszenen** sind weitaus häufiger als in der klassischen Maya-Kunst.

Das dominierende Gebäude ...

El Castillo (►Baedeker Wissen, S. 90)

... ist El Castillo, auch **Pyramide des Kukulkán** genannt. Wie bei den meisten prähispanischen Bauten wurde auch dieses Gebäude streng nach astronomisch-astrologischen Vorschriften errichtet. Die in ihrer klassischen Einfachheit überaus eindrucksvolle und hervorragend restaurierte, insgesamt 24 m hohe, vierseitige Pyramide weist neun Terrassen und vier Treppen auf, welche die neun Himmel und die vier Himmelsrichtungen symbolisieren. Jede der vier Treppen hat 91 Stufen, zusammen 364, und mit der Plattform als letzter Stufe 365, entsprechend der Zahl der Tage eines Jahrs. An den Aufgängen ist jeweils ein großer Schlangenkopf postiert.

Während der Restaurierung des Castillo entdeckte man im Innern einen vollständig im Maya-Stil gehaltenen Tempel, der auf einer früheren, später überbauten Pyramide steht. Am Eingang fand man einen steinernen Chac-mool und einen Thron in Form eines rot bemalten, steinernen Jaguars, dessen Fell mit Jadestücken eingelegt war. Mittlerweile ist der **Aufstieg untersagt**, weil es zu Unfällen gekommen war. Der Zugang zum roten Jaguar ist gesperrt.

Wenn der Gott Kukulkán zur Tagundnachtgleiche die Pyramide hinabsteigt – der Sonneneinfall wirft die Schattenlinien der Ecken der neun Pyramidenterrassen an die Nordwestmauer des Treppenaufgangs und erzeugt eine zu den Schlangenköpfen gleitende Linie –, kündigt er damit das Ende der Regenzeit und damit den Beginn der Aussaat an, im September dann die Erntezeit.

Der Kriegertempel

Templo de los Guerreros

Östlich vom Castillo liegt der **Kriegertempel**, ein prachtvoller Bau auf einer Stufenplattform, umgeben von weiten Säulenhallen. Er ist zweifellos eine vergrößerte Nachahmung des Tempels des Morgensterns von Tula. Mehrere Reihen viereckiger Pfeiler führen zur Treppe, an deren Ende ein Chac-mool liegt. Den Eingang zum Haupttempel bilden zwei große Schlangensäulen. Dahinter tragen vier Atlanten den großen steinernen Altar. Im Innern der Pyramide haben Archäologen Überreste eines früheren, kleineren Kriegertempels gefunden.

Die Gruppe der Tausend Säulen

Grupo de las Mil Columnas

Unterhalb des Kriegertempels liegt die Gruppe der Tausend Säulen. Der ursprüngliche Verwendungszweck dieser Anlage ist ungeklärt. Sie könnte als Markthalle oder als Versammlungsort gedient haben. Daneben befinden sich ein kleiner Ballspielplatz (**Juego de Pelota**), der Markt (**Mercado**) und ein Dampfbad (**Temazcal**), von dem noch der Vorraum, das eigentliche Bad und der Heizraum zu erkennen sind.

Kukulkán trifft Venus

Tumba del Chac-mool (Venus-Plattform)

Gehen Sie vom Castillo in Richtung Norden, kommen Sie am **Chac-mool-Grab** (Tumba del Chac-mool, auch Venusplattform genannt) vorbei. Hier fand vor mehr als 130 Jahren Augustus Le Plongeon eine Steinfigur, die er Chac-mool nannte. Interessant sind die Reliefdarstellungen an dieser Plattform, welche das Symbol des Kukulkán mit dem der Venus verbinden.

Ein Opferort wird Wallfahrtsziel

Cenote Sagrado

Weiter nördlich, auf einem 6 m breiten Dammweg, gelangen Sie nach 300 m zu dem großen **Heiligen Cenote**, dessen Existenz die Maya wohl veranlasste, sich hier niederzulassen. Das kreisrunde natürliche Wasserloch hat einen Durchmesser von 60 m und seine Wände ragen bis zu 24 m über den Wasserspiegel empor. Als größte Tiefe wurden bisher 82 m gemessen.

Der Cenote wurde wohl vom 7. Jh. bis nach der Eroberung durch die Spanier als **Opferort und Wallfahrtsziel** benutzt. Ein Schwitzbad am Rande des Gewässers dürfte zur rituellen Reinigung gedient haben. In Zeiten der Trockenheit warf man lebende Menschen und wertvolle Gegenstände als Opfer für die Götter, vor allem für den Regengott Chac, in den Brunnen. US-Konsul Edward Thompson ließ 1904 bis 1907 für das Peabody-Museum nach Opfergaben tauchen. Gefunden wurden die Skelette von 50 Menschen sowie zahlreiche Gegenstände aus Keramik, Stein, Gold, Kupfer, Jade und Obsidian. Forschungen in den 1960er-Jahren, die neue Tiefen erschlossen, brachten weitere 4000 Objekte ähnlicher Art, aber auch Kopalharzstücke, Kautschuk- und Holzpuppen sowie Menschen- und Tierknochen zutage.

PYRAMIDE DES KUKULKÁN

BAEDEKER WISSEN

Die 24 m hohe Pyramide des Kukulkán (»El Castillo«) ist das berühmteste Bauwerk Chichén Itzás. Zweimal im Jahr zur Tagundnachtgleiche (21. März und 21. September) zieht es viele Menschen an, die sehen wollen, wie der Schatten einer Schlange den Treppenaufgang hinunterzukriechen scheint.

1 Nordtreppe
Die Pyramide versinnbildlicht einen Jahreskalender. Die vier Treppen mit je 91 Stufen ergeben 364, plus der finalen Plattform 365 Stufen, die für die Tage im Jahr stehen.

2 Tafeln
An den vier Seiten sind 52 Tafeln für die 52 Sonnenjahre des heiligen Kalenderzyklus angebracht.

3 Neun Stufen
An jeder Pyramidenfront werden durch die Haupttreppen in 18 Terrassen geteilt. Die Zahl 18 steht für die 18 Monate des Mayakalenders.

4 Tempel des Kukulkán
Das Heiligtum des Kukulkán, des Quetzalcóatl (gefiederte Schlange) der Maya, ist nicht zugänglich. Lebensgroße Reliefs in den Türöffnungen stellen toltekische Krieger dar.

5 Eingang zur Inneren Pyramide
Auf der rechten Seite der Nordtreppe konnte man das Innere der Pyramide betreten und über eine schmale Treppe bis nach oben gelangen. Der Aufstieg ist zur Zeit untersagt – ob und wann diese Maßnahme wieder aufgehoben wird, ist unklar.

6 Tempel der Inneren Pyramide
Oben befindet sich eine verschlossene Kammer, die zwei Statuen birgt. Eine davon ist ein Chac-mool in der typischen halb liegenden Haltung mit einem Opferteller auf dem Bauch, die andere ein hellroter Jaguar-Thron mit Jadeintarsien.

4
6

TÖDLICHES SPIEL

Fast alle prähispanischen Kulturen Mexikos haben das Ballspiel – Pelota – gekannt und »zelebriert«: Es handelte sich weniger um ein sportliches als um ein rituelles Ereignis. Es gab zwar regionale Varianten, und der Ritus erfuhr Abwandlungen im Laufe der Jahrhunderte, doch einige feststehende Regeln blieben erhalten.

Das **Pelota-Spiel** wurde vermutlich um 1300 v. Chr. von den Olmeken an der Golfküste erfunden. Mit ihrer Ausbreitung wurde es dann auch anderen Völkern bekannt, sodass man in ganz Mexiko an archäologischen Stätten die typischen L-förmigen Spielfelder fand.

Symbolträchtig

Pelota wurde zwischen zwei Teams von drei bis fünf Spielern gespielt. Dabei musste ein Hartgummiball durch die Steinringe geschlagen werden, wobei man lediglich Ellbogen, Knie, Gesäß und Hüfte benutzen durfte. Feste Handschuhe schützten die Hände, mit denen sich die Spieler am Boden abstützten. Man fand Spielfelder der Maya und Zapoteken mit schrägen Seitenwänden und solche mit senkrechter Begrenzung, wie sie von den Tolteken und Azteken gebaut wurden. Der Ball, als **Sinnbild der Sonne**, durfte den Boden nicht berühren, da sonst ihr symbolischer Lauf unterbrochen worden wäre.

Am Ende ein Opfer

Es bleibt unklar, ob die Verlierer oder die Sieger geopfert wurden. Es scheint glaubwürdiger zu sein, dass die Verlierer, die den Sonnenlauf unterbrochen hatten, für ihre Niederlage büßen und mit ihrem Blut sühnen mussten. Doch es gibt auch die Theorie, dass sich die Götter nur mit dem Besten zufrieden gaben, und dieser Tod eine ehrenvolle Auszeichnung für die Sieger gewesen sei. Fest steht nur, dass das Opferritual die Sonne stärken und ihren Lauf am Firmament sichern sollte.

Der Ball wurde mit Ellenbogen, Knie oder Hüfte durch den Ring gespielt.

Schädelmauer für die Menschenopfer

Tzompantli

Auf dem Rückweg vom Heiligen Cenote stoßen Sie rechts an der Plaza auf eine große, rechteckige Plattform, Tzompantli genannt, was auf Náhuatl Schädelmauer bedeutet. Das Bauwerk diente als **Unterbau für eine Palisade**, auf der die Schädel der den Göttern dargebrachten Menschenopfer aufgereiht wurden. Reliefdarstellungen von Totenköpfen schmücken das Gemäuer.

Haus der Adler

Casa de los Águilas

Daneben steht eine kleinere **Plattform**, die als Haus der Adler bezeichnet wird. Die Treppen zieren Steindarstellungen von Schlangen, die Wände weisen Reliefs von Adlern und Jaguaren auf, die menschliche Herzen in ihren Klauen halten. Es handelt sich um Symbole der beiden toltekischen Kriegerorden.

Imposanter Ballspielplatz

Juego de Pelota

Wie fast alle Maya-Städte besitzt auch Chichén Itzá mehrere Anlagen für das rituelle Ballspiel. Insgesamt wurden sieben Plätze gefunden. Der am Nordwestende der Plaza gelegene **Ballspielplatz** ist der imposanteste, der bisher in Mesoamerika entdeckt wurde. Das eigentliche Spielfeld ist fast 146 m lang und rund 37 m breit und wird längsseitig eingerahmt von senkrechten 8,5 m hohen Mauern. In der Mitte der beiden Seitenmauern ist jeweils in einer Höhe von 7,25 m ein schwerer Steinring angebracht, der mit Schlangenornamenten verziert ist. Zwei kleine Tempel an den beiden Schmalseiten – **Edificio Sur** und **Templo Norte** – waren, wie manche Forscher behaupten, möglicherweise den Göttern der Sonne und des Mondes geweiht.

Tempel der Jaguare

Templo de los Jaguares

Der Tempel der Jaguare lehnt sich an die südöstliche Mauer des Ballspielplatzes. Auf der zur großen Plaza hin geöffneten Seite steht als Altar eine steinerne **Jaguarplastik**. Das über eine steile Treppe zugängliche Obergeschoss des Baus öffnet sich nach Westen auf den Ballspielplatz. Den Eingang flankieren – wie beim Tempel der Krieger – Schlangensäulen. Die Fassade ist mit mehreren Friesen dekoriert, die meist Jaguare zeigen.

Chichén Viejo (Südgruppe)

Der Weg zum alten Chichén

Zugang

Die Südgruppe von Chichén Itzá, deren außen liegende Ruinen Chichén Viejo bzw. das alte Chichén genannt werden, erreichen Sie nach **Überquerung der ehemaligen Trasse** der Straße Mérida/Pto. Juárez.

Grab des Hohepriesters

Tumba del Gran Sacerdote

Rechts erhebt sich das Grab des Hohepriesters, eine 10 m hohe beschädigte Pyramide. Das Gebäude enthielt **sieben Gräber** mit Skeletten und wertvollen Gegenständen.

Im Schneckenhaus

Caracol (Observatorium)

In der Nähe liegt das Schneckenhaus, eines der interessantesten Gebäude dieser Stadt, das aller Wahrscheinlickeit nach als Observatorium diente. Spiralförmig und leicht ansteigend windet sich ein Gang in das Innere des **Rundbaus**, der auf einer zweistufigen Plattform errichtet ist. Durch schmale Fensterschlitze dringen nur zweimal im Jahr die Sonnenstrahlen für Sekunden bis in das Zentrum des Baus. Auf diese ebenso einfache wie zuverlässige Weise bestimmten die Maya-Priester in Chichén Itzá die Zeit. Das Observatorium weist Stilformen des zentralen Hochlands sowie klassische Maya-Elemente auf.

Gebäude der Nonnen

Edificio de las Monjas

Weiter südlich gelangen Sie zum Gebäude der Nonnen, das irrigerweise von den Spaniern so genannt wurde. Der reich verzierte Bau und seine Nebengebäude sind im klassischen Chenes-Stil der Maya errichtet. Die Steindekorationen, welche die Fassaden fast bedecken, symbolisieren den Maya-Gott Chac. Die anschließende **Kirche** zeigt Merkmale der Puuc-Bauweise, eines frühen Stils, dessen Fassaden neben den klassischen Chac-Masken geometrische Ornamente und Tierdarstellungen aufweisen. Zwischen den Chac-Masken können Sie die als Tiere auftretenden Träger des Himmels aus der Maya-Mythologie sehen: eine Krabbe und ein Gürteltier sowie eine Schnecke und eine Schildkröte.

Wandmalereien, Fensterstürze und ein Phallustempel

Weitere Gebäude

Zu erwähnen in diesem Teil von Chichén Itzá sind noch: der Tempel der Wandmalereien (**Templo de los Tableros**) mit seinen Reliefs, die toltekische Krieger und Jaguare darstellen; das Gebäude der unbekannten Schrift (**Akab D'zib**), so benannt nach bislang nicht entzifferten Schriftzeichen über der Tür des zweiten Raums; der Tempel der Fensterstürze (**Templo de los Dinteles**); das überwiegend im Puuc-Stil errichtete Rote Haus (**Casa Colorada** oder Chichan-chob); die Datumsgruppe (**Grupo de las Fechas**) mit einem Phallustempel, hauptsächlich im toltekischen Stil; sowie ein weiterer Ballspielplatz (**Juego de Pelota**) und der **Cenote Xtoloc**, der wohl als Wasserreservoir diente.

Chichén Itzá am Abend

Sound-&-Light-Show

Die sehenswerten Sound-&-Light-Shows (**Luz y Sonido**) finden jeden Abend um 19 (im Winter) bzw. 20 Uhr in spanischer Sprache statt (jew. 30 Min.). Sie können Kopfhörer mit Übersetzungen in andere Sprachen ausleihen.

Buchung unter www.nochesdekukulkan.com | Eintritt 708 MEX$

Rund um Chichén Itzá

Unterirdischer Kult- und Bestattungsort

Grutas de Balankanché

Lediglich 5 km östlich des Grabungsfelds, auf der MEX 180 in Richtung Valladolid und Puerto Juárez, erreichen Sie die **Grotte Balankanché** (Thron des Jaguarpriesters), eine 1959 durch Zufall entdeckte Tropfsteinhöhle. Der Zugang zu dem offenbar seit vielen Jahrhunderten unberührten unterirdischen Kult- und Bestattungsort war mit groben Bruchsteinen versperrt. Wahrscheinlich ist die Grotte Teil eines ausgedehnten Labyrinths von Höhlen und Gewässern, das noch nicht erforscht wurde.

Sie können in den künstlich beleuchteten Höhlen zahlreiche einst von den Priestern aufgestellte Schalen und Schüsseln aus Ton, Metates (Mahlsteine für Mais), Kopal-Rauchgefäße u. v. m. sehen. Viele der Kultgegenstände sind mit dem Antlitz des toltekisch-aztekischen Regengotts Tláloc verziert, woraus man schließt, dass die Grotte eine rein toltekische Grabanlage war. Mittelpunkt der Höhle ist ein Altarraum, in dem ein Tropfsteingebilde zu sehen ist. Dieses erinnert an eine Ceiba, den heiligen Baum der Maya. Ein schmaler Durchgang führt in eine tiefer liegende Stalaktitenkammer, an deren Ende ein glasklares Gewässer einen ebenfalls dem Regengott Tláloc geweihten Altar umschließt.

Heilige Quellen und ein Gotteshaus

Valladolid

Ungefähr 40 km östlich von Chichén Itzá liegt Valladolid (60 000 Einw.). Die restaurierte Klosteranlage **San Bernardino** geht auf eine Franziskanergründung aus dem Jahr 1552 zurück. Das Innere des Gotteshauses birgt interessante religiöse Kunstwerke aus der Entstehungszeit.

Bemerkenswert sind die beiden **Cenotes** Cis-ha und Zac-hi; an letzterem eifern junge Männer den berühmten »clavadistas« von Acapulco nach und springen für ein paar Pesos in das rund 80 m tiefe Nass. Schon 5 km vor Valladolid befindet sich der etwa 20 m tiefe, durch sein kobaltblaues Wasser sehr reizvolle Cenote **Dzitnup**. Nur ein paar 100 m entfernt können Sie in den Cenote **Samula** blicken.

Schwarzer Jaguar und schwarzer Tiger

Ek Balam

Fährt man auf der Carretera 295 in Richtung Tizimín, nimmt die Abzweigung nach Hunuku und dann rechts nach Santa Rita, kommt man in das Dorf Ek Balam (schwarzer Jaguar), wo sich die gleichnamige **Ruinenstätte** befindet (von Valladolid insg. 27 km). Die seit 1997

Wo kann man sich herrlicher erfrischen als im glasklaren Wasser einer heiligen Quelle? Im Cenote Samula in Valladolid bietet sich das wunderbar an.

restaurierte Anlage (100 v. Chr.–300 n. Chr.) teilt die Charakteristiken anderer großer Maya-Stätten: monumentale Architektur, Mauern, Stelen, Schlangenhieroglyphen, Skulpturen, einen Ballplatz, ein Netz von Straßen (Sacbé) sowie in Stein gemeißelte Hieroglyphen. Der bislang eindrucksvollste Komplex ist der zentrale Platz mit seinen drei Zeremonialgebäuden. Die **Hauptpyramide** (»Turm«) zählt mit ihren mehr als 30 m Höhe, 160 m Länge und fast 70 m Breite zu den größten Maya-Bauwerken der Halbinsel Yucatán. Die wichtigste Entdeckung von Ek Balam war bislang das Grab des Herrschers Ukit Lek Tok. Gemäß einer Aufschrift aus dem 16. Jh. war Ek Balam Teil eines großen Reichs namens Talol mit der Hauptstadt Tikibalon (Schwarzer Tiger).

Zu Besuch bei den Flamingos

Río Lagartos

An der Küste folgt 52 km weiter nördlich inmitten einer reizvollen Landschaft die kleine Stadt Río Lagartos (Nefertiti). Bemerkenswert sind bei Las Coloradas (16 km) im Mündungsgebiet des Río Lagartos die **Brutkolonien** zahlreicher rosafarbener und roter Flamingos und anderer Vögel, die unter Naturschutz stehen. In dem 36 000 ha großen Lagunengebiet leben zudem Klammeraffen, Alligatoren und Schildkröten. Vielerlei Bootsausflüge werden hier angeboten.

CHIHUAHUA

Bundesstaat: Chihuahua (Chih.) | **Höhe:** 1330 m ü. d. M. | **Einwohner:** 926 000 | **Entfernung:** ca. 1500 km nordwestlich von Mexiko-Stadt

E 14

Chihuahua, umgeben von den trockenen Bergen der Sierra Madre Occidental, ist sehr eng mit der mexikanischen Revolution verbunden. Der »Robin Hood Mexikos«, Pancho Villa, war in dieser Gegend aktiv und nahm die Hauptstadt des gleichnamigen Bundesstaates 1913 ein, indem er seine Männer, als Landarbeiter und Besucher verkleidet, auf den Markt von Chihuahua schickte. Die Industrie- und Handelsstadt ist außerdem Ausgangs- bzw. Zielbahnhof des »Chepe«-Zugs, der die berühmte Kupferschlucht *▶ Barranca del Cobre* *durchquert.*

20. Juli 1923, 225 km von Chihuahua-Stadt: Schüsse hallen durch die Straßen der Ortschaft Parral. Freiheitskämpfer **Pancho Villa**, der von Chihuahua aus die mexikanische Revolution vorantrieb, ist tot. Nach seiner Eroberung 1913 ließ er als Gouverneur der Stadt Haciendas und Land der reichen Großgrundbesitzer enteignen und die erwirtschafteten Nahrungsmittel an Arme verteilen. Er war ihr Held. Doch es gab auch einflussreiche Gegner. Im Revolutionsmuseum erfahren Sie alles über den Robin Hood Mexikos. Dort steht auch das Automobil, in dem er von regierungsnahen Attentätern durch neun Schüsse getötet wurde. Mehr als 100 Jahre zuvor wurde hier ein anderer Freiheitskämpfer zum Opfer seiner Gegner: der Vater der mexikanischen Unabhängigkeit, Pater **Miguel Hidalgo y Costilla**, wurde 1811 durch Truppen der spanischen Krone in Chihuahua erschossen. Sein Kopf und die seiner Mitverschwörer stellte man anschließend in Guanajuato zur Schau.

Bedeutender Ort mit viel Geschichte

Ob sich die beiden Gerechtigkeitskämpfer wohl für Schoßhündchen begeistern konnten? Jedenfalls war die kleinste Hunderasse der Welt, der mexikanische **»perrito chihuahuense«**, bereits bei den Azteken beliebt und schaffte es schließlich auch in die europäischen Haushalte. Hinweis: Auch Chihuahua wird vom **mexikanischen Drogenkrieg** nicht verschont. Im gesamten Bundesstaat kommt es in den letzten Jahren daher immer wieder zu **Gewaltverbrechen.**

Wohin in Chihuahua?

Eindrucksvollster Sakralbau in Nordmexiko

Catedral

Die auf der Plaza de la Constitución stehende, dem hl. Franz von Assisi geweihte **Kathedrale** wurde zwischen 1717 und 1826 erbaut.

CHIHUAHUA ERLEBEN

Im Palacio del Gobierno
Ecke Calle Carranza/Aldama
Tel. 614 4 10 10 77

Mit dem **Flugzeug** von Mexiko-Stadt 2–3 Std., mit dem Bus ca. 21 Std.

1 LA CASONA €€
Gehobene mexikanische und internationale Küche in einem schönen Gebäude aus dem 19. Jahrhundert.
Calle Aldama 430
Tel. 614 41 00 06 3
www.casona.com.mx

2 RESTAURANTE COLISEO €
Traditionelles Restaurant mit tollem Ambiente. Gute, preiswerte Küche. Am Abend gibt es Karaoke.
Calle Jose Maria Morelos 103
Tel. 614 4 16 18 03

1 SAN FELIPE EL REAL €€€
Boutique-Hotel (6 Suiten) im historischen Zentrum. Das Gebäude stammt aus dem 19. Jahrhundert; mit schönem Patio.
Ignacio Allende 1005
Tel. 614 437 20 37

Mit ihrer von Statuen der zwölf Apostel geschmückten barocken Fassade ist sie der eindrucksvollste Sakralbau in Nordmexiko. Hinter dem Gotteshaus befindet sich in einer kleinen Höhle das **Museo de Arte Sancto**, in dem vor allem religiöse Kunstwerke ausgestellt sind.

Hinrichtungsstätte des Pater Hidalgo

Palacio de Gobierno

Nicht weit davon entfernt finden Sie an der Plaza Hidalgo den **Regierungspalast**, ein im 19. Jh. umgebautes früheres Jesuitenkolleg. Hier wurden 1811 Pater Hidalgo und seine Offiziere gefangen gehalten und hingerichtet. Ebenfalls an der Plaza Hidalgo erhebt sich der Bundespalast (**Palacio Federal**), in dem Miguel Hidalgo während seines Prozesses inhaftiert war. An der Calle Libertad steht die Kirche **San Francisco**, die zwischen 1721 und 1741 erbaut wurde. Hier lagen Hidalgos sterbliche Überreste begraben, bis sie 1823 nach Mexiko-Stadt überführt wurden.

Palacio de Gobierno: tgl. 8–18 Uhr

Jugendstil, Keramik und eine Totenmaske

Museen

Am Paseo Bolívar 401 (Ecke Calle 4a) befindet sich im ehemaligen Justizpalast das Regionalmuseum des Bundesstaats Chihuahua (**Museo Regional del Estado**). Dieses Quinta Gameros genannte Gebäude wurde 1907 bis 1910 errichtet und stellt eines der besten Beispiele für den Jugendstil in Mexiko dar. Es enthält u. a. Räume mit Jugendstilmöbeln, archäologische Stücke vornehmlich aus Casas

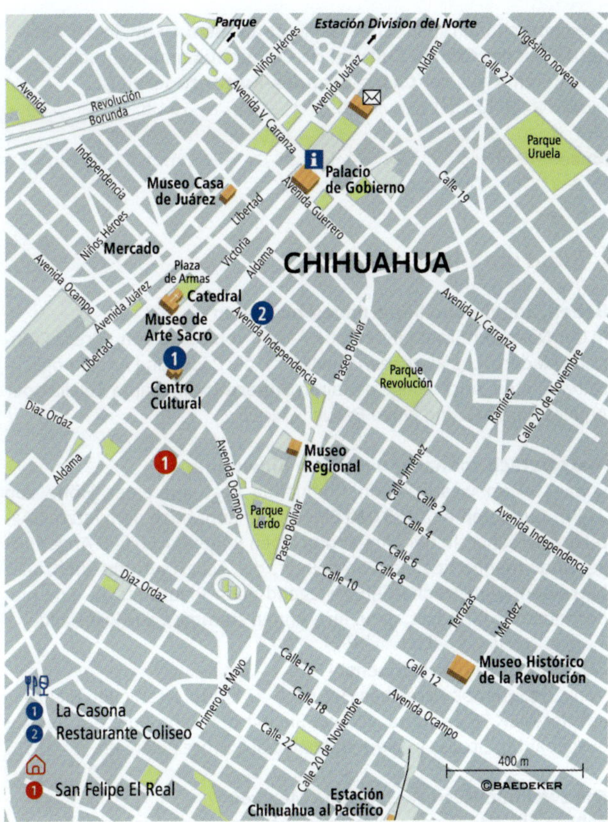

Grandes (Paquimé) sowie Fotografien und Dokumente aus der Geschichte Chihuahuas.

An der Calle 10 Norte Nr. 3014 steht das Palais Quinta Luz, in dem einst Pancho Villa residierte. War es früher ein von seiner Familie betriebenes Museum, untersteht das **Museo Histórico de la Revolución** jetzt der mexikanischen Armee und wird auch Pancho-Villa-Museum genannt. Es zeigt neben seiner Totenmaske viele Erinnerungsstücke aus dem Leben des berühmt-berüchtigten Banditen und Revolutionshelden.

Das **Museo Casa de Juárez** (Avenida Juárez 321) zeigt Dokumente, Fotografien und Zeitungen über den Aufenthalt von **Benito Juárez** in der Stadt, über die Verfassung von 1857 sowie Mobiliar aus dieser Zeit.

In einem schönen spanischen Gebäude aus dem 19. Jh. in der Aldama 430 ist das **Centro Cultural de Chihuahua** untergebracht, in dem Keramik aus der **Casas-Grandes-Kultur** zu sehen ist.

Museo Regional del Estado: Di–So 11–14 u. 16–19 Uhr | Eintritt 40 MEX$

Museo Histórico de la Revolución: Di–Sa 9–13 Uhr u. 15–19 Uhr, So 9–17 Uhr | Eintritt 10 MEX$

Rund um Chihuahua

Baden, angeln und Silberminen besuchen

Nähere Umgebung

In der Nähe der Stadt gibt es eine Anzahl von **Stauseen** (Presa Francisco Madero, Las Vírgenes, Chuviscar), die Bade- und Angelmöglichkeiten bieten. Auch einige der alten **Silberminen** (Santa Eulalia oder Aquiles Serdán) sind einen Besuch wert.

Plattdietsch schnacken mit den Einwohnern

Cuauhtémoc

Etwa 100 km westlich von Chihuahua liegt auf einer Höhe von 211 m Cuauhtémoc (135 000 Einw.), benannt nach dem letzten Aztekenherrscher. In der Umgebung leben ungefähr 50 000 Angehörige einer mennonitischen Gemeinde, die Ackerbau und Viehzucht betreiben. Sie sprechen überwiegend noch Plautdietsch, eine niederdeutsche Mundart, denn ihre Ahnen stammen aus Friesland.

Zugang zur Kupferschlucht

La Junta

Von Cuauhtémoc erreichen Sie nach 47 km in westlicher Richtung auf der MEX 16 La Junta, von wo Sie mit der Bahn oder auf der gut ausgebauten Straße in die ► Barranca del Cobre gelangen.

Die zwei höchsten Wasserfälle Mexikos

Cascadas de Basaseáchic

Fahren Sie weiter nach Westen in Richtung Yepáchic, erreichen Sie über Ocampo die bei dieser Ortschaft gelegenen **Wasserfälle von Basaseáchic**. Der Basaseáchic-Wasserfall, der in herrlicher, bewaldeter Berglandschaft 250 m tief in die Schlucht des gleichnamigen Flusses fällt, ist der zweithöchste des Landes – übertrumpft nur noch von dem 7 km entfernten Piedra Volada, der stolze 366 Meter misst. Von La Junta erreichen Sie auf passabler Staubstraße über San Juanito nach 132 km den Ort Creel, ein guter Ausgangspunkt für Ausflüge in die ► Barranca del Cobre.

Heilende Bäder

Ciudad Camargo

Etwa 150 km südöstlich von Chihuahua liegt an der MEX 45 das Städtchen Ciudad Camargo, das für die in der Nähe liegenden heilkräftigen **Thermalbäder** Ojo de Jabalí, Ojo Caliente und Ojo Salado bekannt ist. In der Nähe liegt der **Stausee Boquilla**.

OBEN: Als Antonio Deza y Ulloas die Stadt 1709 gründete, war die Kathedrale noch nicht erbaut. Heute geben sein Denkmal und der Sakralbau ein hübsches Bild ab.

UNTEN: Wüstenflair versprühen die Casas Grandes, die aus Adobe-Ziegeln erbaut wurden und einer Oasenkultur ein Zuhause boten.

Wichtigste prähispanische Ruinenstätte Nordmexikos

Casas Grandes/ Paquimé

Ungefähr 8 km südlich der modernen Agrarstadt Nuevo Casas Grandes (ca. 335 km nordwestlich von Chihuahua) liegt am Rand des alten Städtchens Casas Grandes die wichtigste prähispanische Ruinenstätte Nordmexikos gleichen Namens. Casas Grandes wird auch **Paquimé** (Náhuatl für »große Stadt«) genannt. Casas Grandes – inzwischen UNESCO-Weltkulturerbe – wird zu den Oasenkulturen gerechnet, deren wichtigste Siedlungen Casa Grande (Arizona), Mesa Verde (Colorado) und Pueblo Bonito (New Mexico) sind. Eine erste Blütezeit erlebte es um das Jahr 1000. Neuere Funde lassen darauf schließen, dass es im 13. und 14. Jh. unter den Einfluss der Kultur des zentralen Hochlands geriet.

Paquimé muss ein wichtiges Zentrum für Handwerk und Handel gewesen sein, da man Reste von Werkstätten für Keramik, Türkis- und Muschelbearbeitung fand. In der archäologischen Zone entdeckte man aus der frühen Zeit Grubenhäuser, erste Keramik und unterirdische Kultkammern (Kivas), aus der mittleren Epoche Reste von mehrstöckigen Adobe-Häusern, Treppen und Bewässerungskanäle. Aus der Spätzeit stammen – neben Anasazi-Keramik – Bauwerke im toltekisch-mexikanischen Stil wie Ballspielplätze, Plattformen, Reste von Pyramiden und Darstellungen des Quetzalcóatl-Motivs.

An der Ausgrabungsstätte zeigt das **Museo de las Culturas del Norte** u.a. die Geschichte der Region, archäologische und ethnologische Fundstücke sowie das Leben der früheren und heutigen Bewohner.

Di.–So. 9–17 Uhr | Eintritt 62 MEX$

★ CHOLULA

Bundesstaat: Puebla (Pue.) | **Höhe:** 2150 m ü. d. M. | **Einwohner:** 127 000 | **Entfernung:** 125 km östlich von Mexiko-Stadt

O 22

Religiös geprägt – damals und heute

Als die Spanier an den Ort kamen, der heute Cholula genannt wird, lebten in diesem religiösen Zentrum des alten Mexiko 100 000 Einwohner und verehrten ihre Götter in 400 Schreinen, die um eine große Pyramide errichtet waren. Heute versammeln sich vor der Kulisse des aktiven Vulkans Popocatépetl statt indigener Tempel unglaubliche 38 Kirchen mit 365 Kuppeln – die Machtsymbole der neuen Herrscher.

Ägypten hat zwar die höchste, Mexiko jedoch die größte: unter dem riesigen Hügel im Zentrum von San Andrés Cholula, den man jahrhundertelang für einen ganz normalen Berg hielt und auf dem weit-

Die Nuestra Señora de los Remedios in Cholula wird vom Popocatépetl überragt und steht selbst auf einem »Berg« – auf einer der größten Pyramiden der Welt.

hin sichtbar die hübsche gelbgetünchte Kirche Nuestra Señora de los Remedios aufragt, verbirgt sich **die größte Pyramide der Welt**. Sie besitzt mit 4,45 Mio. m³ fast das doppelte Volumen der ägyptischen Cheopspyramide. Der Bau wurde ab etwa 100 v. Chr. von den hier lebenden Indigenen begonnen und mehrfach rituell überbaut, sodass sich im Hügel nicht nur eine, sondern gleich mehrere Pyramiden übereinander befinden. Die spanischen Eroberer unter Cortés kamen 1519 mit ihren tlaxcaltekischen Hilfstruppen nach Cholula. Angeblich um einer Falle zu entgehen, richteten sie ein Blutbad unter den Bewohnern an, dem zwischen 3000 und 6000 Menschen zum Opfer gefallen sein sollen. Über ihren Tempeln erbauten sie ihre Kirchen, die große Pyramide wucherte zu und bald wusste niemand mehr von ihrer Existenz. Bis Adolph Bandelier, ein amerikanischer Archäologe Schweizer Abstammung, 1884 bei Ausgrabungen auf die Pyramide stieß. Nachfolgende Forscher trieben lange Gänge in das Bauwerk und machten dabei grausige Funde: Zahlreiche Menschen-

CHOLULA ERLEBEN

Direkt am Zocalo,
Seite Av. Morelos und
gegenüber der Pyramide
Tel. 222 2 61 23 93
www.vivecholula.com

Von Mexiko-Stadt fahren Sie mit dem **Auto** 126 km auf der Autobahn nach Puebla, um von dort in das 12 km entfernte Cholula zu gelangen. Der **Bus** nach Puebla startet in Mexiko-Stadt am Terminal del Oriente (1,5 Std.), dort steigen Sie nach Cholula um.

LA CASA DE FRIDA **€€**
Gute mexikanische Küche in schöner Atmosphäre.
Avenida Miguel Hidalgo 109
Tel. 222 178 2303

LA QUINTA LUNA **€€€**
Nur fünf Minuten vom Zocalo steht dieses restaurierte Kolonialhaus aus dem 17. Jh. mit seinen schönen, nach Tieren benannten sieben Zimmern.
Calle 3 sur 702
Tel 222 2 47 89 15
www.laquintaluna.com

knochen sprechen dafür, dass hier Männer, Frauen und auch Kinder dem Gott Quetzalcoatl geopfert wurden – in Altmexiko eine gängige Praxis, um die Götter zu besänftigen.
Heute werden **Führungen durch das Tunnellabyrinth** angeboten – ein mystisches Erlebnis, dass Sie nicht verpassen sollten. Im kleinen Museum gegenüber sehen Sie Fundstücke und Rekonstruktionen von Wandgemälden, die im Inneren der Pyramide entdeckt wurden.

Wohin in Cholula?

Einer der größten Sakralbauten der Welt

Gran Pirámide

Die **Tempelpyramide** war dem Gott **Quetzalcóatl** gewidmet, der als hellhäutiger, bärtiger Gott des Windes, des Morgen- und Abendsterns und der Zivilisationstechniken die Menschen Mesoamerikas mit Kunst, Wissenschaft und Ackerbau vertraut gemacht haben soll. Die noch fast ganz von Erde und Vegetation bedeckte Pyramide ist die umfangreichste unter den vergleichbaren Bauten der Welt. Die im Laufe von rund 1500 Jahren siebenmal neu überbaute Pyramide maß im Grundriss 425 m auf jeder Seite, erreichte einst eine Höhe von über 62 m und bedeckte eine Fläche von 17 ha. Lediglich an der Westseite ist sie teilweise rekonstruiert.
Die bisherigen Forschungsarbeiten, im Laufe derer man fast 9 km Tunnel gegraben hat, brachten neben Resten von Plattformen,

Wohngemächern, Tempelwänden und Patios auch eine ungewöhnliche **Umlauftreppe** sowie interessante **Fresken** zum Vorschein. So fand man Darstellungen von Schmetterlingen und Heuschrecken im Stil von Teotihuacán neben einem 50 m langen, farbenprächtigen Wandgemälde (ca. 200 n. Chr.), das lebensgroße Figuren beim Trinken oder nach Drogeneinnahme darstellt und besichtigt werden kann. Ein kleines **Museum** gegenüber dem Pyramideneingang gibt mit einem Modell einen Überblick über die Ausmaße der Anlage.

Di.–So. 9–18 Uhr | Eintritt 90 MEX$

Demonstration der Macht

Nuestra Señora de los Remedios

Da die indigene Bevölkerung auch nach der Konquista noch dem Kult des Quetzalcóatl und anderer Gottheiten treu blieb, bauten die Spanier ihre Kirchen auf die alten Heiligtümer oder an deren Stelle. So errichteten sie auf der zerstörten Spitze der Hauptpyramide von Cholula die Kirche Nuestra Señora de los Remedios (**Jungfrau der Immerwährenden Hilfe**), die nach einem Einsturz im Jahr 1666 neu begonnen, im 18. Jh. fortgesetzt, 1884 durch ein Erdbeben wieder weitgehend zerstört und anschließend in neoklassizistischem Stil wieder aufgebaut wurde. In einer Vitrine über dem Altar wird eine Madonnenstatue aufbewahrt, die angeblich Cortés den Franziskanermönchen zum Geschenk gemacht hatte. Von der Kirche haben Sie eine großartige Aussicht über die Stadt und auf den Vulkan Popocatépetl.

Kloster auf einer Kultstätte

Convento San Gabriel

Auf den Resten einer alten Kultstätte erhebt sich auch das gewaltige **Kloster San Gabriel** auf dem Zócalo, das 1549 von Franziskanern errichtet wurde. Bemerkenswert sind das große Atrium, das plateréske Portal, die massiven Türen und die beeindruckenden gotischen Bogen. Die architektonisch der großen Moschee in Córdoba nachempfundene **Capilla Real** (Königliche Kapelle) stammt aus der Mitte des 16. Jh.s und wurde etwa 100 Jahre danach erneuert. Der wuchtige Bau besteht aus sieben mit 49 kleinen Kuppeln gedeckten Schiffen und öffnet sich in ein weitläufiges Atrium mit drei hübsch verzierten Posas (Prozessionskapellen).

Rund um Cholula

Höhepunkt des Poblanostils – von außen …

San Franciscso de Acatepec

Auch in den kleinen Ortschaften dieser Gegend gibt es prächtige Kirchen, da sich die Spanier die künstlerischen und handwerklichen Fertigkeiten der hier lebenden Indigenen zunutze machten. Ein Beispiel dafür ist die **Kirche San Francisco de Acatepec**, nur wenige Kilometer südlich von Cholula und 16 km westlich von Puebla, die zu den schönsten Beispielen regionalen Hochbarocks in Mexiko zählt. Durch einen eindrucksvollen Torbogen im Neo-Mudéjar-Stil gelangt man zur Kirche. Deren gesamte Fassade ist mit Azulejos und Ziegeln bedeckt und gliedert sich in drei Teile. Das Portal, von einem unregelmäßigen Bogen eingerahmt, wird auf jeder Seite von drei getrennten korinthischen Säulen flankiert. Zwischen den Säulengruppen steht in Nischen je eine Skulptur. Im mittleren Teil ersetzen Wandpfeiler in Form umgekehrter Pyramidenstümpfe die Säulen – eines der Hauptmerkmale des churrigueresken Stils. Das große Fenster in der Mitte ist mit dem Symbol des hl. Franziskus geschmückt. Im oberen Teil werden die am äußeren Rand des mittleren Teils befindlichen Wandpfeiler durch Schneckenmuster fortgeführt, um einen Giebel anzudeuten. In der sternförmigen Nische sehen Sie die Skulptur des Heiligen, darüber als Abschluss die Darstellung der Dreifaltigkeit.

... und von innen

Santa María de Tonantzintla

Bildet die Fassade von San Francisco de Acatepec einen Höhepunkt des Poblanostils, so kann man das Innere der Kirche Santa María de Tonantzintla (1 km westlich von Acatepec) als Meisterwerk eines Interieurs dieser Barockvariante ansehen. Hier zeigt sich die in prähispanischer Zeit so ausgeprägte **totale Dekoration des Raums** mit der mystischen Vorliebe für Früchte, Blumen und Vögel, die sich mit christlichen Darstellungen vermischt.

★ COBÁ

Bundesstaat: Quintana Roo (Q.R.) | **Höhe:** 8 m ü. d. M. |
Entfernung: 43 km nordwestl. v. Tulum

N 33

Cobá ist eine noch ursprünglich belassene Maya-Stadt zwischen mehreren kleinen Seen, überwuchert vom Dschungel von Quintana Roo. Hier können Sie einige der verfallenen Pyramiden noch besteigen und sie erkunden.

Maya-Stätte inmitten des Dschungels

Cobá ist eine der größten Maya-Stätten Mexikos. Dieses noch fast vollständig überwachsene Kult- und Siedlungszentrum blieb dank des für die Halbinsel Yucatán ungewöhnlichen Wasserreichtums sehr lange bewohnt – von der Frühklassik bis ins späte 15. Jahrhundert. Nach bisherigen Forschungen scheint Cobá seine Blütezeit in der Epoche der Maya-Klassik (600–900) erlebt zu haben; einige Bauwerke stammen aus der Nachklassik (900–1450). Offenbar war Cobá noch zur Zeit des Eintreffens der Spanier bewohnt, wurde aber von diesen nie entdeckt.

COBÁ ERLEBEN

Von Tulum führt eine von Hütten gesäumte Straße 43 Kilometer nach Nordwesten durch Dschungel zu den Maya-Ruinen von Cobá. Man kann sie von Norden auch über eine Straße von Nuevo X-Can (42 km) bzw. über einen unbefestigten Weg von Chemax (31 km) erreichen. Von Cancún, Playa del Carmen und Valladolid bestehen regelmäßige **Busverbindungen**.

ALDEA COBÁ €€
Kleines Bungalow-Hotel, zwei Kilometer von der Ausgrabungsstätte entfernt. Sehr private Atmosphäre in einem sehr schön angelegten Garten.
Av. Principal 1
Tel. 998 34 20 19 8
www.aldeacoba.com

LA PIRÁMIDE €
Das Lokal liegt sehr idyllisch an der Laguna Cóba. Es serviert yukatekische Spezialitäten, aber auch sehr gute Gerichte aus anderen Teilen Mexikos.
Av. Principal Esq calle 7
Tel. 984 173 74 70

Gang durch die Ruinenstätte

Zeit mitbringen – und Wasser!
Aufgrund der großen räumlichen Ausdehnung von ca. 80 km² und auch der landschaftlichen Schönheit wegen sollte man sich genügend Zeit zur Besichtigung nehmen. Die Hauptsehenswürdigkeiten sind ausgeschildert. Man muss sich auf **Hitze, Feuchtigkeit und Insekten** einstellen und einen ausreichenden Wasservorrat mitbringen! Direkt vor Ort können Fahrräder geliehen und Fahrradrikschas gemietet werden. Hinweis

Mit bis zu 10 m breiten Chauseen
Auf dem riesigen Areal zählte man bisher 45 lokale und regionale Straßen sowie über 6000 Bauten. Man entdeckte bislang mehr als 40 Stelen aus der Maya-Klassik, die meist Reliefs aufweisen. Die bisher älteste Jahreszahl (613) befindet sich auf der Stele 6. Allerdings lässt die Bauweise mancher Gebäude, die der von Petén (Guatemala) gleicht, darauf schließen, dass sie schon in der Frühklassik (300–600) entstanden sind. Die Bedeutung Cobás als Metropole wird auch durch die große Anzahl hier gefundener Sacbeob (Mehrzahl von Sacbé = weiße Straße) erhärtet. Sie bildeten ein ausgedehntes Netz von mit gewalztem Kalksteinmörtel bedeckten **Dammwegen**, die das Zentrum mit den äußeren Bezirken verbanden. Ungewöhnlich ist, dass diese Chausseen mitunter bis zu 10 m breit sind und eine fast 100 km weit nach Yaxuna, einem Kultzentrum südwestlich von Chichén Itzá, führte. Anlage

Tgl. 9–17 Uhr | Eintritt 90 MEX$

120 Stufen geht es hoch auf die Nohoch-Mul-Pyramide in Cobá. Oben angekommen, werden Sie mit einem fantastischen Blick auf die Anlage und den dichten Dschungel Yucatáns belohnt.

Hoch auf die »Kirche«

Grupo de Cobá

Nach Betreten der archäologischen Zone liegt rechter Hand eine Reihe von Bauten, die **Cobá-Gruppe** (Grupo de Cobá) oder Gruppe B genannt wird. Die große, 24 m hohe Pyramide wird als Kirche (**La Iglesia**) bezeichnet und ist teilweise restauriert. Ihre Grundfläche beträgt 40 × 50 m; nach der siebten Terrasse folgt eine Mauer, welche die höchste Plattform trägt, auf der ein kleiner Tempel steht. Die Grupo de Cobá kann nur noch bis zur halben Höhe bestiegen werden.

Überreste kunstvoller Verzierungen

Grupo de las Pinturas

Etwa 100 m hinter der Macanxoc-Gruppe führt ein Wegweiser linker Hand zur **Gruppe der Malereien** (Grupo de las Pinturas oder Gruppe D). Der wichtigste Bau ist eine Pyramide (Struktur I), die von einem kleinen Tempel gekrönt wird. Dieser hat Türen nach Osten und Westen sowie ein Hauptportal an der Nordseite, das durch eine Säule geteilt wird. Der Türsturz über dem Portal sowie die drei horizontalen Steinsimse darüber zeigen noch deutlich Reste der ursprünglichen Bemalung.
Gegenüber den Treppen zur Pyramide weist ein Pfad zu verschiedenen **Stelen**. Auf zweien davon sind Menschenopfer dargestellt. Geht man hier weiter, so kommt man auf den Nohoch-Mul-Weg und biegt rechts ab.

Schöne Aussichten

Nohoch Mul

Nach 800 m kommen Sie zu der großen Pyramide von Nohoch Mul. Bevor der Weg nach links abbiegt, führt ein Pfad zu einer Gruppe verwitterter Stelen mit der prächtigen **Stele 20**. Sie zeigt das Relief einer reich geschmückten Herrschergestalt, deren Füße auf dem Rücken von zwei kriechenden Sklaven ruhen. Diese Figur trägt einen Zeremonienstab in schräger Stellung, ein typisches Element des Cobá-Stils. Die Seiten und der obere Teil der Stele sind mit Glyphen bedeckt.
Die beherrschende Pyramide gilt mit 42 m als das höchste zugängliche altindigene Bauwerk der Halbinsel Yucatán. Eine **Freitreppe** führt in 120 Stufen, von denen einige in Stein gemeißelte Muschelmotive tragen, über sechs Terrassen zur letzten Plattform. Über zwei kleine Treppen kommt man schließlich zu dem auf der Pyramide stehenden **Tempel**. Die Pyramide selbst ist im Stil der Maya-Klassik gehalten, während der auf ihrer Spitze stehende Tempel denen von Tulum ähnelt, also aus einer wesentlich späteren Zeit stammt, wahrscheinlich aus dem 14. oder 15. Jahrhundert. Vor dem Tempel erhebt sich ein kleiner Altar. Im oberen Fries des Tempels finden sich drei rechteckige Vertiefungen, die ursprünglich Skulpturen des herabstürzenden Gottes enthielten. Zwei von ihnen sind heute noch zu sehen. Der einzige Eingang führt in einen Raum mit einem Kraggewölbe. Von hier oben ist der Ausblick großartig.

COSTA ALEGRE

Bundesstaaten: Jalisco (Jal.) und Colima (Col.) | **Länge:** 250 km (zwischen Puerto Vallarta und Manzanillo)

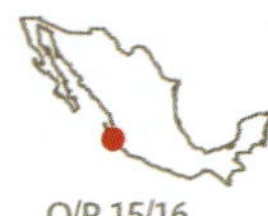

O/P 15/16

Mit der Namensneuschöpfung »Costa Alegre« wurde der 250 km lange Küstenabschnitt zwischen Puerto Vallarta und Manzanillo benannt und somit eine neue und exklusive Urlaubsregion an der Westküste Mexikos aus der Taufe gehoben.

Exklusiver Küsten-abschnitt

Die Küstenstraße MEX 200 führt durch Palmenhaine, Obstplantagen und kleine Fischereidörfer, vorbei an großen Ferienklubs und kleinen, idyllisch gelegenen Hotels. Mehrere Badeorte mit schönen, sanften Stränden wechseln sich mit zerklüfteten Felsabschnitten ab. Wer möchte, kann entlang der früher oftmals von Piraten heimgesuchten Küste wunderbar segeln und angeln.

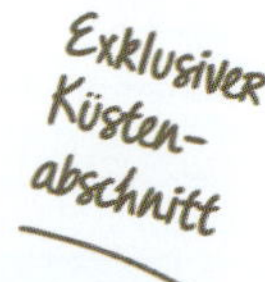

Eigentlich schade: Viele Strände der Costa Alegre sind nur Hotelgästen zugänglich.

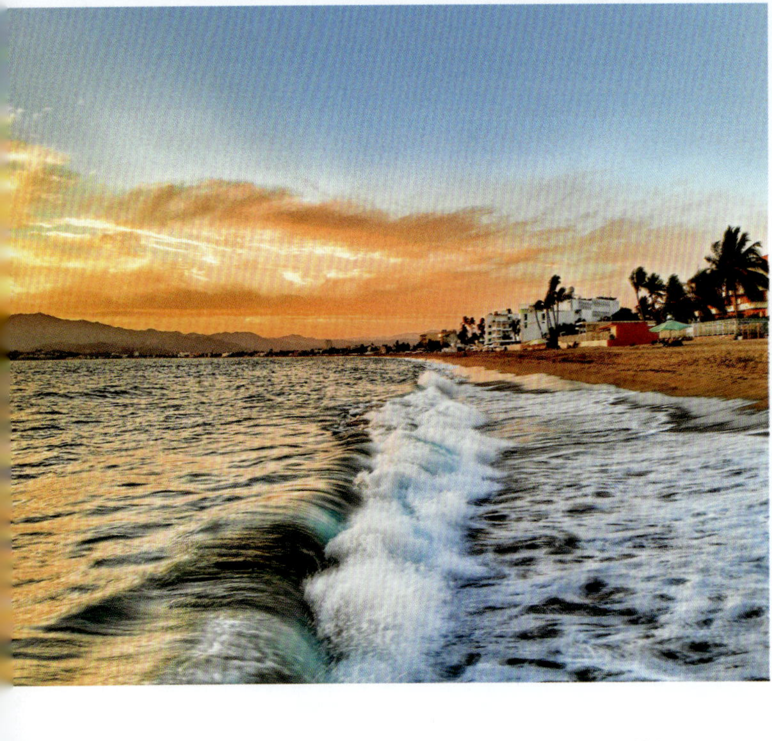

Touristenmagnet

Puerto Vallarta

Obwohl Puerto Vallarta mit seinen kopfsteingepflasterten Gassen und den weißen Häusern mit roten Ziegeldächern sehr hübsch anzusehen ist, sind es vor allem die ausgedehnten **Strände**, die Wassersportmöglichkeiten und die tropische Landschaft, die viele Besucher anziehen. Gut zwei Dutzend Strände zählt man an der **Bahía de Banderas**, an der Puerto Vallarta liegt. Ihr Name bedeutet »Bucht der Fahnen«. Die Strände erstrecken sich nördlich und südlich des **Río Cuale**, der die Stadt in zwei Teile unterteilt.
Zu den bekanntesten, die nördlich des Flusses liegen, gehören die Playa de las Glorias, Las Palmas, de Oro und Chino (bereits im Bundesstaat Nayarit). Fast überall findet man hier große Hotelanlagen. Südlich des Flusses liegen die Playa del Sol (oder Playa de los Muertos), Las Amapas und Conchas Chinas (unterhalb der Klippen), Las Estacas, Punta Negra, Palo María und Gemelas (alle mit hübschen Buchten). 12 km südlich von Mismaloya erstreckt sich der angenehmste, aber etwas überlaufene Strand mit einem Wasserfall und Naturbecken. Vor der Bucht liegen die Felsformationen des Unterwasserparks **Los Arcos**. Dieses Naturschutzgebiet schließt auch eine Gruppe von Inseln ein, von denen **Yelapa** die bedeutendste ist. Der Park und die Insel sind sehr beliebt bei Schnorchlern und Tauchern.

Fast unberührt

Chamela

Der Küstenort Chamela bietet einen 11 km langen, nahezu unberührten Strand (160 km südöstlich von Puerto Vallarta). Der Abschnitt zwischen Chamela und Barra de Navidad wurde von der Regierung zur **»ökologischen Tourismusregion«** erklärt, um so den Lebensraum für Wasserschildkröten und andere Tiere zu sichern.

Surferspot

Barra de Navidad

Das beliebte Seebad Barra de Navidad (3000 Einw.) war einst ein Fischereidorf und 1564 Ausgangspunkt der Pazifiküberquerung von Miguel López de Legazpi zu den Philippinen, wo er die erste spanische Siedlung anlegte und damit die spanische Kolonisierung Asiens begründete. Der Strand, an dem eine Promenade entlangführt, ist besonders schön. Da die Wellen hier höher sind als im Nachbarort, vor allem im Westen, kommen in den Wintermonaten viele Leute aus Melaque zum **Surfen**.

Entspannen an ausgedehnten Sandstränden

Manzanillo

Auf einer Halbinsel am südlichen Ende zweier geschwungener Buchten, der Bahía de Santiago und der Bahía de Manzanillo, dehnt sich, ca. 60 km südlich von Barra de Navidad, Manzanillo (100 000 Einw.) aus. Der von üppigem Dschungel, Bananen- und Kokosplantagen umgebene Ort ist ein **wichtiger Hafen** an der mexikanischen

COSTA ALEGRE ERLEBEN

TOURISTENINFORMATION
Jalisco 67
Barra de Navidad
Tel. 315 3 55 51 00
www.costalegre.com

Regelmäßiger **Busverkehr** von Puerto Vallarta.

HOTEL BARRA DE NAVIDAD €€€
Am Strand gelegenes, zweistöckiges 60-Zimmer-Haus, ausgestattet in schnörkellosem Regional-Stil. Schönes Ambiente mit Patio-Garten, Restaurant und Pool.
M. Lopez de Legazpi 250
Tel. 315 3 55 51 22
www.hotelbarradenavidad.com.mx

MARISCOS DOÑA CONCHA €
Hinter der sonnengelben Fassade speisen Sie unter einem großen Palapadach – vor allem Meeresfrüchte (z. B. Shrimp-Tacos) und frischen Fisch. Mit Strandzugang.
Blvd. Miguel de la Madrid 2185
Playa Azul Salagua
Tel. 314 333 76 76

Pazifikküste. Dank seiner **ausgedehnten Strände** und seiner ausgezeichneten Möglichkeiten für den Angelsport hat sich Manzanillo in den letzten Jahren zu einem viel besuchten Reiseziel entwickelt. Zu den bekanntesten Stränden zum offenen Meer hin gehören im Süden die **Playa de Campos** und die **Playa de Ventanas**. Wegen der hohen Wellen und der starken Strömung ist hier allerdings Vorsicht geboten!

★ COZUMEL · ISLA COZUMEL

Bundesstaat: Quintana Roo (Q.R.) | **Fläche:** ca. 500 km² | **Einwohner:** 74 000 | **Entfernung:** 20 km vor der Nordostküste Yucatáns

Cozumel gehört zu den größten mexikanischen Inseln. Das flache Eiland mit einer Länge von 45 km und einer Breite von bis zu 18 km vor der Nordostküste der Halbinsel Yucatán ist vorwiegend von grünem Buschwald bedeckt und bietet wunderschöne weiße Strände und kristallklares Wasser.

N 33/34

Vom Schmugglernest zum Tauchspot

Cozumel 1511: eine Gruppe Maya streift durch den dichten Dschungel der Karibikinsel, hinter sich her zerren sie zwei Spanier, den Matrosen **Gonzalo Guerrero** und den Mönch **Gerónimo de Aguilar** – zwei perfekte Opfer für ihre Götter, Mondgöttin Ix-chel und Sonnengott Itzamná. Die Spanier haben Glück und entkommen, jedoch ist ihnen der Dschungel fremd, sodass sie erneut in Maya-Gefangenschaft geraten. Diesmal dienen sie »nur« als Sklaven. Das Gute daran: Beide lernen die Mayasprache. Denn als Hernán Cortes acht Jahre später an Cozumel vorbeisegelt, erwirkt er ihre Freilassung, doch nur aus einem Grund: Er braucht zuverlässige Dolmetscher für seinen Eroberungszug. Aguilar ist sofort dabei, doch Guerrero hat sich inzwischen unter den Maya als brillanter Kriegsherr etabliert und eine adlige Maya geheiratet. Ihre Kinder sind die ersten Mestizen Mexikos. Mit den Maya auf Cozumel ist es schnell vorbei – 40 000 sterben qualvoll an Pocken, eingeschleppt von den Europäern. Ihre Tempel verfallen, Cozumel ist entvölkert, die Natur erobert die Insel – das perfekte Schmugglernest für Piraten.
Heute ist Cozumel vor allem für das kristallklare Wasser und schöne Tauchgründe bekannt, von denen schon der französische Meeresforscher Jaques Cousteau schwärmte. Seit 2009 wird hier außerdem der **Ironman Mexico** ausgetragen. Wer hier siegt, qualifiziert sich für einen Startplatz bei der WM des Ironman Hawai.

Wohin auf der Isla Cozumel?

Tortillas zubereiten wie die Maya

San Miguel de Cozumel

Der im Nordwesten der Insel gelegene größere Ort San Miguel de Cozumel bietet außer einem **Delphinarium** das **Museo de la Isla** (Avenida Rafael E. Melgar/Calle 4/6 Norte) mit Exponaten zur Geografie und Geschichte der Insel und ihrer faszinierenden Unterwasserwelt. Etwas weiter außerhalb befindet sich in der Avenida 65 der **Parque Arqueológico** mit einer Anlage voller Repliken aus verschiedenen mittelamerikanischen Kulturen. Maya in traditioneller Kleidung zeigen, wie Tortillas und Hängematten hergestellt werden.

Zu den beliebtesten und schönsten Stränden von Cozumel…

Strände

…gehören San Juan und Pilar im Nordwesten und San Francisco, Santa Rosa und Palancar im Südwesten. Auf der Seite zum Meer befinden sich Encantada, Hanan, Bonita, Punta Morena, Chen Río und Chiqueros.

Am »kleinen Meer«

Laguna Chankanab

Ein beliebtes Ausflugsziel ist die Laguna Chankanab (»kleines Meer«), ein 7 km südlich von San Miguel de Cozumel gelegener, klei-

Shoppen, schwimmen, sonnenbaden – am Traumstrand auf der Isla Cozumel

ner **Süßwassersee**, der durch unterirdische Kanäle mit dem Meer verbunden ist. In seinem kristallklaren Gewässer leben eine Menge bunter Fische und Schildkröten. Die Lagune ist seit mehreren Jahren für Schwimmer und Schnorchler gesperrt. Das kleine naturhistorische Museum ist durchaus sehenswert.

Paradies zum Tauchen und Schnorcheln

Obwohl die Tiere der Gewässer um Cozumel durch die übermäßige Jagd mit Harpunen stark dezimiert wurden, ist die Unterwasserwelt um Cozumel immer noch ein lohnender Ort zum Schnorcheln und Tauchen. Eines der schönsten Tauchreviere ist das **Palancar**

COZUMEL ERLEBEN

TOURISTENINFORMATION

Plaza del Sol beim Zócalo
(1. Stock)
Tel. 987 8 72 09 72
www.islacozumel.net

Die **Personenfähre** von Playa del Carmen benötigt ca. eine Stunde, die **Autofähre** von Punta Venado ca. 70 Min., vom Puerto Aventuras rund zwei Stunden. Wer möchte, kann auch mit dem Luftkissenboot von Cancún übersetzen.

Ein **Flug** nach Cozumel dauert von Mexiko-Stadt ca. zweieinhalb Stunden, von Mérida etwa 40 Minuten und von Cancún 15 Minuten. Sie können auch von anderen mexikanischen und US-amerikanischen Flughäfen hierher gelangen.

❶ LA CHOZA €€

Altbewährtes Lokal für mexikanisches Essen an neuer Adresse mit typischer moderner Cantina-Atmosphäre.
10th Av. Norte 216
Tel. 987 8 72 09 58

❷ PESCADERÍA SAN CARLOS €
Frischer können die Speisen aus dem Meer kaum sein. Das Restaurant ist allerdings nur zum Lunch geöffnet (bis 17 Uhr).
50 Avenida Sur Bis
Adolfo López Mateos
Tel. 987 87 27 44 0

❶ COZUMEL PALACE €€€€
Ein Rundum-Wohlfühl-Küstenresort (175 Z.) mit Spa, Tauchbasis, zwei Pools und freundlichem Personal.
San Miguel Rafael E. Melgar km 1,5
Tel. 998 19 30 28 5
www.palaceresorts.com

-Riff an der Südwestspitze der Insel, das sich aus 80 m Tiefe bis knapp unter den Meeresspiegel erhebt. In 17 m Tiefe wurde eine Christusfigur aufgestellt. Weitere Tauchziele sind die Riffe San Francisco, Paraíso, Columbia und Maracaíbo sowie die Santa-Rosa-Wand.

Keine Speisen und Getränke mitbringen!

Parque Punta Sur

Am Südzipfel der Insel erstreckt sich das Naturschutzgebiet Punta Sur. Zahlreiche Tiere haben hier ihren Lebensraum, darunter Krokodile, Flamingos und Reiher. Autos sind nicht erlaubt; es gibt aber öffentliche Busse und Fahrräder. Von Aussichtstürmen lässt sich die Fauna in der Laguna Colombia und Laguna Chunchacaab betrachten. Im Sommer bietet der Park ein spezielles Abendprogramm zur Schildkrötenbeobachtung an. Auf dem Gelände liegt auch der Leuchtturm Faro de Celarain, in dem das **Schifffahrtsmuseum** untergebracht ist. Kajaks und Tauchausrüstungen können ausgeliehen werden. Es gibt auch ein **Restaurant**, denn das Mitbringen von Speisen und Getränken ist nicht gestattet.

Tgl. 9–16 Uhr | Eintritt 214 MEX$

Herrlich versteckt im Dschungel

Maya-Stätten

Auf der Insel wurden mehr als 30 kleinere Maya-Stätten gefunden, aber nur wenige sind erforscht oder gar restauriert. Die meist schwer zugänglichen Ruinen sind zwar architektonisch wenig interessant, sie liegen aber zum Teil an reizvollen, versteckten Plätzen im Dschungel. Am bedeutendsten ist das 16 km von San Miguel de Cozumel entfernte und auch mit einem Fahrzeug zu erreichende **San Gervasio** mit dem Tempel der Ix-chel, das religiöse Zentrum und der Wallfahrtsort der Insel. In der Nähe liegen die Ruinen von Santa Rita. Weitere Stätten sind im Norden **Santa Pilar** und im Nordosten Castillo Real, wo das größte Maya-Gebäude der Insel zu finden ist. Im Südosten hinterließen die Maya Spuren in Buenavista, im Süden in El Caracol in der Nähe des Leuchtturms (im Parque Punta Sur).

★ CUERNAVACA

Bundesstaat: Morelos (Mor.) | **Höhe:** 1540 m ü. d. M. | **Einwohner:** 341 000 | **Entfernung:** ca. 80 km südwestlich von Mexiko-Stadt

P 21

Die »Stadt des ewigen Frühlings« ist ganzjährig mit einem milden Klima zwischen 20 und 30 Grad gesegnet. Doch nicht nur deshalb ist die schöne Kolonialstadt und Hauptstadt des Bundesstaats Morelos ein beliebtes Ziel. Neben Kunsthandwerk und toller Umgebung hält sie auch für Naturfans einige Überraschungen bereit.

Stadt des Frühlings – und des Sommers

Bis zur Konquista unterhielten die Azteken prächtige Sommerresidenzen in Cuernavaca, das damals noch Cuauhnáhuac hieß. Die Spanier unter Hernán Cortés eroberten und zerstörten die Stadt 1521. Nach seiner politischen Entmachtung durch Karl V. war Cortés als Graf von Cuernavaca längere Zeit in der Stadt, bis er 1540 nach Spanien zurückkehrte. Auch Kaiser Maximilian verbrachte den Sommer gern in Cuernavaca. Amerikaner und Deutsche kommen dagegen, um dem Winter in der Heimat zu entgehen. Schicke Villen und Haciendas gehören daher zum Stadtbild, überall blühen Bougainvillae in den knalligsten Farben.
Einer, dem es Cuernavaca besonders angetan hatte, war der amerikanische **Maler Robert Brady** (1928–1986). Er kaufte einen Teil einer alten Klosteranlage mitten im Zentrum und richtete darin sein Privathaus sein. Die Villa mit wunderschönem Garten besitzt zahlreiche Räume, und jeder ist nach einem anderen Thema gestaltet. Denn Brady war nicht nur Maler, sondern auch Weltreisender und Kunstsammler, und so entstand nach und nach ein Museum mit Kunstwerken aus aller Welt. Aber auch Originale von Frida Kahlo, Rufino Tamayo und José Guadalupe Posada hängen hier. Der reiche Knabe aus Iowa scharte zudem zahlreiche Prominenz auf schillernden Partys um sich: Josephine Baker, Maria Callas und Peggy Guggenheim zählten zu seinen Gästen.
Im **Revolutionskrieg** (1910–1920) zerstörten die aufständischen Bauern viele Haciendas in der Umgebung. Unter der Führung von **Emiliano Zapata** (▶ Baedeker Wissen, S. 414) forderten sie mit dem Ruf »Tierra y Libertad« (»Land und Freiheit«) die Aufteilung der riesigen Ländereien der Großgrundbesitzer.

Wohin in Cuernavaca?

Ein Stück Frankreich

Zócalo

Cuernavacas Zócalo, die lebhafte **Plaza de Armas**, wird im Osten vom Palacio de Cortés, im Westen vom Palacio del Gobierno flan-

CUERNAVACA ERLEBEN

TURISMO
Prolongación Agustín Güemes Celis s/n
Tel. 777 3 14 39 20
www.cuernavaca.gob.mx

Mit dem **Auto** fahren Sie von Mexiko-Stadt aus auf der MEX 95 ca. 80 km. Die **Busfahrt** dauert etwa 90 Min.

❶ LAS MAÑANITAS €€€€
Die Tische in diesem eleganten zum gleichnamigen Relais & Chateaux-Hotel & Spa gehörenden Restaurant stehen auf einer schattigen Terrasse mit Blick auf den Park, in dem Pfaue umherstolzieren. Mexikanisch-internationale Speisekarte; Reservierung unbedingt erforderlich.
Calle Ricardo Linares 107
Tel. 777 3 62 00 00
www.lasmananitas.com.mx

❷ CASA HIDALGO €€€
Mit Blick auf den Zócalo und in einem eleganten Ambiente bekommen Sie feine regionale Küche und ein reichhaltiges Frühstück serviert. Die Portionen sind großzügig.
Hidalgo 6
Tel. 777 3 12 27 49
www.casahidalgo.com

❶ HACIENDA DE CORTÉS €€€€
Diese Hacienda (22 Z.) aus dem 16. Jh. gehörte dem Konquistador Hernán Cortés. Ihre Zimmer sind mit ausgewählten mexikanischen Möbeln eingerichtet. Patios und romantische Gärten gehören auch dazu.
Plaza Kennedy 90
Col. Atlacomulco, Mor.
Tel. 777 3 15 88 44
www.hotelhaciendadecortes.com.mx

❷ LA CASA AZUL €€€
Das Haus ist Teil des ehemaligen Guadalupe-Klosters (19. Jh.), die stimmungsvollen 15 Zimmer sind jeweils im Stil einer bestimmten mexikanischen Region ausgestattet.
Calle Gral Mariano Arista 17
Tel. 777 3 14 21 41
www.hotelcasaazul.com.mx

kiert. Vielerlei Restaurants, vor allem an seiner Südseite, laden zum Verweilen ein. Im Nordwesten schließt sich der **Jardín Juárez** an, dessen Aussichtspunkt von Gustave Eiffel entworfen wurde.

Schöne Ein- und Ausblicke

Unweit des Zócalo liegt der Palacio Cortés, der um 1530 begonnen und später mehrmals umgebaut wurde. Früher Residenz- und Verwaltungsgebäude, beherbergt er heute u. a. das historische Regionalmuseum Cuauhnáhuac (**Museo Regional Cuauhnáhuac**), das die Geschichte der Gegend um Cuernavaca dokumentiert. Von den Loggias des ersten Stocks haben Sie einen großartigen Ausblick auf die

1 Las Mañanitas 2 Casa Hidalgo
1 Hacienda de Cortés 2 La Casa Azul

Stadt und ihre Umgebung. Bemerkenswert sind die Fresken, die Diego Rivera im Auftrag des US-Botschafters Dwight Morrow, des Schwiegervaters des Atlantikfliegers Charles Lindbergh, 1929/1930 malte. Sie stellen Szenen der Konquista, der Geschichte Cuernavacas sowie des Unabhängigkeits- und des Revolutionskriegs dar; u. a. wird Emiliano Zapata gezeigt, wie er den Schimmel des Hernán Cortés führt – Sinnbild für die Rückeroberung des Landes durch das Volk.
Plaza Morelos | Di.–So. 9–17.30 Uhr | Eintritt 60 MEX$

Eine Festung für Cortés

Catedral

Aus einem 1529 gegründeten Franziskanerkloster ging der Bau der heutigen Kathedrale hervor, der sich an der Ecke der Straßen Hidalgo und Morelos erhebt. Ihre festungsartige Anlage, mit deren Bau 1533 begonnen wurde, geht auf Hernán Cortés zurück. Das Seitenportal der Kirche hat eine kolonial-platereske Fassade. Über dem Giebel sieht man die Symbole Krone, Kreuz, Totenschädel und Gebein, umrahmt von einem Alfiz.

Das Innere der Kathedrale wurde in den 1950er-Jahren restauriert, wobei frühe **Wandmalereien** zum Vorschein kamen. Sie zeigen, wie 24 mexikanische Franziskanermönche zur Missionsreise nach Japan aufbrechen und dort 1597 am Kreuz den Märtyrertod erleiden. Im hinteren Teil der Klostergebäude befindet sich eine Kapelle des Dritten Ordens mit typisch mexikanischer Barockfassade. Der schöne holzgeschnitzte Altar von 1735 zeigt starken indigenen Einfluss, ebenso die Fassade, an der eine kleine Figur Hernán Cortés darstellen soll. An die Kathedrale lehnt sich die **Offene Kapelle** (Capilla Abierta), deren Gewölbe auf drei Bogen ruht; zwei Strebepfeiler verstärken die mittleren Säulen. Im Kreuzgang des Klosters finden Sie Reste von Wandmalereien, die den Stammbaum des Franziskanerordens zeigen.

Ein Garten für den Silberkönig

Jardín Borda

Schräg gegenüber der Kathedrale liegt der **Borda-Garten** (Jardín Borda), der in der zweiten Hälfte des 18. Jh.s von dem Silberkönig der Bergwerksstadt Taxco, José de la Borda, angelegt wurde. Der 1987 wieder hergerichtete Park umfasst terrassierte Gärten, Teiche, Springbrunnen und ein Freilichttheater. Kaiser Maximilian und seine Frau Charlotte hatten hier ihre Sommerresidenz und gaben während ihrer Regierungszeit (1864–1867) rauschende Feste. Noch heute zieht der Ort viele Interessierte an. Sie betreten ihn über die Calle Morelos und können viel vom Leben der mexikanischen Aristokratie erfahren. In einem Flügel des kolonialen Gebäudes zeigt das **Museo de Sitio** einiges zum Alltagsleben dieser Zeit. U. a. sieht man Originaldokumente von Maximilian, Juárez und Morelos. Einige Gemälde zeigen romantische Szenarien, auf dem bekanntesten ist Maximilian mit seiner Geliebten La India Bonita abgebildet.

Di.–So. 10–17.30 Uhr | Eintritt 30 MEX$

Ein Privathaus für jede Menge Kunst

Der amerikanische Künstler und Sammler Robert Brady (1928 bis 1986) lebte 24 Jahre lang in Cuernavaca. Sein ehemaliges Privathaus war einst ein Teil des Klosterareals der Kathedrale. Es enthält ungefähr 1300 Kunstwerke: prähispanische und koloniale Stücke, Bilder von **Diego Rivera, Frida Kahlo und Rufino Tamayo** sowie Kunsthandwerk aus Amerika, Afrika und Asien. Alle Erläuterungen sind englischsprachig.

Calle Netzahualcóyotl 4 | Di.–So. 10–18 Uhr | Eintritt 50 MEX$ | www.therobertbradymuseum.tumblr.com

Hinter dem Wasserfall entlang

Salto de San Antón

Im Westteil von Cuernavaca, etwa 1 km vom Zentrum entfernt, gelangen Sie zu dem Wasserfall San Antón, einer 40 m hinunterstürzenden Kaskade in malerischer Umgebung. Ein kleiner Gehweg führt direkt hinter dem Wasser vorbei. In dem oberhalb gelegenen, kleinen **Dorf San Antón** wird sehr hübsche Keramik hergestellt.

Im Haus des Vergessens

Casa Maximiliano

Etwa 1,5 km südlich des Stadtzentrums lohnt im ehemaligen Dorf und jetzigen Stadtteil Acapatzingo (Calle Matamoros 19) ein Besuch der Casa Maximiliano oder Casa del Olvido (»Haus des Vergessens«). Das Gebäude in geruhsamer, ländlicher Umgebung ließ **Kaiser Maximilian** errichten. Es diente ihm als Refugium, das er mit seiner indigenen Geliebten La India Bonita teilte. Seinen zweiten Namen erhielt es, weil Maximilian »vergaß«, Zimmer für seine Gemahlin einzuplanen. Für seine Geliebte aber ließ er im Park sogar ein eigenes Häuschen bauen, in dem heute das Museum der Kräuter und Heilpflanzen (**Museo de la Herbolaria**) untergebracht ist.

Durch ein Gefecht entdeckt

Pirámide de Teopanzolco

Am nordöstlichen Stadtrand, nahe dem Bahnhof, liegt die prähispanische Stätte Teopanzolco, die aus der späten Nachklassik (1250 bis 1521) stammt und erst 1910 entdeckt wurde, nachdem bei einem Gefecht zwischen Regierungstruppen und den Rebellen unter Zapata Granateinschläge erste Mauerreste freilegten.

Die Anlage, ein letztes Relikt der früheren Hauptstadt der hier lebenden Tlahuica, ist in typisch aztekischem Stil errichtet. Sie besteht aus zwei übereinander gebauten **Tempelpyramiden**, die aus verschiedenen Zeiten stammen. Eine doppelte Freitreppe führt zur Spitze der Pyramide, wo Sie noch Mauerreste zweier Tempel für Huitzilopochtli bzw. Tláloc sehen können. In die Mauern eingebettete, aus Stein gearbeitete primitive Tierköpfe, die einst mit Stuck überzogen waren, sind noch zu erkennen. Kleinere Pyramiden waren den Göttern Ehécatl (Windgott) und Tezcatlipoca (Rauchender Spiegel) geweiht. In der Nähe der rechteckigen Plattform im Westen wurde eine große Grabstätte und Keramik gefunden.

Calle Río Balsas, Colonia Vista Hermosa | tgl. 9–18 Uhr | Eintritt: 90 MEX$

Rund um Cuernavaca

Entspannen im Ort des Friedens

Tepoztlán

Etwa 26 km östlich von Cuernavaca liegt das malerische Städtchen Tepoztlán. Der festungsartige Sakralbau **Ex-Convento Dominico de la Natividad** (1559–1588) soll von dem Spanier Francisco Becerra

Robert Brady war nicht nur Künstler, er war auch ein eifriger Sammler. Über Tausend Stücke aus aller Welt trug er zusammen.

entworfen worden sein. Das herrliche Portal der Klosterkirche **Nuestra Señora de la Asunción** im plateresken Stil zeigt dominikanische Zeichen und indigene Motive – neben der Jungfrau und dem Dominikanerkreuz sehen Sie auch Sonne, Mond und Planeten sowie florale Muster und skurrile Figuren. Sowohl in den Kapellen als auch in den Posas sind noch Reste von Fresken erhalten. Durch die einschiffige Kirche gelangt man in den rustikalen Kreuzgang. Vom ersten Stock der Loggia an der Nordwestecke des Klosters bietet sich ein schöner Ausblick auf die Berge der Umgebung. An der Rückseite des Klosterkomplexes zeigt das kleine **archäologische Museum** prähispanische Fundstücke aus der Gegend.
Anschließend können Sie sich im **Hostal de la Luz** in einem **Temazcal** entspannen und sich bei der Zeremonie »Wiedergeburt durch Feuer« rituell reinigen lassen. Selbst der Dalai Lama hat es einen »Ort des Friedens« genannt (reservaciones@hostaldelaluz.com)

Hostal de la Luz: Carretera Federal Tepoztlan, Amatlan Km4 | www.hostaldelaluzresort.com

Heute eher trist, damals bunt: Die Flachreliefs an der Pirámide de las Serpientes Emplumadas in Xochicalco leuchteten einst in Weiß, Rot, Schwarz, Blau und Gelb.

Zu Ehren des Ernte- und Pulque-Gottes

Tepozteco

Auf einer steilen Felshöhe, 500 m über dem Ort, befindet sich die Ruinenstätte Tepozteco, wo die Tlahuicas zu Ehren ihres Ernte- und Pulque-Gottes Tepoztécatl eine 20 m hohe, **dreistöckige Tempelpyramide** errichtet haben. Diese ist über einen steilen Fußweg in etwa einer Stunde zu erreichen; die **Aussicht** von oben ist bemerkenswert. Im Innern der Pyramide finden sich Säulen mit Figuren und abstrakten Zeichnungen. Die Wände und der Steinboden zeigen Kalenderzeichen sowie Symbole für Pulque, Wasser, Krieg und Blut.

Mit beliebten heißen Quellen

Cuautla

Cuautla, 42 km südöstlich von Cuernavaca, ist seit dem 17. Jh. für seine **Thermalbäder** bekannt und viel besucht. Es liegt in einer Landschaft mit subtropischem Klima und entsprechend üppiger Vegetation. Schon in prähispanischer Zeit waren die Quellen bekannt,

später jedoch entwickelte sich der Ort zu einem Modebad für wohlhabende Spanier. Im mexikanischen Unabhängigkeitskrieg kam es 1812 hier zu einer Schlacht zwischen den Freiheitskämpfern unter Führung von José María Morelos und den königlich spanischen Truppen. Emiliano Zapata, der Anführer der großen Bauernrevolte im mexikanischen Revolutionskrieg (1910–1920), stammt aus dem 6 km südlich gelegenen **Anenecuilco**.
Die bedeutendsten Heilbäder in und um Cuautla, vorwiegend **heiße Schwefelquellen**, sind Agua Hedionda (»stinkendes Wasser«) am östlichen Stadtrand, Agua Linda, Casasano und El Almeal.

Das große Rätsel im »Haus der Blumen«

Die 1999 zum UNESCO-Weltkulturerbe erklärte, festungsartige Ruinenstätte von Xochicalco (38 km südwestlich von Cuernavaca) liegt 130 m über einer weiten Ebene auf einem Bergkegel, an dem durch Aufschüttung und Abtragung Plattformen geschaffen wurden. Ihre Geschichte ist eines der großen Rätsel in der Archäologie Mesoamerikas. Wahrscheinlich war Xochicalco, was »im Haus der Blumen« bedeutet, schon um 500 n. Chr. besiedelt. Bedeutung erlangte die Stätte erst im 7. und vor allem im 8. Jh., als sie sich nach dem Niedergang Teotihuacáns zu einem wichtigen Handelszentrum entwickelte. Hier, am **Schnittpunkt nördlicher und südlicher Hochkulturen**, findet man Einflüsse von Teotihuacán sowie der Maya, Zapoteken, Mixteken und Tolteken. Später wurde Xochicalco ein wichtiges Lehrzentrum. Bereits nach 900 verlor die Stadt an Bedeutung und kurz darauf kam das Ende, als Xochicalco von anderen Stämmen erobert oder aus wirtschaftlichen Gründen für immer verlassen wurde.
Die Gesamtfläche der einstigen religiösen und militärischen Metropole umfasst mehr als 12 km², während sich das eigentliche Kultzentrum über ca. 1200 m von Norden nach Süden und über ca. 700 m von Osten nach Westen erstreckt. Von der Höhe haben Sie einen prachtvollen Ausblick über Berge, Ebenen und Seen. Versucht man, die Motive und die Bauweise der Tempel einzuordnen, handelt es sich hier um eine Zwischenstufe zwischen Teotihuacán und Tula, was Sie insbesondere an der **Darstellung des Quetzalcóatl** nachvollziehen können. Er wurde hier erstmals in Menschengestalt abgebildet und nicht nur als gefiederte Schlange.
Das bedeutendste Gebäude ist die Pyramide der Gefiederten Schlangen (**Pirámide de las Serpientes Emplumadas**), die auch »Ungedecktes Monument« (Monumento Descubierto) genannt wird. Man mutmaßt, dass dieses Gebäude zum Gedenken an eine bedeutsame Versammlung von Priester-Astronomen errichtet wurde. Der Bau besteht aus zwei Absätzen, von denen nur der untere Teil als Ganzes erhalten geblieben ist. Er ist im Talud-Tablero-Stil erbaut, wobei im Unterschied zu der in Teotihuacán üblichen Bauweise hier die Schrägwand überwiegt. An dieser Wand sieht man herrliche Flachreliefs von acht gefiederten

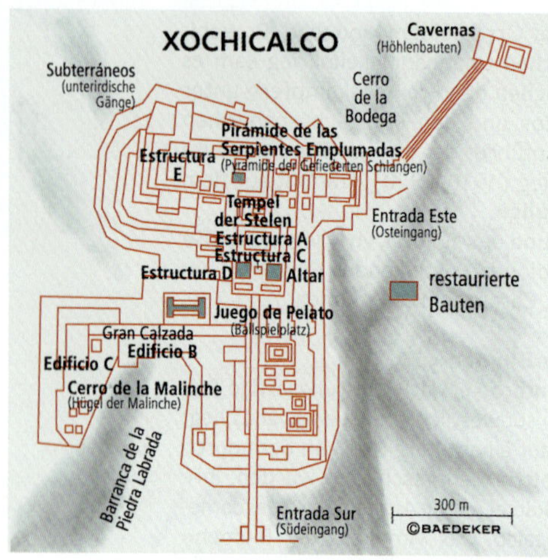

Schlangen, die sich um Hieroglyphen und sitzende Personen schlingen. Einst waren sie weiß, rot, schwarz, blau und gelb gefärbt, zuletzt aber wurden sie ganz mit Rot, der Farbe des Todes, übermalt – wahrscheinlich als Zeichen des kommenden Untergangs. An den Seiten der Steilwand können Sie Reliefdarstellungen von sitzenden Personen, stilisierten Schlangen und Kalenderglyphen erkennen. Über dem vorspringenden Sims oberhalb der Steilwand der ersten Etage stellt ein Fries Muster von stilisierten Muscheln dar, die zu dem Gott Quetzalcóatl in Beziehung gesetzt werden.

Auf dem Gelände gibt es noch einige interessante unterirdische **Tunnel**, von denen einer in einem höher gelegenen Raum endet. Der Lichtschacht hier diente vermutlich als Observatorium, da das Licht genau zur Sonnenwende am 21. Juni durch den Schacht fällt und das Gewölbe erhellt. Zudem kann man hier noch **Ballspielplätze**, eine etwa 18 m lange Straße sowie Relikte von etwa 20 runden Altären, einem Palast und einigen Brunnen entdecken.

Etwas außerhalb der archäologischen Zone liegt das **Eco-Museum**, das mit Sonnenenergie und Regenwasser betrieben wird. In sechs Räumen werden vor allem die seit 1993 in Xochicalco gefundenen Stücke ausgestellt, u. a. die große Keramikfigur eines Jaguars.

Tgl. 9–18 | Eintritt 90 MEX$

★★ EL TAJÍN

Bundesstaat: Veracruz (Ver.) | **Höhe:** 298 m ü. d. M. |
Entfernung: ca. 290 km nordöstl. von Mexiko-Stadt

Mit Pyramiden und Altären, Ballspielplätzen und Palästen ist El Tajin, die große Stadt der Totonaken, eine der wichtigsten prähispanischen Stätten an der mexikanischen Golfküste. Von Vanilleplantagen umgeben, liegt die Ruinenstadt in einer tropischgrünen, hügeligen Landschaft mit feuchtwarmem Klima.

El Tajin hatte seine Blütezeit zwischen 600 und 1000 n. Chr. Bis zu 20 000 Bewohner hatte die Stadt damals. Diese handelten auf dem Marktplatz, beteten vor den Pyramiden zu den Göttern, brachten ihnen Opfergaben dar und verfolgten die spektakulären rituellen Ballspiele. In El Tajin nahm das Spiel eine bedeutende Stellung ein, wie 17 wiederentdeckte Ballspielplätze beweisen, die ungewohnt üppig mit Reliefs dekoriert waren. Auch wenn die Stadt der Kultur der Totonaken zugesprochen wird, blieb sie von anderen Völkern nicht unbeeinflusst. Zur Zeit ihrer Gründung um 200 n. Chr. lassen sich z. B. in der Architektur, Malerei und Keramik Einflüsse aus Teotihuacan bei Mexiko-Stadt nachweisen. Zur Zeit ihres Untergangs um 1200 n. Chr. hatten dagegen die Tolteken ihre Hände im Spiel. Als die Spanier Mexiko eroberten, war El Tajin bereits verlassen – heute ein Glück, denn so wurde es nicht zerstört und lässt Besucher in eine längst vergangene Zeit eintauchen.

Einzigartige Ruinenstadt der Totonaken

Gang durch die Ruinenstätte

Eine Stadt auf mehreren Ebenen

Anlage

El Tajín ist in einem einzigartigen, nur in dieser Gegend zu findenden Stil erbaut. Er zeichnet sich durch fliehende Simse und fensterähnliche Nischen bzw. zurückgesetzte Paneele in den Pyramidenwänden aus. Die Gebäude waren rot, schwarz oder blau angestrichen und vereinzelt auch außen bemalt. Die Stadt erstreckte sich über mehrere Ebenen. Im Süden lag das offizielle **zeremonielle Zentrum** mit Plätzen und Pyramiden. Zum höher gelegenen Nordteil, genannt **El Tajin Chico**, hatte nicht jedermann Zutritt. Hier befanden sich die Paläste und Verwaltungsgebäude.

Tgl. 9–17 | 90 MEX$

Zentrum des Ballspiels

Juegos de Pelota

Mit **17 Ballspielplätzen** in verschiedenen Ausformungen (T-, Doppel-T- oder I-förmig) steht El Tajín nach Cantona an der Spitze in Mesoamerika. Das Spiel fand von der Golfküste aus eine enorme Verbreitung in Mesoamerika, wobei trotz regional unterschiedlicher Regeln und Spielkleidung der Ritualcharakter immer derselbe blieb: der Ausgleich zwischen Gut und Böse, Tag und Nacht, Leben und Tod, die Dualität von Quetzalcóatl und Tezcatlipoca, von Venus und Mond ist an den Wänden einiger Plätze dargestellt (► Baedeker Wissen, S. 92).

Erst in jüngster Zeit freigelegt

Plaza del Arroyo

Kurz nach dem Eingang gelangen Sie auf die Plaza del Arroyo (**Platz des Baches**). Schönstes Gebäude ist das dreimal überbaute Edificio 16, dahinter wurden zwei Ballspielpätze (17/27 und 13/14) ausgegraben.

EL TAJÍN ERLEBEN

whc.unesco.org/en/list/631

Wer mit dem **Auto** unterwegs ist, nimmt von Mexiko-Stadt zunächst die MEX 85 Richtung Teotihuacán, dann die MEX 130 und MEX 132 (Vanillestraße) über Tulancingo und Poza Rica (insgesamt circa 300 Kilometer). Von Veracruz beträgt die Strecke auf der MEX 180 über Nautla und Papantla etwa 240 Kilometer.

Die **Busfahrt** von Veracruz nach Papantla dauert circa vier Stunden; von dort kommen Sie mit den lokalen Bussen nach El Tajín.

Interessante Einblicke in das Ballspiel

Juego de Pelota Sur

Der **südliche Ballspielplatz** (Juego de Pelota Sur) ist 60 m lang und 10 m breit und zeigt an den Enden der Seitenmauern zwischen Bändern mit stilisierten Schlangen äußerst interessante Flachreliefs, darunter die Weihe eines jungen Kriegers, der vor Göttern oder Priestern steht. Ebenfalls abgebildet ist die Weihe eines auf einer Bank liegenden Kriegers, wahrscheinlich zum Gott des Ballspiels (Tlachtli), symbolisiert durch den Sonnenvogel, der über ihm schwebt. Auch die Zubereitung des Pulque, eine Art Agavenwein, wird als wichtiges Element des Ballspiels von El Tajín dargestellt. Eine Eigenheit der Golfküste und insbesondere von El Tajín sind die sogenannten **Joche** (Yugos), **Äxte** (Hachas) und **Palmen** (Palmas). Yugos sind hufeisenförmige, bis zu 30 kg schwere, reich verzierte Steinplastiken, Hachas dünne und oft durchbrochen gearbeitete, axtförmige Steinklingen, meist mit menschlichen Gesichtern verziert, und Palmas fein gearbeitete, dreieckige Keile, die als Schutzpolster seitlich an oder auf dem Yugo getragen wurden. Vermutlich sind alle drei Arten von Steinplastiken Nachbildungen der hölzernen Ausrüstungsgegenstände der Spieler.

Glanzstück der Anlage

Pirámide de los Nichos

In der Zona Central steht die einzigartige **Pyramide der Nischen**. Sie ist 25 m hoch, hat einen quadratischen Grundriss von 35 m Seitenlänge und war dem Regen- und dem Windgott geweiht. Der wohl vom 4. bis 7. Jh. entstandene Bau hat mit dem Tempelstockwerk sieben Absätze. Auch diese Pyramide wurde über einem älteren Gebäude errichtet. Sie ist mit 364 nicht sehr tiefen, quadratischen Nischen in umlaufenden Reihen geschmückt, welche die **Tage des Jahres** symbolisieren sollen. Jede Nische ist von hervorstehenden Steineinfassungen umgeben. Nachdem man zunächst geglaubt hatte, dass die Nischen zur Aufnahme von Figuren benutzt wurden, neigt die Forschung heute zu der Ansicht, dass sie lediglich dekorativen Charakter hatten.

Einst war das Äußere des Baus mit farbigem Stuck überzogen und auch die Nischen selbst waren mit leuchtenden Farben ausgemalt, wahrscheinlich um einen mystischen Hell-Dunkel-Effekt zu erzeugen. Zu beiden Seiten der 10 m breiten Treppe läuft eine Balustrade mit einem steinernen Mäandermosaik. Die später angefügte Treppe war vermutlich nur wie eine Leiter zu benutzen. In der Mitte befinden sich in gleichen Abständen fünf Plattformen mit je drei etwas kleineren Nischen.

Nach Norden führt ein Weg zum jüngeren Teil der Stadt und zur **Plaza El Tajín Chico**. Die Architektur mit Dachkämmen und Räumen mit Säuleneingängen und Kraggewölben erinnert an die Bauweise der Maya.

An der Pyramide der Nischen lassen sich 365 Einbuchtungen zählen, die vermutlich die Tage des Jahres symbolisieren. Sie strahlten in leuchtenden Farben.

Der höchste Ort der Stätte

Edificio de las Columnas

Im Complejo de las Columnas, dem höchsten Ort der Stätte, liegt das **Gebäude der Säulen** (Edificio de las Columnas oder Palacio del Gobierno) auf einem 45 m hohen, zum Teil aufgeschütteten Hügel. Hier fand man Glyphen, die die Geschichte des Herrschers »13 Kaninchen« wiedergeben, der wahrscheinlich im 10. Jh. gelebt hatte. Die Nischen dieses Gebäudes sind mit Mäandermotiven geschmückt. Die Anlage der Simse scheint den Gesetzen der Schwerkraft zu widersprechen. Verblüffend ist, dass die massiv gebauten Treppen nie benutzt werden konnten, sondern lediglich als **Dekoration** dienten. Man musste Leitern zu Hilfe nehmen, um in das Innere der oberen Räume zu gelangen. Andererseits besaßen die Baumeister für ihre Zeit ungewöhnliche Fertigkeiten, da sie Dächer mit Platten aus einer Zementmischung deckten, die in der Bautechnik Mesoamerikas sonst nicht bekannt ist.

Am Fundament des Gebäudes sieht man eine Anzahl von riesigen Säulentrommeln von 1,20 m Durchmesser, die einst zu einer Galerie an der Vorderseite des Gebäudes gehörten. Sie sind mit Flachreliefs bedeckt, die Szenen mit Kriegern, Priestern, Menschenopfern und Hieroglyphen zeigen. Das oberste Geschoss schmücken an der Ostseite Paneele mit kreuzförmigen Reliefs.

Schwebende Menschen

Restliches Gelände

Vom Gebäude der Säulen herab passiert man das **Gebäude I** mit Malereien, die Gottheiten in Tiergestalt zeigen. Unterhalb der Treppe liegt der **zentrale Ballspielplatz** mit sechs Paneelen, wo u. a. die Gottheiten Tláloc, Quetzalcóatl und Macuilxochitl dargestellt sind. Nördlich des Ballspielplatzes erhebt sich **La Gran Greca**, eine in ihren Ausmaßen in Mesoamerika einzigartige Plattform, die als Basis für mehrere Gebäude diente. Noch weiter nördlich erstreckt sich **La Gran Xicalcoiunqhui,** eine riesige, schneckenförmige Mauer, die mit Quetzalcóatl in Verbindung gebracht wird.
Am Eingang werden in einem neuen **Museum** ein Modell der Anlage in Miniaturform und Fundstücke aus den Ausgrabungen gezeigt, u. a. auch die anderswo so seltenen Säulentrommeln.
Neben dem Besucherzentrum zeigen einige Indigene den totonakischen Ritus, den spektakulären **»Tanz der Voladores«** (▶ Baedeker Wissen, S. 132), eine Mischung aus Flug, Tanzakrobatik und Bungeejumping von einer 30 m hohen Plattform. Vor den Vorführungen, die stündlich stattfinden, wird um Trinkgeld gebeten.

Rund um El Tajín

Der Duft von Vanille

Papantla

Von der Ruinenstätte sind es noch 15 km in südöstlicher Richtung nach Papantla (153 000 Einw.), einem hübschen Ort in einer hügeligen, von dichtem Tropenwald bewachsenen Landschaft, der auch als Zentrum der ausgedehntesten Vanillepflanzungen Amerikas gilt. Berühmt geworden ist Papantla durch das Fliegerspiel der **Voladores**. Hinter der Kirche am Parque Téllez kann man auf dem Hügel die Statue eines Flöte spielenden Voladores sehen, der als Inbegriff der Totonaken-Tradition angesehen wird.
Zur Jahrtausendwende ins Leben gerufen, bietet das **Kulturfestival »Cumbre El Tajin«** mexikanischen Künstlern eine einzigartige Plattform für Ausstellungen über Konzerte bis hin zu Tanz und Akrobatik. Ergänzt wird das fünftägige, jeweils unter einem bestimmten Motto stehende Frühjahrs-Spektakel im März durch Konferenzen und Workshops u.a. zu alternativen Heil- und Therapiemethoden. Schauplätze der Veranstaltung sind der Hauptplatz der Stadt Papantla, der Themenpark Takilhsukut an der totonakischen Stätte El Tajín sowie diese selbst. Die Erlöse aus dem Festival de la Idenidad bleiben übrigens zu 100 % in der Region; ein Drittel der Eintrittsgelder wird jungen Indigenen als Studienstipendium zugeteilt.
www.festivalcumbretajin.com.mx

FLIEGERSPIELE

Berühmt geworden ist Papantla durch das Fliegerspiel der »Voladores«, das an hohen Feiertagen wie vor allem während des acht Tage dauernden Fronleichnamsfestes zelebriert wird. Auch in El Tajín wird es am Eingang der Ausgrabungsstätte von fünf Männern in traditionellen Kostümen vorgeführt.

Ursprünglich ist diese Zeremonie Teil eines Kultdramas, das um den Mythos des jungen Maises kreist und von dem prähispanische Darstellungen in Bilderschriften überliefert sind. Sie wird vor allem von den Totonaken, aber auch von den Huasteken und Otomí vorgeführt. Ähnliche Fliegerspiele kennen zudem die Chorti in Honduras und die Quiché in Guatemala.

Ritueller Ursprung

Nach einigen Vorbereitungszeremonien klettern fünf Männer auf die etwa **30 m über dem Boden** gelegene Plattform eines Mastes. Vier von ihnen, die sogenannten »Tocotines«, setzen sich auf den Rand eines kleinen Rahmens und drehen diesen dann, wobei sich Seile um den Pfahl wickeln. Der Anführer fängt unterdessen damit an, auf der »Chirimía«, einer kleinen Trommel mit angehängter Flöte, zu spielen und Gebete für die Fruchtbarkeit des Landes in alle Richtungen zu senden. Beendet er sein Spiel, lassen sich die Tocotines nach hinten fallen, um fortan kopfüber an einem Seil hängend in immer größer werdenden Bahnen um den Mast zu kreisen, bis sich das Seil abgewickelt hat und sie auf dem Boden landen. Jeder vollführt dabei 13 Umdrehungen, alle zusammen ziehen also 52 Kreise, entsprechend dem **52-Jahre-Zyklus des prähispanischen Kalenders**. Mittlerweile ist die tiefere Bedeutung des »Tanzes« allerdings verloren gegangen, auch wenn sich die heutigen Voladores genau an die Schilderung alter spanischer Chroniken halten, in denen der Ritus für eine fremde Sportart oder Körperübung gehalten wurde. Lediglich um ein Element wurde er erweitert: die Bitte um ein kleines Trinkgeld.

Prächtig kostümierte Voladores bei der luftigen »Arbeit«

★ GUADALAJARA

Bundesstaat: Jalisco (Jal.) | **Höhe:** 1552 m ü. d. M. | **Einwohner:** 1,35 Mio. | **Entfernung:** 570 km nordwestlich von Mexiko-Stadt

N 17

Guadalajara, die zweitgrößte Stadt Mexikos, wird oft als die »mexikanischste« Stadt des Landes bezeichnet. Viele Traditionen haben in dieser Gegend ihren Ursprung: die Mariachi-Musik, der Tequila, der Sombrero, die als Charreadas bekannten Reiterspiele und der Volkstanz Jarabe Tapatío.

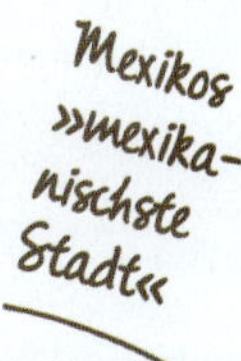

Guadalajara liegt auf einem sanften Hügel im fruchtbaren Hochtal von Atemajac. Das ganze Jahr über ist es hier angenehm warm. Die **Hauptstadt des Bundesstaats Jalisco** pflegt die mexikanischen Traditionen intensiv und hat dabei auch europäischen Charme. Sie können hier über breite Avenidas und durch gepflegte Parks schlendern, vorbei an herrschaftlichen Bauwerken. Historischer Schauplatz war die Stadt auch: Der Unabhängigkeitsheld Miguel Hidalgo sprach 1810 die **Erklärung zur Abschaffung der Sklaverei** aus, ein Jahr später verloren seine Kämpfer hier eine Schlacht gegen die Spanier.
Wenn Sie gern schöne Dinge shoppen, sind Sie in Guadalajara goldrichtig. Da der Hafen Puerto Vallarta für mexikanische Dimensionen quasi um die Ecke ist, gelangen Waren aus dem ganzen Land hierher – und weiter. Die Vorstädte Tlaquepaque und Tonala sind unter Souvenirjägern besonders bekannt für ihre **Vielfalt an Kunsthandwerk**.

Wohin in Guadalajara?

Das Wahrzeichen der Stadt

Catedral

Guadalajaras Kathedrale wurde zwischen 1558 und 1616 errichtet und mehrmals umgebaut. Der in den Grundzügen barocke Bau stellt eine merkwürdige Mischung verschiedener Stilarten dar. Kapellen und Sagrario enthalten angeblich von Cristóbal de Villalpando, Miguel Cabrera und Murillo stammende Gemälde. Die Murillo zugeschriebene **»Mariä Himmelfahrt«** hängt über dem Sakristeiportal. An allen vier Seiten wird die Kathedrale von Plätzen umgeben; direkt davor liegt die **Plaza de los Laureles** mit einem großen Brunnen.

Platz der Lorbeerbäume

Plaza de los Laureles

Wie der Name verrät, sind auf diesem Platz Lorbeerbäume gepflanzt. An seiner nördlichen Seite liegt die Stadthalle (**Presidencia Municipal**) aus den 1950er-Jahren. Oberhalb des Treppenhauses können Sie ein Mural von Gabriel Flores sehen, das die Gründung der Stadt zeigt.

GUADALAJARA ERLEBEN

TOURISTENINFORMATION

Libertad 1725
Tel. 33 31 22 75 44
www.guadalajaramidestino.com

Von Mexiko-Stadt aus dauert ein **Flug** nach Guadalajara ca. eine Std., die Fahrt mit dem **Bus** etwa 9,5 Std. Mit dem **Auto** nimmt man die MEX 55 über Toluca und die 15D über Maravatío (ca. 545 km) oder die MEX 57 und die MEX 90 über Querétaro und Irapuato (572 km).

Die **Basilika von Zapopan** birgt eine der meistverehrten Marienstatuen in ganz Mexiko. Sie wird vom 13. Juni bis 4. Okt. durch die Gemeinden Guadalajaras getragen, um überall Gutes zu bewirken. Letzte Station ist die Kathedrale; am 12. Okt. kehrt die hl. Jungfrau wieder heim nach Zapopan.

MERCADO LIBERTAD

Städtischer Markt mit vielen Ständen und Comedores

TLAQUEPAQUE UND TONALA

Hauptanziehungspunkt sind die **Kunsthandwerksläden** mit einer enormen Auswahl an Keramik, Glaswaren sowie Souvenirs aus Holz und Pappmachee.

❷ EL SACROMONTE €€€€

Mexikanische Spitzenküche, präsentiert in raffinierten Arrangements. Nebenan gehört dem gleichen Besitzer eine moderne Version der mexikanischen Bar (El Duende).
Pedro Moreno 1398
Tel. 33 38 25 54 47
www.sacromonte.com.mx

❸ LA CHATA RESTAURANT €€

Mexikanische Klassiker und regionale Spezialitäten wie Pozole und Flautas; zudem gute Sopes und Mole, für die auch Einheimische gerne kommen.
Av. Ramón Corona 126
Tel. 33 36 13 13 15
www.lachata.com.mx

❶ KAMILOS 333 €€

Bei Einheimischen beliebt, mit exzellenter lokaler Küche. Das langsam gegarte Rindfleisch ist ein Traum.
C. José Clemente Orozco 333
Tel.: 33 38 25 78 69
www.kamilos333.com

❶ FRANCÉS €€€

Das älteste Hotel Guadalajaras (1610) wurde 1981 nach seiner Renovierung unter Denkmalschutz gestellt (72 Z.). Steinsäulen und kontinentale Bögen umschließen einen Marmorbrunnen in der dreistöckigen Halle. Zentrale Lage beim Palacio de Gobierno.
C. Maestranza 35
Tel. 33 36 13 20 20
www.hotelfrances.com

❷ CASA DE LAS FLORES €€€

Gemütliches Bed & Breakfast in dem kolonialen und kunsthandwerklich geprägten Viertel Tlaqueparque. Schöner Garten, Zimmer und Suiten.
Santos Degollado 175
45500 Tlaquepaque
Tel. 33 36 59 31 86
www.casadelasflores.com

Aguascalientes, Zacatecas
Barranca de Oblatos, Cascada Cola de Caballo
GUADALAJARA
San José
San Felipe
Santa Mónica
Parque Morelos
Palacio Municipal
Museo Regional
Templo de la Merced
Museo de la Ciudad
Palacio de Justicia
Plaza Rotonda
Santa Maria de Gracia
Instituto Cultura de Cabañas
Catedral
Plaza de Guadelajara
Plaza de la Liberación
Plaza Tapatía
Teatro Degollado
Plaza de Armas
San Agustín
Palacio de Gobierno
Mercado Libertad
Plazuela de los Mariachis
El Carmen
San Francisco
Templo Aranzazú
Arena Coliseo
Querétaro, Ciudad de México
Museo de Arqueología del Occidente
Parque Casa de las Artesanías
Água Azul
Estación
Lienzo Charro
Aeropuerto Chapala
300 m
©BAEDEKER
Garibaldi
Reforma
San Felipe
Juan Manuel
Independencia
Hidalgo
Morelos
Avenida Vallarta
Avenida Juárez
López Cotilla
Francisco
Madero
Prisciliano
Sánchez
Miguel
Blanco
Libertad
Leandro Valle
Avenida La Paz
Calzada Federalismo
Medellín
Contreras
Zaragoza
Belén
Pino Suárez
Humboldt
Dr. Baeza Alzagar
Dr. Rodríguez
Calzada Independencia Sur
Gonzáles Ortega
Ocampo
Santa Mónica
Avenida 16 de Septiembre
Corona
Degollado
Donato Guerra
Av. Javier Mina
Rodríguez
Álvaro
Obregón
Gigantes
5 de Mayo
Gómez
Farías
Analco
Fortunato Arce
Calzada
28 de Enero
Médrano
Revolución
Constitución
Guadalupe Victoria
Cuauhtémoc
Cuitláhuac
Antonio Bravo
Avenida
Calle Pavo
Epigmenio
Calle Colón
Manzano
González
8 de Julio
Régules
Avenida Niños Héroes
Gante
Bartolomé de las Casas
Nicolás Bravo
J. Luis Verdia
Los Ángeles
Estadio
Constituyentes
Avenida 5 de Febrero
Calzada del Águila
Nicolás
Jesús
Avenida Dr. Roberto Michel
Violeta
Conchas
Tuberosa
Gonzáles Gallo
Avenida España
Av. Washington
Río Nilo
1 Kamilos 333
2 El Sacromonte
3 La Chata Restaurant
1 Francés
2 Casa de las Flores

Lust auf typische Jalisco-Musik?

Zócalo

An dem Hauptplatz, der Plaza de Armas, erhebt sich der Regierungspalast (**Palacio de Gobierno**), ein Prachtbau im barocken Stil mit Säulen mit Zickzackmuster, großen Voluten und churrigueresken, Estípites genannten Wandpfeilern. Er wurde 1774 vollendet. Das Treppenhaus und einer der Sitzungssäle wurden von dem aus Jalisco stammenden berühmten Freskenmaler **José Clemente Orozco** mit Wandmalereien ausgeschmückt. Dargestellt sind Hidalgo im Unabhängigkeitskrieg und Helden der drei großen mexikanischen Kriege. An Donnerstag- und Sonntagabenden finden hier meist Konzerte mit typischer Jalisco-Musik statt.

Archäologie, Ethnologie, Paläontologie

Museo Regional de Guadalajara

Die **Plaza de la Rotonda**, nördlich der Kathedrale, ist umringt von zwölf Bronzeskulpturen, die Berühmtheiten aus Jalisco darstellen. Sechs von ihnen sind bei der Rotonda de los Hombres Illustres, einer Säulenrotunde in der Mitte des Platzes, beigesetzt.

Im ehemaligen Jesuitenseminar, einem spätbarocken, zweistöckigen Gebäude an der Ostseite des Platzes, befindet sich das Museo Regional de Guadalajara. Dieses vielseitige Museum informiert über die Archäologie der westlichen Bundesstaaten und der Westküste, widmet sich der Ethnologie (Huicholes, Cora, Leben der Charros) und zeigt religiöse Gegenstände sowie historische und paläontologische Sammlungen. Die Gemäldesammlung umfasst Kolonialkunst des 17. bis 19. Jh.s, europäische Maler des 18. und 19. Jh.s sowie moderne mexikanische Gemälde und Fresken.

San José Liceo 60 | Di.–So. 9–16.30 Uhr | Eintritt 90 MEX$

»Die Göttliche Komödie« in Bildern

Plaza de la Liberación

An der östlichen Seite der Kathedrale schließt die riesige Plaza de la Liberación an, an deren entgegengesetzter Seite das eindrucksvolle **Teatro Degollado** aufragt. Das neoklassizistische Theater wurde Ende des 19. Jh.s eröffnet. In seiner Kuppel beeindrucken **Fresken** mit Szenen aus Dantes »Göttlicher Komödie« von Gerardo Suárez. Den Palacio Legislativo mit seinen massiven Steinsäulen können Sie an der Nordseite des Platzes erkennen.

Mo.–Fr. 12–14 | Eintritt frei

Mit den schönsten Fresken von José Clemente Orozco

Instituto Cultura de Cabañas

Vom Theater sind es vier Häuserblocks nach Osten über die neu geschaffene Fußgängerzone Plaza Tapatía zum ehemaligen **Hospicio Cabañas**, einem Anfang des 19. Jh.s von Manuel Tolsá errichteten neoklassizistischen Waisenhaus. Es diente schon als Heim für geistig Behinderte, Militärbaracke und als Gefängnis. 1811 soll Miguel Hidalgo hier sogar eine Proklamation gegen die Sklaverei unterschrieben haben. Heute beherbergt es als Kulturinstitut ein Museum, ein Thea-

Im Palacio de Gobierno in Guadalajara porträtierte José Orozco in einem kraftvollen Wandgemälde Pater Hidalgo.

ter und eine Schule. Das Institut ist im Besitz von über 100 Werken Orozcos, daneben gibt es noch wechselnde Ausstellungen, Tanz- und Theatervorführungen sowie Konzerte.

In einer ehemaligen Kapelle des Gebäudes, das 23 Patios umschließt, befinden sich die wahrscheinlich schönsten **Fresken von José Clemente Orozco**, der sich hier in den Jahren 1938/1939 mit den vier Elementen, der Kunst und der Wissenschaft, der Konquista und den vier Reitern der Apokalypse beschäftigte. Die Krönung seines Werkes ist der **»Mensch in Flammen«** (»Hombre del Fuego«; ▶ Abb. S. 435) in der Kuppel. Ende 1997 wurde das Gebäude Hospicios Cabañas samt den Orozco-Fresken von der UNESCO in die Liste des Weltkulturerbes aufgenommen.

Di.–So. 10–17 Uhr | Eintritt 70 MEX$

Der berühmte Platz der Mariachis

Plaza de los Mariachis

In ganz Mexiko und über die Landesgrenzen hinaus ist die Plaza de los Mariachis zwischen der Calle Mina und der Calzada Independencia Sur ein Begriff. Denn in der kleinen Gasse, in der sich **Restaurants und Straßencafés** aneinanderreihen, führen die Mariachis bis spät in die Nacht ihre musikalischen Dramen um Liebe und Tod mit Inbrunst auf UUBaedeker Wissen, S. 139).

Viel Natur und Kultur

Parque Agua Azul

Die Calzada Independencia führt südwestlich zu dem schönen Park Agua Azul. Zur Unterhaltung für die ganze Familie bietet er u. a. ein **Orchideen- und ein Schmetterlingshaus**. Vom Stadtzentrum zum Park gelangt man am einfachsten mit den Bussen Nr. 60 und 62, die auf der Calzada Independencia in südlicher Richtung fahren.
Gegenüber dem modernen Parkeingang zeigt das **Museo de Arqueología del Occidente del México** eine interessante Sammlung prähispanischer Kunstgegenstände der westlichen Bundesstaaten. Zu sehen sind vornehmlich Tonwaren, Waffen, Figuren und Darstellungen von Gräbern.
Die **Casa de las Artesanías** im Norden des Parks bietet sehr schönes Kunsthandwerk aus ganz Jalisco an. Man betritt es über die Avenida González Gallo. Im südöstlichen Teil des Parks gibt es zudem noch ein Museum für Kinder.

Aula mit eindrucksvollen Fresken

Universidad de Guadalajara

Westlich der Stadtmitte, wo sich die Avenidas Juárez und Federalismo treffen, liegt der schattige **Parque Revolución**. Drei Blocks weiter westlich (Juárez 975) befindet sich eines der Hauptgebäude der Universität. Im sogenannten Paraninfo, der Aula der Hochschule, können Sie beeindruckende **Fresken von José Clemente Orozcos** bewundern, u. a. ein Deckengemälde, auf dem die unterdrückten, um Bildung flehenden Massen dargestellt sind.

Rund um Guadalajara

Eine Jungfrau auf Wanderung

Zapopan

Etwa 8 km nordwestlich vom Stadtzentrum liegt der Ort Zapopan, früher eine selbstständige Siedlung von Indigenen, heute nur noch ein Vorort von Guadalajara. Weithin bekannt ist seine **barocke Franziskanerkirche** aus dem 17. Jh., die der Stadtheiligen von Guadalajara, der Jungfrau von Zapopan, geweiht ist. Ihre Statue wird im Sommer (Juni–Okt.) abwechselnd in den Kirchen Guadalajaras aufgestellt und am 12. Oktober in einer eindrucksvollen Prozession, die von Tänzern, Charros und Mariachis begleitet wird, nach Zapopan zurückgebracht.

VON LIEBE, TOD UND EHRE

Für viele sind sie das Sinnbild Mexikos schlechthin: stolz blickende Mariachis mit breitkrempigen Hüten und silberbestickten Anzügen, die voller Inbrunst mexikanische Volkslieder schmettern.

In einem guten mexikanischen Restaurant wird man unweigerlich von einer **Mariachikapelle** beehrt werden, dem Sinnbild für mexikanische Musik. Das kleine oder auch größere Ensemble besteht meist aus Geigern (oder einem Bassisten), Gitarristen, Trompetern und einem Sänger.
Ursprünglich waren diese Wandermusikanten im Bundesstaat Jalisco, vor allem in Guadalajara beheimatet; heute findet man sie aber in den meisten Teilen des zentralen Hochlands. In den alten Trachten reitender Rancheros spielen sie ihre **meist tragischen, aber teilweise auch fröhlichen Weisen**. Die Dramen um Liebe, Tod und Ehre erreichen bei manchen Stücken so herzzerreißende Ausmaße, dass der sensible Zuhörer schon mal sein Taschentuch zücken sollte.
Man nimmt an, dass diese Art der Musik spanischen Ursprungs ist, aber auch durch französische und andere mitteleuropäische Elemente bereichert wurde. Ihren Namen erhielten die Mariachis möglicherweise durch die Abwandlung des französischen Worts »mariage« (Hochzeit), da die französischen Soldaten irrtümlich meinten, dass die Musikanten vor allem zu Hochzeiten aufspielten. Eine andere Theorie besagt, dass Mariachi von dem Cocula-Wort für »Baum« abgeleitet ist – in Anlehnung an die Bühne, auf der gespielt wurde.
Wer sie noch nicht gesehen hat und sie an ihren traditionellen Orten erleben möchte: Sammelplatz der Mariachis in Mexiko-Stadt ist die Plaza de Garibaldi, in Guadalajara die Plazuela de los Mariachis in der Nähe des Mercado Libertad.

Sombrero und Schnauzer dürfen bei einem klassischen Mariachi nicht fehlen.

Verdiente Pause auf dem Agavenfeld: Esel werden auch heute noch bei der landwirtschaftlichen Arbeit eingesetzt.

Zentrum des Töpferhandwerks

Die Vorstadt San Pedro Tlaquepaque mit ihren Läden für Keramik, Glas, Tieren aus Pappmachee und anderem Kunsthandwerk (7 km südöstlich der Stadtmitte gelegen) zieht viele Besucher an. Schon seit jeher war der Ort ein Zentrum des Töpferhandwerks. Einige der schönsten Arbeiten sind im **Museo Regional de la Cerámica y los Artes Populares de Jalisco** zu bewundern. Gegenüber können Sie in einer Glasfabrik den Arbeitern zusehen.

Di–Sa 10–17 Uhr | Eintritt frei

Noch mehr Keramik, aber weniger touristisch

Tonalá

Nach weiteren 7 km gelangt man nach Tonalá, das ebenfalls wegen seiner Keramikarbeiten bekannt und weniger touristisch als Tlaquepaque ist. Verschiedene Formen und Muster aus Guadalajara kann man im **Keramikmuseum** (Constitución 110) sehen. Das **Museum für Archäologie und Volkskunst** (Tonalán, Calle Ramón Corona 73) enthält vor allem moderne Keramik, prähispanische Funde aus Jalisco und Masken. In altmexikanischer Zeit war Tonalá die Hauptstadt des Staates Tonalán.

Mexikos größter natürlicher See

Laguna de Chapala

Rund 55 km südöstlich von Guadalajara stößt man auf die Laguna de Chapala. Der 82 km lange und durchschnittlich 28 km breite See gehört überwiegend zu Jalisco und nur in seinem südöstlichen Teil zu Michoacán. Inmitten des Sees liegen die drei Inseln **Chapala (Alacranes)**, **Mezcala (Presidio)** und **Maltarana**.

Obwohl er zeitweise stark verschmutzt ist und sich nur wenig zum Schwimmen eignet, bietet der von niedrigen, meist kahlen Bergen umgebene See doch vielfältige Wassersportmöglichkeiten. Unter den Speisefischen, die im See gefangen werden, findet man Karpfen (»carpa«), Mojarra, Katzenwels (»bagre«) und Weißfisch (»pescado blanco«).

Feriendomizil eines Präsidenten

Chapala

Zu den wichtigsten Orten am See gehört Chapala (60 000 Einw.), das zusammen mit der Nebengemeinde Chula Vista die größte Ausländerkolonie hat. Bereits 1904–1907 entwickelte es sich zu einem Badeort, als es Präsident Porfirio Díaz zu seinem Feriendomizil erkor. Am Ufer, nahe der Avenida Madero, gibt es einen hübschen **Park** und einige **Verkaufsstände**, die kunstvolle Webarbeiten anbieten. Kunsthandwerk können Sie auch im **Mercado de Artesanías** erstehen. Der große **Parque La Cristiana** lädt zum Baden und Picknicken ein.

Ajijic ist ein Fischerdorf mit Künstlerkolonie, einem kleinen archäologischen Museum und mehreren Läden, in denen man handgewebte Stoffe und Stickereien kaufen kann.

In **San Juan Cosalá**, 10 km westlich von Ajijic auf dem Weg nach Jocotepec, gibt es ein sehr schön gelegenes Thermalbad mit einem eigenen natürlichen Geysir und mehreren Pools.

Ursprung des Kultgetränks

Tequila

Tequila (50 km nordwestlich von Guadalajara) mit seiner hübschen Kirche San Francisco, ist seit dem 18. Jh. ein Zentrum der **Tequila-** und Mezcalherstellung. Diese hochprozentigen Getränke werden aus dem gegorenen Saft der Agave gebrannt. Tequila wird hierbei ausschließlich aus der blauen Agave in dieser Region hergestellt. Die in der Stadt angesiedelten Brennereien, die Führungen und Verkostungen durchführen, werden von den großen Agavenplantagen der Umgebung beliefert.

★★ GUANAJUATO

Bundesstaat: Guanajuato (Gto.) | **Höhe:** 2050 m ü. d. M. | **Einwohner:** 70 000 | **Entfernung:** 370 km nordwestl. von Mexiko-Stadt

M 19

Sie ist eine der buntesten Städte der Welt, denn fast jedes Haus strahlt in einem anderen Farbton. Guanajuato ist auch jung, intellektuell und international, so fällt es gar nicht schwer, sich vom Charme der Studentenstadt mitreißen zu lassen. Seit 1988 ist die Stadt Weltkulturerbe – zu Recht.

Bunt und kulturell

Beim Besuch der vielen Museen und Kolonialgebäude kann man gehörig aus der Puste kommen, denn Guanajuato liegt auf mehreren Hügeln. So geht es durch enge, kopfsteingepflasterte Gassen und verwinkelte Straßen stets bergauf und bergab. Die gelbgetünchte Kathedrale »Basílica Colegiata de Nuestra Señora de Guanajuato« ist von fast jedem Ort der Stadt aus sichtbar und somit ein guter Orientierungspunkt. Die Stadt verdankt ihre Existenz und ihren Wohlstand den **Silberminen** der Umgebung, die von den ersten spanischen Siedlern entdeckt wurden. Von da an ging es wirtschaftlich, mit einigen Rückschlägen, immer weiter bergauf. Bereits 1570 besaßen etwa 600 Spanier eigene Minen. Reiche Bürger spendeten Geld für den Bau von Schulen, Kirchen und einem Aquädukt. Als Alexander von Humboldt 1803 Guanajuato besuchte, schwärmte er von den großartigen Gebäuden. Die Stadt war zu dieser Zeit die reichste in Mexiko. 1886 wurde **Diego Rivera** hier geboren.
Heute besitzt Guanajuato eine angesehene Universität. Zur regen Kulturszene gehören auch die **Cervantes-Festspiele** im Herbst. Der Autor des Don Quijote ist hier besonders beliebt, beim Stadtspaziergang werden Sie ihn in Form von Statuen immer wieder antreffen. Spektakulär ist auch das **Mumienmuseum**, das Sie auf keinen Fall verpassen sollten.

Wohin in Guanajuato?

Eines der bedeutendsten Theaterhäuser Mexikos

Teatro Juárez

Ausgangspunkt der Stadtbesichtigung ist der hübsche, kleine Zócalo (**Jardín de la Unión**) mit dem Teatro Juárez an der Südseite. Dieses neoklassizistische, mit dorischen Säulen geschmückte Opernhaus wurde 1903 eröffnet und entwickelte sich zu dem berühmtesten Theaterhaus Mexikos. Innen wirkt es maurisch, vor allem die Bar und die Lobby mit ihren Holzschnitz- sowie Glas- und Metallarbeiten sind beeindruckend.

Mo.–Sa. 10–20 Uhr u. So 10–18 Uhr | Eintritt 35 MEX$

Bunt und lebendig: In der Silberstadt Guanajuato gibt es viel zu sehen. Die gelb leuchtende Basílica Nuestra Señora gibt einen perfekten Orientierungspunkt ab.

In Barock wiederauferstanden

San Diego

Daneben erhebt sich die anmutige **Kirche** San Diego mit schöner churrigueresker Fassade, die Ende des 17. Jh.s zerstört und in üppig barockem Stil wieder aufgebaut wurde.

Ein Muss für jeden Cervantes-Fan

Museo Iconográfico del Quijote

Dieses besondere Museum in der Nähe des Templo de San Francisco sammelt beinahe alles, was mit **Don Quijote de la Mancha** in Verbindung steht. Unter den Ausstellungsstücken gibt es sowohl riesige Wandmalereien zu sehen wie auch ein kleines Bild auf einer Eierschale, zudem Briefmarken aus aller Welt, Statuen und Bildteppiche.

Calle Manuel Doblado 1 | Di–Sa 9.30–18.45 Uhr u. So 12–18.45 Uhr | Eintritt 30 MEX$

Mit juwelenbesetzter Madonna aus Spanien

Basílica Nuestra Señora de Guanajuato

Folgt man der Avenida Juárez, gelangt man zur **Plaza de la Paz** (Platz des Friedens), wo rechts die barocke Basilika Nuestra Señora de Guanajuato steht, die ehemalige Pfarrkirche. Das aus dem 17. Jh. stammende und mehrmals umgebaute Gotteshaus enthält die hoch verehrte, juwelenbesetzte Statue der Muttergottes von Guanajuato.

GUANAJUATO ERLEBEN

INFORMACIÓN TURÍSTICA

Sostenes Rocha 22
Tel. 473 1 19 94 71
www.guanajatour.com.mx

Mit dem **Auto** legen Sie die 370 km zwischen Mexiko-Stadt und Guanajuato am besten auf der MEX 57 und MEX 45 zurück. Der **Bus** benötigt für die Strecke etwa fünfeinhalb Stunden.

Alljährlich findet im Oktober das **Festival Internacional Cervantino** statt, ein mehrere Wochen dauerndes Musik-, Theater- und Tanzfestival von internationalem Rang.

Im **Mercado Hidalgo** werden vornehmlich Kunsthandwerk (Ton- und Keramikwaren) verkauft. Besuchen sollte man auch die staatliche **Casa de Artesanías** am Jardín de la Union.

❶ EL CHAHUISTLE €

Kleines aber feines Lokal in zentraler Lage. Neben der umfangreichen Frühstückskarte gibt es allerlei mexikanische Kost zu entdecken. Und das zu fairen Preisen. Im kleinen Patio sitzt es sich besonders schön.
Del Campanero
Tel. 4737332535

❷ CASA VALADEZ €

Das Casa Valadez ist seit drei Generationen in Familienbesitz. Hier wird feine, mexikanische Küche serviert.
Jardin de la Union 3
Tel. 473 732 03 11
www.casavaladez.com

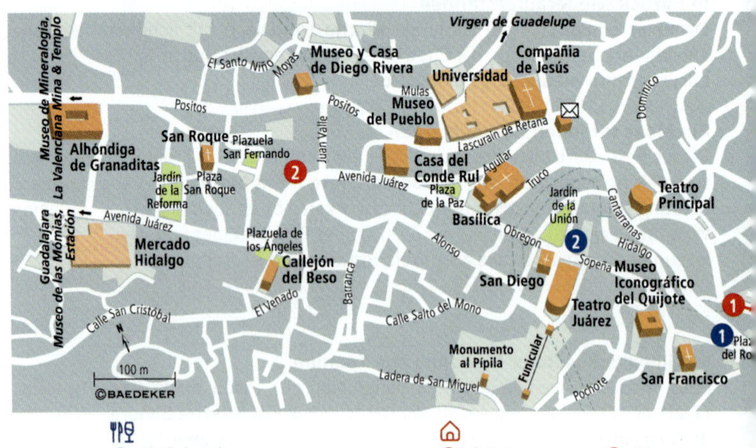

❶ El Chahuistle
❷ Casa Valadez

❶ Quinta Las Acacias
❷ Meson Del Rosario

❶ QUINTA LAS ACACIAS €€€
Etwas außerhalb des Zentrums gelegene Residenz (20 Min. zu Fuß) aus dem 19. Jh. 17 elegante Suiten.
Paseo de la Presa 168
Tel. 473 731 15 17
www.quintalasacacias.com

❷ MESÓN DEL ROSARIO €
Schlichtes kleines Altstadthotel im traditionellen Stil. Bestens gelegen für alle Erkundungen zu Fuß.
Av. Benito Juárez 31
Tel. 473 7 32 06 66
www.hotelmesondelrosario.com

Diese auf einem silbernen Podest stehende, geschnitzte Madonna soll aus dem 7. Jh. stammen und kam 1557 als Geschenk König Philipps II. von Spanien nach Guanajuato.

Auch Alexander von Humboldt war hier

Casa del Conde Rul

An der Plaza de la Paz erhebt sich auch die Casa del Conde Rul, ein **neoklassizistischer Bau**, der Ende des 18. Jh.s von Francisco Eduardo Tresguerras für den reichen Minenbesitzer Conde de Rul errichtet wurde. In diesem Palais hielt sich 1803 für gut einen Monat der deutsche Naturforscher und Geograf **Alexander von Humboldt** auf.

Ein Kuss zwischen zwei Fenstern

Plazuelas

Zu beiden Seiten der Avenida Juárez befinden sich mehrere malerische Plazuelas (kleine Plätze). Von der links gelegenen **Plazuela de los Ángeles** zweigt der Callejón del Beso ab; der Name kommt von der geringen Breite (68 cm) dieses steilen Durchgangs, die es Liebespaaren erlaubt, sich aus gegenüberliegenden Fenstern zu küssen. Etwas weiter liegt auf der linken Seite der Mercado Hidalgo (▶ unten). Gegenüber führt eine Straße zur Klosterkirche **Templo de Belén** (Kirche von Bethlehem), einem 1773 begonnenen Bau mit churrigueresker Fassade.

Getreidespeicher, Gefängnis, Festung und nun Museum

Alhóndiga de Granaditas

Nördlich dieser Kirche liegt die Alhóndiga de Granaditas, ein ehemaliger Getreidespeicher. Das 1799 fertiggestellte Gebäude diente später abwechselnd als Gefängnis und Festung, deren Tor der Minenarbeiter Juan José de los Reyes Martínez, genannt El Pípila, sprengte, wodurch er zum Volkshelden Guanajuatos wurde.
Heute beherbergt der Bau das **Museo del Alhóndiga Granaditas**, in dem archäologische und ethnologische Funde der Region sowie historische Erinnerungsstücke gezeigt werden, darunter Exemplare zur Geschichte des Silberbergbaus. Das Treppenhaus ist mit **Wandmalereien** von José Chávez Morado (entstanden um 1955–1966) zu Themen der Unabhängigkeits- und Revolutionsgeschichte der Alhóndiga de Granaditas sowie der folkloristischen Tradition ausge-

Etwas Obst oder Gemüse zur Stärkung gibt's auch mal am Wegesrand.

staltet. An den Ecken der Alhóndiga hängen noch die Haken für die eisernen Käfige, in denen die Köpfe der von den Spaniern 1811 in Chihuahua hingerichteten Freiheitshelden Hidalgo, Allende, Jiménez und Aldama bis zur Unabhängigkeit Mexikos 1821 zur Schau gestellt wurden.

Di. – Sa. 10–18, So bis 15 Uhr | Eintritt 70 MEX$

Als Bahnhof in Frankreich bestimmt

Mercado Hidalgo

Die Eisen-Stahl-Konstruktion der **Markthalle** auf dem Gelände der ehemaligen Stierkampfarena Plaza de Toros de Gavira wurde von

Gustave Eiffel in Frankreich entworfen und war dort eigentlich für einen Bahnhof bestimmt. In den Jahren 1905 bis 1910 wurde sie dann in Mexiko als Markthalle errichtet. Der damalige Präsident Mexikos, Porfirio Díaz, weihte sie im Rahmen der Festlichkeiten zur 100-jährigen Unabhängigkeit Mexikos ein.

Geburtshaus von Diego Rivera

Museo Diego Rivera

An der Calle de los Pósitos, Ecke Calle Mollas, liegt das **Geburtshaus des berühmten Freskenmalers Diego Rivera** (▶ Baedeker Wissen, S. 214 u. 434). Es beherbergt heute ein Museum zum Künstler und seinem Werk. Rivera und sein Zwillingsbruder, der schon im Alter von zwei Jahren starb, wurden hier 1886 geboren, allerdings zog die Familie sechs Jahre später nach Mexiko-Stadt. Lange Jahre war der Marxist Rivera im katholischen Guanajuato nicht gerade beliebt, doch heute ehrt ihn die Stadt mit einer kleinen Ausstellung. Im Erdgeschoss sind hauptsächlich Möbel zu sehen, im ersten und zweiten Stock an die 70 Bilder und Skizzen des Malers.

Di. – Sa. 10–19, So. bis 15 Uhr | Eintritt 30 MEX$

Stimmungsvolle Kulisse

Plaza San Roque

Südwestlich öffnet sich die Plaza San Roque mit der gleichnamigen Barockkirche. Dieser Platz bildet die stimmungsvolle Kulisse für die Entremeses Cervantinos (Cervantinische Zwischenakte), Einakter des spanischen Dichters Miguel de Cervantes Saavedra (1547–1616), des berühmten Verfassers des »Don Quijote«. Die Aufführungen werden von der Universität alljährlich zu gegebenen Anlässen inszeniert, vornehmlich zu den meist im Oktober stattfindenden **Cervantes-Festspielen**.

Mexikanische Volkskunst im Wechsel

Museo del Pueblo de Guanajuato

Am Ende der Calle de los Pósitos hat in der ehemaligen Residenz des Marqués de Rayas das **Stadtmuseum** (Museo del Pueblo de Guanajuato) seinen Sitz. In diesem Museum werden in Wechselausstellungen u. a. Werke des Malers José Chávez Morado sowie Volkskunstsammlungen gezeigt.

Di. – Sa. 10–19, So. bis 15 Uhr | Eintritt 25 MEX$

Mit einem der besten mineralogischen Museen der Welt

Universidad

Nördlich davon erhebt sich das 1955 umgebaute Hauptgebäude der Universität. Eine eindrucksvolle Freitreppe führt zu dem aus weißem Stein errichteten Bauwerk, das sich mit seinem maurisch beeinflussten Kolonialstil harmonisch in das Gesamtbild einfügt. Das **Mineralogische Museum** auf dem Campus gehört zu den besten seiner Art weltweit. Zu seinen mehr als 20 000 Stücken zählen einige äußerst seltene Exemplare, die nur in der Region Guanajuatos gefunden wurden.

Der wuchtige Bau...

La Compañía

...der **Kirche** La Compañía östlich der Universität ist eine Jesuitengründung aus dem Jahr 1747. Die Fassade ist in churriguereskem, die gewaltige Kuppel in neoklassizistischem Stil gehalten. In der Kirche sind zwei Gemälde des großen mexikanischen Malers Miguel Cabrera beachtenswert. Der Weg zum Hauptplatz zurück führt über die **Plazuela del Barratillo**, deren hübscher Brunnen ein Geschenk Kaiser Maximilians von Mexiko an die Stadt war.

Wunderbare Aussichten

Avenida Miguel Hidalgo

Es empfiehlt sich, eine Fahrt durch die Avenida Miguel Hidalgo zu unternehmen. Sie verläuft streckenweise unterirdisch über einem früheren Flussbett und mündet in die **Carretera Panorámica**, von der man eine großartige Aussicht hat. An dieser Straße liegt südwestlich auch das Denkmal des Pípila (**Monumento al Pípila**).

Mit schöner Fassade

Iglesia de Cata

Die Carretera Panorámica führt in nördlicher Richtung zu der Iglesia de Cata (**Iglesia del Señor de Villaseca**) an der Calle Mineral de Cata, die im ersten Viertel des 18. Jh.s erbaut wurde und eine bemerkenswerte churriguereske Fassade aufweist.

Konservierter Totentanz

Museo de las Momias

Die Calzada de Tepetapa führt am Bahnhof in Richtung Guadalajara vorbei zum Friedhof (**Panteón Municipal**), dem ein makabres **Mumienmuseum** (Museo de las Momias) angeschlossen ist. Hier sind in einer Krypta in Vitrinen mehr als 100 mumifizierte Leichname von Männern, Frauen und Kindern aus den letzten 120 Jahren ausgestellt, deren hervorragender wie gruseliger Erhaltungszustand auf die in der Friedhofserde enthaltenen Mineralsalze zurückzuführen sein soll.

Mo.–Do. 9–18 Uhr u. Fr.–So. bis 18.30 Uhr | Eintritt 85 MEX$

Rund um Guanajuato

Einst ergiebigste Mine der Welt

Mina La Valenciana

5 km außerhalb von Guanajuato in Richtung Dolores Hildago sollten Sie die **Silbermine** La Valenciana besuchen. Sie wurde von dem einstigen Bergarbeiter und späteren Minenbesitzer und Grafen von Valenciana, **Antonio Obregón y Alcocer**, 1766 entdeckt. In kürzester Zeit entwickelte sich die Mine zur ergiebigsten der Welt, in deren 500 m tiefen Stollen bis zu 3300 Arbeiter beschäftigt waren. Ein Teil der alten Gebäude ist verfallen oder verschwunden. Heute noch sieht man die pyramidenförmigen Mauern, um die Arbeiter Seile herumziehen mussten, welche die Förderkörbe betrieben. Einen Teil der Mine können Sie besichtigen.

★ ISLA MUJERES

Bundesstaat: Quintana Roo (Q. R.) | **Bewohner:** 13 000 |
Entfernung: 10 km nordöstl. von Cancún

Entspannten Inselblues genießen: Baden im kristallklaren Wasser, sonnen und spazieren an weißen Sandstränden und sich an köstlichen Meeresfrüchte gütlich tun. Neben dem Relaxprogramm auf der Halbinsel Yucatán im Karibischen Meer vorgelagerten Isla Mujeres, der »Fraueninsel«, können Sie auch hervorragend tauchen und schnorcheln – und ein grandiose Kunstprojekt unter dem Meer entdecken.

Die etwa 8 km lange und bis zu 2 km breite Insel wurde 1517, also bereits zwei Jahre vor Cortés' Landung in Mexiko, von einer spanischen Expedition unter **Francisco Hernández de Córdoba** entdeckt. Dieser gab ihr auch ihren Namen »Fraueninsel«, da er und seine Leute in den Ruinen der Maya auffallend viele weibliche Tonfiguren fanden. Wie die meisten karibischen Inseln war auch Isla Mujeres in der Folge ein Schlupfwinkel von Piraten und Schmugglern.

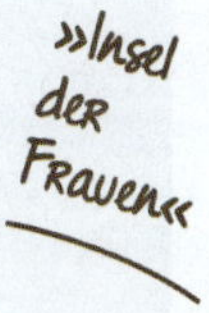

Die Hauptattraktionen der Insel …

Strände und Korallenriffe

…liegen am und im Meer. Zum Schwimmen bestens geeignet ist die Playa Cocoteros (Los Cocos) auf der Nordwestseite der Insel. An der Nordspitze mit der Islote Yunque beginnen Korallenriffe – ideal zum Schnorcheln. Die der Karibik zugewandte Ostküste besitzt ebenfalls schöne Strände und Riffe, z. B. die Playa Pancholo, doch machen starke Strömungen das Schwimmen riskant. Sie können vor Ort ein Fahrrad oder Moped leihen.

Im Jahr 2009 wurde zwischen der Isla Mujeres und Cancún mit dem **Museo Subacuático de Arte (MUSA)** ein anspruchsvolles Kunstprojekt unter dem Meer ins Leben gerufen, das Sie beim Schnorcheln oder beim Tauchgang entdecken können ▶ Cancún.

Eine Karaffe voller bunter Fische

El Garrafón

Im südlichen Teil der Insel befindet sich die reizvolle **Bucht** El Garrafón (Karaffe), die über eine Straße oder per Boot zu erreichen ist. In diesem Unterwasserschutzgebiet kann man zahlreiche tropische Korallenfische beobachten. Über der Bucht erstreckt sich auf der Inselspitze das neue **Pueblo Caraibe** mit Blick auf einen modernen Skulpturengarten.

In den Höhlen der schlafenden Haie

Los Manchones

El Garrafón vorgelagert ist das **Riff** Los Manchones, ein beliebtes Ziel für Sporttaucher. Für geübte Gerätetaucher können Bootsfahrten zu

den in 20–30 m Tiefe gelegenen »Höhlen der schlafenden Haie« organisiert werden, die Ende der 1960er-Jahre von einem einheimischen Fischer entdeckt und durch Filme weltbekannt wurden.

Das gebrochene Herz eines Piraten

Hacienda Mundaca

Eine eigenartige Atmosphäre verbreitet die Hacienda Mundaca oberhalb der Playa Lancheros, welche die Überreste des Hauses und Gartens des baskischen **Piraten und Sklavenhändlers Antonio de Mundaca** aus dem vorigen Jahrhundert zeigt. Angeblich hat er sich in ein Inselmädchen verliebt und wollte dann ein ehrbares Leben führen. Als sie ihn jedoch verließ, starb er bald darauf vor Kummer.

Paradiesisches Blau im Nationalpark El Garrafón im Süden der Isla Mujeres

Interessanteste Maya-Ruine der Insel

Maya-Ruine

Die vom Hurrikan Gilbert 1988 beschädigte Maya-Ruine auf Isla Mujeres liegt hinter dem Leuchtturm an der Südspitze. Sie soll als **Observatorium** gedient haben, das der Göttin Ix-chel geweiht war. Von hier aus hat man einen prächtigen Blick auf die Karibische See und auf ▶ Cancún.

Rund um Isla Mujeres

Auf zur Pelikaninsel

Isla Contoy

Ein interessanter Tagesausflug führt per Boot zu der ca. 20 km nördlich gelegenen Isla Contoy (Maya: »conto« = Pelikan). Als **Vogelpa-**

ISLA MUJERES ERLEBEN

TOURISTENINFORMATION
Av. Rueda Medina 130 (westlich des Piers der Passagierfähren), Tel. 998 8 77 03 07
www.isla-mujeres.net

Mit der **Fähre** von Puerto Juárez und von Punta Sam (►Verkehr) gelangen Sie zur Isla Mujeres; beide Häfen sind mit dem **Bus** von Mérida oder Chetumal zu erreichen. Von Cancún können Sie auch mit dem **Tragflügelboot** übersetzen.

MESÓN DEL BUCANERO €€
Fischgerichte und yukatekische Spezialitäten werden in diesem geräumigen Bistro angeboten.
Calle Hidalgo 11
Tel. 998 87 71 22 8
www.bucaneros.com

ROLANDI'S PIZZERIA €€
Im Rolandi's werden sehr gute italienische Gerichte, Pizza aus dem Holzofen sowie Fisch und Meeresfrüchte serviert.
Av. Hidalgo 110 (zwischen Madero und Abasolo)
Tel. 99887 70429

CASA DE LOS SUEÑOS RESORT Y SPA €€€€
Designhotel mit traumhaftem Bade- und Wellnessbereich.
Carr. Garrafón
Fracc. Mar Turquesa
Tel. 99887 70708
www.hotelcasasuenos.com

VILLA KIIN €€
Bungalows direkt am Strand mit farbenfroher Ausstattung – u. a. mit vielen Reproduktionen von Werken Diego Riveras und Frieda Kahlos – und einem Sandgarten.
Playa del Secreto
Calle Zazil Ha Num 129
Tel. 998 8 77 10 24
www.villakiin.com

radies mit mehr als 70 Vogelarten steht sie seit 1961 unter Naturschutz. Hier können Flamingos, Fregattvögel, Pelikane, Enten, Löffler, Kormorane und andere Vogelarten beobachtet werden.

Entspanntes Paradies

In den Gewässern zwischen Cabo Catoche und der Isla Holbox leben unter anderem Marline, Haie, Segelfische, Barrakudas, Zackenbarsche und Makrelen. Die Insel hat bislang ihren ursprünglichen Charakter erhalten; die endlosen **Strände** sind voller Muscheln und das Wasser ist klar und ruhig. Die Isla Holbox erreicht man, wenn man auf der MEX 180D Valladolid–Puerto Juárez eine Abzweigung nach Chiquilá nimmt (ca. 90 km). Von dort gibt es Bootsverbindungen zur Insel.

LOS CABOS

Bundesstaat: Baja California Sur | **Entfernung:** ca. 200 km südl. von La Paz

Das ehemalige Fischereidorf Cabo San Lucas bildet zusammen mit der Kleinstadt San José del Cabo die Ferienregion Los Cabos an der Südspitze der langgezogenen Halbinsel Baja California. Spektakuläre Felsformationen, schöne Strände und die Chance auf Walbeobachtungen sind der Grund, diese entlegene Ecke Mexikos zu besuchen.

Wohin in Los Cabos?

Leben im Takt des Meeres

Cabo San Lucas

Im Badeort Cabo San Lucas am Ende der 1700 km langen Carretera Transpeninsular folgt man dem Takt des Meeres. Deshalb haben die beliebtesten Aktivitäten allesamt mit dem Wassersport zu tun: Hochseefischen, Wasserski fahren, Tauchen, Schnorcheln und auf dem Meer unterwegs sein. Mit einem Boot erreichen Sie das Wahrzeichen der Baja, **El Arco**, einen vom Meer El Arco zu einem Tor ausgehöhlten Felsen, an dem sich die Wasserströme des Golfs von Kalifornien und des Pazifiks treffen. Hier können Sie Seelöwen beobachten; die meisten Ausflügler halten zudem noch an einem der kleinen Strände, in der Regel an der Playa del Amor, deren Sandstrände an beiden Meeren liegen.

Mit spannenden Tauchspots

Strände

Die Strände und Buchten zu beiden Seiten des Kaps (Solmar, del Amor, Médano, Cementerio, Barco Varada, de las Viudas, Santa María, Punta Chileno, Canta Mar, Punta Palmilla, Costa Azul) weisen verschiedene Arten von Sand und Fels auf, teils ruhiges Wasser, teils starke Brandung sowie einen enormen Fischreichtum. Unter den interessanten Tauchplätzen ist die von hier erreichbare, **einzigartige Sandkaskade unter Wasser** zu erwähnen sowie eine Stelle am Meeresgrund, die von Manganknollen bedeckt ist.

Surfparadies und Künstlerort

Todos Santos

Entlang der Straße Nr. 19 in Richtung Todos Santos (70 km nördlich) ziehen sich Strände und interessante Küstenlandschaften hin. Seit einigen Jahren gilt die Küste von Todos Santos als Surfparadies. Auch Kuntschaffende zog die von Obstbäumen und Palmen gesäumte Stadt an. Zudem steht hier das durch den Eagles-Song bekannt gewordene »**Hotel California**«. Von Todos Santos führt die Straße weiter nach San Pedro und La Paz (80 km).

LOS CABOS ERLEBEN

Tel. 624 1 43 55 31
www.visitloscabos.travel

Per **Auto** oder **Bus** auf der Carretera Transpeninsular (MEX 1) können Sie von Tijuana über Ensenada, Mulegé, Loreto, La Paz und Cabo San Lucas und San José del Cabo hierher fahren. Mehrere Fahrverbindung in der Woche bestehen zwischen La Paz, der Hauptstadt von Baja California Sur und Mazatlán sowie Topolobampo auf dem Festland. Es existieren viele in- und ausländische **Flugverbindungen** nach Los Cabos.

LAS VENTANAS AL PARAÍSO €€€€

Luxuriöses Strandresort (61 Z.) etwa auf halber Strecke zwischen Cabo San Luca und San Jose del Cabo. Mexikanisch-mediterraner Stil, Spa, Kochkurse und ein großes Sportangebot.
Carretera Transpeninsular, bei Km 19,5
Tel. 624 1 44 28 00
www.rosewoodhotels.com

TROPICANA INN €€€

Um das Schwimmbad sind Kacheln nach Wandbildern von Diego Rivera dekoriert. Angenehmes, kleines Hotel (40 Z.) abseits vom Strand in San José del Cabo.
Blvd. Antonio Mijares 30
Tel. 624 1 42 41 46
www.tropicanainn.com.mx

MESÓN DEL ÁNGEL €€

Der Heidelbeer-Basilikum-Mojito lässt an kühne kulinarische Moderne denken, aber es gibt traditionsreiche mexikanische Gerichte in einem romantischen, mit farbenfroher Kunst dekorierten Patio-Ambiente. Nur Dinner.
Calle Ignacio Zaragoza 222
Tel. 624 1 42 28 28

MARISCOS MAZATLÁN €€

Frisches Meeresgetier lecker zubereitet. Großzügige Portionen. Aufmerksamer, unaufdringlicher Service.
Calle Narciso Mendoza s/n
Tel. 624 1 43 85 65

Beschauliche Kleinstadt

San José del Cabo

San José del Cabo (35 km nordöstlich von Cabo San Lucas) ist eine gepflegte Kleinstadt, deren Bucht schon 1535 von Cortés besucht wurde und deren Geschichte bis in das 18. Jh. zurückreicht. Heute ist sie ein für die Region wichtiges landwirtschaftliches Zentrum, zudem Mittelpunkt der bedeutenden Ferienregion zwischen ihr und Buenavista. Am 19. März wird hier jedes Jahr der **Día de San José** gefeiert. Dieser Küstenabschnitt bietet mehrere Strände mit zum Teil starkem Wellengang sowie gute **Angel- und Surfmöglichkeiten**. An der Hauptstraße, dem Boulevard Mijares, liegen einige gute **Restaurants und Cafés**. In der Casa de la Cultura gibt es ein kleines Museum. Verglichen mit Cabo San Lucas ist es hier wesentlich beschaulicher.

IN DIE FREIHEIT ENTLASSEN

»Gleich hast du es geschafft, lass dich einfach mitziehen«, möchte man den Kleinen am liebsten zurufen. So emotional ist der Moment, wenn die Schildkrötenbabys in Richtung Meer krabbeln, doch von den Wellen im Purzelbaum immer wieder an Land getragen werden. An verschiedenen Stränden Mexikos ist es möglich, bei der »liberaciónes de crías«, der Freilassung der kleinen Schildkröten, dabei zu sein, u. a. in Mazunte, an der ▶ Riviera Maya und in ▶ Los Cabos.

Abstecher nach La Paz

Mexikanischste Siedlung des Bundesstaates

La Paz (215 000 Einw.), die **Hauptstadt des Bundesstaats Baja California Sur**, liegt an der gleichnamigen Bucht am Meer des Cortés (Golf von Kalifornien). Auf der MEX 1 über San José del Cabo beträgt die Strecke 215 km und über Todos Santos (MEX 9) 150 km bis Cabo San Lucas. Trotz seiner rasanten Entwicklung hat der Hafen ein wenig von seiner beschaulichen Atmosphäre bewahren können. Er gilt noch immer als mexikanischste Siedlung der Baja. Hier legt das **Fährschiff** an, das viele Baja-California-Touristen für An- oder Abreise nutzen. Vor der Konquista war der Südteil Niederkaliforniens von indigenen Stämmen wie den Pericúe, Cochimí und Guaicura bewohnt, die anfänglich den Spaniern friedfertig entgegentraten, sich später jedoch bemühten, die ersten Siedlungsversuche zu verhindern.

La Paz

Der amerikanische Abenteurer William Walker eroberte 1853 den Hafen, um sich an die Spitze eines selbstständigen Staats zu setzen, was ihm aber nicht gelang. La Paz war lange Zeit ein Zentrum der Perlenfischerei, die jedoch heute kaum noch Bedeutung hat. Tourismus, Fischfang, Handel und die verarbeitende Industrie herrschen jetzt vor.
Wer einmal hier ist, sollte sich den **Regierungspalast**, den **Muschelmarkt** und die **Hafenpromenade** ansehen. Das Anthropologische Museum zeigt die Kulturen und Geschichte der Region. La Paz ist vor allem ein hervorragender Ausgangspunkt für **Ausflüge zum Hochseefischen**, zum **Tauchen** und zu den zahlreichen schönen Stränden der Umgebung, wie die **Playa Balandra** mit ihrem klaren Wasser.

Abstecher zu einsamen Stränden

Ausflüge

Empfehlenswert sind Bootsausflüge zu den vorgelagerten Inseln wie **Espíritu Santo**, **La Partida** und **Islotes**, auf denen man Seelöwen und verschiedene Vogelarten beobachten kann und gute Angel- und Tauchmöglichkeiten findet. Über Los Planes führt ein Ausflug nach **Punta Arenas**, **La Ventana** und **Ensenada de los Muertos**, wo schöne, einsame Strände zum Baden einladen.

★ MÉRIDA

Bundesstaat: Yucatán (Yuc.) | **Höhe:** 10 m ü. d. M. |
Einwohner: 995 000 | **Entfernung:** 1550 km östl. von Mexiko-Stadt, 320 km westlich von Cancún

M/N 31

Mérida gilt als das »Tor zur Welt der Maya«. Alle wichtigen Mayastädte sind von der Hauptstadt des Bundesstaats Yucatán aus schnell erreichbar, weshalb die schöne Kolonialstadt der perfekte Ausgangspunkt für Ausflüge auf der Halbinsel ist. Und Mérida war einst selbst eine wichtige Siedlung dieses rätselhaften Volkes, wie zahlreiche Funde im heutigen Stadtgebiet beweisen.

Das Tor zur Maya-Welt

In »Ti'ho'«, wie Mérida ursprünglich hieß, standen auf großen Pyramidenplattformen einst Tempel, in denen die Mayapriester zu den Göttern beteten, zum Gott des Windes, des Regens und zum Maisgott. Heute ist von den Mayabauten nicht mehr viel zu sehen: Ab 1542 errichteten die spanischen Besatzer unter ihrem Gouverneur Francisco de Montejo über den Pyramiden ihre eigenen Gotteshäuser und verwendeten dafür die Steine der Maya. Die Stadt wurde in Mérida umbenannt – nach der Schwesterstadt in der Heimat – und ihr alter Name geriet in Vergessenheit. Eine verhängnisvolle Rolle spielte der zweite Bischof von Mérida, **Diego de Landa**, der mit allen Mitteln versuchte, die altindigene Kultur auszurotten. So ließ er eine große Anzahl unersetzlicher, in Hieroglyphen abgefasster Maya-Handschriften verbrennen. Andererseits schuf der Bischof das berühmte Werk »Relación de las Cosas de Yucatán«, eine historische Beschreibung der Eroberung Yucatáns und der Zivilisation der Maya aus spanischer Sicht.

Reich geworden ist Mérida durch den **Sisalexport** nach Europa. Die Hauptstadt des Bundesstaats Yucatán liegt nämlich am Nordende eines porösen Kalkplateaus, welches sich besonders für die Anpflanzung der Agave eignet, aus der man Henequén- oder Sisalfasern gewinnt. Aus jener Zeit stammt auch die Bezeichnung **Ciudad Blanca** (weiße Stadt), da die Bewohner meistens weiß gekleidet waren und die Straßen sauber hielten. Das feuchtwarme Klima bringt farbenfrohe Blüten hervor und bestimmt den beschaulichen Lebensrhythmus dieser reizvollen Stadt.

Der Regierungspalast in Mérida bietet den großen Wandgemälden des regionalen Künstlers Fernando Castro Pacheco einen wunderschönen Rahmen.

Wohin in Mérida?

Zahlen statt Namen

Stadtbild Der historische Stadtkern und der Paseo Montejo zeugen bis heute von der einstigen kolonialen Pracht der Stadt und dem Reichtum der Sisalbarone. Die Straßen tragen Zahlen statt Namen: Alle Nord-Süd-Straßen haben gerade, alle Ost-West-Straßen ungerade Ziffern.

In schöner Begleitung

Zócalo Die **Plaza Mayor** (Plaza de la Independencia) bildet das Zentrum Méridas. Unter spanischer Herrschaft wurde sie als imposanter Paradeplatz angelegt, Bäume spenden großzügig Schatten. Sie ist umgeben von einigen der schönsten und wichtigsten Gebäude der Stadt.

Mit dem Christus der Brandblasen

Catedral An der Ostseite des Platzes, an der Stelle eines früheren Maya-Tempels, befindet sich die von Pedro de Aulestia und Miguel de Auguero zwischen 1561 und 1598 aus Quadern ehemaliger Maya-Tempel erbaute **Kathedrale San Idelfonso**. Das doppeltürmige Gotteshaus gilt als das größte christliche Sakralgebäude der Halbinsel Yucatán. Über einem Tor im Innern der Kathedrale befindet sich ein Bild des Maya-Herrschers von Maní, Titul Xiú, während eines Besuches bei seinem Bezwinger Francisco de Montejo in Tihó. In der Kapelle des Christus der Brandblasen (**Capilla del Cristo de las Ampollas**) ist eine indigene Holzschnitzerei aus dem 16. Jh. zu sehen. Der Legende nach wurde sie aus einem Baum geschnitzt, den Indigene einst nächtelang brennen sahen, ohne dass er nachher Brandspuren aufwies. Die Skulptur stand ursprünglich in der Kirche von Ichmul. Als ein Brand diese zerstörte, fand man die Skulptur geschwärzt und mit Blasen bedeckt. Seit 1645 befindet sie sich in der Kathedrale und ist alljährlich Anfang Oktober Gegenstand besonderer Verehrung.

Mit yukatekischer Malerei und Bildhauerei

MACAY Neben der Kathedrale, durch eine Straße von ihr getrennt, steht der ehemalige Erzbischöfliche Palast, wo einst der fanatische Missionar Diego de Landa residierte. Heute beherbergt das Gebäude das **Museum zeitgenössischer Kunst Yucatáns** MACAY (Museo de Arte Contemporáneo Ateneo de Yucatán). Hier werden hauptsächlich Arbeiten bekannter Maler und Bildhauer aus Yucatán gezeigt.

Pasaje de la Revolución zwischen 58 und 60 | Di.- So. 9–19 Uhr | Eintritt frei | www.macay.org

Mit schönen Wandmalereien

Palacio de Gobierno An der Nordostecke steht der Regierungspalast (Palacio de Gobierno) von 1892, dessen Festsaal mit interessanten, 1971–1974 ent-

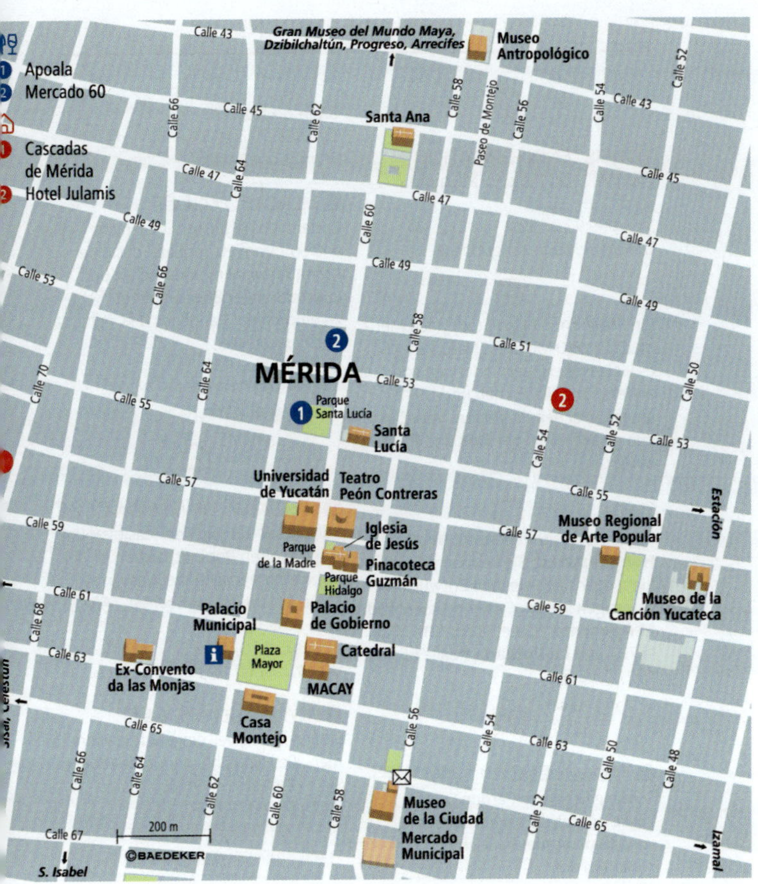

standenen **Wandmalereien** des aus Campeche stammenden Künstlers Fernando Castro Pacheco geschmückt ist. Vom Balkon bietet sich ein schöner Blick auf die Plaza Mayor und die Kathedrale.
Mi.-Mo. 8 - 22 Uhr | Eintritt frei

Eine Bühne für Volkstänze

Palacio Municipal

Gegenüber der Kathedrale erhebt sich das **Rathaus** (Palacio Municipal), ein Gebäude aus dem 18. Jh. mit Kolonnaden und einem Uhrturm. Von hier wurde 1821 die Unabhängigkeit Yucatáns ausgerufen. Heutzutage dient das Gebäude auch als Kulisse für Tanzveranstaltungen; vor allem Volkstänze der Gegend werden hier aufgeführt. Dazu

MÉRIDA ERLEBEN

TOURISTENINFORMATION

Calle 62 s/n, Palacio Municipal
und Calle 60 s/n
Tel. 999 92 31 82 7
inventur.yucatan.gob.mx

Ein **Flug** von Mexiko-Stadt nach Mérida dauert 90 Minuten. Natürlich gibt es viele weitere Verbindungen von anderen mexikanischen und US-amerikanischen Flughäfen. Von Cancún gelangen Sie per **Bus** und **Flugzeug** nach Mérida.

Merida ist weithin bekannt für seine **Hängematten**, Sie können sie sich hier sogar nach eigenen Entwürfen anfertigen lassen. Gute Adressen sind **El Aguacate** (Calle 58 No. 614/Calle 73) und **La Poblana** (Calle 65 No. 492/Calle 58).

❶ APOALA €€€

Schön gelegen im Parque Santa Lucia, wartet dieses beliebte Lokal vor allem mit mexikanischen Fischgerichten auf.
Calle 60 No. 471
Tel. 999 9 23 19 79
www.apoala.mx

❷ MERCADO 60 €€€

Ordentlich geführtes Lokal nicht weit entfernt vom Hauptplatz, das eine breite Auswahl mexikanischer und internationaler Speisen bietet. Sehr zu empfehlen: Panuchos de Cochinita und Guacamole.
Calle 60 No. 461
Tel. 999 92 31 97 9
www.apoala.mx

❶ CASCADAS DE MÉRIDA €€€€

Stilvolles B & B mit vier »casitas« um einen großen Pool. Attraktion ist der eigene, namensgebene Wasserfall.
Calle 57, 593-C, zwischen 74A und 76
Tel. 305 9 78 58 55
www.cascadasdemerida.com

❷ HOTEL JULAMIS €€€

Sieben individuell eingerichtete Zimmer, alle Highlights der Stadt können Sie zu Fuß erreichen.
Calle 53 No. 475 B
Tel. 999 9 24 18 18
www.hoteljulamis.com

gehört beispielsweise die von Gitarrenspielern begleitete Jarana, bei der die Tänzer und Tänzerinnen weiße Kleider mit bunten Stickereien tragen.

Einer der schönsten Bauten der spanischen Kolonialzeit

Casa Montejo

Die Südfront des Hauptplatzes wird beherrscht von der Casa Montejo, 1549 als Residenz der Familie des Konquistadoren errichtet. Seinerzeit erstreckte sich das Gebäude mit der **prachtvollen plateresken Fassade** über die ganze Seite des Platzes.

Kloster mit Ausblick

Convento de las Monjas

Einen Häuserblock westlich vom Rathaus erhebt sich ein stattlicher Klosterbau, ein Relikt des im ausgehenden 16. Jh. gegründeten Convento de las Monjas mit einem Aussichtsturm aus dem Jahr 1633.

Hochzeitskirche

Iglesia de Jesús

Die Jesuskirche oder **Kirche des Dritten Ordens** (Iglesia de la Tercera Orden) am Parque Hidalgo, einen Häuserblock vom Zócalo entfernt, ist bei den Bewohnern von Mérida besonders für Hochzeiten beliebt. Links des Hochaltars befindet sich ein Altargemälde aus geschnitztem und vergoldetem Holz im plateresken Stil.

Zwei Museen, zwei berühmte Künstler

Pinacoteca Gamboa Guzmán

Neben der Kirche – der Eingang befindet sich an der Calle 59 – lädt die Pinacoteca Gamboa Guzmán zur Besichtigung von Kunstwerken aus dem 19. und 20. Jh. ein. Ausgestellt sind vorwiegend Porträts und Gemälde mit religiösen Themen sowie Bilder des Künstlers **Gamboa Guzmán**. Daneben befindet sich das **Gottdiener-Museum**. Es zeigt imponierende Bronzeskulpturen von Indigenen aus Yucatán, geschaffen von Yucatáns berühmtestem Bildhauer **Enrique Gottdiener**.
Di.–Sa.. 9–17, So. 10–17 Uhr | Eintritt 70 MEX$

Wissensdurstig?

Universidad

Die Universität von Yucatán, ursprünglich eine jesuitische Knabenschule aus dem Jahr 1618, an der Ecke der Straßen 57 und 60, bietet den Besuchern **Sommerkurse** an, u. a. in Spanisch und Archäologie.

Gärten und Abendkonzerte

Kirchen

Die Kirche **Ermita de Santa Isabel** (Calle 66 y 77) ist vor allem wegen der sie umgebenden, mit Maya-Statuen ausgestatteten Gärten bemerkenswert. Die Einsiedelei war einst ein Treffpunkt der Reisenden von und nach Campeche, die hier für eine sichere Reise beteten oder Dank für ihre Rückkehr abstatteten.
Die Kirche **Santa Lucía** an der Ecke der Straßen 60 und 55 war ursprünglich von den Spaniern ausschließlich für die als Sklaven gehaltenen Schwarzen und Mulatten gedacht. Im **Parque Santa Lucía** werden wöchentlich (meist donnerstags) Abendkonzerte gegeben.

Interessanter Boulevard

Paseo Montejo

Während der Blütezeit Méridas zu Anfang des 20. Jh.s wurde in Anlehnung an Pariser Vorbilder die Prachtstraße Paseo Montejo angelegt. Der Boulevard führt durch vornehme Wohngegenden und ist von zahlreichen Denkmälern gesäumt, von denen das auffallendste sicherlich das Nationaldenkmal ist. Das **Monumento a la Patria** (Denkmal des Vaterlandes) wurde in den Jahren 1946 bis 1957 von dem kolumbianischen Bildhauer Rómulo Rozo geschaffen. Im Stil der

Gran Museo del Mundo Maya: Ein architektonisches Meisterwerk und eine beeindruckende Sammlung präkolumbischer Kunst und Artefakte der Maya!

Maya sind die wesentlichen Abschnitte der mexikanischen Geschichte und ihrer Hauptprotagonisten dargestellt.

Außen imposant, innen herausragend

Museo de Antropología e Historia

In dem früheren Regierungsgebäude Palacio del General Cantón ist das **Museum für Archäologie und Geschichte** (Museo de Antropologia e Historia) untergebracht. Das imposante Gebäude aus dem 19. Jh. beherbergt Sammlungen vor allem aus der Glanzzeit der Maya, aber auch der anderen prähispanischen Hauptkulturen Mexikos. Herausragende Stücke sind die aus dem Cenote von Chichén Itzá geborgenen Opfergaben, des Weiteren Reproduktionen der Zeichnungen der Maya-Stätten von **Frederick Catherwood** (▶ Baedeker Wissen, S. 270) und die um die Jahrhundertwende erstellten Fotografien dieser Stätten von Teobert Maler. Interessant sind auch die Erklärungen zu mancherlei Praktiken der Maya wie das Abflachen der Stirn oder das Feilen der Zähne, was dem damaligen Schönheitsideal entsprach.

Ecke Paseo Montejo und Calle 43 | Di.–So. 8–17 Uhr | Eintritt 90 MEX$

Von Keramik bis Hängematten

Museo Regional de Arte Popular

Im Museo Regional de Arte Popular (La Mejorada) in der Calle 59 No. 441 werden Textilien und Trachten, Keramik, Schmuck, Spielzeug und Musikinstrumente ausgestellt.

Di.–Sa. 10–17 Uhr u. So. 10–15 Uhr | Eintritt 85 MEX$

Damals und heute

Museo de la Ciudad

Das Museum im schönen Gebäude der ehemaligen Bundespost gibt interessante Einblicke in die Geschichte Méridas von der prähispanischen Zeit bis heute. In Wechselausstellungen werden auch zeitgenössische Werke der bildenden Kunst gezeigt.

Di.–Sa. 9–18 Uhr u. So. 9–14 Uhr | Eintritt frei

Im Shoppingparadies

Mercado Municipal

Auf dem südlich des Hauptplatzes gelegenen Markt werden vorwiegend **Produkte aus Sisalfasern** wie Panamahüte (Jipijapas), Taschen, Teppiche und Sandalen verkauft. Außerdem bekommen Sie die sogenannten Huipiles, die am Ausschnitt bestickten Maya-Blusen aus weißer Baumwolle für Frauen, und die Guayabera-Hemden. Ausgesprochen beliebt sind auch die farbenfrohen **Hängematten**, in denen man sich hervorragend ausruhen kann. Wer sich dafür interessiert, sollte die großen Qualitätsunterschiede beachten!

Rund um Mérida

Mérida ist der günstigste Ausgangspunkt …

Ausflüge

… für Ausflüge zu den archäologischen Stätten in Yucatán wie Dzibilchaltún, Izamal (▶ S. 164), ▶ Uxmal, Kabah (▶ Puuc-Route), ▶ Chichén Itzá und andere.

Die großartige Welt der Maya

Gran Museo del Mundo Maya

Das Gran Museo del Mundo Maya de Mérida, 9 km nördlich der Stadt, beeindruckt nicht nur durch seine postmoderne Architektur, sondern durch seine umfassende Darstellung der Maya, wobei mehr die Vorgeschichte Mexikos im Mittelpunkt steht als die Hochkultur an sich. Die Themenbereiche Geologie, Anthropologie und Biologie werden von zahlreichen interaktiven Angeboten veranschaulicht, allerdings sind die Erklärungen ausschließlich auf Spanisch. Drei Stunden sollten Sie sich mindestens für einen Besuch Zeit nehmen.

Tgl. außer Di. 9–17 Uhr | Eintritt 150 MEX$

Bedeutend und außergewöhnlich

Dzibilchaltún

Nur 20 km nördlich von Mérida befand sich nahe der heutigen Straße nach Progreso der **Ausgrabungsort** Dzibilchaltún, die ausgedehnteste (80 km²) und am längsten besiedelte prähispanische Stadt der Halbinsel Yucatán. Vermutlich wurde sie schon 1500 v. Chr. gegründet und von den Maya bis zum Eintreffen der Spanier noch bewohnt. Man nimmt an, dass Dzibilchaltún sowohl ein **Wallfahrtsort** als auch eine **bedeutende politische Metropole** war. In ihrer Blütezeit soll die Stadt über 40 000 Einwohner gehabt haben. Die Stätte umfasst verschiedene zeremonielle Zentren, die einst durch »sacbeob« (heilige

Maya-Straßen) verbunden waren. Heute sind erst wenige Gebäude ausreichend restauriert und daher wert, besichtigt zu werden.
Ein eigenartiger Bau ist der Tempel der Sieben Puppen (**Templo de las Siete Muñecas**) aus dem 7. Jahrhundert. Er unterscheidet sich nicht nur durch seinen einfachen Stil von der bekannten Maya-Architektur, sondern auch dadurch, dass er einen quadratischen Grundriss und rechts und links vom Eingang zwei Fenster hat. Bisher hat man sonst in keinem Bau der Maya Fenster vorgefunden. Auch der Dachkamm des Tempels weicht vom traditionellen Stil ab, da er aus einem Pyramidenstumpf besteht. Im Gebäude fand man sieben einfache, zum Teil auch deformierte Tonfiguren, die man als Puppen bezeichnete und die dem Tempel seinen Namen gaben. Der Tempel steht mit anderen kleineren Gebäuden auf einer etwa 250 × 90 m großen Plattform und hat auf allen vier Seiten Freitreppen.
Von großer Bedeutung war der in der Mitte der Stadt gelegene **Cenote Xlacah**. Sein Durchmesser erreicht fast 30 m, seine Tiefe wird auf 45 m geschätzt. Aus dem Cenote bargen Forschungstaucher ca. 30 000 archäologische Fundstücke, darunter Tongefäße und Keramikfiguren, Schmuckstücke sowie einige Skelettreste. Heute wird der Cenote zum Baden benutzt.

Beliebtes Ausflugsziel

Progreso

Fährt man weiter auf der MEX 261 nach Progreso (35 km nördlich von Mérida), gelangt man zum **Haupthafen Yucatáns** mit einer über 2 km langen Mole. Der Ort wirkt zwar nicht besonders hübsch, doch hat er einen breiten weißen Sandstrand zu bieten. Progreso wurde für den Tourimus ausgebaut, insbesondere als Kreuzfahrthafen. Weitere Erweiterungen und Verbesserungen sind in Planung.

Taucherparadies

Arrecifes Alacranes

Wiederum etwa 130 km nördlich von Progreso liegen im Golf von Mexiko die Arrecifes Alacranes (**Skorpion-Riffe**), eine halbmondförmig um eine Lagune gelegene Ansammlung von **Inseln, Sandbänken und Riffen**. Dank ihrer reichen Unterwasserwelt und den vielen Schiffswracks sind die Riffe ein erstklassiges Ziel für ambitionierte Sporttaucher, das jedoch nur mit Charterboot von Progreso aus zu erreichen ist.

Ein Dorn im spanischen Auge

Izamal

Wer ein wenig Zeit hat, sollte auf dem Weg nach Chichén Itzá in der **Marktstadt** Izamal (26 km nördlich der MEX 180 von Mérida nach Chichén Itzá) Halt machen. Sie vereint in klassischer Form Zeugnisse des Zusammenpralls von indigener und spanischer Kultur: Schon in prähispanischer Zeit war Izamal ein Wallfahrtsort zu Ehren des Sonnengotts Kinich-kakmó und des Himmelsgotts Itzamná; ihnen und einigen anderen Göttern gedachte man an zwölf Heiligtümern. Viel-

Hinter dieser gelb leuchtenden Fassade verbirgt sich der angeblich zweitgrößte Platz der Welt: Das Kloster San Antonio de Padua ist Glanzstück von Izamal.

leicht wegen dieser herausragenden Bedeutung fiel die Reaktion der Spanier extrem hart aus: Sie zerstörten umgehend nach der Eroberung Izamals etwa um 1540 die meisten Pyramiden und verwendeten deren Steine zum Bau ihrer Sakralbauten.

Vom Hauptplatz des Orts, dessen Häuser vorwiegend gelb gestrichen sind, geht man über einen breiten Treppenaufgang zu dem für die Franziskaner zwischen 1553 und 1561 von Juan de Mérida erbauten Kloster San Antonio de Padua (**Convento San Antonio de Padua**). Das riesige Atrium, das von einer Arkade mit 75 Bogen umgeben ist, soll nach dem Petersplatz in Rom das zweitgrößte der Welt sein. Hier wird jedes Jahr am 5. August das Fest der Jungfrau von Izamal gefeiert.

Die drei **Hauptpyramiden** hießen Itza-matul, Kab-ul und Kinich-kakmó. Heute vermittelt vor allem die letztgenannte, dem Sonnengott geweihte Pyramide noch eine Vorstellung von der einstigen imposanten Anlage; sie zählt zu den größten Pyramiden Mexikos. Auffallend sind die besonders hohen Stufen der zur Spitze führenden Treppe. Oben haben Sie einen ausgezeichneten **Rundblick** über die Stadt.

Wie wurde Sisalhanf produziert?

Hacienda Yaxcopoil

Etwa 35 km südlich von Mérida Richtung Uxmal erfahren Sie auf der recht gut erhaltenen, sehr großen Hacienda Yaxcopoil (heute Museum), wie man im 19. Jh. auf einem Gut Sisalhanf produzierte.

Zentrum des Sisalbooms

Sisal

Von Mérida ist Sisal in westlicher Richtung über Hunucmá der Ort Sisal (52 km) zu erreichen, zu Zeiten des **Sisalbooms** wichigster Hafen Yucatáns. Hier ist das Haus zu besichtigen, in dem Kaiserin Charlotte Amalie nächtigte, bevor sie sich 1865 nach Europa einschiffte, um dort Unterstützung für ihren kaiserlichen Gemahl zu erbeten.

Vogelparadies

Celestún

Der hübsche **Fischereihafen** liegt 92 km westlich von Mérida an einer großen grünen Lagune. Die Einwohner leben von Fischfang, Kokosanbau und Salzgewinnung. Die Lagune selbst gehört zu einem ausgesprochen sehenswerten Naturschutzpark, in dem unzählige Wasservögel wie Pelikane, Flamingos, Reiher, Kormorane und Enten beobachtet werden können.

★★ MEXIKO-STADT · CIUDAD DE MÉXICO · MEXICO CITY

Distrito Federal (D.F.) | **Höhe:** 2310 m ü. d. M. | **Einwohnerzahl (mit Vororten):** 23 Mio. (Schätzung)

O 21/22

Sie ist eine der größten Städte der Welt mit einem der größten Plätze der Welt, zählt 23 Millionen Einwohner und besitzt einen der höchsten Bürotürme Lateinamerikas. 10-spurige Avenidas, alte Tempel, weltberühmte Wandgemälde – Superlative kann die Megacity und Hauptstadt von Mexiko also jede Menge vorweisen. Hierher zu kommen bedeutet einzutauchen in das laute und turbulente mexikanische Leben voller Energie und Gegensätze.

Landeshauptstadt und Megacity

Sie brodelt und quillt, sie hat ruhige, grüne Ecken und bunte Stadtviertel, ist Heimat von Familien, Bettlern und Träumern. Und sie ist verrückt – schon allein deshalb muss man mindestens einmal im Leben in Mexiko-Stadt gewesen sein. Es gibt nichts, das es nicht gibt, der Erfindungsreichtum der Mexikaner wird an jeder Ecke und auf jedem der angebotsreichen Märkte offenbart.
Die Azteken staunten nicht schlecht, könnten sie sehen, was aus ihrem geliebten **Tenochtitlán** geworden ist: Wo nach der Legende einst ein Adler mit einer Schlange im Schnabel auf einem Kaktus am Texcoco-See saß und sie ihre Tempelstadt errichteten, stehen heute

Kathedralen, Hochhäuser und moderne Shoppingmalls. Vom See ist nichts mehr geblieben.
Doch Mexiko-Stadt ist nicht nur verrückt, sondern auch geschäftstüchtig und modern: 2018 ging der Internationale Hochhaus-Preis an den »Torre Reforma«, der besonders erdbebensicher gebaut ist. Er übertrifft mit einer Höhe von 246 m den bis dahin höchsten Büroturm der Stadt, den »Torre Mayor«, um satte 20 m.
Die **Chilangos**, wie die Bewohner heißen, bezeichnen Mexiko-Stadt als »D.F.« (»De Effe«), die Abkürzung für Distrito Federal, denn sie ist ein eigener Bundesbezirk. Viele Einheimische nennen sie auch einfach »México«. In ihrem Kern leben 9 Millionen Menschen, ca. 23 Millionen im Bundesbezirk.

Glücksuchende Fallschirmspringer

Bevölkerungswachstum

Das Bevölkerungswachstum, hauptsächlich durch Zuzug aus den klimatisch ungünstigen Agrargegenden des Landes, ist enorm. Diese Übervölkerung schafft wirtschaftliche und soziale Probleme. Täglich geht die Zahl derer in die Hunderte, die ihr Glück in der Großstadt zu finden hoffen und sich als **»paracaidistas«** (Fallschirmspringer) über Nacht eine armselige Unterkunft aus Karton, Wellblech und Plastikfolie in den Elendsvierteln im Osten der Stadt zusammenbauen. Hinzu kommt die starke Geburtenzunahme unter den Zuzüglern.

Der grüne Plan

Umweltprobleme

Verkehrsprobleme sind durch den Ausbau der Metro und der Schaffung kreuzungsfreier Straßenzüge (**Stadtautobahn Anillo Periférico**) entschärft worden, doch herrscht in den Stoßzeiten noch immer das Chaos. In den vergangenen zehn Jahren hat sich die Anzahl der Mexikaner, die ein Auto oder motorisiertes Fahrzeug besitzen, verdoppelt – die Zahl der Autos wird allein auf 4 Mio. geschätzt. Ausgerechnet vor der einzigen Öffnung des Tales von Anáhuac, durch die frische Luft über die Stadt strömen könnte, hat sich die Schwerindustrie angesiedelt, sodass deren teilweise noch ungefiltert in die Luft abgegebenen **Emissionen** zusätzlich über die Stadt geblasen werden. Die Einwohner von Mexiko-Stadt müssen über 11 t Schmutzpartikel pro Tag verkraften. Mittlerweile versucht die Regierung gegenzusteuern. Bis 2050 soll sich die Treibhausgas-Emission um 50 Prozent gegenüber dem Stand von 2000 verringern. Ein hoch gestecktes und per Klimagesetz festgesetztes Ziel des stetig wachsenden Landes. Um den Smog über der Stadt zu verringern, wurde ein **»Plan Verde«**, ein grüner Plan, eingeführt. Das **Fahrradnetz** wird ausgebaut, und die Menschen sollen die öffentlichen Verkehrsmittel mehr nutzen. Deshalb dürfen alte Autos gar nicht mehr in die Stadt, und stolze Besitzer neuerer Wagen müssen diesen einmal pro Woche stehen lassen, denn reihum gibt es ein Fahrverbot, das sich nach der Endziffer des Kennzeichens richtet: Montags dürfen z. B. keine Autos mit der 1 und 2 als letzter Zahl im Kennzeichen fahren, dienstags pausieren die Nummern 3 und 4 u.s.w. Das gilt auch für Mietwagen! Mexiko-Stadt ist auf unsicherem Grund gebaut. Der **sumpfige Untergrund** lässt die Stadt jährlich um ca. 20 mm absinken. Viele Gebäude stehen daher schief. Schon die Spanier begannen, das einst von Seen umgebene und von Kanälen durchzogene Tenochtitlán zu entwässern. Heute sind von diesen Seen nur noch staubige Flächen übrig geblieben. Da die Brunnen nicht mehr zur **Versorgung mit Trinkwasser** ausreichen, muss ein Drittel des Wasserbedarfs unter hohem Energieaufwand in die hoch gelegene Stadt gepumpt werden. Gleichzeitig liegen viele Stadtteile wesentlich niedriger als das Abwassersystem, sodass auch die Abwässer abgepumpt werden müs-

Auf einem der größten Plätze der Welt weht eine ebenso riesige mexikanische Flagge, die Menschen fast wie Ameisen erscheinen lässt. Der Zócalo ist der Mittelpunkt der Stadt und Schauplatz von Veranstaltungen.

sen. Ein Ausfall der Pumpen würde größere Teile der Stadt mit Schmutzwasser überfluten. Trotz dieser mitunter erschreckenden Zustände ist D.F. eine faszinierende Metropole.

Geschichte

Ort der Kaktusfrucht

Tenochtitlán und Tlatelolco

Die prähispanische Geschichte rund um die Hauptstadt wurde vornehmlich von den Náhuatl sprechenden **Azteken** bzw. Mexica geprägt. Sie gründeten 1345 auf einer sumpfigen Insel im Texcoco-See, der bis zur Konquista den östlichen Teil des heutigen Stadtgebiets

bedeckte, den **»Ort der Kaktusfrucht«** Tenochtitlán (▶ Baedeker Wissen, S. 186). Neben dieser sich schnell entwickelnden Hauptstadt der Mexica gab es im Umkreis mehrere zunächst unabhängige Stadtstaaten anderer Chichimekenstämme, so etwa Tenayuca, Texcoco, Chalco, Tlatelolco, Coyoacán, Tlacopán (heute Tacuba), Atzcapotzalco, Xochimilco und Culhuacán. Drei große Dammstraßen und ein Aquädukt verbanden die Inselstadt, die von zahlreichen Kanälen durchzogen war, mit dem Festland. Im Zentrum erhob sich die mächtige **Hauptpyramide,** deren beide Tempel dem Kriegs- und Sonnengott Huitzilopochtli und dem Regengott Tláloc geweiht waren. Die Trümmer dieser prunkvollen Bauten liegen unter bzw. bei dem heutigen Zócalo und wurden zum Teil freigelegt. Außerhalb des Kultzentrums befanden sich die königlichen Paläste, die Wohnbezirke mit Marktplätzen und kleinere Tempelgruppen.

Die ältere Stadt Tlatelolco, Rivalin und spätere Bundesgenossin von Tenochtitlán, hatte eine Hauptpyramide. Man fand dort Reste von Tempeln, die den Göttern Tláloc und Quetzalcóatl geweiht waren. Seine größte Bedeutung hatte dieser Ort jedoch als **wichtigstes Handelszentrum der Mexica**. Das prähispanische Tlatelolco ist heute vom Markt La Lagunilla, der Kirche Santiago, dem Außenministerium und modernen Wohnblocks überbaut. Am Rande der beiden Städte, in dem sie umgebenden Seengebiet, dehnten sich die **Chinampas** genannten schwimmenden Anbauflächen aus. Überbleibsel dieser Anbaumethode finden sich in den schwimmenden Gärten von Xochimilco.

Traurige Nacht, trauriges Ende

Eroberung durch die Spanier

Am 8. November 1519 betrat der Konquistator **Hernán Cortés** mit seinem kleinen Trupp von Spaniern und zahlreichen tlaxcaltekischen Verbündeten erstmals den Boden der aztekischen Hauptstadt. Diese dürfte damals mit einer Fläche von 12 bis 15 km² und einer Bevölkerung von 200 000 bis 300 000 Menschen nach London und Peking **die drittgrößte Stadt der Welt** gewesen sein. Nach der Gefangennahme des Aztekenherrschers Moctezuma II. Xocoyotzín in seinem eigenen Palastviertel und dessen gewaltsamen Tod wurde Cortés von den Mexica unter dem neuen Herrscher Cuitláhuac aus Tenochtitlán vertrieben. Während der Flucht, die als **»Noche Triste«** (Traurige Nacht) am 30. Juni 1520 in die Geschichte eingegangen ist, verloren die Spanier mehr als die Hälfte ihrer Truppen und die Beute. Nachdem sie ihre Streitmacht durch neue Hilfstruppen ergänzt hatten und durch den Bau von 13 Brigantinen auch die Seeufer beherrschten, begannen sie im Mai 1521 mit der Belagerung von Tenochtitlán, das sich schließlich nach der **Gefangennahme seines letzten Königs Cuauhtémoc** am 13. August 1521 ergeben musste. Tenochtitlán wurde dem Erdboden gleichgemacht und alle Kanäle der Stadt zugeschüttet.

Auf Trümmern erbaut

Hauptstadt der Provinz Neuspanien

Bereits 1522 begannen die Spanier, auf und mit den Trümmern der ihnen verhassten Götzentempel eine neue Stadt zu bauen, die sie **Méjico** nannten. Franziskanermönche gründeten 33 Jahre später in Santiago Tlatelolco das berühmte **Colegio de Santa Cruz**, in dem die Kinder des aztekischen Adels erzogen wurden. Im gleichen Jahr wurde das Vizekönigreich Neuspanien konstituiert, in dem das heutige Mexiko-Stadt eine führende Rolle spielte. Im Jahre 1537 bestand die Bevölkerung der Kapitale schon wieder aus etwa 100 000 Indigene und 2000 Spaniern. Die Hauptstadt Neuspaniens wurde 1546 Sitz eines Erzbistums und erhielt 1551 eine Universität, die erste Mittelamerikas. Während der Aufstände der Indigenen von 1692 wurden mehrere öffentliche Gebäude durch Brandstiftung verwüstet, darunter der Palast des Vizekönigs, der einst auch Cortés als Residenz diente. Im **Unabhängigkeitskrieg** (1810–1821) konnten die mexikanischen Freiheitskämpfer die königstreuen Truppen lange nicht aus der Hauptstadt vertreiben. Erst als Agustín de Iturbide sich der Bewegung anschloss, wurde die Hauptstadt 1821 den Spaniern entrissen.

Kämpfe und Eroberungen

Kaiserliche Residenz und Hauptstadt der Republik

Nach der Flucht des kurzzeitigen Kaisers Iturbide gab es langwierige Machtkämpfe zwischen Liberalen und Konservativen. Während des Krieges zwischen Mexiko und den USA (1846–1848) war die Stadt von US-amerikanischen Truppen besetzt. Im Jahre 1863 eroberten französische Truppen die Hauptstadt, in der von 1864 bis 1867 der österreichische Erzherzog Maximilian als Kaiser vom Schloss Chapultepec aus das Land regierte. Nach dem mexikanischen Sieg über die französischen Invasoren und Maximilians Erschießung in Querétaro kehrte der vertriebene Präsident Benito Juárez in die Stadt zurück. Während der **Diktatur von Porfirio Díaz** (1876–1911) entwickelte sich eine rege Bautätigkeit. In der Folgezeit war die Stadt Schauplatz von Eroberungen und blutigen Auseinandersetzungen zwischen den Revolutionsführern Francisco Madero, Victoriano Huerta, Álvaro Obregón, Francisco (Pancho) Villa und Emiliano Zapata. 1930 erreichte die Zahl der Einwohner die Millionengrenze.

Politik und Wirtschaft

Jüngste Entwicklung

In den 1940er-Jahren und danach begann die Modernisierung und Industrialisierung von Mexiko-Stadt. Während vor 20 Jahren noch 50 % der Industrie des Landes in der Metropole ansässig war, sank durch die Entwicklung der Veredelungsindustrie in den nördlichen Grenzstaaten die Quote auf 30 %. Auch der Anteil der Bank- und Handelsgeschäfte ist von 70 % auf etwa 60 % bzw. von 50 % auf rund 40 % gefallen. Im Oktober 1968 war die Stadt Gastgeber der Olympischen Sommerspiele. Kurz zuvor wurden bei einer Demonstration auf dem **Platz der Drei Kulturen** 250 Menschen getötet. Das **Erdbeben** 1985 forderte fast

Wasserknappheit ist eines der drängendsten Probleme: Mexiko-Stadt ist die einzige Millionenstadt der Welt, die nicht an einem Fluss liegt.

10 000 Tote, machte über 100 000 Menschen obdachlos und verursachte enorme Sachschäden, die das Stadtbild nachhaltig verändert haben. Die PRI verlor im Juli 1997 die absolute Mehrheit bei den Bundeskongresswahlen; mehr als 60 Jahre hatte diese Partei den Bürgermeister Mexiko-Stadts gestellt. Mit dem Amtsantritt von **Cuauhtémoc Cárdenas**, Sohn des früheren mexikanischen Präsidenten Lázaro Cárdenas und erster frei gewählter Bürgermeister der Millionenmetropole, begann die Ära der gemäßigten Linkspartei PRD. Im Juli 2018 wurde **Claudia Sheinbaum** als erste Frau in der Geschichte Bürgermeisterin von Mexiko-Stadt. Sheinbaum gehört der von Andrés Manuel López Obrador gegründeten linken Morena-Partei an. Die Covid19-Pandemie traf Mexiko besonders hart. Allein in der Hauptstadt starben 113 000 Menschen an den Folgen des Virus. Im Februar 2022 verabschiedete Mexiko-Stadt ein Gesetz zur Legalisierung von Abtreibungen bis zur 12. Schwangerschaftswoche. Im restlichen Land ist Abtreibung noch illegal.

16 Großbezirke, 240 Wohnviertel

Verwaltung

Verwaltungstechnisch ist Mexiko-Stadt in 16 **Delegaciones** (Großbezirke) eingeteilt, die Namen wie Álvaro Obregón, Benito Juárez, Cuauhtémoc, Coyoacán, Atzcapotzalco, Xochimilco u. a. tragen. Diese sind in über 240 Colonias (Wohnviertel) unterteilt, deren Straßennamen oft Oberbegriffen wie bekannten Flüssen, Philosophen oder europäischen Städten folgen. Vielfach tragen Straßen in verschiedenen Stadtteilen den gleichen Namen. Allein nach Emiliano Zapata sind über 100 Straßen benannt. Es ist daher wichtig, bei Adressangaben den dazugehörigen Stadtteil zu kennen.

Orientierung

Tipps zur Orientierung

Stadtbild

Obwohl Mexiko-Stadt, wie alle spanischen Kolonialstädte, schachbrettartig angelegt wurde, hat die rasante Entwicklung der Metropole das System so durcheinandergebracht, dass es für den Besucher nicht leicht ist, sich zu orientieren. Im Allgemeinen laufen die **Avenidas** von Ost nach West und die **Calles** (Straßen) von Nord nach Süd, daneben gibt es aber auch noch **Bulevares** (Boulevards), **Calzadas** (frühere Fahrdämme), **Callejones** (Gassen), **Prolongaciones** (Verlängerungen), **Ejes Viales** (Schnellstraßen) und **Stadtautobahnen**. Nur die größten und wichtigsten Chausseen laufen in ihrer ganzen Länge unter einem Namen, so z. B. die Nord-Süd-Achse Avenida de los Insurgentes und der Paseo de la Reforma, der vom Nordosten nach Westen führt. Eine weitere wichtige Nord-Süd-Verbindung bilden Calzada Vallejo, Avenida Lázaro Cárdenas (früher San Juan de Letrán), Calzada Niño Perdido und Avenida Universidad. Eine zweite Ost-West-Achse besteht aus den Avenidas Chapultepec, Dr. Río de la Loza und Fray Servando Teresa de Mier. Zu den teilweise aus Stadtautobahnen bestehenden Ringverbindungen (Circuito Interior) gehören Calzada Melchor Ocampo, Avenida Río Consulado, Bulevar Puerto Aéreo und Viaducto Miguel Alemán; im Süden wird dieser Ring durch die Avenida Río Churubusco ergänzt, die ebenso wie der Viaducto in den Außenring Anillo Periférico mündet.

Nicht selbst fahren

Verkehr

Bei Unkenntnis des Straßenwirrwarrs in der Metropole und der chaotischen Verkehrsverhältnisse sollte man möglichst nicht selbst fahren. Das wichtigste und billigste Verkehrsmittel ist die **Metro**, die bisher auf zwölf Linien verkehrt. Mit ihr sind die meisten wichtigen Sehenswürdigkeiten gut zu erreichen. Das ca. 200 km lange Streckennetz wird täglich von 4,6 Mio. Menschen benutzt. Gut verständliche Symbole und Wegweiser erleichtern die Orientierung; darüber hinaus verfügen die meisten Stationen über Informationsschalter. Schweres Gepäck ist verboten. In den Hauptverkehrszeiten (bis 10 und ab 16 Uhr) sollte man die Metro meiden, da ein unbeschreibliches Gedränge herrscht und Taschendiebe Hochkonjunktur haben. In dieser Zeit sind an den Hauptstationen Teile der Bahnsteige nur für Frauen und Kinder reserviert und auch die Züge verfügen dann über eigene Frauenabteile. In der Nacht sollten Frauen die Metro nicht allein benutzen, da Belästigungen häufig vorkommen.

Tula, Querétaro
Teotihuacán, Pachu
Pirámide de Tenayuca
CIUDAD SATELITE
INDIOS VERDES
Ríos de la Remedios
Avenida Avamacho
Calzada Vallejo
Basilica
Calzada de Guadelupe
Avenida Cuitlahuac
TACUBA
Avenida Río Consulado
Calz. San Joaquin
Plaza de las Tres Culturas
Estación
Aeropuerto Benito Juárez
M. Ocampo
Paseo de la Reforma
Catedral
Palacio Nacional
Blvd. Puerto Aéreo
CIUDAD DE MÉXICO
Castillo de Chapultepec
Insurgentes
Calzada San Antonio Abad
Calzada Zaragoza
Anillo Pereferico
LOMAS DE CHAPULTEPEC
Polyforum Siqueiros
Calzada de Tlalpan
CIUDAD DEPORTIVA
Río Churubusco
Toluca
SAN ÁNGEL
Convento de Churubusco
Museo Nacional de las Intervenciones
Museo Frida Kahlo
Division del Norte
Avenida Universidad
COYOACÁN
Anillo Pereferico
CHURUBUSCO
CIUDAD UNIVERSITARIA
Estadio Olímpico
Museo Anahuacalli
EL PEDREGAL
Estadio Azteca
Calzada de Tlalpan
Pirámide de Cuicuilco
Anillo Perefierico
TLALPAN
5 km
©BAEDEKER
XOCHIMILCO
Jardínes Flotantes
Cuernavaca

Die Benutzung der **etwa 60 Buslinien** empfiehlt sich nur für Spanisch Sprechende mit gutem Orientierungssinn. Touristen fahren gern mit der **Linie 76** vom Zócalo über den Paseo de la Reforma zum Bosque de Chapultepec. Gut für die Erkundung der Sehenswürdigkeiten ist auch der offene Turibus (www.turibus.com.mx). Mit einer Tageskarte kann man beliebig oft ein- und aussteigen.

In Mexiko-Stadt verkehren **etwa 90 000 Taxis** verschiedener Art: Die Peseros, meist VW-Busse, sind billige Sammeltaxis, die auf festen Routen auf dem Paseo de la Reforma, der Avenida Insurgentes und Umgebung verkehren. Der Fahrer zeigt mit den Fingern an, wie viele Passagiere er noch mitnehmen kann. Die Peseros werden nach und nach durch etwas größere Midibusse mit 22 Plätzen ersetzt. Die rotgoldenen Taxis Libres verkehren frei und nehmen Passagiere nach Aufforderung mit. Da sich in den letzten Jahren Überfälle auf diese Taxis gemehrt haben, sollte man diese besser meiden und Hotel- oder Standtaxis benutzen. Das sind **pink-weiße Funktaxis** (Taxis de Sitio) mit festen Standplätzen, von denen sie abgerufen werden können. Vor den großen Hotels warten sogenannte Turismos, meist Limousinen, die entsprechend teuer sind und keinen Taxameter haben. Vor Fahrtbeginn sollte man unbedingt den **Fahrpreis festlegen**. Die Taxis vom Flughafen (Transportación Terrestre) verkehren zu Fixpreisen und zuvor an einem Schalter bezahlt werden.

Am besten ...

Startpunkt

... erkunden Sie die Stadt vom historischen Zentrum aus und verschaffen sich vom Aussichtsturm **Torre Latinoamericano** einen ersten Überblick. Die Highlights im Stadtkern sind problemlos zu Fuß erreichbar. Die einzelnen Stadtviertel wie Coyoacan, La Condesa oder Polanco sind Städte für sich, jede mit ihrer eigenen Plaza, ihrem Markt und besonderem Flair. Die meist vollbesetzte Metro ist das Verkehrsmittel, um hinzukommen: günstig und schnell.

Centro Histórico

Am besten sonntags

Historisches Zentrum

Von der UNESCO wurde das Centro Histórico 1987 zum **Weltkulturerbe** der Menschheit erklärt. Hier können Sie jede Menge Beispiele zur Kunst- und Architekturgeschichte von der aztekischen Epoche bis in die Kolonialzeit sowie einige der fesselndsten Museen der Stadt finden. Zudem erleben Sie im Centro Histórico hautnah das pulsierende Leben einer modernen Großstadt. Um den innersten Kern kennenzulernen, ist besonders der Sonntag geeignet: Dann herrscht eine entspannte Atmosphäre, weniger Menschen sind unterwegs, der Verkehr ist ruhiger und der Besuch der Museen ist kostenlos.

Metro-Station: Zócalo (Linie 2)

Einer der größten Plätze der Welt

Zócalo

Mittelpunkt des Centro Historico – wie der gesamten Stadt – ist der Zócalo (**Plaza de la Constitución**), auf dem 1813 die erste Verfassung Mexikos verkündet wurde. Er misst 240 × 240 m und ist damit einer der größten Plätze der Welt. Sofort nach der Eroberung Tenochtitláns durch die Spanier begannen diese, den Hauptplatz so anzulegen, dass sein Nordteil den Südsektor des zerstörten aztekischen Tempelbezirks (Teocalli) einnahm. Zu Beginn der Kolonialzeit diente der Platz u. a. als Stierkampfarena und Markt. Heute wirkt er dagegen etwas leer, wenngleich in seiner Mitte jeden Morgen eine überdimensionale Nationalflagge gehisst wird; zudem finden hier Feste, Paraden und verschiedene Ausstellungen in Zelten statt. Von der Dachterrasse des Hotels Majestic bietet sich ein guter Blick über den Platz.

Amtssitz des Präsidenten

Palacio Nacional (Nationalpalast)

Die gesamte Ostseite des Zócalo nimmt der **Nationalpalast** (Palacio Nacional) mit seiner über 200 m langen Fassade ein. Der aus Tezontle, einem rötlichen Vulkangestein, errichtete Bau ist Amtssitz des Präsidenten und enthält zahlreiche Verwaltungsbüros. Ursprünglich 1523 von Cortés auf dem geschleiften neuen Palast Moctezumas II. errichtet, war er in der Kolonialzeit Sitz der spanischen Vizekönige und danach der Präsidenten der Republik. Mehrmals um- und ausgebaut sowie während der Revolte von 1692 teilweise zerstört, gehört er zu den ältesten und eindrucksvollsten Gebäuden der Stadt. Das dritte Stockwerk wurde in den 1920er-Jahren unter der Regierung von Präsident Calles hinzugefügt.

Über dem großen mittleren Portal hängt unter dem mexikanischen Staatswappen die **Freiheitsglocke** (Campana de Dolores), mit der Pfarrer Miguel Hidalgo am 16. September 1810 in Dolores die Unabhängigkeitsbewegung einläutete. Alljährlich am 15. September, eine Stunde vor Mitternacht, wiederholt der Staatspräsident vom Balkon aus unter dem Geläute dieser Glocke den Ruf von Dolores (Grito de Dolores).

Das Innere des Nationalpalasts besteht aus 14 für den Besuch nur teilweise freigegebenen Höfen und einer großen Anzahl von Sälen. Vom arkadengesäumten Haupthof führt ein Treppenhaus in den ersten Stock. Die Wände beider Räumlichkeiten sind mit einem der berühmtesten **Wandgemälde des Muralisten Diego Rivera** (▶ Baedeker Wissen, S. 434) bemalt: »México a Través de Los Siglos« (»Mexiko im Lauf der Jahrhunderte«). Auf einer Fläche von 450 m² hat der Künstler in den Jahren 1926 bis 1945 Themen aus der Geschichte des Landes von der altindigenen Epoche bis zur Zeit nach der Revolution dargestellt. Der weite Bogen historischer Ereignisse und die Darstellung ihrer Hauptakteure demonstriert Riveras soziales und politisches Bewusstsein, am deutlichsten vielleicht am Beginn

5X UNTERSCHÄTZT

Genau hinsehen, nicht daran vorbeigehen, einfach probieren!

1. MEZCAL STATT TEQUILA

Aus Agaven lässt sich nicht nur Tequila brennen, sondern auch Mezcal, dessen Beliebtheit an Fahrt gewinnt und der einen markanteren Geschmack besitzt als seine Schwester mit Zitrone. Über 50 Sorten können Sie in der Mezcaloteca in **Oaxaca** probieren. (▶ **S. 248**)

2. RAUF AUFS RAD

Es kommt, das Rad. Überall schießen Verleihstationen wie Ecobici und Fahrradgeschäfte aus dem Boden. In **Mexiko-Stadt** gibt es sogar einen autofreien Tag in der Woche. Dann heißt es: Auto stehen lassen und rauf aufs Rad. (▶ **S. 167, 199**)

3. VIELE »-TEKEN«

Neben den berühmten Maya und Azteken lebten in Mexiko viele andere Völker und hinterließen großartige Stätten wie die Zapoteken in **Monte Albán**, Tolteken in **Tula**, Huasteken in **Veracruz**, Chichimeken in **Zacatecas** und Mixteken in **Monte Albán** und **Mitla**. (▶ **S. 226, 257, 351, 368, 381**)

4. IM VERBORGENEN

Allein bei den Maya? Das geht! Die Maya-Stadt **Toniná** bei San Cristóbal de las Casas ist ein versteckter Schatz im Dschungel. Erkunden Sie die Anlage, erklimmen Sie Pyramiden, jeden Montag sogar ohne Eintrittspreis. (▶ **S. 318**)

5. SIE WANDERN GERN?

Das geht in Mexiko ausgezeichnet. Ob leichte Wanderung oder mehrtägige Trekkingtour – reizvolle Ziele gibt es genug, von Vulkanen wie **Nevado de Toluca** und **Iztaccíhuatl** bis zu einsamen Seen wie **Montebello**. (▶ **S. 233, 281, 350**)

MEXIKO-STADT ERLEBEN

HOTLINE
Tel. 01800 008 90 90

IM FLUGHAFEN
Sala A
Tel. 55 57 86 90 02

IN DER ZONA ROSA
Amberes 54 (Ecke Llondres)
Tel. 55 5 25 93 80

Weitere, teilweise auch mobile Auskunftsstellen findet man auf dem Zócalo, beim Anthropologischen Museum und anderen touristischen Hauptsehenswürdigkeiten sowie in den vier großen Busterminals.

D. F. ist das Drehkreuz für Verbindungen ins ganze Land. Am **Aeropuerto Internacional Benito Juárez** kommen nicht nur internationale Flüge an, hier starten auch günstige Inlandsverbindungen mit Airlines wie Interjet und Volaris. Die wichtigsten Busbahnhöfe sind **TAPO** (Reiseziele im Osten), **TAS** (Reiseziele im Süden), **TAP** (Reiseziele im Westen) und **TAN** (Reiseziele im Norden). Die **Metro** ist schnell und günstig (5 MEX$), um in der Stadt voran zu kommen. Es gibt ganz vorne eigene Abteile für Frauen und Kinder. Manch einer weist zwar gern darauf hin, dass Männer in ein anderes Abteil sollen, doch sich zu trennen ist keine gute Idee in den vollen Abteilen.

CIUDAD DE MÉXICO METRO

● Umsteigebahnhof
○ Haltestelle
◆ Überlandbusbahnhof

©BAEDEKER

Auch **Metrobusse** und **Taxis** (▶ 175) sind eine gute Wahl im Verkehrschaos der Hauptstadt.

STADTSPAZIERGÄNGE

TOUR 1 (CA. 3 KM)

Die meisten Sehenswürdigkeiten von Mexico-Stadt liegen im Westen der großen Verkehrsachse Paseo de la Reforma. Am schattigen **Alameda-Park**, in dem berittene Polizisten mit Sombreros auf dem Kopf patrouillieren, gruppieren sich mit dem Kunstmuseum Mayer, der Kirche Santa Veracruz und hübschen Kolonialgebäuden bereits die ersten Attraktionen. Am augenfälligsten ist der weiße Carrara-Marmor am **Palacio de Bellas Artes**, einem grandiosen Jugendstilbau. Nur wenige Schritte weiter, auf der gegenüberliegenden Seite der Avenida Lazaro Cárdenas, reckt sich der in den 1950er-Jahren erbaute **Torre Latinamericano** rund 170 m in den Himmel. Das Hinauffahren zur Spitze ist teuer, der Blick über die Stadt lohnt aber, vor allem kurz vor Sonnenuntergang. Den nur einen Steinwurf entfernten, über und über mit Kacheln bedeckten ehemaligen Kolonialsitz des Grafen von Orizaba, die **Casa de Azulejos**, genießen Sie am besten auch von innen, z. B. bei einem Snack im Restaurant im Erdgeschoss. Über die Avenida 5 de Majo mit dem Hauptpostamt in reinstem Art déco oder längs der parallel verlaufenden F.I. Madero bzw. über die Tacuba mit dem Museum für Volkskunst und Kunsthandwerk (**Museo Nacional de Arte e Industrias Populares**) gelangen Sie zur **Plaza de la Constitución**, dem gigantischen, von prächtigen Jugendstil- und Neokolonialbauten umstandenen und verkehrsumbrausten **Zócalo**. An seiner Stirnseite erhebt sich die Catedral Metropolitana mit leichter Neigung zum **Templo Mayor** sowie dem eindrucksvollen **Museum** der Ausgrabungsstätte. Auf der Ostseite des Platzes steht der **Nationalpalast** mit den berühmten Wandmalereien von Diego Rivera.

TOUR 2 (CA. 8 KM OHNE COYOACÁN)

Mit der Metro geht es vom Zócalo in Richtung des von Kaiser Maximilian geplanten und 1877 nach zehnjähriger Bauzeit eingeweihten **Paseo Reforma** (Haltestelle Hidalgo) und von dort per Microbus oder Taxi zum **Parque de Chapultepec** (Variante: Metro vom Zócalo bis zur Pino Suárez, von dort weiter mit der Linie 1 bis Chapultepec). Im nördlichen Teil des riesigen Parks steht das eindrucksvolle **Anthropologische Museum** und jenes für die Sammlung des Malers Rufino Tamayo. Im südlich des Paseo Reforma gelegenen Teil glitzern zwei Seen und thront auf dem Chapulin (Hügel der Sonnenanbeterin) das Schloss, in dem der mexikanische Kaiser Maximilian von Habsburg mit seiner Frau Charlotte residierte. Den Abend kann man im nahen **Viertel Condensa** verbringen, das sich zur In-Adresse der jungen intellektuellen Hauptstädter gemausert hat. Alternativ lässt sich die Tour per Taxi- oder Busfahrt um ca. 6 km nach Süden bzw. Südwesten verlängern. Als Attraktionen locken dort das denkmalgeschützte Kolonialviertel **San Ángel** mit seinen Villen, schmalen Gassen und dem herrlichen samstäglichen Kunsthandwerkermarkt, der Stadtteil **Coyoacán**, wo das berühmte Blaue Haus der Malerin Frida Kahlo steht, und das Museo Casa de Trotzky, in dem der russische Revolutionär lebte und getötet wurde. Reizvoll ist auch die Plaza Hidalgo im Zentrum von Coyoacán mit dem angrenzenden Jardín del Centenario, dem Rathaus und der Kirche San Bautista. Vor allem am Wochenende pulsiert hier das Leben, u. a. in Gestalt von Eis- und Luftballonverkäufern. Von der Metrostation Coyoacán geht es mit der Linie 3 zurück in die City.

FESTIVAL DEL CENTRO HISTÓRICO

Ein breites Spektrum von Klassik bis Rock, Tanzveranstaltungen, Kinderprogramm, Straßentheater, Architekturführungen u. v. m. bietet das **Festival del Centro Histórico** im März, das fast drei Wochen dauert.

APARICIÓN DE LA VIRGEN DE GUADALUPE

Am wichtigsten religiösen Feiertag Mexikos, dem 12. Dezember, reisen Zehntausende Pilger **zu Ehren der Jungfrau von Guadalupe** in die Hauptstadt. Am Vorabend gibt es eine große Mitternachtsmesse. Auch die Aztekentänze am 11. und 12. vor der Basilika sind imposant.

TOUR 1
TOUR 2

500 m
©BAEDEKER

1 Los Girasoles
2 Sanborn's Casa de Azulejos
3 Villa Maria
4 Casa Bell
5 La Morena
6 Antiguo San Àngel Inn
7 Pan Comido

MÄRKTE

Mexiko-Stadt hat viele unterschiedliche, aber sehr schöne Märkte zu bieten, z. B. den touristischen **Bazar Sábado** in San Ángel, den **Flohmarkt Lagunilla** östlich der Kreuzung Paseo de la Reforma/Lázaro Cárdenas, **La Merced** mit seinen vielen Sektoren südöstlich des Zentrums oder **Sonora** an der Calle Fray Servando Teresa de Mier mit schöner Keramik und allerlei esoterischen Utensilien.

MUSEUMSSHOPS

In allen staatlichen Museen gibt es gut sortierte Läden mit guten Reproduktionen der Ausstellungsstücke. Auch die silbernen oder vergoldeten

1 Casa de los Amigos
2 Casa Lomah Alameda
3 Gran Hotel de la Ciudad de México
4 Suites Obelisk
5 Del Principado
6 The Red Tree House

Schmuckstücke nach prähispanischen Vorlagen sind schöne Reiseerinnerungen und Souvenirs.

CENTRO DE ARTESANÍAS DE LA CIUDADELA

Kunsthandwerk und Souvenirs aus allen Teilen Mexiko findet man im **Centro de Artesanías**. Hier gibt es eine Riesenauswahl an Kleidung, Keramik, Körben, Pappmaschee-Figuren, Schmuck u. v. m.
Calle Balderas
tgl. 8–19Uhr
Metro: Linie 3, Balderas

❹ CASA BELL €€€€

Eines der Traditionslokale, gehobene mexikanische und spanische Gastronomie. Es empfiehlt sich, vor allem am Wochenende, rechtzeitig zu reservieren.
Praga 14, Col. Juárez
Tel. 55 52 08 42 90
www.bellinghausen.mx

❻ SAN ÁNGEL INN €€€€

In dieser prächtigen alten Hacienda wird gehobene mexikanische Küche serviert.
Diego Rivera 50 (San Angel)
Tel. 55 56 16 14 02
www.sanangelinn.com

❶ LOS GIRASOLES €€

Eines der nettesten Restaurants im Zentrum der Stadt mit einer mediterran anmutenden, legeren Ausstattung und wunderbaren, kreativen Gerichten.
Xicoténcatl 1, Centro Histórico
Tel. 55 55 10 06 30

❷ SANBORN'S CASA DE AZULEJOS €€

Im berühmten »Haus der Kacheln« aus dem 16. Jh. befindet sich eines der 60 Restaurants der Kette Sanborn's. Erschwingliche mexikanische Küche; v. a. sonntags voll mit Einheimischen.
Madero 4, Centro
Tel. 55 55 18 35 25

❸ VILLA MARIA €€

Fröhliche kulinarische Rundreise durch Mexiko in Cantina-Ambiente mit Mariachi-Musik.
Homero 704, Polanco
Tel. 55 52 03 03 06
www.villamaria.com.mx

❺ LA MORENA €€

Modernes Ambiente für eine »neue« mexikanische Küche mit Schwerpunkt Seafood und Internationales. Früh kommen! Manchmal Live-Jazz.
Atlixco 94, Condesa
Tel. 55 24 54 96 35

❼ PAN COMIDO €€

Dieses vegetarische Lokal hat sich mit seinen Chilaquiles und allerlei Sandwich-Kreationen einen Namen gemacht. Alles stets sehr frisch!
Calle Tonalá 91
Tel. 55 43 98 43 66

❷ CASA LOMAH ALAMEDA €€€€

Zentrale Lage im Herzen der Stadt direkt am Alameda Park. Helle und frische Zimmer im modernen Design und minimalistisch eingerichtet sorgen für einen angenehmen Aufenthalt.
Calle Dr Mora 9
(über Optikergeschäft
Ben & Frank)

❸ GRAN HOTEL DE LA CIUDAD DE MÉXICO €€€€

Die Halle des aus dem 19. Jh. stammenden Hauses (124 Z.) ist im Belle-Époque-Stil gehalten, sie hat eine außergewöhnlich filigrane Glaskuppel von Tiffany und schmiedeeiserne Aufzügen aus dem 19. Jahr-

Der Patio in der Casa de los Azulejos bildet die prächtige Kulisse für das populäre Sanborn-Restaurant, das hier schon viele Jahrzehnte residiert.

hundert. Seine Lage in der Nähe des Zócalo und des Templo Mayor machen es zu einem idealen Hotel für's Sightseeing.
16 de Septiembre 82, Centro
Tel. 55 10 83 77 00
www.granhoteldelaciudaddemexico.com.mx

❹ HOTEL SUITES OBELISK €€€

Das Hotel mit seinen 85 Suiten lässt keine Wünsche offen. Hier kann man sich einfach nur wohlfühlen.
Calle Julio Verne 28
Tel. 55 52 79 63 63
www.suitesobelisk.com

❺ DEL PRINCIPADO €€€

Komfortables Hotel (50 Z.) mit großzügigen Räumen, Fernseher und Telefon. Reinigungsservice und Parkmöglichkeiten sind ebenfalls vorhanden.
Londres 42
Tel. 55 55 33 29 44
www.hoteldeprincipado.com.mx

❻ THE RED TREE HOUSE €€€

Kleine Künstlerwohneinheit aus den 1930er-Jahren, umgewandelt in sieben Gästezimmer/Suiten im Haupthaus, im Garten und in der Dachetage. Familiäres Ambiente, aufmerksamer Service.
Culiacan 6, Colonia Condesa
Tel. 55 55 18 35 25
www.theredtreehouse.com

❶ CASA DE LOS AMIGOS €€

In diesem Gästehaus, das heute von Quäkern geleitet wird, soll einst José Clemente Orozco seine letzten Jahre verbracht haben. Vor allem Leute, die länger in der Stadt bleiben, schätzen die sauberen, schlicht ausgestatteten, aber gemütlichen Zimmer. Es gibt Einzel- und Doppelzimmer sowie Schlafräume für vier oder mehr Personen. Alkohol und Nikotin sind im Gebäude verboten. Mindestaufenthalt: 2 Nächte.
Ignacio Mariscal 132
Tel. 55 70 95 80 94
www.casadelosamigos.org

des Treppenhauses mit dem Bild **»La Lucha de Clases«** (»Klassenkampf«). In der Galerie im ersten Stock befindet sich mit **»La Gran Tenochtitlán«** ein weiteres berühmtes Mural des Künstlers.
Das **Museo Benito Juárez** in den ehemaligen Wohnräumen Benito Juárez' am nördlichen Innenhof des Nationalpalasts sind für Besucher zugänglich. In dem Raum, in der große Präsident 1872 starb, erinnern Möbel und persönliche Gegenstände. Ebenfalls zu besichtigen sind einige Säle und die Abgeordnetenkammer, in der 1857 die Reformverfassung verabschiedet wurde. Diese und die Verfassung von 1917 sind ausgestellt.
Der Nationalpalast beherbergt auch das staatliche Hauptarchiv mit interessanten historischen Dokumenten und die **Biblioteca Miguel Lerdo de Tejada**, eine der größten und wichtigsten Mexikos.
Mo–Fr 10–17 | Eintritt frei

Vielfältige Harmonie

★ Catedral Metropolitana de la Asunción de Maria

Die neben dem Nationalpalast den Zócalo beherrschende Kathedrale an der Nordseite gehört zu den ältesten und größten Sakralbauten der westlichen Hemisphäre. Sie steht auf dem südwestlichen Teil des ehemaligen aztekischen Tempelbezirks, der u. a. die Schädelmauer (Tzompantli) und den Tempel des Xipe Tótec einbezog.
Der 1525 begonnene ursprüngliche Bau der Kathedrale wurde teils abgerissen, teils umgebaut. Die heutige Kathedrale geht auf das Jahr 1563 zurück. Obwohl an dem gewaltigen Gotteshaus aus Basalt und grauem Sandstein über 250 Jahre gebaut wurde und es daher unterschiedliche Stile in sich vereinigt, besticht es durch eine beeindruckende Harmonie. Trotz der beiden neoklassizistischen, durchbrochenen Türme und anderer Bauelemente wirkt die Fassade durch ihre massiven Voluten und gewundenen Säulenpaare überwiegend barock. Die **Glockentürme** wurden 1793, die Manuel Tolsá zugeschriebenen drei Statuen der Tugenden Glaube, Hoffnung und Nächstenliebe auf dem Uhrturm sowie die Kuppel erst 1813 fertiggestellt. Ungewöhnlich ist die Aufhängung und die unterschiedliche Größe der Kirchenglocken; eine, die den Namen Guadalupe trägt, wiegt stattliche 5600 kg.
Die Kathedrale ist im Inneren in ein Haupt- und zwei Nebenschiffe sowie 14 Seitenaltäre unterteilt. Wiederum sind alle Kunststile und Moden vertreten, die während der Kolonialzeit vorherrschten. Glanzstück ist der reich geschnitzte churrigueresker Altar der Könige (**Altar de los Reyes**, 1718–1739) hinter dem Hochaltar. In den beiden Seitenschiffen sind 14 Kapellen aneinandergereiht. Die Kapelle westlich vom Hauptaltar birgt die sterblichen Überreste des mexikanischen Kaisers Agustín de Iturbide. In der dritten Kapelle links vom Haupteingang ist die Figur des Señor del Cacao interessant, die einst vor dem Gotteshaus aufgestellt war. Bei ihr lieferten die Indigenen ihre Opfergaben für den Bau der Kathedrale in Form von Kakaoboh-

nen ab. In der **Krypta**, links vom Haupteingang, sind die meisten Erzbischöfe von Mexiko-Stadt begraben, darunter auch Juan de Zumárraga, der große Lehrmeister der Indigenen und erste Oberhirte der Metropole. Zu der Kathedrale gehört zudem ein **Museum für religiöse Kunst**, in dem kostbare kirchliche Gegenstände ausgestellt sind. Das Sakramentenhaus (**Sagrario Metropolitano**) schließt sich direkt östlich an die Kathedrale an. Diese Pfarrkirche (1768 geweiht) stellt eines der besten Beispiele für den mexikanischen churrigueresken Baustil dar. In der Fassade sind die »estípites« genannten Wandpfeiler vorherrschend. Im Innern fällt der von Pedro Patiño Ixtolinque 1829 geschaffene **Hauptaltar** auf. Der Künstler war ein indigener Schüler Manuel Tolsás, dem wiederum der Altar in der Kapelle der Virgen Dolorosa zugeschrieben wird. Feuer und Erdbeben zerstörten im 18. Jh. einen Teil des Inneren. Wie bei vielen anderen alten Bauten der Stadt sinken auch hier die Fundamente nach einer Seite hin ab.
An der Ostseite des Gebäudes bieten Handwerker, ihre Werkzeuge vor sich ausgebreitet, ihre Dienste an.

Das politische und religiöse Zentrum des Aztekenreichs ...
Hinter der Kathedrale, an der Ecke der Straßen Argentina und Guatemala, hatte man schon vor Jahren einige **Reste vom Tempelbezirk der Stadt Tenochtitlán** freigelegt und dort belassen. Im Februar 1978 fand man beim Bau der Metro einen behauenen Stein. Er wurde geborgen und erwies sich als eine runde Scheibe von 3,25 m Durchmesser und 8500 kg Gewicht. Sie zeigt in kunstvollem Relief eine Darstellung der enthaupteten und zerstückelten Göttin **Coyolxauhqui**. Dieser Fund gab den Anstoß zu weiteren Grabungen. Vermutete man die Lage der Hauptpyramide (**Gran Teocalli**) bisher unter dem heutigen Zócalo, so zeigten die Ausgrabungen, dass das religiöse und politische Zentrum des Aztekenreiches sich an dieser Stelle befunden hatte. Die Spitze der Tempelpyramide, einst das alles beherrschende Gebäude des heiligen Bezirks, bildeten der nach Süden weisende Tempel des Kriegsgotts Huitzlopochtli und der nach Norden ausgerichtete Tempel des Regengotts Tláloc, die als Hauptgottheiten der Azteken Krieg und Tod, Leben und Wasser symbolisierten. Vor dem linken, dem Tláloc geweihten Tempel, stand eine Chac-mool-Figur, die noch den größten Teil ihrer Bemalung trägt.

Templo Mayor

Aus Größe und Material der Tempelmauern schließt man, dass diese Bauten wahrscheinlich errichtet wurden, bevor die Azteken die Vorherrschaft über das Tal von Anáhuac errangen, also vor 1428. In den Hohlräumen zwischen dem Mauerwerk der einzelnen Bauperioden fanden sich neben den Schädeln geopferter Menschen zahlreiche Behälter mit Opfergaben. Interessant ist, dass nur ein Bruchteil der über 7000 Fundgegenstände aztekischen Ursprungs ist, während die übrigen aus den Gebieten anderer indigener Völker

TEMPLO MAYOR

Wo sich heute Mexiko-Stadt befindet, lag bis zur Eroberung durch die Spanier 1521 die Hauptstadt der Azteken, Tenochtitlán. Die Stadt war in vier Teile gegliedert, deren wichtigster der Tempelbezirk war. Die Relikte des Haupttempels, Templo Mayor, können besichtigt werden.

6 Heiligtum der Adlerkrieger
Hier fand man zwei lebensgroße Tonstatuen der aztekischen Elitesoldaten.

5 Tempel des Ehécatl
Eine Gestalt Quetzalcóatls war die des Windgotts Ehécatl, dessen Tempel meist rund waren, um die Luftströmung nicht zu stören.

1 Doppeltempel
Der Templo Mayor war Huitzilopochtli und Tlalóc geweiht. Als Hauptgottheiten symbolisierten sie Krieg und Tod bzw. Leben und Wasser.

2 Tetzcatlipoca-Tempel
Das Heiligtum war Tetzcatlipoca geweiht, dem obersten Gott der Azteken mit einem allmächtigen Wesen.

3 Schädelmauer
aus Schädeln und Gebeinen der Menschenopfer.

4 Ballspielplatz
Neben mehreren Tempeln befand sich auch ein Ballspielplatz auf diesem Gelände. Die anderen Bauten dienten den Priestern als Unterkünfte.

1 Roter Tempel im Süden
2 Große Schlangenskulptur
3 Fundort des Steins der Coyolxauqui
4 Schlangenköpfe
5 Altar der Kröten
6 Schlangenköpfe
7 Standartenträger
8 Huitzilopochtli-Räuchergefäß
9 Tempel des Hutzilopochtli mit Opferstein
10 Tempel des Tláloc mit Chac-mool-Figur
11 Glyphen: »1 Kaninchen« (1454 n. Chr.) und »4 Rohr« (1431 n. Chr.)
12 Tláloc-Räuchergefäß
13 Räuchergefäße
14 Struktur B mit Schädelmauer (»Tzompantli«)
15 Roter Tempel im Norden
16 Heiligtum der Adlerkrieger

• • • Rundgang

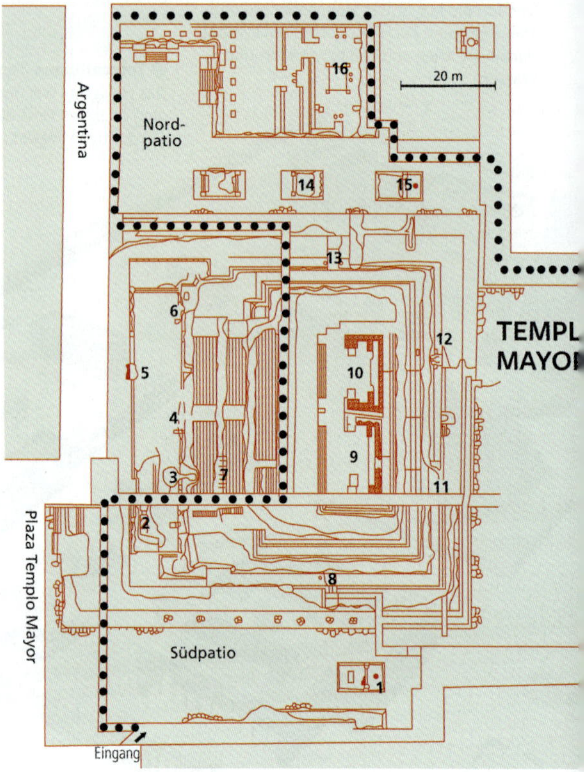

Argentina
Nord-patio
20 m
TEMPLO MAYOR
Plaza Templo Mayor
Südpatio
Eingang

stammen. Wahrscheinlich handelt es sich um Tributzahlungen unterworfener Stämme, die vor dem Abschluss einer neuen Überbauung der Pyramide den Göttern dargebracht wurden.
Durch das Ausgrabungsgelände führt ein **Rundweg**, der u. a. den Bezirk der geflügelten Krieger berührt, wo Reste der Wohnungen der Adlerkrieger mit vielfarbigen Reliefs freigelegt wurden.

Di.–So. 9–17 Uhr | Eintritt inkl. Museo del Templo Mayor 70 MEX$ | www.templomayor.inah.gob.mx

Museo del Templo Mayor

Die archäologischen Schätze des Templo Mayors
Da das Anthropologische Nationalmuseum keinen Platz für die zahlreichen Funde mehr hatte, entschloss man sich, direkt bei der Ausgrabungsstätte ein Museumsgebäude zu errichten. Es verfügt über eine

große Fensterfront, die den Blick auf das Ausgrabungsfeld freigibt. Um einen Patio sind auf vier Ebenen **acht Ausstellungsräume, ein Auditorium und eine Bibliothek** angeordnet. Zur Erläuterung der 3000 Ausstellungsstücke dienen Texte auf Spanisch aus den verschiedenen aztekischen Codices. Man kann aber englischsprachige Audioguides ausleihen. Am Eingang zum Museum ist ein **Tzompantli** (Schädelmauer) aufgestellt, der sich ursprünglich im nördlichen Teil der Ausgrabungsstätte befand. Ein **Modell** im Patio unterrichtet über das Aussehen des Tempelbezirks von Tenochtitlán vor dem Eintreffen der spanischen Eroberer.
Entsprechend der Anordnung der beiden Tempel auf der Pyramide ist auch das Museum in einen Süd- und einen Nordflügel aufgeteilt. Der **Südflügel** ist dem Kriegsgott Huitzilopochtli vorbehalten. Der erste Saal zeigt die Wanderung der Azteken bis zu ihrer Ankunft im Tal von Anáhuac. Thema des zweiten Saales sind der Krieg und die zur Versöhnung der Götter notwendigen Opfer, während der dritte Saal sich mit dem Tributsystem und dem Handel der Azteken beschäftigt. Im vierten Saal schließlich sind einige der bedeutendsten in der der Ausgrabungsstätte gefundenen Monolithen zu sehen. Den Treppenaufgang flankieren zwei lebensgroße Steinskulpturen von Adlerkriegern mit stilisierten Schwingen, die ursprünglich im Bezirk der Adlerkrieger standen.
Eindrucksvollstes Ausstellungsstück ist der **Opferstein mit dem Relief der Mondgöttin Coyolxauhqui** – zu sehen ist eine nackte Frauengestalt, deren Kopf, Arme und Beine vom Rumpf abgetrennt sind. Der Sage nach wurde sie von ihrem Bruder, dem Kriegsgott Huitzilopochtli, auf dem Schlangenhügel Coatepec bei Tula zusammen mit 400 Gefolgsleuten getötet und zerstückelt, weil sie ihrer Mutter, der Erdgöttin Coatlicue, nach dem Leben trachtete und sich gegen Menschenopfer wehrte. Die Herzen der Opfer verspeiste Huitzilopochtli. Den Sohn der Mondgöttin, Copil, der sie rächen wollte, brachte der Kriegsgott ebenfalls um und warf dessen Herz in den Texcoco-See. Daraus soll der Kaktus mit dem Adler entsprungen sein, der den Azteken anzeigte, wo sie sich niederlassen sollten. Der Besucher kann den Stein **auf zwei Arten betrachten:** Im Erdgeschoss ist er flach vor der Fensterfront aufgestellt, vom zweiten Stock herab sieht man auf ihn durch eine Öffnung in der Decke. Diese Perspektive weist auf den Verwendungszweck des Steines hin. Er stand am Fuße der Pyramide unter dem Tempel von Huitzilopochtli. Die Priester töteten oben die Gefangenen und warfen deren Körper, nachdem sie ihnen die Herzen herausgerissen hatten, hinunter auf den Stein der Coyolxauhqui.
Ein weiterer besonderer Fund waren die an der Treppe zum Altar des Huitzilopochtli ausgegrabenen **acht Standartenträger**, von denen manche noch Farbspuren und Obsidian- bzw. Muschelreste zur Imitation der Augen zeigen. Bis heute ist ihre Funktion nicht be-

OBEN: Vergangenheit trifft Gegenwart: Mitten in der heutigen Megacity befand sich einst das Zentrum des Aztekenreichs.

UNTEN: Das angegliederte Museum setzt die Schätze des Templo Mayor in Szene – wie die Schädel der Menschen, die einst den Göttern geopfert wurden.

kannt. Man nimmt an, dass sie aus der dritten Bauperiode (1431) stammen und zu Beginn des vierten Bauabschnitts auf die Stufen gelegt und überdeckt wurden, um sie nicht zu beschädigen.
Die vier Säle des **Nordflügels** sind dem **Regengott Tláloc** gewidmet, dessen Erscheinung in zahlreichen Ausstellungsstücken immer wueder begegnet. Ein Raum zeigt die Skelette der Opfertiere wie Krokodile, Adler, Pumas, Jaguare und Haifische. In einem weiteren Saal werden Aspekte des Lebens und der Religion der Azteken gezeigt: Geburt, Erziehung und die Vorstellung der Azteken vom Universum.

Di.-So. 9-17 Uhr | Eintritt inkl. Templo Mayor 90 MEX$ | www.templomayor.inah.gob.mx

Die Süd-Ost-Ecke des Zócalo…

…bildet das **Gebäude des Obersten Gerichtshofs** (Suprema Corte de Justicia) von 1929. In seinem Inneren sind einige Wandgemälde Orozcos zu sehen, darunter »Justicia« und das Bild einer Göttin der Gerechtigkeit, die schläft, während Banditen das Volk seiner Rechte berauben.

Suprema Corte de Justicia

Mo.-Fr. 8.30-17.30 Uhr | Eintritt frei, aber Ausweisdokument (Reisepass) erforderlich

Interessante geschichtliche Zeugnisse

Das Museo de la Ciudad de México liegt ein paar Häuserblocks weiter im ehemaligen Kolonialpalast des Conde de Santiago de Calimaya. Dokumente, Fotografien, Möbel und andere Gegenstände aus der **Geschichte der Stadt** von der prähistorischen bis zur heutigen Zeit wurden hier gesammelt. Bemerkenswert sind u. a. ein Modell des Teocalli, des Kultzentrums von Tenochtitlán, sowie eines der heutigen Stadt. An der Hausecke ist ein Schlangenkopfstein aus der Schlangenmauer des Templo Mayor zu sehen.

Museo de la Ciudad de México

Pino Suarez 30 | Di.-So. 10-18 Uhr | Eintritt 32 MEX$

Ort der ersten Begegnung zwischen Cortés und Moctezuma

Schräg gegenüber vom Stadtmuseum erhebt sich die barocke **Kirche Jesús Nazareno**, die im 17. Jh. erbaut und deren Gewölbe 1944 mit Fresken von Orozco ausgemalt wurde. An dieser Stelle soll Hernán Cortés am 8. November 1519 dem Aztekenherrscher Moctezuma II. zum ersten Mal begegnet sein. Der 1547 im spanischen Sevilla gestorbene Cortés liegt heute in der Kirche Jesús Nazareno begraben. Das angeschlossene Hospital La Purísima Concepción wurde bereits 1524 von Cortés als erstes seiner Art in Amerika gegründet und bis vor wenigen Jahren von seinen Nachfahren verwaltet.
In der südlich gelegenen Metrostation Pino Suárez steht eine an dieser Stelle ausgegrabene **aztekische Rundpyramide**.

Hospital y Iglesia Jesús Nazareno

Leben, Werk und Tod einer Künstlerin

Convento San Jerónimo (Museo Claustro de Sor Juana)

Von der Metrostation geht es in westlicher Richtung auf der Calle San Jerónimo zu dem an der gleichnamigen Plaza (Nr. 47) liegenden ehemaligen Kloster San Jerónimo. Hier lebte und wirkte die große Dichterin und Malerin **Juana Inés de la Cruz** (1651–1695), deren sterbliche Überreste man in der Klosterkirche entdeckte. Ihrem Andenken widmet sich das heute im Gebäude untergebrachte Museum.

Mo.–Fr. 9–19, Sa. 10–13.45 Uhr | Eintritt frei

Hier lebte Cortés' Malinche

Plaza de Santo Domingo

Zwei Blöcke nördlich der Kathedrale am Zócalo, westlich der Avenida República de Brasil, öffnet sich die Plaza de Santo Domingo, ein Platz aus der Kolonialzeit, der noch viel altspanische Atmosphäre bewahrt hat. Unter den Arkaden an der Westseite sehen Sie kleine Druckereien; diese folgten einst öffentlichen Schreiber, die früher hier ihre Dienste anboten. Am Rande des Platzes, **Calle Cuba Nr. 95**, weist eine Gedenktafel darauf hin, dass hier Malinche (Doña Marina) – Dolmetscherin, Ratgeberin und Geliebte des Hernán Cortés – mit ihrem späteren Mann, Juan de Jaramillo, im Jahre 1527 gelebt hat.

An der Nordseite des Platzes erhebt sich der schöne Barockbau der **Kirche Santo Domingo**, die allein von einem gewaltigen Dominikanerkloster übrig geblieben ist. Der heutige Bau aus rotem Tezontle geht auf die erste Hälfte des 18. Jh.s zurück und ist wegen seines eleganten, mit Kacheln verzierten Turms, der ausgewogenen Fassade und der beiden churrigueresken Retablos sowie des neoklassizistischen Hauptaltars von Manuel Tolsá im Inneren bemerkenswert.

Die Geburt des Muralismo

★ Escuela Nacional Preparatoria (ENP)

Zwei Häuserblocks westlich der Plaza de Loreto, an der Calle Ildefonso 33–45, steht das 1749 erbaute Jesuitenkolleg Ildefonso (**Antiguo Colegio de San Ildefonso**), das heute die Escuela Nacional Preparatoria Gabino Barreda, die berühmteste der staatlichen Oberschulen, und ein Büro der Universität UNAM beherbergt. Von großer Bedeutung sind die Patio- und Treppenhauswände schmückenden **Fresken** der Künstler Fermín Revueltas, Ramón Alva de la Canal, Fernando Leal, Jean Charlot, David Álfaro Siqueiros und José Clemente Orozco, die im Jahr 1921 von dem damaligen Erziehungsminister José Vasconcelos eingeladen wurden, das Gebäude auszumalen. Dies war die Geburtsstunde der weltbekannten Schule des mexikanischen Muralismo (▶ Baedeker Wissen, S. 434).

Am bedeutendsten sind die zwischen 1922 und 1927 entstandenen **Wandmalereien von José Clemente Orozco**, die geistig-religiöse Themen mit der revolutionären Geschichte des Landes verbinden.

Bedeutende Kunst

Museo Antiguo Colegio de San Ildefonso

Im gleichen Komplex, der 1992 renoviert wurde (Eingang auf der Justo Sierra 16), kann man auch Fresken der drei großen Muralisten Orozco, Rivera und Siqueiros sehen. Heutzutage finden in diesem Gebäude hauptsächlich bedeutende **prähispanische Ausstellungen** statt.

Di.-So. 11-17.30 Uhr | Eintritt 50 MEX$ | www.sanildefonso.org.mx

Mit Fresken von Diego Rivera und José Orozco

Secretaría de Educación Pública (SEP)

Fresken, die ebenfalls auf Anregung Vasconcelos' entstanden, sind nordwestlich, in der Calle República Argentina zwischen den Straßen Venezuela und L. G. Obregón, zu sehen – im **Erziehungsministerium** (SEP, Secretaría de Educación Pública), das heute die Stelle des Mitte des 17. Jh.s gegründeten Klosters La Encarnación einnimmt. Das Ministerialgebäude ist mit hervorragenden **Wandmalereien**, u. a. von Amado de la Cueva, Juan O'Gorman, Carlos Mérida, hauptsächlich aber von Diego Rivera dekoriert. Riveras Fresken, die vor allem den Alltag der mexikanischen Indigenen zum Gegenstand haben, wurden zwischen 1923 und 1928 geschaffen und spiegeln den sozialkritischen Geist des Künstlers wider. Berühmt sind ebenso die Werke José Clemente Orozcos im Aufgang und ersten Stock des Hauptpatios.

Mo.-Fr. 9-18 Uhr | Eintritt frei

Ein Querschnitt der mexikanischen Kunst

Museo Nacional de Arte

Einige Blocks westlich des Zócalos können Sie im imposanten Gebäude des **Nationalmuseums für Kunst** einen Querschnitt der mexikanischen Kunst bewundern. In den 22 Sälen werden Exponate aus sämtlichen Epochen bis heute gezeigt. Besonders interessant sind die Werke der Kolonialzeit, der Landschaftsmalerei des 19. Jh.s sowie die zeitgenössische Exponate.

Calle Tacuba 8 (Metrostation: Bellas Artes, Linie 2) | Di.-So. 10-17.30 Uhr | Eintritt 80 MEX$ | www.munal.com.mx

Das berühmte Pferdchen

El Caballito

Vor dem Palast steht jetzt das berühmte, ebenfalls von Manuel Tolsá geschaffene bronzene **Reiterdenkmal Karls IV. von Spanien**, von der Bevölkerung El Caballito (Pferdchen) genannt, bei dessen Entwurf sich der Bildhauer an ein französisches Vorbild von Girardon anlehnte. Das Pferdchen, das ursprünglich auf dem Zócalo gestanden hatte, erlebte nach der Unabhängigkeit eine Odyssee über mehrere Plätze der Stadt, bis es schließlich am heutigen Ort aufgestellt wurde.

Auf einen Kaffee ins Haus der Kacheln

Casa de los Azulejos

Einen Block weiter südlich, zwischen der Avenida Cinco Mayo und Madero, ist eine Besonderheit zu sehen: die bereits 1598 errichtete Casa de los Azulejos (**Haus der Kacheln**), die der Conde del Valle de

Orizaba 150 Jahre später mit blauen und weißen Kacheln aus Puebla ausschmücken ließ. Das Treppenhaus malte **José Clemente Orozco** im Jahre 1925 mit Fresken aus. Im Haus selbst befinden sich ein Geschäft und ein Café der Sanborn's-Kette, in dem sich 1914, nach ihrem Einzug in Mexiko-Stadt, **Emiliano Zapata und Pancho Villa** zum Frühstück trafen. Ein Foto des bedeutenden historischen Treffens hängt im Café.

Tgl. 7–24 Uhr

Grandiose Aussichten

Torre Latinoamericana

An der Ecke Avenida Madero/Lázaro bietet der Torre Latinoamericana einen atemberaubenden Rundumblick über die Stadt. Die 42. Etage ist verglast, die offene **Aussichtsplattform** erreichen Sie ein paar Stockwerke höher. Mit dem Tagesticket können Sie am selben Tag so oft auf den Turm, wie es gefällt. Auch die Abenddämmerung ist empfehlenswert, wenn in der Millionenstadt die Lichter angehen.

Mo.–Fr .10–21 Uhr, Sa.–So. 9–22 Uhr | Eintritt 180 MEX$ | www.torrelatinoamericana.com.mx

Wohnsitz des ersten Kaisers von Mexiko

Palacio de Iturbide

Der auf der rechten Seite folgende Palacio de Iturbide ist heute im Besitz der Banco Nacional de México. Dieses schön restaurierte **Barockpalais** wurde von Francisco Guerrero y Torres im Jahr 1780 entworfen und war bis zum Jahr 1823 Wohnsitz von Agustín de Iturbide, dem ersten Kaiser von Mexiko. Im Innenhof des Gebäudes veranstaltet die Banco Nacional (BANAMEX) von Zeit zu Zeit Ausstellungen.

Tgl. 11–19 Uhr | Eintritt frei

Alameda Central und Umgebung

Einst Marktplatz der Azteken

Parque Alameda Central

Nicht einmal 1 km östlich des Zócalo liegt der schöne **Park Alameda Central**. Der gepflegte, schattige Park mit seinen alten Bäumen, Springbrunnen und Skulpturen wurde bereits 1592 angelegt und war in prähispanischer Zeit ein Marktplatz (Tianguis). Heute geht es hier vor allem an Sonntagen recht lebendig zu. Die Zahl der fliegenden Händler mehrt sich dann und oft spielen Musikkapellen, ab und an findet ein Designmarkt statt.

Metrostationen Bellas Artes und Hidalgo (Linien 2 und 3; im Nordosten und Nordwesten des Parks)

Zwei Highlights auf einen Streich: Vom Torre Latinoamericana, dem ersten Hochhaus Lateinamerikas, haben Sie einen fantastischen Blick auf die Stadt und auf den Palacio Bellas Artes.

Einige der schönsten Fresken Mexikos

★★ Palacio de Bellas Artes

An der Avenida Lázaro Cárdenas erhebt sich der gewaltige Marmorbau des Palacio de Bellas Artes (**Palast der Schönen Künste**). Das unter Diktator Porfirio Díaz in Auftrag gegebene Bauwerk (1900–1904) wurde im Wesentlichen vom italienischen Architekten Adamo Boari entworfen und zeigt deutliche Elemente von Jugendstil und Art déco. Das aus schwerem Carrara-Marmor bestehende Gebäude ist im Lauf der Zeit um über 4 m in den sumpfigen Untergrund abgesunken, obwohl man einen Teil der Verkleidung der Kuppel entfernt hat, um das Gewicht zu verringern. Bei Bauarbeiten vor dem Palast fand man Anfang der 1990er-Jahre ca. 2000 prähispanische Stücke und 200 Gräber aus der Kolonialzeit. Seit 1946 Hauptquartier des Nationalinstituts für Schöne Künste (Instituto Nacional de Bellas Artes), dient der Palast hauptsächlich als Opern- und Konzerthaus.

Einige der schönsten Fresken Mexikos kann man **im zweiten und dritten Stock** bewundern: die Arbeiten **Rufino Tamayos** aus den frühen 1950er-Jahren »México de Hoy« (»Mexiko heute«) und »Nacimiento de la Nacionalidad« (»Geburt einer Nation«), sowie **Diego Riveras** bekanntes »El Hombre, Contralor del Universo« (»Der Mensch, Herrscher des Universums«), ursprünglich für das Rockefeller Center in New York bestellt. Wegen seiner entschiedenen antikapitalistischen Darstellung hattn es damals Rockefellers zerstören lassen. Rivera malte 1934 das Bild hier erneut, diesmal noch um einiges dramatischer: Auf der linken Seite sieht man den Kapitalismus, begleitet von Tod und Krieg, rechts den Sozialismus, der Wohlstand und Frieden vereint. Im nördlichen Teil der dritten Ebene ist auch **David Álfaro Siqueiros**' dreiteiliges »Nueva Democracía« (»Neue Demokratie«) und Riveras vierteiliges »Carnival de la Vida Mexicana« (»Karneval des mexikanischen Lebens«, 1936) zu finden. Am auffallendsten und beeindruckendsten ist sicherlich **José Clemente Orozcos** »La Katharsis« (»Die Katharsis«) aus der Mitte der 1930er-Jahre.

Der große Saal, **Teatro de Bellas Artes** genannt, bietet Platz für 3500 Zuschauer. Die Bühne hat einen 22 t schweren **Glasmosaikvorhang**, der von Dr. Atl (Gerardo Murillo) entworfen und von Tiffany in New York hergestellt wurde. Er zeigt, durch raffinierte Lichteffekte unterstrichen, die Landschaft des Tals von Mexiko mit den darüber aufragenden Vulkanen Popocatépetl und Iztaccíhuatl. Dreimal wöchentlich tritt das berühmte Ballet Folklórico auf.

Di.–So. 10–18 Uhr | Eintritt 60 MEX$ | www.palacio.bellasartes.gob.mx

Oase der Kunst

Museo Franz Mayer

Das Museo Franz Mayer neben der Kirche San Juan de Dios sollten Sie auf keinen Fall versäumen! Es befindet sich in den Räumen eines prachtvoll restaurierten Hospitals aus dem 16. Jh. rund um einen zauberhaften kolonialen Patio.

Diese ruhige und schöne Oase ist das Werk des deutschen Immigranten **Franz Mayer** (1882–1975), der aus Mannheim stammte und 1905 nach Mexiko kam. Seine Sammlungen, die chinesische und arabische Kunstwerke des 16. bis 19. Jh.s umfassen, stehen hier mexikanischem Kunsthandwerk wie Tapisserien, Holzschnitzereien, Möbeln, Glasarbeiten und Bildern gegenüber. Zudem kann man sich in der benachbarten Cafeteria ausruhen, einen Kaffee trinken oder eine Kleinigkeit essen.

Av. Hidalgo 45, Plaza de Santa Veracruz | Di.–Fr. 10–17 Uhr, Sa.–So. 11–18 Uhr | Eintritt 85 MEX$ | www.franzmayer.org.mx

Ein geretteter Traum

Museo Mural Diego Rivera

In der Halle des bei dem Erdbeben im September 1985 zerstörten Hotel del Prado (Juárez Nr. 70) konnte man einst das berühmte Gemälde **»Traum an einem Sonntagnachmittag im Alameda-Park«** von Diego Rivera (1947/1948) bewundern. Es konnte geborgen werden und befindet sich heute im Museo Mural Diego Rivera an der Plaza de Solidaridad. Der Platz, der nach dem Erdbeben anstelle zerstörter Gebäude angelegt wurde, schließt sich an den Alameda-Park an. Auf Riveras Wandgemälde finden sich Persönlichkeiten aus der Geschichte Mexikos wieder: Cortés, Juárez, Santa Anna, Kaiser Maximilian, Porfirio Díaz, Francisco Madero und General Victoriano Huerta. Dazwischen können Sie ein Skelett in einem schönen Ausgehkleid, neben dem Rivera als kleiner Junge und seine Frau Frida Kahlo stehen, sehen. Nach der Fertigstellung kam es zu einem **Skandal**, da Rivera sein Bild mit der Inschrift »Dios no existe« (»Gott existiert nicht«) versehen hatte. Jahrelang blieb das Gemälde verhangen, bis Rivera 1958 den umstrittenen Satz übermalte. Erst Ende 1997 wurde eine Reproduktion des Gemäldes am Platz des zerstörten Hotels Prado aufgestellt.

Di–So 10–18 | Eintritt 40 MEX$

Gebeine, Gemälde, Gewinne

Um die Plaza de la República

Ungefähr 600 m westlich des Alameda-Parks liegt die Plaza de la República (Metrostation Revolución, Linie 2), von der das riesige Denkmal der Revolution aufragt.

Zu Beginn des 20. Jh.s, als man mit der Arbeit am heutigen **Monumento de la Revolución** begann, war es eigentlich noch als Versammlungsstätte für Parlamentsmitglieder gedacht. Doch nach der Revolution änderte man das Konzept und den Konstruktionsplan – nun ruhen in den Säulen des 67 m hohen Kuppelbaus die **Gebeine der Revolutionsführer** Francisco Madero, Venustiano Carranza, Pancho Villa, Lázaro Cárdenas und Plutarco Elías Calles; allerdings sind die Gräber nicht öffentlich zugänglich. Das Museum der Revolution (**Museo de la Revolución**) im Erdgeschoss schildert deren Voraussetzungen und Verlauf.

Am nördlichen Ende der Plaza de la República liegt das **Frontón México**, das große Art-déco-Stadion für die in Mexiko populäre Ballsportart **Jai alai**.

An der Ecke der Calle Puente Alvarado (Nr. 50) steht der frühere Palast des Grafen von Buenavista, ein neoklassizistischer Bau Manuel Tolsás vom Beginn des 19. Jahrhunderts. Kaiser Maximilian schenkte das Palais 1865 dem Oberbefehlshaber der französischen Truppen, Marschall François Bazaine. Heute ist hier das **Museo San Carlos** untergebracht, benannt nach König Carlos III. von Spanien, der die erste Gemäldesammlung anlegen ließ. Gezeigt wird eine gute Zusammenstellung von **Gemälden mexikanischer und europäischer Künstler**, die früher in der Academia San Carlos ausgestellt waren, darunter Werke von **Tizian**, **Tintoretto**, **Goya** und **El Greco**.

Das hohe Art-déco-Gebäude der **Lotería Nacional** an der westlichen Seite des Paseo de la Reforma, gegenüber der Avenida Juárez, weist auf die beinahe nationale Leidenschaft für das **Lotteriespiel** hin. Jede Woche kann man zusehen, wie hier die Gewinnzahlen gezogen werden.

Museo de la Revolución: Di.–Fr. 9–17 Uhr, Sa.–So. 9–19 Uhr | Eintritt 38 MEX$

Museo San Carlos: Di.–So. 10–18 Uhr | Eintritt 65 MEX$ | mnsancarlos.inba.gob.mx

Paseo de la Reforma · Zona Rosa

Hauptverkehrsader der Stadt

Paseo de la Reforma

Der Paseo de la Reforma, die von Osten nach Westen führende Hauptverkehrsader der Metropole, erstreckt sich über insgesamt 15 km von Tlatelolco bis zu dem Villenviertel Las Lomas an der westlichen Stadtgrenze. Die eigentliche Prachtstraße beginnt jedoch erst an der Einmündung der Avenida Benito Juárez und reicht bis zum Chapultepec-Park. Der Boulevard ist 60 m breit und hat **sechs bis acht Fahrbahnen** mit einem Grünstreifen in der Mitte. Er wird gesäumt von **Bronzestatuen** berühmter Mexikaner, vorwiegend Helden der Unabhängigkeits- und Interventionskriege. Die Kreuzungen sind als große Rondelle (**Glorietas**) mit Denkmälern oder Baumgruppen angelegt. Zahlreiche **moderne Hochhäuser**, in denen Büros, Hotels, Restaurants, Kinos, Läden u. a. untergebracht sind, haben die Patrizierwohnhäuser der Kolonialzeit fast gänzlich verdrängt. Die Stadt verdankt diese prächtige Allee Kaiser Maximilian, der eine direkte Verbindung zwischen seiner Residenz im Schloss Chapultepec und dem Amtssitz am Zócalo wünschte. Ihren heutigen Namen hat die Straße nach den von Maximilians Gegenspieler Benito Juárez im Jahre 1861 erlassenen Reformgesetzen.

Metrostationen Hidalgo (Linien 2 und 3), Chapultepec (Linie 1) | Entlang des Boulevards gibt es zudem mehrere Bushaltestellen.

Einmal in der Woche übernehmen die Drahtesel den Hauptverkehrsweg der Stadt, den Paseo de Reforma. Denn dann ist autofreier Tag in Mexiko-Stadt.

Denkmal der Kolonisation

Glorieta Cristóbal Colón

Die erste Glorieta nach der Einmündung der Avenida Juárez ist die Glorieta de Cristóbal Colón (**Kolumbus-Statue**). Die Statue des Entdeckers von Amerika wurde von dem Franzosen Cordier geschaffen und 1877 hier aufgestellt. Um den Sockel des Denkmals gruppieren sich die Statuen von gelehrten Mönchen, die die Kolonisation und die Eingliederung der Indigenen vorantrieben: Juan Pérez de Marchena, Diego de Deza, Pedro de Gante und Bartolomé de Las Casas.

Denkmal des letzten Aztekenherrschers

Monumento a Cuauhtémoc

Die auf dem Paseo de la Reforma südwestlich folgende Glorieta wird von der Statue des letzten Aztekenherrschers Cuauhtémoc geschmückt, die einst Porfirio Díaz stiftete. Hier wird die Reforma von der 26 km langen Avenida de los Insurgentes (Allee der Aufständischen), der großen Nord-Süd-Achse, gekreuzt.

Park der Kunst und der Ruhe

Jardín del Arte

Zwei Blocks nordöstlich dieses Denkmals liegt der Jardín del Arte, ein ruhiger, schattiger **Park**. An Sonntagen bietet er eine beliebte Plattform und Bühne für die verschiedensten Straßenkünstler.

Das interessanteste…

Centro Bursátil

…der vielen modernen Gebäude am Paseo de la Reforma ist sicherlich das Centro Bursátil mit seinen reflektierenden Glasfronten (Nr. 255). Der reizvolle Bau dient als **Sitz der Börse**.

Absurditäten und Wachsfiguren

Zona Rosa

Parallel zur Reforma, im Süden, erstreckt sich bis zur Avenida Chapultepec die Zona Rosa (Rosa Zone; Colonia Juárez). In diesem Bezirk konzentrieren sich Hotels, Restaurants, Nachtclubs, Kunstgalerien und elegante Geschäfte. In der Calle Londres 6 befindet sich das Absurditätenkabinett **»Aunque Usted no le crea«** und das Wachsmuseum (**Museo de Cera**), dessen Hauptattraktion eine Kammer mit aztekischen Menschenopfern ist. Auf derselben Straße können Sie auch auf einem Markt nach Kleidern und Kunsthandwerk stöbern.
Tgl. 11–19 Uhr | Eintritt 125 MEX$

Ein Monument, das wächst

Monumento a la Independencia

In der Mitte der übernächsten Glorieta nach dem Cuauhtémoc-Denkmal steht weithin sichtbar das **Unabhängigkeitsdenkmal** (Monumento a la Independencia), das nach der auf einer hohen Säule stehenden geflügelten Siegesgöttin im Volksmund **El Ángel** (Engel) genannt wird. Auch dieses Denkmal geht auf eine Stiftung des Diktators Díaz anlässlich des 100. Jahrestags der mexikanischen Unabhängigkeit im Jahre 1910 zurück. An der Basis der hohen Säule stehen Statuen der Helden der Unabhängigkeitsbewegung, wie Miguel Hidalgo, Guerrero und Morelos.
Seit März 1998 ist zeitweise die Krypta mit den Totenköpfen der Freiheitshelden Hidalgo, Aldama, Allende und Jiménez geöffnet. Das Denkmal ruht auf einem tiefen Zementfundament, um ein Absacken in den sumpfigen Untergrund zu verhindern. Da aber die Umgebung jährlich um ungefähr 20 cm absinkt, wächst das Monument tatsächlich in die Höhe, so dass oft neue Stufen erforderlich sind.

 Bosque de Chapultepec

Größter Park der Stadt

Beliebtes Ausflugsziel der Großstädter

Der Bosque de Chapultepec, was soviel wie »Heuschreckenhügel« bedeutet, ist der wichtigste und mit rund 4 km² der größte Park der Stadt. Der Hügel war ehemals eine toltekische Burg, in der sich 1177 der aus Tula geflüchtete letzte Toltekenherrscher Huémac erhängt haben soll. Im Jahre 1299 ließen sich die Mexica (Azteken) nach langer Wanderschaft auf dem Hügel nieder, wurden aber 20 Jahre später von Nachbarstämmen wieder vertrieben. Angeblich soll Netzahualcóyotl, der Dichterkönig von Texcoco, in der ersten Hälfte des 15. Jh.s die ursprüngliche Parkanlage geschaffen haben. Mit der zunehmenden Machterweiterung Tenochtitláns wurde der Hügel schließlich zu einer Sommerresidenz der Aztekenherrscher ausgebaut. Die Quellen des Hügels versorgten über einen Aquädukt den Tempelbezirk von Tenochtitlán. Bis heute hat der Park seinen **reichen, alten Baumbestand** bewahrt; am eindrucksvollsten sind mächtige Exemplare von Zedern und Ahuehuetes (Sumpfzypressen). **Seen**, **Sportanlagen**, ein prächtiger **botanischer Garten**, der **Zoo**, mehrere **Museen** sowie das **Schloss von Chapultepec** ziehen vor allem am Wochenende Scharen von Hauptstädtern an, die hier spazieren gehen, reiten, picknicken oder die vielfältigen Veranstaltungen (Konzerte, Theateraufführungen, Kinderprogramme u. a.) besuchen.

Metrostation: Chapultepec (Linie 1) | Bus: mehrere Haltestellen am Paseo de la Reforma, der durch den Park führt

Denkmal für die jugendlichen Helden

Monumento a los Niños Héroes

Das halbkreisförmige, aus sechs Säulen bestehende und mit Springbrunnen geschmückte Monumento a los Niños Héroes (Denkmal für die jugendlichen Helden) nahe der Chapultepec-Metrostation markiert den Haupteingang in den Park. Es erinnert an den letzten Widerstand, den sechs im Schloss Chapultepec belagerte Kadetten 1847 den US-amerikanischen Truppen leisteten. Die Skulptur einer Mutter, die einen noch kämpfenden und einen sterbenden Sohn in den Armen hält, ist umgeben von sechs Marmorsäulen mit Bronzefackeln, die für die sechs Kadetten stehen.

Sommerresidenz, letztes Bollwerk, Nationalmuseum

Castillo de Chapultepec

Vom Denkmal aus erblickt man in westlicher Richtung das auf einem Hügel thronende **Schloss von Chapultepec**, das Sie zu Fuß, mit dem Autobus oder einen Aufzug erreichen können. Anstelle der aztekischen Anlagen und einer späteren spanischen Einsiedelei errichtete der spanische Vizekönig Conde de Gálvez Ende des 18. Jh.s auf dem Hügel ein Schloss als Sommerresidenz. Im Jahre 1841 wurde es in eine Militärakadamie verwandelt, die 1847 als letztes Bollwerk gegen die in die Stadt eindringenden US-Truppen diente. Kaiser Maximilian und seine Frau Carlota ließen 1864/1865 das Gebäude, das ihnen als Residenz diente, umbauen. Auch der Diktator Porfirio Díaz wählte das Schloss 1884 zu seiner Sommerresidenz.

Im Jahre 1944 wurde das Schloss von Chapultepec zum Nationalmuseum für Geschichte (**Museo Nacional de Historia**) erklärt. In 19 Sälen sieht man neben einer Sammlung von prähispanischen Exponaten und Reproduktionen von Codices eine große Anzahl von Ausstellungsstücken, welche die Geschichte Mexikos seit der Eroberung durch die Spanier veranschaulichen. Zu besichtigen sind u.a. Porträts bedeutender Männer der Geschichte des Landes sowie Fresken von Orozco (»La Reforma y la Caída del Imperio«, Raum 7), Siqueiros (»Del Porfirismo a la Revolución«, Raum 13) und

Der Stein der Fünften Sonne ist der Star in der Sala México. Aber auch die anderen Säle im Nationalmuseum für Anthropologie können mit Highlights glänzen.

O'Gorman (»Retablo de la Independencia«, Raum 7). Bemerkenswert sind die ausgestellten Staatskarossen, die u. a. von Benito Juárez und Kaiser Maximilian benutzt wurden. Der vom Kaiserpaar bewohnte Trakt im neoklassizistischen Stil ist mit dem seinerzeit aus Europa mitgebrachten Mobiliar ausgestattet. Von der Terrasse haben Sie einen herrlichen Ausblick.

Di–So 9–17 Uhr | Eintritt 70 MEX$

Im Schneckenhaus

Museo del Caracol

Der Abstieg vom Schloss führt am weißen Rundbau der **Galería de Historia** vorbei, in der Darstellungen der mexikanischen Geschichte vom Unabhängigkeitskampf (1810–1821) bis zur Zeit nach der Revolution studiert werden können. Man betritt die Galerie im obersten Stockwerk und folgt dem schneckenförmig (»caracol« = Schnecke) gewundenen Gang nach unten. Am Ende befindet man sich in einer runden Halle, die sich ausschließlich mit der Gründung Mexikos im Jahre 1917 beschäftigt.

Werke bedeutender mexikanischer Künstler

★ Museo de Arte Moderno

Nördlich des Monumento a los Niños Héroes sehen Sie die beiden runden Bauten des bedeutenden **Museums für Moderne Kunst** inmitten seines Skulpturengartens. Das Museum zeigt neben der Kunst

vor und während der Kolonialzeit hauptsächlich Gemälde und Skulpturen mexikanischer Künstler aus dem 20. Jh. (Dr. Atl, Rivera, Siqueiros, Orozco, Kahlo, Tamayo und O'Gorman) sowie wechselnde Ausstellungen von Werken in- und ausländischer Künstler. Sehenswert sind u. a. Riveras Porträt von Guadalupe Marín (1938), Frida Kahlos Darstellung zweier Seiten ihrer Persönlichkeit in »Las Dos Fridas« (1939) sowie die Zuniga-Skulptur einer Indigenen.
Di.–So. 10.15–17.30 Uhr | Eintritt 80 MEX$ |
www.museoartemoderno.com

Der vielleicht erste Tierpark der Welt…

Parque Zoológico de Chapultepec

Die Anfänge des Zoos gehen ca. 500 Jahre zurück – bereits unter König Nezahualcóyotl soll er noch vor der Ankunft der Spanier entstanden sein. Hier gelang als erstem Zoo außerhalb Chinas die Nachzucht von Riesenpandas. Neben diesen leben etwa 2000 weitere Tierarten im Park. Sehenswert sind auch der botanische Garten (Jardin Botánico) und das **Auditorio Nacional** im neueren Teil des Parks, ein 15 000 Personen fassender Hallenbau, der u. a. kulturellen und sportlichen Großveranstaltungen dient.
Di.–So. 9–16.30 Uhr | Eintritt frei

…und eines der bedeutendsten Museen der Welt

Museo Nacional de Antropología

Das Museo Nacional de Antropología (**Nationalmuseum für Anthropologie**) ist im Nordteil des Bosque de Chapultepec zu finden. Der riesige Monolith am Eingang, als Regengott Tláloc bekannt, stellt nach neueren Theorien wohl dessen Schwester dar, die Wassergöttin Chalchiuhtlicue. Der 167 t schwere, unvollendete Koloss wurde bei San Miguel Coatlinchán in der Nähe von Texcoco gefunden und unter großen Schwierigkeiten an seinen jetzigen Platz transportiert. Der harmonisch wirkende Museumsbau ist ein Entwurf des Architekten Pedro Ramírez Vázquez aus den frühen 1960er-Jahren und besticht durch seine großzügigen Proportionen und die gelungene Präsentation seiner außergewöhnlichen Exponate. Bemerkenswert ist die **Konstruktion des Innenhofs**, der teilweise von einem auf einer 11 m hohen Säule ruhenden, enormen Steinschirm überdacht wird. Von diesem von José Chávez Morado gestalteten Schirm fällt ein Wasservorhang – als Symbol der Leben spendenden Kraft des Wassers – und versickert im Steinboden.

Das Museum ist in zwei inhaltlich und räumlich klar voneinander getrennte Bereiche gegliedert: Im **Erdgeschoss** sind in zwölf Sälen, neben einer Einführung in die Anthropologie, die Funde der untergegangenen indigenen Kulturen zu sehen; das **Obergeschoss** dokumentiert die Lebensweisen der noch existierenden indigenen Stämme Mexikos. In der Eingangshalle bietet die **Verkaufsabteilung** eine gute Auswahl auch deutschsprachiger Bücher, Museumsführer und Kataloge sowie Reproduktionen prähispanischer Kunstgegenstände.

MUSEO NACIONAL DE ANTROPOLOGÍA

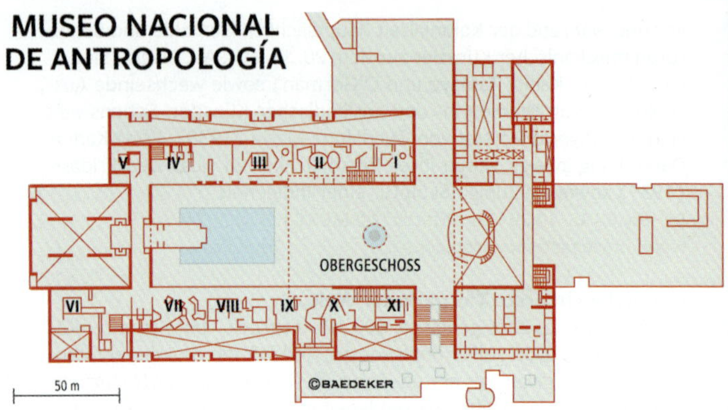

OBERGESCHOSS

- I Einführung in die Ethnologie
- II Sala Cora-Huichol
- II Sala Purépecha (Tarasken)
- IV Sala Otomí-Pame (Tal von Toluca, Querétaro)
- V Sala de Puebla (Otomí, Tepehua, Totonaken, Nahua)
- VI Sala de Oaxaca (Zapoteken, Mixteken)
- VII Sala Totonaca y Huasteca
- VIII Sala Maya (Hochland)
- IX Sala Maya (Tiefland)
- X Sala del Norte (Seri, Tarahumara)
- XI »Indigenismus« (Maßnahmen Förderung der Indianer)

ERDGESCHOSS

- I Sala del Resumen (Übersicht)
- II Wechselausstellungen
- III Auditorium
- IV Neueste Ausgrabungen
- V Einführung in die Anthropologie
- VI Übersicht über die Kulturen Mesoamerikas
- VII Sala de Prehistoria (Vorgeschichte)
- VIII Sala del Periodo Preclásico (Vorklassische o. formative Epoche)
- IX Sala de Teotihuacán
- X Sala de Tula (Klassische toltekische Epoche)
- XI Sala México (Nachklassische aztekische Epoche)
- XII Sala de Oaxaca (Zapotekisch-Mixtekisch Kultur)
- XIII Sala de las Culturas del Golfo de México (Kulturen der Golfküste)
- XIV Sala Maya
- XV Sala de las Culturas del Norte (Nordkulturen
- XVI Sala de las Culturas de Occidente (Westkulturen)
- XVII Salón de Venta (Verkaufsabteilung)
- XVIII Monolith Chalchiuhtlicu (genannt »Tláloc«)

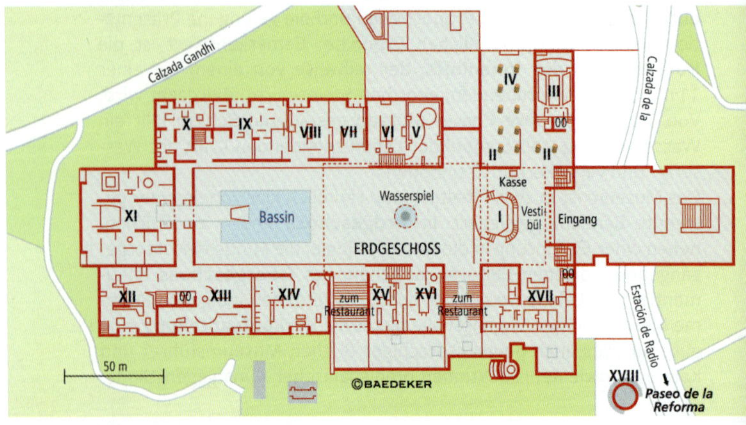

1 Sonnengott Tonatiuh, Regent des Weltalters der »Fünften Sonne«

2 Symbole der vergangenen Weltalter, dazwischen (im Uhrzeigersinn) die Zeichen der Himmelsrichtungen: Jaguarsonne, Wassersonne, Regensonne, Windsonne

3 Ring mit 20 Tageszeichen (im Uhrzeigersinn): Blume, Regen, Feuerstein, Bewegung, Geier, Adler, Jaguar, Rohr, Kraut, Affe, Hund, Wasser, Kaninchen, Hirsch, Tod, Schlange, Eidechse, Haus, Wind, Krokodil

STEIN DER FÜNFTEN SONNE

4 Schmuckring mit den Wert der Sonne hervorhebenden Symbolen:
a Adlerfedern
b Sonnenstrahlen
c Edelsteine
d Blutstropfen

5 Türkisschlangen; aus den Schlünden blicken rechts der Sonnengott Tonatiuh und der Feuergott Xluhtecutli

In der **Sala de Resumen** (Einführungsraum) in der Mitte der Halle geben Tonbildschauen eine Einführung in die Sammlungen. Auf der rechten Seite fällt ein Mural von Rufino Tamayo auf, das die altindigenen Göttersymbole gefiederte Schlange und Jaguar darstellt. Auf dieser Seite können Sie Eintrittskarten und Tickets für organisierte Führungen kaufen.

Außerdem beginnt hier der gegen den Uhrzeigersinn verlaufende **Rundgang**, der zunächst durch Säle führt, in denen in wechselnder Folge Ausstellungen zu Themen der prähispanischen Kulturen stattfinden. Wer nur wenig Zeit hat, sollte sich zumindest die **Méxica- und Maya-Ausstellungen** ansehen. Man sollte bedenken, dass jeder Saal mindestens ein Highlight zu bieten hat.

In der **Sala del Período Preclásico** wird die vorklassische oder formative Epoche (1400–300 v. Chr.) – vor allem der Übergang von einer nomadischen zu einer halbsesshaften Lebensweise – durch Exponate zur Entwicklung der Keramik und anderer handwerklicher Techniken dargestellt. Besondere Exponate sind hier die Figuren von Tlatilco, darunter die »Mujer bonita« genannten weiblichen Figuren, die sogenannten Akrobatenvase in Gestalt eines Menschen in grotesk verzerrter Körperhaltung und ein Modell der Pyramide von Cuicuilco.

Der nächste große Saal, die **Sala de Teotihuacán**, ist der Entwicklung Teotihuacáns, der ersten Stadt im Hochtal von Mexiko, gewidmet. An der Verwendung neuer Materialien wie Muscheln, Edelsteine und Steine kann man die Entwicklung zu einer höher stehenden Kultur erkennen. Beachtenswerte Objekte sind die Skulpturen verschiedener Gottheiten, darunter Xipe Tótec (aus Tlamimiloplan), Chalchiuhtlicue und Huehuetéotl. Ein Abschnitt des Quetzalcoátl-Tempels aus Teotihuacán ist in seiner ursprünglichen Bemalung restauriert worden; ebenfalls eine Rekonstruktion ist das Fresko »Paradies des Tláloc«, auf dem sich die Seelen der Krieger und Ertrunkenen tummeln.

In der **Sala de Tula** ist das herausragendste Beispiel für die Kultur der Tolteken von Tula ein riesiger Atlant. Weitere Zeugnisse der klassischen toltekischen Epoche (900–1200 n. Chr.) sind Stelen, Chacmool-Skulpturen und ein mit Perlmutt verzierter Kopf eines Kriegers.

In der **Sala México** wird die Kultur der Azteken von der Einwanderung der Chichimeken bis zum Fall von Tenochtitlán beleuchtet. Dieser Saal birgt das Glanzstück der Sammlung, den Stein der Fünften Sonne (**Piedra del Sol**), fälschlicherweise auch als Kalenderstein bezeichnet. Er hat einen Durchmesser von 3,57 m und wiegt 24,5 t. Er wurde 1479, also kurz vor der Ankunft der Spanier, geschaffen und stellt den Kosmos aus aztekischer Sicht dar. Vermutlich diente er als Opferstein für Menschenopfer; viele mussten auf ihm ihr Leben lassen, damit ihr Blut den Sonnengott gnädig stimmte. In der Mitte des Steines sieht man den Sonnengott Tonatiuh, den Regenten des Weltalters der Fünften Sonne, mit einer Zunge in Form eines Ritualmessers und Klauen auf beiden Seiten, die menschliche Herzen halten. Dies weist darauf hin, dass er bzw. die Sonne sich von Menschenopfern nährten. Um ihn herum kann man Symbole der vier vergangenen Weltalter der Sonne sehen: Jaguar, Wasser, Regen und Wind. Diese Anordnung gab das Datum für das Ende der fünften Welt an. Diese Vorhersage traf auch ein, allerdings durch das Eingreifen der Spanier. Unten am äußeren Ring kann man zwei Türkisschlangen entdecken, aus deren Schlünden der Regengott Tonatiuh und der Feuergott Xluhtecutli ragen. Weitere interessantente Stücke sind der **Stein des Tizoc**, **Codices**, **Karten** und **Skulpturen**, u. a. von Coatlicue und Xochipillis, dem Gott der Liebe, des Tanzes und der Poesie. Der Federkopfschmuck des Moctezuma aus Quetzalfedern ist leider nur eine Nachbildung, da sich das Original im Wiener Museum für Völkerkunde befindet.

Hauptort der zapotekisch-mixtekischen Kultur (500 v. Chr.–um 1520 n. Chr.) war Monte Albán. Von dort stammt ein Großteil der Objekte aus Keramik und Gold in der **Sala de Oaxaca**. Ebenfalls zu sehen ist ein Nachbau des Grabes Nr. 7 von Monte Albán. Zwei Prunkstücke der Sammlung sind die aus grünem Stein gehauene Maske des Fledermausgotts und der Yanhuitlán-Brustschild aus Gold und Türkisen.

Auch Wandgemälde, wie hier in der Abteilung Oaxaca, sind im Nationalmuseum für Anthropologie ausgestellt.

In der **Sala de las Culturas del Golfo de México** repräsentieren Olmekische Kolossalskulpturen im Freigelände, huastekische Stelen und bemalte Keramik, Hachas (als Beile bezeichnete zeremonielle Objekte) sowie Yugos und Palmas (Joche und Palmen genannte Steinobjekte, wohl mit dem rituellen Ballspiel zusammenhängend) aus El Tajín die indigenen Kulturen der Golfküste.
Allein ein Drittel ihrer Beute nahmen Diebe in der Weihnachtsnacht 1985 aus der **Sala Maya** mit – auch dies ein Beweis für die Attraktivität der Abteilung. Ein Großteil der Grabbeigaben aus Palenque, darunter eine Maske aus Jademosaiken, sowie verschiedene Arbeiten aus Gold, Perlmutt, Türkisen und Korallen aus dem heiligen Cenote von Chichén Itzá wurde 1989 wiedergefunden. Sehr sehenswert sind eine Nachbildung der berühmten Grabplatte von Palenque und im Freigelände eine Rekonstruktion des Tempels von Bonampak mit den berühmten Wandmalereien.
In den **Salas de las Culturas de Norte y de Occidente** sind die nördlichen indigenen Kulturen durch Grabbeigaben, Gebrauchsgegenstände, Keramik und verschiedene Funde aus Casas Grandes und La Quemada vertreten. Tonfiguren aus Jalisco, Nayarit und Colima geben ein Bild vom Leben der westlichen Kulturen vor der spanischen Invasion. Taraskische Funde vervollständigen die Darstellung.
Entsprechend der Raumaufteilung des Untergeschosses sind im Museo Nacional de Etnología im Obergeschoss, über den Sälen der untergegangenen Kulturen, die Lebensformen der Nachfahren der einzelnen Stämme dargestellt. Die ethnologischen Sammlungen umfassen Trachten, Werkzeuge und Wohnformen der heute noch in Mexiko lebenden Indigenen. Den Abschluss bildet ein Raum, der die Maßnahmen zur Förderung der indigenen Völker dokumentiert und exemplarisches Kunsthandwerk zeigt. Im Museumsgebäude ist auch die von Lucas Almán 1831 gegründete und von Kaiser Maximilian geförderte **Nationalbibliothek für Anthropologie** untergebracht, die heute über 300 000 Bände besitzt.
Di.–So. 9–18 Uhr | Eintritt 90 MEX$, Audioguide 75 MEX$ | www.mna.inah.gob.mx

Museo Rufino Tamayo

KEiner der bedeutendsten Künstler Mexikos Östlich vom Anthropologischen Nationalmuseum (**Paseo de la Reforma und Calzada Gandhi**) liegt das nach Rufino Tamayo (1900 bis 1991), einem der berühmtesten Maler Mexikos, benannte Museum. Von Abraham Zabludovsky und Teodore González wurde dieses mehrstöckige, sehr ungewöhnliche Gebäude aus Beton und Glas entworfen. Neben Werken von Tamayo wird auch dessen eigene Sammlung von mehreren Hundert Werken zeitgenössischer Künstler (Grafiken, Gemälde, Skulpturen, Wandteppiche u. a.) ausgestellt.
Di.–So. 10–18 Uhr, letzter Mi. im Monat bis 21.30 Uhr | Eintritt 85 MEX$ | www.museotamayo.org

Polanco

Moderne Kunst im hübschen Wohnviertel

Centro Cultural de Arte Contemporáneo

Polanco nördlich des Chapultepec-Parks (nahe des Anthropologischen Museums) hat einige interessante **Museen**, jede Menge **Galerien** und **Restaurants**, einige Botschaften sowie teure Hotels und Geschäfte zu bieten.Ein eindrucksvolles rotes Marmorgebäude neben dem Hotel Presidente Chapultepec auf der Calle Campos Elíseos (Metrostation: Auditorio) beherbergt das Centro Cultural de Arte Contemporáneo des mexikanischen Fernsehkonzerns Televisa, das **zeitgenössische, vor allem avantgardistische Kunst** zeigt. Vor einem Besuch sollte man sich nach den Öffnungszeiten erkundigen.

Tel. 55 55 29 15 67

Sechstöckiger Metallbau – Kunst in der Kunst

Museo Soumaya

Im Jahr 2011 spendierte der mexikanische Multimilliardär Mexiko-Stadt ein weiteres **kulturelles Highlight**, das Museo Soumaya. In dem architektonischem Kunstwerk sind neben Werken großer mexikanischer Künstler, wie Diego Rivera, David Alvaro Siqueiros und José Clemente Orozco, viele Werke europäischer Maler zu bestaunen. Darunter Gemälde von Cézanne, Picasso, Dalí, Renoir und van Gogh. Außerdem gibt es die größte **Rodin-Sammlung** außerhalb Europas.

Tgl. 10.30–18.30 Uhr | Eintritt frei | www.museosoumaya.org

Vorherrschende Baumaterialien des Rufino-Tamayo-Museums sind Beton und Glas.

Zeugnisse der berühmten Muralisten

Museo Sala de Arte Público David Álfaro Siqueiros

Nördlich des Anthropologischen Nationalmuseums treffen Sie auf das David Álfaro Siqueiros gewidmete Museum (Tres Picos 29). In dem **früheren Haus der Familie Siqueiros** werden Bilder, Zeichnungen, Fotografien, Auszeichnungen und Dokumente des berühmten Muralisten und Mitglieds der Kommunistischen Partei gezeigt.

Tlatelolco · Guadalupe

»Die schmerzhafte Geburtsstunde des heutigen Mexiko«

Plaza de las Tres Culturas

Mittelpunkt und Hauptsehenswürdigkeit des Viertels Tlatelolco ist der **Platz der Drei Kulturen** (Plaza de las Tres Culturas oder Plaza Santiago de Tlatelolco), der die Einflüsse der prähispanischen und spanischen Wurzeln auf die mexikanische Identität symbolisieren soll. Zeichen dafür ist das Nebeneinander von so unterschiedlichen Bauten wie den **aztekischen Pyramiden Tlatelolcos**, der barocken **Kirche Santiago de Tlatelolco** aus dem 16. Jh. und dem **modernen Außenministerium**. Die Plaza liegt ungefähr an der gleichen Stelle wie der Hauptplatz der prähispanischen Stadt **Tlatelolco**, Rivalin Tenochtitláns bis zum Jahre 1473. In jenem Jahr wurde die Stadt von den Mexica in Besitz genommen und ihr Herrscher Moquihuix von der Hauptpyramide zu Tode gestürzt. Tlatelolco blieb jedoch die wichtigste Handelsstadt der Region und sein berühmter Markt soll nach Berichten der Konquistadoren täglich von 60 000 Käufern und Verkäufern besucht worden sein. Während der Belagerung Tenochtitláns 1521 durch die Spanier war Tlatelolco Schauplatz des letzten Widerstands der Azteken. Eine **Gedenktafel** erinnert daran mit den Worten:

»

Am 13. August 1521 fiel das von Cuauhtémoc heldenhaft verteidigte Tlatelolco in die Hände von Hernán Cortés. Es war weder Triumph noch Niederlage. Es war die schmerzhafte Geburtsstunde des heutigen Mexiko, eines Volkes von Mestizen.

«

Der Platz ist aber auch Symbol für Wirren in der modernen Zeit: Im Jahre 1968 ging die Polizei mit Schusswaffen gegen eine auf dem Platz demonstrierende Menschenmenge vor und tötete dabei nach inoffiziellen Schätzungen 250 Menschen. Nach dem Erdbeben von 1985 war die weite Fläche mit Zelten bedeckt, in denen Obdachlose eine notdürftige Unterkunft fanden.

Die altmexikanischen Anlagen, um die ein Weg führt, zählen neben der Hauptpyramide auch Überreste von mehreren Pyramidenbauten,

Plattformen, Treppen, Mauern, Altären und einer Schädelmauer. An einer der Nebenpyramiden sind schöne Reliefs aztekischer Kalenderzeichen erhalten. Die Spanier, die schnell die Bedeutung des Ortes erkannt hatten, erbauten hier zuerst ein Kloster und dann 1609 die barocke Kirche Santiago de Tlatelolco. Dazu gehört ein altes Klostergebäude, welches das berühmte **Colegio Imperial de Santa Cruz** beherbergte. In dieser Lehranstalt unterrichteten Franziskanermönche die begabten Söhne des aztekischen Adels. Einer ihrer bedeutendsten Lehrer war **Bernardino de Sahagún**, der Chronist Neuspaniens.

Die alte Basilika

Basílica de Guadalupe

Will man den Kult um Mexikos Schutzpatronin richtig verstehen, sollte man auf jeden Fall die Basílica de Guadalupe im gleichnamigen Viertel besuchen. Zwei Gotteshäuser sind nach ihr benannt: die alte Basílica de Nuestra Señora de Guadalupe, die 1709 anstelle eines Schreins errichtet und öfters ausgebaut wurde, und die neue Basílica in einem riesigen Gebäude, das den Umhang mit dem Bildnis der Hl. Jungfrau birgt.

Der **Legende** nach soll am 9. Dezember 1531 dem getauften Azteken Juan Diego die Hl. Jungfrau als dunkelhäutige Indígena erschienen sein. Sie trug ihm auf, beim Bischof zu erwirken, dass an einer bestimmten Stelle für sie eine Kapelle errichtet werden solle. Bischof Juan de Zumárraga glaubte dem Bericht nicht und verlangte Beweise. Die Madonna erschien dem Indigenen daraufhin am 12. Dezember zum zweiten Mal und ließ in der Trockenzeit Rosen auf einem Hügel erblühen, die Juan Diego pflückte und zum Bischof brachte. Als er den Umhang, in dem er die Rosen trug, öffnete, war auf dem Stoff das Bild der Jungfrau im Strahlenkranz zu sehen. Dieses Abbild soll das wundertätige Gnadenbild der Jungfrau von Guadalupe sein, das heute in der neuen Basilika hängt. Der Bischof ließ 1531 einen Schrein auf dem Hügel Tepeyac an eben der Stelle errichten, an der vorher ein aztekischer Tempel gestanden hatte. In kurzer Zeit wurde die Kirche und das darin aufbewahrte Bildnis Ziel zahlreicher Pilger; auch die vorher wegen der Grausamkeiten des Kolonialregimes vom Christentum enttäuschten Indigenen ließen sich nun wieder leichter bekehren. Nachdem die Jungfrau von Guadalupe durch die Jahrhunderte hinweg als Schutzherrin der Indigenen und Mestizen verehrt wurde, nahm man sie als Patronin der mexikanischen Unabhängigkeit in Anspruch. Der Priester Miguel Hidalgo 1810 unter ihrem Banner in den Freiheitskampf zog.

Das ganze Jahr hindurch besuchen **Zehntausende Wallfahrer** die Basilika, aber am 12. Dezember, dem Jahrestag der zweiten Erscheinung der Jungfrau Maria, ist der Platz vor der Kirche und diese selbst von unübersehbaren Menschenmassen erfüllt. Überall werden Tänze und Pantomimen in farbenfrohen Trachten aufgeführt, die dem Ganzen den Charakter eines riesigen Volksfestes geben. Der Glaube an die Hl. Jungfrau von Guadalupe durchdringt alle Schichten der mexikanischen Bevölkerung; aber auch Bewohner vieler anderer Länder Lateinamerikas pilgern hierher. Man bezeichnet diese Form des Volksglaubens als **Culto Guadalupano** – und es ist bemerkenswert, dass viele seiner Elemente außerhalb des katholischen Dogmas liegen und oft an vorchristliche Mythen anschließen.

Die neue Basilika

Basílica de Nuestra Señora de Guadalupe

Das Hauptziel der Pilger ist die moderne Basílica de Nuestra Señora de Guadalupe am Fuße des Tepeyac-Hügels. Sie wurde errichtet, weil die Besucher im alten Gotteshaus, das wegen des schlammigen Untergrunds immer mehr absank, nicht mehr sicher waren. Einige Gläubige nähern sich ihr auf Knien, um ein Gelübde zu halten und ihre Verehrung auszudrücken. Dieser moderne Bau (eingeweiht 1976) aus Beton und Marmor wurde von Pedro Ramírez Vázquez entworfen, dem Architekten des Anthropologischen Nationalmuseums. Ihr weiträumiges Inneres, das außer dem Bildnis der Muttergottes von Guadalupe keine Statuen und Gemälde enthält, hat ein Fassungsvermögen von 20 000 Personen. Einen etwas sonderbaren Anblick bietet das **Rollband** hinter dem Hauptaltar, das die Gläubigen vollautomatisch am Marienbild vorbeitransportiert. Die Rückseite der alten Basilika beherbergt heute das **Museo de la Basílica de Guadalupe** mit einer auserlesenen Sammlung von Retablos und allerlei religiösen Gegenständen.
Neben der alten Basilika steht die **Capilla del Pocito** (Brunnenkapelle) aus dem späten 18. Jahrhundert. Die Kuppeln dieses von Francisco de Guerrero y Torres stammenden Baus sind mit Azulejos verkleidet. Im Innern sprudelt eine Quelle aus dem Felsen, deren Wasser Heilkräfte zugeschrieben werden, weshalb es von den Gläubigen in Behältern gesammelt wird. Etwa 100 m den Hügel hinauf liegt die Stelle, an der Juan Diego die Gottesmutter erschienen ist und im 18. Jh. die **Capilla de Cerrito** (Hügelkapelle) erbaut wurde. Von hier führen Stufen hinab zum Garten von Tepeyac, von dem wiederum ein Pfad zum Hauptplatz weist. Dort finden Sie auch die **Capilla de Indios** (Kapelle der Indigenen), nahe dem Ort, wo Juan Diego bis zu seinem Tod 1548 lebte.

San Ángel

Beliebtes Ausflugsziel

Vorort der Stadt

Einst ein kleines Dorf inmitten von Feldern – heute hingegen kann man von einem der hübschesten Vororte Mexico Citys und einem beliebten Ausflugsziel sprechen. Auffallend sind sowohl die alten Kolonialhäuser San Ángels wie auch die modernen Gebäude an seinen kopfsteingepflasterten Straßen. Der 8,5 km südlich des Chapultepec-Parks gelegene Stadtteil ist voller **historischer Stätten**, **Cafés**, **feiner Läden** und **Restaurants**. Die Avenida Insurgentes Sur verläuft in Nord-Süd-Richtung durch den östlichen Teil San Ángels.

Modernes Gotteshaus mit riesigen Dimensionen – in der (neuen) Basílica de Nuestra Señora de Guadalupe

Bunter Künstler- und Kunsthandwerker

Bazar Sábado

An jedem Samstag wird auf der malerischen **Plaza San Jacinto** der Bazar Sábado abgehalten. Indígenas zeigen hier interessante Arbeiten – von Schnitzereien und Keramik bis zu Schmuck, Web- und Stickarbeiten. Daneben stellen Künstler ihre Werke aus. Der turbulente und farbenfrohe Markt zieht sich meist über die umliegenden Straßen bis zur Plaza del Carmen. Etwas Ruhe kann man im **Garten der Iglesia de San Jacinto** tanken.

Einsichten in das Leben Riveras

Museo Casa Estudio Diego Rivera y Frida Kahlo

Juan O'Gorman errichtete 1929 an der Ecke der heutigen Straßen Altavista und Rivera (Palmas) einen avantgardistischen Zweckbau, in dem Diego Rivera und Frida Kahlo in verschiedenen Häusern von 1934 bis zu ihrer Scheidung im Jahr 1940 lebten. Rivera blieb sogar bis zu seinem Tod 1957 hier. Heute ist in dem Gebäude ein **Studio-Museum** untergebracht, das anhand von persönlichen Dokumenten, Kleidern, Möbeln, Bildern, Zeichnungen und Fotografien Einblicke in das Leben des Künstlers Rivera gibt.

Di.–So. 10–18 Uhr | Eintritt 40 MEX$ | inba.gob.mx/recinto/51

Mexikanische Kunst und die »Großen Drei«

Museo de Arte Carrillo Gil

In dem **Kunstmuseum Carrillo Gil** ist eine außergewöhnlich interessante Sammlung mexikanischer Kunst untergebracht. Auch die »Gro-

EIN UNGLEICHES PAAR

BAEDEKER WISSEN

Als eine Verbindung zwischen Elefant und Taube – so bezeichnete man die Heirat der heute wohl bekanntesten Künstler Mexikos. Frida Kahlo und Diego Rivera waren schon äußerlich ein ungewöhnliches Paar: Rivera, der imposante, gewaltige Koloss, und Frida, die zierliche Schönheit in indigener Tracht, die ihm kaum bis zur Schulter reichte.

Diego Rivera (1886–1957) traf die 21 Jahre jüngere Frida Kahlo erstmals, als er am ersten seiner Wandgemälde in der Escuela Nacional Preparatoria in Mexiko-Stadt arbeitete, die sie in den frühen 1920er-Jahren besuchte. Sein Ruf als unverbesserlicher Schürzenjäger war bereits damals hinlänglich bekannt. **Frida Kahlo** (1907–1954) erkrankte bereits als Sechsjährige an Kinderlähmung, infolge derer ihr rechtes Bein für immer dünner als das linke blieb. Doch dies war nur der Beginn ihrer Leiden. Nach einem schweren Busunglück 1925 wurde die Tochter eines Deutschen und einer Mexikanerin mehr tot als lebendig gerettet, mit unzähligen Knochenbrüchen, einer schweren Rückgratverletzung und einem zerschmetterten Unterleib. Unter den Folgen des Unfalls hatte sie ein Leben lang zu leiden. **Ihre künstlerische Laufbahn begann im Krankenhaus**, wo man ein Gestell an ihr Bett montierte. Mittels dieser Hilfe fing sie an, Tagebuch zu schreiben und zu malen. Leid – körperliches und emotionales – wurde ein zentrales Thema ihrer Malerei.

Liebe-Hass-Beziehung

Kahlo und Rivera bewegten sich beide in linken Künstlerkreisen, trafen sich 1928 wieder und heirateten im darauf folgenden Jahr. Ihre Verbindung war immer eine außerordentlich **leidenschaftliche Liebe-Hass-Beziehung**; beiden wurden mehrere Affären nachgesagt. Kahlos Schönheit und ihre unkonventionelle Art waren Stadtgespräch.

In diesen Jahren arbeitete Diego wie besessen: Er gestaltete Fresken in vielen öffentlichen Gebäuden des Landes. Aufträge führten ihn zusammen mit Frida in die USA. Doch nach vier Jahren drängte Frida 1934 wieder nach Hause – Heimweh, die Seitensprünge ihres Mannes und eine Fehlgeburt machten ihr zu schaffen. Nach ihrer Rückkehr zog das Paar in sein neues Zuhause in San Ángel. Auf Einladung der beiden kamen 1937 der russische Revolutionär **Leo Trotzki** und seine Frau Natalja ins Exil nach Mexiko und zogen in Fridas Geburtshaus, das Blaue Haus im Stadtteil Coyoacán. Kahlo und Trotzkij hatten bald eine Affäre. Nach vielen Kämpfen ließen sich Frida und Diego 1939 scheiden, heirateten im folgenden Jahr einander aber erneut. Sie zog nun in das Blaue Haus, er blieb in San Ángel. Die vielen Affären gingen weiter, genauso wie ihre Beziehung fortdauerte.

Trotz aller Zwistigkeiten war Frida Kahlo Riveras vertrauteste Kritikerin und Diego Fridas größter Anhänger. In ihrem gesamten Leben hatte Kahlo lediglich 1953 eine Ausstellung in Mexiko. Ein Jahr später starb sie im Blauen Haus; Diego überlebte sie um vier Jahre.

Werke in Mexiko-Stadt

Im Gegensatz zu Riveras monumentalen Wandgemälden mit ihrer klaren so-

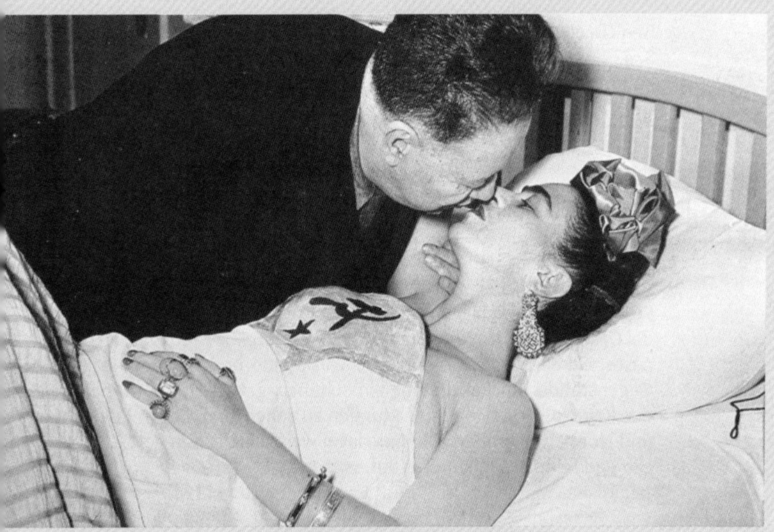

1939: Frida Kahlo und Diego Rivera im Hospital Inglés in Mexiko-Stadt

zialen und politischen Aussage sind Fridas Bilder **kleinformatig und verrätselt**. Meist steht sie im Zentrum und blickt den Betrachter unbestechlich und fordernd an. Ganz offenkundig zeigen ihre Bilder biografische Bezüge: Ihre Kinderlosigkeit, die verklärte Liebe zu Diego, ihr gemarterter Körper (mal im Gipskorsett, mal bei einer Operation), ihre Liebe zu Mexiko und seiner Kultur sowie ihre Nähe zum Tod sind in ihren Werken präsent.In Mexiko-Stadt sind mehr Arbeiten von ihm zu sehen als von ihr, wohl weil er produktiver war und mehr in der Öffentlichkeit stand, vielleicht aber auch, weil sich einige ihrer Arbeiten in Privatsammlungen oder im Ausland befinden.

Im **Centro Histórico** können Sie Wandmalereien von Rivera im Museo de Ildefonso (ehem. Escuela Nacional Preparatoria), im Palacio Nacional und in der Secretaría de Educación Pública (SEP) bewundern. Das Museo Mural Diego Rivera zeigt den bekannten »Traum eines Sonntagnachmittags im Alameda-Park« und der Palacio de Bellas Artes verfügt über weitere Wandgemälde Riveras aus den 1930er-Jahren. Beide findet man nicht weit von der Alameda.

In **Coyoacán** können Sie Anahuacalli besuchen, das Museum, das Rivera für seine Sammlung prähispanischer Kunst entwarf, ferner das Museo Frida Kahlo, das berühmte Blaue Haus, in dem die Malerin geboren wurde und in dem einige Zeit Leo Trotzki und seine Frau Natalja lebten. Das gemeinsame Haus der Künstler, das Museo Casa Estudio Diego Rivera y Frida Kahlo, liegt im Stadtviertel **San Ángel**, das Museo de Arte Moderno mit Arbeiten der beiden im **Bosque de Chapultepec** und das Museo Dolores Olmedo Patiño nahe **Xochimilcos**. Letztgenanntes zeigt u. a. mehr als 100 Arbeiten Riveras und einen Raum mit Werken Kahlos.

ßen Drei« (Rivera, Siqueiros und Orozco, ▶ Baedeker Wissen, S. 434) sind hier vertreten. Die ausgestellte zeitgenössische Kunst kommt eher aus dem grafischen Bereich.
Av. Revolución 1608 | Di.–So. 10–18 Uhr | Eintritt 65 MEX$ | www.museodeartecarrillogil.com

Ein Christus aus Zuckerrohrpaste

Museo de El Carmen

In einem ehemaligen Karmeliterkloster befindet sich das Museo Colonial del Carmen. Das aus dem Jahr 1617 stammende Kloster wurde von Fray Andrés de San Miguel erbaut und war dem **Märtyrer San Ángel** geweiht, der dem Städtchen den Namen gab. Sehenswerte Stücke in dem reich mit Azulejos geschmückten Bau sind die Virgen del Carmen aus Talavera-Kacheln, eine Christusfigur aus Zuckerrohrpaste, Gemälde von Cristóbal de Villalpando und wertvolle sakrale Gegenstände. Im Patio steht ein schöner, gekachelter Brunnen; in der **Krypta**, wo auch einige Mumien zu sehen sind, liegen Edelleute und Nonnen begraben. Die **Sakristei** weist eine schön getäfelte Decke und feine Kolonialmöbel auf.
Av. Revolución 4 | Di.–So. 10–17 Uhr | Eintritt 75 MEX$ | www.museodeelcarmen.org

Ein konservierter Revolutionär

Monumento de Álvaro Obregón

Östlich der Avenida Insurgentes erhebt sich das von Ignacio Asúnsolo gestaltete **Álvaro-Obregón-Denkmal**, das dem Andenken des 1928 hier ermordeten Revolutionshelden und Präsidenten gewidmet ist. In dem Granitmonument befindet sich als makabres Schaustück ein Glasbehälter. In ihm schwimmt in Spiritus die rechte Hand und der Unterarm des Revolutionärs, die dieser im Revolutionskrieg verloren hatte.

Ciudad Universitaria · Cuicuilco

Größte Universität Lateinamerikas

Ciudad Universitaria

Östlich der Insurgentes Sur (2 km südlich von San Andrés und 12 km südwestlich des Zócalo) erstreckt sich die ausgedehnte Ciudad Universitaria. Unter der Präsidentschaft Miguel Alemáns begonnen, wurden zwischen 1950 und 1955 auf rund 3 km² Fläche mehr als **80 Universitätsgebäude** errichtet. Ungefähr 150 Architekten arbeiteten an diesem Projekt.

Zu den wesentlichen Bauten, die oft Dekorationen mit vorwiegend altindigenen Symbolen aufweisen, gehören: das **Rektorat** mit seinem harmonischen Wechsel zwischen horizontalen und vertikalen Bauelementen (Fresken von Siqueiros); die **Zentralbibliothek** mit dem zehnstöckigen, fensterlosen Bücherturm, dessen Fassaden von Juan O'Gorman mit dem größten Natursteinmosaik der Welt (4 × 1200 m²) bedeckt wurden; das **Auditorium** der Naturwissenschaften mit einem Glasmosaik von José Chávez Morado; und die **Medizinische Fakultät** mit einem Wandgemälde von Francisco Eppens Huelguera. Die **Sportanlagen** umfassen große Schwimmbecken, Fußball-, Baseball-, Tennis- und Frontónplätze. Südlich der Hauptgebäude der Universität liegt eine moderne Konzerthalle, die **Sala de Netzahualcóyotl** mit 2500 Sitzen.

Mit prähispanischen Einflüssen

Estadio Olímpico

Auf der Westseite der Insurgentes befindet sich das zur Sommerolympiade 1968 erbaute **Olympiastadion** (Estadio Olímpico), das über 80 000 Zuschauerplätze verfügt und mit bunten Steinreliefs von Diego Rivera geschmückt ist. Wie bei etlichen Gebäuden der Universitätsanlage hat man auch hier manches Element prähispanischer Architektur übernommen. Unweit des Olympiastadions liegt rechts der zur Universität gehörende Botanische Garten.

»Platz des Gesangs und des Tanzes«

Cuicuilco

Etwa 3,5 km südlich des Olympiastadions zweigt direkt nach der Unterführung unter dem Anillo Periférico eine Straße nach links zur archäologischen Stätte von Cuicuilco (Platz des Gesangs und des Tanzes) ab, zu der ein kleines Museum gehört. Wahrscheinlich von einem Ackerbau betreibenden Volk in der prähispanischen formativen Epoche begonnen, erlebte Cuicuilco zwischen 600 und 300 v. Chr. seine Blütezeit und muss damals eine beherrschende Rolle in der Region gespielt haben. Durch den Aufstieg der Rivalin Teotihuacán verlor die einst 20 000 Einwohner zählende Stadt schnell an Bedeutung und wurde noch vor dem verhängnisvollen Ausbruch des Vulkans Xitle um 50 v. Chr. verlassen. Die einst 27, heute 18 m hohe **Rundpyramide** hat einen Durchmesser von 112 m und ist von Lava bedeckt bzw. umschlossen. Bei der schwierigen Freilegung wurde ein Teil des Bauwerks zerstört, sodass die Restaurierung als wenig authentisch gilt. Die Pyramide besteht aus fünf runden, sich nach oben verjüngenden Baukörpern, die in einer Plattform mit den Resten eines Altars enden. Man fand auch eine große Anzahl von Figurinen sowie Schmuck- und Gebrauchsgegenständen aus Ton und Stein.

Di.–So. 9–17 Uhr | Eintritt frei

Coyoacán

Hübsches Stadtviertel mit drei interessanten Museen

»Ort der Kojoten«

In Náhuatl, der Sprache der Azteken, bedeutet der Name so viel wie »Ort der Kojoten«. Hernán Cortés hatte hier nach dem Untergang Tenochtitláns seinen Sitz. Am Rande Coyoacáns liegt auch das berühmte Aztekenstadion. Die drei Highlights des Viertels sind die **Museen Frida Kahlo, Diego Rivera und Leon Trotzky**, doch viele Be-

Wie gerade eben verlassen wirkt Frida Kahlos Studio im Blauen Haus, in dem sie bis zu ihrem Tod lebte und das heute das Frida-Kahlo-Museum beherbergt.

sucher und Einheimische genießen in erster Linie das Leben auf den Straßen und Plätzen. Vor allem an zwei Orten Coyoacáns spielt es sich ab: auf der Plaza Hidalgo und im Jardín de Centenario.

Metrostationen: Coyoacán, Viveros, Quevedo (Linie 3) bzw. General Anaya (Linie 2)

Hochbarock

Calle Francisco Sosa

Die von schönen Häusern aus dem 17. und 18. Jh. gesäumte Calle Francisco Sosa führt zum Hauptplatz, der Plaza Hidalgo, an der die **Klosterkirche San Juan Bautista** steht. Sie wurde 1538 von Dominikanern in der typischen Bauweise des 16. Jh.s errichtet. Beachtenswert ist das reich geschmückte ehemalige Seitenportal zum Atrium, das im indigenen Stil verziert ist. Im Innern befindet sich auf der linken Seite die sehenswerte hochbarocke **Capilla de Santísima**.

Cuauhtémocs Folter

Plaza Hidalgo y Jardín del Centenario

An der Nordseite der Plaza steht das ehemalige Rathaus, das auch **Casa de Cortés** genannt wird. Einst soll hier der Führer der Azteken, Cuauhtémoc, gefoltert worden sein, um ihm das Versteck eines Schatzes abzupressen. Damals gehörte das Haus, wie ganz Coyoacán, zu den Besitzungen der Familie Cortés.

Lebendige Geschichte

Einen halben Block östlich der Plaza ist das **Nationalmuseum für Volkskultur** zu Hause. Hier werden nicht nur Gegenstände ausgestellt, sondern es findet auch auf anschauliche Weise eine Begegnung mit den noch lebenden Traditionen der mexikanischen Volksgruppen statt.

Museo Nacional de Culturas Populares

Hidalgo 289 | Di.-Do. 11-18, Fr.-So. bis 19 Uhr | Eintritt 18 MEX$ | www.museoculturaspopulares.gob.mx

Liebe und Mord im roten Haus

Die Plaza de la Conchita, ehemals Plaza de la Concepción, befindet sich zwei Blocks südöstlich der Plaza Hidalgo. Hier sehen Sie ein rotes Haus an der Ecke zur Higuera, das **Casa Colorada** genannt wird. Es heißt, Cortés habe es für seine indigene Geliebte und Übersetzerin Malinche bauen lassen und hier seine spanische Gattin Catalina Juárez de Marcaida ermordet.

Plaza de la Conchita

Persönliche Einblicke in das Leben Frida Kahlos

An der Ecke Calle Allende und Londres lohnt auf jeden Fall ein Besuch des **Frida-Kahlo-Museums**. Das berühmte, recht kleine Blaue Haus mit den grünen Fensterläden ist das Geburtshaus der Malerin (1907–1954), in dem sie mit ihrem Mann Diego Rivera von 1929 bis zu ihrem Tod lebte.

Museo Frida Kahlo

Die Räume wurden wie zu Lebzeiten der an den Rollstuhl gefesselten Künstlerin belassen. Auch Leo Trotzkij hielt sich hier als Gast nach seinem Eintreffen (1937) in Mexiko auf. Das Museum enthält neben persönlichen Dingen und Werken des Ehepaars hauptsächlich Bilder und Skulpturen mexikanischer Künstler des 18. und 19. Jahrhunderts. Prähispanische Objekte und mexikanische Volkskunst aus der Privatsammlung Frida Kahlos sind ebenfalls zu besichtigen. Die ausgestellten Arbeiten Kahlos sind zwar weniger bedeutend, bringen aber gut die Schmerzen ihres Lebens zum Ausdruck: das Bild »El Marxismo Dará la Salud« (»Der Marxismus wird Wohlergehen bringen«) zeigt, wie sie ihre Krücken von sich wirft. Auch ein unvollendetes Porträt Stalins, ihr Rollstuhl und der berühmte Hut Riveras geben der Gedenkstätte eine persönliche Note.

Di.-So. 11-18 Uhr, Mi .ab 11 Uhr | Eintritt 250 MEX$, Sa¬So 270 MEX$ | Empfehlenswert ist ein Online-Ticket mit Zeitfenster. | www.museofridakahlo.org.mx

Stalins langer Arm

An der Ecke der Straßen Viena und Morelos liegt das Leo-Trotzkij-Museum. In diesem zu einer wahren Festung ausgebauten Haus lebte der russische Revolutionär im Exil, bis er am 20. August 1940 von Ramón Mercader, einem Agenten Stalins, mit einem Eispickel ermordet wurde. Das **Arbeitszimmer** ist im selben Zustand belassen worden wie am Tag des Attentats auf Trotzkij, auch seine zerbrochene

Museo León Trotzky

Brille liegt noch auf dem Schreibtisch. Das einfach eingerichtete **Schlafzimmer** zeigt an den Wänden die Gewehreinschüsse eines früheren Überfalls im Auftrag Stalins, an dem auch der Muralist David Álfaro Siqueiros beteiligt war. Am **Hauseingang** erinnert eine Gedenktafel an den dabei erschossenen Leibwächter Trotzkijs, Robert Sheldon Hart. Das **Grab des Revolutionärs und seiner Frau** befindet sich im Garten.

Di.–So. 10–17 Uhr | Eintritt 40 MEX$ | www.museotrotsky.org.mx

Vom Krieg gegen fremde Mächte

Museo Nacional de las Intervenciones

Das **Nationalmuseum der Interventionen** belegt die Räume eines früheren Franziskanerklosters. Das 1981 eröffnete Museum gibt mit seinen Fotos, Waffen, Bildern, Flaggen und anderen historischen Dokumenten eine interessante, wenn auch etwas subjektive Darstellung der Kriege Mexikos gegen eindringende fremde Mächte: Behandelt werden der Unabhängigkeitskrieg 1810–1821 mit nachfolgender spanischer Intervention, der mexikanisch-amerikanische Krieg 1846–1848, die französischen Interventionen von 1838 und 1861–1867 und schließlich die Revolutionsepoche, während der auch US-amerikanische Truppen in Mexiko eindrangen.

Am Ort des Museums fand im Jahre 1847 die **Schlacht von Churubusco** statt, bei der die Mexikaner unter General Anaya von einer Übermacht von US-Truppen unter General Winfield Scott entscheidend geschlagen wurden.

Calle 20 de Agosto, Metrostation General Anaya (Linie 2) |
Di.–So. 10–17 Uhr | Eintritt 90 MEX$

Ein etwas längerer, dennoch lohnender Abstecher …

Anahuacalli (Diego-Rivera-Museum)

…führt weiter nach Süden über die Avenida División del Norte, von der nach ca. 3 km die Calle del Museo nach rechts abgeht (ca. 3,5 km südlich von Coyoacáns Zentrum). Für seine imposante, 60 000 Stücke umfassende Sammlung prähispanischer Stücke richtete Diego Rivera das von ihm selbst entworfene **Haus von Anáhuac** (Anahuacalli) ein. Der pyramidenförmige, einem Maya-Grab nachempfundene Bau aus dunklem vulkanischem Gestein zeigt rund 2000 Objekte, vor allem Keramik der Westkulturen und aztekische Steinplastiken sowie eine Rekonstruktion von Riveras Studio. Unter seinen eigenen Werken ist besonders »El Hombre en el Cruce de los Caminos« (»Der Mensch am Kreuzweg«) interessant, eine Studie zu »El Hombre, Contralor del Universo«, das im Palacio de Bellas Artes zu sehen ist.

Do.–So. 11–17.30 Uhr | Eintritt 35 MEX$ |www.museoanahuacalli.org.mx

Weltbekannt

Estadio Azteca

Die Avenida División del Norte mündet in die Calzada Tlalpan, die zum **Aztekenstadion** führt, das durch die **Olympischen Sommer-**

spiele 1968 und die **Fußballweltmeisterschaften 1970 und 1986** in der ganzen Welt bekannt geworden ist. Das 1966 erbaute Stadion, das 1997 den Namen Estadio Guillerma Cañedam erhielt und zwischenzeitlich wieder umbenannt wurde, bietet ungefähr 115 000 Zuschauern Platz.

Xochimilco und Umgebung

Ein Labyrinth von Seen und Kanälen

»Ort der Blumenfelder«

Weit im Süden der Stadt, ca. 20 km südöstlich des Zócalo, jenseits vom Anillo Periférico Sur, liegt der kleine Ort Xochimilco (Náhuatl: »Ort der Blumenfelder«), ein beliebtes Ausflugsziel, das mit Booten erkundet werden kann. Das teilweise noch von Nahua-Indígenas bewohnte Städtchen wurde wahrscheinlich Ende des 12. Jh.s zunächst von aus ► Tula geflüchteten Tolteken besiedelt. Im 13. Jh. ließ sich hier ein Náhuatl sprechender Nomadenstamm nieder, der mit den Azteken verwandt war. Man nannte sie später Chinampaneken, da sie für ihr **Chinampa-System** berühmt waren. Bei dieser Anbaumethode bepflanzte man kleine, mit Schlamm und Wasserpflanzen bedeckte Flöße, die von Korbgeflecht zusammengehalten wurden.
Mit der Zeit wuchsen diese **schwimmenden Gärten** durch Wurzelbildung am Seegrund fest. Die ständige Wasserzufuhr und Schlammdüngung ermöglichten bis zu sieben Ernten im Jahr. Die reichen Erträge, die nach dem gleichen System auch an anderen Stellen des Seengebiets erzielt wurden, stellten die Versorgung von Tenochtitlán sicher. Um 1430 wurde Xochimilco von den Azteken unterworfen. Während der Konquista war die Stadt 1521 Schauplatz heftiger Kämpfe, bis sie schließlich niederbrannte.
Metrostation: Tasqueña (Linie 2), von dort weiter mit Straßenbahn, Bus oder Sammeltaxi

Schwimmende Gärten

★ Jardines Flotantes

Noch heute ist die Region um den Ort ein wichtiges Anbaugebiet für Gemüse und Blumen. Von der einstigen Lagune ist nur noch ein geringer Teil übrig geblieben. In den 1980er-Jahren hat die Gegend durch Wasserrückgang erheblich gelitten, doch mit finanzieller Hilfe der UN wurden und werden Wasserwege freigelegt – etwa 100 km dieser Kanäle sind heute befahrbar. Damit stellen die Schwimmenden Gärten von Xochimilco wieder ein beliebtes Ausflugsziel dar: In bunt bemalten Barken fährt man durch die verzweigten Kanäle, umgeben von anderen Booten, von denen Speisen und Getränke angeboten werden; auch Mariachi-Musikanten lassen ihre Weisen erschallen. Von der UNESCO wurde Xochimilco zum **Weltkulturerbe** erklärt. Die Standard-Fahrten starten von den Bootsanlegestellen nahe des Zentrums Xochimilcos.

BAEDEKER ÜBERRASCHENDES

6X DURCHATMEN

Entspannen, wohlfühlen, runterkommen

1. LAGUNAS DE CHACAHUA

In der Lagunenlandschaft in der Umgebung von **Puerto Escondido** ist vom üblichen Touristentrubel an der Pazifikküste nichts mehr zu spüren. Dabei können Sie hier beides: im Meer und im Fluss baden – und sich dabei ganz unbeobachtet fühlen. (▶ **S. 291**)

2. SCHLEMMER-HACIENDA

Das Schlaraffenland gibt es tatsächlich, und es liegt in **Oaxaca**: Auf der Hacienda Santa Martha wird täglich ein Mega-Buffet mit allen landestypischen Leckereien geboten. (▶ **S. 248**)

3. NACHTS BEIM KÜNSTLER

Ein Mosaikfußboden aus Keramik, Buntglasfenster in Lehmziegel-Wänden und ein Bad, das einer natürlichen Felsnische gleicht: Es gibt einfach keine schönere Unterkunft als die Cabañas im Künstlergarten von Javier Servín in der Nähe von **Querétaro**. Hinfahren und träumen! (▶ **S. 304**)

4. RETTUNGS-BOOT

Nase voll vom Hauptstadttrubel? Eine Bootstour in den Lagunen von **Xochimilco** (Foto) rettet Sie vor dem Lärm der Großstadt und bietet Gelegenheit, die Überreste des aztekischen Bewässerungssystems kennenzulernen. (▶ **S. 221**)

5. WEIT WEG

Das Stand-Up-Paddeln bei Sonnenuntergang, wie z. B. in **Mazunte** an der Playa Rinconcito hat eine wunderbar entschleunigende Wirkung. Balance halten, den Blick auf den Horizont richten und spüren, wie die Gedanken an heimatliche Verpflichtungen sich allmählich auflösen. (▶ **S. 294**)

6. VERSUNKEN

Schwitzen im Temazcal war schon bei den prähispanischen Völkern beliebt, u.a. ließen sich damit Rückenschmerzen kurieren. Es ist aber auch so ein Genuss – probieren Sie es im Casa del Sol in **Tepotzotlán**. (▶ **S. 224**)

Jesus aus Mais

Im Ort Xochimilco selbst ist die **Pfarrkirche** San Bernardino am Hauptplatz sehenswert. Die Kirche (um 1590) gehört zu den ältesten Sakralbauten des Landes. Zu beachten sind die indigen-platereske Fassade des Hauptportals, eine seltene Renaissance-Retabel aus dem 16. Jh. und ein Kruzifix, dessen Erlöserfigur nach indigener Technik aus Maisstängeln gefertigt ist. Auch der **Samstagsmarkt** lohnt einen Besuch. Das Gleiche gilt für das **Archäologische Museum** an der Kreuzung von Avenida Tenochtitlán und La Planta. Es zeigt u. a. 10 000 Jahre alte Mammutknochen und prähispanische Fundstücke.

San Bernardino

Riveras Frauen

An der Avenida México befindet sich das Museo Dolores Olmedo Patiño – untergebracht ist es in einem einstigen Privathaus, in dem dessen Namensgeberin und **zeitweise Gefährtin von Diego Rivera** bis zu ihrem Tod 2003 lebte. Inmitten eines mit Pfauen bevölkerten Landschaftsgartens liegt das Museum, das etliche Bilder Riveras sein Eigen nennt. Werke seiner beiden Frauen, Angelina Beloff und Frida Kahlo, wechseln sich ab mit Fotografien von Dolores Olmedo. Zudem sind Kunsthandwerk und prähispanische Stücke zu sehen.

Av. México 5843 | Di.–So. 10–18 Uhr | Eintritt 50 MEX$ | www.museodoloresolmedo.org.mx

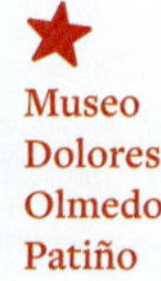

Museo Dolores Olmedo Patiño

Tepotzotlán

Interessante Kolonialstadt

Unweit von Mexiko-Stadt liegt Tepotzotlán (35 km nördlich), ein hübsches Städtchen aus der Kolonialzeit, das vor allem wegen seiner gut restaurierten **Kirche**, einem Juwel mexikanischer Barockkunst, und seinem hochinteressanten **sakralen Museum** bekannt ist. Im Jahre 1582 wurde in Tepotzotlán, einer alten Otomí-Siedlung, das Jesuitenkolleg San Martín gegründet und mit Unterstützung indigener Kaziken von einheimischen Handwerkern erbaut. Es diente der Unterweisung der Spanier in den indigenen Sprachen Náhuatl und Otomí und auch der religiösen Erziehung der Söhne der indigenen Elite.

Tepotzotlán

Im 17. und 18. Jh. wurde das Kloster wesentlich ausgebaut. Mit der 1767 erfolgten Ausweisung der Jesuiten aus Neuspanien gingen auch Kolleg und Kirche in andere Hände über. Nach der Unabhängigkeit Mexikos kehrten die Jesuiten, allerdings mit geringerem Einfluss, nach Tepotzotlán zurück, wo sie bis zur Säkularisierung der Klöster im Jahr 1859 verblieben. In neuerer Zeit wurden Kloster und Kirche dann dem Instituto Nacional de Antropología e Historia unterstellt.

Im churrigueresken Stil

★ Iglesia de San Francisco Javier

Die Fassade der im Wesentlichen zwischen 1628 und 1762 errichteten **Klosterkirche**, der Iglesia de San Francisco Javier, gehört neben der von La Valenciana bei ▶ Guanajuato und jener von Santa Prisca in ▶ Taxco zu den hervorragendsten Beispielen des churrigueresken Stils in Mexiko. Sie wurde von 1760 bis 1762 von verschiedenen Künstlern ausgeführt und zeigt u. a. in herrlich harmonischer Gestaltung Estípites, Nischen mit Sockeln und Skulpturen sowie Medaillons mit Reliefs. Durch das Kloster betritt man den Innenraum der Kirche, die in ihrem breiten Schiff sieben prachtvolle, vorwiegend holzgeschnitzte, vergoldete Altäre im typisch churrigueresken Stil zeigt. Der dreiteilige Hauptaltar, im Entwurf ähnlich der Kirchenfassade, zeigt in der Mitte die Statue des San Francisco Xavier sowie besonders ausdrucksvolle Skulpturen der Unbefleckten Empfängnis in der oberen Mitte und Johannes des Täufers in der linken Nische.

Es folgt ein achteckiger Raum, der Camarín, ein Höhepunkt des mexikanischen Hochbarock. Besonders beachtenswert sind die Figuren der Erzengel und die schwarzen, oxidierten Darstellungen aus Silber.

Sakrale Kunstschätze, Konzerte und Theateraufführungen

Museo Nacional del Virreinato

Im Gebäude des ehemaligen Jesuitenkollegs ist heute das **Nationalmuseum des Vizekönigreichs** (Museo Nacional del Virreinato) untergebracht. Über den Kreuzgang der Brunnen (Claustro de los Aljibes) gelangen Sie in die Hauskapelle (Capilla Doméstica), in deren Vorhalle (Portería) Bilder von Miguel Cabrera zu sehen sind. Die aus der Mitte des 17. Jh.s stammende Kapelle, die später umgestaltet wurde, hat ein Gewölbe, dessen Dekor die Wappen der sechs wichtigsten in Neuspanien tätigen Orden zeigt.

Besonders interessant ist der **Altar** mit seinen Skulpturen, Spiegeln und Bildern der Jesuitenheiligen. In den zahlreichen **Sälen und Gängen** des Museums sind meist sakrale Kunstschätze aus dem 16.–19. Jh. in wechselnder Folge ausgestellt, die aus allen Teilen des einstigen Vizekönigreichs Neuspanien stammen. Einige Räumlichkeiten werden regelmäßig für Konzerte und Theateraufführungen benutzt.

Di.–So. 9–16.45 Uhr | Eintritt 90 MEX$

Entspannen wie die Azteken

Casa del Sol

In der Casa del Sol wird Dampfsauna im prähispanischen **Temazcal** mit Platz für bis zu acht Personen zelebriert, auch Massagen mit Kakao und warmem Lehm werden angeboten. Die Gäste erhalten die Möglichkeit in die prähispanische Kultur Mexikos einzutauchen und sich dabei zu entspannen. Es ist ein Ort der Ruhe und des Wohlbefindens sowie vielleicht ein unvergessliches Erlebnis.

Girasoles 72, Barrio de Santa Cruz | Mo.–Fr. 9–18, Sa./So. um 11 Uhr für Gruppen

Weitere Umgebung von Mexiko-Stadt

Siebenmal überbaut

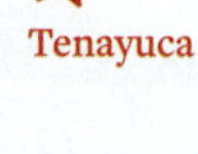

Direkt außerhalb der Stadtgrenzen des Distrito Federal und 12 km nördlich vom Zentrum von Mexiko-Stadt, in der Nähe von Tlalnepantla, steht die eindrucksvolle **Schlangenpyramide von Tenayuca**, die zwischen dem 13. und 16. Jh. siebenmal überbaut wurde. Als Produkt der Überschneidung der Hochkultur der Tolteken mit dem aufstrebenden Chichimekenreich ist sie ein klassisches Beispiel für den Baustil aztekischer Tempelpyramiden. Man nimmt an, dass die Schlangenpyramide, die dem Sonnenkult geweiht war, dem aztekischen Kalenderzyklus entsprechend alle 52 Jahre neu ummantelt wurde. Dies geschah die letzten Male unter vorwiegend aztekischer Einwirkung in den Jahren 1351, 1403, 1455 und 1507. Die meisten der heute sichtbaren Teile stammen aus den letzten drei Überbauungen. Die Anlage ähnelt in wesentlichen Merkmalen dem Templo Mayor von Tenochtitlán.

Die Pyramide ist auf drei Seiten von einem Sockel umgeben, der mit liegenden Schlangenkörpern geschmückt ist. Diese **Schlangenwand** (Coatepantli) zählt heute 138 Schlangenskulpturen, während sie ursprünglich mit insgesamt 800 Steinschlangen verziert gewesen sein soll. Eine mit Schädeln und Totengebein verzierte Gruft rechts von der Pyramide symbolisiert wahrscheinlich den Sonnenuntergang.

Di.–So. 10–17 Uhr | Eintritt 70 MEX$

Typische neuspanische Klosterfestung

Acolman

Nordöstlich von Mexiko-Stadt (ca. 40 km auf der MEX 132D) liegt auf einer Hochebene die prachtvolle **Augustinergründung San Agustín de Acolman**, ein für das 16. Jh. typischer neuspanischer Klosterfestungsbau. Der Grundstein für die Errichtung des Klosters Acolman wurde bereits 1539 gelegt; 40 Jahre später zählte man im Kloster 24 Mönche, von denen 19 ihren Studien nachgingen und fünf mit der Missionierung der Indigenen beschäftigt waren. Mit dem Bau der heutigen Kirche, die über einen weiten gotischen Innenraum und eine der frühesten plateresken Fassaden verfügt, wurde erst um die Mitte des 16. Jh.s begonnen.

Im Kloster befindet sich ein kleines **Museum**, das Exponate aus der Frühzeit der Missionierung zeigt. Die Kirche ist in einer für Mexiko typischen Offenen Kapelle integriert, um die Masse der getauften Indigenen aufnehmen zu können. Die dortigen Prozessionskapellen sind Überschwemmungen zum Opfer gefallen; eine wurde jedoch rekonstruiert. Außerhalb des jetzigen Atriums steht ein prächtiges, skulptiertes **Steinkreuz**, dessen Mitte das Gesicht des leidenden Christus bildet; Arme und Körper tragen Symbole des Passionswegs sowie Blumenornamente.

★★ MONTE ALBÁN

Bundesstaat: Oaxaca (Oax.) | **Höhe:** 2000 m ü. d. M. |
Entfernung: 10 km südwestlich von Oaxaca

Q 24

»Für die meisten Leute (...) existierten in Mexiko nur zwei alte Völker: die Azteken und die Maya. Zweifellos gab es daneben viele weitere Völker, die eine herausragende Kultur entwickelten, und zu ihnen zählen die Zapoteken«, schrieb der mexikanische Archäologe Alfonso Caso 1932 in sein Grabungstagebuch. Steht man in der bedeutenden UNESCO-Welterbestätte von Monte Albán, wird begreiflich, warum Alfonso Caso die Würdigung der Zapoteken so am Herzen lag. Ihr einstiges Kultzentrum ist eine der großartigsten Pyramidenanlagen Mexikos und erhebt sich über dem subtropischen Tal von Oaxaca.

Hauptstadt der Zapoteken

Monte Albán liegt auf 1948 m Höhe im Oaxaca-Tal. Wie der Fund einer steinernen Pfeilspitze beweist, jagten hier bereits vor 10 000 Jahren die Ureinwohner nach Mammuts. Nachdem die Stämme sesshaft geworden waren, gab es zunächst einzelne Siedlungen, bis es um 500 v. Chr. zu einer entscheidenden Neuerung kam: Einige Familien verbündeten sich und errichteten einen gemeinsamen Staat: Monte Albán. Doch warum wählten die Zapoteken einen so hoch gelegenen Ort? Archäologe Dante García kennt den Grund: »Dieser Berg bot alles Notwendige, Steine, Holz und Wasser, um Mörtel zu produzieren und Bauwerke zu errichten. Berge sind außerdem die Orte, wo die Götter leben. So wurde die Stadt wie eine Repräsentation des Universums und der darin lebenden Götter konzipiert. Die Lage ermöglichte außerdem eine gute Verteidigung gegen militärische Angriffe.«

Über 1000 Jahre lang bestimmte Monte Albán die Geschicke im Oaxaca-Tal. Seine Geschichte wird in fünf Phasen eingeteilt: In **Epoche I** (500–100 v. Chr.) entwickelt sich der Ort zu einem wichtigen Handelszentrum und erste feste Gebäude aus Stein werden errichtet. In **Epoche II** (100 v. Chr.–200 n. Chr.) ist die Macht gesichert, viele Tempel entstehen, werden mit Glyphen verziert und unterstreichen die Dominanz der Stadt über andere Orte. In **Epoche III** (200–700 n. Chr.) ist der Höhepunkt der Macht und die größte Ausdehnung der Stadt erreicht. Es bestehen gute Handelsverbindungen zu Teotihuacán, der berühmten Stätte bei Mexiko-Stadt, aber auch bis zu den entfernten Mayagebieten im heutigen Guatemala. Getauscht werden Keramikgefäße, Salz, Feuerstein, Obsidian, Muscheln, Nahrungsmittel und Textilien. In **Epoche IV** (700–1200 n. Chr.) beginnt der Niedergang. Es werden keine neuen Bauten mehr errichtet. Die grandiose Anlage verfällt, während Städte

Majestätisch erstreckt sich die einstige Hauptstätte der Zapoteken im Tal von Oaxaca.

wie Yagul, Mitla und Zaachila gegründet bzw. ausgebaut werden. Doch woran lag das? Es gebe viele Probleme, die für den schrittweisen Verfall von Monte Albán zusammen kommen: Nahrungsmangel, gesundheitliche Probleme, die Versorgung mit Rohstoffen und Wasser, aber vor allem interne Machtkämpfe, erklärt Archäologe Dante García. In **Epoche V** (1200–1521 n. Chr.) nutzen Mixteken Monte Albán als Begräbnisstätte, als sie ins Oaxaca-Tal vordringen. Das reich geschmückte Grab Nr. 7 entdeckte der Glückspilz Alfonso Caso 1932. Einige großartige dieser Grabfunde sind im Museum im Kloster Santo Domingo in Oaxaca ausgestellt. Als die Spanier nach

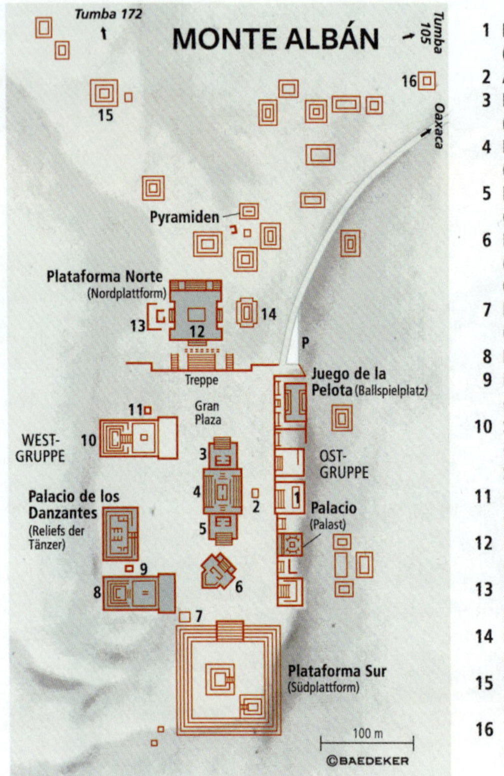

1 Edificio P (Pyramide)
2 Altar
3 Edificio G (Gebäude G)
4 Edificio H (Gebäude H)
5 Edificio I (Gebäude I)
6 Montículo J (Gebäude J/ Observatorium)
7 Estela 1 (Stele 1)
8 Komplex M-O
9 Estela 12 y 13 (Stele 12 und 13)
10 Sistema IV (Bau des Systems IV)
11 Estela 18 (Stele 18)
12 Patio Hundido (Versenkter Hof)
13 Edificio B (Gebäude B)
14 Edificio A (Gebäude A)
15 Tumba 104 (Grab 104)
16 Tumba 7 (Grab 7)

1521 in die Region kamen, war die einstige Zapotekenhauptstadt bereits seit 600 Jahren verlassen. In den folgenden Jahrhunderten wurde sie mehr und mehr vergessen. Erst das Interesse der Wissenschaft erweckte die Stätte zu neuem Leben.

Gang durch die Ruinenstätte

Rundgang mit Audioguide

Tipp Die Smartphone-App »Audioguide Monte Albán« (für Android und iOS von mundoido) sollten Sie sich vor dem Besuch der Stätte downloaden. Mit kurzweiligen Geschichten, O-Tönen und szenischen Einspielungen wird der 1,5 stündige Rundgang zu einem echten Erlebnis. Und das Ganze gibt es auf Deutsch, während die knappen Erklärungsschilder nur auf Spanisch und Englisch verfasst sind.

Orientierung

Anlage

Vom Eingang, dem ein kleines **Museum** angeschlossen ist, windet sich ein Pfad den Hügel hinauf zur Plataforma Norte, wo sich vor dem Besucher die Gran Plaza (200 × 300 m) öffnet. An ihrer Ostseite wird sie von einem Ballspielplatz, einem Palast und kleinen Tempelplattformen flankiert, nördlich von drei großen Tempelkomplexen. An ihrem südlichen Ende ragt die beeindruckende Pyramide der Plataforma Sur empor.

Tgl. 10–16 Uhr | Eintritt 90 MEX$

Nicht symmetrisch

Gran Plaza

Das Zentrum der archäologischen Stätte bildet der Große Platz (Gran Plaza). Das Plateau wurde teils durch Abtragung, teils durch Aufschüttung geschaffen, wobei man schwer zu entfernende Felsblöcke mit in die Bauwerke einbezog – wie bei der Nordplattform, der Südplattform und den Gebäudegruppen G, H, I. Hierunter litt die Symmetrie, d. h. die großen Freitreppen der beiden Plattformen lagen nicht genau gegenüber.

Um diesen Mangel zu verbergen, errichteten die Zapoteken in der Periode III zwei zusätzliche kleine Gebäude, die, durch Patios getrennt, vor den Bauten M und IV stehen. Wie üblich in der prähispanischen Architektur, wurden hier ebenfalls fast alle Gebäude mehrfach – bis zu sechsmal – überbaut. Auch die Wände der Gebäude waren mit verschiedenfarbigem Stuck überzogen.

Die erste Anlage …

Juego de Pelota

…auf der Ostseite des Platzes (bzw. vom Parkplatz aus auf der linken Seite) ist der **Ballspielplatz** (Juego de Pelota). Wie bei allen Plätzen dieser Art in Oaxaca wurden hier keine Steinringe gefunden, die als Tore hätten dienen können. Gepunktet wurde auf der Steinscheibe in der Mitte des Platzes.

Eine Säule aus Licht

Gebäude P

Stellen Sie sich doch einmal in die Mittelachse dieses Tempels. Fällt Ihnen das kleine Loch in den Stufen etwas oberhalb der Treppenmitte auf? Es bildet den Eingang zu einem künstlich angelegten Schacht. Denn noch ein Stück weiter oben in der Treppe, vier Stufen, bevor man die Plattform erreicht, befindet sich ein weiteres Loch. Hier führt ein etwa 4 m tiefer, schmaler Schacht hinab, in den **jedes Jahr am 8. Mai und 5. August** ein besonderes Ereignis stattfindet – und das noch heute: Denn an diesen beiden Tagen fallen für wenige Minuten die Strahlen der Sonne senkrecht in den Schacht, sodass im Inneren des Tempels eine Lichtsäule entsteht. Dieses Ereignis bezeichnete zwei wichtige agrarische Momente im Leben des alten Volkes: den Beginn der Regenzeit und der Aussaat und den Beginn der Erntezeit.

Berauschte Tänzer oder gepeinigte Kriegsgefangene? Eine Frage, die die Flachreliefs im Palacio de los Danzantes aufwerfen.

Wohnung der Priester

Palacio

Auf der oberen Plattform des Palastes blieben nur noch Mauerreste der Räume übrig, die wahrscheinlich Priestern als Wohnung gedient haben. Unter dem Innenhof fand man ein kreuzförmiges Grab aus der Periode Monte Albán IV. Zwischen dem Palast und der mittleren Reihe sieht man einen eingelassenen Altar, in dem eine originelle Maske des Fledermausgotts aus Jade gefunden wurde.

Das älteste Observatorium Mesoamerikas

Montículo J

Das Gebäude J ist entgegen dem axialen System Monte Albáns schräg errichtet. Mit dieser **Abweichung von 45°** unterscheidet es sich von allen anderen Strukturen des Ortes. Sein Grundriss ist außerdem nicht rechteckig, sondern pfeilförmig. Außerdem ist es mit einer rückseitigen und unüblicherweise nach Nordosten ausgerichteten Aufgangstreppe versehen, die in einen Raum auf dem Gebäude führte. Dieser außergewöhnliche Bau diente **zu astronomischen Berechnungen** und ist somit das älteste Observatorium Mesoamerikas.

Schöne Aussichten

Plataforma del Sur

Die **Südplattform** (Plataforma del Sur), die den Platz auf der Südseite abgrenzt, ist ein riesiges Bauwerk, von dem bisher nur wenig ausgegraben wurde. Eine 40 m breite Treppe führt auf eine Plattform, von der Sie vor allem bei Sonnenuntergang einen großartigen **Ausblick** auf die Gesamtanlage haben.

An der Nordwestecke steht die **Stele 1**, eine der besterhaltenen und künstlerisch wertvollsten von Monte Albán. Man erkennt links einen auf einem Hügel sitzenden Jaguar mit dem Kopfschmuck des Regengotts Cocijo, der eine geschmückte Lanze hält. Oben und an der rechten Seite sieht man Glyphenreihen. Weitere hier und auf der Plattform gefundene Stelen wurden ins Anthropologische Nationalmuseum von Mexiko-Stadt gebracht.

Schauplatz wichtiger Zeremonien

Komplex M–O

Der Name beschreibt die hier gefundene architektonische Struktur, die sich aus zwei Tempelpyramiden und dem dazwischen liegenden Hof mit Altar zusammensetzt. Ohne Zweifel wurden hier wichtige religiöse Zeremonien abgehalten. In der Religion ganz Mesoamerikas war das Prinzip der Dualität grundlegend: so bilden Tag und Nacht, Licht und Schatten sowie Leben und Tod eine Einheit und einen ständigen Kreislauf. Diese Dualität zeichnet sich in den beiden gegenüberliegenden Pyramidenkomplexen ab, denn in den Kulturen Mesoamerikas war es ein wichtig Motiv, die religiösen Vorstellungen in der Architektur auszudrücken.

Der interessanteste Teil der Anlage ...

Palacio de los Danzantes

...ist zweifelsfrei **Edificio L** (Palacio de los Danzantes). Sein Altar wird in das 6./5. Jh. v. Chr., somit in die Epoche I datiert. Der ursprüngliche Baukern wurde mehrfach überbaut – heute steht dort ein hohes, doppelstöckiges Bauwerk aus der Epochen III. Die wichtigsten Elemente sind die früher eine Terrassenmauer schmückenden Steinplatten, welche Figurenreliefs, die sogenannten **Danzantes**, aufweisen. Heute sind sie in mehreren Gruppen aufgestellt und werden »Galería de Prisoneros« genannt. Die Gesichtszüge und Glyphen zeigen eine große Ähnlichkeit mit denen der Olmeken (La-Venta-Kultur) von der Küste des Golfes von Mexiko. Es zeigt sich, dass die Bewohner von Monte Albán schon in der Frühzeit eine Art Schrift sowie ein Kalender- und Zahlensystem besaßen. Lange Zeit nahm man an, dass die in seltsamen Körperhaltungen dargestellten Figuren berauschte Tänzer seien oder dass es sich um gepeinigte Sklaven handeln könnte. Heute glaubt man aus den Glyphen um die Köpfe schließen zu können, dass sie **bedeutende gefangene Persönlichkeiten** verkörpern. In den letzten Jahren wurden zahlreiche Steinplatten in Museen gebracht und durch Polyesterreproduktionen ersetzt.

Mit verwitterter Sonnenuhr

Sistema IV

Weiter in nördlicher Richtung steht das **System IV** (Sistema IV), welches dem Hügel M äußerst ähnlich ist. An der Nordseite des Gebäudes ist noch die stark verwitterte Stele 18 erhalten, von der man annimmt, dass sie aus der Epoche II stammt und eine Sonnenuhr war.

Bedeutende Fundstätte

Plataforma del Norte

Auf die gewaltige, 12 m hohe **Nordplattform** (Plataforma del Norte), die beinahe so groß ist wie die Gran Plaza, führt eine breite Treppe. Zu beiden Seiten des Treppenaufgangs fand man je einen mit Hieroglyphen und Figuren geschmückten Kultraum mit Grabstätte. Gegenüber dem westlichen Kultraum fand man die Stele 9, die auf allen vier Seiten mit Reliefs versehen ist und als der bedeutendste Fund dieser Art angesehen wird; auch sie befindet sich heute im Anthropologischen Nationalmuseum von Mexiko-Stadt. Auf der Plattform sieht man die Reste von 2 m dicken Säulen in Doppelreihen, die einst das Dach der enor-

Durchatmen, entspannen, träumen – die Montebello-Seen im Süden Mexikos sind ein wahres Naturidyll.

men Halle trugen. Eine Treppe führt in den Versenkten Hof (**Patio Hundido**), in dessen Mitte ein Altar steht. Dieses einst feinskulptierte Rechteck diente als Basis für die Stele 10, die auch nach Mexiko-Stadt gebracht wurde.

Einer der elegantesten Wohnkomplexe Monte Albáns

Residenz und Grab 104

Über einen Pfad gelangt man nordwestlich zur Residenz und zum Grab 104 (Tumba 104), aus der Zeit um 500. Die Zimmer des **Wohnkomplexes** liegen rings um einen quadratischen Hof. In der Mitte befinden sich zwei Metallplatten, die vordere bedeckt den Eingang zum Grab, das sich unter dem Hof befindet, die andere diente zur Belüftung. Die zapotekische Oberschicht bestattete ihre Toten in Grabkammern innerhalb ihrer Häuser unter dem Patio. Sie spürten so über den Tod hinaus die Nähe zu ihren Ahnen. Das Grab ist leider heute nicht mehr für Besucher zugänglich, da die prachtvollen Wandmalereien durch Besucher beschädigt würden.

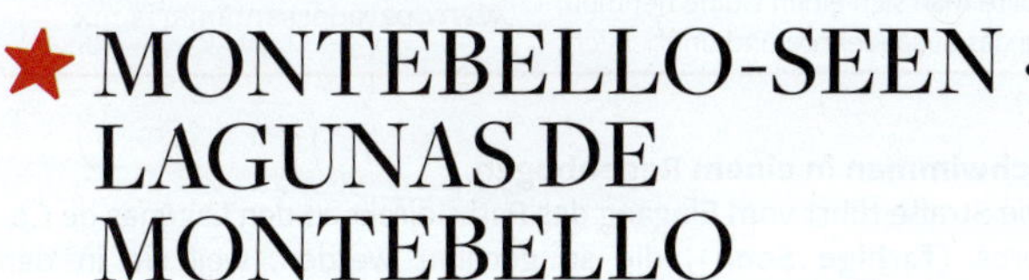

★ MONTEBELLO-SEEN · LAGUNAS DE MONTEBELLO

Bundesstaat: Chiapas (Chis.) | **Höhe:** von 1500 m ü. d. M. abwärts | **Entfernung:** 145 km südöstlich von San Cristóbal de las Casas

Wenn Sie die Seele baumeln lassen und sich am Ende der Welt fühlen möchten, sind Sie im Nationalpark Montebello richtig. 50 Seen in Farbschattierungen von Smaragdgrün bis Nachtblau liegen inmitten einer hügeligen, grünen Landschaft – ein Ort zum Wandern und Träumen.

Hier im Süden von Chiapas, nahe der Grenze zu Guatemala, ist die Gegend noch unberührt, eine schöne Abwechslung vom üblichen Menschentrubel. Das Klima ist mild, doch aufgrund der Höhe zwischen 1500 und 1800 m kann es morgens und abends auch recht frisch sein.

Seit 2009 sind die Lagunen, die sich über ein terrassenförmiges Gelände erstrecken, ein Biosphärenreservat der UNESCO. Dolinen, Grotten und Wasserfälle wie El Chiflón können Sie ebenso entdecken wie die einsame archäologische Stätte Chinkultic – ein perfektes Wandergebiet.

MONTEBELLO-SEEN ERLEBEN

Mit dem **Bus** oder mit dem **Sammeltaxi** fahren Sie am besten von Comitán de Domínguez zu den Montebello-Seen. Nehmen Sie das **Auto**, fahren Sie auf der MEX 190 (Panamericana) von San Cristóbal de Las Casas 103 km nach Comitán de Domínguez; von dort nehmen Sie nach 16 km bei La Trinitaria die Abzweigung nach links und gelangen nach 40 km zum Nationalpark Lagunas de Montebello. Durch den Nationalpark führt eine nur anfänglich asphaltierte Straße, von der mehr oder weniger gut befahrbare Feldwege zu einzelnen Seen führen. Als Besucher sollte man sich einen Guide nehmen, da das ausgedehnte und unübersichtliche Gelände nur sehr schwer allein erforscht werden kann.

PARADOR MUSEO SANTA MARÍA €€€

Der Parador Santa María ist eine umgebaute Hacienda (8 Z.), die bereits 1830 errichtet wurde. Jedes der sechs Zimmer ist mit Antiquitäten aus einer anderen Periode eingerichtet; manche haben offene Kamine. Das Restaurant ist sehr gut.
Carretera La Trinitaria–Lagos Montebello, bei km 22
Tel. 963 25 15 02 8
www.paradorsantamaria.mx

Schwimmen in einem Regenbogen

Lagunas de Colores

Die Straße führt vom Eingang des Parks direkt zu den Lagunas de Colores (**farbige Seen**), die so genannt werden, weil sie in den verschiedensten Farbschattierungen leuchten. Dieses Phänomen hängt mit dem Sonneneinfall, der Tiefe und der Beschaffenheit von Grund und Wasser zusammen. Die Seen und ihre Umgebung tragen daher auch so klangvolle Namen wie Esmeralda (Smaragd), Bosque Azul (Blauer Wald) und Agua Tinta (Farbiges Wasser). An der Laguna Bosque Azul kann man auch zelten.
In der Nähe einer kleinen Ansiedlung liegt der bemerkenswerte Bogen von San Rafael (**Arco de San Rafael**), eine natürliche Brücke aus Kalkstein, durch die der Río Comitán in eine Höhle fließt, in der er zu verschwinden scheint. Vom Parkeingang führt außerdem ein Pfad in Richtung Tziscao. Nach etwa 3 km kann man zur **Laguna de Montebello** abzweigen, einem der größeren Seen. Nach weiteren 3 km auf der Straße nach Tziscao gelangen Sie zum Gebiet der **Cinco Lagunas** (Fünf Lagunen). Vier davon können Sie gleich sehen, die letzte und auch schönste – La Cañada – erreichen Sie aber erst nach 1,5 km auf dem rechts abzweigenden Weg.

Grenze zu Guatemala

Lago Tziscao

Einer der größten Seen ist der Lago Tziscao, der nach einigen weiteren Kilometern in Sicht kommt. Er bildet bereits die Grenze zu Guatemala. Die neue Straße in Richtung Osten, entlang der Grenze, führt über

Matzán und Benemérito nach San Javier, von wo es eine Abzweigung in das 16 km entfernte Frontera de Corazal gibt (von dort Flussfahrten nach Yaxchilán, ▶ Bonampak · Yaxchilán).

Rund um die Montebello-Seen

Geborgene Schätze

Chinkultic

Nach 32 km auf der Abzweigung von der MEX 190 zu den Montebello-Seen geht links der 2 km lange, unbefestigte Fahrweg nach Chinkultic ab. Diese **Ruinenstätte** aus der klassischen Maya-Periode liegt am Felsabbruch eines bewaldeten Bergs in 1600 m Höhe. Man nimmt an, dass über 200 große und kleine Hügel des Gebiets noch Maya-Bauten bergen. Von den sechs Hauptgruppen ist heute nur wenig sichtbar.
Bisher fand man einen Ballspielplatz (**Juego de Pelota**) und mehrere Stelen mit Reliefs, die figürliche Darstellungen und Glyphen zeigen. Nicht zu übersehen ist die im Nordwesten gelegene Gruppe A mit dem freigelegten Tempel 1 (El Mirador), der den Abschluss einer etwa 40 m hohen Pyramide bildet. Er steht auf einer Terrasse, auf der sich vier Plattformen erheben. Die breite, auf die Pyramide führende Freitreppe ist heute wieder vom Busch überwachsen.
Rund 50 m unterhalb des Tempels liegt der malerische, türkisblaue Cenote **Agua Azul.** Da man annahm, dass wie im Falle des Cenote von Chichén Itzá Menschenopfer und Gaben hineingeworfen worden waren, pumpte man das Wasser des Cenote in den benachbarten See Chanujabab und führte eine Grabung durch, wobei verschiedene Keramiken gefunden wurden. Neben Stelen und Räuchergefäßen grub man in der Nähe eine Steinscheibe von 55 cm Durchmesser und 78 kg Gewicht aus, die mit 590 datiert ist. Diese wertvolle, als Markierstein für das Ballspiel dienende Plastik zeigt einen Ballspieler mit kunstvollem Federkopfschmuck und kultischer Spielausrüstung. Der Stein ist im Anthropologischen Nationalmuseum von ▶ Mexiko-Stadt zu sehen.
Tgl. 8–17 Uhr | Eintritt 60 MEX$

MONTERREY

Bundesstaat: Nuevo León (N.L.) | **Höhe:** 538 m ü. d. M. | **Einwohner:** 5,3 Mio. | **Entfernung:** 934 km nördlich von Mexiko-Stadt

Monterrey ist eine moderne Abwechslung zum Kolonialflair anderer Städte und erinnert mit den verrückten Hochhäusern und dem künstlich angelegten Kanal Santa Lucía mit seinen 24 erleuchteten Springbrunnen an Städte wie Frankfurt am Main.

H 20

Bedeutende Industrie-metropole

Vielleicht kommen Ihnen die Namen Carta Blanca, Bohemia, Sol, Indio und XX bekannt vor. Kein Wunder, all diesen Biersorten begegnet man auf einer Reise durch Mexiko. Sie werden von der Cervecería Cuauhtémoc Moctezuma in Monterrey hergestellt.

Monterrey im Tal von Santa Catarina wird von dem seltsam gezackten **Cerro de la Silla** (Berg des Sattels, 1740 m) und dem **Cerro de la Mitra** (Berg der Bischofsmütze, 2380 m) beherrscht.

Glasverspiegelte Hochhäuser prägen das Stadtbild – Symbole der Wirtschaftskraft, Macht und des Einflusses der drittgrößten Stadt Mexikos und einer der bedeutendsten Industriemetropolen in ganz Lateinamerika. Auch Vitro, Nordamerikas größter Glashersteller, Cemex, ein Konzern für Beton- und Zementproduktion sowie die Banorte haben hier ihren Hauptsitz. Die Stadt durchquert eine moderne Metro, und sie ist Standort verschiedener internationaler Universitäten.

Die ersten Spanier trafen 1584 unter Luis Carvajal y de la Cueva ein und gründeten den Posten Ojos de Santa Lucía. Erst elf Jahre später ließen sich hier zwölf spanische Familien unter der Führung von Diego de Montemayor nieder und tauften den Ort Villa de Nuestra Señora de Monterrey nach dem damaligen Vizekönig, dem Grafen von Monterrey. Die isoliert liegende Ortschaft, die 1775 nur 258 Einwohner zählte, musste sich oft gegen Überfälle nomadisierender Indigener wehren. Im Krieg zwischen Mexiko und den USA wurde sie 1846 besetzt, 1864 nahmen französischen Truppen die Stadt ein. Erst 1882, als die **Bahnlinie zwischen Laredo und Monterrey** geschaffen wurde, kam es zum wirtschaftlichen Aufschwung der Stadt.

MONTERREY ERLEBEN

TOURISTENINFORMATION

Raymundo Jardón 946
Tel. 81 82 28 61 00

Der **Flug** von Mexiko-Stadt nach Monterrey dauert eineinhalb bis zwei Stunden. Mit dem **Bus** sollten Sie etwa elf bis zwölf Stunden einplanen.

❶ EL REY DEL CABRITO €€€

Deftig-authentische Nord-Mexiko-Küche: mit Zicklein in allen Variationen, vom Kopf (»cabecita«) bis zu Blutsuppe (»fritada«). Auch das Dekor ist nichts für Feingeister.
Av. Constitucion 817 Ote.
Tel. 81 83 45 32 32

❷ EL GAUCHO €€€

Alteingesessenes argentinisch-mexikanisches Lokal mit deutlichem Schwerpunkt auf riesige Fleischportionen. Frische Tortillas, feurige Salsas und knackige Salate werden serviert.
Arroyo Seco 100
Tel. 81 83 58 42 18
www.restaurantelgaucho.com

❶ ROSE HOTEL €€€
Zentral in der Zona Rosa gelegenes Mittelklassehaus mit 29 geräumigen und gut ausgestatteten Zimmern.
Escobedo 930 Sur
Tel. 81 34 80 88 00

❷ HOTEL COLONIAL €€€
Das älteste Hotel Monterreys hat 100 Zimmer und überzeugt mit einem guten Preis-Leistungsverhältnis und zentraler Lage.
Calle Hidalgo 475
Tel. 81 29 68 01 25
www.hotelcolonialmty.com

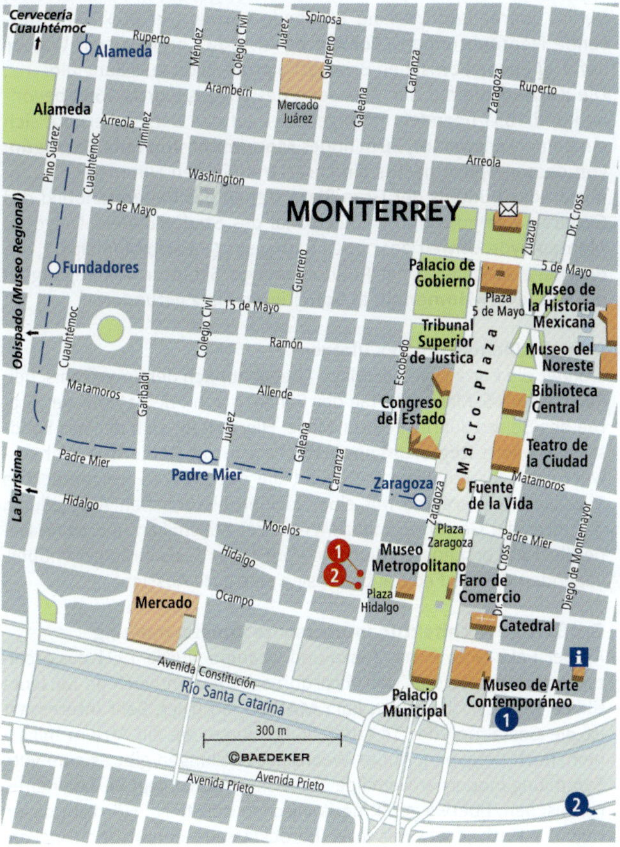

❶ El Rey del Cabrito ❷ El Gaucho

❶ Rose Hotel ❷ Colonial

Wohin in Monterrey?

Doppelt so lang wie der Rote Platz in Moskau

Gran Plaza (Macroplaza)

Zwischen dem Regierungspalast und dem modernen neuen Rathaus erstreckt sich die 1984 eröffnete Gran Plaza mit ihren Grünflächen, Bäumen und Brunnen, umgeben von modernen und historischen Bauten. Die Anlage hat eine Länge von fast 1 km -doppelt so lang wie der Rote Platz in Moskau - und ist rund 100 m breit. Beim Regierungspalast führt die Esplanada de los Héroes (Esplanade der Helden) an den Denkmälern von Miguel Hidalgo, José María Morelos, Benito Juárez und Mariano Escobedo vorbei. Der 60 × 30 m messende Neptunbrunnen (**Fuente de la Vida**) ergießt sein Wasser auf drei Ebenen zwischen Bronzeskulpturen von Luis Sanginio.
Die **Kathedrale** auf der Westseite des Platzes wurde 1603 begonnen und 1851 beendet. Ihr gegenüber auf der Ostseite erhebt sich ein bemerkenswertes, 76 m hohes **Monument von Luis Barragán**, von dessen Spitze nachts ein Laserstrahl in den Himmel weist. Inmitten des Südteils der Gran Plaza stehen das Reiterstandbild des Generals Zaragoza und das Denkmal des Stadtgründers Diego de Montemayor. Unweit des neuen Rathauses (Palacio Municipal), das den Platz abschließt, hat Rufino Tamayos Skulptur »Huldigung an die Sonne« (**»Homenaje al Sol«**) ihren Platz gefunden.

Den nördlichen Teil des Platzes ...

Palacio de Gobierno

... bildet die Plaza Cinco de Mayo (benannt nach dem mexikanischen Feiertag am 5. Mai - Der Tag der Schlacht von Puebla) mit der Statue des Benito Juárez in ihrer Mitte. Hier erhebt sich der aus Sandstein erbaute **Regierungspalast** (Palacio de Gobierno). Sehenswert sind der koloniale Patio und die mit Fresken geschmückten Repräsentationsräume mit einer kleinen historischen Ausstellung, darunter die Gewehre, mit denen Kaiser Maximilian und seine Generäle 1867 erschossen wurden. Vom Turm des schräg gegenüberliegenden Palacio Federal bietet sich eine gute Aussicht.

Großartige Architektur, interessante Kunstsammlung

Museo de Arte Contemporáneo

An der Ecke Gran Plaza, Zuazo und Ocampo wurde 1991 das architektonisch großartige, von Ricardo Legorreta entworfene Museum für Zeitgenössische Kunst, kurz **MARCO**, eröffnet. Sehr interessant ist die Gestaltung der 14 Ausstellungsräume, die ein Atrium mit einem Teich umgeben. Außer Wechselausstellungen gibt es eine gute Sammlung moderner Gemälde. Der Schwerpunkt liegt bei lateinamerikanischen, überwiegend mexikanischen Künstlern. Nördlich davon ragt die **Kathedrale** mit ihrer Barockfassade empor. Ihr Glockenturm stammt aus dem Jahr 1851.

Di.-So. 10-18, Mi. bis 20 Uhr | Eintritt 90 MEX$ | www.marco.org.mx

Ein Platz für den Nationalhelden

Plaza Hidalgo

Auf der anderen Seite der Plaza, gegenüber der Kathedrale, liegt die kleine, schattige Plaza Hidalgo, wo sich alte Kolonialhäuser um eine Statue von Hidalgo gruppieren. Hier ist im Alten Rathaus das Stadtmuseum **Museo Metropolitano de Monterrey** untergebracht.

Di.–So. 10–18 Uhr | Eintritt frei

Modern

Iglesia La Purísima

Westlich vom Platz steht an der Kreuzung Avenida Padre Mier und Calle Serafín Peña die 1943 geweihte Kirche La Purísima von Enrique de la Mora y Palomar (1907 – 1978), eines der besten Beispiele moderner Sakralarchitektur Mexikos und der erste moderne Kirchenbau im Land überhaupt.

Mit WIFI am Kanal entlang

Santa Lucía

Der 2,5 km lange künstliche Kanal Santa Lucía verbindet die Macroplaza mit dem Fundidora-Park – ein wunderbarer Spaziergang. 24 beleuchtete Brunnen begleiten die Flaniermeile, und wer nicht laufen möchte, kann sich auch mit einem Boot fahren lassen. Der gesamte Flussspaziergang hat **freies WIFI** – ein »saludo« nach Hause ist jederzeit möglich.

Kunst, Kultur, Erinnerung

Fundidora-Park

Auf diesem riesigen, 140 ha großen Gelände östlich vom Stadtzentrum liegen moderne Konstruktionen, Grünflächen, Parks, Museen, Theater und Attraktionen für Kinder dicht beieinander – ein Ort für Kunst und Kultur. Hauptfokus des Parks ist jedoch seine Funktion als **Erinnerungsort der Industriegeschichte** der Stadt. So können mehrere Hochöfen und Fabrikdenkmäler besichtigt werden.

Tgl. 6–22 Uhr | Eintritt frei

Schwer beflaggt

Cerro del Obispado

Der Hügel Cerro del Obispado wird vom Palais des Bischofs bekrönt. Der Palast vom Ende des 18. Jh.s diente später abwechselnd als Festung und Hospital. Im Jahr 1913 verschanzte sich hier auch der berüchtigte Bandit und Revolutionsheld **Pancho Villa**. Heute beherbergt der Bau das Regionalmuseum (**Museo Regional de Nuevo León**). Zu beachten sind die Kapelle mit schöner churrigueresker Fassade, die Druckerpresse, auf der Pater Servando Teresa de Mier im mexikanischen Unabhängigkeitskrieg (1810–1821) gegen die spanische Herrschaft gerichtete Pamphlete herstellte, und zwei Gewehre, mit denen angeblich Kaiser Maximilian und seine beiden Generäle in Querétaro erschossen wurden. Auf dem Hügel weht eine riesige, 250 kg schwere Mexiko-Flagge.

Di.–So. 9 –18 Uhr | Eintritt 60 MEX$

Rund um Monterrey

Schätze in einem umgekippten Zylinder

Centro Cultural Alfa

Verlässt man die Stadt in Richtung Club de Golf auf der Avenida Mesa Chipinque nach Süden, gelangt man in den Stadtteil **San Pedro Garza García** (8 km südlich des Zentrums), wo im Centro Cultural Alfa prähispanische Fundstücke, Bilder mexikanischer Maler, Volkskunst, Muscheln und Mineralien ausgestellt sind und ein in Form eines umgekippten Zylinders erbautes Planetarium Einblicke in die Welt der Astronomie bietet.

Ab ins Grüne

Parque Chipinque

Nach San Pedro Garza García führt die Straße hinauf zum Parque Chipinque, einem bewaldeten **Bergrücken** (18 km südlich von Monterrey), von dem Sie eine schöne Aussicht auf Monterrey und die Umgebung haben. Hier können Sie wandern und Mountainbike fahren.

tgl. 6–19.30 Uhr

Der Cañón de la Huasteca bietet sich an fürs Wandern, Klettern, Biken, Durchtamen ...

Wasserfall, manchmal ohne Wasser

Folgt man der MEX 85 in Richtung Ciudad Victoria nach Süden bis nach Villa de Santiago (36 km), gelangt man zu einer Abzweigung, die zu den Cascadas Cola de Caballo führt, einem eindrucksvollen, aus 30 m Höhe herabstürzenden Wasserfall, der jedoch von Zeit zu Zeit ausgetrocknet ist.

Cascadas Cola de Caballo

In bizarrer Gesellschaft

Von der MEX 40 in Richtung Saltillo führt nach etwa 18 km eine Abzweigung nach links zum Cañón de la Huasteca, einer fast senkrechten, 300 m tiefen **Schlucht**, die bizarre Felsen umgeben.

www.parquelahuasteca.com

Cañón de la Huasteca

Eines der größten und schönsten Höhlensysteme Mexikos

Auf derselben Ausfallstraße folgt nach weiteren 6 km eine Abzweigung nach rechts zu den noch 24 km entfernten Grutas de García, einem der größten und schönsten Höhlensysteme des Landes, dessen Eingang nur mit einer Seilbahn erreicht werden kann.

Di–So 10–17 Uhr | grutasdegarcia.com | Eintritt 80 MEX$

★ Grutas de García

★ MORELIA

Bundesstaat: Michoacán (Mich.) | **Höhe:** 1950 m ü. d. M. | **Einwohner:** 989 000 | **Entfernung:** ca. 300 km westlich von Mexiko-Stadt

In der Hauptstadt des Bundesstaates Michoacán kann man es aushalten. Die Stadt mit ihren Museen, Galerien und Cafés, eingebettet in das Ambiente kolonialer Architektur aus rosafarbenem Stein, Straßen und Plätzen, liegt am rechten Ufer des Flusses Río Grande de Morelia inmitten eines weiten fruchtbaren Talkessels zwischen Mexiko-Stadt und Guadalajara, den beiden größten Städten Mexikos. Nicht umsonst zählt Morelia seit 1991 zum UNESCO-Weltkulturerbe.

Studierende entspannen in Cafés, bevor sie zur Vorlesung an die landesweit renommierte **Universität Michoacana** zurückkehren. Eine Marimba-Kombo macht sich auf dem von ordentlich zurechtgestutzten Bäumchen umgebenen Zócalo bereit, denn am späten Nachmittag füllt sich der Platz mit Familien und Liebespaaren. Wenn die Glocken der eindrucksvollen Kathedrale läuten, sind alle auf einmal ganz Ohr. Das tun sie zum Beispiel am 30. September, dem Geburtstag von José Maria Morelos, dem Namensgeber der Stadt. Er wurde hier

geboren und kämpfte neben Allende und Hidalgo als einer der wichtigsten Führer für die mexikanische Unabhängigkeit. Sollten Sie an diesem Tag in Morelia sein, können Sie den Festumzug, Ausstellungen, Theaterstücke und als krönenden Abschluss ein Feuerwerk miterleben. Einmal im Jahr im Oktober kommt auch die High Society der Filmbranche in die Stadt. Zum **Festival Internacional de Cine de Morelia** im Oktober stolzieren Quentin Tarantino, Pedro Almodóvar, Salma Hayek und andere Celebrities über den roten Teppich.

Wohin in Morelia?

Pracht im strengen Barock

Catedral

Der schöne Hauptplatz (**Zócalo**) ist auf drei Seiten von Arkaden gesäumt. Die Ostseite wird ganz von der prächtigen **Kathedrale** eingenommen, einem 1640 begonnenen und über 100 Jahre später beendeten Bau aus rosabräunlichem Trachyt. Trotz der langen Bauzeit ist die Einheitlichkeit des Stils, in dem der strenge Barock überwiegt, durchaus gewahrt. Auffällig sind die mit Azulejos verkleidete **Kuppel**

MORELIA ERLEBEN

TOURISTENINFORMATION
Allende 403
Tel. 443 3 17 23 71
www.turismomorelia.mx

Der **Flug** von Mexiko-Stadt dauert ca. 45 Minuten, die Fahrt mit dem **Bus** ca. vier bis fünf Stunden (Busbahnhof Morelia 4 km nordwestlich des Zentrums). Wer mit dem **Auto** unterwegs ist, nimmt die MEX 15 (309 km) über Toluca.

In der **Casa de las Artesanías** (Plaza Valladolid/Av. Humboldt) wird das vielfältige Kunsthandwerk der Gegend angeboten: herrliche Web- und Lackarbeiten, Korbflechtereien, Keramik sowie Arbeiten aus Holz oder Kupfer.

LAS TROJES DE LA LOMA **€€**
»Troje« ist der Name für das traditionelle Haus der indigenen Purépecha. Das Restaurant besteht aus sieben solcher verschachtelter Holzhäuser. in denen regionale Küche serviert wird.
Calle Juan Sebastián Bach 51
Tel. 443 3 14 73 44

CASA DEL VIRREY **€€€**
Kleines Hotel im Kolonialstil in zentraler Lage nahe der Plaza del Carmen mit zweckmäßig eingerichteten, komfortablen Zimmern.
Calle del Trabajo No. 12 y 18
Tel. 443 3 21 54 00

In seinen riesigen Wandgemälden im Palacio de Gobierno setzte sich Alfredo Zalce mit der Geschichte seines Landes auseinander.

der Kirche und das doppeltürige Portal, dessen innere Flügel mit Leder bespannt sind. Im **Innern** sind mehrere interessante Stücke zu beachten: die neoklassizistischen Retablos, das silberne Taufbecken, ein Kruzifix von Manuel Tolsá, die imposante, 1903 in Deutschland gebaute Orgel sowie einige Gemälde im Chor und in der Sakristei, die den bedeutendsten Malern der ersten Hälfte des 18. Jh.s zugeschrieben werden.

Einst Wohnsitz einer Hofdame

Museo Regional de Michoacán

An der Ecke der Straßen Allende und Abasolo ist in einem Barockbau (Mitte 18. Jh.) das **Regionalmuseum** Museo Regional de Michoacán untergebracht. Es enthält u. a. Exponate aus der prähispanischen Zeit und aus der Kolonialepoche. Bevor das Haus 1886 zum Museum wurde, gehörte es Francisca Román, einer der Hofdamen von Königin Charlotte. Daher nächtigte Kaiser Maximilian von Habsburg 1864 bei seinem Aufenthalt in Morelia hier.

Di–So 9–17 Uhr | Eintritt 65 MEX$

Geschichte in großen Bildern

Palacio de Gobierno

Gegenüber der Kathedrale, auf der anderen Seite der Avenida Madero Oriente, liegt der **Regierungspalast** (Palacio de Gobierno) ein

Barockbau mit einem interessanten Patio. Beachtenswert sind die riesigen Wandmalereien des heimischen Künstlers Alfredo Zalce, die die Geschichte der Unabhängigkeit, der Reformen und der Revolution Mexikos darstellen.

Zweitälteste Schule des amerikanischen Kontinents

Colegio de San Nicolás

Folgt man der Calle Galeana in Richtung Norden und überquert die Avenida Madero Poniente, erreicht man das Colegio de San Nicolás. Ursprünglich nahm der Bau aus dem Jahr 1580 die in Pátzcuaro 1540 gegründete **Schule** auf; sie ist – nach der von Santa Cruz de Tlatelolco (1537) – die älteste des amerikanischen Kontinents. Zu ihren Lehrern gehörte einst auch der Freiheitskämpfer Miguel Hidalgo, der berühmteste Schüler war José Maria Morelos. Heute ist sie Teil der Universität von Morelia. Bemerkenswert ist der große, mit schönen barocken Arkaden umgebene **Hof**.

Auf zum Markt der Süßigkeiten

Palacio de Clavijero

Auf der gegenüberliegenden Straßenseite steht der gewaltige **Clavijero-Palast**, benannt nach dem Lehrer des Jesuitenordens Francisco Javier de Clavijero. Teil des Komplexes ist die frühere, zwischen 1660 und 1681 errichtete Jesuitenkirche (**Iglesia de la Compañía**), die heute die öffentliche Bibliothek (**Biblioteca Pública**) beherbergt. Im **Mercado de Dulces** (Markt der Süßigkeiten) neben dem Clavijero-Palast wird außer Süßigkeiten auch Kunsthandwerk angeboten.

Mit der ältesten Musikhochschule Amerikas

Santa Rosa de Lima

Nach Überquerung der Calle Santiago Tapia treffen Sie an einem hübschen Plätzchen auf die **Kirche** Santa Rosa de Lima. Der bereits Ende des 16. Jh.s begonnene Bau hat ein von der Renaissance beeinflusstes Doppelportal, obwohl in der Fassade wie auch bei den vergoldeten und bemalten Retablos der Barockstil in seiner churrigueresken Form dominiert. Der Kirche ist ein Konservatorium, die älteste Musikhochschule Amerikas, angeschlossen.

Im Haus der Kaiserin

Museo del Estado

Schräg gegenüber, im sogenannten Haus der Kaiserin (**La Casa de la Emperatriz**) in der Calle Guillermo Prieto 176, verbrachte die Ehefrau des Kaisers Agustín de Iturbide, Doña Ana Huarte, ihre Jugend. Seit 1986 befindet sich hier das Museo del Estado (**Staatsmuseum**). Es zeigt eine Vielzahl von Exponaten wie prähispanische Stücke und indigene Kostüme, eine kostbare Edelstein- und Mineraliensammlung, eine komplette Apotheke aus dem 19. Jh. und weitere Gegenstände und Dokumente zur Geschichte Michoacáns.

Mo.–Sa. 9–19 Uhr, So. 9–14 Uhr | Eintritt frei

Ältester Sakralbau in Morelia

Iglesia de San Francisco

Hinter der Plaza Valladolid erhebt sich die **Kirche San Francisco**, die um 1540 entstanden und damit der älteste Sakralbau der Stadt ist. Zu beachten ist die im Renaissancestil mit platereskem Einschlag gehaltene Eingangsfassade mit einem Glockenturm, dessen kleine Kuppel mit Azulejos bedeckt ist. Das früher der Kirche angeschlossene Kloster beherbergt heute die **Casa de las Artesanías**, in dem vielfältige und erstklassige regionale Volkskunst wie Lack- und Kupferwaren, Holzschnitzereien, Keramik und Stickereien ausgestellt und verkauft wird.

Im Geburts- und Wohnhaus des Unabhängigkeitshelden

Morelos-Museen

Zwei Gebäude in der Altstadt von Morelia sind heute dem Andenken des Unabhängigkeitshelden José María Morelos gewidmet: sein Geburtshaus (**Casa Natal de Morelos**) an der Ecke Corregidora y García Obeso mit Briefen und anderen Erinnerungsstücken und das eigentliche Morelos-Museum (**Museo Morelos**) in seinem späteren Wohnhaus, in dem seine Waffen, Uniform, sein Priestergewand und diverse Dokumente ausgestellt sind.

Casa Natal de Morelos: Mo.–Fr. 9–20, Sa.–So. bis 19.30 Uhr | Eintritt frei | **Museo Morelos:** Av. Morelos 323 | Di.–Fr. 9–15 Uhr | Eintritt 70 MEX$

Ein Wahrzeichen Morelias...

Acueducto

...ist der im Osten der Stadt in den Jahren 1785 bis 1789 errichtete **Aquädukt** (Acueducto), der eine Länge von 1600 m hat und von 253 Bögen getragen wird.

Rund um Morelia

Guter Ausgangspunkt für Ausflüge

Pátzcuaro

Verlässt man Morelia in Richtung Uruapan, erreicht man nach 58 km die Stadt Pátzcuaro, die ein guter Ausgangspunkt für Ausflüge zu den interessanten Orten rund um den ▶ Pátzcuaro-See ist, darunter vor allem die archäologische Stätte **Tzintzuntzan**.

Millionen Monarchfalter

Angangueo / Santuario de la Mariposa Monarca

Vom Ort San Felipe de Alzati an der MEX 15 sind es 24 km bis zum früheren Bergwerksstädtchen Angangueo. Von hier werden Touren zum Santuario de la Mariposa Monarco organisiert, einem der seltenen Überwinterungsgebiete der **Monarchfalter** – zudem das einzig offiziell zugängliche. Millionen dieser Schmetterlinge fliegen alljährlich im November aus Kanada und dem Norden der USA ein und verlassen diesen über 3000 m hoch gelegenen Nadelwald wieder im April. In den letzten Jahren haben die Abholzung der Wälder, allzu viele Touristen und die oft kalten Winter die Zahl der Falter erheblich reduziert.

OAXACA

Bundesstaat: Oaxaca (Oax.) | **Höhe:** 1545 m ü. d. M. | **Einwohner:** 700 000 | **Entfernung:** 440 km südöstlich von Mexiko-Stadt

Oaxaca ist die schönste Kolonialstadt in Mexiko und gehört auf jeden Fall ins Reiseprogramm. Bunt getünchte Häuser, blumengeschmückte Patios mit plätschernden Brunnen, ein Restaurant schöner als das andere – in der Hauptstadt des gleichnamigen Bundesstaates, in einem Tal mit subtropischer Vegetation, umgeben von den Bergen der südlichen Sierra Madre, wird es nicht langweilig.

Mexikos schönste Kolonialstadt

Bereits seit 1988 zählt das historische Zentrum zum UNESCO-Weltkulturerbe. Viele mexikanische Traditionen werden hier besonders gepflegt, wie die **Tage der Toten**, und mit dem **Guelaguetza-Festival** folkloristische Trachten und Tänze.

» In dieser Stadt ist immer etwas los, irgendein Fest wird immer gefeiert «

schwärmt der Archäologe Dante Garcia. Der Mix aus indigenen Kulturen und spanischen Einflüssen faszinieren ihn besonders: »Wir Mexikaner sind ein Volk, das immer wieder fremdem Mächten ausgesetzt war, deren Traditionen wir aber nicht einfach kopieren, sondern adaptieren.« Schaut man sich die überquellenden Märkte an, glaubt man ihm das sofort. »Das ging schon den alten Zapoteken so, die seit mindestens 1600 v. Chr. das Oaxaca-Tal besiedelten.« (▶ Monte Alban), erzählt er weiter. »Dann kamen die Mixteken ins Tal und ab 1458 schließlich die Azteken. Sie waren es, die an der Stelle des heutigen Oaxaca den strategischen Stützpunkt Huaxyaca gründeten, von dem die Spanier, die ab 1521 auftauchten, den späteren Namen der Stadt ableiteten.« Das **Kunsthandwerk** in Oaxaca ist ebenfalls sehr vielfältig. In den Dörfern rund um die Stadt werden Alebrijes, Tonwaren, Teppiche und die wunderschönen bunten Oaxaca-Blusen hergestellt. Dementsprechend farbenprächtig sind die Märkte. Fünf Tage können Sie locker für Oaxaca und Umgebung einplanen.

Das Tal von Oaxaca war schon um 6000 v. Chr. von indigenen Völkern besiedelt, seit mindestens 1600 v. Chr. von den Zapoteken, anschließend von den Mixteken. Schließlich drangen 1458 die Azteken ins Tal ein, die unter ihrem König Ahuitzotl an der Stelle des heutigen Oaxaca den **Militärstützpunkt Huaxyaca** (Nahuatl: am Akazienhain) errichteten. Im Jahr 1521 kamen die Spanier unter Francisco de Orozco, unterwarfen die Ureinwohner und gründeten eine kleine Siedlung, die 1529 Antequera getauft wurde. Bereits 1532 erhob Kaiser Karl V. den Ort zur königlichen Stadt Oaxaca, ein Name, der von der ursprünglichen Aztekenfestung abgeleitet wurde. 1830 wurde hier Porfirio Díaz, der spätere Präsident der Republik, als Mestize mixtekischer Herkunft geboren. Der spätere Präsident und Nationalheld **Benito Juárez**, ein Zapoteke, residierte in dieser Stadt, als er von 1847 bis 1852 Gouverneur des Bundesstaats Oaxaca war.

Wohin in Oaxaca

Zentrum des bunten Lebens in Oaxaca...

...ist der Zócalo mit einem hübschen Musikpavillon, schönen, alten Bäumen und Arkadencafés. Am 23. Dezember jeden Jahres findet hier das einzigartige und überaus bunte Fest der Radieschen (**Fiesta de**

Zócalo

Ein (weiteres) schmückendes Element: Agaven wachsen vor dem Convento de Santo Domingo, der wohl prächtigsten Kirche in Mexiko.

OAXACA ERLEBEN

SECRETARIA DE TURISMO

Avenida Benito Juárez 703
Tel. 951 5 02 12 00
www.sectur.oaxaca.gob.mx

Von Mexiko-Stadt dauert ein **Flug** nach Oaxaca 50 Min., eine **Busfahrt** ca. sechs Stunden. Wer mit dem **Auto** anreist, nimmt am besten die MEX 190.

Fahrradverleih: Verleih fahrbarer Untersätze stunden- oder tagesweise für Groß bis Klein. (Bicibella, Calle Macedonio Alcalá 802, Tel. 951 1 09 97 27, Mo–Sa 8–20 Uhr)
Mezcaltour: Auf seiner Tour (1,5 Std.) zeigt Archäologe Dante García spannende Orte in der Stadt und schenkt gern ein Gläschen Mezcal zur Verkostung aus (350Mex$/Person, Touren auf Deutsch, Englisch, Spanisch, Anmeldung unter mezcaltour.oaxaca@gmail.com).

Seit 1879 findet jedes Jahr am 23. Dezember auf der Plaza de la Constitución die **Noche de Rábanos** statt. Bereits am Nachmittag beginnen die Ausstellung und der heiß umkämpfte Wettbewerb kunstvoll geschnitzer Radieschen- und Rettichskulpturen.
An den letzten beiden Montagen im Juli findet in Oaxaca das spektakuläre Tanzfest **Guelaguetza** statt. Es treffen sich Gruppen aus dem ganzen Staat, die in wunderschönen, farbenfrohen Trachten traditionelle, mitreißende Tänze zeigen.

Oaxaca ist weithin für die Qualität seiner Kunsthandwerksprodukte bekannt, die auch von Indígenas auf den Straßen verkauft werden.
Mujeres Artesanas de las Regiones de Oaxaca ist eine Kooperative, in der Frauen aus der Umgebung Textilien, Keramiken, Web- und Schmuckstücke anbieten (Manuel García Vigil 204).

MEZCALOTECA

Wer in die Welt des Mezcal tiefer eintauchen will, ist hier an der richtigen Adresse. Silvia kredenzt im gemütlichem Barambiente feine Tropfen verschiedener Produzenten. Die **Verkostung** dauert ca. 1 Stunde und kostet 280 MEX$ inkl. Tafelwasser.
Reforma 506
Tel. 951 3 16 04 48
www.mezcaloteca.com

1 HACIENDA SANTA MARTHA €€

Vor den Toren der Stadt, in San Pablo Etla, wartet die Hacienda täglich von 13.30–18.30 Uhr mit einem grandiosen Buffet auf. Dazu gibt es Live-Musik und Kinderbetreuung auf dem weitläufigen, gepflegten Areal.
Domicilio conocido S/N
San Sebastian de las Flores
Tel. 951 3 16 80 09

3 ZANDUNGA €€€

Im überdachten Patio wird kreative Küche mit mexikanischer Note serviert. Ob Hühnchen an Apfeljus oder Rind, flambiert mit Mezcal – lecker!
Gral. Manuel García Vigil 512
Tel. 951 5 16 22 65

OAXACA
Santo Tomás
Seguro Social
Monumento a la Bandera
Cerro del Fortín
Auditorium Guelaguetza
Monumento a Juárez
Casa de Juárez
Carmen Alto
Museo Regional de Oaxaca
Patrocinio
Santo Domingo
Sangre de Cristo
Palacio Municipal
San José
Plaza de la Danza
Museo Rufino Tamayo
Museo de la Ciudad
Museo de Arte Contemporáneo
Basílica de la Soledad
San Felipe
Universidad
Catedral
Teatro
Zócalo
La Merced
Palacio de Gobierno
Compañia
San Agustín
Mercado Central de Abastos
Mercado Juárez
San Juan de Dios
Mercado de 20 de Noviembre
Siete Principes
Mercado de Artesanias
San Francisco
Nuestra Señora de Consolación
Parque de la Revolución
Río Atoyac
MEX 190
MEX 175
Chiapas, Mitla, Tehuantepec, Tlalixtac de Cabrera
Chiapas, Mitla, Tehuantepec, Hierve el Agua
Aeropuerto Puerto Escondido, Puerto Ángel
Monte Albán
Zaachila
Matamoros, Acatlan
Hacienda Santa Martha
Tortas La Hormiga
Zandunga
Hotel Azucenas
Quinta Real Oaxaca
500 m
©BAEDEKER

2 TORTAS LA HORMIGA €

Im kleinen Park unweit des Klosters Santo Domingo gibt es im Comedor La Hormiga die besten Tortas von Oaxaca. Hühnchen, Schinken, Schwein oder Käse – die Kombi mit Bohnen, Avocado und scharfen Mixed Pickles ist unwiderstehlich.
Valentín Gómez Farias S/N,
Col. Centro
Tel. 951 1 45 45 57
www.tortaslahormiga.com

2 QUINTA REAL OAXACA €€€€

Das Hotel, ein umgebautes, 400 Jahre altes Kloster, hat eine abwechslungsreiche Vergangenheit als Rathaus, Gefängnis, Kino und Schule. In zwei Stockwerken sind noch Fresken zu erkennen. Die 91 Zimmer sind mit mexikanischen Textilien und Keramiken geschmückt.
Calle 5 de Mayo 300
Tel. 951 5 01 61 00
www.quintareal.com

1 HOTEL AZUCENAS €€

Frühstück gibt es auf der Dachterrasse, die Zimmer (10) sind klein, aber farbenfroh und sauber. Die sympathische Unterkunft liegt ca. fünf Straßen vom Zócalo entfernt.
Calle Prof M Aranda 203
Tel. 951 5 14 79 18
www.hotelazucenas.com

Gold, wohin man blickt: Auch bei der Ausschmückung des Innenraums der Convento de Santo Domingo wurde nicht gespart.

Rábanos) statt. An der Südseite des Platzes steht der im Kolonialstil erbaute Regierungspalast (**Palacio de Gobierno**). In seinem Treppenhaus können Sie sich ein **Mural** von Arturo García Bustos ansehen, das die Geschichte der Stadt schildert. Im mittleren Teil kann man u. a. Benito Juárez mit seiner Frau Margarita erkennen, die rechte Wand zeigt das alte Mitla und die linke Seite einige Frauenfiguren wie die Nonne und Dichterin Juana Inés de la Cruz. An der Nordwestseite erhebt sich die **Kathedrale**, deren Bau Mitte des 16. Jh.s begonnen wurde und rund 200 Jahre in Anspruch nahm. Auffällig ist die gedrungene Bauweise mit zwei niedrigen Türmen, die Schäden durch Erdbeben vermeiden sollte. Die originelle Turmuhr, deren Werk ganz aus Holz geschnitzt ist, war ein Geschenk des Königs von Spanien. Die Barockfassade weist fein gearbeitete Figuren und Flachreliefs an den Säulen auf.

Geschäftiges Treiben

Mercados

Südlich des Zócalo wird im alten Marktgebäude, auf der Calle Colón zwischen den Straßen 20 de Noviembre und Miguel Cabrera, der **Mercado Benito Juárez** und gleich daneben der **Mercado 20 de Noviembre** abgehalten, die wie die meisten Märkte Oaxacas ein besonders buntes Schauspiel bieten. Samstags, wenn die Indígenas aus allen Richtungen herbeiströmen, ist noch mehr los. Neben Lebensmitteln und Essensständen werden u. a. Web- und Töpferwaren, Lederartikel, Messer und Macheten angeboten. Einen Besuch wert ist auch der **Mercado de Artesanías** in der Calle J. P. García, nahe der I. Zaragoza, der auf Textilien spezialisiert ist. Ein weiterer bunter und täglich stattfindender Markt ist der **Mercado de Abastos** (vor allem Lebensmittel), jenseits der Bahngleise und südlich der Zweiter-Klasse-Busstation gelegen. Auch er ist samstags besonders geschäftig, wenn die Indígenas aus den umliegenden Dörfern kommen.

Shoppen und Kultur

Calle Alcalá

Die Calle Alcalá wurde zu einer Fußgängerzone, **Andador Turístico**, umgewandelt, die vom Zentrum direkt zur Iglesia de Santo Domingo führt. In der Calle Alcalá 202 befindet sich in einem hübschen Kolonialgebäude das MACO (**Museo de Arte Contemporáneo de Oaxaca**). Es zeigt Werke von Malern aus dem Bundesstaat Oaxaca, darunter des berühmten Rufino Tamayo.

Kirche oder Palast?

Convento de Santo Domingo

Fünf Häuserblocks nördlich vom Hauptplatz erreichen Sie die prächtige Kirche Santo Domingo, eine Dominikanergründung aus dem Jahr 1575. Mehr als 200 Jahre dauerte es bis zur Vollendung des Gotteshauses; der Bau verschlang mehr als 12 Mio. Goldpesos. Imposant ist die **Barockfassade** und das mit Gold eingefasste Portal. Der **Innenraum** der Kirche zeigt an den Wänden und der Decke eine Fülle von vergolde-

ten Ornamenten und bunten Skulpturen in Hochrelief, die sich gegen den weißen Hintergrund glanzvoll abheben. Der Gesamteindruck erinnert eher an einen Palast als an eine Kirche. Der bäuerliche Stil der farbigen Plastiken gibt dem Kirchenschiff, dem Chorbogen und den Kapellen eine unverwechselbar mexikanische Note.
An der Decke über dem Haupteingang sieht man einen skulptierten Weinstock, aus dessen goldenen Zweigen und Blättern 34 Porträts wachsen. Es handelt sich hierbei um den **Stammbaum des 1221 gestorbenen hl. Domingo de Guzmán**, des Gründers des Dominikanerordens. Die kunstvoll gefertigten Bildnisse tragen fast alle eine Krone; an der Spitze der Rebe sitzt die Jungfrau Maria.
Von den elf verschiedenen Kapellen ist die größte und schönste die Rosenkranzkapelle (**Capilla de la Virgen del Rosario**). Sie hat einen eigenen Chor, eine Sakristei und sogar eigene Türme. Der reich geschmückte Altar mit der Jungfrau Maria gilt als Juwel des mexikanischen Rokoko. Die meisten der ursprünglichen Altäre und Dekorationen wurden in den 1860er-Jahren zerstört, als das Gotteshaus vorübergehend als Pferdestall genutzt worden war. Die späteren Restaurierungen folgten den alten Vorbildern.
Tgl. 7–13 u. 16–20 Uhr, nur außerhalb der Messe

Einzigartige Sammlung prähispanischer Funde

Museo Regional de Oaxaca

In dem benachbarten Kloster, dem Ex-Convento de Santo Domingo, ist heute das Museo Regional de Oaxaca (Museo de las Culturas de Oaxaca) untergebracht. Auf zwei Stockwerken werden **archäologische und ethnologische Sammlungen zu den prähispanischen Kulturen** sowie kirchliche und weltliche **Exponate aus der Kolonialzeit** ausgestellt. In der ethnologischen Sammlung sehen Sie u. a. Trachten, Masken, Schmuck, Zeremonial- und Hausgeräte der verschiedenen indigenen Stämme der Region. Nebenan befinden sich die archäologischen Fundstücke aus den umliegenden Stätten der Zapoteken und Mixteken. Fotografien, Tabellen und Karten runden die Ausstellung ab. Glanzpunkt der archäologischen Abteilung ist der 1932 im Grab Nr. 7 von Monte Albán gefundene **Mixtekenschatz** aus Gold, Jade, Türkis und anderen Halbedelsteinen. Aus diesen farbenfrohen Materialien wurden überaus kunstvolle Armbänder, Halsketten, Ohrschmuck, Brustplatten und Masken hergestellt.
Di.–Fr. 10–15 Uhr | Eintritt 85 MEX$

Ein Geschenk an den Staat

Museo Prehispánico Rufino Tamayo

In einem Palais an der Avenida Morelos (Nr. 503), vier Blocks vom Zócalo entfernt, ist das Museo Prehispánico Rufino Tamayo untergebracht, das der berühmte mexikanische Maler Tamayo dem Staat geschenkt hat. In fünf Räumen werden **archäologische Objekte** der wichtigsten altindigenen Kulturen gezeigt.
Mo.–Sa. 10–14 u. 16–19, So. 10–15 Uhr | Eintritt 90 MEX$

Vom Diener zum Präsidenten

Museo Casa Benito Juárez

Das Haus in der García Vigil 609, in dem der spätere, erste indigene Präsident **Benito Juárez** zwischen 1818 und 1828 als Diener lebte, wurde in ein Museum umgewandelt. Hier findet man diverse Gegenstände, die an den Präsidenten erinnern, der 1806 in Guelatao bei Oaxaca geboren wurde.

Di.- So. 10-19 Uhr | Eintritt 55 MEX$

Der Jungfrau der Einsamkeit geweiht

Basílica de Nuestra Señora de la Soledad

Fünf Häuserblocks westlich vom Zócalo steht die **Kirche der Stadtpatronin La Soledad** (Basílica de Nuestra Señora de la Soledad). Der Bau entstand zwischen 1682 und 1690 und hat ein kalksteingepflastertes Atrium, das von einem erhöhten Wandelgang umgeben ist. Die Figur der Virgen de la Soledad trägt eine Robe aus schwarzem, mit Gold und kostbaren Steinen bestickten Samt und hat eine besonders große Perle auf der Stirn.

Hier findet die größte Fiesta Mexikos statt

Cerro de Fortín de Zaragoza

Auf dem Cerro de Fortín de Zaragoza, einem Berg, der sich etwa 100 m über die Stadt erhebt, stehen ein Freilichttheater sowie je ein Nationaldenkmal für Benito Juárez und die mexikanische Staatsflagge. Dieser Ort ist alljährlich Schauplatz der größten und buntesten Fiesta des Landes, der sogenannten **Guelaguetza**, die an den zwei auf den 16. Juli folgenden Montagen stattfindet. Gezeigt wird eine Mischung aus vorspanischen und christlichen Tänzen der indigenen Stämme aus dem Bundestaat Oaxaca.

Mitten drin im Geschehen

Museos Comunitarios del Estado de Oaxaca

Die gemeinnützige Genossenschaft bietet Ausflüge zu einer Anzahl von Kommunalmuseen im Tal von Oaxaca an. Diese Touren geben einen erstklassigen Einblick u. a. in die Handwerks- und Agrarmethoden sowie in die traditionelle Heilkunst und ermöglichen die Teilnahme an lokalen Fiestas.

Dept. 12, Tinoco y Palacios 311 | Tel. 951 5 16 57 86

Rund um Oaxaca

Entspannen im Temazcal

Tlalixtac de Cabrera

Im **zapotekischen Dampfbad** schwitzen, umhüllt vom Duft frischer Kräuter und Trommelklängen, können Sie im Dorf Tlalixtac de Cabrera, 10 km östlich von Oaxaca. Außerdem werden traditionelle Massagen und rituelle Reinigungen angeboten – ein Ort für Körper und Seele.

Callejon San Antonio | Mo–Sa 10–19 Uhr | Dampfbad: 800 MEX$ / 1,5 Std.

BEI KÜNSTLERN ZU HAUSE

Nicht weit von Oaxaca im Dorf San Martín Ticaljete lebt eines der berühmtesten Künstlerpaare Mexikos. Jacobo Ángeles und seine Frau María schnitzen und bemalen Figuras Zapotecas – Tiere und Mischwesen mit Symbolen der zapotekischen Welt. Die Ángeles freuen sich über Besuch in ihrer Werkstatt und den Ausstellungsräumen mit schönem Garten. Wer mag, kann sich in einem Workshop selbst als Künstler versuchen.

C/ Olvido 9, San Martín Tilcajete, Oaxaca, jacoboymariaangeles.com

Eine 2000-jährige Zypresse

Árbol de Tule

Etwa 10 km weiter im Valle de Tlacolula liegt an der MEX 190 das kleine Dorf Santa María del Tule. Vor einer reizvollen kleinen Kirche steht der berühmte **Baum von Tule** (Árbol de Tule), eine **gewaltige Zypresse**, deren Alter auf 2000 Jahre geschätzt wird und die eine Höhe von 40 m und einen Umfang von 42 m hat.

Im Zeichen kunstvoller Teppiche

Teotitlán del Valle

Nach weiteren 13 km führt eine Abzweigung nach links zum 5 km entfernten Teotitlán del Valle. Dieses Dorf ist weithin bekannt für seine kunstvoll handgewebten Teppiche aus feiner Schafwolle. Die einzelnen Arbeitsprozesse werden anschaulich in der **Galerie Encanto** gezeigt.

Galerie Encanto: Aquiles Serdan 28

Großes zapotekisches Zentrum

Dainzú

Kurz darauf zweigt rechts eine Straße zur **archäologischen Stätte** Dainzú ab. Die Ausgrabungsarbeiten haben ergeben, dass es sich um eine sehr alte Stadt handelt, die von etwa 600 v. Chr.–1400 n. Chr., also während der Epochen von Monte Albán I–V, bewohnt war. Bisher sind erst wenige Gebäude dieses großen zapotekischen Zentrums erforscht.

Einer der bedeutendsten Bauten hat eine pyramidenförmige Basis und erinnert in der Bauweise an die Nordplattform in ▶ Monte Albán. An der Südseite des Untergeschosses fand man eine Galerie hochinteressanter, flacher, bearbeiteter Steine, deren **Reliefs** ähnlich olmekisch beeinflusst sind wie die Danzantes in Monte Albán. Sie zeigen u. a. Personen während des Ballspiels sowie Priester oder Gottheiten mit Jaguaren als Schutzherren des Spiels. Die Haupttreppe an diesem Bauwerk ist später errichtet worden (etwa 700). Ähnliche Figuren und Szenen wie in der Wandgalerie sind in den Felsen an der Spitze des Hügels eingemeißelt. In dieser Anlage hat man auch das Grab eines Herrschers oder Priesters gefunden.

Mi.–So. 10–17 Uhr | Eintritt 70 MEX$

Im Schutz der Nachbarn

Lambityeco

Wenige Kilometer weiter liegt an der Straße die **archäologische Stätte** Lambityeco. Dieser Ort, der wesentlich größer war als es angesichts der heutigen Überresten erscheint, hatte seine Blütezeit zwischen 900 und 1200, parallel zum Niedergang und zur Aufgabe Monte Albáns durch die Zapoteken. Man sieht eine kleine Pyramide, unter der ein altes Haus ausgegraben wurde. Insgesamt fand man hier sieben Gräber; auf der Fassade des Grabes 5 sind zwei Köpfe und Namen eingemeißelt, die den früheren Besitzer des Hauses und seine Frau darstellen könnten. Im Grab 2 von Lambityeco, das mehrmals überbaut wurde, entdeckte man zwei eindrucksvolle **Skulpturen des zapotekischen Regengotts Cocijo**. In einem Patio befinden sich aus Stein gehauene Friese mit menschlichen Figuren und Hieroglyphen, ein Altar und ein Grab. Man nimmt heute an, dass die Bewohner diesen von der Lage her ungeschützten Platz verließen, um sich an der 5 km weiter befindlichen älteren Kultstätte Yagul (▶ unten) niederzulassen.

Prächtige Kirche und malerischer Sonntagsmarkt

Tlacolula

Gut 2 km weiter führt eine kurze Abzweigung nach rechts zu dem alten Zapotekenstädtchen Tlacolula, das eine sehenswerte **Pfarrkirche** aus dem Jahr 1647 besitzt. Die barocke Fassade besteht aus drei Teilen mit Rundbogen, Säulen, Nischen und einem Chorfenster. Ein großartiges Beispiel der einfachen Schmiedeeisenarbeiten aus der Kolonialzeit sind das Tor zur Christuskapelle (Capilla del Santo Cristo) und das Chor- und Kanzelgeländer. Beachtenswert sind auch die goldgerahmten Spiegel, einige mit dem habsburgischen Doppeladler versehen, die silbernen Lüster, die Bänke sowie der silberne Hauptaltar. Der Ort Tlacolula ist auch bekannt für seinen malerischen, lebhaften **Sonntagsmarkt**.

Religiöses Zentrum der Zapoteken und Mixteken

Yagul

Am Abhang eines Hügels im Nordosten von Tlacolula liegt in einer von Kakteen bewachsenen Landschaft Yagul (15 km westlich von Mitla, 34 km östlich von Oaxaca), einst ein religiöses Zentrum der Zapoteken und Mixteken. Die auf drei Ebenen erbauten Tempel und Paläste werden von einer auf dem Gipfel gelegenen Festung überragt, von der man das Tal von Oaxaca überblicken kann. Obwohl die frühesten Funde schon aus der Zeit von 500–150 v. Chr. stammen, dürfte Yagul seinen Höhepunkt erst um 1250 n. Chr. gehabt haben. Der untere, überwiegend ausgegrabene Teil der Zone ist der Patio des Dreifachen Grabes (**Patio de la Triple Tumba**), der von vier Tempeln gebildet wird und in der Mitte einen Opferplatz aufweist. An der linken Seite befindet sich die Skulptur einer sitzenden Kröte, die den Regengott symbolisiert. Von einer Plattform in der Mitte des Patios steigt man hinunter in ein Grab, das aus drei Räumen besteht. Diese haben zum Teil kunstvoll bearbeitete Fassaden mit steinernen Menschenköpfen und enthielten Skelette von Würdenträgern sowie reiche Grabbeigaben.
In der zweiten Bautenreihe liegt der Ballspielplatz (**Juego de Pelota**). Im Westen schließt sich der große, von niedrigen bebauten Terrassen eingerahmte Patio I an. Der Hof, der mehrere Gräber mit geschmückten Fassaden enthält, wird im Norden vom Saal der Ratsversammlung (**Sala del Consejo**) begrenzt. Hinter der Halle können Sie einen Weg mit Mosaiken im Stil Mitlas finden. Die letzte Bautenreihe wird als Palast der Sechs Patios (**Palacio de los Seis Patios**) bezeichnet. Dieses weitläufige Labyrinth könnte als Unterkunft für den Herrscher gedient haben. In einem schmalen, langen Gang kann man Steinmosaikmuster im Mitla-Stil sehen.
Der mühsame Aufstieg zu der von einer gewaltigen Verteidigungsmauer umgebenen Festung (Fortaleza) wird durch ihre interessante Bauweise und die **großartige Aussicht** belohnt.
Tgl. 10–16 Uhr | Eintritt 90 MEX$

Zentrum einer tierischen Farbstoffgewinnung

Cuilapan

Etwa 12 km südlich von Oaxaca, im Valle de Zimatlán-Ocotlán, liegt der Ort Cuilapan (Coyote-Fluss), ein Zentrum der früher bedeutenden **Cochenille-Verarbeitung**. Aus diesen auf Kakteen lebenden Läusen wird ein leuchtend roter Farbstoff gewonnen.
An einer Anhöhe sieht man die Kirche und das **Kloster Santiago Apóstol**, eines der größten seiner Art in Mexiko. Mit dem Bau der massigen Klosteranlage wurde 1555 begonnen, aber sie blieb unvoll-

endet. Die Renaissancefassade der dachlosen Basilika steht vor zwei inneren Säulengängen, von denen ein Teil durch Erdbeben zum Einsturz gebracht wurde. Auf der linken Seite sieht man eine aus Stein gehauene Kanzel, zu der eine kleine Treppe hinaufführt. Das anschließende Klostergebäude wurde 1663 verlassen, als der Orden 452 Oaxaca übersiedelte. Die Mauern sind fast 3 m dick. Die Wandmalereien im Eingang beschreiben die Geschichte des Ordens. Im letzten Raum im Hauptgeschoss war einst der mexikanische Präsident Vicente Guerrero eingesperrt, bevor er 1831 von seinen Feinden erschossen wurde. Von der Terrasse des zweiten Stocks, in dem sich die Mönchszellen befanden, haben Sie einen guten Rundblick. An der rückwärtigen Wand trägt eine hochinteressante Steinplatte neben der prähispanischen Kalenderinschrift »10 Rohr« die Jahreszahl 1555. In der **Kirche**, die als einziges Gebäude noch benutzt wird, liegt das Grab der letzten Zapotekenprinzessin, der Tochter des Herrschers Cocijoeza, die sich nach ihrer Taufe Juana Donaje nannte. Im restaurierten Teil des Klosters ist ein **Museum für Ethnologie, Kolonial- und moderne Kunst** untergebracht.

Eulen, Herzen und Greise in Schildkrötenpanzer

6 km nach Cuilapan folgt das Dorf Zaachila. Donnerstags findet ein Markt statt, auf dem hauptsächlich mit Vieh gehandelt wird. Hier befand sich einst die letzte Hauptstadt des Zapotekenreichs, Reste wurden erst 1962 wiederentdeckt.

Die große zentrale **Pyramide** ist noch kaum erforscht. In einem Patio innerhalb einer rechteckigen Plattform stieß man auf die Gräber 1 und 2. Die Fassade von **Grab 1** schmücken zwei Jaguarköpfe; im Vorraum sieht man zwei in Stuck modellierte Eulen mit ausgebreiteten Flügeln. In der Grabkammer selbst befinden sich Figuren von zwei Herrschern der Unterwelt mit von der Schulter hängenden Herzen, begleitet von je einem Priester namens »5 Blume« und »9 Blume« mit Kopalbeuteln. An der hinteren Wand ist ein Greis mit Kopfschmuck, Schildkrötenpanzer am Leib und Feuersteinen in den Händen abgebildet. Das **Grab 2** war wesentlich bescheidener ausgestattet, doch fand man hier wertvolle Grabbeigaben aus Gold, Jade und Edelsteinen, die heute im Anthropologischen Nationalmuseum von Mexiko-Stadt untergebracht sind.

Am »Ort der Toten«

Die **Ruinenstätte** Mitla (Ort der Toten) liegt am Rande der gleichnamigen zapotekischen Kleinstadt, 48 km südöstlich von Oaxaca an der MEX 190. Mitla war das religiöse Zentrum der südlichen Zapoteken. Die kunstvolle **Steinornamentik** ist unübertroffen in der mesoamerikanischen Kunstgeschichte. Die ältesten Gebäude datieren in das Jahr 200 n. Chr., seitdem wurde das Kultzentrum immer wieder erweitert. Nachdem ▶ Monte Albán untergegangen war,

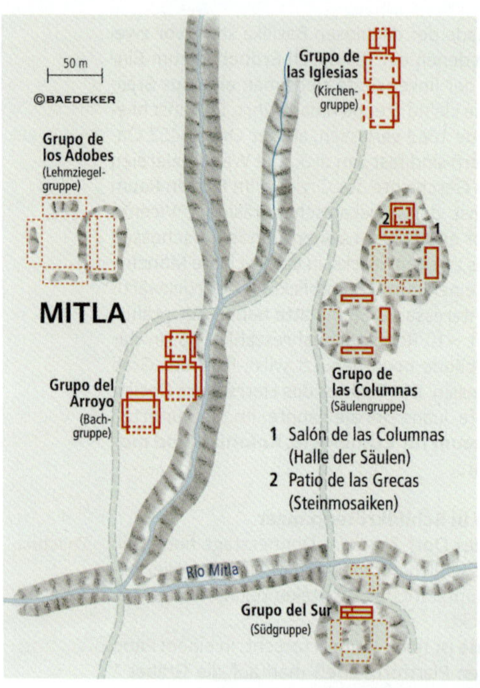

gewann Mitla an Bedeutung und wurde Residenzstadt des Zapotekenpriesters.
Um 1000 n. Chr. lebten hier allerdings Mixteken und schließlich eroberten die Azteken den Ort. Die archäologische Zone umfasst **fünf wichtige Baugruppen** und eine große Anzahl von Häusern und Gräbern um diese Anlagen. Am reizvollsten erscheinen die Steinmosaike am späten Nachmittag, wenn das Licht- und Schattenspiel intensiver wirkt und die meisten Besuchergruppen den Ort schon verlassen haben.
Die nördlich gelegene Kirchengruppe (**Grupo de las Iglesias**) trägt diesen Namen nach der von den spanischen Eroberern inmitten des altindigenen Mauerwerks erbauten Kirche Iglesia de San Pablo. Der nördliche Patio blieb einigermaßen erhalten; er und ein kleiner Innenhof zeigen an den Wänden und in den Kammern noch Mosaikdekorationen. Hier finden sich auch Überreste eines Frieses mit Wandmalereien. Diese schmückten einst die meisten Türbalken der Anlage. Sie waren im Stil der mixtekischen Bilderschriften gehalten, deren berühmteste der **»Codex Vindobonensis«** (Mexicanus I) und der **»Codex Becker I«** (Manuskript des Kaziken) sind; diese werden in der Österreichischen Nationalbibliothek bzw. im Wiener Museum für Völkerkunde aufbewahrt.
Die Säulengruppe (**Grupo de las Columnas**) ist der wichtigste Komplex. Das palastartige Bauwerk besteht aus zwei viereckigen Patios, die sich an einer Ecke berühren. Die Innenhöfe sind jeweils von drei großen Räumen umgeben. An der Nordseite des ersten Patios gelangt man über eine Treppe in die Halle der Säulen (**Salón de las Columnas**), benannt nach ihren sechs umfangreichen Rundsäulen aus Porphyr, auf denen einst das Dach ruhte. Durch einen schmalen, niedrigen Gang gelangen Sie in einen kleinen Innenhof, der **Patio de las Grecas** genannt wird. Angeblich soll hier der Ho-

hepriester Uija-táo, der gleichzeitig oberster Richter der Region war, residiert haben. Die Wände des Hofs und der Räume sind mit dem für Mitla typischen Steinmosaik geschmückt. Diese Mosaikwände wurden geschaffen, indem man die Mauer mit einer Mörtelschicht überzog, in die die sehr genau zugerichteten Steine nach bestimmten Mustern eingesetzt wurden. Die überaus kunstvollen, stets geometrischen Formen sind in nicht weniger als 14 Variationen zu sehen. Es wechseln sich Kreuz- und Flechtbänder mit gestuften Mäandern, Zickzackfriesen und anderen Ornamenten à la grecque ab. Ihre optische Wirkung wandelt sich durch das Spiel von Licht und Schatten. Man glaubt, dass die verschiedenen Formen religiöse Vorstellungen wie die der Federschlange oder des Himmels und der Erde symbolisieren. Schätzungsweise mehr als 100 000 Mosaiksteine sind zur Dekoration dieses Bauwerks benutzt worden. Typisch für die Architektur Mitlas sind auch die mächtigen, meisterhaft behauenen Steinquader, die als Türstürze und Pfosten dienten. Der Einbau dieser bis zu 8 m langen und 23 t schweren Steinblöcke war für Menschen, die das Rad nicht benutzten und keine Trag- und Zugtiere besaßen, eine gewaltige Leistung.
Der sich südlich anschließende Innenhof der Kreuze (**Patio de las Cruces**) ist im Vergleich dazu weniger kunstvoll ausgeführt. Die beiden kreuzförmigen Grabkammern fand man leer geräumt vor. In einer der nördlichen Kammern wird die Decke von der **Columna de la Muerte** (Todessäule) getragen. Die Spanne, die beim Umarmen der Säule zwischen den Händen offen bleibt, soll die Dauer des noch verbleibenden Lebens anzeigen. Rund um die archäologische Stätte befindet sich ein großer **Kunsthandwerksmarkt**.
Di.–Sa. 10–16 Uhr, So. 10–14 Uhr | Eintritt 90 MEX$

Ein Wasserfall aus Stein

Hierve el Agua

Von Mitla können Sie über San Lorenzo nach Hierve el Agua (25 km südöstlich von Mitla) fahren. Hier findet man die sogenannten **versteinerten Wasserfälle** (▶ Abb. S. 261). An zwei Stellen stürzt bzw. rinnt seit Jahrhunderten kalkhaltiges und mineralreiches Wasser über eine Abbruchkante in natürliche Becken. Durch die Änderung von Druck und Temperatur, die Mitwirkung von Organismen und vor allem durch das Entweichen von Kohlensäure bildete sich eine in vielen Farben schillernde mineralische Kruste. Diese wuchs im Lauf der Zeit zu einem veritablen steinernen Wasserfall heran.
Tgl. 10–18 Uhr | Eintritt 45 MEX$

200 Jahre lang im Zentrum

San José Mogote

Etwa 10 km nordwestlich von Oaxaca, an der MEX 190 liegt die alte **Ruinenstätte** San José Mogote. Unter mehreren Siedlungen im Tal von Oaxaca war dieser Ort im Zeitraum von etwa 1100–900 v. Chr. der bedeutendste in der Region, bis er um 500 v. Chr. von Monte

Albán I abgelöst wurde. Aus der Blütezeit der Stätte stammt ein aus Stein und Adobe errichtetes Bauwerk; an diesem wurden Reliefdarstellungen eines Jaguarkopfs und von Raubvögeln angebracht, die die ältesten bislang in Oaxaca gefundenen Steinskulpturen sind.
In dem kleinen Museum sind neben anderen Stücken rekonstruierte Grabstätten zu sehen.
Tgl. 10–14 u. 16–18 Uhr | Eintritt frei

Umgeben von wunderschönen Bergen...

San Agustín Etla

...ist der Ort unbedingt einen Besuch wert. Der große Platz im Ortsteil **Vista Hermosa** mit der bizarren Kirche am Ende der Avenida Independencia bietet zudem die Gelegenheit, ein leckeres Nieve, Wassereis, am Stand vom Doña Rosalia zu essen. Sie stellt das Eis selbst her. Danach bietet sich ein Bummel durch die die an den Platz grenzende **Papierfabrik** an. Durch den Wasserreichtum gibt es im Dorf mehrere Freibäder.

Von einer Schlangenmaske begrüßt

Huitzo

Nach weiteren 21 km gelangen Sie in das Städtchen Huitzo. Kurz hinter dem Ort führt eine Abzweigung nach links über Bahngleise zu dem **Ausgrabungsort Huijazoo** (in der Kriegsfestung). Diese Stätte hat auch eine präolmekische Vergangenheit. Man entdeckte neun Gräber. Das bemerkenswerteste ist das unter einer noch nicht erforschten Pyramide liegende **Grab Nr. 5**. Eine Schlangenmaske bildet das Portal. Das Innere ist mit fein skulptierten Säulen und farbigen Wandmalereien ausgestattet. Achtung: Vor einer Fahrt hierher sollte man sich vorab informieren, ob die Stätte aktuell für Besucher geöffnet ist.

Klösterroute in der Mixteca Alta

Machtzentrum der Mixteken

Yanhuitlán, Teposcolula

In der prähispanischen Zeit war diese Region das Kernland des Herrschaftsbereichs der Mixteken, die hier vor allem zwischen 1000 und 1521 große Städte besiedelten. Die spanischen Eroberer, um eine möglichst schnelle Kolonisierung und Missionierung bemüht, errichteten eine Anzahl von großartigen **Dominikanerklöstern**, für deren Fundamente sie Teile der zerstörten altindigenen Tempelbauten verwendeten.
Auf der Carretera 190 sind es 95 km bis zum ersten Kloster Yanhuitlán, das 1575 fertiggestellt wurde. Vermutlich war der Ort in den ersten Jahren Sitz des Erzbischofs der Mixteca. Die eher einfache **Klosterkirche Santo Domingo** wurde auf einer Plattform erbaut, um den Mixteken die Überlegenheit der neuen Religion zu demonstrieren. Der Alfarje (holzgefügtes Dach im Mudéjarstil) ist im Chor besonders schön gearbeitet; der prächtige **Hauptaltar** aus dem 17. Jh.

Wasser in ewiger Gestalt: Kalksinter lässt die versteinerten »Wasserfälle« der Hierve el Agua entstehen.

wurde mit Skulpturen und Gemälden geschmückt, die Andrés de la Concha zugeschrieben werden.

Nach weiteren 15 km auf der MEX 190 in Richtung Nordwesten erreicht man die Abzweigung der MEX 125, die nach Südwesten zu dem 13 km entfernten San Pedro y San Pablo Teposcolula führt. Dieser kleine Ort lebt heute noch von der Seidenraupenzucht, die einst die Dominikaner einführten, und beherbergt die Reste einer von Erdbeben und dem Zahn der Zeit zerstörten Klosteranlage. Obwohl sie in Ruinen liegt, ist die **Offene Kapelle** eines der hervorragendsten Beispiele sakraler Architektur aus dem 16. Jh. in Mexiko.

Derartige Freiluftkapellen, in denen Massentaufen und Predigten stattfanden, wurden nur in der Neuen Welt gefunden. Basierend auf mixtekischer Tradition findet man im Ort den als **La Casa de la Teposcolula** in die Geschichte eingegangenen Sitz der Herren von Teposcolula. Das Haus wurde etwa 1560 errichtet und diente über 200 Jahre hinweg als Zentrum der Macht.

★★ PALENQUE

Bundesstaat: Chiapas (Chis.) | **Höhe:** 150 m ü. d. M. |
Entfernung: ca. 210 km nordöstlich von San Cristóbal de las Casas

Q 28

Mayahuel ist zufrieden: die Arme mit Tierfiguren und kunstvollen Mustern bemalt, die Halskette aus Jade angelegt, das Gewand fein drapiert. Heute ist der Tag des Rituals. Seit Monaten herrscht Trockenheit, die Ernten sind in Gefahr – es ist Zeit für ein Opfer an Chaac, den Gott des Regens. Die Sonne blendet sie, als sie aus dem Königinnengemach des Palastes ins Freie tritt. Sie schreitet auf den rot getünchten Tempel zu, begleitet von den Rufen der Tukane in der Ferne. Der Duft von Copalharz liegt in der Luft, als sie die steilen Stufen hinaufsteigt und die obere Plattform erreicht. Im Tempel hört sie bereits die Gesänge der Priester, und sie weiß, dass eine blutige Zeremonie auf sie wartet…

Mystische Maya-Stadt

So oder so ähnlich könnten sich Szenen vor etwa 1500 Jahren in Palenque, der imposanten Stadt der Maya mitten im Tiefland von Chiapas, abgespielt habe. Palenque liegt unweit des Rio Usumacinta, der heute die Grenze zu Guatemala bildet. Als die **Maya-Könige** hier lebten, nannten sie die Stadt Lakamha', was »Großes Wasser« bedeutet.

Es gilt als sicher, dass Palenque schon in der Vorklassik (300 v. Chr.–300 n. Chr.) existierte. Geschichtlich bedeutsam wurde es allerdings erst in der Maya-Frühklassik (300–600 n. Chr.). Seine Blütezeit erlebte dieses religiöse und politische Zentrum zwischen 600 und 800 unserer Zeitrechnung. Neueren Glyphenforschungen ist es zu verdanken, dass man einen Stammbaum der Könige von Palenque rekonstruieren konnte, der von der Thronbesteigung von Bahlum-kuk (Jaguar Quetzal, geb. 397) im Jahre 431 bis zum Tode von Cimi-pacal (»6 Tod«) 799 reicht. Zu dieser Zeit war Palenque im Zentralgebiet der Maya zusammen mit Yaxchilán (Chiapas), Caracol (Belize), Tikal, Piedras Negras, Quiriguá, Uaxactún (alle in Guatemala) und Copán (Honduras) eine der großen Städte. In dieser Phase wurden grundlegende Elemente der Maya-Kultur zu höchster Reife entwickelt, so z. B. das Kraggewölbe, eine neue Hieroglyphenschrift, die Stelenkunst und der Kalender.

Wie alle anderen Maya-Städte im Zentralgebiet wurde auch Palenque im 9. Jh. verlassen. Der letzte datierbare Hinweis entspricht dem Jahr 799 unserer Zeitrechnung. Schon 20 Jahre später hatte Palenque aufgehört zu existieren. Innerhalb kürzester Zeit verfielen die großartigen Stätten dieses Gebiets und wurden vom Urwald verschlungen.

1841 hielten sich **John Lloyd Stephens** und **Frederick Catherwood** in Palenque auf, deren Berichte und Zeichnungen um die Welt gingen. Es folgten zahlreiche illustre Forscher; in den letzten Jahrzehnten war es das mexikanische I.N.A.H. (Instituto Nacional de Arqueología e Historia), das wichtige Forschungsarbeiten leistete. Palenque wurde im Jahr 1987 von der UNESCO zum Weltkulturerbe erklärt.

Gang durch die Ruinenstätte

Gut zu wissen

Das hiesige Klima ist heiß und feucht, vor allem im März/April; am kühlsten sind die Monate Oktober bis Februar. Da es in dieser Gegend **sehr viele Moskitos** gibt,empfiehlt es sich, ein Mückenschutzmittel

Hinweis

BAEDEKER MAGISCHE MOMENTE

DSCHUNGELBLICK

Palenque ist eine einzigartige Stadt der Maya, weitläufig und mystisch, in der Sie Pyramiden noch besteigen können – auf dem hohen Templo de la Cruz sitzen Sie besonders schön. Lassen Sie von oben den Blick über die Ruinen und das undurchdringliche Grün des Regenwaldes schweifen und lauschen Sie den Rufen der Brüllaffen. (▶ S.271)

PALENQUE

BAEDEKER WISSEN

Palenque war eine der bedeutendsten Hauptstädte der Maya. Lange Zeit lag ihre Geschichte völlig im Dunkeln. Man wusste zwar, dass sie bereits vor der Zeitenwende bewohnt war, aber ihren Höhepunkt nicht vor dem 6. Jh. erlebte. Durch die Entzifferung der Hieroglyphenschrift ist ein Teil der Geschiche Palenques bekannt geworden. Nach den Inschriften begann die Geschichte der Dynastie von Palenque am 11.3.431, als Bahlum-Kuk (Jaguar-Quetzal) den Thron bestieg.

1 Templo de las Inscripciones
Im imposantesten Gebäude der Anlage fand man das Grab des Herrschers K'inich Janaab Pakal I., auch bekannt als Pakal der Große. Durch Hieroglyphen auf drei riesigen Steinplatten ließ sich eine zehn Generationen umfassende Dynastiegeschichte von Palenque rekonstruieren.

2 Templo de la Cruz
Seinen Namen verdankt der Tempel mit dem Dachkamm der großen Steintafel auf der Rückwand der hinteren Kammer, die einen kreuzförmigen, stilisierten Weltenbaum zeigt.

3 Palacio
Der erhöhte, labyrinthartige Palast gruppiert sich um vier Innenhöfe. An seinen Wänden haben sich sorgfältig gearbeitete Reliefs, Hieroglyphen und Stuckverzierungen erhalten. Ein Turm, vermutlich Aussichtspunkt für astronomische Beobachtungen, überragt den Palast.

4 Templo del Sol
Im Inneren des Sonnentempels findet man das schöne Flachrelief einer Opferzeremonie mit dem Symbol der Sonne als Mittelpunkt.

5 Templo de la Cruz Foliada
Der Tempel des Blattkreuzes wurde nach dem Relief einer kreuzförmigen Maispflanze benannt.

6 Templo del Conde
Während seiner Forschungsarbeiten lebte hier der Archäologe Graf Friedrich von Waldeck.

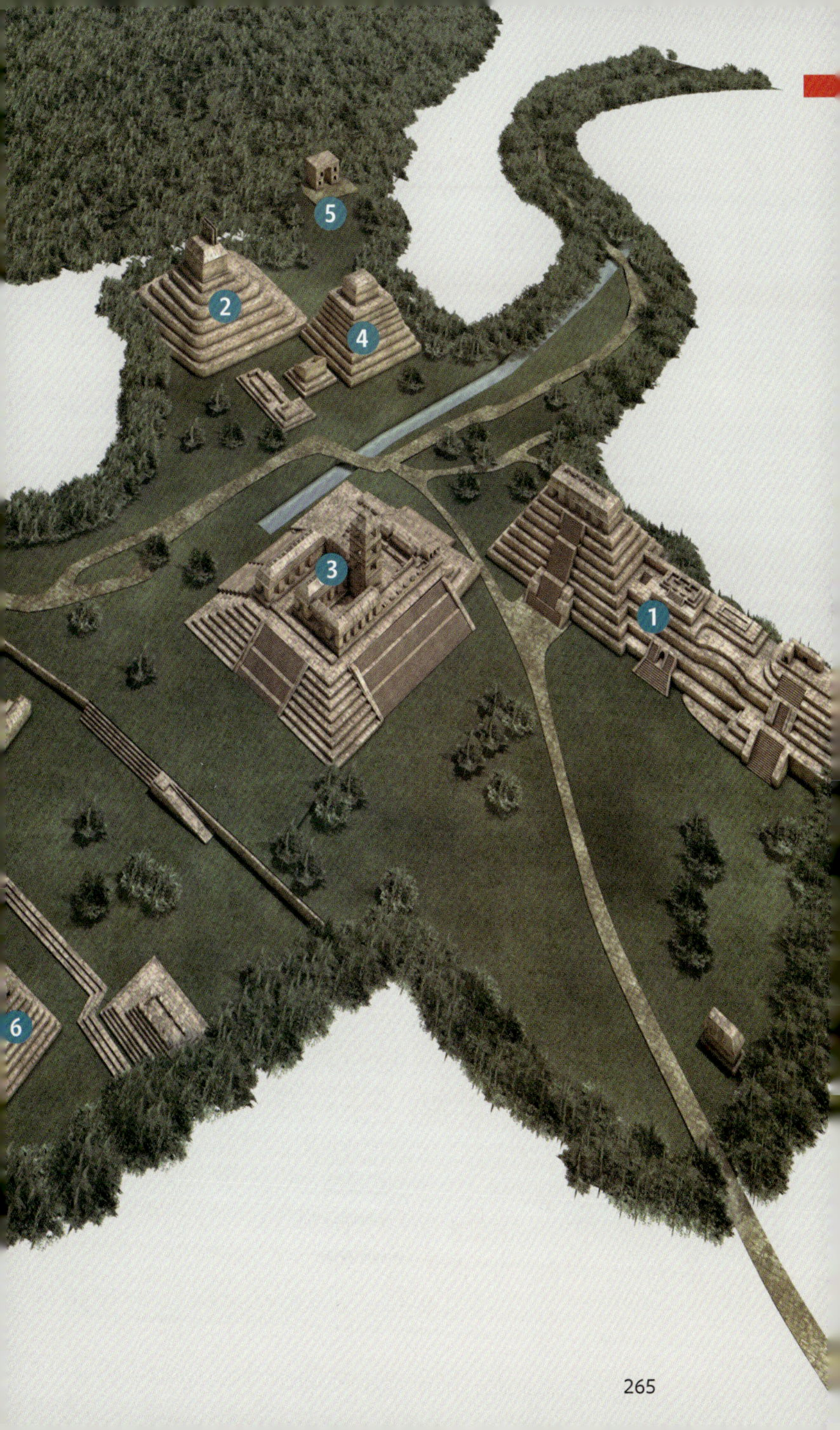
1
2
3
4
5
6

PALENQUE ERLEBEN

TOURISTENINFORMATION

Plaza de Artesanías Calle Juárez
Ecke Abasolo (1 Poniente Nte)
Tel. 916 3 45 03 56
www.palenque.com.mx

Mit dem **Auto** fahren Sie von Villahermosa 114 km auf der MEX 186 bis Cataja. Dort nehmen Sie die Abzweigung nach Süden auf die MEX 199 bis zum Ort Palenque (23 km) und fahren weitere 9 km zu den Ruinen. Von San Cristóbal de Las Casas aus fahren Sie über Ocosingo 205 km auf der MEX 199. Mit dem **Flugtaxi** können Sie von Villahermosa, San Cristóbal de Las Casas und Tuxtla Gutiérrez anreisen, alternativ nehmen Sie den Bus von Villahermosa (ca. 2,5 Std.).

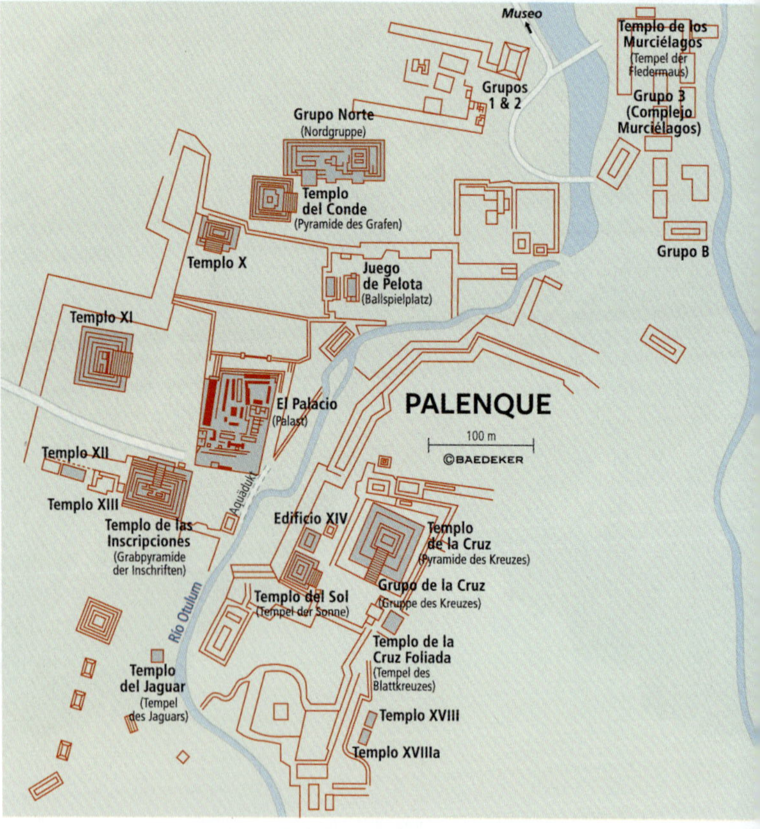

RESTAURANTE BAJLUM €€€
Das Bajlum interpretiert die Maya-Küche auf neue Art und Weise. So gibt es beispielsweise Wildschwein in Schokoladensauce, Yuca mit Knoblauch-Dip oder gedämpftes Wildgemüse. Auch die Cocktails sind empfehlenswert.
Carretera Palenque – Zona Arqueologica Km. 2.8
Tel. 916 1 07 85 18
www.bajlum.com.mx

RESTAURANTE MAYA €
Im MAYA wird für Chiapas typische Gerichte serviert. Die »Empanadas de pejelagarto« (Süßwasserfisch) sind köstlich.
Central Nte. 20
Tel. 934 3 45 00 42

HOTEL MAYA TULIPANES €
Die Anlage bietet zweckmäßige und saubere Zimmer in guter Lage zu einem vernünftigen Preis. Der Pool sorgt für eine willkommene Erfrischung nach dem Besuch der Ruinenstätte.
Touristic and Ecological Zone of »La Cañada«
Cañada 6
Tel. 916 3 45 02 01
www.mayatulipanes.com

---

einzupacken. Besichtigen Sie die Stätte am besten gleich früh am Morgen, dann ist es noch nicht so heiß und der Andrang der Besucher geringer.
Einen guten Überblick über die archäologische Stätte verschafft man sich in dem 1,5 km vor dem Eingang befindlichen **Museum**. Eine Landkarte und ein Modell des Komplexes zeigen, wie er ausgesehen haben mag.
Tgl. 8.30–17 Uhr | Eintritt 90 MEX$

Grandiose Aussichten

Anlage

Die **archäologische Zone** misst etwa 300 m von Osten nach Westen sowie 500 m von Norden nach Süden und macht nur einen Bruchteil des sich vermutlich auf 6–8 km erstreckenden Gebiets von Palenque aus. Ein Aquädukt leitet das Wasser des Flüsschens Otulum unterirdisch in die Stadt. Wenn man die Ruinen erklettert, bietet sich ein wunderbarer Blick über graue Tempel vor einer **Dschungelkulisse**, doch eigentlich sollte man sich die Bauten in ihrer ursprünglichen **hellroten Farbe** vorstellen.

Mit einem sensationellen Fund

Templo XII und Templo XIII

Hat man nun die Anlage betreten, sieht man den beeindruckenden Tempel der Inschriften vor sich. Doch zunächst kommt man am Templo XIII und Templo XII vorbei. Im Templo XIII machte man 1994 einen sensationellen Fund: eine **Grabkammer** mit einem Sarkophag. Darin lagen die Überreste eines zinnoberrot bemalten Körpers (typisch für verstorbene Maya-Fürsten), eine etwa 40-jährige, 1,70 m große Frau, ausgestattet mit Jademaske, edelsteinbesetztem Brust-

Dieses Relief im Norden der Anlage zeigt den jungen Prinzen Upakal K'inich, der um 742 als König K'inich Janaab Pakal II Palenque regiert.

schild, Ohrpflöckchen und zahlreichen Jadestücken. In einer Kammer entdeckte man zwei weitere Skelette. Obwohl man im Grab keine Glyphen fand, nimmt man an, dass es sich um eine hochrangige weibliche Person (**Reina Roja**) handelt, vielleicht sogar um die Mutter von Pakal und die Herrscherin von Palenque. Somit scheint sich die Theorie zu bestätigen, dass der zentrale Platz von Palenque als Nekropole der herrschenden Klasse diente.

Der größte und bekannteste Bau

★★ Templo de las Inscripciones

Der beeindruckende **Tempel der Inschriften** (Templo de las Inscripciones), der unter dem Herrscher Pakal (603–683) im Jahr 675 begonnen und 683 unter seinem Sohn vollendet wurde, ist bisher der größte und bekannteste Bau Palenques. Die klassische Stufenpyramide besteht aus neun aufeinandergesetzten Sockeln und ist mit dem Tempelaufsatz 20 m hoch.
Auf den sechs Pfeilern, die die fünf Eingänge zum Tempel umrahmen, kann man Figuren aus Stuck erkennen. **620 Hieroglyphen** sind rechts und links vom Haupteingang eingemeißelt – man meint, dass

diese Inschrift, der das Gebäude seinen Namen verdankt, hauptsächlich die **Familienchronik der Herrscher von Palenque** enthält. Eine der größten Sensationen in der prähispanischen Archäologie begann sich abzuzeichnen, als der mexikanische Archäologe Alberto Ruz l'Huillier, dessen Grab ebenfalls auf dem Gelände von Palenque liegt, 1949 in der mittleren Kammer des Tempels einen Zugang zu einer von Schutt bedeckten Treppe entdeckte. Als der Zugang freigelegt wurde, stieß man auf eine gemauerte Wand, an der Weihegaben lagen. Die Mauer wurde eingerissen und die Forscher standen vor einer aufrechten, dreieckigen Platte, vor der sich **Reste einer Grabstätte mit sechs Skeletten** befanden. Man drehte die Steinplatte um ihre Achse und legte so den Zugang zu einer **Krypta** unter der Tempelplattform frei. Der Raum zeigte an den Wänden neun Stuckreliefs von Göttern oder Priestern; auf dem Fußboden fand man zwei Stuckköpfe. Die den Sarkophag abschließende, schwere Steinplatte war mit einem Relief geschmückt, das Herrscher Pakal mit angezogenen Knien und rückwärts geneigtem Oberkörper auf einer Maske des Erdgotts sitzend zeigt. Oben schwebt der Himmelsvogel und neben der Zentralfigur sind noch mehrere symbolische Todeszeichen zu erkennen. Heute weiß man, dass die Darstellung ein Sinnbild des Todes und der Wiedergeburt des Herrschers Pakal von Palenque ist. In dem Sarkophag lag das Skelett Pakals, von dessen Gesicht eine Maske aus Jade herabgeglitten war. Finger, Hals und Arme waren ebenfalls mit **Jadeschmuck** versehen. In jeder Hand hielt der Tote ein Stück Jade, ein weiteres lag in seinem Mund. Um ihm die Verbindung zur Welt der Lebenden zu sichern, wurde ein hohles Tonrohr an die Treppe von der Krypta zum Tempel gelegt. Diese Entdeckung von 1952 zeigte erstmals, dass – wie in Ägypten – auch eine Maya-Pyramide als Grabmonument eines Herrschers dienen konnte. Der Grabschatz und eine Rekonstruktion der Krypta von Palenque sind im Anthropologischen Nationalmuseum von ▶ Mexiko-Stadt zu sehen.

Ungewöhnliches Observatorium

Palacio

Als nächstes folgt linker Hand der **Palast** (El Palacio), ein für die Maya-Architektur ungewöhnlicher Bau auf einer riesigen, trapezförmigen künstlichen Plattform. Die unregelmäßige Anlage besteht im Wesentlichen aus einem guten Dutzend Gebäuden, die um vier Innenhöfe angeordnet sind, unterirdischen Passagen (Subterráneos) und einem das Ganze beherrschenden Turm. Man nimmt an, dass der Palast als Observatorium genutzt wurde. Besonders interessant sind die menschlichen Figuren auf den **Steinplatten im Osthof**.

Der anmutigste Bau

Templo del Sol

Über den schmalen Río Otolum gelangt man zu einer weiteren Plaza mit drei erhöht gelegenen Pyramiden, die alle Chan-Balum gewidmet waren. Der anmutigste Bau ist ohne Zweifel der **Tempel der Sonne**

DEN MAYA AUF DER SPUR

Als der amerikanische Weltreisende ***John Lloyd Stephens*** *(1805–1852) von der Entdeckung der Ruinen in Mittelamerika erfuhr, unternahm er zusammen mit dem britischen Künstler* ***Frederick Catherwood*** *(1799–1854) in den Jahren 1839 bis 1842 zwei Reisen nach Mittelamerika und Mexiko. Zunächst erfolglos, entdeckten sie schließlich in Copán (Honduras) Mauerreste und kauften die Ruinenstätte für 50 US$. Weitere Entdeckungen folgten, darunter Palenque, Chichén Itzá, Kabah, Labna und Uxmal. Seine ersten Eindrücke von der Anlage in Palenque beschrieb Stephens in* ***»Reisen in Zentralamerika und Yucatán«****:*

»Um halb acht verließen wir das Dorf. Nach einem kurzen Stück über offenes Gelände gelangten wir in den Wald, der bis zu den Ruinen nicht mehr aufhörte und wahrscheinlich noch endlose Kilometer darüber hinausreichte. Wir benutzten den schmalen Fußpfad der Ureinwohner, über dem die Zweige, vom Regen schwer, so tief herunterhingen, dass wir nur gebückt gehen konnten; dennoch waren Hut und Mantel in kürzester Frist völlig durchnässt (…) Nach zwei Stunden erreichten wir den Michol und eine halbe Stunde später den Otula, der im Schatten des Waldes durch ein steiniges Flussbett majestätisch dahinfloss (…) Dann ging es eine steinige Anhöhe so steil aufwärts, dass es die Maultiere kaum schaffen konnten; oben fanden wir eine Art Terrasse, die genau wie der Weg unten von Bäumen völlig überwachsen war, sodass wir unmöglich ihr Ausmaß erkennen konnten. Nach kurzer Zeit gelangten wir an den Fuß einer zweiten Terrasse, als plötzlich unsere Indigene ›El palacio!‹, ›Der Palast!‹, riefen.
Durch die Baumlücken hindurch erspähten wir ein großes Gebäude, dessen Front mit seltsamen, fein gearbeiteten Stuckfiguren reich geschmückt war. Auch hier standen die Bäume so dicht, dass die Zweige sogar zu den Türöffnungen hineinwuchsen. Es war ein einzigartiger Anblick, der uns in seiner düsteren Schönheit außerordentlich beeindruckte (…) Zum ersten Mal standen wir in einem Gebäude, das von den Ureinwohnern des Landes errichtet worden war und also schon gestanden hatte, bevor die Europäer von der Existenz dieses Kontinents überhaupt etwas wussten.«

Catherwoods Zeichnung vom Gebäude der Nonnen in Chichén Itzá

(Templo del Sol), der 692 fertiggestellt wurde. Er hat drei Portale, die zu zwei Gängen und einem rückwärtigen Schrein führen. Auffallend ist der gut erhaltene **Dachkamm** (»crestería«), der einst die meisten Gebäude dieser Stadt zierte. Die Dachkämme dienten als Dekorationsflächen, zur optischen Erhöhung der Bauten und zur Verlängerung der mittleren Stützmauern. Die Pfeiler der Portale sind mit menschlichen Figuren und Hieroglyphen aus Stuck geschmückt, von denen nur noch Reste zu sehen sind.
An der rückwärtigen Wand, gegenüber dem mittleren Eingang, ist ein meisterhaftes **Flachrelief** zu sehen: Die Mitte der Tafel bildet ein Schild mit zwei gekreuzten Lanzen, welcher den Sonnengott darstellt; darunter befindet sich ein Altar, getragen von zwei sitzenden Figuren, die Götter der Unterwelt symbolisieren könnten. Rechts und links davon ist je eine Figur dargestellt. Heute glaubt man, dass es sich bei der linken um den Herrscher Pakal und bei der rechten um seinen Sohn und Nachfolger Chan-bahlam (reg. 684–702) handelt.

Ruhestätte des Herrschers

Templo de la Cruz

In derselben Gruppe befindet sich der **Tempel des Kreuzes** (Templo de la Cruz). Auch dieser Tempel ist von Chan-bahlam 692 errichtet worden. Es wird vermutet, dass der Herrscher in diesem Bau begraben liegt.
Die mittlere große Relieftafel, die im rückwärtigen Schrein des Tempels gefunden wurde und heute im Anthropologischen Nationalmuseum von Mexiko-Stadt ausgestellt ist, zeigt rechts Chan-bahlam und links seinen Vater Pakal mit einem kreuzartigen Gebilde – eventuell einer **Ceiba, dem heiligen Baum der Maya**. Dieser Szene verdankt der Tempel seinen Namen.

Ein Kreuz aus Maisblättern

Templo de la Cruz Foliada

Der **Tempel des Blattkreuzes** (Templo de la Cruz Foliada) steht dem Sonnentempel gegenüber, ähnelt diesem in der Anlage und stammt auch aus demselben Jahrzehnt. Das hier vorhandene **Relief** ist wiederum dem Machtwechsel zwischen Pakal und Chan-bahlam gewidmet. Das Hauptmotiv ist ein Kreuz, das aus dem Haupt des Sonnengotts wächst und auf dem ein Sonnenvogel sitzt. Die Arme des Kreuzes bilden die Blätter der Maispflanze, die mit menschlichen Köpfen verziert sind. Wieder steht auf jeder Seite eine Herrschergestalt: die des verstorbenen Vaters auf der rechten, die seines Sohnes und Nachfolgers auf der linken.

Mit dem ältesten bisher entdeckten Gebäude

Grupo Norte

Nördlich des Palacio kommt man zu den niedrigen Gebäuden der Grupo Norte: **Ruinen einiger Tempel und des Ballspielplatzes**. Der bekannteste und am besten erhaltene Tempel ist sicherlich der des Grafen (**Templo del Conde**). Das Gebäude wurde in der Zeit zwischen 640 und 650 erbaut und ist das älteste bisher ausgegrabene Gebäude. Typisch für den Palenque-Stil sind die beiden parallel verlaufenden Gänge, von denen der hintere in drei Kammern unterteilt ist. Hier sieht man auch zum ersten Mal den Mansardeneffekt, der durch die schräg abfallenden Außenmauern erzielt wird.

Zum Bad der Königin

Umgebung

Will man die Umgebung näher erkunden, kann man dem Weg hinter dem Templo de las Inscripciones in den Urwald folgen. Zwischen dem ehemaligen Ballspielplatz und der Grupo del Norte führt ein weiterer Pfad zu einem schönen Wasserfall, dem **Baño de la Reina** (Bad der Königin). Wer auf dem Pfad bleibt, kommt zur **Grupo de los Murciélagos**, die aus Häusern des späten Palenque (770–850) besteht und zu einem Nebeneingang bzw. Ausgang.

Auf Touristen fokussiert

Ort Palenque

Die Kleinstadt Palenque (20 000 Einw.) ist relativ uninteressant und vollkommen auf die Ruinenstätte ausgerichtet. Hauptachse des Ortes ist die Avenida Juárez, an der Reisebüros, Hotels und Restaurants liegen. Auch **Touranbieter für Ausflüge** in die Umgebung finden Sie hier.

Rund um Palenque

Romantisches Dschungelerlebnis

Mizol-há

Fährt man südwestlich in Richtung Ocosingo, führt nach etwa 20 km rechts eine Abzweigung zu den Wasserfällen von Mizol-há. Diese schöne, romantisch gelegene Kaskade von fast 30 m Höhe fällt in einem herrlichen Dschungelambiente in einen großen Teich, in dem man gefahrlos baden kann. In der Nähe gibt es einen Campingplatz, Hütten und ein kleines Restaurant. Zudem führt ein farnbestandener Weg um den Wasserfall herum, sodass man auch die Tierwelt näher kennenlernen kann.

Schwimmen in blauem Wasser

Agua Azul

Nach weiteren ca. 45 km zweigt nach rechts ein Weg zu den 4 km entfernten **Wasserfällen** von Agua Azul (blaues Wasser) ab. Das Wasser stürzt hier in mehreren breiten Kaskaden über Kalksteinstufen in den Río Bascán und später in den Río Tulijá. Dazwischen bildet es mehrere türkisfarbene natürliche Bassins, in manchen von ihnen kann man auch schwimmen. Da die Wasserfälle sehr schön sind und auf der Straße nach San Cristóbal de las Casas liegen, wurden sie zu einem Hauptausflugsziel für Busfahrten. Einfache Restaurants, ein Campingplatz und eine Flugpiste sind in der Nähe errichtet worden.

Die Fischer am Pátzcuaro-See werfen die berühmten Schmetterlingsnetze heute nur noch den Touristen zuliebe aus.

★ PÁTZCUARO-SEE · LAGO DE PÁTZCUARO

Bundesstaat: Michoacán (Mich.) | **Höhe:** 2050 m ü. d. M. | **Entfernung:** 65 km südwestl. von Morelia, 350 km westl. von Mexiko-Stadt

Inmitten bewaldeter Berge und erloschener Vulkane dehnt sich der 19 km lange und ca. 5 km breite Pátzcuaro-See aus, der vielen als schönster See Mexikos gilt.

Der See umschließt eine Reihe von Inseln, von denen die Isla Janítzio die wichtigste ist. Besonders wer schon früh am Morgen an der Mole ist, an der die Boote zur Insel ablegen, sieht, wie der Nebel in mystischen Schleiern über dem Wasser schwebt. Das schöne Städtchen Pátzcuaro ist noch sehr indigen geprägt und der perfekte Ausgangspunkt, um die Gegend zu erkunden. Es gehört zu den **Pueblos Mágicos** – den magischen Orten, ein Titel, den die mexikanische Tourismusbehörde an besonders sehenswerte Ziele vergibt.

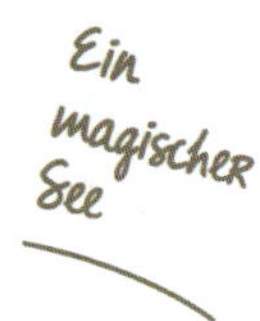

PÁTZCUARO-SEE ERLEBEN

TOURISTENINFORMATION

Dirección de turismo
Portal Hidalgo 1
www.patzcuaro.com

Mit dem **Auto** von Mexiko-Stadt fahren Sie ca. 350 km zum Pátzcuaro-See auf der MEX 15 (über Morelia). Wer mit dem **Bus** fährt, muss für die Strecke ca. 5,5 Std. einplanen.

❶ RESTAURANTE EL PATIO €€

Ob Corundas, gedämpfte Maismasse im Blatt mit Sahne und Salsa oder Sopa Tarasca und Pechuga Purépecha, mit Maismasse gefüllte Hühnerbrust – bei Anna und Raul kommt man auf den Geschmack.
Ponce de León 19
Tel. 434 3 42 04 84

❶ HOTEL CASA ENCANTADA €€€

Das farbenfroh dekorierte Kolonialensemble mit elf Zimmern und Suiten besticht durch einen kunstvoll variierten Landesstil (Kacheln, Schmiedeeisen, Holz, Leder); begrünte Patios.
Dr. Cos No. 15
Tel. 434 3 42 34 92
www.hotelcasaencantada.com

 Stadt Pátzcuaro

»Platz der Steine für Tempelbauten«

Aus der Geschichte

Der wichtigste Ort der Region ist das 4 km vom See entfernte Pátzcuaro (90 000 Einw.), dessen Name soviel wie »Platz der Steine für Tempelbauten« bedeutet. Dieses reizvolle Städtchen ähnelt noch weitgehend dem Bild vergangener Zeiten. Die indigene Lebensweise der Purépecha können Sie hier noch beobachten, während die Gebäude allerdings bis in die Kolonialzeit im 16. Jh. zurückgehen, als Pátzcuaro spanischer Bischofssitz war. Nach wie vor wird die Erinnerung an den großen Beschützer und Lehrer der Indígenas, Bischof **Vasco de Quiroga** (1470–1565), hochgehalten.

Ein Touristenbüro im Palast des letzten Purépecha-Herrschers

Plaza Vasco de Quiroga

Zwei Plätze bilden das Zentrum der Stadt. Der größere, die weit angelegte, ruhige Plaza Vasco de Quiroga (**Plaza Grande**), wird von Herrenhäusern mit Arkaden gesäumt. In seiner Mitte steht ein Brunnen, von dem eine Statue des Bischofs, der dem Platz den Namen gab, herunterblickt. Zur Rechten steht das Rathaus (**Palacio Municipal**), ein ehemaliges Palais aus dem 18. Jh., an der Ostseite die **Casa del Gigante** (Haus des Riesen) mit schönem Portal und verzierten Balkonfenstern. Vom nördlich gelegenen **Palacio de Huitzimengari**, in dem heute das Tourismusbüro untergebracht ist, heißt es, es sei das Heim des letzten Purépecha-Herrschers gewesen.

Kunsthandwerk shoppen

Casa de los Once Patios

Südöstlich der Plaza Grande liegt die Casa de los Once Patios (Haus der Elf Patios), ein Nonnenkloster aus dem 18. Jahrhundert. Heute beherbergt das Gebäude die **Casa de las Artesanías de Michoacán**, in der hochwertiges Kunsthandwerk zum Verkauf angeboten wird. Dabei kann man spezielle Erzeugnisse aus verschiedenen Teilen der Region kennenlernen: Kupferwaren aus Santa Clara del Cobre, Gegenstände aus Stroh von Tzintzuntzan, Musikinstrumente aus Paracho sowie mit Blattgold verzierte Lackwaren, handbemalte Keramik und schöne Web- und Stickarbeiten.

Nach einer Unabhängigkeitsheldin benannt

Plaza Gertrudis Bocanegra

Pátzcuaros zweiter wichtiger Platz wurde nach Gertrudis Bocanegra benannt, einer Heldin der Unabhängigkeitsbewegung. Hier ist die Hektik des benachbarten Marktes spürbar, auf dem man Früchte, Gemüse, frischen Fisch, Heilkräuter sowie Sarapes und Schals kaufen kann.

In der ehemaligen Kirche **San Agustín** am nördlichen Ende befindet sich nun die **Biblioteca Gertrudis Bocanegra** mit Wandmalereien von Juan O'Gorman, die die Geschichte Michoacáns bis zur Revoluti-

on 1910 illustrieren. Daneben verkauft der kleine **Mercado de Artesanías** interessantes und preiswertes Kunsthandwerk.
Westlich der Bibliothek steht das **Teatro Emperador Caltzonzín**, ein ehemaliges Kloster, das heute kulturellen Veranstaltungen dient. Interessant sind die Fresken im Treppenhaus, vor allem das Treffen des Purépecha-Königs Tangahxuan II. mit dem spanischen Eroberer Cristóbal de Olid im Jahr 1522.

Eine Muttergottes aus Zuckerrohrpaste

Kathedrale

Ganz in der Nähe befindet sich die Basilika Nuestra Señora de la Salud (La Colegiata), die 1543 als Kathedrale von Bischof Quiroga gegrün-

PICKNICK MIT DEN TOTEN

Ein Meer voller Kerzen, orange leuchtende Tagetesblumen, Menschen plaudern und essen – auf dem Friedhof: Sobald die Nacht des 31. Oktobers angebrochen ist, strömen die Lebenden zu den Toten. Einmal dabei zu sein ist ein faszinierendes Erlebnis. Sie können sich an ein Grab setzen und die Bräuche der Días de los Muertos ganz in Ruhe auf sich wirken lassen. Beeindruckend ist der Panteón von Atzompa bei Oaxaca, berühmt auch die Isla Janitzio im Lago de Patzcuaro.

(► S.277)

det, aber nie vollendet wurde. Sie enthält eine für die Purépecha-Sakralkunst typische Statue der **Virgen de Salud**, die aus Zuckerrohrpaste (»pasta de caña«) modelliert ist.
An der nächsten Ecke, an der sich Calle Enseñanza und Alcantarillas treffen, liegt das frühere Colegio de San Nicolás, eine von Quiroga 1540 gegründete Schule. Heute wird in den ehemals kirchlichen Räumen um einen Patio die ethnologische und kunsthandwerkliche Sammlung des **Museo de Artes e Industrias Populares** gezeigt. Neben Keramik, Masken, Textilien und Lackarbeiten ist vor allem der Raum, in dem eine typische Küche der Gegend eingerichtet ist, sehenswert.

Museo de Artes e Industrias Populares: Di.–So. 9–17 Uhr | Eintritt 65 MEX$

Nicht versäumen...

...sollten Sie einen Besuch des **Aussichtspunkts** El Estribo (4 km westlich der Ortsmitte), der einen wunderbaren Blick auf den See und seine Umgebung bietet.

El Estribo

Wichtigste Insel

Vom Stadtzentrum in Pátzcuaro sind es 4 km zum Kai (Muelle). Hier können Sie Boote für die Fahrt zu den verschiedenen Inseln mieten. Als hübscheste Insel im Pátzcuaro-See gilt **Tecuén**. Die wichtigste, leider sehr überlaufene ist jedoch Janítzio, die in einer halbstündigen Bootsfahrt zu erreichen ist. Das malerische Fischereidorf Janítzio mit seinen schmalen, gewundenen Gassen und ziegelgedeckten Häusern wird von einem pompösen **Denkmal** des mexikanischen Unabhängigkeitshelden José María Morelos überragt. Im Innern dieses Monuments führt eine Treppe zum Kopf der Statue, von dem man einen schönen Rundblick über den See hat. An den Wänden des Treppenhauses sieht man Fresken über das Leben des Pfarrers Morelos. Janítzio ist auch bekannt für das hier besonders feierlich begangene Fest der **Dias de los Muertos** (▶ S. 12) in der Nacht vom 1. auf den 2. November. Hier verbinden sich katholische und heidnische Elemente besonders eindrucksvoll. Am 31. Oktober wird morgens die zeremonielle Wildentenjagd (**Kuirisi-ataku**) auf dem See veranstaltet, bei der 2,5 m lange Wurfspeere (Atlatl) verwendet werden.

Rund um den Pátzcuaro-See

Leben mit dem Wasser

In und um den See liegen ca. 30 malerische indigene Dörfer. Ihre Bewohner leben vor allem vom Fischfang, wozu sie hauptsächlich aus Baumstämmen gehauene Boote verwenden. Man benutzt verschie-

Indigene Dörfer

dene Netze, um den zarten Weißfisch (»pescado blanco«) sowie diverse Barsche und Forellen zu fangen. Die bekannten **Schmetterlingsnetze** (»uiripu«) benutzt man heute nur noch den Touristen zuliebe.

»Ort der Kolibris« und Kultzentrum der Purépecha

Tzintzuntzan

Die **Ruinenstätte** Tzintzuntzan (Ort der Kolibris) liegt oberhalb des gleichnamigen Dorfs auf einem Hügel mit herrlicher Aussicht über den nahen Pátzcuaro-See (ca. 15 km vom Ort Pátzcuaro entfernt). Die in ungewöhnlicher Bauweise errichtete Anlage war einst das bedeutendste Kultzentrum der Purépecha.

Tzintzuntzan dürfte im 12. Jh. erstmals erbaut worden sein. Zusammen mit Pátzcuaro und Ihuatzio bildete es die herrschende Dreierliga im Purépecha-Reich. Tzintzuntzan wurde mit einer Fläche von fast 7 km² und ca. 40 000 Einwohnern die beherrschende Stadt der Purépecha, die hervorragende Krieger waren. So schlugen sie 1478, nicht zuletzt dank ihrer Kupferwaffen, die nach der Eroberung Tolucas eindringenden Azteken. Die Spanier erreichten Tzintzuntzan 1522 unter Cristóbal de Olid und einigten sich kampflos auf die Anerkennung der spanischen Herrschaft. Sieben Jahre später tötete allerdings der berüchtigte Konquistador Nuño Beltrán de Guzmán den Herrscher Tangáxoan II., was zu Aufständen führte. Die Krone entsandte daraufhin den Priester und Rechtsgelehrten **Vasco de Quiroga** (1470–1565), dem es gelang, den Frieden wiederherzustellen. Vasco de Quiroga wurde 1537 zum Bischof von Michoacán mit provisorischem Sitz in Tzintzuntzan ernannt; später wurde der Bischofssitz nach Pátzcuaro verlegt. Der Bischof förderte die kunsthandwerklichen Fähigkeiten der Ureinwohner, was man noch immer an den vielfältigen Handwerkskünsten in der Region sehen kann.

Die alte Anlage, von der nur noch Teile vorhanden sind, interessiert mehr aufgrund ihres architektonischen Stils als ihrer Ausführung wegen. Auf der riesigen Plattform (425 × 250 m) lagen fünf T-förmige flache Tempelbauten (**Yácatas**), deren rechteckige Unterbauten in ovalen Plattformen endeten. Diese, ursprünglich von einem runden Aufsatz mit Dach gekrönt, dienten offenbar als Grabstätten, während die eigentlichen Yácatas als **Kultstätten für den Feuergott Curicáveri** genutzt wurden. Grabungen am Rundbau des Tempels V brachten Grüfte der Purépecha-Herrscher und ihrer Familien mit vielen Beigaben zu Tage. An der Ostseite führte eine monumentale, etwa 30 m breite Freitreppe auf die Terrasse. Die von I bis V nummerierten Yácatas wurden aus flachen, übereinandergelegten Steinen erbaut, die durch gestaffelte Wände zusammengehalten wurden. Für die äußere Verkleidung wurde der vulkanische Stein Xanamu verwendet, den man in gleichmäßigen Stücken mit einer Mischung aus Ton und Kieselsteinen verband.

Tgl. 10–17.30 Uhr | Eintritt 57 MEX$

Mit einzigartigen Holzmalereien

Santiago Apóstol de Tupátaro

Verlässt man Pátzcuaro in Richtung Tiripetío und Morelia, stößt man nach 15 km auf eine nach rechts abzweigende Straße nach Guanajo. Schon nach 4 km ist man im Dorf Tupátaro angelangt, dessen **einfache Adobe-Kirche** Santiago Apóstol im Innern mit einem dem hl. Jakob geweihten Altar und einem bemerkenswerten Gewölbe im Mudéjarstil überrascht. Dieses ist mit **einzigartigen Holzmalereien** geschmückt, die das Leben Christi und der Muttergottes in eindrucksvoller Weise zeigen, wie es den Indigenen im 16. Jh. von den Missionaren vorgeführt wurde. Vergleichbare religiöse Malereien fand man lediglich noch in zwei Kirchen in der Nähe von Cuzco in Peru. Da die Öffnungszeiten unregelmäßig sind, sollten sie beim Tourismusbüro in Pátzcuaro erfragt werden.

Dem Kupferhandwerk verschrieben

Santa Clara del Cobre

Fahren Sie von der Stadt Pátzcuaro 20 km nach Süden, gelangen Sie nach Villa Escalante oder Santa Clara del Cobre. Dieses alte Städtchen ist weithin bekannt für seine schönen **Arbeiten aus gehämmertem Kupfer**. Dieses Handwerk war schon in prähispanischer Zeit gut entwickelt und wurde dann im 16. Jh. durch Bischof Vasco de Quiroga besonders gefördert. Das **Handwerksmuseum** dokumentiert diese Entwicklung.

Fischer, Jäger, Bauern

Purépecha

Die Purépecha lebten im Wesentlichen von Fischerei, Jagd und Maisanbau. Das Volk war in zwei Hauptklassen eingeteilt, die Klasse der militärischen Elite und der Priester sowie die Klasse der Fischer, Bauern und Sklaven. An der Spitze ihrer Götterwelt stand der Feuergott Curicaveri, daneben gab es Cuerauáperi (Erdmutter), Tata Uriata (Vater Sonne) und Nata Cutzi (Mutter Mond). Obwohl hauptsächlich Krieger, waren die Tarasken in der **Bearbeitung von Metallen** – neben Gold und Silber auch von Kupfer – den meisten Völkern Mesoamerikas überlegen. Die Seltenheit der Bearbeitung von Kupfer in Mexiko lässt vermuten, dass diese Technik aus Peru oder Kolumbien eingeführt wurde. Aber auch die Qualität taraskischer Federarbeiten, Keramik, Textilien und der Obsidianverarbeitung war in Mesoamerika berühmt. Auffallend sind die archaisch wirkenden, groben **Steinskulpturen**, von denen einige mit den toltekischen Chac-mool-Figuren identisch sind. In der relativ einfachen, aber durchaus originellen Architektur herrschen die **Yácatas** vor, Tempelplattformen mit runden Aufsätzen.

»Wo die Blumen blühen«

Uruapan

Das milde Klima, die üppige Vegetation und die schönen Parks sind die hauptsächlichen Vorzüge des angenehmen, wenig besuchten Uruapan, ca. 70 km westlich von Santa Clara del Cobre. Es liegt am

Río Cupatitzio inmitten einer bewaldeten Gegend und eines Obstanbaugebiets. Der Name bedeutet in der Sprache der Purépecha »wo die Blumen blühen«. Uruapan wurde um 1532 durch den Franziskanerpater Juan de San Miguel als San Francisco de Uruapan gegründet und in einem schachbrettartigen Muster angelegt.

Mittelpunkt der Stadt ist die **Plaza Principal** (Jardín Morelos), die in der frühen Kolonialzeit als großer Markt entworfen wurde. An ihr steht die frühere, auf Juan de San Miguel zurückgehende **Hospitalskapelle Guatápara**. Das Hospital – mit einem schönen Patio – beherbergt heute das Museum für Volkskunst (Museo de Artes Populares). Es zeigt vor allem die für den Ort typischen Lackarbeiten.

Auf dem sehr sehenswerten täglichen **Markt** werden neben Lackarbeiten schöne handgewebte Stoffe und Trachten angeboten. Hinter der Hospitalskapelle liegt der **Mercado de Antojitos**, der Markt der Imbisse, auf dem man die mexikanische Küche kosten kann.

Von den schönen Parks ist in erster Linie der **Nationalpark Eduardo Ruiz** an der Schlucht des Río Cupatitzio zu nennen. Dieser hübsche tropische Park beginnt nur etwa 600 m vom Zentrum entfernt und zieht sich ungefähr 1 km den Fluss entlang. **Schöne Spazierwege** führen hier durch üppige Vegetation an Wasserfällen, Felsformationen und Quellen vorbei.

Der »Rauchende Berg« macht seinem Namen alle Ehre. Der Popocatépetl erhebt sich majestätisch hinter Cholula im Bundesstaat Puebla.

Einer der schönsten Wasserfälle Mexikos

Wasserfall La Tzaráracua

Nach rund 12 km auf der MEX 37 in Richtung Süden erreichen Sie den Wasserfall La Tzaráracua. Diese fast 40 m hohe Kaskade, in hübscher Waldlandschaft an der Laguna Cupatitzio gelegen, gehört zu den schönsten des Landes. Etwa 2 km stromaufwärts kommen Sie an eine kleinere Version, entsprechend heißt der dortige Wasserfall auch Tzararacuita.

Tgl. 10–18 Uhr | Eintritt 15 MEX$ zzgl. 5 MEX$/Fahrzeug

In unwirtlicher Gegend unterwegs

Paricutín

Vom Dorf Angahuan können Sie mit Maultieren oder Pferden in 50 Minuten (5 km zu Fuß) einen Ausflug zum **Lavafeld** Paricutín unternehmen. Der Vulkan Paricutín (2575 m) brach am 20. Februar 1943 aus und begrub mit seinen Lavamassen mehrere Siedlungen unter sich. Die Eruptionen hielten fast drei Jahre lang an, und mehr als 5000 Menschen mussten ihre Häuser verlassen. Aus dem Lavafeld ragt einsam der obere Teil der Kirche von San Juan Parangaricútiro hervor. Zur Besteigung des Vulkans ist es ratsam, einen einheimischen Guide zu engagieren.

★ POPOCATÉPETL · IZTACCÍHUATL

Bundesstaaten: México (Mex.) und Puebla (Pue.)

Als wollten sie sich gegenseitig übertrumpfen, recken sich die zwei Vulkanriesen Popocatépetl und Iztaccíhuatl dem meist stahlblauen Himmel entgegen. Doch während der eine friedlich schlummert, rumort es im anderen regelmäßig.

O/P 22

Die beiden Fünftausender sind die Leuchttürme der Sierra Nevada und trennen das Hochtal von Mexiko von der Hochebene von Puebla. Der »Popo« ist mit 5462 m. ü. d. M. der zweithöchste Vulkan Nordamerikas, der Iztaccíhuatl ist mit 5286 m ü. d. M. nicht wesentlich kleiner. Entstanden sind die Vulkane in der zweiten Eruptionsphase, die im Pliozän (vor etwa 2 Mio. Jahren) begann und bis heute anhält. Um die Vulkane ist seit 1948 der **Iztaccíhuatl-Popocatépetl Nationalpark** eingerichtet. Er ist mit den Wiesen und Wäldern auf den unteren Höhenlagen sowie den beiden Gipfeln ein wunderbares Ziel zum Wandern, Klettern und Erholen. Da der Popocatépetl immer wieder aktiv ist und auch 2023 mit Erruptio-

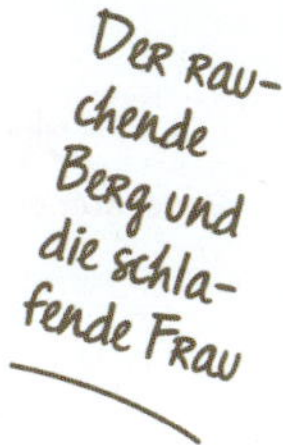

IZTACCÍHUATL-POPOCATÉPETL-NATIONALPARK ERLEBEN

NATIONALPARKBÜRO
Plaza de la Constitutión 9B
56900 Amecameca de Juárez
Tel. 597 978 38 29
Mo–Fr 9–16, So ab 7 Uhr
Eintrittsgebühr pro Tag: 50 MEX$
iztapopo.conanp.gob.mx

UNTERWEGS IM PARK

Die Homepage des Nationalparkbüros hält Karten und Wanderführer in englischer Sprache zum Download bereit. Wer den Iztaccíhuatl erklimmen möchte, muss sich hierzu vorab im Nationalparkbüro anmelden.
Da der Park den Launen des aktiven Popocatépetl ausgesetzt ist und er im Falle eines vulkanischen Notfalls vom CENAPRED, dem Nationalen Zentrum für Katastrophenschutz, gesperrt werden kann, empfiehlt es sich, vor dem Besuch die aktuelle Lage auf der Homepage zu checken:
www.cenapred.unam.mx

nen auf sich aufmerksam machte, kann er nicht mehr bestiegen werden. Über 30 Millionen Menschen im Umkreis sind betroffen, wenn der Vulkan Ernst macht. Der »Izta« ruht dagegen und wird von den Einheimischen als »mujer dormida« bezeichnet, da seine drei Gipfel aussehen wie Kopf, Brust und Füße einer schlafenden Frau.
Der **Legende** nach verliebten sich einst die Aztekenprinzessin Iztaccíhuatl und der Krieger Popocatépetl unsterblich ineinander. Iztaccíhuatls Vater wollte einer Hochzeit jedoch erst dann zustimmen, wenn der Krieger siegreich aus einer bevorstehenden Schlacht zurückkehrte. Während der Abwesenheit Popocatépetls sah einer seiner Rivalen die Chance, die Prinzessin für sich zu gewinnen und verbreitete das Gerücht vom Tod des Kriegers. Iztaccíhuatl starb daraufhin vor Kummer. Als Popocatépetl aus dem Krieg zurückkehrte und vom Tod der Prinzessin erfuhr, starb auch er. Gerührt von ihrer Liebe verwandelten die Götter sie in Berge. Iztaccíhuatl liegt seitdem ewig schlafend neben Popocatépetl, der rastlos über seine Geliebte wacht.

Der »Rauchende Berg«

★ Popocatépetl

Seit den Zeiten des Eroberers Cortés wurden dem gewaltigen Krater (ca. 800 × 400 m) große Mengen Schwefel entnommen, anfangs für die Erzeugung von Schießpulver.
Der »Rauchende Berg« ist immer wieder aktiv, stößt Dampf, Rauch und auch Asche aus. Immer wieder müssen tausende Menschen bei größeren Eruptionen evakuiert werden. Von der UNESCO wurden 14 der am Hang des Vulkans liegenden Klöster aus dem frühen 16. Jh. zum **Weltkulturerbe** der Menschheit erklärt

Die »weiße Frau«
Den Berg Iztaccíhuatl oder Ixtaccíhuatl (Náhuatl: weiße Frau) erreichen Sie, wenn man vom Paso de Cortés in Richtung La Joya fährt. Für den anspruchsvollen Auf- und Abstieg (hierfür ist vorab eine Anmeldung beim **Nationalparkbüro** erfoderlich!) sollten zwei Tage eingeplant werden, denn er dauert ca. 12 Stunden. Eine gute Übernachtungsmöglichkeit vor und nach dem Aufstieg bietet die **Radiostation Torre Retransmisora** in 3950 m Höhe. Wer sich nicht alleine ins Vulkanabenteuer stürzen will – ein guter Touranbieter ist **Nomada** (nomadamexico.org).

Amecameca

Guter Ausgangspunkt für Ausflüge
Das Städtchen Amecameca liegt am Fuß der beiden schneebedeckten Vulkane. Wegen seiner günstigen Lage in karger, aber eindrucksvoller Gebirgslandschaft und seiner Nähe zu bemerkenswerten Denkmälern der Kolonialkunst eignet sich Amecameca gut als Ausgangspunkt für Ausflüge und Bergtouren. Am Hauptplatz steht die **Pfarrkirche** mit schönen Barockaltären. Das dazugehörige **Dominikanerkloster** aus dem 16. Jh. hat einen gut erhaltenen Kreuzgang.

★ PUEBLA

Bundesstaat: Puebla (Pue.) | **Höhe:** 2135 m ü. d. M. | **Einwohner:** 1,5 Mio. | **Entfernung:** 126 km südöstlich von Mexiko-Stadt

Dekorative Azulejos an den Hauswänden, eine beeindruckende Vulkankulisse aus Popocatépetl, Iztaccíhuatl und Malinche, köstlichste »Chiles en Nogada« oder »Mole poblano« – Puebla, 130 km von Mexiko-Stadt entfernt, ist für vieles bekannt. Doch für eines besonders: den VW Käfer.

Wer kennt ihn nicht: Vierzylinder-Motor, Heckantrieb, knatterndes Fahrgeräusch. Einst ein Automobil der unteren Mittelklasse, heute längst beliebte Hippiekarosse mit Kultstatus. 2003 lief in Puebla der letzte VW Käfer vom Band. Mit über 21 Mio. Verkäufen war er bis dahin das meistverkaufte Auto der Welt. In Mexiko knattert er noch immer fleißig über die Straßen. VW ist der größte Arbeitgeber der Stadt, in der das größte VW-Werk außerhalb Deutschlands angesiedelt ist.
In der Stadt werden Sie außerdem in Restaurants und Hotels den schönen bunten **Talavera-Fliesen** begegnen. Es gibt sie in verschiedenen Geschäften auch zu kaufen. Bereits um die Mitte des 16. Jhs.

begann die Herstellung von Azulejos nach spanischem Vorbild, insbesondere die Kacheln aus Talavera de la Reina galten als Maßstab. Sind Sie zwischen September und November in Mexiko, sollten Sie auf jeden Fall **»Chiles en Nogada«** probieren – das beliebte Nationalgericht, denn es kommt in den mexikanischen Nationalfarben daher: grüne Paprika mit einer Hackfleisch-Fruchtmix-Füllung, darüber kommt eine weiße Walnuss-Soße und rote Granatapfelkerne. Das historische Zentrum von Puebla wurde von der UNESCO 1987 zum **Weltkulturerbe** der Menschheit erklärt.

Der Ort wurde 1531 als Ciudad de los Ángeles im Auftrag des Bischofs Julián Garcés von Tlaxcala von Mönchen gegründet. Bereits 1537 erhielt Puebla eine Universität, 1539 wurde der Ort Bischofssitz und fortan Puebla de los Ángeles genannt. Bald entwickelte sich die Stadt zum Zentrum des umliegenden Agrargebiets sowie zu einem Verkehrsknotenpunkt zwischen dem Golf von Mexiko und dem Pazifik. Im Krieg zwischen den Vereinigten Staaten von Amerika und Mexiko (1846–1848) kam es in Puebla zu erbitterten Kämpfen zwischen den Truppen der Generäle Winfield Scott und Antonio López de Santa Ana, die zu einer vorübergehenden Besetzung Pueblas durch die US-Amerikaner führten. Während der französischen Intervention schlugen die Mexikaner unter General Ignacio Zaragoza am 5. Mai 1862 die Franzosen zurück. Seitdem wird dieser Tag als Nationalfeiertag in ganz Mexiko gefeiert. Ein Jahr später schließlich eroberten die Franzosen die Stadt, die im Machtbereich Kaiser Maximilians blieb, bis es General Porfirio Díaz im April 1867 gelang, die kaiserlichen Truppen aus der Stadt zu vertreiben. Auch im Revolutionskrieg (1910–1920) war Puebla Schauplatz heftiger Kämpfe.

Wohin in Puebla?

Das geschäftige Zentrum der Stadt...

Zócalo

...bildet der prachtvolle Zócalo (**Plaza de la Constitución**) mit seinen hohen Bäumen, Blumenbeeten und Brunnen, der von Arkaden (Portales) eingerahmt ist.

Zweitgrößte Kathedrale Mexikos

Catedral

An der Südseite des Platzes steht die Kathedrale, die zweitgrößte des Landes nach der von Mexiko-Stadt. Mit dem eindrucksvollen, vorwiegend im Renaissancestil errichteten Bau begann man bereits um 1575, aber erst 1649 wurde er eingeweiht. Das **Nordportal** am Hauptplatz ist mit Hochreliefs der vier spanischen Könige aus der habsburgischen Linie (Karl V., Philipp II., Philipp III. und Philipp IV.) geschmückt; unter der Bogeneinfassung befindet sich das Wappen der spanischen Könige. Die **Hauptfassade** mit ihrem Portal zeigt bereits Merkmale des aufkommenden Barock. Bemerkenswert ist die

Nur die Kathedrale in Mexiko-Stadt ist höher: Die Catedral in Puebla ist markantes Wahrzeichen der Stadt.

riesige **Kuppel**, die mit den für Puebla typischen Azulejos bedeckt ist. Im eindrucksvollen, 90 × 47 m großen und 25 m hohen **Inneren** der Kathedrale sind der neoklassizistische Hochaltar (um 1800) von Manuel Tolsá und José Manzo, das schmiedeeiserne Chorgitter (1679) von Mateo de la Cruz, das holzgeschnitzte Chorgestühl (1719–1722) von Pedro Muñoz und die beiden eindrucksvollen Orgeln aus derselben Zeit sehenswert.

Für Buchliebhaber

Casa de la Cultura

Südlich der Kathedrale befindet sich im ehemaligen Erzbischöflichen Palais neben Regierungsbüros und einer Touristeninformation die Casa de la Cultura. Im oberen Stockwerk liegt die 1646 von Bischof Juan Palafox gegründete **Biblioteca Palafoxiana** mit einer großen Sammlung bibliophiler Kostbarkeiten, darunter eine Nürnberger Chronik von 1493 und ein prächtiger barocker Lesesaal.

Biblioteca Palafoxiana: Di.–So. 10–18 Uhr | Eintritt 45 MEX$

Eine der größten Privatsammlung ihrer Art

Museo Amparo

Ebenfalls südlich zeigt das Museo Amparo die **prähispanische Sammlung** von José und Jacqueline Sáenz, eine der größten Privatsammlungen dieser Art, zu der auch der Maya-Altar des Herrn von Yaxchilán gehört.

Calle 2 Sur | Mi.–Mo. 10–18 Uhr | Eintritt 35 MEX$ | www.museoamparo.com

PUEBLA ERLEBEN

TOURISTENINFORMATION

Av. Don Juan de Palafox y Mendoza 14 (am Zócalo)
Tel. 222 1 22 11 00
www.sectur.puebla.gob.mx

Wer mit dem **Auto** von Mexiko-Stadt nach Puebla fährt, legt die 126 km lange Strecke auf der MEX 150 zurück. Das dauert etwa zwei Stunden. Eine Fahrt mit dem **Bus** dauert ebenfalls ungefähr zwei Stunden.

Die handbemalte Talavera-Keramik hat in Puebla eine jahrhundertealte Tradition. Besonders schöne Stücke findet man bei **Uriarte** (Fabrik und Laden) in der Calle 4 Poniente 911. Sonntagvormittags findet auf der kleinen **Plazuela de los Sapos** ein Flohmarkt für Antiquitäten statt (Calle 5 Oriente/Calle 6 Sur).

❶ CASA BAROCCA €€€

Erlesene Küche im exklusiven Ambiente: Perfekt für einen Abend zu Zweit.

Restaurants:
❶ Casa Barocca
❷ Fonda de Santa Clara

Hotels:
❶ El Sueño Hotel & Spa
❷ Mesón Sacristía de la Compañía

1 Casa del Alfeñique
2 Barrio del Artista
3 Casa de los Muñecos
4 Las Galerías del Palacio
5 Antiguo Parián
6 Casa de la Cultura

Av. 7 Ote 205
Tel. 222 2 90 47 67
www.casabarroca.com

❷ FONDA DE SANTA CLARA €€
Beliebtes Speiselokal, welches beispielsweise mit dem Nationalgericht Mole Poblano, Fleisch mit gewürzter Schokoladensauce, aufwartet.
6 Oriente 12
Tel. 222 2 25 02 33
www.fondadesantaclara.com

❶ EL SUEÑO HOTEL & SPA €€€€
Elegante Suiten (13) in einem restaurierten Stadtpalast des 18. Jahrhunderts. Die Ausstattung ist in Crème-Tönen gehalten, mal modern, mal antik. Das Spa umfasst Dampfbad, Jacuzzi (mit Blick auf die Kathedrale) und drei Massagekabinen. Vier Lofts für längere Aufenthalte.
9 Oriente No 12
Tel. 222 2 32 64 89
www.elsueno-hotel.com

❷ MESÓN SACRISTÍA DE LA COMPAÑÍA €€€
Ein 200 Jahre altes, umgebautes Haus (15 Z.) einer Familie von Antiquitätenhändlern – daher stehen auch die Möbel, mit denen die Zimmer eingerichtet sind, zum Verkauf. Restaurant vorhanden.
Calle 6 Sur 304
Tel. 222 2 32 45 13
www.mesones-sacristia.com

Petrarca in indigenen Symbolen

Casa del Dean

Im nächsten Häuserblock, westlich vom Erzbischöflichen Palais, steht das Haus des Dechanten (Casa del Dean; Calle 16 de Septiembre 505), ein schönes, altes Bürgerhaus im Renaissancestil aus dem Jahr 1580. Im Innern beeindrucken **Wandgemälde**, die das Petrarca-Gedicht »I trionfi« von Liebe, Tod, Keuschheit, Ruhm, Zeit und Ewigkeit mit indigenen Symbolen interpretieren.

Zuckerbäckerhaus mit bitterer Geschichte

Casa de los Muñecos

Am Beginn der Calle 2 Nte., in der Nähe der nordwestlichen Ecke des Zócalo, steht ein schönes Haus im Zuckerbäckerstil, die Casa de los Muñecos. Die **Kacheln** an ihrer Fassade erzählen die Geschichte der Ruchlosigkeit der Stadtväter Pueblas: Diese sollen den Besitzer des Hauses vor Gericht gebracht haben, um es sich anzueignen, da es größer als ihr eigenes war. Innen dokumentiert das **Museo Universitario** die Bildungsgeschichte der Stadt.

Ruhestätte einer chinesischen Prinzessin

Templo de la Compañía

Zwei Blocks östlich vom Hauptplatz liegt die 1767 eingeweihte **Jesuitenkirche** La Compañía mit churrigueresker Fassade und weiß-blau gekachelter Kuppel. Ausgerechnet im Jahr ihrer Einweihung wurde der Jesuitenorden aus Mexiko ausgewiesen. In der Sakristei wird das Grab einer angeblich chinesischen Prinzessin gezeigt, die von Piraten als Sklavin nach Mexiko verkauft wurde und Ende des 17. Jh.s in Puebla ihre Freiheit erhielt. Sie soll die Schöpferin der später weit verbreiteten **malerischen China-Poblana-Tracht** sein, die aus einer weiten Rüschenbluse, einem langen Rock und einem Schal besteht. In dem angrenzenden früheren Jesuitengymnasium ist heute die Universität untergebracht.

Im Mandelkuchenhaus

Casa del Alfeñique

Von der Calle 2 Nte. geht nach rechts die Avenida 4 Oriente ab, auf der man die originelle Casa del Alfeñique (Mandelkuchenhaus) erreicht. Dieses angeblich von Antonio de Santa María Incháurregui Ende des 18. Jh.s errichtete Gästehaus ist mit seinen bunten Kacheln, roten Ziegeln und weißem Stuckwerk eines der besten Beispiele für den **Poblano-Stil**. Heute beherbergt dieser typische Bau des lokalen Barock das Regionalmuseum (**Museo Regional**), in dem hauptsächlich Keramik, Waffen, Gemälde, Kostüme und Möbel ausgestellt sind.
Di.–So. 10–18 Uhr | Eintritt 40 MEX$

Eines der ältesten Schauspielhäuser Lateinamerikas

Teatro Principal

Weiter nördlich liegt das in den Jahren 1756–1769 erbaute Teatro Principal. Es gilt als eines der ältesten Schauspielhäuser Lateinamerikas. Es brannte 1902 fast vollständig ab, wurde aber in den 1930er-Jahren wieder aufgebaut. Ganz in der Nähe befindet sich um die Calle 8 Nte. das **Künstlerviertel** der Stadt, wo man die Studios der Maler und Bildhauer besuchen und auch ihre Werke kaufen kann.

Ein kurzer Abstecher…

Templo de San Francisco

…führt zu diesem Kloster an der Avenida 14 Oriente. Es stammt aus dem Jahr 1551 und verfügt über eine schön gekachelte Fassade. Bemerkenswert sind das churriguereske **Hauptportal** und das geschnitzte **Chorgestühl** aus dem 18. Jahrhundert. Um 1800 wurde das Kloster in neoklassizistischem Stil umgebaut. In einer Glasvitrine kann man die Gebeine des San Sebastián de Aparicio sehen – ein Spanier, der 1533 nach Mexiko kam, viele Straßen des Landes plante und schließlich Mönch wurde. Noch heute ziehen diese Reliquien viele Gläubige an. Gemälde mit Szenen aus seinem Leben sind in einer Kapelle zu sehen; zudem steht seine Statue vor der Kirche.

Mexikanische Barockkunst

Templo de Santo Domingo

Zwei Häuserblocks vom Hauptplatz entfernt, erhebt sich an der Calle de 5 de Mayo die Kirche Santo Domingo, die eine eigenwillige Barockfassade zeigt. Ihre 1690 errichtete **Rosenkranzkapelle** (Capilla del Rosario) ist eine Glanzleistung der mexikanischen Barockkunst. Jeder einzelne Zentimeter der Wände, der Decke, der Säulen und der Portale ist mit Kacheln, Blattgold, Skulpturen und Schnitzereien bedeckt. Besonders bemerkenswert ist ein Orchester von Cherubinen, umrankt von einer Fülle von Arabesken, aus deren Mitte Gott herabzuschweben scheint.

Schöne Talavera-Keramik shoppen – oder zumindest bestaunen – ist nahezu ein Muss in Puebla. Der Fabrikverkauf Uriarte eignet sich hierfür hervorragend.

Die Erfindung der »Mole Poblano«

Ex-Convento de Santa Rosa

An der Calle 3 Norte 1203 findet man das ehemalige Kloster Santa Rosa, das heute das Kunsthandwerksmuseum (**Museo de Artesanías**), eine Bibliothek, Läden und eine originalgetreue, vollständig gekachelte Klosterküche mit alten Utensilien beherbergt; in dieser soll eine Nonne um 1680 die berühmte Sauce »**Mole Poblano**« erfunden haben, ein Gericht mit einer Vielzahl von Gewürzen und Schokolade (▶ Baedeker Wissen, S. 464).

Festungen, Museen, Kunst und Kultur

Cerro de Guadalupe

Auf dem Hügel im Nordosten der Stadt thront die Festung von Loreto (**Fuerte de Loreto**), die 1816 erbaut wurde und heute als **Museo de la No Intervención** an die Kämpfe gegen die Franzosen erinnert, die 1862 auf dem Hügel stattfanden. Von der Festung genießt man einen schönen Ausblick auf die Stadt. Auf der südlichen Seite des Hügels befindet sich das **Fort Guadalupe**.

Zwischen den beiden Forts Loreto und Guadalupe erstreckt sich das **Centro Cívico 5 de Mayo**, auf dessen Gelände sich neben einem Planetarium, einem Freilichttheater und Räumen zur Ausstellung von Kunsthandwerk auch das Staatsmuseum (**Museo del Estado de Puebla**) befindet. Dieses zeigt interessante archäologische Funde (Olmeken, Tolteken, Azteken) und ethnologische Exponate aus der Region.

Rund um Puebla

Abgeschiedenes Juwel

Cantona

Etwa 115 km nordöstlich der Stadt Puebla (über die Carretera 150 bis zur Carretera 129, Abzweigung bei Oriental in Richtung Tepeyahualco) begann man 1993 mit der Ausgrabung **einer der wichtigsten Stätten des zentralen Altiplano**, Cantona, deren Blütezeit zwischen 600 und 950 lag. Diese befestigte, 12 km² große Stadt am Schnittpunkt zwischen der Golfküste und dem Hochtal von Mexiko besaß überragende Bedeutung. Die Anlage umfasst eine Reihe von imposanten Pyramiden, umfangreichen Patios, Palästen und Plattformen sowie ein Geflecht von 500 kopfsteingepflasterten Straßen. Man entdeckte bislang gut zwei Dutzend Ballspielplätze, die größte Anzahl, die bis dato an einem Ort in Mesoamerika gefunden wurde.

Di–So 10–17 Uhr | Eintritt 90 MEX$

Cortés' Rückzugsort nach der »Noche Triste«

Tepeaca

Auf der MEX 150 in Richtung Tehuacán kommt man nach etwa 35 km nach Tepeaca (40 000 Einw.), das für seinen **Freitagsmarkt** bekannt ist. Hernán Cortés gründete diese Ortschaft bereits 1520 als zweite Siedlung nach Veracruz. Auf dem Hauptplatz dieser früheren Poststation steht ein Wachturm (**Rollo**) mit maurischen und Renaissancemerkmalen. Das gegenüberliegende Haus mit einer roten Fassade ließ Cortés errichten. Dort soll er nach seiner Niederlage in Tenochtitlán (**Noche Triste**) am 30. Juni 1520 gewohnt haben. Das wuchtige Franziskanerkloster gehört zu den frühesten und eindrucksvollsten des Landes. Zu beachten ist der Wehrgang um die Kirche, die kolonial-plątereske Fassade und die Ausführung der Vorhalle des Klosters.

Höchster Berg Mexikos

Pico de Orizaba

Wenige Kilometer auf der MEX 150, hinter Tepeaca, führt eine Abzweigung nach links zum 11 km entfernten **Acatzingo** (48 000 Einw.). Von hier gibt es zwei Möglichkeiten, um zum Fuß des Pico de Orizaba oder Citlaltépetl (Berg des Sternes), des mit 5760 m höchsten Berges von Mexiko, zu gelangen. Zur Südseite fährt man zunächst über die MEX 140 in nordöstlicher Richtung bis El Seco, um von dort nach weiteren 25 km auf der MEX 144 El Serdan als Ausgangspunkt zu erreichen. Die Nordostseite des Berges geht man am besten von **Tlachichuca** an. Dort kann man geländegängige Fahrzeuge mieten (schwierige Strecke) oder sich 32 km bis zur Hütte an der Piedra Grande (Übernachtungsmöglichkeit) in 4260 m Höhe fahren lassen. Von hier aus können erfahrene Bergwanderer diesen prachtvollen vergletscherten Vulkan in einem Tag besteigen – und zwar in sehr dünner Luft! Über Zufahrt und Aufstiegsrouten sollte man sich vorab bei zuständigen Stellen erkundigen (▶ S. 458).

PUERTO ESCONDIDO

Bundesstaat: Oaxaca (Oax.) | **Höhe:** Meereshöhe |
Einwohner: 30 000 | **Entfernung:** 400 km südöstlich von Acapulco

»Es gibt kein größeres Gefühl der Freiheit.« Die Augen des Rettungsschwimmers Josue leuchten, wenn er von seinem Lieblingssport spricht, dem Surfen. Auf die perfekte Welle wartet in Puerto Escondido so mancher Surfer – und die kommt, so viel ist sicher.

S 23

Entspannter Surfspot

Der Tourismusort ist Surfparadies Nummer eins an der Pazifikküste, die Playa Zicatela ist der beste Spot dafür. Aus aller Welt treibt es Wellenhungrige hierher. Dabei war der Puerto Escondido (»Versteckter Hafen«) an der Küste Oaxacas vor 20 Jahren noch ein unasphaltiertes Fischereidorf. Doch der neue Flughafen hat dem Seebad deutlichen Zulauf beschert. Inzwischen reihen sich schicke und weniger ansehnliche Hotels aneinander. Beton ist leider das herrschende Baumaterial, dafür haben die meisten Hotels Balkone mit Blick auf's Meer.
Die **Strandpromenade** ist bunt und abwechslungsreich. In den vielen guten Restaurants werden frischer Fisch und Meeresfrüchte serviert, während Sie beim Sonnenuntergang den Surfern auf den riesigen Wellen zusehen können. Tagsüber macht es Spaß durch die vielen Shops zu stöbern, abends laden viele Bars zur Happy Hour ein und bieten ein relaxtes Ambiente mit Schummerlicht und Lounge-Sofas. **Vorsicht:** Wer zum Schwimmen nach Puerto kommt, darf an manchen Stränden die Wellen und Strömungen nicht unterschätzen, da sie sehr gefährlich werden können. Dann lieber am Strand sitzen und die entspannte Atmosphäre im Ort genießen – Zeit, die Seele baumeln zu lassen!

Wohin in Puerto Escondido?

Der Stadtstrand

Bahía Principal

An der Bahía Principal, liegen am westlichen Ende einige Restaurants, im mittleren Teil Fischerboote und im Osten – auch **Playa Marinero** genannt – sonnenhungrige Urlauber. Manchmal lassen sich auch **Pelikane** beobachten, die auf der Jagd nach Beute nur Zentimeter über dem Wasserspiegel entlangfliegen.

Für Surfprofis und einen entspannten Strandurlaub

Zicatela

Hinter der felsigen Landspitze dehnt sich der lange Sandstrand von Zicatela aus, der nur für **hartgesottene Surfer** geeignet ist, die über beste Schwimmkenntnisse verfügen, da die Strömung äußerst

SONNENUNTERGANG AN EINEM HEILIGEN ORT

Schon zu Zeiten der Ureinwohner war er ein besonderer, ein heiliger Ort, an dem die Indígenas ihre Rituale vollzogen. Noch heute hat die Punta Cometa, der südlichste Punkt im Bundesstaat Oaxaca, im Dorf Mazunte, eine magische Anziehungskraft. Beim Spaziergang auf dem kurzen Wanderweg (ausgeschildert u. a. ab der Playa Rinconcito) entlang der vom Meer umtosten Klippen spüren Sie die überwältigende Energie der Natur – besonders fantastisch zu Sonnenuntergang. Snacks, Getränke und eine Taschenlampe für den Rückweg einpacken! (▶ S.294)

gefährlich ist. Aber auch das Strandleben zu genießen, kann Spaß machen. Zur Entspannung gibt es einige **Bars** und kleine **Parks**.

Betriebsame Bucht

Puerto Angelito

Weiter westlich liegt die schöne Bucht von Puerto Angelito mit zwei kleinen **Stränden**, die von ein paar Felsen geteilt werden. Vom Zentrum von Puerto Escondido können Sie mit dem Taxi oder per Boot hierher fahren. An Wochenenden und Feiertagen kann es allerdings recht voll werden.

165 Stufen zum Meer

Playa Carrizalillo

Hinter der Landzunge befindet sich die mittlerweile über eine Steintreppe (165 Stufen) zu erreichende Playa Carrizalillo. Sie ist zwar etwas steinig, aber zum Schwimmen geeignet. Von der Bahía Principal kann man mit einem Boot an den Strand fahren; alternativ folgen Sie dem ausgeschilderten Weg (**»Trailer Park Carrizalillo«**).

Zum palmenbestandenen Strand Bacocho…

…geht es noch ein Stück weiter. Westlich des Hotels Posada können Sie das Meer genießen, doch die **Strömung** kann auch hier tückisch sein. Am besten man fährt von Puerto Escondido mit dem **Boot** hierher.

Bacocho

Westlich von Puerto Escondido

Ab ins Vogelparadies

Die Laguna de Manialtepec, etwa 15 km von Puerto Escondido entfernt, ist ein wahres Vogelparadies. An den Ufern der 8 km langen Lagune leben **Ibisse**, verschiedene **Falken**, **Reiher** und **Fischadler**. Die meisten kann man morgens, vor allem im Juni oder Juli, beobachten. Spezielle Touren sind von Puerto Escondido aus zu buchen.

Laguna de Manialtepec

Besuch aus dem Norden

Nach wenigen weiteren Kilometern auf der MEX 200 führt links eine Straße zum **Nationalpark** Lagunas de Chacahua, zu dem drei Lagunen und mehrere Inseln mit zahlreichen Vögeln und Amphibien gehören. Viele Vögel aus Alaska und Kanada überwintern hier. Auf den mangrovengesäumten Inseln leben Kormorane, Störche, Reiher und Fischadler, Krokodile und Schildkröten.

Lagunas de Chacahua

Surfen und Entspannen

Von der Lagune Chacahua muss man nur fünf Minuten am Strand entlanggehen, um in das **Dorf** Chacahua zu kommen, in dem man wunderbar entspannen kann. Vor allem Surfern wird es hier gefallen.

Chacahua

Östlich von Puerto Escondido

Für Ruhesuchende

Etwa 84 km östlich von Puerto Escondido liegt der hübsche **Fischereihafen** Puerto Ángel (9000 Einw.) mit seinen beiden schönen Stränden Puerto Ángel und Panteón. Alle, die etwas Ruhe suchen, sind hier bestens aufgehoben.

Puerto Ángel

Zum Surfen und Nacktbaden

Die 10 km westlich gelegene Playa Zipolite ist ein Hippieort mit breitem, **langen Strand, vielen Restaurants und Bars** und ordentlichen Wellen, die jede Menge Surfer anlocken. Auch FKK ist hier möglich.

Zipolite

PUERTO ESCONDIDO ERLEBEN

TURISMO

Soledad Avenida Alfonso Pérez Gasga s/n
Tel. 954 5 59 55 18

Ein **Flug** von Oaxaca oder Mexiko-Stadt nach Puerto Escondido dauert rund 45 bzw. 60 Minuten. Wer mit dem Bus anreist, benötigt von Oaxaca sechs bis zehn Stunden, von Acapulco siebeneinhalb Stunden. Mit dem **Auto** fährt man ca. 265 km auf der kurvenreichen MEX 131 über Miahuatlán und Pochutla oder ca. 310 km bzw. fünf bis sechs Stunden auf den besseren MEX 175 und MEX 200. Von Acapulco aus führt die 420 km lange Strecke über die MEX 200.

ESPADÍN €€€

Das Espadín thront über dem kleinen Carrizalillo-Strand. Es bietet fantastische Küche und feine Cocktails, dazu erleben Sie hier einen atemberaubenden Sonnenuntergang. Die Fisch-Tacos sind empfehlenswert.
Av. Carrizalillo 125
Tel. 954 16 433 63

CAÑABRAVA €€

Vortreffliche Location im modernen Ambiente mit tollem Blick auf die Brandung. Es gibt verschiedene Ceviche. Tipp: Thunfisch-Steak mit Tomaten-Ananas-Salat.
Av. Del Morro, Playa Zicatela
Tel. 954 5 82 07 99

PALAPITA BAR €€

Toller Spot zum Entspannen. Es werden leckere Cocktails aus hochwertigen Spirituosen zubereitet. Die Mangolada ist ein Traum.
Av Del Morro. Playa Zicatela
Tel. 954 5 82 20 82

VILLA LILI €€€€

Komfortable Hotelanlage mit Pool. 500 Meter bis zum Carrizalillo Strand.
Calle Manzanillo 114
Tel. 55 54 06 47 59
www.villalili.mx

VILLA MOZART Y MACONDO €€

Die von deutschen Inhabern geführte kleine Strandanlage ist mit 6 Appartements, einem Bungalow und einem schönen Palmengarten ausgestattet. Nur 100 Meter trennen die Anlage vom Carrizalillo-Strand.
Avenida las Tortugas 77
Carrizalillo
Tel. 954 1 04 22 95
www.hotelmozartymacondo.com

Magische Sonnenuntergänge erleben
Nördlich von Zipolite, hinter dem Felsausläufer, liegt ein weiterer schöner Strand, wo man seine Hängematte aufspannen kann: San Agustinillo. Dahinter kommen Sie zum **Dorf** Mazunte, einem ehemaligen Fangplatz für Schildkröten. Es gibt wunderbare Strandabschnitte. Die **Playa Rinconcito** eignet sich zum Baden und Stand-Up-Paddeln am besten. Die schönsten Sonnenuntergänge können Sie

an der langen **Playa Mermejita** erleben. Yoga und Meditation sind hier ebenfalls sehr gut möglich, Yogakurse bietet beispielsweise das Hridaya-Yoga-Center an. Seitdem der Ort 2015 zu den Pueblo Mágicos zählt, geht es hier nicht mehr ganz so entspannt zu, wie zuvor – schön ist es allerdings trotzdem noch.

Stand-Up-Paddeln: Sunset Paddle Tours | Calle Rinconcito | www.facebook.com/sunsetpaddletours

Hridaya-Yoga-Center: www.hridaya-yoga.com

Ein Name, neun malerische Buchten

Huatulco

Etwa 35 km östlich von San Pedro Pochutla (ca. 110 km von Puerto Escondido) erstrecken sich neun malerische Buchten, die unter dem Sammelnamen Huatulco (mit internationalem Flughafen) bekannt geworden sind. Die **Strände** sind ausgesprochen schön und mehrere Luxus- und Mittelklassehotels sorgen für genügend Unterkünfte. Man kann hier die verschiedensten Wassersportarten ausüben, von Hochseeangeln bis Kanufahren.

 PUUC-ROUTE

Bundesstaat: Yucatán (Yuc.) | **Höhe:** 25–28 m ü. d. M.

N 31

Entdecken, staunen, träumen: Die Ruta Puuc 80 km südlich von Mérida im Bundesstaat Yucatàn ist eine Erlebnistour auf den archäologischen Spuren der Maya, abwechslungsreich und voller versteckter Ausflugsziele mitten im Dschungel. Und das Beste daran: an vielen dieser Orte sind Sie noch ganz allein!

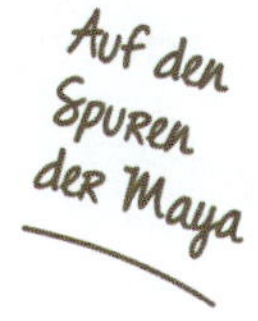

Die Ruta Puuc erhielt ihren Namen durch die **Maya-Stätten im Puuc-Stil**, die an dieser 41 km langen Route liegen. »Puuc« bedeutet in der Maya-Sprache »Hügel«, und tatsächlich ist die Landschaft hügeliger als der Rest Yucatáns. Die Puuc-Gebäude zeichnen sich durch einen gemeinsamen Architekturstil aus, für den es typisch ist, die Fassaden in verschiedene Wandflächen und Gesimse zu gliedern und mit steinerner Ornamentik zu schmücken. Doch nicht nur alte Maya-Ruinen können Sie entdecken, sondern auch Haciendas, verlassene Klöster und Kirchen, einsame Cenotes, die Höhle von Lol-tún und mit Maní und Oxkutzcab zwei Maya-Orte der heutigen Zeit. In den kleinen Dörfern und Städten entlang der Route finden Sie traditionelle Handwerkskunst und die regionale Küche. Tourguides bieten Tagestrips an, wenn Sie mehr Zeit haben, können Sie auch eine schöne Zweitagestour mit einem Mietwagen unternehmen.

 Kabah

Zeremonielles Zentrum

Anlage

Folgt man Uxmal der MEX 261 in südwestlicher Richtung, so erreicht man nach 25 km die Ruinen des einstigen Zeremonienzentrums Kabah. Obwohl die bisher ausgegrabenen Gebäude im traditionellen Puuc-Stil errichtet wurden, stieß man auf eine bemerkenswerte stilistische Abweichung, die auf Chenes-Einfluss zurückgeht.

Tgl. 8–17 Uhr | Eintritt 75 MEX$

Tempel der aufgerollten Nasen

Templo de las Máscaras

Im südlichen Teil, östlich der Straße, liegt der Palast der Masken (Templo de las Máscaras) oder **Codz-poop**. Letzteres bedeutet in der Sprache der Maya »aufgerollte Matte« und weist auf die rüsselförmige Nase des Regengottes Chac hin, die hier zur Gestaltung der Treppe genutzt wurde.

Nach jüngsten Forschungen vermutet man, dass es sich nicht – wie bisher angenommen – um Chac (den Regengott) handelt, sondern um Gesichter des Bergmonsters, welche die Bauwerke als heilige Berge kennzeichnen sollen. Der 45 m lange und 6 m hohe Tempel steht auf einer Plattform, deren Front mit einer waagerechten **Reihe von stilisierten Masken** verziert ist. Er ist insofern ein Einzelfall in der Puuc-Architektur, als auch die Fassade des Untergeschosses bereits ganz dekoriert ist, was dem Einfluss des Chenes-Stils zugeschrieben wird. Über einem verzierten Sims ist eine durchgehende Reihe von Masken mit aufgerollten Nasen zu sehen. Darüber läuft ein Gesims mit geometrischen Mustern, worauf wiederum drei Reihen von aneinandergesetzten Chac-Masken folgen. So fremdartig die Fassade, so beeindruckend ist die handwerkliche Leistung der Bildhauer, die mehr als 250 Masken geschaffen haben.

Nüchterner Palast

Palacio (Teocalli)

Unweit nördlich des Maskentempels steht der **Palast** (Palacio), meist Teocalli genannt. Dieses zweistöckige Gebäude besitzt eine eher nüchterne Architektur, die Dekoration besteht aus Paneelen von aneinandergereihten Säulen zwischen zwei hervorspringenden Simsen.

Falscher Bogen

Arco de Kabah

Viele Bauten der Grupo Central und der Grupo Oeste sind noch in einem schlechten Zustand, der **Bogen von Kabah** (Arco de Kabah) wurde jedoch bereits vollständig rekonstruiert. Dabei handelt es sich um ein Musterbeispiel für das in der Maya-Architektur so typische Kraggewölbe, das auch falscher Bogen genannt wird. Bei dieser Bautechnik werden die Steinlagen so lange gegeneinander verschoben,

BAEDEKER ÜBERRASCHENDES

6X TYPISCH

Dafür fährt man nach Mexiko.

1. BUNTES BAUEN

Das muss man den Spaniern lassen – bauästhetisch hatten sie es drauf. Die Arkaden, Patios und bunten Farben der Häuser aus der Kolonialzeit sind in den Städten wie **Oaxaca**, **San Miguel de Allende** oder **Queretaro** sind besondere Schmuckstücke. (▶ **S. 246, 302, 320**)

2. UN, DOS, TRES …

Hüften schwingen ist angesagt, ob auf der Straße oder in einer Tanzbar, z. B in **Veracruz**: bei Banda, Salsa und Cumbia kann man einfach nicht sitzen bleiben. (▶ **S. 368**)

3. VIVA LA VIDA

Feste feiern wie sie fallen, das können die Mexikaner. Am besten rund um den Kalender und die Uhr! Laute Musik, Knaller und bunte Umzüge wie in **Veracruz** oder **Oaxaca** sorgen dafür, dass auch jeder die Fiesta mitbekommt. Nichts wie hin! (▶ **S. 469**)

4. QUE RICO!

Tamales! Quesadillas! Tacos! Essen geht immer. Dafür sorgen die Comedores in **Oaxaca** oder **Mexiko-Stadt**, die einfach überall aufgebaut werden: in Parks, an U-Bahnstationen, um Friedhöfe. Ein schneller und günstiger Imbiss, der satt macht.

5. IM RAUSCH DER VERGANGENHEIT

Ein mystisches Flair liegt über den verlassenen Städten der altmexikanischen Völker, und so ist ein Besuch von **Monte Albán**, **Chichén Itzá, Palenque** oder auch **Kabah** ein magisches Erlebnis. (▶ **S. 84, 226, 262, 296**)

6. PROST, PERDÓN, SALUT!

Tequila, Mezcal, Cerveza und das am besten in einer traditionellen **Cantina** mit Band und jodelnden Mexikanern am Nachbartisch. Gibt's überall. Hingehen und mitjodeln!

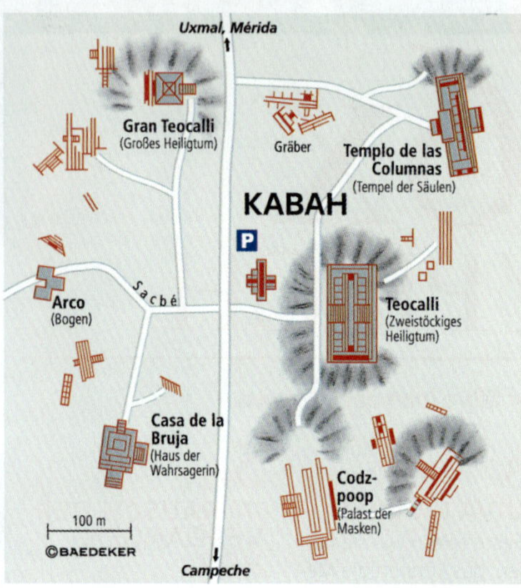

bis sie sich gegenseitig berühren. Der schmucklose Kabah-Bogen war vermutlich das Eingangstor zum Kultzentrum des Orts.

Ein **Sacbé**, das heißt eine aufgeschüttete, imposante Zeremonienstraße, führte durch diesen Bogen wahrscheinlich nach Uxmal. Derartige Straßen wurden aus Kalkstein gebaut und mit Zement bedeckt; sie verliefen etwa 0,5–2,5 m erhöht über dem Boden und hatten eine durchschnittliche Breite von 4,5 m.

Sayil

Kultstätte der Maya

Anlage

Etwa 5 km hinter Kabah verlässt man die MEX 261 und nimmt die Landstraße, die in östlicher Richtung nach Sayil abzweigt. Da man in Sayil bisher keine Datierungen gefunden hat, muss man das Alter nach Stilelementen bestimmen. Aus diesen kann man schließen, dass die beiden Hauptgebäude aus dem 9. Jh. stammen.

Tgl. 8–17 Uhr | Eintritt 70 MEX$

Fast vollkommen

Palacio

Der die Anlage beherrschende, teilweise restaurierte **Palast** (Palacio) stellt mit seinem dreistöckigen Terrassenbau (Grundfläche 80 × 40 m) eine der vollkommensten architektonischen Schöpfungen im klassischen Puuc-Stil der Maya dar. Am interessantesten ist der **Westtrakt** des mittleren Stockwerks, der zwei Türen und vier Öffnungen mit jeweils zwei von quadratischen Kapitellen gekrönten Steinsäulen aufweist. Dazwischen vermitteln eingebundene Säulen, die den Holzstämmen der Maya-Hütten nachgebildet sind, einen harmonischen Gesamteindruck. Der darüberlaufende Fries trägt in der Mitte eine riesige Maske des Regengotts Chac und das stilisierte Motiv des herabstürzenden Gottes zwischen abgewandtem, geöffneten Schlangenmäulern. An der Nordwestecke des Palasts war einst eine große Chultún (Zisterne) angelegt.

PUUC-ROUTE ERLEBEN

TOURISTENINFORMATION

yucatantoday.com
ruta-puuc
www.yucatan.com.mx

Mit dem **Bus** können Sie von Mérida aus einen Tagesausflug zu den Puuc-Stätten machen, da er hier überall hält. Mit dem **Auto** fährt man von Uxmal auf der MEX 261 durch St. Elena direkt bis zum Gelände von Kabah.

THE LODGE AT UXMAL €€€€

Wunderschöne, 40 Zimmer umfassende Anlage inmitten des archäologischen Parks. Große, schöne Zimmer, freundliches Personal, gutes Essen. Pluspunkt: Großer Pool.
Uxmal
Tel. 998 8 87 24 95
www.mayaland.com

RESTAURANTE TUTUL-XIU €

Über Ticul hinaus bekannt ist das Lokal Tutul-Xiu. Seine Spezialität: Poc Chuc – das ist Schweinefleisch, welches mit Zitrone mariniert und schließlich auf einem Holzkohlengrill gegart wird. Auch die übrige Speisekarte ist sehr typisch für Yucatán.
Calle 29 No. 191, Ticul
Tel. 997 9 72 01 92

Seltene – und fremdartige – Entdeckungen

Mirador

Außer den Resten des Ballspielplatzes (**Juego de Pelota**) und eines kleinen Tempels gibt es in Sayil noch einen unter dem Namen Mirador bekannten, stark verwitterten **Tempel** zu besichtigen, der einst durch ein Sacbé mit dem Palast verbunden war. Er ruht auf einer Plattform und besitzt einen beachtlichen Dachkamm, der wahrscheinlich einst mit Stuckornamenten verziert war – eine relative Seltenheit im Puuc-Gebiet, da hier hauptsächlich Kalkstein für Mosaikarbeiten verwendet wurde. Von diesem Bauwerk führt ein etwa 100 m langer Pfad zu einer in der Maya-Welt eher fremdartigen groben Stele mit einer Figur mit überbetontem Phallus.

Interessant, kompliziert, kunstvoll

Xlapak

Folgt man der Straße ostwärts in Richtung Labná, gelangt man nach etwa 6 km zu dem Ausgrabungsort Xlapak. Das wichtigste restaurierte Gebäude wird auch hier **Palacio** genannt und ist im typischen Puuc-Stil errichtet. Über dem einfachen Erdgeschoss der Hauptfassade können Sie unter einem mit Säulenornamenten geschmückten Sims einen interessanten Fries sehen. Über der mittleren der drei Türen erhebt sich ein turmähnlicher Aufsatz, der eine komplizierte Maskenornamentik aufweist. Zu seinen beiden Seiten tragen Paneele geometrische Verzierungen, die nach oben in ein breites Gesims übergehen. Die noch vorhandenen Ecken bestehen aus weiteren Aufsätzen kunstvoll übereinandergesetzter Chac-Masken.

Labná

Bedeutendes Maya-Zentrum

Anlage

Das wie seine Nachbarorte Sayil und Xlapak von dichter tropischer Vegetation bedeckte Labná war ein bedeutendes Maya-Zentrum, das noch nicht in seiner ganzen Ausdehnung erfasst werden konnte. Die wenigen gefundenen Datierungen lassen darauf schließen, dass die bekannten Gebäude von Labná im 9. Jh., also in der Maya-Spätklassik, errichtet wurden. Aufgrund der großen Anzahl von Chultunes – man fand **mehr als 60 dieser Zisternen** – nimmt man an, dass die Stadt Labná entsprechend zahlreich bevölkert war.

Tgl. 8–17 Uhr | 70 MEX$

Eine der größten Tempelanlagen der Region

Palacio

Die als **Palast** (Palacio) bezeichnete Baugruppe im Nordteil Labnás ist eine der größten Tempelanlagen im Puuc-Gebiet. Die unsymmetrisch gebaute Gruppe steht auf einer Terrasse. Vor der Anlage öffnet sich ein riesiger Platz, der von den Resten des ehemaligen Sacbé durchzogen wird. Die Fassade des Osttrakts ist mit Dreiergruppen von eingebundenen Säulen, Bändern mit geometrischen Ornamenten und Nasenmasken geschmückt. An der Südostecke, über drei gebündelten Säulen, sieht man eine ungewöhnliche Chac-Maske mit aufgerissenem Schlangenrachen, der einen Menschenkopf ausspeit. Die rüsselförmige Nase ist zur Stirn hin aufgerollt.

Noch wenig restauriert

Mirador

Die Südgruppe wird von einer Pyramide mit aufgesetztem Tempel beherrscht, den man als Aussichtsturm (Mirador) bezeichnet. Über den beiden restaurierten Plattformen und dem Tempelgebäude ragt, gleichsam als freistehende Fassade, der **eindrucksvolle Dachkamm**. Wie J. L. Stephens (▶ Baedeker Wissen, S. 270) berichtete, zierte ihn früher das Stuckrelief einer großen, bunt bemalten sitzenden Figur. Die vorstehenden Steine der Fassade des Dachkamms bildeten die Basis für das Stuckwerk. Das einzige Überbleibsel der Tempeldekoration ist der untere Teil einer Figur an der Südwestecke des Gebäudes.

Das bekannteste Kunstwerk Labnás …

Arco de Labná

… ist der südwestlich vom Aussichtsturm stehende, prächtige **Bogen von Labná** (Arco de Labná). Von hier soll einst ein gerader Sacbé bis nach Kabah geführt haben. Da die Maya das echte Gewölbe nicht kannten, behalfen sie sich mit dem sogenannten Kraggewölbe. Reich dekoriert, mit einer Tiefe von 3 m und einer inneren Höhe von 5 m wird er von zwei kleinen Räumen flankiert, deren Eingänge auf der Nordwestseite liegen. Vorspringende Simse rahmen den Fries ein, dessen Mosaiken an Uxmal erinnern. Über den beiden Eingängen sind in Hochrelief zwei typische Maya-Hütten dargestellt, deren Strohdächer mit Federn dekoriert sind. In deren Eingängen standen vermutlich einst Figuren. Die Rückseite des Baus ist sehr viel nüchterner. Über dem in gleicher Weise dekorierten Sims läuft ein großzügiger Fries mit einem mäanderartigen Motiv vor dem Hintergrund von eingebundenen Säulen.

Schlussetappe

Schon vor 4500 Jahren bewohnt

Grutas de Lol-tún

Folgt man der Straße in Richtung Oxcutzcab, kommt man nach etwa 20 km zu den beeindruckenden Grutas de Lol-tún. An der äußeren Felswand, nahe des Nahkab-Eingangs zur Höhle, sieht man eine überlebensgroße **Flachrelieffigur** eines reich geschmückten Maya-Kriegers mit einer Lanze in der rechten Hand. Man datiert das Relief heute auf 400 bis 100 v. Chr. Die sehenswerten **Tropfsteinhöhlen** enthalten u. a. Reste von Wandmalereien und Felszeichnungen sowie den steinernen Kopf von Lol-tún mit olmekischen Zügen. Es wurde festgestellt, dass die Höhlen wahrscheinlich schon um 2500 v. Chr. bewohnt waren. Bei Grabungen wurde Keramik gefunden, die auf den Zeitraum ab 1200 v. Chr. datiert werden konnte. Vermutlich dienten die Höhlen als Zufluchtsort vor den spanischen Eindringlingen. Die Grotten können nur mit **Führung** besichtigt werden.

Tgl. 8–17 Uhr | Eintritt 70 MEX$

Bunte Markttreiben

Oxkutzcab

Nach weiteren 10 km kommen Sie zur **Marktstadt** Oxkutzcab. Besonders interessant ist hier die Kirche, auf deren Fassade Sonne und Mond abgebildet sind. In dem lebhaften Ort kann man indigene Frauen mit bunt bestickten Huipiles und Fahrzeuge beobachten, die an Rikschas erinnern.

Wer wenig Zeit hat…

Rückfahrt nach Mérida

…kann hier über die MEX 184 nach Ticul fahren, bei Muna gelangt man dann wieder auf die MEX 261 nach Mérida.

Wer mehr Zeit hat…

Mani

…sollte weiter in die hübsche Stadt Mani (10 km nördlich) fahren, in der man den **Cenote** und die **Kapelle San Miguel Árcangel** besuchen kann. Mani war 1562 Schauplatz des **Autodafé**, bei dem der fanatische spanische Missionar und spätere Bischof Diego de Landa mehr als 5000 wertvolle Schriften, Kunstgegenstände und Ahnengebeine der Maya verbrennen ließ. Von dem bereits 1559 von Diego initiierten Kloster ist noch die Kirche erhalten mit einer sehr schönen Christusskulptur aus Stein.

Jahrhundertelang die beherrschende Stadt von Yucatán

Ruinas de Mayapán

Auf dem weiteren Weg kommen Sie an den Maya-Orten Chapab, Mama, Tekit, Tecoh und Acancah vorbei, aber auch an den **Ruinen von Mayapán**. Zur Geschichte Mayapáns gibt es in den Maya-Chroniken widersprüchliche Angaben. Wahrscheinlich ist, dass die Itzá um 1200 nach Yucatán kamen, das bereits verlassene Chichén Itzá wieder besiedelten und schließlich Mayapán gründeten. Fast 200 Jahre war nun Mayapán unter der Dynastie der Cocom die beherrschende Stadt von Yucatán. Ihr Ende kam, als ein Aufstand des früher in Uxmal beheimateten Xiú-Stammes Mayapán um 1450 zerstörte. Dies leitete den endgültigen Niedergang der Maya-Zivilisation ein, da das Reich nun in rund 20 unbedeutende Kleinstaaten zerfiel.
In seiner Glanzzeit umfasste Mayapán eine Fläche von ca. 6,5 km² mit etwa 6500 Gebäuden und war von einer gewaltigen Stadtmauer umgeben. Die Architektur ist eine kleinere, sehr einfache Kopie der von Chichén Itzá; die Gebäude sind nur spärlich ausgegraben und restauriert. Auf der rechten Seite liegen zunächst die **Casa del Viejo** und eine **Schädelmauer.** Links kann man den **Palast der Säulen** mit großer Steinmaske erkennen. Dominant war einst das **Castillo** mit einer schönen Aussicht über den umgebenden Buchenwald. An seiner Ostseite führt ein Pfad nach links zu einer niedrigen Struktur, die mit Masken des Regengotts Chac dekoriert ist – merkwürdigerweise im Puuc-Stil, der mindestens 300 Jahre zuvor seine Glanzzeit hatte.

QUERÉTARO

Bundesstaat: Querétaro (Qro.) | **Höhe:** 1836 m ü. d. M. | **Einwohner:** 800 000 | **Entfernung:** 225 km nordwestlich von Mexiko-Stadt

N 20

Wie kaum eine andere Stadt in Mexiko wurde Querétaro mit all den Plätzen, Kirchen und stattlichen Häusern aus der Kolonialzeit zum Schauplatz historischer Ereignisse. Wenn Sie heute in der großen Stadt, die sich in ein Tal des mexikanischen Hochlandes am Fuße des Cerro de las Campanas (Hügel der Glocken) schmiegt, umherschlendern, ist es kaum zu glauben, dass sie einst eine kleine Siedlung der Otomí war. Heute zählt Querétaro immerhin fast 1 Mio. Einwohner.

Zwar kein Aquädukt aus der römischen Antike, aber nicht minder beeindruckend: Der Acueducto von Querétaro ist das Wahrzeichen der Stadt.

Hier begann 1810 die **Verschwörung um Pater Hidalgo**, die zum Freiheitskrieg und schließlich zur Unabhängigkeit Mexikos von Spanien führte. 1848 wurde in Querétaro der Vertrag von Guadalupe Hidalgo unterzeichnet, der den Krieg zwischen den USA und Mexiko beendete. Auch das letzte Gefecht zwischen den Truppen des späteren Präsidenten Benito Juarez und Kaiser Maximilian von Mexiko wurde 1867 hier geschlagen. Der Habsburger wurde in Querétaro gefangen genommen, verurteilt und erschossen. Und schließlich wurde die heute noch gültige Verfassung Mexikos 1917 in Querétaro niedergeschrieben.

Schauplatz historischer Ereignisse

Neben viel Geschichte bietet die Stadt noch etwas anderes zum Anschauen und Anfassen. Das Gebiet um Querétaro ist ein **Zentrum der Opalgewinnung**. Zusammen mit anderen Halbedelsteinen aus dieser Gegend wie Topas, Aquamarin und Amethyst werden sie hier verarbeitet und in Spezialgeschäften angeboten.

1996 wurden die historischen Monumente der Stadt von der UNESCO zum Weltkulturerbe der Menschheit erklärt.

QUERÉTARO ERLEBEN

TOURISTENINFORMATION

Av. Luis Pasteur 4
Tel.442 1 61 37 00
www.queretaro.travel

Wer mit dem **Auto** unterwegs ist, nimmt am besten ab Mexiko-Stadt die MEX 57 D (212 km). Die Anreise mit dem **Bus** dauert ca. drei Stunden.

Zwischen Queretaro und Morelia wohnt nahe der hübschen Kleinstadt Tarandacuao der berühmte mexikanische **Keramikkünstler Javier Servín**. Im ganzen Land trifft man auf sein fein dekoriertes Geschirr, Karaffen, Teller, Tassen, verziert mit feinsten Mustern, die an die Bilder eines Kaleidoskops erinnern. Auch Schmuck fertigt er an. Sein Showroom und Atelier sind beeindruckend. Bei Führungen wird der Herstellungsprozess erklärt, Sie können sich auch selbst als Künstler versuchen. Auf Javiers Grundstück, das mit dem herrlichen Garten ein Museum für sich ist, stehen wunderschöne, kunstvoll gestaltete Öko-Cabañas aus Lehm, die Sie mieten können. Sie werden abends nur mit Kerzenlicht beleuchtet – ein traumhafter Ort

1 El Mesón de Chucho El Roto
2 Di Vino

1 La Casa de la Marquesa
2 Mesón de Santa Rosa

©BAEDEKER

(Ferrocarril 800 Comunidad, 38793 La Purísima, Verkauf Mo–Sa 9–15 und 16–18 Uhr, So 10–15 Uhr, www.ceramica-servin.com)

❶ EL MESÓN DE CHUCHO EL ROTO €€€€
Ausgezeichnete regionale Küche im historischen Zentrum der Stadt. Spezialitäten sind u. a. Enchiladas queretanos und zum Dessert die Crepas de Cajeta (Crêpes in Karamel-Sauce).
Av. Luis Pasteur 16
Tel. 442 1 82 08 53

❷ DI VINO €€
Urig-gemütlich ist es in diesem Restaurant, das in alten Gemäuern zu Hause ist. Wie der Name vermuten lässt, werden hier die Klassiker der italienischen Küche serviert.
Calle 5 de Mayo 12
Tel. 442 214 12 73
www.divino.com.mx

❶ LA CASA DE LA MARQUESA €€€€
12 luxuriöse Suiten, individuell ausgestattet mit antiken Möbeln und Stoffen in einem herzoglichen Gebäude aus dem 18. Jh. bzw. der benachbarten Casa Azul aus dem frühen 20. Jh. Einige der Suiten haben Balkon oder Terrasse, zur Straße oder zum Innenhof. Zentrale Lage, Restaurant und Bar.
C. Francisco I. Madero 41
Tel. 442 2 27 05 00
www.lacasadelamarquesa.mx

❷ MESÓN DE SANTA ROSA €€
Dieses 300 Jahre alte Haus (17 Z.) an der ruhigen Plaza de Independencia hat einen schattigen Patio, um den die geschmackvoll eingerichteten Suiten angelegt sind.
Av. Luis Pasteur 17
Tel. 442 7 10 64 74
www.elmesondesantarosa.com

Wohin in Querétaro?

Wahrzeichen der Stadt

Acueducto

Das Stadtbild wird geprägt vom eindrucksvollen, noch immer Wasser führenden **Aquädukt** (Acueducto) östlich des Stadtzentrums, das zwischen 1726 und 1738 im Auftrag des Marqués de la Villa del Villar del Aguilar errichtet wurde. Das Bauwerk ist das Wahrzeichen der Stadt, fast 1,3 km lang und seine 74 Bogen sind bis zu 29 m hoch.

Hier ist das Regionalmuseum zu finden

Convento San Francisco

Südlich vom Hauptplatz (Plaza Principal oder **Jardín Zenea**) liegt das alte **Kloster San Francisco**, dessen Gründung auf die Mitte des 16. Jh.s zurückgeht. Hundert Jahre später wurden die Kirche und das Kloster umgebaut. Heute beherbergt es das interessante Regionalmuseum (**Museo Regional**).
Di–So 9–18 Uhr | Eintritt 90 MEX$

Prachtvoller Klosterkomplex, interessante Kunst

Ex-Convento de San Agustín

An der Ecke Calle Allende Sur/Pino Suáres liegt das prächtige ehemalige **Augustinerkloster** aus der ersten Hälfte des 18. Jahrhun-

derts. Hervorzuheben sind die dreiteilige barocke Fassade mit Nischenstatuen und die prachtvoll gearbeiteten Bogen und Pfeiler im Kreuzgang. In diesem Komplex befindet sich das **Museo del Arte Querétaro** mit seiner umfangreichen Sammlung mexikanischer und europäischer Gemälde. Im Erdgeschoss werden Ausstellungen zeitgenössischer mexikanischer Kunst gezeigt.
Di.–So. 10–18 Uhr | Eintritt 30 MEX$

Geschichtsträchtiger Ort

Teatro de la República

Im Teatro de la República (19. Jh.), nördlich vom Hauptplatz an der Ecke Juárez/Peralta gelegen, fand der **Prozess gegen Maximilian** und seine beiden Generäle Mejía und Miramón statt, der mit dem Todesurteil endete. Noch zweimal war der Ort Schauplatz historischer Ereignisse: Am 31. Januar 1917 verkündete man von hier aus die Bundesverfassung und 1929 wurde in diesen Räumen die **Partei PRI gegründet**.

Zum Gedenken an den Erbauer des Aquädukts

Plaza de la Independencia

Die stille Plaza de la Independencia (Plaza de Armas) hat ihren kolonialen Charakter mit prunkvollen Arkaden und Steingebäuden bewahrt. In der Mitte erhebt sich das **Denkmal** für den Erbauer des Aquädukts, den Marqués de la Villa del Villar del Aguilar.

Der Ausbruch des Freiheitskriegs nahm hier seinen Anfang

Casa de la Corregidora (Palacio de Gobierno)

An der Avenida 5 de Mayo und der Plaza de la Independencia liegt das **Rathaus**, auch Casa de la Corregidora genannt, ein hübsches Gebäude aus dem Jahr 1770 mit schmiedeeisernen Balkons. Hier warnte Josefa Ortiz de Domínguez, die Ehefrau des damaligen Bürgermeisters (Corregidor), die Verschwörer der Unabhängigkeitsbewegung von 1810 vor der Aufdeckung ihrer Umsturzpläne, was zum **vorzeitigen Ausbruch des Freiheitskriegs** führte.

Mit einer Legende verknüpft

Convento de la Cruz

Geht man die Avenida Venustiano Carranza nach Osten, gelangt man zum **Kloster La Cruz**. Kaiser Maximilian hatte hier 1867 sein Hauptquartier, und auch nach seiner Gefangennahme war er zeitweise im Kloster untergebracht. Die Gründung des Klosters geht auf folgende Legende zurück: Im Jahr 1531, als die Spanier um die Eroberung Querétaros kämpften, soll sich auf dem Höhepunkt der Schlacht genau an dieser Stelle der Himmel verdunkelt haben und es sollen der Apostel Jakob auf einem Pferd sowie ein leuchtendes Kreuz erschienen sein – woraufhin die Spanier siegten.

Kreuze aus Nadeln

Capilla del Calvarito

Dort wo heute die Capilla del Calvarito aus der Mitte des 17. Jh.s steht, sollen die Spanier, nachdem sie die Stadt erobert hatten, ihre erste Messe zelebriert haben. Betrachten Sie im **Klostergarten** die etwa 50 originellen Bäume aus der Mimosen-Familie etwas näher – ihre dornenartige Nadeln wachsen kreuzförmig.

Außen schlicht, innen prachtvoll

Templo de Santa Clara

Die sich anschließende **Kirche** Santa Clara, einst zu einem mächtigen Kloster gehörend, hat eine einfache Fassade (17. Jh.). Das Innere der Kirche hingegen ist ein besonders schönes Beispiel des churrigueresken Stils aus dem 18. Jh. mit üppig geschnitzten und vergoldeten Retablos.

Eine der interessantesten Kirchen der Stadt

Santa Rosa de Viterbo

An der Kreuzung Arteaga/Montes steht die 1752 erbaute **Kirche** Santa Rosa de Viterbo, die zu den interessantesten der Stadt gehört. Auffallend sind die beiden hervorstehenden Strebepfeiler mit den Volutenstützen. Die Turmuhr soll die erste Repetitionsschlaguhr Amerikas gewesen sein. Im Innern der Kirche sind die Retablos reich im churrigueresken Stil geschmückt; auch wertvolle Gemälde aus der Kolonialzeit sind vorhanden. Bemerkenswert sind der prächtig geschnitzte Beichtstuhl, die hochbarocke Orgel sowie in der Sakristei die lebensgroßen Statuen der zwölf Apostel beim heiligen Abendmahl; dahinter zeigt ein wandfüllendes Gemälde von Tresguerras die hl. Rosa im Kreise ihrer Nonnen.

Der Tod auf dem Hügel der Glocken

Cerro de las Campanas

Auf dem Cerro de las Campanas (Hügel der Glocken) am westlichen Stadtrand (Avenida Justo Sierra) steht die vom österreichischen Kaiser Franz Joseph I. gestiftete und 1901 eingeweihte **Capilla de Maximiliano**, die zum Gedächtnis an seinen an dieser Stelle erschossenen Bruder Kaiser Maximilian von Mexiko errichtet wurde. Die Kapelle wird von der nahen **Kolossalstatue** seines siegreichen Gegenspielers, des mexikanischen Präsidenten Benito Juárez, überragt.

Rund um Querétaro

Feiern am zweitgrößten Monolithen der Welt

Bernal

Etwa 17 km nördlich von Tequisquiapan zweigt in Ezequiel Montes eine Straße nach Bernal ab. Die Bewohner sind bekannt für die Herstellung schwerer Sarapes aus Wolle. Eindruchsvoll ist der spektakuläre hutförmige Felsenberg, der 288 m hohe **Peña de Bernal**, bei dem es sich um den zweitgrößten Monolithen der Welt handeln soll. Jährlich an der Tagundnachtgleiche zum Frühlingsbeginn wird an dem Berg, dem die Einheimischen magische Kräfte nachsagen, das Equinoccio-Fest gefeiert.

★ RIVIERA MAYA

Bundesstaat: Quintana Roo (Q.R.)

M/N 33/34

Türkisblaues Meer, weiße Sandstrände, Kokospalmen und Sonne satt – die Riviera Maya ist die Urlaubsregion an der mexikanischen Karibikküste. Sie erstreckt sich über 180 km zwischen dem Tourismuszentrum Cancún im Norden und dem Fischereidorf Punta Allen im Süden.

Küste mit Karibik-feeling

Seit den 1970er Jahren wächst die Region kontinuierlich, da sie seitens der Tourismusbehörde und privater Investoren stark gefördert wird. Der Name des Küstenabschnitts spielt auf die italienische und französische Riviera an – als Synonym für eine besonders schöne Küste. Zu den Angeboten gehören von luxuriösen Bungalows bis zu einfachen Cabañas am Strand auch Naturparks, Wassersportanlagen und Freizeitparks. Hauptorte der Region sind Cancún und Playa del Carmen, während die einzigartig am Meer gelegenen Maya-Ruinen von Tulum die meistbesuchte Attraktion der Küste sind.

Wohin an der Riviera Maya?

Mit der Fähre nach Cozumel

Puerto Morelos

Die nach Süden führende MEX 307 führt am Flughafen von Cancún vorbei und erreicht nach 37 km Puerto Morelos. Von der Hafenstadt gehen Personen- und Autofähren zur Insel ► Cozumel ab.

Heimat von Meeresschildkröten

Playas Secreto und Paraíso

An den beiden herrlichen **Stränden** (15 km südl.) halten sich Meeresschildkröten auf. Übernachtungsmöglichkeiten sind vorhanden.

In ein einmaliges Ökosystem eintauchen

Puntas Maroma und Bete

Zwischen Punta Maroma und Punta Bete (ca. 40 km von Cancún entfernt) finden Sie einen Süßwasserfluss, der seinen unterirdischen Lauf verlässt, um an die Oberfläche zu treten und bald darauf ins Meer zu münden. Hier vermischen sich nun Süß- und Salzwasser, wodurch ein einmaliges Ökosystem entsteht. Auf beiden Uferseiten gibt es **schöne Unterkünfte**.

Traumstrände und Tourismusspots

Playa del Carmen

Schließlich erreichen Sie weiter südlich Playa del Carmen. Jahrzehntelang war Playa, wie es meist nur kurz genannt wird, ein einfaches Fischerdorf gegenüber der Isla ► Cozumel, etwa auf halbem Weg zwischen Tulum und Cancún. Heute ist der **schnell wachsende Ort**

Entspannter Strandurlaub ist an der Riviera Maya angesagt – wie hier in Tulum.

voller Hotels und Restaurants. An das »alte« Playa schließt sich inmitten eines tropischen Parks inzwischen die neue, luxuriöse Touristenzone **Playacar** an – nach Cancún das zweitwichtigste Urlaubsziel im Bundesstaat Quintana Roo. Kilometerlange weiße Traumstrände hat der Ort zu bieten, vor allem im Norden. Es bestehen Möglichkeiten zum Tauchen und Hochseefischen.

Die Avenida Juárez führt von der MEX 307 zu einem nahe am Meer liegenden **Park**; einen Block südlich davon legt die Personenfähre nach Cozumel ab. An der abends gänzlich für den Autoverkehr gesperrten Avenida 5, die parallel zum Strand verläuft, findet man vielerlei Hotels, Restaurants, Läden und den modernen, neuen Busbahnhof, von dem man u. a. eine direkte Verbindung zum Flughafen Cancún hat.

Von Playa del Carmen kann man einfach nach ▶ Cancún und ▶ Tulum gelangen, aber auch andere touristische Sehenswürdigkeiten an der Küste oder im Landesinneren besuchen, z. B. den tropischen Vogelpark Xaman-Ha oder die Höhlen von Sacbé.

Mit einer der schönsten Buchten der Region

Ehemalige Maya-Ruinen findet man auf dem Areal des **Freizeitparks** Xcaret, wenn man kurz hinter Playa del Carmen auf der MEX 307 nach links abbiegt. Es handelt sich um den alten Hafen Pole, von dem man zu Fahrten nach Cozumel aufbrach. Inmitten des Parks liegen

Xcaret

RIVIERA MAYA ERLEBEN

www.rivieramaya.com

Es besteht **Busverkehr** von und nach ▶ Cancún

LA BUENA VIDA €€

Das beliebteste Strandhotel mit Bar. Das Angebot besteht hauptsächlich aus Fisch und Meeresfrüchten.
Bahía Media Luna Akumal
Tel. 984 75 90 61

LA LUNITA €€

Fast karibische Atmosphäre mit zeitgenössischer Maya-Kunst dekoriert. Serviert werden z. B. Huitlacoche-Empanadas, Walnuss-Hühnchen und Meeresfrüchtevariationen. Das Lokal gehört zum kleinen Strandhotel Hacienda de la Tortuga.
Carretera Cancún Tulum,
bei Km 105
Camino a Yalku in der
Hacienda de la Tortuga 2 y 3
Akumal Norte
Tel. 984 8 75 90 70

BELMOND MAROMA RESORT AND SPA €€€€

Das Belmond Maroma garantiert einen romantischen und ruhigen Aufenthalt auf höchstem Niveau. Die Anlage mit 37 Zimmern erstreckt sich auf einer alten Kokospalmen-Plantage.
Carretera Cancún Tulum,
bei Km 51, Punta Maroma
Tel. 984 3 70 04 00
www.maromahotel.com

MAHEKAL BEACH RESORT €€€

Traumhafte Anlage mit 70 Bungalows und direktem Strandzugang.
Calle 38 Norte
Playa del Carmen
Tel. 877 2 35 44 52
www.mahekalbeachresort.com

DEL SOL €€€

Dreistöckiges Haus direkt am Strand, eingerichtet im schlichten lokalen Stil mit Kachelboden, farbigen Wänden, kleinen Balkonen. Nebenan kleine Ferienwohnungsanlage. Zum Ortszentrum sind es 15 Min. Fußweg.
Calle Caleta Yalku Mz. 7
Tel. 984 8 75 90 60
www.delsolbeachfront.com

außerdem noch **Cenoten**, eine **Lagune** und eine der schönsten **Buchten** der Riviera Maya. Außerdem gibt es neben Ruinen einen botanischen Garten, die Replik eines Maya-Dorfs, einen Schmetterlingspavillon, ein Aquarium und ein Delfinarium.

Tgl. 8.30–21.30 Uhr | Eintritt ab 2500 MEX$ | www.xcaret.com

Strand zum Schnorcheln und Tauchen

Paamul

Ganz in der Nähe erstreckt sich der hübsche **Strand** Paamul. Wer schnorcheln oder tauchen möchte, ist hier bestens aufgehoben. In Mai- und Juninächten legen Meeresschildkröten hier ihre Eier ab. Es gibt Übernachtungsmöglichkeiten und ein nettes mexikanisches Restaurant.

Bucht zum Ausspannen

Xpu-Ha

Xpu-Ha ist eine große und wunderschöne Bucht. Im nahen Dorf gibt es Hotels, Restaurants sowie Geschäfte mit Tauchzubehör. Der Cenote Manati liegt im Norden der Bucht. Ein weiterer schöner Strand der Gegend ist **Kantenah** – voller Palmen und ganz nah an einem schönen Korallenriff gelegen.

»Ort der Schildkröten«

Akumal

Akumal liegt an einer halbmondförmigen Bucht mit einem 15 km langen, **schneeweißen Strand**, der mit Palmen gesäumt ist. Neben einer kleinen Siedlung umfasst es gut zwei Dutzend Hotels sowie zahlreiche Clubs. Der Name Akumal bedeutet »Ort der Schildkröten«. Das **Ferienzentrum** war ursprünglich ein kleines Maya-Dorf und wurde erst bekannt, als der Verein CEDAM, der sich der Erforschung und Erhaltung von archäologischen Funden unter Wasser widmet, seinen Sitz hierher verlegte. Durch zahlreiche Expeditionen gelang es, **Maya-Stätten** zu entdecken und altspanische Schiffswracks zu heben. Am Ort gibt es das **ökologische Zentrum Ukana I**, in dem das Umweltbewusstsein in der Region geschärft werden soll. Zur Unterhaltung werden auch Tänze, Malerei und Yoga angeboten.

Buchten für die ganze Familie

Chemuyil und Xcacel

Die **Buchten** von Chemuyil und Xcacel sind bei den Einheimischen ebenso beliebt wie bei den Touristen. Chemuyil ist eine nette Bucht mit **weißem Strand** und einem kleinen **Wald**. Da das Wasser hier recht seicht ist, eignet sich der Platz bestens für einen Familienurlaub mit Kindern. Einige **Restaurants** bieten frischen Fisch und Meeresfrüchte an. Man kann sowohl zelten wie auch in einem Hotel übernachten.

»Wo die Wasser geboren wurden«

Xel-há

Im Naturpark Xel-há gibt es auf relativ engem Raum einen **Süßwassersee, eine Meeresbucht und Maya-Ruinen**. Für Spaziergänger, Schwimmer und Schnorchler bietet diese reizvolle Gegend Gelegenheit zur Beobachtung der reichen Fauna und Flora über und unter Wasser. Man kann Tauchausrüstungen leihen. Am Wochenende allerdings ist die Lagune (10 km südlich) hoffnungslos überlaufen.
Mehr noch als andere an Buchten liegende Orte dieser Region scheint Xel-há (»wo die Wasser geboren wurden«) schon in der klassischen Zeit eine wichtige Kultstätte der Maya gewesen zu sein. Dies geht aus dem Umfang des Gewässers und den dort gemachten archäologischen Funden hervor. Man entdeckte Teile einer in der Nachklassik erbauten Festungsmauer sowie mehrere unter Wasser liegende Altäre, darunter ein Exemplar in einer kapellenartigen Grotte, die offenbar als Heiligtum diente. In jüngerer Zeit wurden auch die nahe der MEX 307 landeinwärts gelegenen Maya-Ruinen ausgegraben und teilweise restauriert. Der Besuch der drei Gruppen **Mercado, Palacio**

und Jaguar mit ihren Pyramiden, Palast- und Tempelbauten und einem romantisch gelegenen Cenote ist empfehlenswert.

Vermutlich eine Satellitenstadt von Tulum

Tancah

Etwa 10 km südlich liegen innerhalb einer Hacienda die **Maya-Ruinen** von Tancah mit einem Cenote. Die vorgefundenen Tempel ähneln denen von Tulum, obwohl sie teilweise wesentlich älteren Datums zu sein scheinen. Man nimmt an, dass Tancah in der späten Nachklassik (ab 1200) eine Art **Satellitenstadt** des nahen ▶ Tulum war.

Zu Maya-Ruinen und ins Biosphärenreservat

Weiterer Verlauf

Der weitere Verlauf der Riviera Maya führt zu der eindrucksvollen, direkt am Meer gelegenen Maya-Festung ▶ Tulum mit ihrem grandiosen Panorama. Von dort führt eine Straße nach Süden in das Biosphärenreservat Sian Ka'an über Boca Paila zum malerischen Fischereidorf Punta Allen. Zu den Ruinen von ▶ Cobá gelangt man dagegen von Tulum in nordwestlicher Richtung.

★ SAN CRISTÓBAL DE LAS CASAS

Bundesstaat: Chiapas (Chis.) | **Höhe:** 2200 m ü. d. M. | **Einwohner:** 216 000 | **Entfernung:** 1085 km südöstl. von Mexiko-Stadt

R 28

Sie ist ein »Pueblo Magico«, ein magischer Ort, und liegt auf 2200 m Höhe im Bundesstaat Chiapas. Die Stadt verdankt ihren Namenszusatz »de las Casas« einem Dominikanermönch, Bartolomé de las Casas. Er setzte sich während der Kolonialisierung für die Rechte der indigenen Bevölkerung ein.

Magischer Ort der Maya

Ihr schwarzer Rock gleicht einem Bärenfell, darüber trägt sie eine bunte Bluse mit traditioneller Bestickung, unter dem Arm ein Korb mit Kuscheltieren – Giraffen, Schildkröten, Äffchen –, alles handgemacht. Juanita kommt jeden Tag die 11 km aus dem Dorf Chamula in die Stadt, um ihre Tiere an Touristen zu verkaufen. Mit ihren zwei langen, dunklen Zöpfen und der Tracht fällt sie sofort als Indígena auf. Sie gehört zum Maya-Stamm der Tzotzil, die neben den Tzeltal rund um San Cristóbal leben. In der Regel verkauft Juanita ganz gut, denn die Stadt ist ein beliebtes Tourismusziel. Beeindruckend ist hier unter anderem die bunte Kolonialarchitektur, vor allem die ockergelb getünchte Kathedrale beim Zócalo. Über 100 Jahre baute man an ihr

– für das 16./17. Jh. keine ungewöhnliche Bauzeit. Neben zahlreichen **Museen** ist der **Kunsthandwerkermarkt** rund um die Klosterkirche Santo Domingo das Highlight der Stadt. Hier gibt es so viele tolle Dinge: Taschen, Schals, bestickte Blusen, Gürtel, Schmuck, und vieles mehr. Sie werden sich in Zaum halten müssen, um keinen weiteren Koffer für all die schönen Souvenirs zu brauchen.

Die früher von Maya bewohnte Siedlung Huezecatlán wurde Ende des 15. Jh.s von den Azteken tributpflichtig gemacht. Die Spanier hatten große Mühe, die Maya-Stämme zu unterwerfen, ihr Vordringen wurde erst nach erbitterten Kämpfen möglich. Der Eroberer Diego de Mazariegos gründete 1528 Villa Real, das man später nach dem Ortsheiligen San Cristóbal und dem großen Beschützer der Indigenen und Bischof der Stadt, Bartolomé de las Casas, umbenannte. Chiapas und somit San Cristóbal wurden bis zur Unabhängigkeit Mexikos von der spanischen Verwaltung Guatemalas regiert. San Cristóbal war bis 1892 Hauptstadt von Chiapas. Die Stadt wurde am Neujahrstag 1994 vorübergehend von aufständischen Tzotzil und Tzeltal der **Zapatistischen Befreiungsarmee** besetzt. In der Kathedrale fanden die Verhandlungen zwischen der Regierung und den Aufständischen statt (▶ Baedeker Wissen, S. 414).

Wie wäre es mit einem kleinen Mitbringsel? In San Cristóbal können Sie Wollpüppchen erstehen – sogar mit Zapatisten-Maskierung (links im Bild).

SAN CRISTÓBAL DE LAS CASAS ERLEBEN

TOURISTENINFORMATION

Av. Insurgentes 39
Tel. 967 6 78 07 30
www.sancristobal.gob.mx

Mit dem **Auto** fahren Sie von Tuxtla Gutiérrez 83 km auf der MEX 190 (Panamericana), die in Mexiko-Stadt beginnt. Wer mit dem **Bus** reist, wird von Mexiko-Stadt ca. 18 Stunden benötigen, von Tuxtla Gutiérrez etwa eineinhalb Stunden.

1 El Fogón de Jovel
2 La Casa del Pan

1 Cuidad Real
2 Na Bolom

Zentraler Markt der Gegend um San Cristóbal ist der **Mercado Indígena**, wo man alles bekommen kann – u. a. Obst und Gemüse, Blumen, Kleidung und Tonwaren oder auch Kleinvieh. Es lohnt sich auch, den Verkaufsraum der Weberkooperative **J'Pas Joloviletic** zu besuchen (▶S. 318).

❶ EL FOGÓN DE JOVEL €€

In diesem Restaurant tragen die Kellner Maya-Tracht und an den Wänden hängen guatemaltekische Drucke und regionale Volkskunst. Die Küche bietet Spezialitäten aus Chiapas. Es gibt mitunter auch Livemusik.
Calle 16 de Septiembre No. 11
Tel. 967 6 78 11 53

❷ LA CASA DEL PAN PAPALOTL €

Exzellente Adresse für Vegetarier, gute, frische Bioprodukte.
Real de Guadalupe 55
Tel. 967 6 78 72 15
www.casadelpan.com

❶ CIUDAD REAL €€€

Schönes Kolonialgebäude direkt am Zócal, freundliches Personal und ein angenehmer Patio.
Plaza 31 de Marzo No. 10
Col. Centro
Tel. 967 6 78 04 4 00
www.ciudadreal.com.mx

❷ NA BOLOM €€€

Zwölf rustikal indigen eingerichtete Zimmer mit Fotos der verschiedenen Volksgruppen, die die frühere Besitzerin und Fotografin Gertrude Duby-Blom aufgenommen hat. Mit Museum und reichhaltiger Maya-Bibliothek (▶S. 319).
Vicente Guerrero 33
Tel. 967 6 78 14 21
www.nabolom.org

Wohin in San Cristóbal de las Casas?

Mit einer geschichtsträchtigen Kirche

Um den Zócalo (**Plaza 31 de Marzo**) der Stadt gruppiert sich eine Reihe schöner kolonialer Gebäude: unter anderem das Rathaus mit der Touristeninformation sowie die Kathedrale. Der Bau der **Nuestra Señora de la Asunción** wurde 1528 begonnen, doch erst Ende des 17. Jh.s fertiggestellt. Hier fanden 1994 die Verhandlungen zwischen der Regierung und den aufständischen Zapatisten statt. Im Innern der Kirche befinden sich Barockaltäre, Gemälde und Skulpturen, unter anderem ein Magdalenenbild von Miguel Cabrera und das Hauptbild des Altar del Perdón von Juan Correa. Zu beachten sind auch die Holzschnitzereien – besonders schöne verzieren die Kanzel. Zócalo

An der Ecke Avenida Insurgentes steht die **Casa de Mazariegos**, das Haus des spanischen Stadtgründers Diego de Mazariegos, der die Stadt 1528 als »Villa Real« gründete. Heute befindet sich hier das 5-Sterne-Hotel Santa Clara. Am Portal können Sie steinerne Köpfe der kastilischen Löwen erkennen.

Wichtigster Sakralbau der Stadt

Santo Domingo

Geht man vom Zócalo nach Norden die Avenida General Utrilla entlang, kommt man zum wichtigsten Sakralbau der Stadt, der Kirche Santo Domingo. Sie wurde 1547–1560 im Auftrag des Bischofs Francisco de Marroquin von Guatemala geschaffen. Die heutige, aus dem 17. Jh. stammende Fassade, ist im typischen mexikanischen Barock gehalten und eine der flächenmäßig größten dieser Art in Mexiko.

Das Innere ist **überreich dekoriert** und enthält eine Anzahl von Skulpturen und mit Blattgold überzogenen Holzaltären. Aus dem 19. Jh. stammt die besonders reich und kunstvoll geschnitzte Kanzel, deren Sockel aus einem einzigen Stück Holz gefertigt ist.

Buntes Kunsthandwerk der indigenen Bevölkerung

Mercado

Rund um die Kirche Santo Domingo liegt der **Kunsthandwerkermarkt**, auf dem sich täglich die **Indígenas** der umliegenden Bergdörfer versammeln. Hier sehen Sie hauptsächlich Mitglieder der zur Maya-Gruppe gehörenden Stämme der Tzotzil und der Tzeltal in ihren sich von Dorf zu Dorf unterscheidenden Trachten. Am augenscheinlichsten ist die Kleidung der Chamula und der Indigenen aus Tenejapa und Zinacantán.

»Jene, die weben«

Kunst der Weberei

J'pas Joloviletic, was soviel bedeutet wie »jene, die weben«, ist der Name einer indigenen **Textilkooperative** hinter der Kirche La Caridad in der Avenida Utrilla. Sie repräsentiert etwa 800 indigene Weberinnen, die aus Wolle und Baumwolle sehr interessante und hochwertige Textilien herstellen. Die Arbeiten sind sehr vielfältig, da jedes Dorf im Hochland von Chiapas über eine eigene Tracht verfügt, ob bestickt oder gewoben. Zwar sehen die Muster auf den ersten Blick abstrakt aus, doch es handelt sich meist um stilisierte Schlangen, Frösche, Schmetterlinge oder Vögel.

Das kulturelle Erbe bewahren

Museo del Palacio Municipal (MUSAC)

An der westseite des Zócalo erhebt sich der renovierte alte **Gemeindepalast**, der das Museo del Palacio Municipal (MUSAC) beherbergt, dassich die Erforschung, Förderung und Erhaltung des kulturellen Erbes der Stadt auf die Fahne geschrieben hat.

Kultur am maurischen Stadttor

Templo del Carmen Bellas Artes

Vom Zócalo führt die Calle Hidalgo nach Süden zum Templo del Carmen am maurischen Tor, das sich hier über die Straße spannt und früher den Zugang zur Stadt bildete. Die Kirche war einst Teil eines Klosters (1597) und hat einen auffälligen Turm. Gegenüber liegt die **Casa de la Cultura** mit Bibliothek, Galerie und Auditorium. Zum Komplex gehören auch ein kleiner Laden und ein Café.

Kunst, Kultur, Kaffee

Centro Cultural El Puente

Das Informations- und Kulturzentrum Centro Cultural El Puente (Real de Guadalupe 55) zieht Einheimische, Reisende und Kunstschaffende an. In der **Galerie** werden Wechselausstellungen gezeigt, zudem finden Lesungen, Theater- und Filmaufführungen statt. Im angeschlossenen **Café** können Sie eine angenehme Kaffeepause einlegen.

Den Lakandonen gewidmet

Casa Na-Bolom

Im Gästehaus Na-Bolom (**Haus des Jaguars**) lohnt ein Besuch des archäologischen und ethnologischen Museums und der Bibliothek. Beide wurden von dem 1963 verstorbenen dänischen Archäologen Frans Blom angelegt und sind den **Indígenas von Chiapas** und ihrem kulturellen Erbe gewidmet, vor allem den **Lakandonen.** Deren untergehende Kultur ist in den Fotografien seiner 1993 verstorbenen Frau Gertrude Duby-Blom hervorragend dokumentiert.

Av. Vicente Guerrero 33 | tgl. 9–19, Führungen Di.–So. 16.30 Uhr | Eintritt 25 MEX$ | www.nabolom.org

Größtenteils noch nicht erschlossen

Grutas de San Cristóbal

Nach 10 km auf der MEX 190 in Richtung Comitán führt eine Abzweigung nach rechts zu den nahen **Grotten von San Cristóbal** (Grutas de San Cristóbal). Der bis heute erschlossene Teil ist nur ein Bruchteil dieser ausgedehnten Tropfsteinhöhlen.

Ausflug in die indigenen Dörfer von Chiapas

San Juan Chamula, Zinacantán

Bei Ausflügen in die indigenen Dörfer sollte man daran denken, dass die Bewohner sich nur sehr ungern fotografieren lassen, sodass entweder darauf verzichtet oder eine entsprechende Zustimmung eingeholt werden sollte. Allzu freizügige Kleidung und »touristisches« Benehmen können Unwillen hervorrufen.

Das zeremonielle Zentrum der Chamula, der größten Tzotzil sprechenden Gruppe, ist **San Juan Chamula**, etwa 11 km entfernt im Nordwesten von San Cristóbal gelegen. Von den mehr als 40 000 Chamulas lebt ein Großteil verstreut in kleinen Siedlungen der Umgebung. Wie oft in den Bergdörfern der Maya-Stämme sieht man auch hier im Ort und auf den Hügeln drei große Kreuze, die den **Lebensbaum** symbolisieren. Sehenswert ist die kleine **Kirche**, in der Kerzen zum Andenken an verstorbene Familienmitglieder und Freunde brennen. Katholische Riten verschmelzen hier mit alten Maya-Mythen. Die Chamulas tragen über weißen Baumwollhosen und -hemden weiße Wollumhänge, oft von einem orangefarbenen Ledergürtel gehalten. An Festtagen schmücken sie sich mit Strohhüten, deren farbige Bänder nach hinten hängen. Männer, die in der Gemeinde offizielle Posten innehaben, legen schwarze Umhänge an. Die Frauen tragen halblange schwarze Wickelröcke mit orange-rot-grün gestreiften Gürteln. Ihre Blusen waren früher weiß, heute bevorzu-

gen sie blaue Baumwolle oder dunkle Wolle. **Fiestas** werden zu San Sebastián (16.–22. Januar), zum Karneval, in der Osterwoche, zu Santa Cruz (3. Mai), zu San Juan Bautista (22.–25. Juni) und zu Santa Rosa (30. August) gefeiert. In der Kirche ist Fotografieren strikt verboten, und es empfiehlt sich, sich ebenso strikt daran zu halten.
Etwa 12 km westlich von San Cristóbal de Las Casas liegt **Zinacantán**. Dieser Ort, in dem wenige Hundert Menschen leben, ist religiöses und politisches Zentrum der rund 14 000 in der Umgebung wohnenden, Tzotzil sprechenden Zinacantecos. Auffällig an der Männertracht ist ein grau karierter Schal über weißen kurzen Hosen sowie flache, **mit vielfarbigen Bändern verzierte Strohhüte**. Die Form, in der die Bänder getragen werden, zeigt, ob die Bewohner verheiratet sind oder nicht. Bekannt sind die **Feiern** zu Ehren von San Sebastián (18. Januar), San Lorenzo (8.–11. August) und der Virgen de la Navidad (8. September).

Weitere Umgebung

Zentrum der Holzfäller, Chicle-Sucher und Jäger

Ocosingo

Etwa 50 km hinter Huixtán gelangt man nach Ocosingo, einem bis vor wenigen Jahren isolierten Städtchen inmitten des Siedlungsgebiets der indigenen **Tzeltal**. Es hat eine Bedeutung als Zentrum der Holzfäller, Chicle-Sucher und Jäger. In der zum Teil schwer zugänglichen Umgebung gibt es in prächtiger Landschaft neben unberührten indigenen Orten und Haciendas (El Real, Australia u. a.) noch den malerisch gelegenen Ort **Altamirano**. In nördlicher Richtung führt die MEX 199 zu den Wasserfällen von Agua Azul, Misol-ha und nach ► Palenque.

Mit schönen Funden

Toniná

14 km östlich von Ocosingo liegt der **Ausgrabungsort** Toniná, zu dem auch ein kleines Museum gehört. Diese Maya-Stätte hatte ihre Blütezeit während der **Maya-Klassik** im 8. und 9. Jahrhundert. Steleninschriften konnte man entnehmen, dass Herrscher 3 von Toniná wohl im Jahr 711 den Herrscher Kan-xul von Palenque gefangen genommen hatte. Der Platz erstreckt sich über sieben Terrassen auf einem Hügel, an dessen Basis zwei Ballspielplätze liegen. In der Ausgrabungsstätte wurden eine größere Anzahl von **Stelen** mit Daten zwischen 495 und 909, **runde Kalendersteine** und **menschliche Skulpturen ohne Köpfe** gefunden. Besonders beachtenswerte Funde sind eine **unterirdische Kammer** mit Kragbogen und einem hölzernen Türsturz, eine **Grabstätte** mit Sarkophag, große Steinmasken und Stuckfiguren. Anfang der 1990er-Jahre stießen Archäologen u. a. auf den aus zuvor in dieser Gegend völlig unbekannten Steinen gebauten, 4 × 12 m großen Palast der Unterwelt (**Palacio del Inframundo**) mit Maya-Motiven und toltekischen Merkmalen sowie das große

Für Abenteurer: Eine Bootsfahrt durch den tiefen Cañón del Sumidero ist ein grandioses Erlebnis.

Stuckwandbild mit der Vierten Sonne; diese Funde lassen darauf schließen, dass Toniná den Untergang der Maya-Klassik überstand und wohl unter toltekischen Einfluss geriet. 1997 wurde ein herrlicher **Fries** mit einem einzigartigen Wandgemälde entdeckt, das vier Fürsten der Unterwelt in Rot darstellt. Diese symbolisieren Krieg, Landwirtschaft, Handel und Tribut.

Tgl. 8–17 Uhr | Museum Mo. geschl. | Eintritt 75 MEX$

Schöne Aussichten und spannende Bootsfahrten

Cañón del Sumidero

65 km westlich von San Cristóbal haben Sie vom Aussichtspunkt Los Chiapas (Mirador) einen fantastischen Blick in die **höchst eindrucksvolle Schlucht** El Sumidero. Vom Rand der Schlucht bis zu dem sich unten schlängelnden Río Grijalva (**Río Grande de Chiapa**) sind es gut 1000 m. Hier sollen 1528 die Chipaneken des Orts Chiapa vor den heranrückenden Spaniern in den Tod gesprungen sein. 1981 wurde der Chicoasén-Damm vollendet, sodass die Schlucht zu einem engeren, 35 km langen Wasserreservoir wurde. Man kann von Chiapa de Corzo und Embarcadero Cahuare aus großartige **Bootsfahrten** durch die Schlucht unternehmen, deren Felswände oft 1200 m senkrecht aufragen. Es empfiehlt sich, einen **Pullover** und einen **Sonnenhut** auf diese etwa 2,5-stündige Tour mitzunehmen. **Viele Vogelarten** – Kormorane, Eisvögel, Reiher – kann man hier beobachten.

In den Urwald

Ausflüge

San Cristóbal de Las Casas ist ein guter Ausgangspunkt, um die im Urwald der Selva Lacandona liegenden Maya-Stätten ▶ Palenque, ▶ Bonampak und Yaxchilán (▶ S. 68) zu erreichen.

★ SAN MIGUEL DE ALLENDE

Bundesstaat: Guanajuato (Gto.) | **Höhe:** 1910 m ü. d. M. | **Einwohner:** 175 000 | **Entfernung:** 280 km nordwestl. von Mexiko-Stadt

N 20

100 nackte Frauen, ein riesiger Totenkopf und überdimensionale Frida-Porträts. Egal ob Malerei oder Bildhauerei, Mosaike oder Fotografie, Musik oder Literatur – San Miguel de Allende ist ein Ort der schönen Künste. Der Charme der Kleinstadt ist unwiderstehlich: Mit ihren verwinkelten Gassen, den gelb, rot und orange getünchten Häusern und kolonialen Bauten mit bepflanzten Patios inspiriert sie Künstler zu immer neuen Werken.

Bunte Künstlerstadt

Der US-amerikanische Fotograf Spencer Tunick hat im Jahr 2014 ein besonderes Werk geschaffen: 100 Mexikanerinnen posierten mitten im Stadtzentrum von San Miguel de Allende für ein Foto anlässlich des Calaca-Festivals zu den Dias de los Muertos – mit nichts als einer Blumenkette aus orange leuchtenden Tagetes um den Körper. Derartige Projekte, die Kunst und ihre Macher sind es, die San Miguel zu einem Pflaster mit besonderem Flair machen. Man spürt den Hauch der Kreativität an jeder Ecke. In **Galerien und Kunsthandwerk-Ateliers** trifft man nicht Alltägliches, sondern außergewöhnliche und interessante Ideen und Arbeiten. Das Stadtzentrum ist sauber und schick, die Läden und Restaurants präsentieren sich regelrecht stylisch. 1938 wurde hier die erste Künstlerkolonie gegründet, Kunstschulen folgten, in denen regelmäßig Workshops angeboten werden.

Ihren Namen erhielt die Stadt zum einen von dem Franziskanermönch **Juan de San Miguel**, der hier 1542 eine Missionsstation gründete. Ignacio Allende, der 1769 hier geboren wurde und ein bedeutender Führer im Kampf gegen die Unabhängigkeit von Spanien war, trug den zweiten Namensteil bei. Seit 2008 gehört die Altstadt von San Miguel de Allende zum UNESCO-Weltkulturerbe.

In prähispanischer Zeit gab es in der Umgebung von San Miguel de Allende mehrere Siedlungen der Tarasken und Chichimeken. Der in Michoacán für seine segensreiche Tätigkeit unter den Indígenas be-

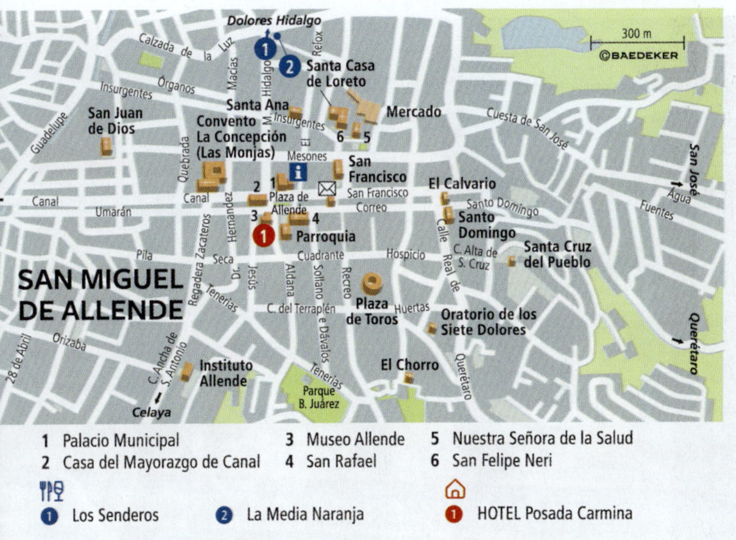

kannt gewordene Franziskanerpater Juan de San Miguel gründete hier 1542 eine **Mission für Indigene**. Er benannte sie nach seinem Namenspatron und den hier ansässigen Indigenen San Miguel de los Chichimecas. Wenig später ließen sich dort indigene Siedler aus Tlaxcala nieder, die sich noch gegen Angriffe der kriegerischen Chichimeken wehren mussten. 1555 wurde das Dorf zur Provinzstadt, die man bald darauf in San Miguel el Grande umtaufte. In der Kolonialzeit ließen sich reiche Minen- und Grundbesitzer aus der Gegend von Guanajuato und Zacatecas nieder. Einige ihrer Paläste und Häuser gehören heute noch zu den schönsten der Stadt. Der 1779 hier geborene **Ignacio de Allende** nahm 1810 zusammen mit Juan Aldama und Pater Miguel Hidalgo den Kampf um die mexikanische Unabhängigkeit auf. In Anerkennung der Taten des später von den Spaniern hingerichteten Allende wurde der Stadt 1862 der Beiname de Allende gegeben. Im Lauf der letzten Jahrzehnte entwickelte sich der Ort zu einem bedeutenden kulturellen Zentrum, ohne dabei wesentlich von seinem traditionellen Charme zu verlieren.

Wohin in San Miguel de Allende?

Parroquia San Miguel Arcángel

Wahrzeichen des Ortes...
...ist die an dem hübschen Hauptplatz (El Jardín, Plaza de Allende) gelegene **Pfarrkirche** (Parroquia). Dieser originelle neogotische Bau, der um 1880 an der Stelle einer alten, einfachen Kirche errichtet

Zwischendurch können Sie sich bei der Parroquia San Miguel Arcángel eine Pause gönnen.

wurde, ist ein Werk des indigenen Baumeisters Ceferino Gutiérrez, der sich einige europäische Kathedralen zum Vorbild genommen hatte. Linker Hand liegt die Kapelle des Señor de la Konquista mit der Figur des **Cristo de la Conquista**. Diese Statue (16. Jh.) wurde von Indigenen in Pátzcuaro nach einer altindigenen Technik aus Maisrohrpaste gefertigt, die mit Orchideenknollenbrei zusammengeklebt und mit Kalk überzogen wird (»de caña«). In der Kapelle sind noch Teile von Wandmalereien von Federico Cantú zu sehen, die ein Priester als zu radikal empfand und deshalb teilweise zerstörte.

»Hier geboren, überall bekannt«

Museo Allende

Auf der Westseite des Hauptplatzes steht ein im Barockstil verziertes Eckhaus, Geburtsstätte von **Ignacio de Allende**, heute Museum mit archäologischen, historischen und kunsthandwerklichen Exponaten. Eine Ausstellung befasst sich mit Allende und seiner Rolle in der Unabhängigkeitsbewegung. An der Fassade kann man die Inschrift »Hic natus ubique notus« (»hier geboren, überall bekannt«) lesen.

Di.–So. 9–17 Uhr | Eintritt 65 MEX$

Bühne der »Mexikanischen Nachtigall«

Convento La Concepción

Folgt man der Calle Canal nach Westen, vorbei an der Casa de Canal mit einem prachtvoll geschnitzten Tor, erreicht man jenseits des ers-

SAN MIGUEL DE ALLENDE ERLEBEN

DELEGACIÓN DE TURISMO

Plaza Principal 8
Tel. 415 1 54 71 75
www.visitsanmiguel.travel

Mit dem **Bus** brauchen Sie vier Stunden von Mexiko-Stadt nach San Miguel de Allende. Mit dem **Auto** fährt man die ca. 280 km lange Strecke auf der MEX 57D über Querétaro Richtung San Luis Potosí.

Der **Mercado de Artesanías** hat eine große Auswahl an Kunsthandwerk und Souvenirs. Alles ist etwas günstiger als am Hauptplatz im Stadtzentrum.
Verrückt geht natürlich auch. Wie in der **Casa de las Ranas** im nahen Dorf La Cieneguita, dem Glücksort »más hippie« in San Miguel – bunt, kreativ und erschaffen und bewohnt von Anado McLauchlin und seinem Lebenspartner Richard. Das Spannendste an einem Besuch: Sie können alles, was Sie sehen, kaufen (madebyanado.com).

❶ LOS SENDEROS €€€€

Herrliche Aussicht, eigener Wein- und Kräutergarten, modernes Ambiente und ebensolche Speisen in bester Qualität. Wochenends werden Brunch und Tapas-Menü angeboten. Zu der Anlage gehört auch ein Reitstall.
San Miguel de Allende a Dolores Hidalgo, Km. 3.5, Col. Miguel,
Tel. 415 1 52 84 11
www.vallelossenderos.com

❷ LA MEDIA NARANJA €€

Suppen, Sandwichs, hausgemachte Desserts, alles frisch. Interessant sind auch die verschiedenen Säfte und das Frühstück Das kleine Lokal (mit gutem WLAN) liegt im ersten Stock.
Calle Hidalgo 83
Tel. 415 1 52 21 84

❶ HOTEL POSADA CARMINA €

Neben der Pfarrkirche liegt dieses zweistöckige, mehr als 200 Jahre alte Herrenhaus (24 Z.) aus der Kolonialzeit mit großem, schattigem Patio.
Cuna de Allende 7
Tel. 415 1 52 88 88
www.hotelcarmina.com

ten Häuserblocks die Kirche und das Kloster La Concepción (oder auch Las Monjas), deren Bau Mitte des 18. Jh.s begonnen, aber erst Ende des letzten Jahrhunderts beendet wurde. Bemerkenswert ist die 1891 fertiggestellte, prächtige **zwölfeckige Kirchenkuppel**. Das Kloster hat einen eindrucksvollen, mit alten Bäumen bewachsenen Innenhof und zweistöckige Arkadengänge. Das Gebäude beherbergt heute das **Centro Cultural Ignacio Ramírez**.
Schräg gegenüber an der Ecke Mesones (Eingang) steht das **Teatro Angela Peralta**. Es wurde als Opernhaus gegründet und hatte seine Glanzzeit 1873, als Angela Peralta, die »mexikanische Nachtigall«, hier auftrat. Am Kloster entlang verläuft die Calle Hernández Macías

nach Süden, auf der man an den sich gegenüberliegenden Bauten des früheren Gefängnisses und der Inquisition (Calle Cuadrante 18) vorbeikommt.

Mit indigenen Stilmerkmalen

San Felipe Neri

Nördlich, jenseits der Calle Mesones, erhebt sich die 1712 gegründete **Kirche** El Oratorio de San Felipe Neri. Die Fassade weist starke indigene Stilmerkmale auf, besonders an den fünf in Nischen stehenden Heiligenstatuen. Im rechten Querschiff befindet sich am Altar ein Gemälde der Jungfrau von Guadalupe des Miguel Cabrera, dem auch die 33 Bilder über das Leben des hl. Felipe Neri zugeschrieben werden.

Frei von spanischer Aufsicht

Kapellen der Indigenen

In San Miguel gibt es kaum noch Kapellen der Indigenen. Hingegen findet man sie vereinzelt in den benachbarten Dörfern und Ranchos. Die einfachen Bauten weisen eigentümliche Darstellungen von Heiligen, Kreuzen und religiösen Themen sehr persönlicher Art auf. In diesen Kapellen konnten die Indigenen – frei von spanischer Aufsicht – **Andachten** auf ihre Weise abhalten.

Schöne Aussichten

El Mirador

An der Ausfahrt nach Querétaro hat man vom **Aussichtspunkt** El Mirador einen Rundblick über San Miguel de Allende.

Rund um San Miguel de Allende

Bisher relativ unbekannt

Cañada de la Virgen

Folgt man der Straße nach Süden in Richtung Celaya, biegt rechts ab in Richtung Guanajuato und passiert den Stausee (**Presa de Allende**), erreicht man nach ca. 15 km die bisher relativ unbekannte **archäologische Stätte**. Bisher fand man u. a. eine 18 m hohe Pyramide, einen Tempel, Terrassen und eine Chaussee. Man vermutet, dass diese Stätte zwischen 800 und 1000 unter toltekischem Einfluss stand.

Begehrter »Platz der heißen Wasser«

Atotonilco

Etwa 15 km nördlich der Stadt und 3 km abseits der Straße liegt der viel besuchte **Wallfahrtsort** Atotonilco (Platz der heißen Wasser) mit seiner viel verehrten Erlöserstatue, eine Klostergründung des Paters Felipe Neri de Álfaro aus dem Jahr 1740. Nach Ausrufung der Unabhängigkeit Mexikos von Spanien unterbrach hier der Pfarrer Miguel Hidalgo seinen Marsch an der Spitze seines zusammengewürfelten Heeres. Er holte das Bildnis der Jungfrau von Guadalupe aus der Kirche und heftete es an sein Banner. So wurde die Madonna zur Schutzherrin der mexikanischen Freiheitsbewegung.

Das Innere der Klosterkirche **Santuario de Jesús Nazareno**, inzwischen UNESCO-Weltkulturerbe, und die verschiedenen Kapellen sind mit schönen **Fresken** geschmückt, die volkstümliche Themen darstellen. Die Rosenkranzkapelle (rechts) mit Fresken der Schlacht von Lepanto führt zu einem Camarín mit einer Decke in Muschelform.
Der Ort ist alljährlich **Ziel von Pilgerzügen aus ganz Mexiko**. Zwei Wochen vor Ostersonntag wird die Christusstatue des Señor de la Columna in einer nächtlichen Prozession in die Kirche San Juan de Dios in San Miguel de Allende getragen.

Hier war der »Ruf von Dolores« zu hören

Dolores Hidalgo

Rund 28 km nordwestlich von Atotonilco liegt das Städtchen Dolores Hidalgo (41 000 Einw.). Von der Pfarrkirche dieses Orts wurde am frühen Morgen des 16. September 1810, da die Verschwörung aufgedeckt zu werden drohte, mit dem legendär gewordenen »Ruf von Dolores« (**»Grito de Dolores«**) durch Pfarrer **Miguel Hidalgo y Costilla** der Krieg um die Unabhängigkeit Mexikos eingeleitet.
In der **Casa de Don Miguel Hidalgo** zeigt ein Museum Gegenstände, die an den Freiheitshelden erinnern. Die Stadt ist zudem bekannt wegen der hier hergestellten bunten Kacheln (Azulejos).
Casa de Don Miguel Hidalgo: Di.–So. 9–17.45 Uhr | Eintritt 39 MEX$

TAXCO

Bundesstaat: Guerrero (Gro.) | **Höhe:** 1670 m ü. d. M. | **Einwohner:** 50 500 | **Entfernung:** ca. 150 km südwestl.von Mexiko-Stadt

Über der weißen Stadt mit ihren steilen Gassen und der markanten, alles überragenden Kathedrale wacht auf einem Hügel die Christusstatue mit den ausgebreiteten Armen, von der Sie den besten Blick auf Taxco genießen.

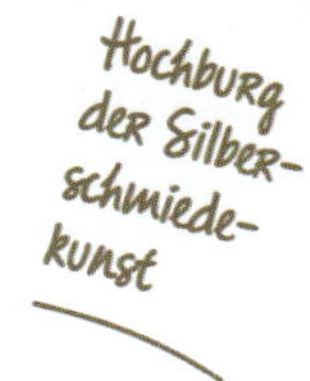

VW Käfer knattern bergauf und bergab und das auf schönstem Kopfsteinpflaster. Verwinkelte, enge Gassen mit weiß getünchten Häusern, an denen bunte bepflanzte Blumenkästen hängen, bestimmen das Bild der Stadt. Die verzierte Kathedrale Santa Prisca dominiert den hübschen Zócalo, der rings herum von netten Restaurants mit Dachterrassen umgeben ist. Bummeln, Eindrücke sammeln, treiben lassen und natürlich Silber shoppen – das gehört hier zum Pflichtprogramm. Denn schon seit dem 16. Jh. wird das kostbare Metall in Taxco abgebaut und zu schönem Schmuck verarbeitet. 1500 Kunsthandwerker in Hunderten kleiner Werkstätten arbeiten noch heute in der

San Sebastían y Santa Prisca gehört zu den schönsten Kirchen Mexikos.

Silberschmiedekunst. Das hier verarbeitete Edelmetall stammt größtenteils nicht mehr aus Taxco, sondern inzwischen aus einer Mine bei Guanajuato und besteht aus einer Legierung von 950–980 g Silber und 20–50 g Kupfer.

Wohin in Taxco?

Meisterwerk churrigueresker Architektur

San Sebastían y Santa Prisca

Überaus malerisch ist der kleine Zócalo (Plaza de la Borda), an dem die Kirche San Sebastián y Santa Prisca steht. Dieses Meisterwerk wurde im Auftrag des Silberkönigs José de la Borda Mitte des 18. Jh.s von den beiden Architekten Diego Durán und Juan Caballero errichtet, denn, wie es hieß, war sein Wahlspruch: »Dios da a Borda, Borda da a Dios« (**»Gott gibt Borda, Borda gibt Gott«**). Das Portal wird von je einem Paar korinthischer Säulen flankiert, die eine Reihe von Skulpturen einschließen. Im oberen Teil der Fassade sieht man über der päpstlichen Tiara statt eines zentralen Fensters ein großes Medaillon, das die Taufe Christi darstellt. Die **üppige Ornamentik** aus Statuen, Wappen, Blattwerk, Muscheln, Bändern, Cherubinen etc. ist

ganz besonders fein gearbeitet. Die sich über der Fassade erhebenden Türme sind mit verzierten Säulen und skulptierten Fratzen reich geschmückt. Die **mit blauen und gelben Azulejos gedeckte Kuppel** ist besonders schön vom Mirador des »Cristó« aus zu sehen.
Im Innenraum der Kirche können Sie herrlich geschnitzte, bemalte und vergoldete churrigueresque Retablos entdecken, die zahlreiche Figuren von Aposteln, Engeln und Heiligen inmitten reich gestalteter Motive von Blumen, Früchten, Vögeln u. a. zeigen. Über dem Eingang zur Kapelle der Indigenen (**Capilla de los Indios**) hat Miguel Cabrera in einem Gemälde das Martyrium der Namenspatronin der Kirche, der hl. Prisca, dargestellt.

Retter der Silberschmiedekunst

Museo Guillermo Spratling

Hinter Santa Prisca befindet sich in der Calle Porfirio Delgado 1 das **Museum William Spratling** (Museo Guillermo Spratling), in dem archäologische Stücke der Westkulturen und Exponate aus Taxcos Glanzzeit als Silberstadt ausgestellt sind. Spratling ist es zu verdanken, dass Taxco nach dem Revolutionskrieg wieder auf die Beine kam. Er ließ Silberschmiede aus Iguala kommen und belebte damit die **Schmuckherstellung,** die bis heute Haupterwerbszweig der Stadt ist.

Di.–Sa. 9–17, So. bis 15 Uhr | Eintritt 65 MEX$

Hier nächtigte der berühmte Naturforscher von Humboldt

Museo de Arte Virreinal

An der Calle Juan Ruíz de Alarcón erhebt sich die Casa Humboldt, ein prächtiges Gebäude aus dem 18. Jh. mit einem schönen Mudéjar-Portal. Seinen Namen verdankt es dem Umstand, dass im April 1803 der deutsche Naturforscher und Geograf **Alexander von Humboldt** auf seiner mehrjährigen Reise durch die spanischen westindischen Kolonien hier übernachtete. Heute werden im Haus allerlei Silberarbeiten ausgestellt.

Di.–So. 10–18 Uhr | Eintritt 50 MEX$

Interessante Einblicke in Taxcos Silberschmiedekunst

Museo de la Platería

An der Plaza Borda kann man das **Silbermuseum** (Museo de la Platería) besuchen. Hier kann man einige außergewöhnliche Arbeiten von William Spratling bewundern und einiges über die Entwicklung der Silberschmiedekunst in Taxco erfahren

Di.–Sa. 9–18 Uhr | Eintritt frei

Im »Haus der Tränen«

Casa Figueroa

Geht man von der Kirche durch die Calle de San Agustín zurück in Richtung Hauptplatz, kommt man an der noch **altspanische Atmosphäre** ausstrahlenden **Plaza de los Gallos** und der Casa Figueroa (Calle Guadalupe 2) vorbei. Dieses Gebäude aus der Mitte des 18. Jh.s hieß ursprünglich Casa de las Lágrimas (»Haus der Tränen«): Der Bauherr, Conde de Cadena, ließ das Haus von Indigenen

TAXCO ERLEBEN

TOURISTENINFORMATIONEN

am Zócalo und im Busterminal Flecha Roja.
www.visittaxco.travel

Wer mit dem **Auto** unterwegs ist, nimmt für die ca. 150 km lange Strecke von Mexiko-Stadt nach Taxco am besten die MEX 95 bzw. MEX 95 D (Abzweigung nach Amacuzac).
Die Fahrt mit dem **Bus** dauert rund drei Stunden.

1 Scaffecito
2 La Bendita

1 Casa de las Palmas
2 Santa Prisca

SILBERSCHMUCK

Taxco ist berühmt für seinen Silberschmuck. Zwar sind die Preise nicht wirklich günstiger als anderswo, doch die Auswahl an Ketten, Ringen, Ohrringen, Armreifen, Gürtelschnallen etc. ist nahezu überwältigend. Gute Läden finden Sie **um den Zócalo** (z. B. Los Castillos an der Plazuela Bernal). Einen **Silbermarkt** gibt es bei der Kirche Santa Prisca – hier und bei den Straßenhändlern sollte man handeln und darauf achten, dass die Stücke den 925-Stempel tragen! Jeden Samstag von 10–18 Uhr findet außerdem ein großer **Mercado de Plata**, ein Silbermarkt statt, wo es deutlich günstiger ist als in den Geschäften (Calle de Fundiciones y de Mora, Barrio de Mora).

❷ LA BENDITA €€

Im La Bendita gibt es leckere Tacos, Quesadillas und Tostadas, dazu die hausgemachten Salsa. Köstlich! Dazu gibt es den Ausblick auf den Zócalo.
Plaza Borda 4
Tel. 762 6 22 40 85

❶ SCAFFECITO €

Hier fusioniert die mexikanische mit der italienischen Küche. Einfach tolle Gerichte. Probieren sie die Lasagne mit Mole!
Callejon Delicias 23
Tel. 762 6 27 61 77

❶ CASA DE LAS PALMAS €€€€

Nobles B & B (3 Z.) in einer Privatvilla, ausgestattet mit Antiquitäten aus aller Welt, Kamin, Queen-Size-Betten, Steinböden. Haupthaus und Studiobau mit Apartment liegen in einem tropischen Garten.
Calle de Guadelupe 13
Tel. 512 7 36 74 54
www.taxcospalmas.com

❷ SANTA PRISCA €€

Altes Gemäuer im Herzen der Stadt, aber gut in Schuss. Die 32 Zimmer sind zum Teil mit farbenfrohen Details dekoriert; fast alle haben einen Balkon mit traumhafter Aussicht. Parkplatz vorhanden.
Cenaobscuras 1
Tel. 762 6 22 00 80
www.hotelsantaprisca.com.mx

---

in Fronarbeit errichten, von denen sich viele zu Tode schindeten. Der Künstler Fidel Figueroa erwarb es 1943; heute ist es ein Museum.

Schöne Aussichten …

In südwestlicher Richtung erblickt man auf einem Hügel die **Kirche der Heiligen Jungfrau von Guadalupe**. Diese Kirche, von der man eine sehr schöne Aussicht auf den Zócalo und Santa Prisca hat, stammt aus dem 18. Jh. und wurde im Jahr 1877 neu gestaltet.

Iglesia de la Virgen de Guadalupe

… und außergewöhnliche Aussichten

Vom Zócalo aus fahren Kleinbusse und Taxis zur Seilbahn-Talstation, die im Norden der Stadt nahe der Hacienda del Chorillo liegt. Die Bahn schwebt hinauf zu der 240 m hohen Hügelkette Lomas de Taxco. Die **Aussicht** während der Fahrt und vom Plateau ist außergewöhnlich.

Lomas de Taxco

SCHOKOLADE ZUM HUHN

Kaum ein Gericht ist leckerer als »Enchiladas de Mole Negro con Pollo« – Maistortillas gefüllt mit Hühnchen in dunkler, dickflüssigen Schokoladensoße. Das ganze Aroma Mexikos scheint sich auf der Zunge auszubreiten. Beliebt ist das Gericht vor allem in Puebla, Guerrero und Oaxaca. Eine besondere Atmosphäre und sehr leckere Mole Negro bietet das Restaurant Aladinos mit Dachterasse im Herzen von Taxco – einfach rico! (Benito Juárez 7, Centro, Taxco)

Alljährlich …

Prozessionen

…finden in Taxco in der **Karwoche** einzigartige Prozessionen statt. Sie beginnen am Palmsonntag und erreichen ihren Höhepunkt am Gründonnerstag und Karfreitag, wenn »penitentes« (Büßer, die Fußketten tragen), »encruzados« (Gläubige, die schwere Dornbüsche auf den nackten Schultern schleppen) und »flagelentes« (sich mit dünnen Geißeln Peitschende) durch die Straßen ziehen und sich dadurch Erlösung von ihren Sünden erhoffen.

Rund um Taxco

Fundort der Leiche Cuauhtémocs?

Ixcateopan

Die Ortschaft Ixcateopan (8000 Einw.) befindet sich 40 km westlich von Taxco in herrlicher Gebirgslandschaft. In der aus dem 16. Jh. stammenden Kirche Santa María de la Asunción, die heute ein Museum beherbergt, glaubt man unter dem Altar die sterblichen **Über-**

reste des letzten Aztekenherrschers Cuauhtémoc gefunden zu haben, den Cortés 1525 in Honduras töten ließ.

Die größten und interessantesten ihrer Art in Mexiko

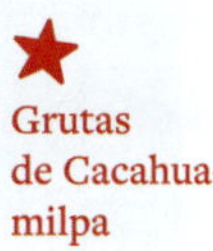

Von Taxco aus sind es 31 km in nordwestlicher Richtung zu den im gleichnamigen Nationalpark 1100 m hoch gelegenen **Tropfsteinhöhlen** Grutas de Cacahuamilpa (deutsch: »in den Saatfeldern des Kakao«). Seit ihrer Entdeckung 1835 hat man Stollen in einer Länge von über 16 km ins Innere getrieben, ohne bisher an das Ende des Höhlensystems gelangt zu sein. Verschiedenste Tropfsteinformationen in 16 Sälen, die bis zu 80 m breit und bis zu 77 m hoch sind, machen die Grotten zu den größten und interessantesten in Mexiko.

★★ TEOTIHUACÁN

Bundesstaat: México (Mex.) | **Höhe:** 2281 m ü. d. M. | **Entfernung:** 50 km nordöstl. von Mexiko-Stadt

Schnurgerade verlaufen die Straßen von einem Ende der Stadt zum anderen, breit wie ein Pariser Boulevard erstreckt sich die »Straße der Toten« von Nord nach Süd, flankiert von der Sonnen- und Mondpyramide. Teotihuacán ist gigantisch und gehört zu den größten Ruinenstätten der Welt. Obwohl die Stadt seit über 1250 Jahren verlassen ist, hat sie noch immer eine magische Wirkung.

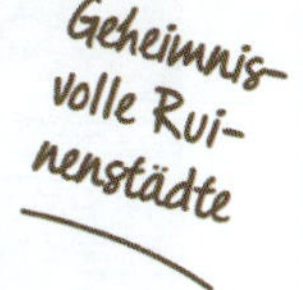

Es ist ein Puzzle, das die Archäologen in Teotihuacán zusammensetzen müssen, denn nichts Schriftliches ist über die alte Stadt erhalten geblieben, keine Inschriften, keine Codices, nichts. Deshalb ist auch bis heute nicht gesichert, wer überhaupt die Erbauer dieser riesigen Metropole waren. Sicher ist nur so viel: Im 6. Jh. v. Chr. siedelten hier die ersten Menschen. Es waren einfache Bauern, die ihre Felder mit Mais, Paprika, Amarant und Kürbis bestellten und jedes Jahr auf eine gute Ernte hofften. Sie verwendeten Obsidian als Werkzeug, Reste davon wurden von Archäologen entdeckt. Drohte eine schlechte Ernte, sollte ein Opfer an den Regengott helfen – das konnte durchaus ein Mensch sein. Nach und nach wuchs die Siedlung, und schließlich entstanden ab dem Jahr 200 v. Chr. die ersten dauerhaften Bauten aus Stein: **die Sonnen- und die Mondpyramide**. Von da an ging es bergauf. Immer mehr Gebäude entstanden, außerdem Skulpturen, Wandmalereien und dekorative Keramik. Um 650 n. Chr. war die Stadt auf dem Höhepunkt ihrer Entwicklung, umfasste ein Territori-

In dieser gigantischen Anlage hatten vor etwa 1400 Jahren an die 200 000 Einwohner Platz. Selbst die Azteken, die Teotihuacán bereits verlassen vorfanden, waren so beeindruckt, dass sie es »dort, wo man zu einem Gott wird« tauften.

um von 20 km² und hatte ca. 200 000 Einwohner, so viel wie Kassel oder Rostock. Damit war sie zu dieser Zeit die mit Abstand **größte Stadt auf dem amerikanischen Kontinent** und eine der größten Metropolen der Welt. Handelsverbindungen bestanden bis zu den Maya-Städten im heutigen Guatemala. Exportgüter waren vor allem Obsidian und Keramik, während Baumwolle, Kakao und Edelsteine aus anderen Gebieten importiert wurden. Teotihuacán war ein großes Vorbild für andere indigene Stämme und Städte Amerikas.
Doch dann ist etwas passiert, sodass um 750 n. Chr. die Weltstadt plötzlich verlassen und wichtige Gebäude verbrannt wurden. Forscher nehmen an, dass die Bewohner die Stadt in einem Ritual selbst zerstören, um sie z.B. nicht herannahenden Feinden zu überlassen. Genau geklärt ist jedoch bis heute nicht, was damals wirklich geschah.
Als die Spanier 1520 nach ihrer Niederlage in Tenochtitlan hier vorbeikamen, war die alte Stadt großteils mit Erde bedeckt. Seit dem 20. Jh. wird sie systematisch erforscht, und bis heute kommen immer wieder neue Erkenntnisse ans Tageslicht – ein nie vollendetes Puzzle. 1988 wurde Teotihuacán von der UNESCO zum Weltkulturerbe erklärt.

Gang durch die Ruinenstätte

Von Bunt zu monochrom

Anlage

Die Stätte ist nur zu einem Teil freigelegt. Die archäologische Zone bedeckt eine Fläche von mehr als 20 km², das eigentliche Zentrum umfasst lediglich 4,2 km². Beim Betrachten der etwas gleichförmig wirkenden Architektur der Anlage sollte man bedenken, dass ursprünglich sämtliche Fassaden mit einer vielfarbigen Stuckschicht bedeckt und teilweise mit Skulpturen geschmückt waren.
Tipp: Es gibt kaum Bäume in der Stätte, also kaum Schatten. Unbedingt **Sonnenschutz** und genügend **Wasser** mitnehmen!
Tgl. 8–17 Uhr | Eintritt 90 MEX$

Eine Übersicht verschaffen

Unidad Cultural

Nach dem Haupteingang (Eingang 1) befindet sich in der Unidad Cultural ein **Museum**, das mit Exponaten, Zeittafeln und einem großen Modell eine gute Übersicht über die Entwicklung Teotihuacáns gibt. Hier lag einst in einer riesigen Anlage der Markt von Teotihuacán.

Die »Straße der Toten«

Calle de los Muertos

Hinter der Unidad Cultural gelangt man zu der 2 km langen und 45 m breiten Hauptstraße Miccaotli, fälschlicherweise als **»Straße der Toten«** (Calle de los Muertos) bezeichnet. Um diese **Hauptachse** herum wurde die gesamte Anlage erbaut. Sie gleicht auch weniger einer Straße als einer Reihe offener Terrassen, die zwischen Zitadelle und Mondpyramide an ihrem nördlichen Ende miteinander ver-

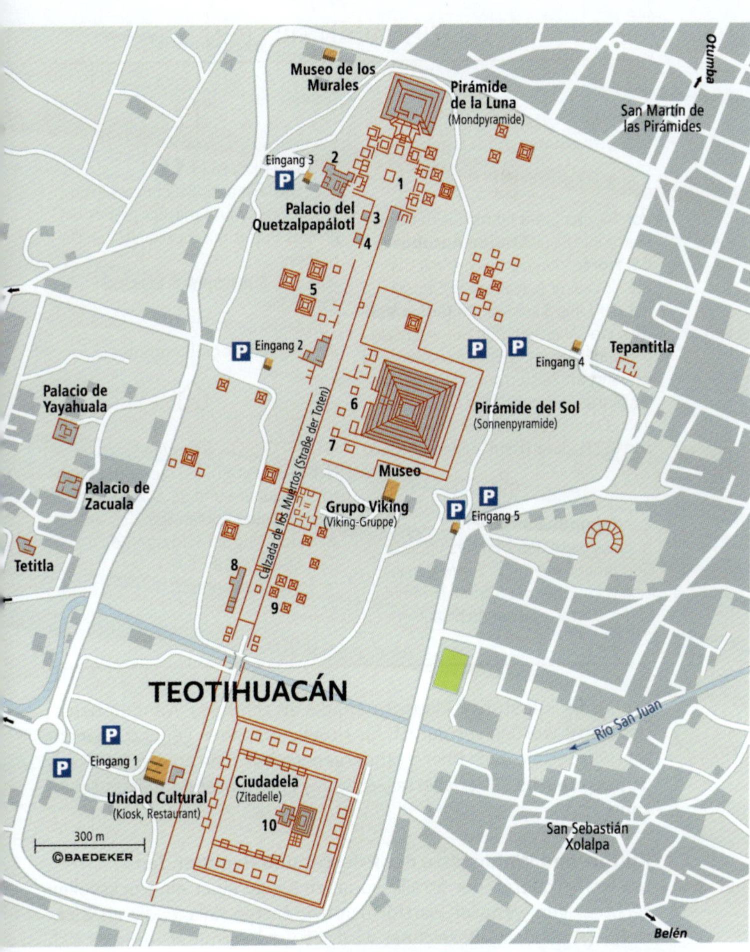

1 Plaza de la Pirámide de la Luna (Platz der Mondpyramide)
2 Palacio de los Jaguares (Palast der Jaguare)
3 Templo de la Agricultura (Tempel des Ackerbaus)
4 Templo de los Animales Mitológicos (Tempel der Mythologischen Tiere)
5 Säulenplatz
6 Plaza de la Pirámide del Sol (Platz der Sonnenpyramide)
7 Casa de los Sacerdotes (Haus der Priester)
8 Edificios Superpuestos (Überlagerte Gebäude)
9 Ausgrabungen von 1917
10 Templo de Quetzalcóatl (Pyramide des Quetzalcóatl)

bunden sind. Ursprünglich erstreckte sich die Calle de los Muertos von der Ciudadela aus 2 km in südlicher Richtung, doch davon ist nicht mehr viel zu erkennen. Die Gebäude am Rand der Straße –

TEOTIHUACÁN ERLEBEN

www.teotihuacan.inah.gob.mx

Von Mexiko-Stadt fahren Sie mit der Metrolinie 5 zur **Station Autobuses del Norte**, von dort weiter mit dem Bus (Schalter 8, Halteplatz 6) oder mit der Linie 3 zur Station **Indios Verdes**, wo Sie erneut den Bus wechseln müssen. Wer mit dem Auto unterwegs ist, fährt am besten auf der Insurgentes Norte, die in die MEX 85 D übergeht. Dann nimmt man die Ausfahrt zur 132 D, die zu dem Ruinenort führt.

Zur **Tagundnachtgleiche** (»equinoccio«) um den 21. März und 21. September, wenn die Sonne genau senkrecht über der Sonnenpyramide steht, klettern Tausende hinauf.

GRAN TEOCALLI **€€**
Hier wird ein ausgezeichnetes Frühstück serviert. Ab mittags gibt es ein großes Buffet mit mexikanischen Gerichten.
KM. 21. 5 Autopista Mexico-Piramides
Tel. 594 9 56 32 67
www.granteocalli.com.mx

QUINTO SOL **€€**
Nahe den Pyramiden bietet das Quinto Sol saubere und geräumige Zimmer und eine Poolanlage.
Avenida Miguel Hidalgo 26
Tel. 594 9 56 18 81
www.quintosol.mx

drei- oder vierstufige Plattformen, die an schrägen Wänden befestigt sind – wurden vermutlich für rituelle Aufgaben genutzt. Manchmal wurden sie auch übereinandergebaut, wie man an den **Edificios Superpuestos** (überlagerte Gebäude) links hinter dem Fluss sehen kann.

Kultur- und Wohnstätte der Priester und Regierenden

La Ciudadela

Nach Überqueren der Straße kommen Sie zu einer eindrucksvollen rechteckigen, von vier Plattformen begrenzten Anlage, die als **Zitadelle** (Ciudadela) bezeichnet wird. Es wird vermutet, dass es sich um Kult- und Wohnstätten der Priester und Regierenden handelte. Die Zitadelle ist ein schönes Beispiel für den in Teotihuacán immer wieder auftretenden **Talud-Tablero-Stil** (Schrägwand/Steilwand). Rahmen und Paneel waren früher mit einer dicken Mörtelschicht überzogen, die von bunten Fresken bedeckt war.
Inmitten der Ciudadela liegt der **Templo de Quetzalcóatl** (Quetzalcóatl-Tempel). Diese zweimal überbaute Pyramide zeichnet sich hauptsächlich durch die ursprünglich 366 Skulpturen aus, eine Seltenheit in einer Stadt, in der wenig Steinplastiken gefunden wurden. Wem dieses Heiligtum geweiht war, weiß man nicht, doch es steht

mit Regen und Mais in Zusammenhang. Auf einem der beiden sich abwechselnden Skulpturentypen sieht man eine Schlange, deren Kopf von Blütenblättern oder Federn eingerahmt wird und deren Leib von Muschel- und Schneckenmotiven umgeben ist, die das Wasser darstellen. Der andere Typus ist eine stilisierte Maske, vielleicht die des Regengotts Tláloc oder eines Maisgotts, der mit großen, runden Augen und zwei Fängen dargestellt wird. Es sind noch Farbreste an den einst mit Stuck überzogenen Steinfiguren zu erkennen.
Im Jahr 1986 fand man hier eine **Grabstätte mit den Skeletten von 18 Priestern**, die offenbar um das Jahr 150 rituell geopfert worden waren. Dieser sensationelle Fund bewies, dass auch hochrangige Persönlichkeiten und nicht nur Sklaven oder Gefangene auf diese Art getötet wurden. Die Opfer, deren Hände auf den Rücken gebunden waren, hatten mit Jade und anderen wertvollen Steinen eingelegte Zähne und waren von Muscheln, Pfeilspitzen und kleinen Tonfiguren umgeben.

Platz der Sonnenpyramide

Plaza de la Pirámide del Sol

Vorbei am Haus der Priester (**Casa de los Sacerdotes**) kommen Sie auf der rechten Seite über eine breite Treppe zum Platz der **Sonnenpyramide** (Plaza de la Pirámide del Sol), der ca. 70 m breit ist. In der Mitte befindet sich ein Altar, an den Ecken Überreste von Tempeln und anderen Anlagen.

Beeindruckende Sonnenpyramide

Pirámide del Sol

Im Osten des Platzes ragt der größte Bau Teotihuacáns, die **Sonnenpyramide** (Pirámide del Sol), empor. Das gigantische Bauwerk, an Umfang in Mesoamerika nur noch von der Pyramide von ▶ Cholula übertroffen, ist so angelegt, dass die Sonne am **Tag der Sommersonnenwende** genau gegenüber seiner Frontseite untergeht. Die Grundfläche (220 × 225 m) ist fast so groß wie die der ägyptischen Cheopspyramide, die Höhe (63 m, mit dem ehemaligen Tempel 74 m) jedoch um 70 m niedriger.
Im Zuge missglückter Restaurierungsarbeiten Anfang des 20. Jh.s ging von der Originalverkleidung dieser Pyramide eine nicht weniger als 7 m dicke Stuck- und Steinschicht verloren. Zwei Treppenreihen führen über den dreiteiligen Vorbau zum ersten Absatz der Pyramide. Von hier aus geht eine **breite Freitreppe** über mehrere Etagen zur Spitze, auf der einst der Tempel stand. Von oben (248 Stufen) hat man eine großartige Aussicht über die gesamte archäologische Zone. Am Fuß der Haupttreppe wurde 1971 durch Zufall ein Schacht von 7 m Tiefe entdeckt, von dem aus ein 103 m langer Gang zu einer Gruppe von vier kleeblattförmig angelegten Räumen führt. Im Innern dieser Kammern hat man Reste von Keramikobjekten und Schieferscheiben (Spiegel?) entdeckt, die offenbar nach Plünderungen übrig geblieben sind. Über die Bestimmung dieses **Höhlensystems** sind die verschiedensten Spekulationen angestellt worden. Man vermute-

Der Gott Quetzalcoatl taucht als gefiederte Schlange in der Mythologie vieler alter Kulturen auf – auch in Teotihuacán.

te eine Opferstätte, eine Gruft oder aber einen Kultplatz zu Ehren des Regen- oder Maisgotts.

Erstklassige Hauptmuseum

Museo

Südlich der Sonnenpyramide (Eingang Nr. 5) liegt das Hauptmuseum der Anlage. Es gibt eine Übersicht über die Stätte und ihre ehemaligen Bewohner und enthält u. a. kürzlich ausgegrabene Fundstücke sowie ein Sammelgrab mit neun männlichen und vier weiblichen Opfern, die am Quetzalcóatl-Tempel gefunden wurden. Besonders eindrucksvoll ist im Hauptsaal der Glasboden mit dem großen Modell von Teotihuacán. Vor dem Eingang Nr. 5 befindet sich außerdem das **Museo Manuel Gameo**, das sich hauptsächlich mit der Ausgrabungsgeschichte der Stätte befasst.

Beeindruckender Zeremonienplatz

Plaza de la Pirámide de la Luna

Die Symmetrie seiner Anlage und die Gestaltung des Raumes macht den die Straße abschließenden **Platz der Mondpyramide** (Plaza de la Pirámide de la Luna) zum eindrucksvollsten Beispiel für die architektonische Planung Teotihuacáns. Dieser **Zeremonienplatz** besteht aus Treppen und pyramidenartigen Plattformen von meist vier Stockwerken, die ursprünglich wie die Hauptpyramiden durch Tempel gekrönt waren. In der Mitte erhebt sich ein großer, viereckiger Altar.

Das wohl prächtigste Wohngebäude der Stadt

Palacio del Quetzalpapálotl

Auf der linken Seite steht der **Palast des Quetzal-Schmetterlings** (Palacio del Quetzalpapálotl). Dieser Palast, der den Hohepriestern vermutlich als Wohnstätte diente, ist reich verziert und zeigt gut erhaltene Fresken. Eine mit einem großen Schlangenkopf versehene Treppe führt zu einer mit Wandmalereien geschmückten Vorhalle. Der nun folgende Arkadenhof hat viereckige **Säulen mit Flachreliefs**, welche die mythologische Figur des Quetzal-Schmetterlings und Vogelsymbole darstellen. Die Reliefs waren einst bemalt und mit Obsidianscheiben eingelegt. Zu beachten sind auch die auf rotem Grund gemalten stilisierten Figuren sowie die mit Jahressymbolen versehenen Dachzacken.

Palast der Jaguare, die in Muschelhörner blasen

Palacio de los Jaguares

Der sich anschließende **Palast der Jaguare** (Palacio de los Jaguares) ist mit bemerkenswerten frühen Wandmalereien versehen, die u. a. Raubkatzen mit Menschenköpfen und Jaguare darstellen, die in Muschelhörner blasen. An einem Fries sind noch die Symbole des Regengotts und des Jahres zu erkennen.

Durch einen Tunnel...

Templo de las Conchas Plumadas

...gelangen Sie zu einem Teil des wohl ältesten Bauwerks Teotihuacáns, den man **»Unterbau der gefiederten Schneckenhörner«** (Substructura/Templo de las Conchas Plumadas) nennt und der unterhalb des Palasts des Quetzal-Schmetterlings versteckt liegt. Die größte der übrig gebliebenen Fassaden, die einst zu einem Tempelbau gehörte, ist mit herrlichen Reliefs geschmückt. Man sieht mit bunten Federn geschmückte Schneckenhörner (Musikinstrumente?), grüne Vögel und vierblättrige Blumen.

Ein weiterer schöner Aussichtspunkt

Pirámide de la Luna

Im Norden des Platzes erhebt sich die imposante **Mondpyramide** (Pirámide de la Luna). Ihre Vorderseite wird durch einen fünfstöckigen, pyramidenartigen, im **Talud-Tablero-Stil** gehaltenen Bau gebildet. Über die breite Freitreppe gelangt man zu der eigentlichen Pyramide, die aus vier versetzten Stockwerken besteht. Die Grundfläche misst 140 × 150 m, die Höhe erreicht 46 m. Obwohl 17 m niedriger als die Sonnenpyramide, liegt ihre Spitze dank des höher gelegenen Terrains auf dem gleichen Niveau. Die Treppe führt lediglich bis zum dritten Absatz. Auch von der Spitze der Mondpyramide hat man eine **schöne Aussicht** über das gesamte Gelände.

Etwas außerhalb des Zentrums...

Ruinen außerhalb des Zentrums

...liegen einige – am besten mit dem Auto erreichbare – Ruinen von Wohnstätten. Die 500 m östlich der Sonnenpyramide gelegene Anlage von **Tepantitla** (Ort der dicken Mauern) zeigt verschiedene sehr schöne Wandmalereien. Etwa 1,5 km von der Sonnenpyramide entfernt liegt auf der Westseite der Straße der Toten die Stätte **Tetitla** (Platz mit Steinen), wo man ebenfalls schöne Fresken aus zwei Bauperioden besichtigen kann. 100 m davon liegen der **Zacuala-Palast** (Palacio de Zacuala) und der **Yayahuala-Palast** (Palacio de Yayahuala). Rund 400 m westlich von Tetitla befindet sich die Ruinenstätte **Atetelco** mit zwei Patios, die ebenfalls mit prächtigen Fresken ausgeschmückt sind.

★ TLAXCALA

Bundesstaat: Tlaxcala (Tlax.) | **Höhe:** 2255 m ü. d. M. | **Einwohner:** 100 000 | **Entfernung:** 120 km östlich von Mexiko-Stadt, 30 km nördlich von Puebla

O 22

Die kleinste Bundeshauptstadt Mexikos hat eine bewegende Vergangenheit. Sie ist umgeben von archäologischen Fundplätzen der Tlaxcalteken, ein riesiges Gemälde im Regierungspalast erzählt ihre Geschichte.

Schöner Ausgangspunkt für Exkursionen

Feindschaft war der Grund, der die Tlaxcalteken auf die »falsche Seite« zwang. Seit Jahren hatten sie sich schon mit den immer mächtiger werdenden Azteken im nahen Tenochtitlán (Mexiko-Stadt) bekämpft. Als mit Cortés und den Spaniern ein weiterer Gegenspieler der Azteken auftauchte, zögerten die Tlaxcalteken keinen Moment und schlossen sich ihnen an. Wenn sie gewusst hätten, was passiert, hätten sie sich vermutlich anders entschieden. Denn ohne ihre Kenntnis des Geländes wären die Spanier nicht so schnell erfolgreich gewesen.
Viele Ausflügler aus Mexiko-Stadt kommen gerne nach Tlaxcala, um dem Lärm und der Hektik der Großstadt zu entfliehen. Von hier kann man zudem Exkursionen zur Pyramide von Cacaxtla unternehmen und einige Kolonialstädtchen in der Umgebung besuchen. Doch die Schönheit Tlaxcalas selbst ist Grund genug für einen Besuch – seien es die rot und gelb strahlenden Gebäude, die sorgfältig gestutzten Bäume entlang der Straßen oder die vielen, leise plätschernden Brunnen in der ganzen Stadt.

Wohin in Tlaxcala?

Zócalo

Einer der schönsten Zócalos in Mexiko
Der Hauptplatz der Stadt ist weit und schattig. Der größte Teil seiner Nordseite wird von dem um 1550 errichteten Rathaus (**Palacio Mu-**

TLAXCALA ERLEBEN

TOURISTENINFORMATION
Portal Hidalgo 5
Tel. 246 4 62 00 14
www.turismotlaxcala.com

Wer mit dem **Auto** unterwegs ist, nimmt von Mexiko-Stadt aus am besten die Straßen MEX 150 und MEX 119 (113 km).
Mit dem **Bus** benötigen Sie ab Mexiko-Stadt etwa zwei Stunden.

LA TÍA YOLA €€
Hier wird regionale Küche zu moderaten Preisen serviert.
Plaza Xicotencatl Number 7
Tel. 246 4 62 73 09

POSADA SAN FRANCISCO €€€
Das historische Haus liegt zentral am Zócalo. Es bietet neben einem Pool auch einen Tennisplatz.
Plaza de la Constitución 17
Tel. 246 3 27 28 99
www.hotelsanfranciscotlaxcala.com

nicipal), dessen Fensterbogen im 2. Stock indigen-maurisch gestaltet sind, und dem Regierungspalast (**Palacio de Gobierno**) eingenommen. In seinen Gängen kann man moderne Fresken des tlaxcaltekischen Malers Desiderio Hernández Xochitiotzin sehen, die die Geschichte der Stadt darstellen. An der nordwestlichen Seite des Platzes sieht man die **Parroquia de San José** mit ihrer mit bunten Kacheln verkleideten roten Ziegelfassade.

Ex-Convento San Francisco

Eine der ersten Klostergründungen des Landes
Nahe der Plaza in südöstlicher Richtung liegen das Kloster und die Kirche San Francisco, gegründet im Jahr 1526 und damit eine der ersten Klostergründungen in Mexiko. Die Hauptanlage wurde zwischen 1537 und 1540 errichtet. Bemerkenswert ist die maurisch anmutende, sternengeschmückte Zedernholzdecke in der **Iglesia de la Asunción** (Kathedrale) sowie das Taufbecken in der Kapelle des Dritten Ordens, wo die vier Herrscher des Orts angeblich getauft wurden. Daneben befindet sich das **Museo Regional de Tlaxcala**, das die Geschichte der Gegend dokumentiert.

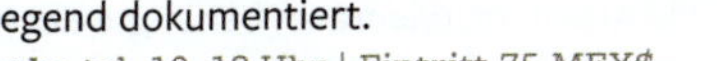

Museo Regional de Tlaxcala: tgl. 10–18 Uhr | Eintritt 75 MEX$

Museo de Artes y Tradiciones Populares

Einblicke in das dörfliche Leben rund um Tlaxcala
In diesem Museum geben Einheimische einen Einblick in das dörfliche Leben rund um Tlaxcala, u. a. in das **Weben, Schnitzen und Teppichknüpfen**. Zudem wird auch die Herstellung von Pulque er-

Die Wandbilder im Edificio B von Cacaxtla zeigen die siegreiche Schlacht der Jaguarmenschen gegen die Adlermenschen.

läutert. Nebenan, in der **Casa de Artesanías**, können Sie hübsche Töpferarbeiten und Textilien finden.

Calle Emilio Sánchez 1 | Di.–So. 10–18 Uhr | Eintritt 6 MEX$

Einer der schönsten Sakralbauten Mexikos

★ Santuario de la Virgen de Ocotlán

Oberhalb der Stadt (nordöstlich des Zócalo) erhebt sich eines der schönsten Sakralgebäude Mexikos, die **Basilika der Jungfrau von Ocotlán**. Sie ist eine Schöpfung des Indigenen **Francisco Miguel** aus der Mitte des 18. Jahrhunderts. Die weißen Stuckornamente des inneren Teils der churrigueresken Fassade und der Türme heben sich prächtig von den mit sechseckigen roten Kacheln bedeckten, gewölbten Außenteilen ab. Diese Kombination und der überaus plastische Muschelbogen lassen das Barockgebäude ungemein graziös wirken. Für die Arbeit im Innenraum benötigte der Künstler 25 Jahre. Besonders hervorzuheben sind der Hochaltar, die beiden Seitenaltäre sowie der **achteckige Camarín mit der Heiligen Jungfrau** – in diesem Fall eine kleine Kapelle hinter dem Hochaltar mit vielfarbigen, indigen beeinflussten Stuckdekorationen. Die Jungfrau soll hier im Jahr 1541 erschienen sein. Jedes Jahr wird ihr zu Ehren eine **Prozession** veranstaltet, die viele Pilger und Zuschauer anlockt.

Rund um Tlaxcala

Über Nacht berühmt

Cacaxtla

Nicht ganz 20 km südwestlich von Tlaxcala liegt bei dem Ort San Miguel del Milagro die **Ausgrabungsstätte Cacaxtla**. 1975 wurde sie über Nacht berühmt, als Grabräuber bei der Ausschachtung eines Tunnels auf vorspanische Wandmalereien stießen und den Fund den Behörden meldeten. Man nimmt an, dass die Blütezeit Cacaxtlas zwischen 700 und 900 n. Chr. gelegen hat und die eindrucksvollen Fresken im 8. Jh. entstanden sind. Sie zeigen Merkmale des Maya-Stils und der Endphase von Teotihuacán, deren Kultur sich vor allem in dem leicht abgeänderten Talud-Tablero-Stil (Schräg-/Steilwand-Stil) und durch die umrahmenden Szenen und Glyphen in den Wandgemälden ausdrückt. Auffällig ist, dass in Cacaxtla **Venussymbole** vorherrschen, die eng mit den mesoamerikanischen Ritualen von Krieg und Opfer verbunden sind.

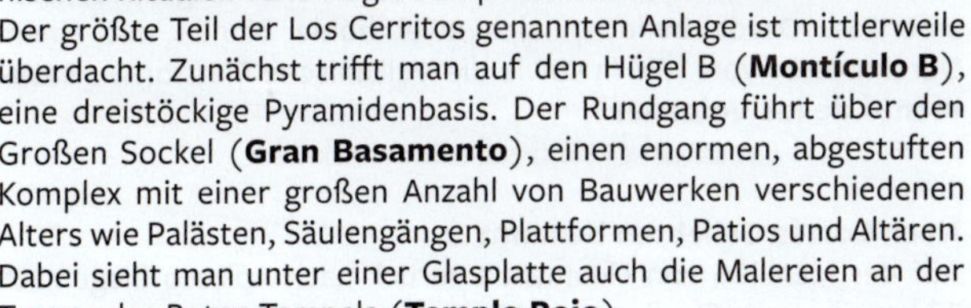

Der größte Teil der Los Cerritos genannten Anlage ist mittlerweile überdacht. Zunächst trifft man auf den Hügel B (**Montículo B**), eine dreistöckige Pyramidenbasis. Der Rundgang führt über den Großen Sockel (**Gran Basamento**), einen enormen, abgestuften Komplex mit einer großen Anzahl von Bauwerken verschiedenen Alters wie Palästen, Säulengängen, Plattformen, Patios und Altären. Dabei sieht man unter einer Glasplatte auch die Malereien an der Treppe des Roten Tempels (**Templo Rojo**).

Der Weg führt über die Nordplaza zum Gebäude B (**Edificio B**) mit der Darstellung einer Schlacht. Die beiden Wandbilder stellen den grausamen Kampf zwischen siegreichen Jaguarkriegern und unterliegenden Vogelmenschen dar. In der Mitte des Schlachtfelds stehen zwei Monumentalfiguren, die die Szene beobachten und im Stil des Hochlands von Mexiko gekleidet sind, jedoch hohe Sandalen nach Art der Maya tragen.

Die interessanteste Sehenswürdigkeit der Stätte ist das anschließende Gebäude A oder Gebäude der Malereien (**Edificio de las Pinturas**). Das Innere ist mit fünf beindruckenden **Wandbildern** ausgemalt, die in der Mehrzahl wohl symbolhaft **Quetzalcóatl und Tláloc** darstellen. Das Fresko im nördlichen Säulengang zeigt eine als Jaguar verkleidete, lebensgroße Figur mit einem breiten Zeremonienstab, von dem Wassertropfen auf eine Schlange im Jaguarfell fallen. Auffallend ist die in der Art von Teotihuacán gemalte Glyphe »9 Reptilauge« mit Balken- und Punktzahlen. Das Wandbild am Torpfosten zeigt eine wiederum als Jaguar verkleidete Person mit einem Tlaloc-Gefäß und einer Schlange in der Hand. Der Kopfschmuck und die Kreuzbandmotive auf den Gürteln sind typisch für den Maya-Stil. Die prächtige Figur auf dem südlichen Eingangsbild stellt ein geflügeltes Wesen auf einer Schlange stehend dar. Der übergroße Zeremonienstab endet in einem stilisierten Schlangenkopf. Die Glyphen der Zahl 13 und die Hand- und Fußabdrücke links oben sind Teotihuacán-Elemente. Die Figur auf dem südlichen Torpfosten scheint eine dem Meer verbundene Persönlichkeit zu sein. Sie hält eine große Muschel in der Hand und trägt einen Oktopus als Kopfschmuck, wodurch sie an einen Muschelgott der Golfküsten-Maya erinnert.

Mi.–So. 10–18 Uhr | Eintritt 90 MEX$

»Ort des Blumenadels«

Xochitécatl

Etwa 1,5 km östlich von Cacaxtla, auf einem Hügel, liegt die ebenfalls sehenswerte Ausgrabungsstätte von Xochitécatl (**Ort des Blumenadels**). Die Stätte besteht aus zwei Plazas mit der dem Windgott geweihten Rundpyramide (**Edificio de la Espiral**), dem Gebäude der Schlange (**Edificio de la Serpiente**) aus der formativen Zeit (1000–700 v. Chr.) sowie der Pyramide der Blumen (**Pirámide de las Flores**), nach ihrem Grundriss die viertgrößte Mesoamerikas. Davor befinden sich zwei hohle Säulen mit einem Durchmesser von 1,70 m sowie die Vulkanische Plattform (**Basamento de los Volcanes**).

geöffnet wie Cacaxtla | gemeinsame Eintrittskarte

Nach Cortés Geliebten benannt

Vulkan La Malinche

Auf der MEX 136 von Huamantla zurück nach Apizaco biegt nach 13 km eine neue Straße zum 14 km entfernten, 3000 m hoch gelegenen **Centro Vacacional Malintzín** ab. Der Platz ist idealer Ausgangspunkt zur Besteigung des erloschenen Vulkans La Malinche (4461 m ü. d. M.), der nach Cortés' indigener Dolmetscherin und Geliebten benannt ist. Für den Aufstieg benötigt man ca. 2,5 Stunden, für den Abstieg etwa 2 Stunden.

TOLUCA

Bundesstaat: México (Mex.) | **Höhe:** 2680 m ü. d. M. |
Einwohner: 911 000 | **Entfernung:** 67 km westlich von Mexiko-Stadt

O 21

Toluca ist die Hauptstadt des Estado de Mexico und liegt auf einer Höhe von 2650 m, nur knapp 70 km von Mexiko-Stadt entfernt. Sie ist die am höchsten gelegene Großstadt Mexikos. Doch nicht nur das macht sie einzigartig: Die Szenerie von kolonialer Altstadt mit dem nicht mehr aktiven Vulkanmassiv Nevada de Toluca im Hintergrund lässt auch den größten Fotomuffel das Smartphone zücken.

Das Leben ist bunt: Haus in Malinalco bei Toluca

Vor Don Fernando stehen Körbe voller Chilis – rot, braun und grün – seine Ernte, die er heute auf den Markt Benito Juarez bringen will. »Alles Bio«, versichert er. Sein Ziel ist eine Tienda für Bioprodukte, an die er seine Ware verkaufen möchte. Denn »Bio« bekommt auch in Mexiko einen immer höheren Stellenwert, vor allem in einer Stadt wie Toluca, die seit jeher ein zentraler Marktplatz für landwirtschaftliche Erzeugnisse aus der Region ist. Inzwischen hat sich aber auch die Industrie angesiedelt und Großkonzerne wie Nestlé oder Bosch lassen hier produzieren.

Höchstgelegende Großstadt des Landes

Toluca ist eine Stadt, in der es sich gut leben lässt. Neben der netten Altstadt ist es vor allem das **kulturelle Angebot**, das einen Aufenthalt kurzweilig macht: Zwölf Museen, über zehn Galerien, zwei Theater und 20 Kinos können Sie hier besuchen.

Das Gebiet um Toluca war wohl spätestens seit dem 13. Jh. von Indígenas besiedelt, die Matlazincas gerieten abwechselnd unter die Herrschaft der im Tal von Anáhuac regierenden Fürsten. Anfang des 15. Jh.s noch mit den Azteken verbündet, wurden sie schließlich von diesen unterworfen und z. T. in das Gebiet des heutigen Michoacán vertrieben. Den Spaniern leisteten sie bei der Eroberung von Tenochtitlán begrenzte Hilfe. So wurde es Teil des Marquesado del Valle de Oaxaca, den persönlichen Besitzungen von **Hernán Cortés**. Franziskaner gründeten hier 1529 das erste Kloster und 1667 wurde Toluca de San José das Stadtrecht verliehen. Im Jahr 1830 wurde es die **Hauptstadt des Bundesstaats Mexiko**, der den Distrito Federal an drei Seiten umschließt. Ende des 19. Jh.s erhielt die Stadt nach dem Staatsmann Sebastián Lerdo de Tejada den Beinamen »de Lerdo«.

TOLUCA ERLEBEN

TOURISTENINFORMATION

Plaza Andrés de Castro
Edificio B Local 6
Tel. 722 2 76 19 00
www.toluca.gob.mx

Von Mexiko-Stadt fährt man mit dem **Auto** die 67 km nach Toluca am besten auf der MEX 15.
Die Fahrt mit dem **Bus** dauert etwa 1 Std. Es gibt auch Busverbindungen zum Flughafen von Mexico-Stadt.

In Mexiko gibt es vielerlei Kunsthandwerk zu kaufen, doch nichts ist so typisch für das Land wie der Lebensbaum (»árbol de la vida«). Die schönsten und bekanntesten bekommt man in **Metepec** 8 km südöstlich von Toluca. Die fein gearbeiteten Tonfiguren mit Frucht- und Vogelornamenten erinnern an Adam und Eva im Paradies und an den drohenden Sündenfall.

LA VAQUITA NEGRA DEL PORTAL €

Vom Häppchen bis zum großen Menü – günstig und gut.
Calle Nicolás Bravo Sur 124 B
Tel. 722 1 67 13 77

FIESTA INN €€

Modernes Hotel mit geräumigen Zimmern in guter Lage zum Erkunden der Stadt. Mit reichlichem und gutem Frühstücksbuffet.
Allende Sur 124
Tel. 722 1 67 89 00
www.fiestainn.com

Wohin in Toluca?

Shopping und Kultur

Zócalo

An dem hübschen Hauptplatz (Plaza de los Mártires) stehen die **Kathedrale**, ein neoklassizistisches Gebäude aus dem 19. Jh., sowie an der Nordseite der Regierungspalast (**Palacio de Gobierno**). Eine lange Einkaufsstraße mit 120 Arkaden (**Portales**) erstreckt sich einen Block rechts vom Zócalo. In der Nähe liegt die barocke Kirche El Carmen, in deren Konvent sich das **Museo de las Bellas Artes** befindet. Es zeigt Bilder aus dem 17., 18. und 20. Jahrhundert. Gegenüber erhebt sich die **Iglesia de Santa Veracruz**. An drei Seiten wird der Platz von Arkaden mit Geschäften, Restaurants und Cafés gesäumt.

Museo de las Bellas Artes: Degollado 102 | Di.–Sa. 10–18, So. bis 15 Uhr | Eintritt 20 MEX$

Einer der schönsten botanischen Gärten Mexikos

Jardín Botánico

Gleich nordöstlich dehnt sich die Plaza Garibay aus, wo heute einer der schönsten botanischen Gärten Mexikos sein Domizil hat: der

Jardín Botánico Cosmovitral. Ursprünglich war das **Jugendstilgebäude** mit den majestätischen Buntglasfenstern des mexikanischen Künstlers Leopoldo Flores, die von der Entstehung und dem Untergang der Menschheit erzählen, als Markt konzipiert und wurde von den Indígenas der Gegend bis ins späte 20. Jh. als solcher genutzt.
Ecke Juárez / Lerdo de Tejada | Di.–So. 9–18 Uhr | Eintritt 25 MEX$

Riesig und kunterbunt
An der Straße nach Mexiko-Stadt befindet sich der riesige **Markt** (Mercado Juárez), einer der buntesten Mexikos, den man am besten freitags besucht. Angeboten werden Töpfe, Körbe, Kleider, Obst und Gemüse.

Mercado Juárez

Mit interessanten Museen
In dem interessanten Centro Cultural Mexiquense (10 km vom Zentrum entfernt auf dem parkähnlichen Gelände der ehemaligen Hacienda de la Pila) sind mehrere Museen sowie eine Bibliothek untergebracht. Dort kann man im **Museo Regional** einiges über die Geschichte des Bundesstaats erfahren, ein kleines **Kunstmuseum** besuchen und die Exponate im **Museo de Artes Populares** bestaunen, das u. a. seltsame Allerheiligenfiguren und verblüffende Lebensbäume ausstellt. Zum Kulturzentrum gehört auch das **Museo de la Charrería**. Es zeigt Cowboy-Ausrüstungen, Sättel, Lassos und mehr.
Blvd. Reyes Heroles 302 | alle Museen Di.–Sa. 10–18, So. 10–15 Uhr | Eintritt frei

Centro Cultural Mexiquense

Rund um Toluca

Lebensbäume und Sonnen aus buntem Ton
Etwa 8 km südöstlich von Toluca liegt das Städtchen Metepec mit dem **Franziskanerkloster** San Juan Bautista (16./17. Jh.) und der hübschen **Kirche del Calvario** mit großem Atrium. Der Ort ist bekannt für das hier hergestellte **grüne Steingut** und seine **bunten Tonfiguren**, die meist Lebensbäume und Sonnen darstellen.

Metepec

Ein Markt mit 3000 Ausstellern
Man kehrt zurück auf die MEX 55, dann fährt man in Richtung Ixtapán de la Sal und zweigt nach wenigen Kilometern links bei Mexicaltzingo zu dem 16 km entfernten Santiago de Tianguistenco ab. Besonders sehenswert ist der seit prähispanischen Zeiten bestehende **Markt**, der jeden Dienstag von rund 3000 Ausstellern abgehalten wird.

Santiago de Tianguistenco

Zwischen der Straße des Frochs und dem Platz des Pfirsichs
Von Toluca rund 25 km auf der MEX 55 nach Süden gelangt man zu der Ortschaft Tenango del Valle, in deren unmittelbarer Nähe sich die

Teotenango

große **archäologische Stätte** Teotenango befindet. Die Blütezeit der Stätte lag zwischen dem 10. und 12. Jahrhundert. Typisch für sie sind die **Pyramidenplattformen** mit drei oder vier zurückgesetzten Absätzen, auf denen einst die Tempelbauten ruhten. Nach Betreten der Stätte gelangen Sie zunächst zum am Platz des Jaguars gelegenen **Komplex A**. Dahinter liegt der **Komplex E** mit einem Ballspielplatz und einem Schwitzbad. Für den Bau des Ballspielplatzes mussten einige Wohnräume weichen, deren Überreste noch zu sehen sind. Das ausgedehnteste Areal der Nordgruppe ist der **Komplex D**. Neben Plattformen, Wohnbauten und Patios entdeckte man einen 120 m langen und 40 m breiten Bau, der Schlangensockel (**Basamento de la Serpiente**) genannt wird. Davor breitet sich die Plaza de la Serpiente aus, die im Westen von der Straße des Froschs (**Calle de la Rana**) und im Norden vom Platz des Pfirsichs (**Plaza del Durazno**) begrenzt wird. Im **Museum** sind beachtliche archäologische Funde des Estado de México, hauptsächlich aus Teotenango, Malinalco und Calixtlahuaca, untergebracht.

Di.–Sa. 10–17, So. 10–14.30 Uhr

Aus dem Fels gehauen

Malinalco

Inmitten einer Landschaft grüner Wälder und schroffer Felsformationen liegt die **archäologische Stätte** Malinalco. Sie erreichen sie über eine Abzweigung von der MEX 55, 20 km östlich von Tenancingo. Malinalco erhebt sich auf dem Götzenhügel (**Cerro de los Ídolos**), der die gleichnamige Ortschaft um 220 m überragt. Die von den Azteken erbaute Kultstätte ist insofern einzigartig, als sie zu den ganz wenigen aus dem Fels gehauenen prähispanischen Anlagen Mesoamerikas gehört. Die Azteken unter Axayácatl eroberten Malinalco im Jahr 1476, zu der Zeit beherrschten die Matlatzinca das Gebiet. Mit dem Bau der kultischen Hauptanlage wurde wohl erst 25 Jahre später begonnen. Als die Spanier unter Andrés de Tapia 1521 Malinalco einnahmen, war das Zeremonienzentrum noch nicht vollendet.

Der kleine Tempel, den man beim Aufstieg links von der Treppe sieht, war dem Regengott Tláloc geweiht. Über eine Treppe, die von Jaguaren flankiert wird, gelangt man zum Haupttempel (**Templo Principal**), in dessen Mitte die beschädigte Figur eines Standartenträgers sitzt. Dieser ganz aus dem Felsen gehauene Bau war einst mit einer dünnen farbigen Stuckschicht bedeckt. Als Haus des Adlers (**Cuauhcalli**), der die Sonne symbolisiert, diente es der Weihe von Mitgliedern der religiösen Kriegerorden der Adler und Jaguare. Der Eingang zu dem runden Schrein ähnelt – durch eine Umrahmung mit Flachreliefs – dem offenen Rachen einer Schlange, zu dessen Seiten ein Schlangen- und ein Kriegstrommel-Thron stehen. Die Tempelkammer, die einen Durchmesser von 6 m hat, enthält drei aus dem umlaufenden Felsrand gemeißelte Skulpturen heiliger Tiere.

Regen- und Schmelzwasser füllen die Kraterseen des Nevado de Toluca.

Die Anlage des Gebäudes III (**Edificio III**) besteht aus einer freskengeschmückten Vorhalle und einer runden Kammer mit einem ausgehöhlten Altar. Der Bau war wahrscheinlich ein **Tzinacalli**, ein Tempel, in dem der im Kampf getötete oder von den Feinden der Azteken geopferte Sonnenbote verbrannt und damit in den Rang eines Gottes erhoben wurde. Ein derartiger Tod verwandelte – nach dem Glauben der Azteken – die Geister der Krieger in Sterne.
Das sich nördlich anschließende große Gebäude IV (**Edificio IV**), das z. T. aus dem Fels gehauen ist, soll einen der Sonne geweihten Tempel beherbergt haben. Eine an dieser Stätte gefundene, bemerkenswerte Holztrommel (**Tlapanhuéhuetl**) mit fein geschnitzten Darstellungen und Glyphen von Adler und Jaguar, die in Beziehung zum Sonnenboten gesehen werden, ist heute im Museum von Tenango ausgestellt.
Di.–So. 10–16 Uhr | Eintritt 75 MEX$

Vom Sonnensee zum Mondsee

Nevado de Toluca

Ein weiterer lohnender Ausflug führt von Toluca südöstlich über die Straßen 3, 103 und 134 zu dem etwa 50 km entfernten, oft schneebedeckten erloschenen **Vulkan** Nevado de Toluca oder Xinantécatl (4575 m ü. d. M.). Die Straße führt bis zu dem 4200 m hoch gelegenen Sonnensee (**Laguna del Sol**) und Mondsee (**Laguna de la Luna**). Von den Bergspitzen des Kraterrandes haben Sie eine herrliche Aussicht über das Tal von Toluca, die Berglandschaft von Guerrero, die Waldregion von Michoacán und die Gipfel der Sierra Nevada, den Popocatépetl und den Iztaccíhuatl.

Schönes Ziel am Stausee

Valle de Bravo

Von Toluca sind es nach Westen etwa 70 km bis zu dem hübschen **Ferienort** Valle de Bravo (35 000 Einw.). Er liegt inmitten üppiger Vegetation und gebirgiger Landschaft an einem **Stausee** (Presa de Valle de Bravo oder Presa Miguel Alemán). In der Umgebung können die **Felsformation La Peña** und der **Wasserfall Salto de Ferrería** besucht werden.

Die Atlanten von Tula trugen einst das Dach der Pyramide des Morgensterns. Heute halten sie für schöne Erinnerungsfotos her.

Schauplatz eines Blutbads

Calixtlahuaca

Die MEX 55 verlässt die Stadt in nördlicher Richtung. Nach 8 km zweigt nach links die Calle Libertad zu der 2,5 km entfernten **Ruinenstätte** Calixtlahuaca ab. Die frühe Geschichte dieser Kultstätte liegt weitgehend im Dunkeln. Vermutlich handelte es sich um ein Siedlungsgebiet der Matlatzinca, die später von den Azteken unterworfen wurden. Die Azteken besetzten Calixtlahuaca zum ersten Mal 1474 und beeinflussten wesentlich die spätere Bautätigkeit. Nach einem Aufstand sollen sie 11 000 Matlatzincas hier geopfert haben.
Auf einer großen Terrasse liegt das wichtigste Gebäude dieser Stätte, der mehrmals überbaute **Tempel des Quetzalcóatl** (Estructura 3). Die vierstufige Rundpyramide hat eine breite Freitreppe und trägt einen Altar. Der Tempel war dem Windgott Ehécatl geweiht, der von den Huasteken übernommen und dann auch von Quetzalcóatl verkörpert wurde. Auf einer höheren, nicht einsehbaren Ebene befindet sich ein Gebäudekomplex, der aus dem **Tempel des Tláloc** (Estructura 4) und einer **Pyramidenplattform** (Estructura 7) mit einer breiten Treppe besteht. Auf der kleinen Plaza steht der T-förmige Altar der Schädel, aus dessen Tablero Zapfen und Totenköpfe herausragen. Verlässt man die Stätte in Richtung Wegkreuzung, liegt etwas weiter zur Linken die vierte Gruppe von Calixtlahuaca, die man nach der Eliteschule der **Azteken Calmecac** (Estructura 17) benannt hat. Die Anlage besteht aus mehreren Räumen und Plattformen, die sich um einen großen, quadratischen Hof gruppieren.

★ TULA

Bundesstaat: Hidalgo (Hgo.) | **Höhe:** 2030 m ü. d. M. |
Einwohner: 28 000 | **Entfernung:** 75 km nördlich von Mexiko-Stadt

Stattliche Krieger bewachen den Tempel eines Gottes, groß und unerschrocken stehen sie da in ewiger, steinerner Gestalt. Tolteken schufen sie vor etwa 1000 Jahren.

N 21

Einstige Hauptstadt der Tolteken

Die 4,5 m hohen Kriegerfiguren aus schwarzem Basalt sind das Wahrzeichen der archäologischen Stätte von Tula und stehen auf der oberen Tempelplattform des Gottes mit dem zungenbrecherischen Namen **»Tlahuizcalpantecuhtli«**, dem Herrn des Morgensterns. Der Sage nach war Tollan, wie Tula auf Nahuatl hieß, der »Ort des Schilfrohrs«, eine Art Paradies, voller goldener Paläste, geschmückt mit Türkisen, Jade und Quetzal-Federn. Das Volk der Tolteken, die von Norden kommend nach Zentralmexiko eingewandert sind, herrschte hier vom 10. bis 12. Jahrhundert. Doch sie dominierten nicht nur sämtliche Stämme

TULA ERLEBEN

Mit dem **Auto** nehmen Sie von Mexiko-Stadt die MEX 57 D Richtung Querétaro und biegen nach 68 km (26 km nach der Mautstelle Caseta) nach Tepejí del Río ab. Von dort sind es weitere 22 km nach Tula de Allende und dann noch 3 km bis zur Ruinenstätte. Die Fahrt mit dem **Bus** (Terminal del Norte) dauert etwa 1,5 Std.

CASA BLANCA €€

Leckeres Buffet mit mexikanischen Gerichten und diversen Salaten.

Hidalgo 114
Tel. 773 2 22 74

HOTEL CASA BLANCA €

Hotel mit 38 kleinen, aber komfortablen Zimmern und einem Restaurant; ein Parkplatz ist vorhanden.

Pasaje Hidalgo 11
(Sackgasse, geht von der Calle Hidalgo ab)
Tel. 773 7 32 11 86
www.casablancatula.com

im zentralen Hochland, sondern hatten einen weit reichenden Einfluss bis hin zu den 1200 km entfernten Mayastätten auf der Halbinsel Yucatán. Besonders zu Chichén Itzá bestand eine noch nicht genau bestimmbare Verbindung, denn es gibt einige architektonische Parallelen der beiden weit voneinander entfernten Städte. Ein Mythos erzählt, dass 947 n. Chr. **Quetzalcóatl**, »die gefiederte Schlange«, in Tollan geboren wurde und 980 n. Chr. den Thron bestieg. Sein Gegenspieler war Tezcatlipoca, »rauchender Spiegel«, der einen Aufruhr anzettelte. Quetzalcóatl musste fliehen und nahm eine große Schar Tolteken mit sich. Ein Teil zog in das Gebiet von Yucatán und brachte so die toltekische Kultur zu den Maya.

Die Macht von Tollan hielt nicht lange. Nur etwa 200 Jahre nach der Gründung kam es zum Streit mit den Chichimeken aus dem Umland. Ein großer Brand zerstörte weite Teile der Stadt und im 13. Jh. war sie endgültig verloren. Offenbar haben die Tolteken selbst einige Pyramiden zerstört und dann ihre Stadt verlassen. Als letzte Handlung wurden die großen Kriegerfiguren am Fuß der Pyramide rituell begraben, wodurch sie der Nachwelt erhalten blieben.

Gang durch die Ruinenstätte

Stätte mit schönem Ausblick

Anlage

Die archäologische Zone Tulas liegt auf einem Hügel mit einem schönen Ausblick auf die umliegende Landschaft. Einst erstreckte sie sich über eine Fläche von etwa 13 km² fast bis zur heutigen Stadt. Nach Betreten

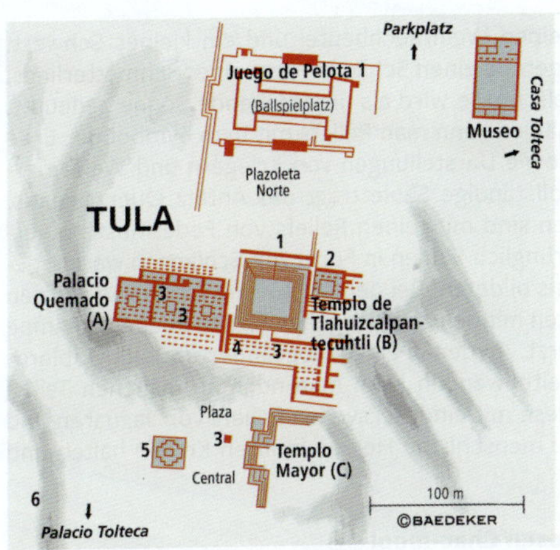

- **A** »Abgebrannter Palast« (Edificio 3)
- **B** Pyramide des Morgensterns (Edificio B)
- **C** Hauptpyramide (Edificio C)
- **1** Coatepantli (Schlangenmauer)
- **2** Edificio 1
- **3** Chac-mool
- **4** Gran Vestíbulo (Große Vorhalle)
- **5** Adoratorio (Altar)
- **6** Juego de Pelota 2 (Ballspielplatz)

der Stätte gelangen Sie am kleinen Nördlichen Platz (Plazuela Norte) zunächst zum **Ballspielplatz Nr. 1** (Juego de Pelota No. 1), der 67 m lang und 12,5 m breit ist.

Di.–So. 9–17 Uhr | Eintritt 90 MEX$

Abschließende Mauer am Tempel des Morgensterns

Coatepantli

An der Südseite des kleinen Platzes verläuft die 2,20 m hohe und 40 m lange **Schlangenmauer** (Coatepantli), die den Tempel des Morgensterns beschließt. Sie zeigt unterhalb von Schneckenmustern und geometrischen Ornamenten Reliefs von Schlangen, die menschliche Skelette verschlingen.

Die bekanneste Pyramide von Tula

Pirámide B (Tempel des Morgensterns)

Vorbei am Gebäude 1 (**Edificio 1**), einem mehrmals überbauten Palast, der wahrscheinlich Priestern als Wohngebäude diente, erreicht man den Hauptplatz der Stätte. An diesem steht der Tempel des Morgensterns (**Templo de Tlahuizcalpantecuhtli**), auch Pyramide des Quetzalcóatl genannt. Vom Hauptplatz führt eine Freitreppe auf die fünfstöckige, 10 m hohe Stufenpyramide, auf der einst der Tempel stand.

Auf der Plattform der Tempelpyramide hat man die vorgefundenen Säulen und die Kolossalfiguren, die so genannten **Atlanten**, aufgestellt. Sowohl die linke Statue wie auch der obere Teil der rechten sind Reproduktionen, da sich die Originale im Anthropologischen Nationalmuseum in Mexiko-Stadt befinden. Diese prachtvollen, 4,60 m hohen Riesen, die einst das Dach des Tempels stützten, symbolisieren den Gott **Quetzalcóatl als Morgenstern**. In der rechten Hand halten die Atlanten eine Speerschleuder (Atlatl), in der linken ein Pfeilbündel, einen Weihrauchbeutel und ein kleines Schwert. Auf der Brust tragen sie einen Schild in Form eines Schmetterlings, die hintere Gürtelschnalle wird als untergehende Sonne gedeutet. An den eckigen Säulen kann man Reliefs mit dem Symbol der Erde (Krokodilkopf) sowie Darstellungen von Kriegern und Waffen erkennen. Die unvollständige Säule trägt das Antlitz Quetzalcóatls. Die runden Säulen sind mit feinen Reliefs von Federmustern verziert, da sie ursprünglich Säulen in Form von Schlangen waren, deren Köpfe die Basis bildeten. Bei der Zerstörung von Tollán wurden die großen Atlanten mit den zerschlagenen Säulen über eine Rampe in die Tiefe gestürzt. An den in einem abgeänderten Talud-Tablero-Stil geformten Seitenwänden kann man noch an manchen Teilen der Steilwand Friese mit eindrucksvollen Reliefs von Jaguaren und Adlern sehen, die menschliche Herzen in ihren Krallen halten und verschlingen.

Mit einem kopflosen Chac-mool

Gran Vestíbulo

In der ehemaligen **Großen Vorhalle** (Gran Vestíbulo) wurden sämtliche Säulen rekonstruiert. Reste von bemalten Reliefs, die eine Prozession von Kriegern und Priestern darstellen, kann man noch in der Nordwestecke erkennen. Rechts vom Treppenaufgang steht die Figur eines kopflosen Chac-mool.

Der »Abgebrannte Palast«

Palacio Quemado

Links vom Tempel des Morgensterns liegt das Gebäude 3, der »Abgebrannte Palast« (Palacio Quemado). Verschiedene große Räume, Säulenhallen und Höfe bildeten einst dieses Gebäude. Im mittleren Hof liegen zwei Chac-mool-Skulpturen und an seiner Nordwestecke befindet sich eine Einfassung mit bemalten Reliefs, die eine Prozession reich geschmückter Adliger zeigen.

Mit dem größten Ballspielplatz Zentralmexikos

Plaza Central

Südlich des Palasts, in der Mitte des Zentralen Platzes (Plaza Central), befindet sich auf einer quadratischen Plattform ein kleiner Altar (**Adoratorio**). Im Osten der Plaza liegt das Gebäude C (**Edificio C**), der Haupttempel (Templo Mayor). An den Stufen zur oberen Plattform wacht ein Chac-mool. Auf einer Steinplatte rechts der Treppe erkennt man die **Glyphe Venus**, eines der Symbole des Quetzalcóatl. Westlich davon kann man den größten Ballspielplatz Zentralmexikos sehen, den **Juego de Pelota No. 2** mit einer Länge von mehr als 100 m und Chac-mool-Skulpturen an beiden Seiten.

Schätze zum Abschluss

Museo

Am Eingang zur Stätte liegt das **Jorge-R.-Acosta-Museum**, in dem Steinskulpturen jeder Größe, Obsidian-Objekte und Schmuck ausgestellt sind.

★ TULUM

Bundesstaat: Quintana Roo (Q. R.) | **Höhe:** 14 m ü. d. M. | **Einwohner:** 47 000 | **Entfernung:** 320 km südöstlich von Mérida, 132 km südlich von Cancún

Am 3. Oktober 1839 stachen John Lloyd Stephens, ein US-amerikanischer Forschungsreisender, und der britische Zeichner Frederick Catherwood in New York an Bord des englischen Schiffes »Mary Ann« in See – auf zu ihrem großen zentralamerikanischen Abenteuer. Drei Jahre später kamen sie nach Tulum, der einzigen Maya-Stadt, die noch heute wunderbar idyllisch am Meer liegt.

» Die Dunkelheit, das Heulen des Windes, das Knacken der Äste im Wald und das wütende Peitschen der Wellen gegen die Felsen gaben unserer Besetzung dieses verlassenen Gebäudes eine beinahe romantische Erhabenheit. «

Als **John Lloyd Stephens** (▶ Baedeker Wissen, S. 270) seine ersten Nächte oben im Palast von Tulum verbrachte, war ihm vermutlich nicht nur rosig zumute. Die Ruinen der alten Maya-Stadt waren vom Dschungel überwuchert. Schlingpflanzen hatten sich um die alten Steine festgezurrt, Schlangen und Skorpione gehörten zu den täglichen Begleitern. Doch er blieb und forschte als Erster in der verlassenen Mayastadt. Während Stephens alle Entdeckungen ausführlich beschrieb, zeichnete **Catherwood** leidenschaftlich alle Tempel, Reliefs und Ornamente. Die beiden Bücher über ihre Reisen wurden zu Bestsellern und gaben der Maya-Forschung einen enormen Anstoß.

Ort der »Morgendämmerung«

Die Stelle, an der Tulum zu Beginn des 13. Jh.s errichtet wurde, ist eine der wenigen felsigen Abschnitte entlang der 900 km langen Küstenlinie der Halbinsel Yucatán. Die Lage wurde demnach mit Bedacht ausgewählt. Bis ins 16. Jh. wurde der Ort noch »Zamá« genannt, was so viel wie **»Morgendämmerung«** bedeutet. Von hier aus lassen sich wunderbare Sonnenaufgänge beobachten. Die Umbenennung in »Tulum« erfolgte erst später. Wie »Zamá« ist »Tulum« ein Wort des Mayathan, einer Yucatekischen Maya-Sprache, und bedeutet **»Wall«**. Und so ist Tulum auch von einer dicken Mauer geschützt, die den inneren, zeremoniellen Bereich vom Rest der Stadt abgrenzte.

In das Innere der Anlage führten fünf schmale Gewölbeeingänge. Von jedem der fünf Tore verliefen »sacbeo«, sogenannte weiße

Straßen, hinaus aufs Land. Sie verbanden die verschiedenen Maya-Zentren Yucatáns miteinander.
Als die Spanier am 8. Mai 1518 zum ersten Mal das damals noch bewohnte Tulum von ihren Schiffen aus sahen, waren sie von der Größe beeindruckt:

»
Bei Sonnenuntergang erblickten wir in der Ferne eine Stadt so groß, dass Sevilla nicht besser oder größer sein könnte, und darin sahen wir einen sehr hohen Turm.
«

Das schrieb der Seefahrer **Juan Diaz** in sein Tagebuch und meinte mit dem Turm offenbar das Castillo von Tulum.
Nach aktuellen Forschungen ging die Initiative zur Gründung Tulums von einem Ort namens Tankah aus, der 5 km weiter nördlich liegt. Hier siedelte bereits seit etwa 150 v. Chr. eine Maya-Gemeinschaft. Mit der Erbauung von Tulum wollten sie ein neues, repräsentatives und gleichzeitig gut geschütztes Zeremonialzentrum errichten. Die meisten Gebäude stammen aus der Zeit zwischen 1200 und 1450, der Maya-Postklassik.

Gang durch die Ruinenstätte

Früh da sein!

Anlage

Die Stätte ist übersichtlich und in ein bis zwei Stunden erkundet. Dennoch sollte man früh da sein, um den Touristenmassen auszuweichen. Es gibt eine Badestelle.
Wer Tulum auf eigene Faust besucht, sollte unbedingt den Eintritt zur archäologischen Stätte **erst am offiziellen Eingang zahlen**. Immer wieder kommt es vor, dass selbsternannte Fremdenführer mit »offiziellen« Ansteckschildern Touristen drastisch überhöhte Eintrittspreise nennen, um ihre Führungen (inkl. Eintritt natürlich) als »Sonderangebot« zu verkaufen.
Wer individuell durch Tulum schlendern möchte und trotzdem gute Informationen will, sollte sich die **Audioguide-App Tulum** (für iOS und Android von mundoido) vor dem Besuch auf sein Smartphone laden – ein spannender, GPS-geführter Spaziergang mit Fotos, O-Tönen und viel Atmosphäre, der die Geschichte der Maya-Stadt lebendig macht.
Tgl. 8–17 Uhr | Eintritt 90 MEX$

Traumhaft schön liegt Tulum am Karibischen Meer, damit ist es einzigartig unter den Maya-Stätten Mexikos.

Der archäologisch bedeutendste Bau in Tulum…

Templo de los Frescos

…ist der **Tempel der Fresken** (Templo de los Frescos, Gebäude 16). Er steht etwa in der Mitte des ummauerten Stadtbezirks und der Ostwestachse. Er wurde in seinen wesentlichen Teilen wahrscheinlich um das Jahr 1450 errichtet. Wie so oft bei sakralen Maya-Gebäuden wurde auch dieser Tempel im Lauf der Zeit mehrfach überbaut.

Der im Erdgeschoss liegende einzige Raum hat an der Westseite einen Eingang, der durch vier Säulen unterbrochen ist. Darüber befindet sich ein doppelter Sims, der durch Nischen in drei Abschnitte geteilt wird. In der mittleren Nische ist eine **Stuckskulptur des Herabstürzenden Gottes** angebracht. Die seitlichen Nischen sind mit anderen in Stuck modellierten Reliefs geschmückt, die sitzende Figuren mit kunstvollem Kopfschmuck zeigen. Die Ecken der Simse bilden große Flachreliefmasken; sie waren früher bemalt und stellten wahrscheinlich Itzamná dar, den alten **Himmelsgott der yukatekischen Maya**. Das Obergeschoss zeigt über der Tür eine Nische mit Resten eines Stuckreliefs, das wahrscheinlich ursprünglich den Herabstürzenden Gott verkörpert hat. Die Wand des Innenraums ist mit interessanten kodexartigen Malereien verziert, die dem Inhalt

TULUM ERLEBEN

Ecke Av. Coba y Av. Tulúm
Tel. 998 2 93 92 09
www.todotulum.com

Die Fahrt mit dem **Bus** von Cancún dauert ca. zwei Std., von Chetumal ca. vier Std. Mit dem **Auto** fährt man am besten von Cancún 131 km auf der MEX 307, von Chetumal 250 km auf der MEX 307. Von Mérida nimmt man die MEX 180, dann die Abzweigung bei Nuevo Xcan über Cobá (ca. 320 km).

CETLI €€

Das Cetli bringt außergewöhnliche Speisen, Kombinationen und Aromen auf den Tisch. Ob Fisch im Kokosmantel oder Käseauswahl an Karottenmarmelade. Ein Muss!
Carretera 109 Tulum Coba km 2,5
Tel. 984 108 06 81

DON DIEGO DE LA SELVA €€

Küchenchef Leonardo kombiniert gekonnt mexikanische und europäische Küche. Die Zutaten stammen weitestgehend aus eigenem Anbau.
Tulum Mza 24, Lote 3
Tel. 984 114 97 44

KORE TULUM RESORT & SPA €€€€

Exclusive Ferienanlage in traumhafter Lage. Nur für Erwachsene.
Carretera Tulúm-Boca Paila km 3,8
Tel. 984 1 61 00 01
www.koretulum.com

POSADA TULUM 06 €€€

Kleine, ruhig gelegene Unterkunft mit einfachen Zimmern im Stadtzentrum von Tulum. Ein schattiger Patio sorgt für Abkühlung.
Andromeda Oriente Manzana 10, Lote 17
Tel. 984 1 33 12 33
www.posada06tulum.com

nach Maya, dem Stil nach mixtekisch sind und hauptsächlich Gestalten aus der Götterwelt der Maya darstellen. Im oberen Teil sieht man zwei sich gegenüberstehende Verkörperungen des Himmelsgottes Itzamná, rechts flankiert vom Regengott Chac. Der mittlere Teil der Fresken stellt neben zwei unbekannten Figuren die Mond- und Fruchtbarkeitsgöttin Ixchel dar, die Frau des Itzamná. Im unteren Teil ist auf der rechten Seite wiederum eine Darstellung der Göttin Ixchel erkennbar, deren Basis eine Meeresszene mit stilisierten Fischen bildet. Vor dem Tempel steht auf einem Altar die 1,30 m hohe **Stele Nr. 2**, die eine Jahreszahl des nachklassischen Maya-Kalenders trägt, die als 1261 entziffert wurde.

Das auffälligste und größte Bauwerk…

Castillo (Gebäude 1)

…wird Castillo genannt; es erhebt sich an der Ostseite am Felsrand hoch über dem Meer. Eine breite Treppe führt zu einer Terrasse, auf welcher der aus zwei Räumen bestehende Tempel ruht. Vor dem Tempel steht ein Stein, der vermutlich als Altar für Menschenopfer diente. Der Eingang zum Tempel ist durch zwei Schlangensäulen unterteilt. In der Nische über der mittleren Tür sieht man eine Steinfigur, die den Herabstürzenden Gott verkörpert.

Biene, Abendstern, Sonne oder Blitz?

Templo del Dios Descendente (Tempel des Herabstürzenden Gottes)

Unmittelbar nördlich vom Castillo steht der **Tempel des Herabstürzenden Gottes** (Gebäude 5). Der Tempel wurde auf einem älteren Bauwerk errichtet. Es fällt auf, dass seine Wände sich nach unten verjüngen, eine Bauweise, die ihm eine besondere Standfestigkeit verleihen sollte. Das Gebäude besitzt nur einen einzigen Raum. Die Nische über dem Eingang enthält eine Stuckplastik des Herabstürzenden Gottes. Diese in Tulum immer wieder auftretende Gottheit trägt an den Armen und Schultern Flügel und besitzt einen Vogelschwanz. Es gibt verschiedene Deutungen dieser Figur: die herabfliegende Biene, der niedergehende Abendstern, die untergehende Sonne oder der Blitz.

Grandiose Aussichten

Weitere Gebäude

Bemerkenswert sind noch das **Gebäude 35**, das über einem kleinen Cenote erbaut wurde, und das **Gebäude 45** mit einer runden Plattform und atemberaubender Aussicht auf das Karibische Meer und das Castillo. Auf dem Gelände befindet sich auch ein **Besucherzentrum**.

Rund um Tulum

Die Strandzone

Zona Hotelera

Gleich südlich der Ruinen beginnt die Strandzone mit Hotels, Restaurants, Bars und Geschäften. Auch im modernen Ort Tulum, 5 km entfernt, gibt es davon jede Menge.

In unberührter Natur unterwegs

Naturreservat Sian Ka'an

60 km südlich von Tulum wurde 1986 ein Gebiet von über 485 000 ha als Naturreservat Sian Ka'an (**Reservación de la Biosfera Sian Ka'an**) ausgewiesen. Diese fast unberührte und weitgehend unbesiedelte Region besteht aus Lagunen, Tropenwald, Mangrovensümpfen, Palmenhainen, Marschland und Korallenriffen. Das Reservat soll nicht nur Fauna und Flora schützen, sondern auch im Einklang mit den Bewohnern eine ausgewogene Nutzung der Natur gewährleisten. Neben einer Unzahl von Fischen, Krustentieren und Muscheln leben im Reservat Krokodile, Schildkröten, Seekühe, Tapire, Affen, Kleinhirsche, Jaguare, Ozelote, Pumas und viele Vogelarten von Papageien über Pelikane bis zu Flamingos.

BADEN IN HEILIGEN QUELLEN

Im Dschungel der Halbinsel Yucatán sind sie überall zu finden: Cenotes – glasklare, mit Süßwasser gefüllte Wasserlöcher, eingewaschen ins helle Kalkgestein. Mal liegen sie unter freiem Himmel, groß, rund und tief, mal versteckt in verzweigten Höhlen, die sich teilweise unter den Häusern der Einheimischen erstrecken. Ein erfrischendes Bad in diesen heiligen Quellen der Maya ist eine mystische Erfahrung. Auch zum Tauchen und Schnorcheln bieten sich einige an wie die Gran Cenote, 5 km von nördlich von Tulum an der MEX 109 Richtung Cobá.
Info: kooxdiving.com

★★ UXMAL

Bundesstaat: Yucatán (Yuc.) | **Höhe:** 12 m ü. d. M. |
Entfernung: 80 km südlich von Mérida

N 21

Die Pyramiden von Uxmal inmitten der Puuc-Berge sind ebenso eindrucksvoll wie die Ruinen in Chichén Itzá, doch während dort Touristen aus aller Welt und fliegende Händler die Stätte zu einem Massenspektakel machen, ist man in Uxmal noch nahezu allein, besonders am Morgen. Hier können Sie die Mystik einer alten Mayastadt noch ungestört erleben.

Mystisch-mysteriöse Maya-Stätte

Der Blick von den Pyramiden über die weite Anlage von Uxmal und den immergrünen Dschungel, 80 km südlich von Mérida im Nordwesten der Halbinsel Yucatán, ist berauschend. Man kann sich gut vorstellen, wie erhaben sich die Priester hier oben gefühlt haben müssen, während sie ihre heiligen Rituale vollzogen. Unvorstellbar ist allerdings, dass über diese prächtige Stadt bisher kaum etwas bekannt ist. Doch da wenig Schriftliches hinterlassen wurde, muss die Geschichte aus archäologischen Funden bzw. über die Architektur der Bauwerke rekonstruiert werden. Fest steht, dass die Ruinen zum Höhepunkt der späten Maya-Kunst gehören. Nur eine zeitgenössische Hieroglypheninschrift gibt bisher genauere Auskunft: Demnach herrschte hier in den Jahren 890 bis 915 **Chan Chak K'ak'nal Ajaw**, der viele der heute noch sichtbaren Gebäude errichten ließ. Nach ihm endete dieser Bauboom. Offenbar schrumpfte die Bevölkerung in den nächsten Jahrhunderten, bis schließlich der Dschungel das verlassene Uxmal verschluckte. Bis heute versuchen Archäologen, der Geschichte der Stadt auf die Spur zu kommen. 1996 wurde sie von der UNESCO zum Weltkulturerbe erklärt.

Gang durch die Ruinenstätte

Die klassische Maya-Bauweise

Puuc-Stil

In Uxmal treffen Sie auf die klassische Maya-Bauweise des Puuc-Stils (700–1000). Charakteristisch sind dünne, quadratische oder gitterförmige Kalksteinverkleidungen über glatten Wänden, die den Stuck der Maya-Klassik ersetzen. Diese Ornamentik, die fast ausschließlich den oberen Teil eines Gebäudes schmückt, wird ergänzt durch Paneele von **Masken des Regengottes Chac** mit langen, gekrümmten Nasen und Schlangen mit steifen Körpern, runden Steinsäulen in den Eingängen und eingebundenen Säulen in langen Reihen.

tgl. 8–17 Uhr | 70 MEX$

Nur ein Teil der ursprünglichen Stätte

Anlage

Der freigelegte Teil hat eine Ausdehnung von 700 × 800 m. Wie bei anderen vorspanischen Stätten ist auch hier bisher lediglich ein Teil der ursprünglichen Anlage ausgegraben. Uxmal wurde nicht, wie andere Städte Yucatáns, um einen oder mehrere Cenotes angelegt, da es diese Art von natürlichen Wasserlöchern in der Gegend nicht gibt. Man behalf sich mit **Aguadas und Chultunes**, abgedichteten Erdeinbrüchen bzw. künstlich geschaffenen Zisternen, in denen das Regenwasser gesammelt wurde. Das fehlende Grundwasser verhalf dem Regengott Chac zu seiner vorherrschenden Stellung, wie man aus den Schmuckformen deutlich sehen kann. Man betritt die Anlage durch das Unidad-Uxmal-Gebäude, in dem sich ein Restaurant, ein Museum, ein Laden und das Auditorium befinden.

OBEN: Überragend: die Pyramide des Zauberers
UNTEN: In den Innenhof des Cuadrángulo de las Monjas, des Nonnenvierecks, geht es durch einen Kragbogeneingang.

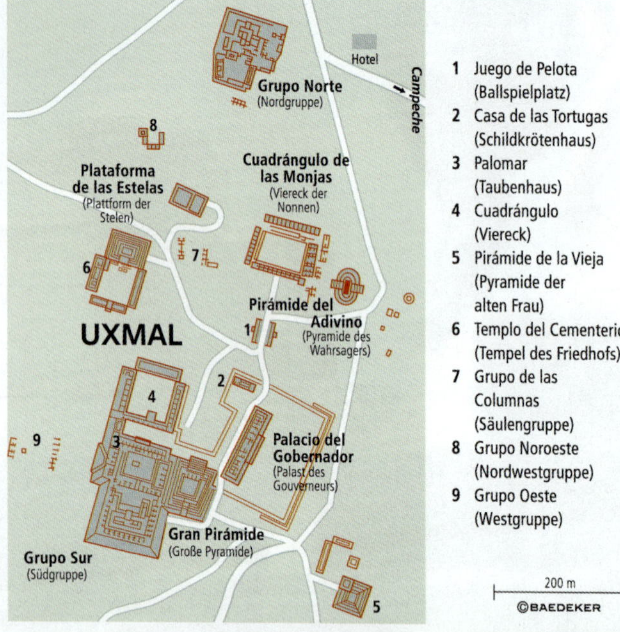

In einer Nacht erschaffen – oder in dreihundert Jahren

Pirámide del Adivino

Dem Eingang gegenüber erhebt sich das höchste Bauwerk Uxmals auf einem ovalen Fundament, die 35 m hohe **Pyramide des Wahrsagers** oder Zauberers (Pirámide del Adivino). Die Legende besagt, dass diese Pyramide von einem Zwerg mit Hilfe seiner Mutter, die eine Hexe war, in einer Nacht geschaffen worden sei. Tatsächlich enthält sie jedoch fünf übereinanderliegende Baukörper, die über einen Zeitraum von mehr als drei Jahrhunderten errichtet wurden und deutlich voneinander unterschieden werden können. Die leicht abfallenden Seiten wurden während der fünften Bauphase restauriert. Von den vorhergegangenen wurde leider alles überbaut, außer dem Eingang zum Tempel IV (**Templo Chenes**), der vom offenen Rachen einer stilisierten Maske gebildet wird. Im Gegensatz zu dem sonst in Uxmal üblichen Puuc-Stil ist dieser Tempel im **reinen Chenes-Stil** gehalten. Die Fassade des würfelförmigen Bauwerks ist völlig von **Chac-Masken und Gitterornamenten** bedeckt. Der Aufstieg auf die Pyramide ist derzeit nicht erlaubt.

Cuadrángulo de las Monjas

In den Zellen der Nonnen

Unmittelbar nordwestlich der Pyramide des Wahrsagers steht der Prachtbau **Viereck der Nonnen** (Cuadrángulo de las Monjas), dem

die Spanier wegen der zahlreichen Zellen diesen Namen gaben. Die vier lang gestreckten Gebäude, die den trapezförmigen Innenhof umschließen, stehen auf Terrassen verschiedener Höhe und sind zu unterschiedlichen Zeiten errichtet worden.
Man betritt den Innenhof durch den Kragbogeneingang am **Südbau**, dem zweitältesten Gebäude dieser Anlage. Der Bogen liegt auf einer Achse mit dem vor dem Viereck befindlichen Ballspielplatz. Rechts und links vom Mittelgang sind je acht Räume angeordnet, von denen die eine Hälfte nach außen, die andere Hälfte in den Innenhof schaut. Der Fries über den Türen stellt Skulpturen von Maya-Hütten dar.
Gegenüber erhebt sich auf einer fast 7 m hohen Plattform das älteste und bedeutendste Gebäude des Nonnenvierecks, der fast 100 m lange **Nordbau**. Die 30 m breite Treppe ist flankiert von zwei kleinen Tempeln. Der linke (westliche) wird Venustempel genannt, weil ein Motiv im Fries mit dem Planeten Venus in Verbindung gebracht wird. Es ist das einzige Gebäude von Uxmal, das auf Säulen steht. Das Nordgebäude umfasst 26 Kammern und elf Eingänge zum Innenhof. Über dem Gesims erheben sich vier Maskentürme, die jeweils vier übereinander gesetzte Chac-Masken tragen. Daneben befinden sich kleine Abbildungen von strohgedeckten Häusern und Reliefs von Affen und Schlangen.
Die drittälteste Struktur ist der **Ostbau** mit fünf Eingängen. Das Gesims besteht aus einem Schlangenornament, die Köpfe schauen an der Nordseite hervor. Darauf folgen Trapeze, in die Eulenköpfe eingefügt sind. Der jüngste Trakt, der **Westbau**, hat sieben Eingänge. Sein Fries gilt als der kunstvollste in der Puuc-Architektur. Über dem Haupteingang befindet sich ein Thron mit Baldachin, auf dem einst eine sitzende Figur (halb Mensch, halb Schildkröte) zu sehen war. Das **herrliche Paneel** zeigt abwechselnd Skulpturen von Maya-Hütten, Maskenreihen, geometrische Ornamente und mäanderförmig gerollte Schlangen. Letztere gehören zu den wenigen toltekischen Stilelementen in Uxmal und wurden erst nachträglich hinzugefügt. An den Kanten des Gebäudes befinden sich jeweils drei übereinander gesetzte Masken des Regengottes Chac.
Südlich vom Nonnenviereck erstreckt sich der **Juego de Pelota**, der Ballspielplatz. Die beiden hier gefundenen verzapften Steinringe tragen das Datum 649.

Schmückende Schildkröten

Casa de las Tortugas

Weiter südlich kommt man zum **Haus der Schildkröten** (Casa de las Tortugas), einem der in den Proportionen ausgewogensten Gebäude Uxmals. Von der Ostseite führen drei Eingänge durch das schmucklose Untergeschoss ins Innere des Hauses. Der über dem mittleren Sims verlaufende Fries besteht aus einer Reihe eng nebeneinander stehender Säulen. Seinen Namen verdankt das Gebäude den Schildkröten, die in stilisierter Form das obere Gesims schmücken.

UXMAL ERLEBEN

Uxmal ist die größte Stätte der Puuc-Route und kann in einem Tagesausflug von Mérida aus besucht werden. Mit dem Auto fahren Sie von Mérida 80 km auf der MEX 261. Alternativ dazu gibt es auch eine **Busverbindung** von Mérida (Via Ruinas, ca. 1,5 Std.).

HACIENDA OCHIL €€

Es werden klassische yucatekische Gerichte serviert, wie »Caballeros pobres«, eine in Ei ausgebackene Süßspeise. Im Museum und Shop können Sie sich die Zeit vertreiben.
an der MEX 261 (zwischen Uxmal und Mérida)
Tel. 999 9 24 74 65

PICKLED ONION €€

Ob Poc chuc, Pollo pibil oder Chaya-Soufflé – hier wird yucatekisch gekocht. Inklusive Pool!
Careterra 261, Santa Elena
Tel. 997 1 11 79 22
www.thepickledonionyucatan.com

HACIENDA UXMAL €€€

Das koloniale Hotel (73 Z.) der Familie Barbachano liegt nicht weit von der archäologischen Zone. Alle Zimmer haben Klimaanlage, Ventilator und TV.
Carretera Mérida-Campeche km 78
Tel. 997 9 76 20 11
www.mayaland.com/hacienda uxmal

HOTEL TIKI TIKI €€

Schickes Design-Hotel im Herzen der Stadt. Ein Garten mit Pool und Hängematten laden zum Entspannen ein.
Calle 6 Bis Sur S/N
Entre Av. 5 Sur y Av. 10 Sur
Tel. 984 2 65 82 06
www.hoteltikitikitulum.com

Mächtig und vollkommen

Palacio del Gobernador

Südlich anschließend erhebt sich das architektonisch vielleicht vollkommenste Gebäude des vorspanischen Amerika, der **Palast des Gouverneurs** (Palacio del Gobernador). Der auf einer riesigen Plattform und einer Terrasse liegende Palast gliedert sich in einen Hauptbau und zwei Seitenflügel, die sich an zwei gewölbte Passagen anschließen. Diese wurden später durch Querwände geschlossen.

Im Untergeschoss, dessen Fassade glatt ist, befinden sich an der Vorderseite elf Eingänge und je einer an den Seiten. Sie führen zu 24 Kammern, die alle das typische Kraggewölbe aufweisen. Über dem mittleren Sims verläuft der 3 m hohe Fries, der im oberen Teil aus einer fast durchgehenden Reihe von 103 Chac-Masken besteht. Über dem Fries verläuft eine Reihe von S-förmigen Ornamenten, die eine Schlange bilden, die wie ein Halsband einst das gesamte Gebäude umschloss. Die über dem mittleren Eingang restaurierte Figur mit einem Kopfschmuck aus Quetzal-Federn könnte einen einstigen Herrscher von Uxmal darstellen. Man schätzt, dass für diesen riesigen Mosaikfries rund 20000 behauene Steine mit einem Einzelgewicht von 20 bis 80 kg verwendet wurden. Vor dem Palast steht ein Altar, in dessen Mitte sich ein doppelköpfiger Jaguar befindet.

Einst neunstöckig

Gran Pirámide

Südwestlich vom Gouverneurspalast steht die **Große Pyramide** (Gran Pirámide), die zum Teil restauriert wurde. Das einst neunstöckige, 30 m hohe Gebäude war oben abgeflacht und trug keinen Tempel, sondern lediglich palastartige kleine Gebäude an den vier Seiten. Das oberste Stockwerk zeigt Ornamente im Puuc-Stil, darunter Masken, Papageien, Gitterwerk, Blumen und Mäander.

Wie im Taubenschlag

Palomar

Westlich steht das **Taubenhaus** (Palomar), das ähnlich wie das Nonnenhaus ein Viereck mit einem Innenhof bildet. Das Gebäude erhielt seinen Namen von der originellen Gestaltung des gezackten Dachkamms. Auf einer Säulenreihe erheben sich neun dreieckige Aufbauten mit fensterähnlichen Öffnungen, die ihnen das Aussehen eines Taubenschlags verleihen. Man nimmt an, dass dieses interessante Gebäude etwa 200 Jahre älter ist als das Nonnenviereck und der Gouverneurspalast, also wahrscheinlich zwischen 700 und 800 erbaut wurde.

Eine der ältesten Anlagen Uxmals…

Weitere Gebäude

…ist wohl die südöstlich gelegene Pyramide der Alten Frau (**Pirámide de la Vieja**). Hier soll die Mutter des Zwergs, der Uxmal regierte, gewohnt haben. Vom Gipfel dieser Pyramide lässt sich der Gouverneurspalast gut fotografieren.

Von der Pyramide der Alten Frau führt ein Pfad zu den 400 m entfernten Gebäuderesten, denen man den Namen Phallus-Tempel (**Templo de los Falos**) gegeben hat. Hier findet man eine Reihe von Steinskulpturen in Phallusform, die vermutlich als Wasserspeier dienten.

Östlich des Nonnenvierecks liegt die Friedhofsgruppe (**Grupo del Cementerio**), deren Westtempel liebevoll restauriert wurde. Die Anlage erhielt ihren Namen von den vier kleinen Plattformen, wahrscheinlich Altäre, die mit Darstellungen von Totenköpfen mit Augen und gekreuzten Knochen sowie mit Hieroglyphen bedeckt sind.

Einzigartiges Lichtspektakel

Sound-and-Light-Show

Jeden Abend wird im Nonnenviereck eine spektakuläre Sound-and-Light-Show abgehalten, bei der zu **Trommel- und Flötenmusik** markante Punkte der Stätte beleuchtet werden. Ein Sprecher erzählt die Geschichte Uxmals. Das ca. 45-minütige Spektakel wird in vier Sprachen angeboten, darunter auch auf Deutsch.

April–Okt. tgl. 20, Nov.–März 19 Uhr

Mehr Puuc-Stil...

Umgebung von Uxmaö

Etwa 15 km nordwestlich von Uxmal kann man noch weitere Kultstätten im Puuc-Stil bewundern (► Puuc-Route).

VERACRUZ

Bundesstaat: Veracruz (Ver.) | **Höhe:** 3 m ü. d. M. |
Einwohner: 406 000 | **Entfernung:** 450 km östlich von Mexiko-Stadt

O 24

Sie lieben Tanzen, Zigarren und dazu eine Brise frische Meeresluft? Dann sind Sie in Veracruz genau richtig. Denn Salsa, Puros und der Hafen bestimmen hier den Takt des Lebens. Ihre jahrhundertelange Bedeutung als Zollstation und Zentrum für das Küstengebiet am Golf von Mexiko und das tropische Hinterland bescherte der Stadt eine abwechslungsreiche Geschichte.

»La Bamba«

In Veracruz vergnügt man sich gern. Nicht nur der prächtige Karneval, der hier im Februar heiß gefeiert wird, ist berühmt. Die Jarochos – so werden die Bewohner genannt – nutzen jede Gelegenheit zur Fiesta. Dabei wird ihnen nachgesagt, ein bisschen derb (»jaroch«) zu sein. Doch das hält ja nicht vom Feiern ab, und so tummeln sich am Abend rund um den Zocalo Straßenkünstler, Musiker und Tänzer. Neben Salsa ist **der heimische Musikstil »Son Jarocho«** besonders beliebt. Zum Genre gehört das berühmte Lied »La Bamba« – ein Welthit aus Veracruz! Das Tanzbein wird gleich auf dem Hauptplatz und in den Gassen rundherum geschwungen. Mischen Sie sich einfach unter die Jarochos. Eine leckere Margarita bekommen Sie in den Restaurants, Bars und Cafés rund um die Plaza.

Vor Beginn unserer Zeitrechnung war die Gegend von Veracruz wahrscheinlich von Olmeken und später von Totonaken bewohnt. Die Hauptstadt ihres Königreichs war Zempoala, vom heutigen Veracruz etwa 40 km entfernt. Am **22. April 1519**, am Karfreitag, landete **Hernán Cortés** mit seinen Soldaten an der Küste bei La Antigua und empfing wenig später eine Abordnung des Aztekenherrschers Moctezuma. Dieser mutmaßte, dass Cortés der zurückkehrende Quetzalcóatl sei, jene sagenhafte Herrschergestalt, die etwa 530 Jahre vorher aus der Toltekenhauptstadt Tula vertrieben worden war und mit dem Versprechen der Wiederkehr über das Meer verschwand. Cortés gründete symbolisch die Stadt Villa Rica de la Veracruz (reiche Stadt des wahren Kreuzes), bevor sich die Spanier in der Nähe der Totonakenstadt Quiahuiztlán niederließen. In der Folge wechselten die Spanier mehrmals ihr Hauptquartier, bis sie 1599 La Nueva Veracruz an der Stelle der heutigen Stadt errichteten. Obwohl sie zunächst nicht wesentlich ausgebaut wurde, spielte der Hafen für den Schiffsverkehr zwischen Mexiko und Cádiz bzw. Sevilla (Spanien) eine herausragende Rolle. Gegen Ende des Unabhängigkeitskriegs besiegte hier 1821 der mexikanische General Agustín de Iturbide den letzten Vizekönig Neuspaniens, Juan O'Donojú, der anschließend im Vertrag von Córdoba nach zehnjährigem Kampf die Unabhängigkeit Mexikos anerkannte. Bis ins 20. Jh. war Veracruz immer wieder Überfällen und Besatzungen ausgesetzt.

Wohin in Veracruz?

Bezaubernder Abendbegleiter

Zócalo

Obwohl Veracruz zu den ältesten Städten Mexikos zählt, findet man dort nur wenige bedeutende Bauten im Kolonialstil. Sehenswert sind das Rathaus (**Palacio Municipal**) aus dem frühen 17. Jh., das eine interessante Fassade sowie einen stimmungsvollen Patio hat, und die Kathedrale **Nuestra Señora de la Asunción**. Beide liegen am Zócalo, auch **Plaza de Armas** genannt. Dieser von Palmen, blühenden tropischen Gewächsen und Arkaden eingerahmte Platz bildet das Zentrum des abendlichen Lebens, wo man zusammensitzt, in einem Restaurant etwas isst und den Klängen der Marimba- oder Jarocho-Spieler lauscht.

Im Acuario de Veracruz können Sie Haien, Delfinen und Barrakudas tief in die Augen – oder ins Maul – schauen.

VERACRUZ ERLEBEN

TOURISTENINFORMATION

im Palacio Municipal am Zócalo
Tel. 229 939 88 17
www.veracruz.gob.mx

Der **Flug** von Mexiko-Stadt nach Veracruz dauert ca. 45 Minuten (keine Busse ins Zentrum, daher Taxi nehmen), der **Bus** benötigt etwa fünfeinhalb Stunden. Mit dem Auto fahren Sie 424 km auf der MEX 150 bzw. MEX 190 über Puebla und Córdoba.

Veracruz steht für den verrücktesten **Karneval** zwischen Rio de Janeiro und New Orleans. Neun ganze Tage lang herrscht hier Ausnahmezustand. Viele der Karibik-Länder feiern sich jedes Jahr in den letzten beiden Juliwochen beim bunten **Festival del Caribe**.

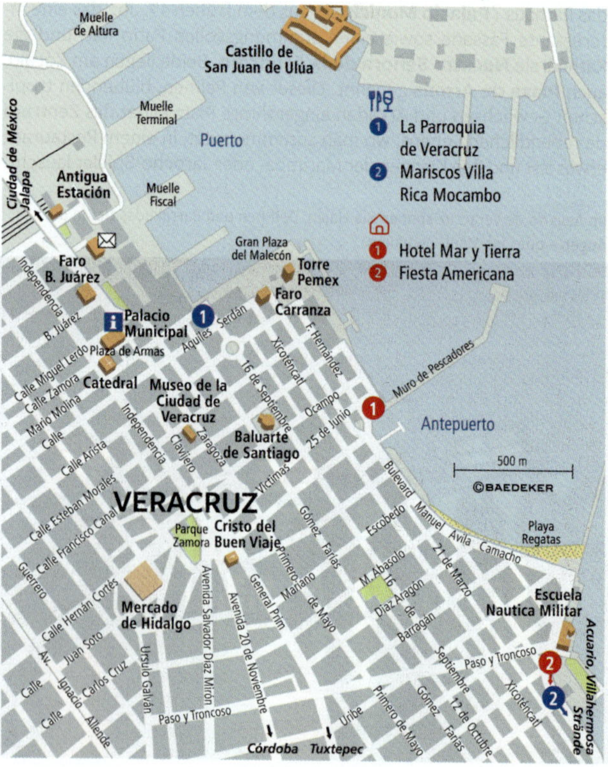

1 La Parroquia de Veracruz
2 Mariscos Villa Rica Mocambo

1 Hotel Mar y Tierra
2 Fiesta Americana

VERACRUZ
Castillo de San Juan de Ulúa
Muelle de Altura
Muelle Terminal
Muelle Fiscal
Puerto
Antepuerto
Antigua Estación
Faro B. Juárez
Palacio Municipal
Plaza de Armas
Catedral
Museo de la Ciudad de Veracruz
Baluarte de Santiago
Gran Plaza del Malecón
Torre Pemex
Faro Carranza
Muro de Pescadores
Parque Zamora
Cristo del Buen Viaje
Mercado de Hidalgo
Playa Regatas
Escuela Nautica Militar
Acuario, Villahermosa Strände
Ciudad de México Jalapa
Córdoba
Tuxtepec
500 m
©BAEDEKER

2 MARISCOS VILLA RICA MOCAMBO €€
Dieses palmengedeckte Strandlokal liegt unterhalb vom Mocambo-Hotel und ist bei den Einheimischen wegen seiner guten, regionalen Küche beliebt.
Calz. Mocambo 527
Tel. 229 9 22 21 13
www.villa-rica.com

1 LA PARROQUIA DE VERACRUZ €€
Das traditionsreiche Restaurant bietet neben Meereskost auch mexikanische Klassiker. Dazu gibt es ausgezeichneten Kaffee.
Insurgentes Veracruzanos 340
Tel. 229 932 18 55
www.laparroquiadeveracruz.com

2 FIESTA AMERICANA VERACRUZ €€€€
Das moderne Hotel (233 Z.) liegt an der Costa de Oro. Alle Zimmer haben Terrasse und Marmorbad. Es ist u. a. ein Tauchzentrum und ein Fitnessraum mit Massage vorhanden.
Blvd. Manuel A. Camacho s/n
Fraccionamiento Costa de Oro
Tel. 229 989 89 89
www.fiestamericana.com

1 HOTEL MAR Y TIERRA €€€
Am Meer gelegen und nur ca. zehn Minuten vom Zócalo entfernt (176 Z., 22 Suiten).
Capitán Pedro Sainz de Baranda s/n
Tel. 229 931 38 66
www.hotelmarytierra.com

Alte Kulturen und ein Revolutionsheld

Das **Museo de la Ciudad** zeigt archäologische Funde und Kunst der in Veracruz heimischen indigenen Kulturen der Olmeken, Totonaken und Huasteken. Ausgestellt sind ferner Gemälde, Kunsthandwerk und Fotografien aus der Geschichte der Stadt. Im **Leuchtturm Faro Carranza**, von dem aus der Revolutionsgeneral Venustiano Carranza 1914/15 die Regierungsgeschäfte führte, ist zur Erinnerung an diese Zeit das **Museo de la Revolución** mit Möbeln und Dokumenten des Revolutionshelden eingerichtet. *Museen*

Museo de la Ciudad: Calle Zaragoza 397 | Di.–So. 10–17 Uhr | Eintritt frei
Faro Carranza: Paseo del Malecón/Av. Insurgentes
Museo de la Revolución: Mo.–Sa .10–18 Uhr, So. 10–14 Uhr | Eintritt frei

Mit einem Schatz des Moctezumas?

Der Baluarte de Santiago zwischen der Avenida 16 de Septiembre und der Calle Gómez Farías ist das einzige Überbleibsel der einstigen Stadtmauer aus dem 18. Jh. und birgt das kleine historische Museum mit den berühmten **»Juwelen des Fischers«**, 35 prähispanische Schmuckstücke, die ein Fischer im Jahr 1976 fand. Noch heute wird gerätselt, ob sie zum verschwundenen Schatz des Moctezuma gehören. *Baluarte de Santiago*

Hafenidylle

Hafen

Am Malecón (Kai)kann man entlangschlendern und das Hafengeschehen beobachten. Vor dem Leuchtturm Faro Carranza wird jeden Morgen eine **Parade** abgehalten. Am Malecón de Paseo gehen einstündige Hafenrundfahrten ab.

Wahrzeichen der Stadt

Castillo de San Juan de Ulúa

Vom Hafen aus besteht die Möglichkeit zu einer **Bootsfahrt** zur großen, 1528 von den Spaniern begonnenen **Inselfestung** Castillo de San Juan de Ulúa, Wahrzeichen der Stadt. Im 19. Jh. war die Festung ein berüchtigtes Gefängnis, dessen Zellen bei Flut teilweise unter Wasser standen. Die Insel ist auch durch eine Straße mit der Stadt verbunden.

Mitten in einem modernen Einkaufszentrum...

Aquarium del Puerto de Veracruz

...liegt das von einem japanischen Architekten entworfene spektakuläre **Aquarium** (Acuario de Veracruz). Haie, Barrakudas, Schildkröten und eine beachtliche Anzahl von weiteren tropischen Meerestieren kann man dort bewundern.

Plaza Acuario Veracruzano, Blvd. M. Avila Camacho | Mo.–Do. 10–19, Fr.–So. 10–19.30 Uhr | Eintritt 170 MEX$ | www.acuariodeveracruz.com

Rund um Veracruz

Hier landete Cortés

La Antigua

Fährt man auf der Küstenstraße nach Norden, zweigt nach 25 km eine Straße zum Ort La Antigua ab. Das heutige Fischereidorf ist historisch bedeutsam durch die Tatsache, dass Hernán Cortés dort 1519 landete und vorübergehend sein Hauptquartier aufschlug. In der Bucht von Antigua verbrannte er seine Schiffe, um so den geplanten Eroberungsfeldzug unwiderruflich zu machen. Fünf Jahre später wurde an diesem Ort die spanische Hauptverwaltung eingerichtet; Reste des Forts sind heute noch sichtbar.

Der Stolz des Orts ist das einstige **Wohnhaus von Cortés**, das unter den Luftwurzeln jahrhundertealter Bäume beinahe verborgen ist. Der Boden des Hauses besteht aus Flusssteinen, die Wände wurden aus Vulkangestein, Korallen und Ziegeln gebaut, die als Ballast auf den Schiffen mitgebracht worden waren. Die Wände sind blau und rot bemalt. Die Farben stammen von Pflanzen und Läusen. Von einer kleinen weißen Kapelle heißt es, sie sei das erste Gotteshaus, das die Spanier auf mexikanischem Boden errichteten.

Letzte Hauptstadt der Totonaken

Zempoala

Folgt man der Küstenstraße noch 10 km über José Cardel hinaus, führt eine Abzweigung nach links zu dem 3 km entfernten Zempoala (**»20 Wasser«**). Dieser Ort war vom 13. Jh. bis zur Eroberung durch

Jahrhundertealte Luftwurzeln umschlingen heute die Casa de Cortés.

die Spanier die letzte Hauptstadt der Totonaken. In der zweiten Hälfte des 15. Jh.s besiegten die Azteken die Totonaken und machten sie tributpflichtig. 23 Tage nach seiner Landung in Mexiko traf Cortés am 15. Mai 1519 in Zempoala mit dem Totonaken-König Chicomacatl zusammen. Es gelang dem Konquistador, die Totonaken, die den Azteken feindlich gesinnt waren, als Verbündete zu gewinnen.

Die **Ruinenstätte** von Zempoala umfasst zehn Gruppen von Gebäuden, jedoch sind nur einige restaurierte Bauten zu besichtigen. Sie stammen aus den letzten 300 Jahren vor dem Eintreffen der Spanier. An der Nordseite des großen Platzes liegt der Haupttempel (**Templo Mayor**) oder Tempel der Dreizehn Absätze. Die Pyramide ist 11 m hoch, an der Spitze können Sie noch die Reste eines rechteckigen Tempels erkennen. Im Osten des Platzes sieht man den Tempel der Kamine (**Templo de las Chimeneas**). Eine breite Freitreppe führt auf die Spitze des sechsstöckigen Gebäudes; auf der oberen Plattform sind noch Säulenreste, die ihm den Namen gaben, zu sehen.

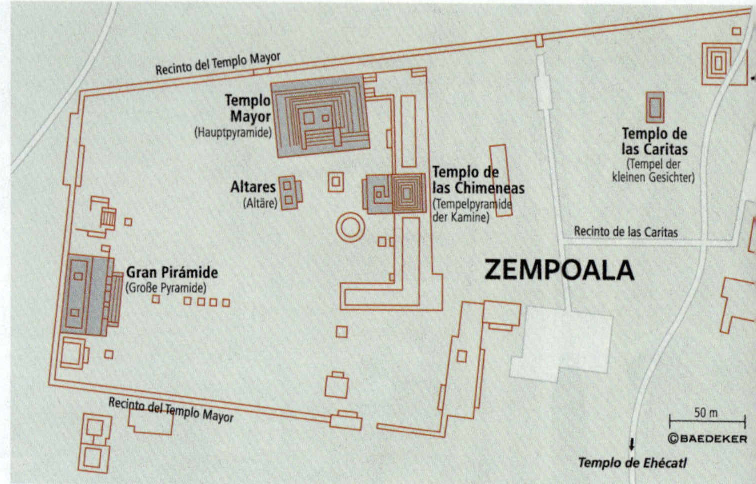

Ein später errichteter Bau ist die im Westen gelegene Große Pyramide (**Gran Pirámide**), bei der es sich um eine Reihe von übereinander geschichteten, sich verjüngenden Plattformen handelt. Östlich des Platzes steht der interessante Tempel der Kleinen Gesichter (**Templo de las Caritas**). Der Aufbau ähnelt dem der Großen Pyramide. Die in die Mauern eingelassenen Nischen enthielten einst 360 kleine Tonköpfe, von denen das Bauwerk seinen Namen hat. Am Eingang zur archäologischen Zone steht ein kleines Museum mit Funden aus der Stätte.

Tgl. 9–17 Uhr | Eintritt 70 MEX$

Inmitten üppiger Vegetation

Córdoba

Die malerische Stadt Córdoba liegt ca 115 km südwestlich von Veracruz inmitten üppiger Vegetation im **Tal des Río Seco**. In den Niederungen, in Richtung der heißen Küstenebenen, wachsen tropische Früchte, in der mittleren Zone Kaffee und Tabak, die Berghänge sind noch vielfach mit mächtigen Zedern und Nussbäumen bewaldet. Nach der gleichnamigen Stadt und maurischen Residenz in Andalusien benannt, wurde Córdoba 1618 von den Spaniern gegründet. Am 24. August 1821 unterzeichneten der General und spätere Kaiser Mexikos Agustín de Iturbide und der letzte, neu aus Spanien angekommene Vizekönig Juan O'Donojú den Vertrag von Córdoba, der die Unabhängigkeit Mexikos besiegelte. Der Vertrag wurde allerdings von Spanien zunächst nicht akzeptiert. An dem von Arkaden umgebenen Hauptplatz (**Zócalo**) steht das im klassizistischen Stil erbaute Rathaus (Palacio Municipal) und das historisch interessante Hotel Zevallos, in dem der Vertrag von Córdoba geschlossen wurde. Ein weiteres geschichtliches Wahrzeichen ist die **Casa Quemada** (verbranntes Haus) an der Ecke Calle 7/Avenida 5, wo ein kleiner Trupp mexikanischer Freiheitskämpfer den Spaniern ein letztes Gefecht zu Beginn des Unabhängigkeitskriegs lieferte. Lohnend ist ein Besuch auf dem Markt (**Mercado Juárez**) zwischen Calle 7 und 9 und Avenida 8 und 10, der vor allem samstags und sonntags großen Zulauf hat.

Karibik-Flair liegt in der Luft

Tlacotalpan

250 km südöstlich von Veracruz liegt die Kleinstadt Tlacotalpan. Sonnengelb, mintgrün, pastellrosa – jedes Haus hat eine andere Farbe, eine schöner als die andere. Hier können Sie sich leicht in Kuba wähnen. Der Stilmix aus spanischen und karibischen Traditionen ist auch der Grund, dass die Stadt zum UNESCO-Welterbe erklärt wurde. Auf dem **Río Papaloapan**, der durch den Ort fließt, können Sie Bootstouren zu den Mangroven unternehmen und danach frischen Pulpo an der Ufer-Promenade essen.

Zu Besuch beim Medizinmann

Lago de Catemaco

Der von Bergen und tropischer Vegetation eingerahmte **See von Catemaco**, 108 km von Tlacotalpan entfernt, ist ein altes Zentrum indigener Magie. Hier kann man sich spirituellen Riten unterziehen, zahlreiche Curanderos (Heiler) und Brujos (Zauberer) leben im Ort Catemaco. Viele Mexikaner kommen hierher, um sich Hilfe bei Krankheiten und Rat in Lebensfragen zu holen – nicht ohne Grund wurde hier der Film **»Medicine Man«** (1992) mit Sean Connery gedreht. Ein beliebtes Ausflugsziel im See ist die Isla Tanaxpilo oder **Isla de Changos** (Affeninsel). Auf ihr leben unter Obhut der Universität von Veracruz ursprünglich aus Thailand importierte Makaken.

★ VILLAHERMOSA

Bundesstaat: Tabasco (Tab.) | **Höhe:** 11 m ü. d. M. |
Einwohner: 834 000 | **Entfernung:** 840 km östlich von Mexiko-Stadt

P/Q 28

Villahermosa war bis vor wenigen Jahren ein verschlafener Ort in tropischer Umgebung am Río Grijalva, 50 km vom Golf von Mexiko entfernt. Nach reichen Erdölfunden wurde aus Villahermosa eine hübsche Stadt mit breit angelegten Boulevards, netten Parks und vielen kulturellen Institutionen. Der Ort wurde 1598 unter dem Namen Villa Felipe II von den Spaniern gegründet und später in Villahermosa (»schönes Dorf») umbenannt.

Es gibt hier nur wenige historische Gebäude, jedoch zwei der interessantesten Museen Mexikos: das **archäologische Freilichtmuseum La Venta** und das **Museo Regional de Antropología**. Empfehlenswert ist auch ein kurzer Trip zu den Ruinen von Comalcalco.

Wohin in Villahermosa?

Monumentale Steinkolosse

★ Parque-Museo de La Venta

Das **Freilichtmuseum** Parque-Museo de La Venta liegt am Südwestufer der Laguna de las Ilusiones. In diesem tropischen Park wurden **monumentale Funde der Olmekenkultur** (▶ S. 418), die von 1200 bis 400 v. Chr. ihre Blütezeit hatte, aufgestellt, darunter Altäre, Stelen, Tierskulpturen und die berühmten **Kolossalköpfe aus La Venta**. Schon mehrere Steinskulpturen wurden durch Reproduktionen aus Kunststoff ersetzt, um die Originale vor den Witterungseinflüssen zu schützen. Die ursprünglichen Fundorte liegen teilweise noch in unzugänglichen Sumpfgebieten der Bundesstaaten Tabasco und Veracruz.
Av. Ruíz Cortines | tgl. 8–16 Uhr | Eintritt 44 MEX$

VILLAHERMOSA ERLEBEN

TOURISTENINFORMATION

Secretaría de Turismo
Paseo Usumacinta 1504
Tel. 993 1 87 13 00
www.tabasco.gob.mx
Auskunftsstellen auch im Busterminal 1. Klasse und am Flughafen

Von Mexiko-Stadt fliegen Sie in ca. 75 Minuten nach Villahermosa, mit dem **Bus** benötigen Sie etwa zehn bis zwölf Stunden.

LOS TULIPANES €€€€

Das Los Tulipanes bietet neben einem schönen Blick auf den Fluss und einem reichhaltigem Frühstücksbuffet auch regionale Küche.
Perif. Carlos Pellicer Cámara 511
Tel. 9933129217
www.restaurantelostulipanes.com

MARISCOS LA LUPITA €€

Von Eintopf bis zur Pizza – alles wird mit frischen Meeresfrüchten zubereitet und schmeckt klasse!
Buenavista 202
Tel. 993 3 54 32 54

HOTEL CALINDA VIVA VILLAHERMOSA €€€

Das Hotel (241 Z.) mit einem gepflegten Garten, in dem Pfauen herumspazieren hat Zimmer mit Klimaanlage, TV und kleinem Balkon, Fitnesszentrum mit Dampfbad, Sauna und Massage.
Av. Ruíz Cortines y
Paseo Tabasco
Tel. 9933136012
www.hotelviva.com.mx

Einer der kolossalen Olmekenköpfe im Parque Museo de La Venta

Interessante Einblicke in die prähispanischen Kulturen

Im Kulturkomplex CICOM (Centro de Investigaciones de las Culturas Maya y Olmeca) am Westufer des Río Grijalva befindet sich das **Regionalmuseum der Anthropologie**, benannt nach dem Dichter, Sammler und Museumsgründer **Carlos Pellicer** (1897–1977). Der Rundgang beginnt im zweiten Stock mit einer Übersicht über die prähispanischen Kulturen, veranschaulicht durch Steinmasken und Keramik aus Teotihuacán, Keramikurnen und -köpfe der Zapoteken und Totonaken und aztekische Steinplastiken. Der **erste Stock** beschäftigt sich mit den Olmeken und Maya und zeigt außergewöhnliche Tonfiguren der Maya aus Jaína und olmekische Jade aus La Venta. Im **Hochparterre** werden ausgesuchte Funde dieser beiden Kulturen besonders präsentiert. Monumentalstücke der Olmeken und Maya kann man im **Erdgeschoss** bewundern.

★ Museo Regional de Antropología

Periférico Carlos Pellicer Cámara 511 | Di.–Fr. 9–17 Uhr, Sa.–So. 9–19 Uhr | Eintritt 28 MEX$

Rund um Villahermosa

Die westlichste aller Maya-Stätten

Comalcalco

Von Villahermosa sind es 52 km über Nacajuca oder 82 km auf der MEX 180 und der MEX 187 über Cárdenas bis zur Ortschaft Comalcalco.

Nur 5 km nordöstlich der Stadt liegt die archäologische Stätte Comalcalco, die westlichste aller bedeutenden Maya-Stätten. Sie stammt aus der **späten Maya-Klassik** (600–900) und hatte wahrscheinlich ihre Blütezeit im 8. Jahrhundert. Die Tempelanlage, die Ausführung der Stuckdekoration sowie die Ornamentik des vorgefundenen Grabmals haben eine gewisse Ähnlichkeit mit der Kunst von Palenque. In Ermangelung von Stein und wegen der Nähe zum Meer wurden abgeflachte gebrannte Ziegel und Mörtel aus zerstoßenen Muscheln benutzt, was in der Maya-Klassik einzigartig ist. An der Westseite des Nordplatzes (**Plaza Norte**) steht der Tempel I, eine mehrgeschossige Pyramide mit Resten eines Tempels auf der Spitze. Im Süden der Stätte schließt eine große Plattform, die Akropolis, den Platz gleichen Namens ein (**Plaza de la Acrópolis**). Auf der Plattform stehen zwei kleine Tempel und ein als Palast (Palacio) bezeichnetes Gebäude. Unweit davon wurde das Grab der Neun Herren der Nacht entdeckt (Tumba de los Nueve Señores de la Noche). Neun Stuckreliefs, drei an jeder Seite der Grabwände, stellen wohl die neun Herrscher der Unterwelt dar. Die Figuren waren einst rot bemalt und zeigen nur teilweise klassische Maya-Züge. Grabungen förderten 1993 eine in der Region bisher einzigartige Abwasseranlage aus Tonröhren zutage. Ein **Museum** am Eingang zeigt Skulpturen und Schnitzereien von Menschenköpfen, Gottheiten, Glyphen und Tieren.

Tgl. 9–16 Uhr | Eintritt 75 MEX$

★★ XALAPA

Bundesstaat: Veracruz (Ver.) | **Höhe:** 1226 m ü. d. M. | **Einwohner:** 488 000 | **Entfernung:** 315 km östl. von Mexiko-Stadt

O 24

Nicht Veracruz ist die Hauptstadt des gleichnamigen Bundesstaates, sondern Xalapa (ehemals Jalapa). In der quirligen Universitätsstadt ist immer etwas los. Und woran erinnert Sie der Name? Genau: Der Jalapeño, wohl eine der bekanntesten Chilipflanzen, wurde nach der Stadt benannt.

Namensgeber des Jalapeño

Früher wurde der Jalapeño rund um Xalapa angebaut, denn die Bedingungen sind hier günstig. Grund ist das Wetterphänomen »**chipichipi**«, das die Stadt regelmäßig in einen dichten Nebel aus feinstem Sprühregen hüllt. Warme Meeresluft vom Golf von Mexiko trifft auf die kalte Luft der Vulkane und Berge, die rund um Xalapa emporragen, wie der Cerro de Macuiltepec. Feuchtigkeit liegt also immer in der Luft. Heute wird die scharfe grüne Schote allerdings in anderen Gegenden Mexikos kultiviert. Sollten Sie an solch einem »chipi-

XALAPA ERLEBEN

TOURISTENINFORMATION
Parque Juárez (unter den Arkaden
des Palacio Municipal)
Tel. 228 8 42 12 00
www.xalapaveracruz.mx

Mit dem **Auto** geht es von Mexiko-Stadt auf der MEX 140 nach Xalapa (315 km), von Veracruz auf der MEX 180 bzw. MEX 140 (120 km). **Busse** fahren sowohl von Mexiko-Stadt als auch von Veracruz.

Inmitten von Kaffeeplantagen und Orchideengärten, etwa 15 km südlich von Xalapa, liegt der reizvolle Ort **Coatepec**. Die Plaza ist umrahmt von gemütlichen **Kaffeehäusern**, aus denen es köstlich duftet, und **Ständen**, an denen Sie Kaffeelikör kaufen können.

POSADA COATEPEC €€€€
Geschmackvoll eingerichtetes Hotel im früheren Haus der Familie Fernández aus dem 19. Jahrhundert. Alle 24 Zimmer sind Suiten und umrahmen den Patio. Die Posada liegt im Kaffee-Anbaugebiet von Veracruz und kann als Basis für Ausflüge in die Umgebung dienen.
Calle Hidalgo 9/Ecke Aldama
Coatepec (10 Min. von Xalapa)
Tel. 228 8 16 05 44
www.posadacoatepec.com.mx

LA CASONA DEL BEATERIO €€
Man kann im Patio oder in den Räumen das koloniale Ambiente genießen. Die Küche ist traditionell-regional. An manchen Tagen gibt es abends Livemusik.
Calle Ignacio Zaragoza 20
Tel. 228 8 18 21 19

chipi«-Tag in Xalapa sein, gibt es genügend Museen und Cafés, um dem Nebel zu entgehen.

Als Cortés 1519 auf seinem Weg nach Mexiko-Stadt durch Xalapa kam, war es ein unter dem Einfluss der Azteken stehende, wohlhabende Siedlung. Nach der Eroberung Mexikos wurde Xalapa in der Kolonialzeit berühmt durch die bedeutende jährliche Messe, auf der die Waren verkauft wurden, die mit den zurückkehrenden Silberschiffen aus Spanien ins Land kamen. Lediglich 120 km von Veracruz und ca. 300 km von Mexiko-Stadt entfernt, war Xalapa auch eine wichtige Postkutschenstation.

Wohin in Xalapa?

Farbenfrohe Häuser, üppige Gärten

Ortsbild

Aus spanischer Zeit stammen die **engen Gassen und Straßen** mit ihren farbenfrohen Häusern und üppigen Gärten, die einen starken

In einem Glaskasten im Anthropologischen Museum gut geschützt, gibt diese Terrakottafigur aus El Zapotal durchaus Rätsel auf.

Kontrast zu den breiten Avenidas der neueren Stadtteile bilden. Bedeutende Kolonialbauten gibt es wenige; erwähnenswert ist die Ende des 18. Jh.s erbaute, mächtige Kathedrale schräg gegenüber vom Parque Juárez. Auf dessen anderer Seite steht der helle Regierungspalast (**Palacio del Gobierno**), der in seinem Inneren interessante Fresken zeigt. Anziehend ist auch der **Parque Hidalgo** (Paseo de los Berros). Einige Häuserblocks östlich davon liegen das Reserva Natural EL Tejar und die Universität (**Universidad de Xalapa**), die für ausländische Studierende Sommerkurse anbietet.

Eines der beiden bedeutendsten Museen seiner Art in Mexiko

Museo de Antropología

Im Nordwesten der Stadt, an der Ausfallstraße nach Mexiko-Stadt, liegt das **Anthropologische Museum**. Zusammen mit dem Anthropologischen Museum von Mexiko-Stadt gilt es als das bedeutendste und attraktivste des Landes. Die drei Atrien und sechs Säle des Museums werden durch eine ausgedehnte Orientierungshalle mit Schautafeln, Modellen und Vergleichsstücken verbunden. Die meisten der 3000 Exponate entstammen den prähispanischen Golfkulturen der Olmeken, Huasteken, Remojadas und Totonaken.

Im Park stehen aus Basalt gehauene **olmekische Kolossalköpfe**, die von ihrem Fundort San Lorenzo hierher gebracht wurden. Unter ihnen sticht besonders der Kopf Nr. 8 hervor. Im Unterschied zu den anderen weist er leicht geöffnete Lippen auf und ist nicht rituell verstümmelt. Zu weiteren eindrucksvollen Steinplastiken der Olmeken wie Altären und Stelen gesellen sich lebensgroße Tonfiguren (600–900 n. Chr.), die erst 1986 in El Zapotal westlich von Alvarado gefunden wurden. Das Museum beherbergt auch die **größte Sammlung der mit dem Ballspiel verbundenen steinernen Kultgegenstände** (Joche, Äxte und Palmen) sowie der **»lachenden Gesichter«**, der Terrakottaskulpturen der Remojadas-Kultur vom Mittleren Golf. Neu hinzugekommen sind Teile einer vielfarbigen Wandmalerei aus Las Higueras (600–900 n. Chr.), wahrscheinlich einst eine Satellitenstadt des großen El Tajín. Ethnologische Sammlungen zu den Stämmen der Umgebung runden das Gesamtbild ab.

Di.–So. 9–17 Uhr | Eintritt 60 MEX$ | www.uv.mx

Kunsthandwerk und schöne Aussichten

Parks

Südlich des **Parque Juárez** dehnt sich der **Parque Paseo de los Lagos** um einen See herum aus. In seinem nördlichen Teil kann man in der Casa de Artesanías Kunsthandwerk der Gegend sehen und kaufen. Nördlich der Stadt erstreckt sich der **Parque Ecológico Macuiltépetl** auf der höchstgelegenen Stelle Xalapas, einem alten, mittlerweile bewaldeten Vulkan. Einige Pfade winden sich bis zu seinem Gipfel, von dem man eine wunderbare Aussicht hat. Sehr schön ist außerdem noch der **Jardín Botánico Clavijero** im Südwesten der Stadt.

ZACATECAS

Bundesstaat: Zacatecas (Zac.) | **Höhe:** 2496 m ü. d. M. | **Einwohner:** 139 000 | **Entfernung:** 130 km nördl. von Aguascalientes, ca. 600 km von Mexiko-Stadt

L 18

Die Vegetation schwindet, die Kakteen zeigen überall ihre stachelige Haut – das nördliche Mexiko ist deutlich spürbar. Umgeben von einer durch Berge unterbrochenen Hochebene liegt die Königin der Silberstädte in einer engen Schlucht. Seit dem 16. Jahrhundert wird das Edelmetall in Zacatecas abgebaut. Erkunden Sie die Stadt ober- und unterirdisch!

23. Juni 1914: **General Pancho Villa** hat soeben die größte Schlacht der Mexikanischen Revolution für sich und die Rebellen entschieden und damit Präsident Victoriano Huerta gestürzt. Die Hügel in der Stadt und in ihrer Umgebung boten dem gewieften Freiheitskämpfer das perfekte Terrain. Hier gründeten die Spanier kurz nach den üppi-

gen Silberfunden im Jahr 1546 die Silberstadt und mehrten ihren Reichtum beträchtlich. Reich und schön, wurde Zacatecas (»Land, wo Zacate-Gras wachst«) zu einem **Verkehrsknotenpunkt der Eisenbahn**, die seit den 1880er-Jahren den Norden Mexikos mit dem Süden verband. Die vielen Kolonialgebäude brachten Zacatecas 1993 schließlich die Auszeichnung als UNESCO-Weltkulturerbe ein.

Wohin in Zacatecas?

Catedral

Perfektes Beispiel für den mexikanischen Churriguerismus An der Plaza Hidalgo steht die prächtige **Kathedrale**. Der Bau wurde an der Stelle einer Kirche 1612 begonnen, erhielt aber seine heutige Form großteils zwischen den Jahren 1730 und 1760. Die überaus reich geschmückte **Fassade** ist typisch für die Formenvielfalt des spanisch-mexikanischen Barock. Sie zeigt eine Darstellung Christi mit den zwölf Aposteln, vier Kirchenväter um das Chorfenster sowie am oberen Teil Gottvater, umgeben von acht musizierenden Engeln. Die Darstellungen vermischen romanische Elemente mit Motiven des indigenen Weltbilds. Das karge **Innere**, vorwiegend im neoklassizistischen Stil gehalten, ist enttäuschend, denn die einst ungewöhnlich reiche Ausstattung (Gegenstände aus Gold und Silber, europäische Gemälde u. a.) ist während des Reformkriegs und der Revolutionswirren abhanden gekommen. Dafür gibt es ein modernes Highlight: Der 2010 enthüllte große **Altar** ist ein Werk des berühmten mexikanischen Künstlers Javier Marín. Vor einem Hintergrund aus goldenen Blöcken zeigt er zehn Bronzefiguren und eine Christusskulptur.

Die Geschichte des Bundesstaates in Bildern

Palacio de Gobierno

An der Ostseite der Plaza Hidalgo befindet sich der **Regierungspalast** (Palacio de Gobierno), ein Palais aus dem 18. Jh. mit hübschen schmiedeeisernen Balkonen. In seinem Haupttreppenhaus ist oben ein Wandgemälde von Antonio Rodríguez (1970) zu sehen, das die Geschichte des Bundesstaates Zacatecas zeigt.

Sitz diverser Regierungsbüros

Palacio de la Mala Noche

Der imposante weiße Palacio de la Mala Noche an der westlichen Seite ist heute Sitz verschiedener Regierungsbüros. Ursprünglich wurde er Ende des 18. Jh.s für den Besitzer der Mine Mala Noche in der Nähe der Stadt gebaut.

Shoppen und schlemmen

Mercado González Ortega

Südlich der Kathedrale können Sie das gusseiserne einstige **Marktgebäude** (1880) sehen. In den 1980er-Jahren wurde das obere Stockwerk, das man über die Hidalgo erreicht, zur Ladengalerie mit Restaurants umgebaut.

ZACATECAS ERLEBEN

Avenida Hidalgo 403, 1. Stock
Tel. 4929244047
www.zacatecastravel.com

ANREISE

Der **Flug** von Mexiko-Stadt nach Zacatecas dauert ca. eine Std., die **Busfahrt** ungefähr sieben Std. Mit dem **Auto** sollte man die MEX 75 D und die MEX 45 über León, Querétaro und Aguascalientes (613 km) nehmen.

In der **Osterwoche** findet eine internationale Kulturwoche statt. Zum Jahrestag der Gründung von Zacatecas, dem Freitag vor dem 8. September, beginnt eine zweiwöchige Messe, während der u. a auch **Sportbegegnungen** und **Konzerte** stattfinden.

LOS DORADOS DE VILLA €€

Das mit Erinnerungsstücken aus dem Unabhängigkeitskrieg geschmückte Lokal liegt etwas versteckt an einem kleinen Platz neben dem Ex-Convento San Francisco und serviert einfache, aber gute mexikanische Gerichte.
Plazuela de García 1312
Tel. 492925722

MESÓN DE JOBITO €€€

Die Wohnanlage (31 Z.) aus dem 19. Jh. liegt ein paar Blocks von der Kathedrale entfernt an einer kleinen Plaza.
Jardín de la Madre 108
Tel. 4929241722
www.mesondejobito.com

Museo Pedro Coronel

Kunst vieler Kontinente

Im ehemaligen Jesuitenkolleg ist heute das Museo Pedro Coronel untergebracht. Pedro Coronel (1923–1985) war ein Künstler aus Zacatecas, der seiner Heimatstadt neben eigenen Arbeiten eine **äußerst bemerkenswerte Kunstsammlung** hinterlassen hat, u. a. prähispanische, europäische, afrikanische und asiatische Kunst. Dazu gehören auch Werke von Goya, Picasso, Chagall, Kandinsky und Miró.
Plazuela de Santo Domingo s/n | Di.–So. 11–17 Uhr | Eintritt 30 MEX$

Museo Zacatecano

Einst zweitgrößte Münze Mexikos

Etwa 150 m südlich von der Plazuela de Santo Domingo entfernt liegt die Casa de la Moneda, im 19. Jh. die zweitgrößte Münze Mexikos. Inzwischen beherbergt sie das Museo Zacatecano, das vor allem Exponate zur Kultur der indigenen Huichol zeigt.
Ignacio Hierro 301 | Mi.–Mo. 10–17 Uhr | Eintritt 30 MEX$

San Agustín

Prunkvoller Sakralbau

Etwa 100 m weiter südlich besticht der einst prunkvollste Sakralbau von Zacatecas – obwohl größtenteils verfallen – durch ein **plateresskes Seitenportal**, dessen Ausarbeitung die Bekehrung des heiligen Augustín darstellt und zu den schönsten des Landes gehört. Während der antiklerikalen Phase im 19. Jh. wurde die Kirche, die im 17. Jh. von Augustinermönchen erbaut worden war, als Kasino genutzt. 1882 wurde sie schließlich von amerikanischen Presbyterianern erworben und als »zu katholisch« erachtet, deshalb wurde ihre Fassade einfach durch eine weiße Mauer ersetzt.

Tod und Elend gegen Silber

Mina El Edén

Nordwestlich vom Stadtzentrum gibt der Besuch der Mine El Edén, die per Minenbahn befahren werden kann, einen Einblick in die harte und oft unmenschliche Arbeit in den Silberminen. Indígenas, darunter auch viele Kinder, wurden dazu versklavt. Es ist überliefert, dass täglich bis zu fünf von ihnen an Unfällen oder Krankheiten starben. El Edén wurde von 1586 bis in die 1950er-Jahre betrieben.

Calle Antonio Doval | Führung tgl. 10–18 Uhr alle 15 Min. | Eintritt 150 MEX$ | www.minaeleden.com.mx

Ein Wahrzeichen der Stadt…

Cerro de la Bufa

…ist der 4 km vom Stadtzentrum entfernte Cerro de la Bufa (2700 m), auf dem sich die **Capilla de los Remedios** befindet. Die Anhöhe bietet eine schöne Aussicht und kann mit der Seilbahn (**Teleférico**) erreicht werden. Wenn Sie von der El-Edén-Mine nach links gehen, kommen Sie nach kurzer Zeit zur Station Cerro del Grillo, wo die Seilbahn startet.
Auf dem Berg können Sie das **Museo de la Toma de Zacatecas** (Museum der Einnahme von Zacatecas) besuchen, das Bilder und Dokumente der Schlacht von 1914 enthält. Damals schlug die División del Norte unter Pancho Villa und Felipe Ángeles die Truppen von Präsident Victoriano Huerta. Die Revolutionäre erlangten so die Kontrolle über Zacatecas, der ersten Etappe auf dem Weg nach Mexiko-Stadt. Neben dem Museum steht die **Capilla de la Virgen del Patrocinio** (18. Jh.), die nach der Schutzheiligen der Minenleute benannt ist. Über dem Altar kann man die Jungfrau sehen, von der man sagt, ihr Bildnis könne die Kranken heilen. Viele Gläubige pilgern das ganze Jahr über hierher, vor allem aber während der Zeit um den 8. September, wenn das Bild zur Kathedrale gebracht wird. Drei beeindruckende **Reiterstatuen**, die die Helden der Schlacht um Zacatecas (Villa, Ángeles und Pánfilo Natera) zeigen, wurden östlich der Kapelle und des Museums aufgestellt. Hinter ihnen führt ein Pfad auf den felsigen Gipfel von La Bufa. Von hier aus haben Sie einen grandiosen Ausblick auf die Stadt und die weitere Umgebung. Das metallene Kreuz ist bei Nacht erleuchtet. Rechts von den Statuen weist ein Weg zum **Mausoleo de los Hombres Ilustres de Zacatecas** mit Gräbern von Helden der Stadt von 1841 bis heute. Neben der Seilbahn führt auch ein Pfad in die Stadt zurück; er beginnt bei den Statuen.

Museo Rafael Coronel

Die private Sammlung der Familie Coronel

Das Museo Rafael Coronel ist in einem Teil der frühbarocken Klosterruine von San Francisco im Norden Zacatecas' untergebracht. Rafael

Coronel war der Bruder des bereits erwähnten Pedro Coronel und der Schwiegersohn Diego Riveras. Dem Museum gehören ca. 10 000 hauptsächlich **prähispanische Masken** aus ganz Mexiko, die man bei traditionellen Tänzen und Riten trug. Zu den ausgestellten Objekten gehören auch eine Marionettensammlung sowie Zeichnungen und Skizzen Riveras.
Buslinie 5 oder 8 | Do.-Di. 11-17 Uhr | Eintritt 30 MEX$

Werke eines Chronisten des Revolutionskrieges

Museo Francisco Goitia

In der früheren Casa del Pueblo, unweit der Reste des alten Aquädukts, sollte man das Museo Francisco Goitia besichtigen. In dem neoklassizistischen Gebäude sind die Werke des aus Fresnillo stammenden Expressionisten und Chronisten des Revolutionskrieges **Francisco Goitia** (1884–1960) sowie Werke zeitgenössischer mexikanischer Maler ausgestellt.
Calle Enrique Estrada 102 | Di.-So. 10-17 Uhr | Eintritt 30 MEX$

Rund um Zacatecas

Mit einzigartiger Ausstattung

Museo y Templo de Guadalupe

Etwa 7 km östlich liegt an der MEX 45 die Ortschaft Guadalupe, die wegen ihres Klosters bekannt geworden ist. Das Kloster Nuestra Señora de Guadalupe wurde 1707 von den Franziskanern gegründet. Es enthält eine Sammlung wertvoller Gemälde aus der Kolonialzeit. Die 1721 geweihte Klosterkirche hat eine **interessante barocke Fassade**. Im Kircheninnern ist die neoklassizistische **Capilla de la Purísima** (oder Capilla de Nápoles, 19. Jh.) reich mit Blattgold dekoriert und wertvollen Gemälden ausgestattet, die kostbarste ihrer Art in Mexiko. Einzigartig ist der aus Mesquite-Holz gefertigte **Parkettfußboden**, in den eine kunstvoll gearbeitete und fantasievolle Kombination aus Windrose, Tierkreiszeichen und Heiliger Schrift eingelegt ist.

Die »sieben Höhlen«

La Quemada

Etwa 53 km südlich von Zacatecas liegt an der MEX 54 die **Ruinenstätte** La Quemada oder Chicomóztoc (sieben Höhlen). Dieses sich über einen großen Hügel erstreckende Kultzentrum hatte seine Blütezeit von 700–1100 n. Chr. Schon früh lebte La Quemada vom regionalen Handel, doch man kann auch an den starken Rauchspuren erkennen, dass das Ende der Stadt wohl ein gewaltsames war. Eine Legende der Ureinwohner berichtet von der Zerstörung einer Stadt in dieser Gegend, nachdem sie versucht hatte, den Peyotlhandel an sich zu reißen. Die vorwiegend aus Steinplatten und Adobe-Ziegeln errichteten Bauten liegen über einen Bergrücken verteilt.
Tgl. 9-18 Uhr | Eintritt 75 MEX$

H

HINTER-GRUND

Direkt, erstaunlich, fundiert

Unsere Hintergrundinformationen beantworten (fast) alle Ihre Fragen zu Mexiko.

Volkstänze gehören in Mexiko zu den Fiestas wie der Sombrero zum Mariachi. ▶

DAS LAND UND SEINE MENSCHEN

Mexiko – allein der Name zaubert Bilder herbei: Traumstrände, fesselnde Ausgrabungsstätten, bunte Folklore, pure Lebensfreude, riesige Kakteen und tropische Wälder. Tatsächlich können Sie in Mexiko dies alles erleben. Entdecken Sie die Faszination der Geschichte, der Landschaften und der indigenen Kultur ebenso wie die Realitäten des modernen Mexikos!

Ein Bild von einem Land

Geschichtliche Hypothek

Die ersten europäischen Reisenden, die nach Mexiko kamen, waren spanische Eroberer. Sie suchten Reichtum und fanden Hochkulturen, denen sie mit Unverständnis begegneten. Ihr Drang nach Geld und Macht ließ sie innerhalb kurzer Zeit all das vernichten, was Generationen über Jahrhunderte entwickelt hatten. Heute noch trägt Mexiko schwer an dieser geschichtlichen Hypothek, ist sich jedoch seiner historischen Schätze bewusst: Nicht zuletzt wegen der einmaligen Zeugnisse der **Maya und Azteken** strömen heute die Besucher ins Land.

Palmen und Pyramiden

Das Schöne an Mexiko: Seine Geschichte ist tatsächlich erlebbar. Sie können Pyramiden besteigen und erfahren, wie durch **Ausgrabungen** eine zeitliche Ebene nach der anderen freigelegt wird. In den Dörfern der Ureinwohner erleben Sie, wie nach uralter **Handwerkstradition** wahre Alltagskunst entsteht und wie köstlich **traditionelle Gerichte** schmecken.
In den südlichen Landesteilen liegen Kultur und Erholung nah beisammen: **Bade- und Tauchparadiese** erstrecken sich entlang der Küsten, und wer morgens noch Pyramiden bewunderte, speist abends unter Palmen.

Kakteen und Sombreros

Mit dem kleinen grünen Kaktus vom heimischen Fensterbrett haben die rund 4000 mexikanischen Kakteenarten kaum etwas gemeinsam. In Nordmexiko gibt es imposante Giganten und ganze Kakteenwälder. Überall lässt sich hier Interessantes entdecken: **Überlebenskünstler aus der Tier- und Pflanzenwelt**, die Schönheit blühender Wüsten oder leckere frische Kaktusfeigen. Man könnte glauben, dass der **Sombrero** der passende Sonnenschutz für diese Region wäre. Doch erst Hollywood machte den Sombrero der Mariachis dann zum Synonym für Mexiko. Im Alltag sind kleinere Hüte gängig, die ebenfalls Sombreros heißen.

¡SALUD! IN DER CANTINA

»Aiaiaiii« hallt es durch den schummrigen Raum, und die Mexikaner jaulen zur Musik aus der Jukebox. Bier und Tequila fließen in rauen Mengen. Fast jeder Stuhl ist besetzt, und schon wieder schwingt die Flügeltür auf. Ein Abend in einer mexikanischen Cantina gehört einfach zu Mexiko. Auch Frauen können heutzutage hinein. Wenn zum Bier und den dazu gereichten scharfen Knabbereien ein Klassiker wie »La Llorona« gespielt wird, sind Sie mittendrin im mexikanischen Lebensgefühl!

Heimat für Millionen

Beim Landeanflug auf den Flughafen von Mexiko-Stadt wird es oft still: Für viele Reisende ist der Blick aus dem Flugzeug auf die schier grenzenlose Hauptstadt der erste Eindruck von Mexiko. In dieser Megatown gibt es nichts, was es nicht gäbe: **Mexiko-Stadt** ist sowohl Wirtschafts-, Handels- und Verwaltungszentrum, Verkehrsknotenpunkt als auch Sitz der bedeutendsten Bildungs- und Kulturinstitutionen. Es gibt Villenviertel und Slums, Museen, Theater und Straßenkleinkunst, Luxusrestaurants und mobile Imbissstände und, und, und. Mexiko-Stadt bietet für jeden das Richtige, man muss es nur entdecken.

Bunt und scharf

Nicht nur Tequila ist Kult auf der ganzen Welt, auch die **mexikanische Küche** hat sich ihren Platz erobert: Sie gilt als besonders kreativ und vielfältig. Kein Wunder bei dem Reichtum an frischen Gemüse- und Obstsorten. Ohne Mais, Bohnen und Chilis geht jedoch nichts. Besonders sind die Gerichte in der Tradition der Maya und Azteken.

Ebenso bunt wie das Treiben auf den Märkten ist die **Volkskunst** des Landes. Ob Silberschmiedekunst, Keramiken, Blech- und Flechtarbeiten oder Stoffe und Stickereien – in allen Regionen wird Kunsthandwerk meist von höchster Qualität hergestellt.

Landschaften

Ein Blick in die Erdgeschichte

Sozusagen als südliche Fortsetzung der nordamerikanischen Rocky Mountains bzw. der Basin and Range Province wuchsen die Hauptstränge der Sierra Madre Occidental (Westliche Sierra Madre) und der Sierra Madre Oriental (Östliche Sierra Madre) im Tertiär heran, begleitet von schweren Erdbeben und heftigen **Vulkanausbrüchen**. Erst vor 5 bis 2 Mio. Jahren bildete sich der Isthmus von Tehuantepec, der nun Nord- mit Südamerika verbindet.
Mexikos Erde ist bislang nicht zur Ruhe gekommen. Der Grund dafür sind anhaltende **Bewegungen einzelner Platten der Erdkruste**. So schiebt sich beispielsweise die im östlichen pazifischen Raum befind-

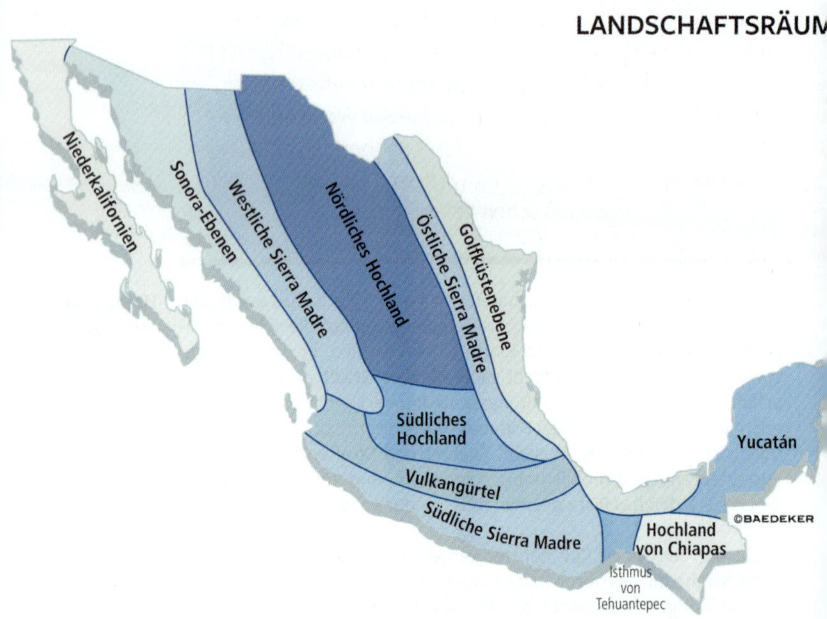

liche Cocosplatte unter die Amerikanische und die Karibische Platte. Die dabei an den Plattenrändern entstehenden Spannungen entladen sich immer wieder in starken Erdstößen oder führen zu heftigen Vulkanausbrüchen. Ein letztes verheerendes **Erdbeben** trug sich 1985 im Raum Mexiko-Stadt zu. Es forderte ca. 10 000 Menschenleben und richtete immense Schäden an der Bausubstanz und Infrastruktur an. Eine spezielle Hydrauliktechnologie soll in der Hauptstadt besonders Hochhäuser bei künftigen Erdbeben vor größeren Beschädigungen oder gar dem Einsturz bewahren. Das jüngste schwere Beben ereignete sich im Sommer 2017 um Mexiko-Stadt. Mehrere Hundert Menschen starben, Gebäude wurden schwer beschädigt. Es trug sich am selben Tag zu wie das Beben 1985, weshalb viele Menschen bei dem Alarm glaubten, es handele sich nur um den Gedenk-Alarm, wie er üblicherweise an diesem Tag über der Stadt ertönt.

Regionen und Klima

Die Landschaften Mexikos sind so abwechslungsreich wie das Klima. Von allem ist etwas dabei. Aufgrund der Lage am **Nordrand der Tropen** und der **Höhenunterschiede** reicht die Palette vom extrem trockenen und heißen Wüstenklima im Norden des Landes – und hier besonders in der Sonorawüste – bis zum ganzjährig feuchtheißen und oftmals extrem schwülen Tropenklima des Dschungels von Chiapas. Vom warmen Pullover bis zur Strandbekleidung muss alles in den Koffer.
Die Spanier haben bei der Eroberung des Landes für die verschiedenen Landschaftszonen Namen gefunden, die noch heute verwendet werden: Die unterste Zone, die **Tierra Caliente** (heiße Zone), reicht bis 800 m Höhe. Hier überwiegt der tropische Regenwald. Von 800 bis 1700 m spricht man von der **Tierra Templada**. Dies ist die gemäßigt warme Zone, die bis zur Obergrenze des Kaffee-, Baumwoll- und Zuckerrohranbaus reicht. Über 1700 m schließt sich die **Tierra Fría** an, die kühle Zone.
Die höchsten Vulkangipfel sind ganzjährig mit Schnee bedeckt. Fast die Hälfte Mexikos ist über 1500 m hoch. Im nördlichen und zentralen Landesinneren liegt das mexikanische **Hochland**, eingerahmt von der Sierra Madre Occidental und der Sierra Madre Oriental, mit Bergen über 5000 m Höhe und vielen Städten, die zwischen 2000 m und 2800 m Höhe liegen, wie Mexiko-Stadt auf gut 2200 m. Abends kann es hier entsprechend kühl werden. Das südliche zentrale Hochland wird von einem Vulkangürtel durchzogen, der sich etwa von San Blás am Pazifischen Ozean bis nach Veracruz an der Küste des Golfs von Mexiko erstreckt. In diesem Streifen, der den Norden und die Mitte des Landes vom Süden abgrenzt, erheben sich die höchsten **»Feuerberge«** Mexikos: Citlaltépetl (Pico de Orizaba, 5747 m ü. d. M.), Popocatépetl (5465 m ü. d. M.), Iztaccíhuatl (5286 m ü. d. M.), Nevado de Toluca (Cinantecátl, 4575 m ü. d. M.), La Malinche (Matlalcuéyetl, 4461 m ü. d. M.).

Der **Norden** ist deutlich trockener als der Süden und entspricht mehr dem typischen Bild, das viele Menschen von Mexiko haben: In weiten, kargen Ebenen wachsen Kakteen, schroffe Felsen ragen in die Höhe, hier und da durchziehen tiefe Schluchten das Land. Das gilt in etwa von Zacatecas bis hinauf nach Chihuahua und Sonora. Auch die Halbinsel Baja California gleicht diesem Bild, wird allerdings ringsherum vom Pazifik umspült. An den Stränden im Norden wird es mit 25 bis 28 Grad nicht ganz so heiß wie an den Stränden im Süden.

Die **Küstenebene am Golf von Mexiko** besteht vor allem aus langen Stränden, Sümpfen und Lagunen. Um die Hafenstadt Veracruz bilden die Flüsse Papaloapan, Coatzacoalcos, Grijalva und Usumacinta riesige Sumpfgebiete, bevor sie ins Meer fließen.

Das **Tiefland** erreicht seine größte Breite in der flachen Halbinsel Yucátan. Hier kommt der gesamte Formenschatz des Karstgesteins vor: »Cenotes« genannte Einsturzdolinen, Grotten und Höhlen mit Tropfsteinbildungen. Sandbänke und Lagunen mit Mangroven säumen die Nord- und Westküste Yucatáns, Korallenriffe sind an der Ostküste zu finden. Und es ist Badehosen-Gebiet. Auch nachts bleiben es über 20 Grad. Die Besichtigungen der Maya-Städte im Dschungel sind schweißtreibende Erlebnisse.

Der **Süden** Mexikos ist wieder sehr gebirgig, hat aber auch tolle Sandstrände vorzuweisen. Das Gebiet gliedert sich in die Südliche Sierra Madre, die Landenge von Tehuantepec und das Hochland von Chiapas. Ein Labyrinth aus schmalen Bergkämmen und tiefen Tälern bildet die **Südliche Sierra Madre**. Die meisten Gipfel ragen über 2000 m auf, einige sogar über 3000 m. Weil die Sierra nur schwer zugänglich ist, konnten die hier heimischen Indigenen ihre Eigenständigkeit weitgehend bewahren. Im **Hochland von Chiapas** überwiegen Ackerland, Wald und Weiden. An einigen Berghängen wird Kaffee angebaut. Erst zu Beginn der 1980er-Jahre erreichte die Zivilisation mit neuen Straßen auch diesen zuvor isolierten Teil Mexikos. Trotz-

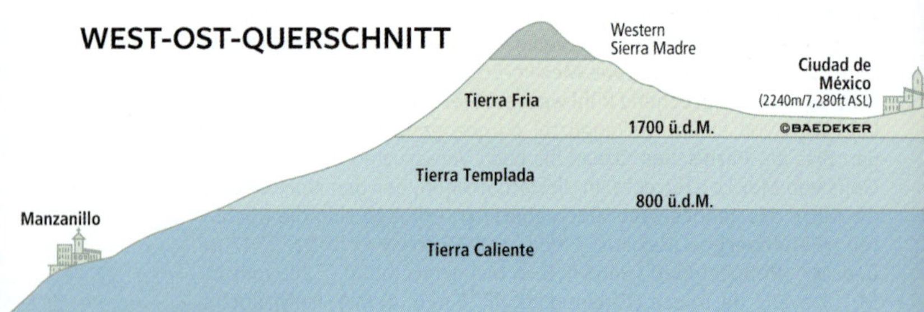

dem durchqueren nur wenige Straßen das Gebirge und führen ans Meer. Die **Küste** ist abschnittsweise felsig und steil. Bei Acapulco und Manzanillo gibt es erstklassige natürliche Hafenbuchten, während um Puerto Escondido wunderschöne Strände liegen.
Generell ist Mexiko in der **Regenzeit** von Mai bis September wesentlich grüner als in der **Trockenzeit**. Besonders der April ist ein sehr heißer Monat und alle warten auf den ersehnten Regen – das bedeutet dann aber nicht, dass es monatelang durchregnet. In der Regenzeit kommt es regelmäßig zu ordentlichen Wolkenbrüchen, meist am späteren Nachmittag. Einer Reise nach Mexiko steht auch dann nichts im Weg.

Pflanzen und Tiere

Flora

In der **Wüste und Halbwüste** Mexikos, also vorwiegend im nordöstlichen Teil des Landes, aber auch in Niederkalifornien, gedeihen Sukkulenten, darunter zahlreich vertreten die Feigenkakteen (Opuntien). Die **Gras- und Strauchsteppe** zeigt einen etwas stärkeren Bewuchs und kann sich nach ergiebigeren Niederschlägen vorübergehend in üppiges Gras verwandeln. Auch hier gibt es viele Arten von Kakteen, ferner Mesquitesträucher, Yuccapalmen und die Chaparrales genannten Dornensträucher, Agaven und den von den Ureinwohnern Peyotl genannten, berauschend wirkenden Kaktus. Steppengebiete finden sich im Südlichen Hochland von Zentralmexiko. Die Westliche, die Östliche und die Südliche Sierra Madre sowie der Vulkangürtel, die zusammen das Zentrale Hochland einfassen, sind reich an **Laub- und Nadelwald**. Er besteht aus immergrünen, Laub abwerfenden Eichenarten, Lebensbaum, Wacholder sowie Kiefern und anderen Koniferen. Die Bodenvegetation bilden Horstgräser und Polsterpflanzen. **Immergrüner Tropenwald** steht vor allem an und nahe dem südwestlichen Küstenstreifen am Golf von Mexiko. In den

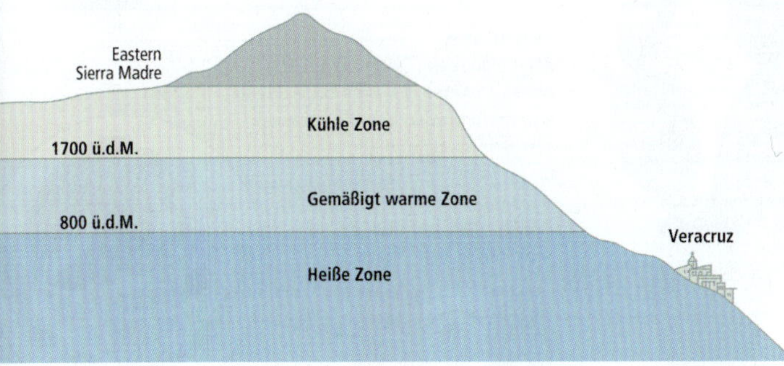

ÜBERLEBENSKÜNSTLER

In Mexikos Wüsten und Halbwüsten, in den Strauch- und Steppengebieten gedeiht eine Vielzahl von Pflanzen, die sich an die Trockenheit angepasst haben: Sie können hervorragend Wasser speichern. Ihre wichtigsten Vertreter sind Kakteen und Agaven.

▶ **Kakteen**
Bis zu 4000 der weltweit 6000 Kakteenarten kommen in Mexiko vor. Einige erreichen gerade einmal die Größe einer Haselnuss, andere prägen die Landschaft mit einer Größe von bis zu 15 m.

Kandelaberkaktus
Diese Kaktusart (Saguaro, Carnegiea gigantea) wird bis zu 15 m hoch, der Stamm bis zu 70 cm dick. Sie kann bis zu 200 Jahre alt werden.

Peyote
Der dornlose, weißlich oder rosa blühende Kaktus (Lophophora williamsii) enthält bewusstseinsverändernde Substanzen und wurde schon von den Azteken als Rauschmittel benutzt. Wegen seiner antibiotischen Wirkung findet er aber Anwendung in der Medizin.

Kugelkaktus
Kugelkakteen (Echinocactus) können bis zu einem Meter Durchmesser erreichen und sind kräftig bedornt.

Feigenkatus
Feigenkakteen (Opuntia) gibt es in über 190 Arten. Ca. die Hälfte davon kommt in Mexiko vor. Sie verzweigen sich häufig und können bis zu 10 m hoch werden.

Die Opuntia auf der mexikanischen Flagge

erwendung
akteen sind Nutzpflanzen und werden für Speisen, Getränke, als Baumaterial und ır Herstellung von Papier, Nadeln oder Pfeilspitzen verwendet.

Verzehr
. B. Kaktusfrucht

Hecke
z. B. aus Feigenkakteen

Getränk
z. B. in Pulque

Feuer- und Bauholz

aja California
ı Norden Mexikos wachen bis zu 1000 Kakteenrten, allein in Baja California bt es 120 verschiedene.

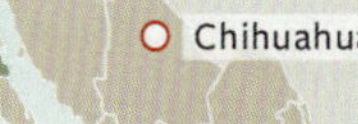

gaven
iese Pflanzengattung mit bis zu 300 erschiedenen Arten gehören zur Familie er Spargelgewächse. Sie blühen nur n einziges Mal.

Agave sisalana
Die Fasern der schwertförmigen Blätter werden u. a. zu Teppichen verarbeitet oder als Füllstoff für Matratzen und als Poliermittel verwendet.

aue Weber-Agave
exikos berühmtestes Getränk, er Tequila, wird aus dieser bis 50 cm hohen Agaven-Art gave tequilana) gewonnen. e kann erst nach acht bis neun hren geerntet werden.

Tequila-Herstellung
Tequila wird aus Agavensirup gewonnen, der durch das Auspressen gekochter Herzen (»piña«) der Weber-Agave entsteht.

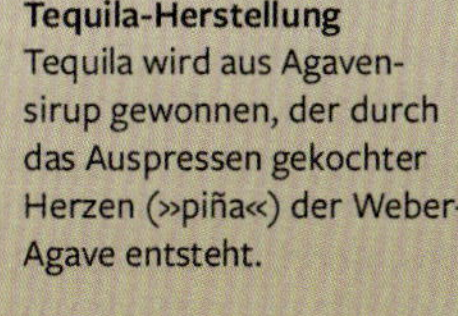

Kolibris ernähren sich vor allem von Blütennektar, der durch seine reichhaltigen Nährstoffe ihren kraftraubenden Flugstil erst ermöglicht.

amphibischen Küstenbereichen gedeihen Sumpfpflanzen, Bambus und Mangroven. Durch den Klimawandel und ungünstige Strömungen und Winde werden in den letzten Jahren vermehrt Braunalgen an die Küsten von Quintana Roo gespült, die das Badevergnügen trüben können. Das Land versucht derzeit, diesem Problem Herr zu werden.
Die Bäume sind von Schlingpflanzen und Epiphyten bedeckt. **Ausgedehntes Buschland** prägt das Landschaftsbild entlang der Pazifikküste Mittel- und Südmexikos und im Norden Yucatáns. Das Grasland ist von niederer Strauchvegetation durchsetzt. **Tropischen Regenwald** findet man im Süden der Halbinsel Yucatán, in Chiapas, Tabasco und Veracruz. Hier wachsen u.a. Mahagoni, Kapokbaum, Blauholz sowie der zur Gewinnung von Kaugummi-Rohmaterial genutzte Chiclebaum.

Fauna

Während aus dem Norden **Säugetiere** wie Wolf, Kojote, Schwarzbär und Biber einwanderten und auf der Hochebene neue Lebensräume fanden, zog das Tiefland Jaguar, Puma, Affen und andere südamerikanische Gattungen an. Daneben trifft man in Mexiko u.a. Gürteltier, Faultier, Waschbär, Tapir, Ameisenbär, Wildschwein und Hirsch. An **Reptilien und Amphibien** gibt es Großechsen (Leguane), kleine Echsenarten, Alligatoren, Schildkröten sowie verschiedene Frösche und Kröten. Im Nordwesten des Landes kommt die giftige Gila-Krustenechse vor. Eine zoologische Besonderheit ist der Querzahnmolch Axolotl, der in unterirdischen Gewässern lebt und sich bereits im Larvenstadium fortpflanzt. In Mexiko leben die meisten **Schlangen** der Welt, nämlich 705 Arten. Als Giftschlangen sind vor allem Klapperschlangen (mehrere Arten), Korallennatter, Buschmeister und Lan-

zenotter zu nennen; keinen giftigen Biss hat die Würgeschlange (Boa constrictor), die mehrere Meter Länge erreichen kann.
Vögel spielten wegen ihrer für die Ureinwohner unerklärlichen Flugfähigkeit schon in der Mythologie eine große Rolle. Der Quetzal, aus dessen Federn Prunkgewänder für die Herrscher gefertigt wurden, ist sehr selten geworden, ebenso der Adler, das Wappentier Mexikos. Auch Kolibri und Papagei haben mythologische Bedeutung. Daneben gibt es u. a. Kormoran, Pelikan, Tukan (Pfefferfresser) und Flamingo.
Die **Insekten** und **Spinnentiere** Mexikos können bisweilen lästig werden, u. a. die verschiedenen Arten von Stechmücken, Fliegen, Zecken und Milben. In fast allen trockenen Landesteilen kommen Skorpione vor, deren Stich unangenehm und gefährlich sein kann. Gleichfalls giftig sind manche Spinnen, z. B. die Vogelspinne und die Schwarze Witwe. Der Biss der Roten Ameise (Hormiga roja) ist schmerzhaft. Mexiko ist reich an Schmetterlingen; zu erwähnen sind u. a. Admiral, Monarchfalter, Kupferkopfbolla, Malachitfalter, Pfauenspinner, Morphofalter und Kalikospanner.
In den Ozeanen existiert eine artenreiche **maritime Fauna**. In Küstennähe des nördlichen Pazifik kann man Seelöwen und zeitweise auch Grauwale beobachten. In der Flachwasserzone findet man Garnelen (wichtiger Exportartikel), Panzerkrebse (Langusten, Krabben) und Plattfische. Unter den Seefischen gibt es u. a. Sardine, Thunfisch, Barrakuda, Schwertfisch sowie verschiedene Hai- und Rochenarten. Vor allem an abgelegenen Stellen der Pazifikküste kommen auch Delfine in die Nähe des Strandes.

Staat und Gesellschaft

Völkergemisch

Das heutige mexikanische Volk entstand aus 6–7 Mio. Ureinwohnern zum Zeitpunkt der Conquista, 200 000 eingewanderten Spaniern und einer etwa gleichen Anzahl versklavter Menschen, die in der Kolonialzeit aus Afrika entführt wurden. Heute leben knapp **127,5 Mio. Menschen** (2022) im Land.
Es wird geschätzt, dass die Bevölkerung zu etwa **80 % aus Mestizen** vorwiegend indigen-spanischer, aber auch afrikanischer und asiatischer Abstammung besteht. Weitere 8–10 % sind Ureinwohner, etwas über 10 % Weiße, meist altspanischer Herkunft (Criollos). Trotz ihres geringen Anteils an der Gesamtbevölkerung spielen die Weißen nach wie vor eine dominante Rolle im politischen und wirtschaftlichen Leben.

Urbevölkerung (Indígenas)

Indigene bildeten noch 1870 die Bevölkerungsmehrheit, aber bereits 1921 betrug ihr Anteil an der Gesamtbevölkerung nur noch 30–35 %. Der Großteil der Urbevölkerung ist im zentralen Hochland (México, Hidalgo, Puebla), im Süden (Guerrero, Oaxaca, Chiapas), an der Golfküste (Veracruz) und im Osten (Halbinsel Yucatán) konzentriert.

Man geht davon aus, dass von den heute 10–15 Mio. Indigenen etwa ein Viertel kein Spanisch spricht. Die ursprünglich gut 130 Sprachen der Ureinwohner konnten sich nicht halten. Es werden nur noch wenige indigene Sprachen gesprochen, darunter allein **über 20 verschiedene Maya- und sechs Náhuatl-Idiome**.

Heute erkennt der Staat **52 individuelle indigene Gruppen** an, inoffizielle Schätzungen besagen jedoch, dass es noch etwa 115 dieser Gruppen gibt. Zu den größten und bekanntesten indigenen Stäm-

men, die teilweise noch ein eigenständiges Leben führen, gehören die Náhua, Otomí, Tarasken (Purépecha), Huicholes, Cora, Tarahumara, Mayo, Yaqui, Totonaken, Huasteken, Matlatzínca, Mazateken, Mazahua, Amuzgo, Trique, Míxteken, Zapoteken, Chinanteken, Tzeltal, Tzotzil, Tajolabal, Chol und Yucatán-Maya. Gut zwei Dutzend der indigenen Stämmen wird in ihren Wohngebieten weitgehende Selbstverwaltung zugestanden. Ungeachtet der Tatsache, dass der mexikanische Staat das Erbe der Ureinwohner mit Stolz zur Schau stellt, stehen deren direkte Nachfahren ökonomisch und sozial **am Rand der Gesellschaft**. Die Bestrebungen des »Nationalen Institut der Indigenen« (Instituto Nacional Indígenista) zur Integration sind auch vom Widerspruch geprägt, die wirtschaftliche Rückständigkeit der indigenen Landbevölkerung bekämpfen und gleichzeitig deren kulturelles Erbe erhalten zu wollen.

Bevölkerungsstruktur

Mexiko zählt weltweit zu den Ländern mit der **ungerechtesten Wohlstandsverteilung**. Während die 10 % Vermögenden der Bevölkerung 41 % der Besitztümer des Landes kontrollieren, leben über 40 % der Bevölkerung unterhalb der Armutsgrenze. Der Sog der Großstädte bewirkte und bewirkt noch immer eine bedrohliche Landflucht.
Migranten aus Guatemala, Honduras und El Salvador nutzen Mexiko als Transitland, um in die USA zu gelangen. Aktuell müssen Tausende von ihnen, über deren Asylanträge in den USA entschieden wird, an der mexikanischen Grenze ausharren. Diejenigen, die ohne Papiere ins Land einreisen, können das humanitäre Visum **»Tarjeta humanitaria«** in Anspruch nehmen, mit dem sie ein Jahr in Mexiko leben und auch arbeiten dürfen.

Landbevölkerung

Eines der erklärten Ziele der mexikanischen Revolutionäre, die mit der Losung **»Tierra y Libertad«** (»Boden und Freiheit«) zum Kampf aufriefen, war die Rückführung des Ackerlands der großen Haciendas an die Dorfgemeinschaften. Doch erst in den 1930er-Jahren wurde eine **Bodenreform** durchgeführt, die den Bauern Land entweder zur kollektiven Bewirtschaftung (»ejidos colectivos«) oder zur privaten Nutzung übergab (»ejidos individuales«). Heute gibt es in Mexiko drei Eigentumsformen in der Landwirtschaft: **Kleinbesitz** (bis 5 ha Betriebsfläche), **Mittel- und Großbesitz** (über 5 ha) und den **»ejido«**. So nennt man Gemeinschaftseigentum, bei dem Grund und Boden dem Staat gehören, aber unter Mitgliedern zur Nutzung verteilt sind oder genossenschaftlich bewirtschaftet werden. Das Eigentumsrecht des Staats ruht, solange ordnungsgemäß bewirtschaftet wird. Allerdings wurde das System 1991 radikal umgestaltet, da der Ejidatario nun das Recht hat, sein Land an In- oder Ausländer zu verkaufen bzw. zu verpachten.
Kleinbauern (**campesinos**) bilden den größten Teil der mexikanischen Agrarbevölkerung. Die Flächen, die sie bewirtschaften, dienen

▶ Spanische Schreibweise:

Estados Unidos Mexicanos

Südteil Nordamerikas

Fläche:
1 964 375 km²
zum Vergleich:
Deutschland: **357 121 km²**

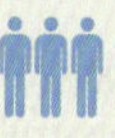

Einwohner: **ca. 127,5 Mio.** (2022)
Durchschnittsalter: **28,6 Jahre**
(Deutschland: 45,9 Jahre)
Bevölkerungswachstum: **0,8 %**

▶ Staat

Präsidialrepublik aus 31 Bundesstaaten (Estados) und einem Bundesdistrikt (Distrito Federal, kurz D.F.), der die **Landeshauptstadt Mexiko-Stadt** mit ihrer Umgebung umfasst.
Staatsoberhaupt: Präsident, der zugleich Regierungschef ist und für sechs Jahre gewählt wird.
Die Bundesstaaten Mexikos verfügen über regionale Autonomie und werden jeweils von einem Gouverneur regiert.

▶ Sprache und Religion

Amtssprache: Spanisch; indigene Idiome
Religion: Überwiegend römisch-katholisch (etwa **89 %**); protestantische, jüdische und bahaiische Minderheiten; Elemente und Riten des indigenen Glaubens

▶ Tourismus

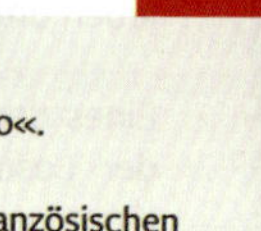

40 Mio. Besucher vor der Pandemie

▶ Name, Flagge und Wappen

Der **Name** geht auf »México« zurück, wie sich die Azteken selbst nannten. Zudem nannten die Spanier die Stadt, die sie auf den Trümmern Tenochtitláns erbauten, »México«.

Die **Flagge** leitet sich von der französischen Trikolore ab: Grün steht für Unabhängigkeit, Weiß für die Reinheit der Religion und Rot für die nationale Einigkeit.

Das **Wappen** erzählt die Sage von der legendären Gründung der **Aztekenhauptstadt Tenochtitlán:** Die Azteken sollten nach Verheißung der Götter i Stadt dort gründen, wo sie einen Adler erblickten der mit gespreizten Flügeln auf einem Kaktus sitzt und eine Schlange im Schnabel hält.

Wirtschaft

Größte Volkswirtschaft und bedeutendste Exportnation Lateinamerikas
BIP 2022: 1400 Mrd. US-$
Inflation: 8,03 % (2022)
Handelspartner: USA (50 % der Import- und 80 % der Exportgüter), China, Japan, Südkorea, Deutschland und Kanada

Rohstoffe: Erdöl, Erdgas, Zink, Silber, Kupfer, Marmor, Mangan, Phosphat, Uran

Industrie: Erdölförderung und -verarbeitung, Automobilindustrie, Chemie, Nahrungs- und Genussmittel, Veredelungsindustrie (»maquiladoras«)

Landwirtschaft: Mais, Zuckerrohr, Früchte, Gemüse, Kaffee, Baum- wolle, Getreide, Bohnen

▶ Klimastation Mexiko-Stadt

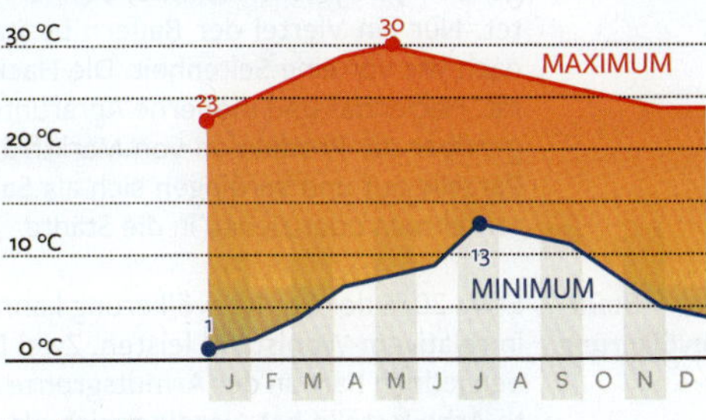

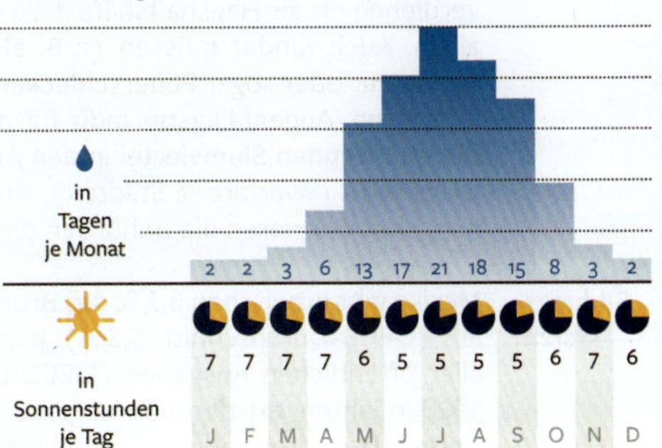

Von Mexiko nach Europa

Die Konquistadoren brachten nicht nur Gold aus Mexiko mit, sondern auch einige Kulturpflanzen.

Tomate (Nahuatl: xitomatl): erste Beschreibung **1544** von Pietro Andrea Mattioli als »Pomi d'oro«

Mais (Taino: mahiz): erster Anbau in Spanien **1525**

Tabak: vom französischen Diplomaten Jean Nicot **1561** in Frankreich als Heilkraut eingeführt

Weihnachtsstern (Nahuatl: Cuetlaxochitl): **1804** von Alexander von Humboldt nach Europa gebracht

Schokolade und Kakao (Nahuatl: xocolatl): erste Kakaobohnen um **1519** in Europa; ab dem 17. Jh. Kakaogetränk als Medizin in Apotheken

Vanille (Nahuatl: cacixanatl): bis zur mexikanischen Unabhängigkeit **1810** Ausfuhrverbot für Stecklinge

weitgehend der Selbstversorgung. Dabei ist noch immer das altindigene Milpa-System mit Mais, Bohnen und einigen Früchten verbreitet. Nur ein Viertel der Bauern besitzt einen Pflug, Traktoren sind nach wie vor eine Seltenheit. Die Hacke ist das gängigste Arbeitsgerät. Haciendas und moderne Agrarunternehmen bestimmen demgegenüber die Produktion von Marktfrüchten. Viele geben daher ihre Parzelle auf und verdingen sich als Saisonarbeiter bei den Agrarunternehmen oder ziehen in die Städte.

Stadtbevölkerung

Etwa 20 % der Stadtbevölkerung kann sich ein bescheidenes Leben in relativem Wohlstand leisten. Zwei Drittel der Stadtbewohner leben jedoch hart an der Armutsgrenze oder darunter. Wer keine feste Arbeitsstelle hat, verdingt sich als Gelegenheitsarbeiter. Frauen verdienen oft als Haushaltshilfe dazu oder bestreiten den Unterhalt allein. Auch Kinder müssen (z. B. als Kaugummiverkäufer, Scheibenputzer oder sogar Feuerschlucker) für das Familieneinkommen mitsorgen. Augenfälligstes Indiz für die Armut in den Städten sind die wachsenden Slumviertel in den Außenbezirken, die **»ciudades perdidas«** (»verlorene Städte«). Angesichts der immensen Wohnungsnot tolerieren die Behörden die illegalen Viertel.

Bildungssystem

Mexiko gibt inzwischen 5,2 % des Bruttoinlandsprodukts für Bildung aus (OECD-Durchschnitt: 5,5 %); das macht fast ein Viertel (24 %) aller öffentlichen Ausgaben (OECD-Länder: 12,7 %). Die seit den 1920er-Jahren existierende allgemeine Schulpflicht (sechs Jahre »primaria«, drei Jahre »secundaria«) und **Alphabetisierungskampagnen** haben den Anteil der Analphabeten auf 4,7 % gesenkt. Viele Kinder verlassen die Schule allerdings noch immer ohne Abschluss, vor allem in den ärmeren ländlichen Gegenden. Die Zahl der **Hochschulen** des Landes ist in den letzten Jahrzehnten regelrecht explodiert: Zählte man 1950 erst 39, so sind es heute ca. 4200 (1700 öffentliche, 2500 private); die Zahl der Universitäten stieg auf 197. Mehr als 4,4 Mio. Studierende sind an den Universitäten eingeschrieben.

Politik

Regierungssystem

Mexiko ist eine **präsidiale Bundesrepublik**, dessen Regierungsform an die der Vereinigten Staaten von Amerika erinnert. Alle sechs Jahre wird der Staatspräsident, der zugleich Regierungschef ist, direkt vom Volk gewählt. Dank Initiativ- und Vetorecht bei der Gesetzgebung hat er eine besonders hohe Machtbefugnis. Die Legislative bildet der Kongress, der sich aus dem alle drei Jahre gewählten Parlament (500 Abgeordnete) und dem Senat zusammensetzt. Die 128 Senatoren werden für sechs Jahre gewählt.

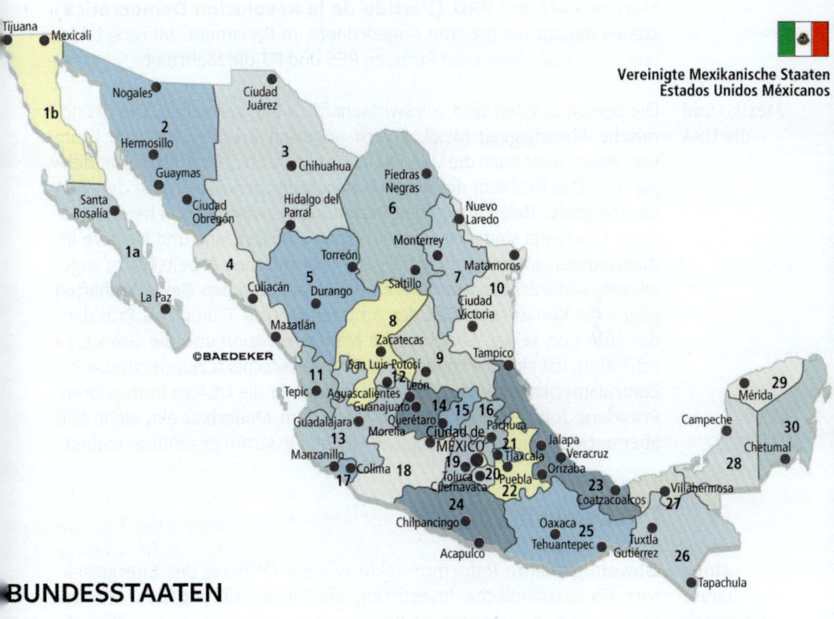

BUNDESSTAATEN

1a Baja California Sur (B.C.S.)
1b Baja California Norte (B.C.)
2 Sonora (Son.)
3 Chihuahua (Chih.)
4 Sinaloa (Sin.)
5 Durango (Dgo.)
6 Coahuila (Coah.)
7 Nuevo León (N.L.)
8 Zacatecas (Zac.)
9 San Luis Potosí (S.L.P.)
10 Tamaulipas (Tamps.)
11 Nayarit (Nay.)
12 Aguascalientes (Ags.)
13 Jalisco (Jal.)
14 Guanajuato (Gto.)
15 Querétaro (Qro.)
16 Hidalgo (Hgo.)
17 Colima (Col.)
18 Michoacán (Mich.)
19 México (Mex.)
20 Morelos (Mor.)
21 Tlaxcala (Tlax.)
22 Puebla (Pue.)
23 Veracruz (Ver.)
24 Guerrero (Gro.)
25 Oaxaca (Oax.)
26 Chiapas (Chis.)
27 Tabasco (Tab.)
28 Campeche (Camp.)
29 Yucatán (Yuc.)
30 Quintana Roo (Q.R.)

Parteien-landschaft

Die weitaus stärkste politische Partei im Staat war von ihrer Gründung 1929 bis zum Jahr 2000 der **Partido Revolucionario Institucional (PRI)**, der dem Mitte-Links-Spektrum zuzuordnen ist. Der PRI stellte in dieser Zeit ununterbrochen den Präsidenten; politische Gegner wurden bedroht und manchmal auch ermordet, die Wahlen manipuliert. Mit der Wahl von Vicente Fox zum Präsidenten im Jahr 2000 endete allerdings die langjährige Oppositionszeit der konservativ-katholischen Partei, des **Partido Acción Nacional (PAN)**.
Der amtierende Präsident Andrés Manuel López Obrador gründete 2014 die sozialdemokratische Partei **Morena (Movimiento Regeneración Nacional)**, mit der er 2018 die Präsidentschatfswahl gewann.

Morena, PAN und **PRD (Partido de la Revolución Democrática)** stellen derzeit die meisten Abgeordnete im Parlament. Morena bildet hierbei mit den kleineren Parteien PES und PT die Mehrheit.

Mexiko und die USA

Die beiden Staaten sind volkswirtschaftlich eng verwoben. Die ökonomische Abhängigkeit Mexikos vom »Großen Bruder« hat sich kaum verringert, aber auch die USA hat in Mexiko ihren drittgrößten Handelspartner. Das Problem der illegalen mexikanischen Arbeiter in den USA ist eine große Belastung in den Beziehungen zwischen den beiden Ländern. Einerseits sind viele landwirtschaftliche Betriebe und kleinere Industrieunternehmen auf die billigen mexikanischen Arbeitskräfte angewiesen, andererseits wehren sich die amerikanischen Gewerkschaften gegen die Konkurrenz. Seit der Amtszeit Donald Trumps als Präsident der USA und seiner Absicht, eine Mauer zu bauen und die Grenze zu schließen, hat sich die Lage an der Grenze verschärft Hunderttausende Zentralamerikaner versuchen oft erfolglos, in die USA zu immigrieren. Präsident John Biden stellte die Pläne zum Mauerbau ein, sieht sich aber auch einem riesigen illegalen Flüchtlingsstrom gegenüber stehen.

Wirtschaft

Hohe Armutsrate und Kriminalität

Obwohl geplante Reformprojekte wie die Öffnung des Energiesektors für ausländische Investoren, die Flexibilisierung des Arbeitsmarkts und die Beseitigung struktureller Probleme in den öffentlichen Finanzen nicht vollständig umgesetzt wurden, deutet die Konjunkturlage auf einen Aufwärtstrend hin (reale Zunahme des Bruttoinlandsprodukts 2022: 2,1 %). Problematisch sind nach wie vor die **ungerechte Einkommensverteilung** mit hoher Armutsrate und Kriminalität, das sanierungsbedürftige Bankensystem, die hohe Verschuldung der privaten Haushalte und Unternehmen und die starke Abhängigkeit von ausländischen Unternehmen (ca. zwei Drittel der aus Mexiko exportierten Produkte werden von ausländischen Firmen hergestellt). Die **Arbeitslosenrate** lag 2022 bei 3,4 %; auf dem Land ist sie aber wesentlich höher. Der allgemeine gesetzliche Mindestlohn liegt derzeit bei ca. 173 MEX$.

Industrie

Industriegüter, vor allem Kraftfahrzeuge und Ersatzteile, sind mit mehr als 50 % der Exporterlöse die wichtigsten Devisenbringer; sie stellen mehr als ein Viertel des Bruttoinlandsprodukts. Die größten Industriezweige sind Automontage (u. a auch von VW), Stahl, Textilien, Nahrungsmittelverarbeitung und Brauereien. Der Elektronik- und Computerbereich hat in den letzten Jahren einen wahren Boom erlebt. Trotz aller Dezentralisierungsversuche ballen sich die meisten Industriebetriebe nach wie vor in und um Mexiko-Stadt, Puebla, Guadalajara, Monterrey, Mérida und Mexicali. Wirtschaftliche Bedeutung haben auch die sogenannten **»Maquiladoras«**, ausländische Unternehmen, die das relativ niedrige Lohnniveau in Mexiko ausnutzen, um Halbfertigprodukte (z. B. Textilien, Bauteile für die Automobilindustrie, elektrische und elektronische Geräte) weiterverarbeiten zu lassen. Zurzeit gibt es ca. 3500 solcher Betriebe (Industrieparks genannt) mit rund 1,5 Mio. Beschäftigten. Wegen miserabler Arbeitsverträge und niedriger Löhne kam es in der Vergangenheit immer wieder zu großen Streiks – bis dato ohne Erfolg.

Landwirtschaft

Mexiko ist trotz fortgeschrittener Industrialisierung noch weitgehend agrarisch geprägt. Am Bruttoinlandsprodukt hat die Landwirtschaft einen Anteil von rund 3,5 %. Die wichtigsten landwirtschaftlichen Exportgüter sind **Kaffee, Obst und Gemüse**, vor allem Tomaten. Der landwirtschaftliche Export hat sich seit Mexikos Mitgliedschaft in der NAFTA mehr als verdoppelt. Allerdings werden die zur Ausfuhr bestimmten landwirtschaftlichen Erzeugnisse vor allem von einigen wenigen großen Unternehmen – also auf den Ländereien privater Großgrundbesitzer – erzeugt.

Forstwirtschaft

Neben Tropenhölzern, Eichenholz und weichen Nadelhölzern sind Naturharze, Gerbstoffe und Chicle (Rohstoff für die Kaugummi-Produktion) geschätzte Exportprodukte der mexikanischen Forstwirtschaft. Pro Jahr werden über 180 000 ha ohne Rücksicht auf Verluste abgeholzt. Raubbau findet hauptsächlich in den tropischen Regenwäldern des Südens statt, vor allem in der problembelasteten Region Chiapas.

Fischerei

Mexiko könnte mit mehr als 9000 km Küste eine der führenden Fischfangnationen der Welt sein. Fischreiche Gewässer gibt es vor allem rund um Baja California. In den letzten Jahren wurde die Fischfangflotte modernisiert und bislang bestehende bürokratische Hemmnisse reduziert. Wichtige Ausfuhrprodukte der mexikanischen Fischerei sind Garnelen, Langusten, Hummer, Makrelen, Thunfische, Sardellen, Sardinen und Tintenfische.

Energie und Bergbau

Mexiko ist reich an Bodenschätzen. Die Erdölvorkommen sind eine wichtige Deviseneinnahmequelle. In jüngster Zeit stiegen die Einnahmen aus dem Erdölexport um 33,5 % , bedingt allerdings auch durch die Preiserhöhungen des Erdöls. Der Anteil der Mineralölprodukte an den Exporterlösen des Landes beträgt 31 %. Die Förderung von Silber, Wismut, Arsen und Antimon ist beachtlich. Dennoch erwirtschaftet der Bergbau nur noch 7 % des Bruttoinlandsprodukts.

Tourismus

Der Tourismus ist **zweitwichtigster Devisenbringer**. Laut Angaben der WTO kamen 2019 ca. 45,1 Mio. Touristen (der Großteil davon aus den USA). Mehr als 6 Mio. Mexikaner leben heute bereits direkt oder indirekt vom Tourismus.

EPOCHEN

ALTE KULTUREN

Prähispanische Zeit	Bedeutende Hochkulturen: Olmeken, Teotihuacán, Maya, Tolteken, Azteken
1325	Gründung von Tenochtitlán (heute Mexiko-Stadt) durch die Azteken

DIE SPANISCHE EROBERUNG

1492	Kolumbus »entdeckt« Amerika.
1519–1521	Unterwerfung der Azteken durch die Konquistadoren unter Führung von Hernán Cortés

KOLONIALREICH NEUSPANIEN

1521–1810	Christianisierung, Versklavung der Indigenen, Ausbeutungder Bodenschätze
ab 1531	Verehrung der Jungfrau von Guadalupe

DER WEG IN DIE UNABHÄNGIGKEIT

1810–1821	Unabhängigkeitskrieg kostet 650 000 Menschenleben.
1821	Mexiko wird in die Unabhängigkeit entlassen.

JAHRHUNDERT DER REVOLUTIONEN

1823	Mexiko wird offiziell Republik.
1846–1848	Krieg mit den USA
1861–1872	Präsidentschaft von Benito Juárez
1863–1867	Kaiserregentschaft Maximilians I.
1876–1911	Porfirio Díaz putscht sich an die Macht und errichtet seine Diktatur, das sogenannte Porfiriat.
ab 1910	Bürgerkrieg
1917	Verabschiedung der noch heute gültigen Verfassung

DIE INSTITUTIONALISIERTE REVOLUTION

1920er- Jahre	Die Revolution wird »institutionalisiert«; Gründung der Staatspartei PRI
1942	Kriegseintritt Mexikos auf Seite der Alliierten
1994	Freihandelsabkommen mit den USA und Kanada (NAFTA); gleichzeitig Aufstand im südlichen Chiapas
2000	Ablösung der PRI als Regierungspartei nach über 70 Jahren
seit 2006	Eskalation des Drogenkriegs; dieser forderte bislang Hunderttausende Menschenleben
2018	Andrés Manuel López Obrador wird Präsident Mexikos.
2020	Hunderttausende sterben in der Covid19-Pandemie.
2022	Präsident Obrador übersteht ein Referendum zur Amtsenthebung deutlich, aber umstritten.

GESCHICHTE

Wie entstanden die altamerikanischen Hochkulturen und wie konnten sich Architektur, Kunst und Wissenschaft zu einer solchen Blüte entwickeln? Warum vernichteten die Spanier diese Zivilisation innerhalb kürzester Zeit so nachhaltig? Wieso bedurfte es so vieler Revolten und Revolutionäre, um aus Mexiko einen modernen Staat zu machen?

Alte Kulturen

Ureinwohner aus Asien (50 000 bis 5000 v. Chr.)

Die ersten Menschen kamen um 50 000 v. Chr. über die Bering-Landverbindung aus Asien nach Süd- und Mittelamerika. Ihre Lebensgrundlage fanden diese Paläo-Ureinwohner als Jäger und Sammler. Dabei durchstreiften sie den gesamten Subkontinent. In der Zeit zwischen 10 000 und 5000 v. Chr. wurde das Nomadentum zugunsten des Ackerbaus aufgegeben. Seitdem bildet die **Kultivierung von Mais und Bohnen** die Nahrungsgrundlage für ganz Mittel- und Südamerika. Aus kleinen Dörfern entstanden Großsiedlungen, die zu Ausgangspunkten der prähispanischen Hochkulturen wurden.

Prähispanische Kulturen

Den alten Kulturen der Olmeken (1500–400 v. Chr.), Maya (2000 v. Chr.–900 n. Chr.), Tolteken (900–1200 n. Chr.) und der Azteken (1300–1521) widmet sich ausführlich das Kapitel »Prähispanische Kulturen« ▶ S. 418.

Die spanische Eroberung

Erste Kontakte

Seit 1492, als Kolumbus Haiti und Kuba entdeckte, hielten sich die Konquistadoren vor Mexikos auf. Zu Kontakten zwischen Spaniern und Maya kam es jedoch erst 1512 auf der Halbinsel Yucatán. Diesen Begegnungen folgten Erkundungen der Golfküstenregion durch **Hernández de Córdoba**. Der spanische Pater Juan de Aguilar geriet in Gefangenschaft und erlernte so als erster Europäer indigene Sprachen.

Hernán Cortés

Im Jahr 1519 setzte sich Hernán Cortés mit elf Schiffen und etwa 600 Mann von Kuba aus ohne Erlaubnis seiner Befehlshaber ab. Sein Ziel war zunächst Yucatán, wo er Pater Aguilar befreite, dann die Küste Tabascos, von wo ihn aber Maya-Krieger vertrieben. Von dort nahm er seine indigene Geliebte **Malinche** mit, mit der er mehrere Kinder hatte. Cortés hatte nun mit Pater Aguilar und Malinche zwei **Sprach- und Kulturmittler**, die ihm in den folgenden Jahren unersätzliche Dienste leisteten.

Der Anfang vom Ende Der erste Ort, an dem sich die Spanier ansiedeln konnten, war Veracruz. Es wurde zum Ausgangs- und Rückzugspunkt für die folgenden Eroberungen. Cortés fand hier die Unterstützung von indigenen Stämmen, die sich aus der Unterdrückung der Azteken befreien wollten. Der Aztekenfürst **Moctezuma II.** ließ Cortés wenige Tage nach seiner Ankunft prunkvolle Gastgeschenke überbringen. Die Indigenen bestaunten die Spanier, ihre Schiffe, Pferde und zerstörerischen Waffen. Kaum jemand vermutete in ihnen potenzielle Feinde.

Geschenke und Tote Die prunkvollen Geschenke zeigten Cortés, dass es in diesem Land tatsächlich unvergleichliche Schätze geben musste. Er schloss von der erst seit knapp 200 Jahren bestehenden Macht der Azteken auf die Instabilität des auf Unterdrückung und Mythen basierenden Reiches. So machte er sich also auf den Weg in die Hauptstadt Tenochtitlán. Demonstrativ zerstörte er auf seinem Feldzug die bedeutenden Städte Tlaxcala und Cholula und tötete etwa 15 000 Menschen, die ihn friedlich empfangen hatten. Diese **vernichtende Kriegsführung** überraschte die Azteken völlig, da sie bei ihren Kriegen darauf bedacht waren, möglichst viele Gefangene als spätere Götteropfer zu machen und intakte Städte in ihr Reich einzuverleiben. Trotz der Übermacht von 60 000 Aztekenkriegern gegenüber 450 Spaniern empfing Moctezuma II. Cortés am 8. November 1519 **ohne Gegenwehr** in Tenochtitlán. Vermutlich hoffte er dadurch, die Spanier beschwichtigen und zu einem Abzug bewegen zu können, was sich als folgenschwerer Irrtum erweisen sollte.

Widerstand (1519/1520) Um seine eigenmächtige Expedition zu legitimieren, schickte Cortés eine Schiffsladung mit wertvollen Geschenken nach Spanien, rechtzeitig zur Kaiserkrönung Karls V. Nachdem er zunächst als Gast in Tenochtitlán geweilt hatte, baute er seine dortige Residenz zur **Festung** aus, platzierte Geschütze und setzte Moctezuma II. Ende 1519 in dessen eigenem Palast unter der Aufsicht von Pedro de Alvarado gefangen. Er selbst eilte 1520 nach Veracruz zurück, um ein spanisches Aufgebot zu besiegen, das die Eigenmächtigkeit Cortés beenden sollte.

In der Zwischenzeit nutzte Alvarado ein religiöses Fest, um mehrere Aztekenhäuptlinge zu töten. Daraufhin erhob sich endlich Widerstand gegen die ungebetenen Gäste. Als Cortés im Juni 1520 in die Aztekenhauptstadt zurückkehrte, blieb ihm nichts anderes übrig, als sich dort mit seinen Schätzen zu verschanzen. Erst nach der Zusage, Cuitláuac, den Bruder des Moctezuma, freizulassen, konnten die Spanier wieder ihr Vorräte auffrischen. Dieser stellte sich aber sogleich an die Spitze der Aufständischen. Die Situation eskalierte, als Moctezuma II. versuchte, sein Volk zu beschwichtigen. Laut Bernal Diaz del Castillo wurde er dabei viermal getroffen und erlag kurz darauf seinen Verletzungen. Einer anderen Version zufolge wurde er von den Spaniern hinterrücks erdolcht. In der »Traurigen Nacht« (**»Noche**

triste«) vom 30. Juni auf den 1. Juli 1520 wagten die Spanier den Ausbruch. Ungefähr 800 von ihnen kamen dabei ums Leben; ein großer Teil wohl, weil sie – überladen mit den geraubten Schätzen – im Kanalsystem von Tenochtitlán ertranken.

Blutrünstige Eroberung (1521)

Doch auch nach dieser Niederlage gelang es Cortés, seine Truppe erneut aufzubauen. Vier gegen ihn ausgesandte spanische Schiffe brachten ihm die nötigen Waffen, Pferde und Soldaten. Den Besatzungen versprach er großen Reichtum und zog sie so auf seine Seite. Auch unter den umliegenden indigenen Stämmen rekrutierte er neue Truppen. Um die im Wasser gelegene Aztekenhauptstadt einnehmen zu können, ließ er Boote bauen und über die Berge transportieren. 1521 stand er erneut vor den Toren der Stadt. Die Bevölkerung war von einer **Pockenepidemie**, die die Spanier eingeschleppt hatten, stark angeschlagen. Trotzdem benötigten die spanischen Truppen drei Monate, um Tenochtitlán einzunehmen. Die Eroberung kostete mindestens 10 000 Azteken das Leben. Am 13. August 1521 besetzten die Spanier die völlig zerstörte Stadt. Damit war das Aztekenreich zerschlagen, seine Kultur zerstört und das Volk nahezu ausgerottet. Angesichts dieses Vernichtungskriegs unterwarfen sich auch zahlreiche andere indigenen Stämme der spanischen Macht.

Kolonialreich Neuspanien

Plünderung, Zerstörung, Ausrottung

Nach dem Sieg über die Azteken bauten die Spanier schnell und konsequent ihr Kolonialreich auf. Sie gründeten Städte und überzogen die eroberten Gebiete mit einem nach spanischem Muster aufgebauten Verwaltungssystem. Das **Christentum** wurde zur Staatsreligion erklärt und die Ureinwohner gewaltsam bekehrt. Allerorten begann man die indigene Kultur auszurotten: Tempel wurden zerstört, Schriften sowie Kunst- und Kulturgüter vernichtet, die geistliche und politische Führungsschicht verfolgt. Die Schätze des Landes wurden geplündert und gelangten in europäische Sammlungen. Während auf den Trümmern von Tenochtitlán die neue Hauptstadt Mexiko-Stadt entstand, blieben einige entlegene Gebiete relativ unberührt. So konnten kleinere Maya-Gemeinschaften ihre Lebensformen über die Jahrhunderte retten.

Mithilfe der Jungfrau von Guadalupe

Der kriegerischen Eroberung folgte unmittelbar die christliche Vereinnahmung. Innerhalb weniger Jahre entstand eine große Anzahl an Kirchen und Klöstern, meist verbunden mit der Aneignung ausgedehnter Ländereien. Bei den Indigenen erfreute sich der seit 1531 bestehende Marienkult um die Jungfrau von Guadalupe großer Beliebtheit. Die dunkelhäutige Marienfigur **verband die indigene Identität mit der neuen Religion**. Bis heute vermischen sich in ih-

Mexikanischer Synkretismus: Die Jungfrau von Guadalupe erschien an dem Ort, an dem zuvor die aztekische Göttin Tonantzin verehrt wurde.

rer Verehrung christliche und indigene Kulte und Mythen. Kirchen und Orden wurden zum stabilisierenden Faktor beim Ausbau kolonialer Strukturen.

Seit 1535: Goldgrube Neuspanien

Mit der Ernennung von Antonio de Mendoza zum ersten Vizekönig erhob 1535 Karl V. Neuspanien offiziell zur **Kolonie**. Seit 1547 wurden die in Dorfverbänden lebenden Indigenen in größeren Siedlungen zusammengezogen, neue Städte entstanden und die **systematische Ausbeutung** von Land und Menschen begann. Die reichen Silbervorkommen machten Spanien zum größten Silberexporteur weltweit. Innerhalb weniger Jahre reduzierte sich die Zahl der Indigenen drastisch, was auf willkürliche Ermordung, Sklavenarbeit und eingeschleppte Epidemien zurückzuführen war. **Bartolomé de las Casas**, Erzbischof von Chiapas, versuchte durch flammende Aufrufe die Menschenvernichtung in der »Neuen Welt« einzudämmen – ohne Erfolg. Um die Urbevölkerung zu schonen, plädierte er für afrikanische Sklaven, womit in vielen amerikanischen Ländern ein lang anhaltendes menschliches Elend einsetzte.

Sozialer Sprengstoff

In Mexiko selbst war nur eine sehr dünne spanische Oberschicht ansässig. Die in der Kolonie geborenen Weißen, die **Kreolen**, mussten meist als Handwerker oder niedrige Beamte ihr Auskommen suchen. Nach der bewussten Dezimierung der indigenen Bevölkerung stellten die

Mestizen den größten Bevölkerungsanteil. Da das Konkubinat geduldet war, zeugten viele Spanier zahlreiche Kinder, erkannten diese jedoch nicht an. Von den traditionellen Dorfgemeinschaften wurden sie zwar geduldet, nicht jedoch völlig integriert, woraus soziale Widersprüche und Identitätsprobleme entstanden, die bis heute die mexikanische Gesellschaft prägen.

Der Weg in die Unabhängigkeit

»Tod der schlechten Regierung« (1810)

Die Ideen der Französischen Revolution schwappten nicht nur in Form der nordamerikanischen Unabhängigkeitserklärung auf den Kontinent über. Auch in Mexiko formierten sich erste Souveränitätsbestrebungen. Diese bekamen durch den Sieg Napoleons im Jahr 1808 in Spanien und die Ernennung seines Bruders Joseph Bonaparte zum spanischen König neue Nahrung. Mexiko lehnte den ihm aufgezwungenen Herrscher ab.
Vor allem die Kreolen sahen nun die Zeit für die staatliche Unabhängigkeit gekommen und fanden im Priester **Miguel Hidalgo y Costilla** ihren radikalen Anführer. 1810 rief er von der Kanzel herab seine Gemeinde zum Kampf für eine Landreform und bessere soziale Bedingungen auf. Obwohl Hidalgo schon 1811 gefangen genommen und hingerichtet wurde, führte die von ihm ausgelöste Protestlawine 1821 zur Unabhängigkeit Mexikos.

Blutzoll für die Unabhängigkeit (1811–1821)

Die Nachfolge Hidalgos trat 1811 der Priester **José Maria Morelos** an. Ihm gelang es, die Ziele des Aufstands zu formulieren: Abschaffung von Sklaverei, Folter, Staatsmonopolen und Klassensystem sowie verfassungsmäßige Souveränität und allgemeines Wahlrecht. 1815 wurde auch er gefangen genommen und hingerichtet. Die europäische Entwicklung untergrub die Machtbasis der Spanier in Mexiko, trotzdem dauerte der blutige Konflikt an. Erst 1821 sah sich der spanische König Ferdinand VII. gezwungen, eine Verfassung zu unterschreiben, die Mexiko offiziell die Unabhängigkeit brachte.
Der Weg dorthin hatte etwa 650 000 Mexikanern das Leben gekostet. Doch selbst die Ausrufung der konstitutionellen Monarchie beseitigte nicht die gravierenden sozialen Konflikte. Vielmehr war es der reformfeindlichen spanischstämmigen Oberschicht gelungen, die ursprünglich sozialrevolutionären Kräfte der Bewegung auszuschalten.

Jahrhundert der Revolutionen

Krieg gegen die USA

Die ersten 30 Jahre der Unabhängigkeit waren von Diktatoren und Revolutionären geprägt. Bewaffnete Auseinandersetzungen, z. B. um letzte spanische Stützpunkte oder mit indigenen Stämmen und landlosen Bauern um Boden, stürzten das Land ins Chaos. Der Krieg mit den USA führte 1848 zum **Verlust des halben Staatsgebiets**: Kalifornien, Arizona, New Mexiko und Texas wurden Bundesstaaten der Vereinigten Staaten von Amerika.

Liberalisierung unter Benito Juárez

Benito Juárez, 1861–1872 der erste indigene Präsident, entwarf 1858 eine neue, liberale Verfassung. Sie beschnitt die Privilegien von Oberschicht und Klerus, konnte aber erst nach einem **dreijährigen Bürgerkrieg** in Kraft gesetzt werden. Den anschließenden Reformen folgte die Einmischung in- und ausländischer Mächte. Schließlich wurde seine Amtszeit durch die bewaffnete Intervention Frankreichs unter dem Vorwand der Eintreibung von Auslandsschulden unterbrochen.

Marionettenmonarch Maximilian I. (1863–1867)

England, Spanien und vor allem Frankreich hofften auf die Ausbeutung weiterer Reichtümer in Übersee und nahmen die Auslandsverschuldung Mexikos zum Anlass, militärisch einzugreifen. Napoleon III. setzte 1863 den Österreicher Maximilian I. auf den mexikanischen Thron. Maximilian galt als schwache Persönlichkeit, weswegen einflussreiche Kreise hofften, mit ihm einen Marionettenmonarchen gefunden zu haben, der ihren Interessen dient. Obwohl er sich mit prunkvollen Festen zunächst bei der Oberschicht beliebt machte, wandte sich diese von ihm ab, als er die liberalen Reformen Juárez' nicht zurücknahm. 1867 endete die unglückliche Regentschaft mit seiner Erschießung durch Truppen unter Porfirio Díaz.

Modernisierung

General Díaz putschte 1876 und damit begann seine als »Porfiriato« bezeichnete **30-jährige Diktatur**. In dieser Zeit erlebte Mexiko eine industrielle Revolution. Die wirtschaftliche Modernisierung ging jedoch auf Kosten der sozialen Verhältnisse: Die Verarmung der Land- und Industriearbeiter nahm rapide zu, Großgrundbesitz weitete sich in extremem Maße aus. Gewinner des Aufschwungs waren vor allem ausländische Investoren, die sich auf die Unterdrückung jeglichen Protests durch das Militär des General Díaz verlassen konnten.

Zapata und die Folgen

Ursache des Ausbruchs der mexikanischen Revolution waren die nicht länger akzeptierten sozialen Verhältnisse. Anlass bot der grobe Wahlbetrug, mit dem Díaz 1910 versuchte, seine Diktatur zu retten. Der eigentliche Wahlgewinner, Francisco Madero, proklamierte am 20. November 1910 aus dem amerikanischen Exil den Kampf gegen Díaz. Mithilfe der bewaffneten Anhängerschaft von **Francisco (Pancho) Villa** im Norden und von **Emiliano Zapata** im Süden des Landes gelangte Madero 1911 auf den Präsidentenstuhl. Die Ziele der weiß behemdeten Bauerntruppen Zapatas waren damit aber noch nicht erreicht (▶ Baedeker Wissen, S. 414). Um sich ihre Lebensgrundlage selbst zu erwirtschaften, forderten die Bauern eigenes

Nach seinem Einmarsch in Mexiko-Stadt 1914 ließ sich Pancho Villa auf dem Stuhl des Präsidenten fotografieren. Rechts daneben sitzt Zapata.

Land. Den Teufelskreis aus Lohnknechtschaft und Verschuldung bei den Großgrundbesitzern sollten traditioneller Gemeinschaftsbesitz und neue Landverteilung endlich durchbrechen. Unter der charismatischen Führung Zapatas und mit dem Schlachtruf »Land und Freiheit« (**»Tierra y Libertad«**) zog die Revolution in Südmexiko weite Kreise. Die Regierungstruppen hatten jedoch auch in anderen Landesteilen alle Hände voll zu tun: 1913 putschte Victoriano Huerta und wurde als neuer Diktator zum Hauptfeind der Revolutionäre. Mit vereinten Kräften nahmen **Pancho Villa**, der »Robin Hood des Nordens«, Álvaro Obregón als Bauernführer aus dem Westen und Emiliano Zapata aus dem Süden 1914 die Hauptstadt ein. Die heimatverbundenen Kämpfer der Revolution hielt es jedoch nicht lange dort, bald kehrten sie in ihre Regionen zurück. Ihr eigentliches Ziel hieß Land und nicht politische Macht.

Sieg der Revolution – Niederlage Zapatas

Der großbürgerlich-liberale **Venustiano Carranza** wurde 1917 Präsident des revolutionären Mexiko. Er erließ eine moderne Verfassung, die mit zahlreichen sozialen und politischen Reformen Mexiko bis heute am Leben erhält. An der Frage der Radikalität der Landreform entzündete sich jedoch ein Konflikt zwischen Zapata und Carranza, der schon 1918 erneut Regierungstruppen gegen die Bauern in den Süden schickte.

¡VIVA ZAPATA!

Großer Schnurrbart und entschlossener Blick, riesiger Sombrero auf dem Kopf und lange Flinte in der Hand – so wird das Bild Emiliano Zapatas auf Fotos überliefert. Heute wie zu Lebzeiten ist er eine Legende, gehört zu Mexiko wie der Tequila und die Sonne. Doch warum hatte dieser kleine Mann eine so große Wirkung? Und warum lässt sein Name bis heute die Mächtigen erzittern?

Emiliano Zapata wurde um 1877 als achtes Kind einer armen Landarbeiterfamilie in der Region Morelos geboren. Schon in jungen Jahren lernte er den Teufelskreis, der das Leben der landlosen Bauern bestimmte, am eigenen Leib kennen: Armut, harte Arbeit, Hunger und der Tod mehrerer Geschwister prägten Zapatas soziales Bewusstsein.

Er wurde Pferdezureiter, zog durch das Land und fand immer wieder die gleichen Missstände vor. Als er 30 Jahre alt war, wählte ihn sein Heimatdorf zum Gemeindevorsteher, ein Amt, das ihn zur tatkräftigen Umsetzung seiner Ziele ermunterte. Für die besitzlosen Bauern, die wie Leibeigene für ihre Patrones schufteten, wollte er den traditionellen Gemeindebesitz und die alten Gemeinderechte wieder zurückerobern. Ein Kampf, der ihn schließlich das Leben kostete und ihm **Unsterblichkeit** verlieh.

»Land und Freiheit«

Mit dieser Parole sammelte Zapata viele Kampfgenossen unter den landlosen Bauern, denen es um Land- und Wasserrechte ging. Zehntausende bewaffneten sich gegen die Großgrundbesitzer für eine gerechte Verteilung des Landes. Als der Landreformer Francisco Madero schließlich die Revolution ausrief, war auch für die **»Weißhemden«** Emiliano Zapatas – als »Uniform« trugen sie die weißen Hemden der Landarbeiter – die Zeit zum Kampf gekommen. Im Süden Mexikos erzielten sie große Erfolge und rangen gemeinsam mit den revolutionären Kräften aus anderen Regionen das alte Regime nieder.

Bald nach dem Einzug in Mexiko-Stadt zog sich Zapata aus dem Zentrum der politischen Macht zurück, um im Süden die Umverteilung des Landes voranzutreiben. Seine »Weißhemden« sollten lieber mit Pflug und Pflanzstock ihre Familien ernähren, als sich mit Flinte und Patronengürtel in der Weltgeschichte herumzutreiben.

Aber auch in Mexiko fraß die Revolution ihre Kinder: Venustiano Carranza, erster Präsident des revolutionären Mexikos und Verbündeter Zapatas, war nicht gewillt, die **Landreform** zu unterstützen und versuchte mit Truppen den Süden auf Linie zu bringen. Für den charakterstarken Zapata war jedoch klar, dass er seine Ideale nicht verraten und seine Gefolgsleute nicht enttäuschen durfte. Sein Charisma

Anhänger der Zapatistischen Nationalen Befreiungsarmee

und seine Integrität sorgten für die Loyalität der Bevölkerung.
Ein langer und blutiger Guerillakrieg schien unausweichlich, deshalb setzte Carranza auf Intrige und Mord statt auf politische Veränderungen. Zapata wurde am 10. April 1919 bei Chinameca in einen Hinterhalt gelockt und starb in einem Kugelhagel. Sein Grabmal befindet sich in Cuautla. Wenige Monate später schlossen die zapatistischen Führer ein Abkommen mit Alvaro Obregón, ihn in seinem Kampf um die Macht gegen Carranza zu unterstützen.

Chiapas: Zapata lebt

Nicht erst seit seinem Tod ist Zapata **Mythos und Nationalheld**. Die sozialen und wirtschaftlichen Lebensbedingungen der armen Landbevölkerung sind bis heute der Beweis für die Richtigkeit seiner Forderungen.

In den 1990er-Jahren wurde die Diskrepanz zwischen dem verarmten Süden und dem am Wohlstand der USA partizipierenden Norden immer deutlicher. In die Feierlichkeiten zum NAFTA-Beitritt Mexikos am 1. Januar 1994 knallte der deutliche Warnschuss aus dem Süden: Mit Zapata als Leitfigur sowie seinen Reformforderungen auf den Lippen besetzte die Indioguerilla zahlreiche Städte in Chiapas. Das Thema heißt – heute wie gestern – Landreform.
Offiziell ist der Aufstand zwar beendet, die im Untergrund aktive **»Zapatistische Nationale Befreiungsarmee«** vertritt aber weiterhin die Forderungen großer Bevölkerungsteile. Solange Mexiko dieses alte Problem nicht löst, lebt Emiliano Zapata weiter, und zwar nicht nur als glorifizierter Revolutionsheld, sondern als Unruhegeist, der umhergeht – solange er muss.

Emiliano Zapata, der sich bis auf den heutigen Tag in seiner Heimat Morelos und den benachbarten Bundesstaaten ungeheurer Beliebtheit erfreut, wurde in einen Hinterhalt gelockt und im Auftrag der Regierung 1919 **ermordet**. Vier Jahre später erlitt der zweite führende Kopf der Revolution, Pancho Villa, das gleiche Schicksal.

Die institutionalisierte Revolution

Stabilisierung

Das Rückgrat Mexikos im 20. Jh. waren die »Partei der institutionalisierten Revolution«, die in der Verfassung festgeschriebene einmalige sechsjährige Amtszeit des Präsidenten, die Gewerkschaften und die Korruption. So absurd es klingen mag: Diese Faktoren haben Putsche, Langzeitdiktaturen und Bürgerkriege verhindert.
Carranzas Nachfolger war **Álvaro Obregón** (1921–1924), dem es gelang, wichtige Reformen durchzusetzen: Schulen und Gewerkschaften entstanden, Land wurde verteilt und die Macht der Kirche eingeschränkt. Präsident Calles regierte von 1924 bis 1928, behielt aber bis 1933 starken Einfluss auf die folgenden Präsidenten. Wirtschaftliche Eigenständigkeit sollte die Verstaatlichung ausländischen Besitzes bringen, vor allem der US-amerikanischen und britischen Erdölgesellschaften. Seit 1929 besteht mit diversen Namensänderungen die »Partei der institutionalisierten Revolution« (Partido Revolucionario Institucional, **PRI**), deren Mitglieder bis zum Jahr 2000 ohne Unterbrechung sämtliche staatswichtigen Ämter besetzten.

Aufschwung

Während des Zweiten Weltkriegs erlebte Mexiko eine Phase der relativen inneren Ruhe. Als linksorientiertes Land gewährte es zahlreichen **Exilanten** Asyl, unter ihnen Leo Trotzkij, die Schriftstellerin Anna Seghers und der Journalist Egon Erwin Kisch. 1942 erklärte Mexiko Deutschland und Japan den Krieg, beteiligte sich aber erst 1945 mit Luftangriffen im Pazifik aktiv am Kriegsgeschehen. Trotz weiterhin stark steigender Bevölkerungszahlen verhinderte der wirtschaftliche Aufschwung der 1950er- und 1960er-Jahre Arbeitslosigkeit und Verelendung. Die Infrastruktur, das Sozial- und Bildungssystem konnten sogar weiter ausgebaut werden.

Korruption, Inflation, Rebellion

Von den positiven Auswirkungen des Wirtschaftswachstums profitierte jedoch hauptsächlich eine kleine elitäre Schicht, während der Großteil der Bevölkerung von diesem Wohlstand ausgeschlossen blieb. So enstand neue soziale Unzufriedenheit, die durch Korruption und Inflation zusätzlich Nahrung erhielt. Käuflichkeit der Ämter sowie Abhängigkeiten durch Geld und Freundschaftsdienste waren in Mexiko an der Tagesordnung. Gegen diese Machenschaften formierte sich Ende der 1960er-Jahre Protest, vor allem von Seiten der Intellektuellen. Traurige Berühmtheit erlangte Präsident Gustavo Díaz

Ordaz, der 1968 **Studentenproteste** grausam niedermetzeln ließ, um Mexiko anschließend den internationalen Gästen bei der Olympiade 1968 und der Fußballweltmeisterschaft 1970 als friedliches Land zu präsentieren.

Ölboom (1976–1981)

Die Schwierigkeiten verstärkten sich Anfang der 1970er-Jahre, als im Rahmen der weltweiten Wirtschaftskrise auch der Aufschwung in Mexiko endgültig zum Erliegen kam. Während der Präsidentschaft José López Portillos (1976–1982) erlebte das Land durch große Erdölfunde einen heftigen, aber kurzen Aufschwung. Überhöhte Investitionen und eine zunehmende Auslandsverschuldung waren die Folge, an denen Mexiko bis heute zu leiden hat.

Unruhe zum Jahrtausendwechsel

1994 brach der **Chiapas-Aufstand** aus, dem sich zapatistische Kämpfer der Nachbarregionen anschlossen. Die Rückbesinnung auf revolutionäre Forderungen zeigte, dass im Süden auch in den Jahren der »Institutionalisierten Revolution« soziale und ethnische Probleme weiter Bestand hatten. Zwar beruhigte sich die Situation nach 1996, eine zapatistische Guerillabewegung existiert aber weiterhin.

Ablösung der PRI

Bei den Präsidentschaftswahlen 2000 gewann der Bewerber des konservativ-katholischen PAN (Partido Acción Nacional), **Vicente Fox**, und setzte damit der 71 Jahre währenden Herrschaft der PRI ein Ende. Da jeder Präsident nach der Verfassung nur eine Amtszeit regieren darf, konnte Fox bei den Präsidentschaftswahlen im 2006 nicht noch einmal antreten. Weil viele Mexikaner ohnehin sehr unzufrieden mit seiner Regierung waren, wurde erwartet, dass sich der Kandidat der gemäßigten Linkspartei PRD (Partido de la Revolución Democrática), **Andrés Manuel López Obrador**, durchsetzen würde. Stattdessen aber gewann Fox' Parteikollege **Felipe Calderón Hinojosa** mit der hauchdünnen Mehrheit von 0,58 % der Stimmen, Zeichen einer deutlichen Spaltung der mexikanischen Bevölkerung. Obrador warf seinem Gegner Wahlbetrug vor und focht die Wahl an. In ganz Mexiko kam es zu Unruhen und Protesten, an denen sich bis zu 1 Mio. Menschen beteiligten.

Jüngste Entwicklungen

Andrés Manuel López Obrador, der sich 2012 bei den Präsidentschaftswahlen geschlagen geben musste, setzte sich sechs Jahre später schließlich mit seiner neu gegründeten Linkspartei Morena durch. Seit Dezember 2018 ist Obrador als neuer Präsident Mexikos im Amt. 2022 gewann er, da mehr als 90 % der Stimmen, ein umstrittenes Referendum über seine Amtszeit. Die Wahlbeteiligung war allerdings so gering, sodass das Ergebnis nicht verbindlich ist.

Drogenkrieg

Nach dem Ende des kolumbianischen Medellín-Kartells in den 1990er-Jahren übernahmen mexikanische Kartelle den Markt, die einen äußerst brutalen Krieg gegeneinander führen, in der der Staat fast auf verlorenem Posten steht. Niemand weiß, wie viele Menschen im Drogenkrieg bisher umgekommen oder verschwunden sind. 2017 eskalierte der Krieg, er forderte **mit über 25 000 Morden** mehr Tote, denn je. Zwei große Erfolge konnte der Staat in jüngster Zeit verbuchen: Juni 2018 wurde der US-mexikanische Drogenboss Édgar Valdez Villareal, ein Kopf des Beltrán-Leyva-Kartells und eine Schlüsselfigur im mexikanischen Drogenhandel, zu 49 Jahren Haft verurteilt. Joaquín »El Chapo« Guzmán, ehemaliger Anführer des Sinaloa-Kartells, wurde im Februar 2019 in allen Anklagepunkten schuldig gesprochen. Ihn erwartet eine lebenslange Haft. Trotzdem tobt der Drogenkrieg weiterhin unerbittlich.

PRÄHISPANISCHE KULTUREN

Nahezu 2000 Jahre lang gab es in Mittelamerika Hochkulturen. Sie errichteten Steinpyramiden und entwickelten eine Schrift. Größer und reicher als jede europäische Stadt des 15. Jh.s war Tenochtitlán, die Hauptstadt des mächtigen Aztekenreichs. Doch wurde diese Kultur um 1520 von den Spaniern vernichtet.

Forschungsprobleme

Die Ursprünge der indigenen Kulturen Mesoamerikas sind heute noch nicht klar erkennbar, da verlässliche Quellen fehlen. In der prähispanischen Überlieferung vermischen sich historische Fakten mit Mythologie und Legendenbildung. Hinzu kommt, dass – abgesehen von den epi-olmekischen Schriftzeichen – die einzige entwickelte Schrift der jener Epoche, die der Maya, bislang nicht vollständig entziffert ist. So ist das Geschichtsbild Mesoamerikas nach wie vor lückenhaft.

Der Begriff »prähispanische Kulturen« umschreibt einen kulturhistorischen Abschnitt, der nicht mit Kolumbus' Entdeckung Amerikas 1492 endete, sondern erst, als die Konquistadoren in den Lebenskreis jener Kulturen eintraten. Heute datiert man ihren Ursprung am Übergang von der archaischen zur formativen Zeit (um 1500 v. Chr.). Die letzte prähispanische Hochkultur, die der Azteken, endete 1521.

Olmeken (Blütezeit 1500–400 v. Chr.)

»Die Leute aus dem Kautschukland«

Vom Volk der Olmeken bzw. der La-Venta-Kultur (Náhuatl: die Leute aus dem Kautschukland) ist wenig bekannt. Die von den Olmeken gegründeten Stadtstaaten an der Golfküste (z. B. La Venta, Tres Zapotes und San Lorenzo Tenochtitlán) sind die ältesten Kult- und Wohnsiedlungen Mexikos. Die Olmeken waren neben den Proto-Zapoteken die ersten, die eine Glyphenschrift entwickelten und mit Zahlen umgehen konnten. Der sensationelle Fund der Stele von La Mojarra bei Veracruz 1986, die 400 erkennbare Hieroglyphen einer epi-olmekisch genannten Schrift aufweist, zeigte, dass schon 100 bis 150 Jahre vor demjenigen der Maya ein entwickeltes Schriftsystem existiert haben muss. Das älteste, exakt datierte Zeugnis ist die Stele C von Tres Zapotes (3. September 32 v. Chr.).

Einfluss auf andere Kulturen

Man nimmt an, dass die Olmeken auf der Suche nach Jade bis zur Pazifikküste und über Chiapas, Guatemala und San Salvador bis nach Costa Rica vordrangen, wo man olmekische oder olmekisch beeinflusste Ton-, Stein- und Jadefiguren, Reliefs sowie Wandmalereien an Felsen und in Höhlen entdeckte. Der Einfluss der Olmeken auf spätere mesoamerikanische Hochkulturen wie Maya, Monte Albán I, Dainzú und El Tajín zeigt sich vor allem in Reliefdarstellungen, Zahlen und Glyphen. Auch ein Teil der olmekischen Götterwelt (Xipe Tótec, Quetzalcóatl, Huehuetéotl u. a.) und das Ballspiel wurden von den nachfolgenden Kulturen übernommen.

Olmekische Kunst

Die Menschen von der Golfküste waren Meister der Bearbeitung harter Steine. Sie hinterließen bis zu 3,40 m hohe **Kolossalköpfe aus Basalt**, vermutlich Darstellungen von Priesterfürsten mit aufgeworfenen Lippen und breiter, fleischiger Nase, sowie gewaltige Altäre, Stelen, Keramik und äußerst fein gearbeitete Jadefiguren. Noch heute ist es rätselhaft, wie es ihnen möglich war, die bis zu 50 t schweren Basaltköpfe zu bewegen: Der Steinbruch für das Material liegt nämlich rund 120 km von La Venta entfernt. Allgegenwärtig ist die eigenartige Darstellung des Jaguars mit mehr oder weniger stark ausgeprägten menschlichen Zügen, offenbar ein Bild des Regengotts.
Die Funde der olmekischen Epoche befinden sich heute in den Museen von Villahermosa, Santiago Tuxtla, Tres Zapotes und Xalapa sowie im Anthropologischen Nationalmuseum von Mexiko-Stadt.

Teotihuacán (um 200 v. Chr.–750 n. Chr.)

Mesoamerikanische Metropole

In der klassischen Zeit war Teotihuacán **kultisches und urbanes Zentrum** und sowohl in religiöser, politischer wie ökonomischer Hinsicht die bedeutendste Metropole Mesoamerikas. Ihre Erbauer kamen wohl aus dem Norden kamen und vermischten sich später mit Einwanderern aus Cuicuilco und Copilco sowie aus der Huasteca.
Die Entwicklung von Teotihuacán umfasst mehrere Phasen. Die erste dauerte bis zur Zeitenwende, die zweite bis etwa 350 n. Chr. In der dritten Phase (bis etwa 650) erreichte die Stadt ihre Blütezeit. Aus-

PRÄHISPANISCHE KULTUREN

BAEDEKER WISSEN

Nahezu 2000 Jahre existierten in Mittelamerika Hochkulturen. Sie errichteten Steinpyramiden und entwickelten eine Schrift, kannten aber nicht das Rad. Größer und reicher als jede europäische Stadt im 15. Jh. war die Aztekenhauptstadt Tenochtitlán. Diese letzte große mittelamerikanische Kultur vernichteten die Spanier 1521.

▶ **Blütezeiten prähispanischer Kulturen**

Pyramide des Kukulkán in Chichén Itzá. Die Bauweise der 24 m hohen Pyramide versinnbildlicht einen Jahresablauf.

Olmekischer Kolossalkopf (um 1200 – 600 v. Chr.)

2000?/500 v. Chr. – 1450 n. Cl
Maya-Kalender

500 v. Chr. – 1521 n. Chr.
Hervorragender Schmuck und

1500 – 400 v. Chr. Olmeken
Glyphenschrift und Zahlensystem

▶ **Wichtige Machtzentren**

1500 – 900 v. Chr. | San Lorenzo
Tenochtitlán
Möglicherweise kultisches Zentrum

900 – 300 v. Chr. | La Venta
Möglicherweise politischer Nachfolger San Lorenzos

200 v. Chr. -
Mesoamerika
ristikum: arch

800 v. Chr. – 1200 n. Chr. | Monte Albán I – V
Blütezeit: Monte Albán IIIa und IIIb, 200 – 800 n. Chr., ca. 25 000 Einw.

700 v. Chr. – 900 n. Chr. | Tikal (Guatemala)
Tempelanlage, 500 km², im Zentrum mehr

1750 v. Chr. 1500 1250 1000 750 500 250 0

▶ Epocheneinteilung

PRÄKLASSIK

Maya

Zapoteken und Mixteken

polychrome Keramik, eigene Hieroglyphenschrift

950 – 1200 n. Chr. Tolteken

Metallbearbeitung, Einführung des Spinnwirtels

1300 – 1521 n. Chr. Azteken

Nachkommen der Tolteken, Monumentalskulpturen

n. Chr. | Teotihuacán

che Metropole, Charakte- tonisches Prinzip Talud-Tablero

ßer Berg«)

Monte Albán
Fünf Siedlungs- bzw. Bauphasen. Olmekische, zapotekische und mixtekische Elemente; großartige Grabbeigaben

600 – 1200 n. Chr. | El Tajín

Charakteristikum: sechsstöckige Nischenpyramide

3000 Monumente

50 | 500 | 750 | 1000 | 1250 | 1500 | 1750 | **2000 n. Chr.**

KLASSIK | POSTKLASSIK

tausch bestand mit Monte Albán, Pánuco, El Tajín und dem Maya-Gebiet nicht nur mit Handel, sondern u. a. auch in der Errichtung von Künstlerkolonien. Möglicherweise kontrollierte Teotihuacán zeitweise unmittelbar so weit entfernte Orte wie Kaminaljuyú in Guatemala (Luftlinie 1100 km) und Siedlungen der Tiefland-Maya. Auch auf die Kultstätten von Xochicalco, Cholula und das frühe El Tajín sowie auf zahlreiche Plätze in Guerrero gewann die Stadt Einfluss. Um 750 ging die Metropole auf zum Teil gewaltsame Weise unter.

Kultur Teotihuacán zeichnet sich vor allem durch eine beispielhafte Architektur aus. Charakteristisch ist das **Talud-Tablero**, wobei geneigte Stützmauern mithilfe horizontaler Gesimse optisch gegliedert und statisch stabilisiert werden. Dieses Prinzip wurde – meist modifiziert – auch von anderen Völkern übernommen. Gegenüber der monumentalen Architektur tritt die Bildhauerei stark in den Hintergrund. Abgesehen von Schlangenkopfskulpturen und Steinreliefs konzentriert sich die künstlerische Tätigkeit auf prächtige Masken, oft in Einlegearbeit, sowie auf steinerne Figuren. Die Wandmalereien zeigen eine überraschende Vielfalt an Motiven wie Göttergestalten, Tiere, Kultszenen. In der Mythologie dominieren die Götter des Maises, der Regengott und der Gott des Feuers, die oft Tiergestalt besitzen.

Maya (2000?/500 v. Chr.–1450 n. Chr.)

Herkunft Die Herkunft der Maya liegt historisch im Dunkeln. Jüngere Forschungsergebnisse beweisen wohl, dass bereits um 2000 v. Chr. in Cuello (Belize) ein größeres Maya-Zentrum entstanden war, das bis 200 n. Chr. existierte. Ein Stamm, aus dem später die Huasteken hervorgingen, scheint sich schon zwischen 2000 und 1500 v. Chr. an der Nordküste des Golfs von Mexiko niedergelassen zu haben.

Klassisches Maya-Gebiet Das Stammland der Maya war zwar bereits um 1500 v. Chr. dicht besiedelt. Dazu gehörten Palenque, Bonampak, Tonina, Yaxchilan und Chinkultic in Chiapas, ferner Städte in Guatemala, Belize und Honduras. Der Einfluss der Maya reichte bereits früh bis Oaxaca (Monte Albán II) und später in der klassischen Periode bis Teotihuacán.

Kulturelle Leistungen Die bedeutendsten Leistungen der Maya, die ohne Metallwerkzeuge, Zug- und Tragtiere auskamen und das Rad nur für Kinderspielzeug verwendeten, entstanden in der klassischen Periode (200–900) vor allem im zentralen Siedlungsgebiet. Man errichtete Paläste, Ballspielplätze, Altäre und Stelen nach bestimmten Daten des Kalenders. Die Stelen zeigen in Flachrelief Schriftzeichen, Darstellungen von Herrschern und historische Szenen oder sind als Vollplastiken gestaltet.

Steinrelief der Maya (Anthropologisches Museum, Mexiko-Stadt)

Der **Maya-Kalender** (▶ Baedeker Wissen, S. 424) gilt als der genaueste der damaligen Zeit. Die Maya benutzten als Erste die **Zahl Null**, wodurch sie gewaltige Zeiträume errechnen und hoch entwickelte Mathematik und Astronomie betreibenkonnten.
Sie besaßen wohl die einzige sowohl logografisch als auch phonetisch **voll entwickelte Hieroglyphenschrift**. Die bisher rund 800 identifizierten Glyphen können sowohl für eine Silbe als auch für ein Wort stehen. Von den 400 häufiger verwendeten Zeichen können heute 80 bis 90 % gelesen und ausgesprochen werden. Der Durchbruch zur Entzifferung gelang 1958, als der in Mexiko lebende Deutsche **Heinrich Berlin** die Wappen-Glyphen fand. Er entdeckte, dass bestimmte Zeichen immer nur an bestimmten Orten erscheinen. So konnten die Glyphen von acht Maya-Städten entziffert werden. Daraus schloss Berlin, dass auf den Stelen und anderen Monumenten die Geschichte dieser Orte aufgeschrieben sei. **Tatjana Proskouriakoff** erkannte, dass die Datierungen in speziellen Stelengruppen die Regierungszeit sowie Geburts- und Heiratsdaten eines Herrschers angaben. Gleichzeitig gelang es, aus den Glyphen die Namen bestimmter Herrscher und ihrer Familienmitglieder herauszufinden. Die »Bücher« der Maya sind die aus gipsbeschichtetem Rindenpapier bestehenden und wie ein Leporello gefalteten **Maya-Codices**. Diejenigen, die nicht

BAEDEKER WISSEN

MEISTER DER ZEITRECHNUNG

Astronomie und Mathematik waren bei den Maya hoch entwickelt. Ihr aus zwei Systemen kombinierter Kalender ordnete Tage, Monate und Jahre jeweils einzelnen Gottheiten zu. Jede Datumsangabe hatte eine bestimmte, Glück bringende oder unheilvolle Bedeutung. Vor der Durchführung wichtiger Vorhaben musste stets der Kalender befragt werden.

▶ Tzolkin (Ritueller Kalender)

Der Ritualkalender umfasst einen Jahreszyklus von 260 Tagen. Jeder Tag setzt sich aus einem der 20 Tagesglyphen und einer Zahl zwischen 1 und 13 zusammen. Mit jedem Tag rückten Zahlen- und Glyphenreihe um eine Stelle weiter.

Tagesglyphen

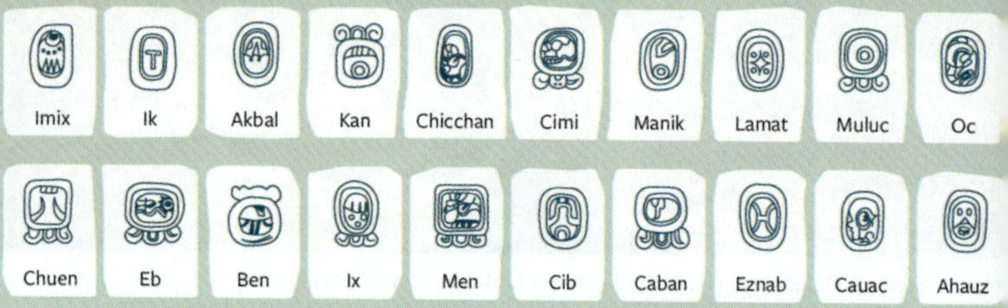

Imix

Ik

Akbal

Kan

Chicchan

Cimi

Manik

Lamat

Muluc

Oc

Chuen

Eb

Ben

Ix

Men

Cib

Caban

Eznab

Cauac

Ahauz

▶ Haab (Sonnenkalender)

Der Sonnenkalender besteht aus 18 Monaten zu je 20 Tagen und einem weiteren Monat (»Uayeb«) mit fünf Tagen, um auf 365 Tage zu kommen. Diese fünf Tage gelten als Unglück bringende, »leere« Tage.

Monatsglyphen

Pop

Uo

Zip

Zotz

Tzec

Xul

Yaxkin

Mol

Chen

Yax

Zac

Ceh

Mac

Kankin

Muan

Pax

Kayab

Cumhu

Uayeb

▶ Zahlenreihe

Die 20 Tage der Haab-Monate werden von 0 bis 19 gezählt.

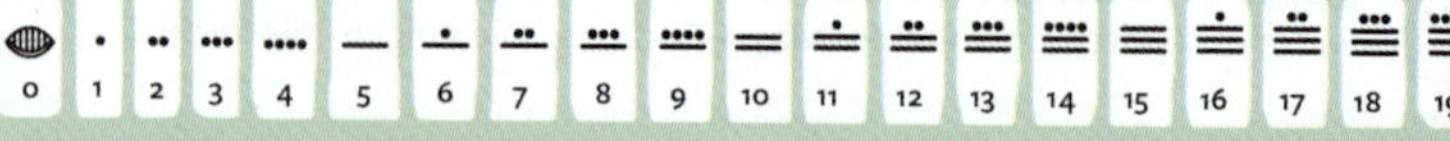

ie Kalenderrunde
ach 18 980 Tagen oder 52 Sonnenjahren beginnen ch die Kombinationmöglichkeiten des Sonnen- nd des Ritualkalenders zu wiederholen. Dieses Äon« ist zu Ende, wenn der letzte Tag des Jahres n Ritualkalender (Tzolkin) und im Sonnenkalender Haab) auf dasselbe Datum fallen.

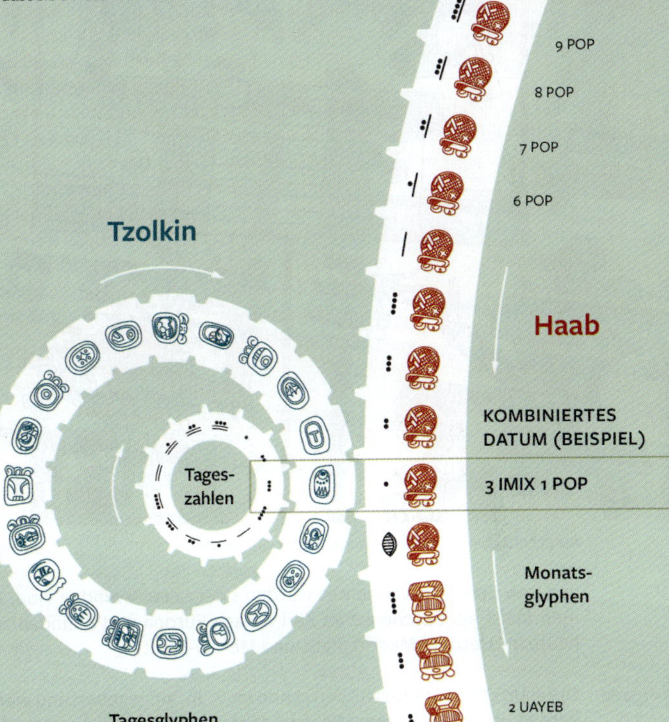

ange Zeitspannen
Das komplexe Kalendersystem gestattet den echnerischen Umgang mit sehr langen Zeitspannen. So wurden von den Maya Daten berechnet, die ahrmillionen zurücklagen.
Das Wort »kin« bedeutete Tag, es folgten »uniak« = o Tage (ein Monat), »tun« = 360 Tage (ein Jahr), »katun« = 7200 Tage (20 Jahre) und »baktun« = 44 000 Tage (ca. 400 Jahre).

Ausschnitt aus einem mixtekischer Codex (um 1400)

von den Spaniern vernichtet wurden oder verschwunden sind, kamen meist als Geschenke an Karl V. nach Europa und befinden sich heute in Dresden, Madrid, Paris und Mexiko-Stadt.

Untergang Die glanzvollen Städte wurden schon im 9. Jh. aufgegeben und waren bereits um 900 verlassen. Es wird angenommen, dass Auseinandersetzungen zwischen den einzelnen Städten das Ende herbeiführten. Auch äußerer Druck durch neu einwandernde fremde Stämme hat den Zusammenbruch wohl beschleunigt.

Fremde Kultureinflüsse Mit dem Eindringen der Tolteken und anderer Stämme in das nördliche Yucatán erlebte das Kunstschaffen einen neuen Aufschwung. Vor allem in Chichén Itzá zeigt sich die Verbindung von toltekischen und Maya-Stilelementen, so an den Großskulpturen der **Chacmool** und der **Atlanten**. Dominierend ist das Motiv der Federschlange. Die Blütezeit von Chichén Itzá ging um 1200 zu Ende, als es von Mayapán überflügelt wurde. Diese letzte große Maya-Metropole ging ca. 1450 unter. Eine größere Zahl von kleinerer Fürstentümer ohne kulturelle Bedeutung exisietierte weiter. doch nach 20 Jahre harten Krieges hatten die Spanier schließlich 1542 die Maya Yucatáns unterworfen.

Zapoteken und Mixteken (500 v. Chr.–1521 n. Chr.)

Geschichte

Die Geschichte des großen Kultzentrums Monte Albán im Tal von Oaxaca (Südmexiko) wird in fünf Phasen (Monte Albán I, II, III, IV und V) eingeteilt. Die aus vorchristlicher Zeit stammenden Steinreliefs, Gräber und Keramik lassen in der Frühzeit Einflüsse Der Olmeken, später der Maya erkennen. Von 300 bis 600 ist ein **lebhafter Kulturaustausch mit Teotihuacán** feststellbar. Zwischen 800 und 1000 tratvollzog sich der Niedergang. Vieles spricht dafür, dass Monte Albán von den Zapoteken verlassen und von den Mixteken als Begräbnisstätte übernommen wurde. Gegen Ende des 15. Jh.s unterwarfen die Azteken das Gebiet um Oaxaca.

Kultur

In der klassischen Zeit entstanden Figurengefäße als Grabbeigaben, die meist Priestergottheiten darstellen. Der **Totenkult** spielte eine große Rolle: Die Grabkammern, von kreuzförmigem Grundriss, wurden mit Fresken und Reliefs geschmückt und bargen reiche Grabbeigaben. In der Götterwelt im Tal von Oaxaca dominierten der Regengott Cocijo, der Maisgott Pitao Cozobi, der Windgott Quetzalcóatl sowie Xipe Tótec, der Gott der Erneuerung und der Juweliere.

El Tajín (600–1200)

Geschichte

Die Kultstätte El Tajín wurde lange den Totonaken zugeschrieben, die aber erst gegen Anfang des 13. Jh.s einwanderten, als die Stadt bereits verlassen war. Die Erbauer sind nicht zweifelsfrei auszumachen; man fand spätolmekische Merkmale und Einflüsse von Teotihuacán.

Kultur

Die Blütezeit von El Tajín dürfte zwischen 700 und 900 gelegen haben. Es entwickelte sich ein spezifischer Baustil, dessen bedeutendstes Zeugnis die sechsstöckige Nischenpyramide ist. Weitere typische Funde sind die oft kunstvoll ornamentierten Steinplastiken, die Yugo (Joch), Hacha (Axt) und Palma (Palme) genannt werden. Sie sind vermutlich Nachbildungen hölzerner Schutzschilde, die man beim **rituellen Ballspiel** trug. Dieses war im Glaubensleben von großer Bedeutung; allein in El Tajín hat man 13 Ballspielplätze gefunden. Unklar bleibt bislang, ob der Sieger oder der Verlierer geopfert wurde.

Tolteken (950–1200)

Geschichte

Die Nachklassik der prähispanischen Kulturen wird mit der Entstehung der toltekischen Metropole Tollán (**Tula**) eingeleitet. Der als Tolteken bezeichnete Stamm entstand wahrscheinlich aus zwei Gruppen: den aus dem Westen eingewanderten, Náhuatl sprechenden Chichimeken und den aus Tabasco kommenden Nonoalca. Um 1000 begann sich die Kultur der Tolteken mit der Maya-Kultur zu vermischen. Die Tolteken übten auch Einfluss auf die nördlichen Teile des Hochlandes von Mexiko aus, ferner im Norden auf La Quemada, Chalchihuites und wahrscheinlich sogar auf Casas Grandes. Die vergleichsweise kurze Blütezeit der Tolteken endete 1175 mit dem raschen Untergang Tulas. Ein Teil der geflüchteten Tolteken ließ sich im Hochtal von Mexiko (Culhuacán und Cholula) nieder, ein anderer zog bis in das Gebiet des heutigen Nicaragua.

Kultur

Stilistisch unterscheidet sich die toltekische Epoche von der Klassik durch eine Vergröberung des Stils in Architektur und Bildhauerei. Zu den bemerkenswerten Zeugnissen gehören große Säulenhallen, die bis 4,60 m hohen Kolossalstatuen der Atlanten, die eigenartigen liegenden Figuren des **Chac-mool** (roter Jaguar) sowie die Schlangenmauer (**Coatepantli**) und die Schädelmauer (**Tzompantli**). Die kriegerischen Züge dieser Zivilisation, die von den Militärorden der Adler und der Jaguare repräsentiert wurde, zeigen sich in den Reliefs von Totenschädeln, Kriegs- und Opferszenen. Die schönsten Beispiele toltekischer Kunst in Yucatán findet man in **Chichén Itzá**, wo offenbar die Grundkonzeption toltekischen Ursprungs ist, das Dekor dagegen von Maya-Künstlern ausgestaltet wurde.

In der Götterwelt hatte **Quetzalcóatl** in seinen Symbolen und Gestalten eine überragende Bedeutung. Ihm stand sein Bruder und Gegenspieler **Tezcatlipoca** gegenüber, der Gott des Nachthimmels, der Zauberer und der strafenden Gerechtigkeit. Allgemein begannen Astral- und Kriegsgottheiten die Erd- und Vegetationsgötter der klassischen Epoche zu verdrängen. Parallel dazu musste der Priesterstand in jener Zeit seine Führungsrolle an die Kriegerkaste abtreten.

Azteken (1300–1521)

Geschichte

Die im 12. Jh. aus dem Nordwesten in das Hochtal von Mexiko eingewanderten Azteken (Leute aus dem Land Aztlán) errichteten um die Mitte des 14. Jh.s auf einer Insel im Texcoco-See ihre Hauptstadt **Tenochtitlán** (heute Mexiko-Stadt). Nach der Gründung ihrer riesigen Hauptstadt tauchte auch der Begriff »Mexica« auf, mit dem sie sich selbst bezeichneten. In den folgenden 150 Jahren dehnten sie ihre Herrschaft bis zur Küsten des Golfs von Mexiko und bis zur Grenze des heutigen Guatemala aus. Es war kein einheitliches Reich, sondern ein Gebiet von 40 Provinzen außerhalb des Kernlands, die den Azteken tributpflichtig waren. Die Invasion der Spanier bereitete der letzten mesoamerikanischen Hochkultur ein jähes Ende.

Tenochtitlán

Die spanischen Eroberer waren überwältigt von der Größe, Pracht und wohlgeordneten Anlage der Metropole. Selbst **Hernán Cortés** schrieb später an Kaiser Karl V. **über den Markt von Tlatelolco**:

> »
> Unter uns waren Soldaten, die in der Welt herumgekommen waren, in Konstantinopel, in ganz Italien, und sie sagten, sie hätten niemals einen so geordneten, großen und so von Waren und Menschen überfüllten Markt gesehen.
> «

Chronist Bernal Díaz del Castillo berichtet, dass täglich 25 000 Menschen diesen Markt besuchten, dass aber alle fünf Tage ein Markt abgehalten würde, der 40 000–50 000 Menschen anlockte.
Tenochtitlán (Ort der Kaktusfrucht) und das 1473 von ihm eroberte Tlatelolco waren bei Ankunft der Spanier in vier Bezirke geteilt, die man noch lange nach der spanischen Eroberung beibehielt. Die traditionelle Verwaltungseinheit bildeten jedoch die kleineren Calpulli, Stadtviertel mit gemeinsamem Landbesitz unter einem selbstgewählten Oberhaupt. Das Zentrum der Seestadt war durch drei große Dämme mit den Ufern verbunden.

Gesellschaftsordnung

Die aztekische Gesellschaft war hierarchisch gegliedert, ließ jedoch alle Aufstiegsmöglichkeiten zu. Alle Ämter und Würden im Aztekenreich wurden auf Lebenszeit verliehen. Es gab prinzipiell keinen Erbadel. Die Mitglieder der obersten Schicht in Heer, Verwaltung und Gerichtsbarkeit wurden mit **Tecuhtlí** (Herr, Würdenträger) angeredet. Der Herrscher führte die Titel **Tlatoaní** (Sprecher, d. h. Leiter im Tlatocan, dem Obersten Rat) und **Tlacatecuhtlí** (Herr der Krieger). In Tenochtitlán wurde der Herrscher von einer Wahlversammlung der Oberschicht gewählt.
Der Nachwuchs für den **Priesterstand**, der mit Krieger- und Beamtenschaft gleichberechtigt war, wurde in den höheren Schulen erzogen. Mit 22 Jahren konnte der Novize, der sich entschloss, ehelos zu bleiben, den Ehrentitel eines **Tlamacazqui** (Priester) erwerben. An der Spitze der Geistlichkeit standen zwei Hohepriester, der **Quetzalcóatl Tótec Tlamacazqui** (Federschlangenpriester unseres Herrn) für den Kult des Sonnen- und Kriegsgottes und der **Quetzalcóatl Tláloc Tlamacazqui** (Federschlangenpriester des Tláloc) für den des Regengottes. Für die weiblichen Gottheiten gab es **Priesterinnen.**

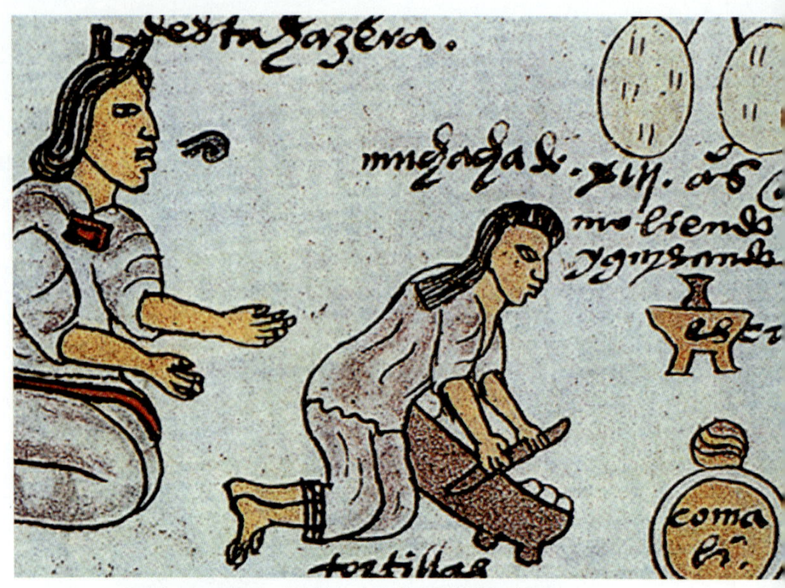

Erziehung aztekischer Mädchen (aus dem Codex Mendoza)

Die **Kaufleute**, die Pochteca, vererbten ihr Gewerbe. Die Kriegerlaufbahn war ihnen verschlossen, jedoch hatten sie auf ihren Handelsfahrten in entlegene Gegenden die Funktion von Spähern. Die **Kunsthandwerker** wurden **Tolteca** genannt, da man die Entwicklung der kunsthandwerklichen Fertigkeiten den Tolteken zuschrieb – und die Azteken sich zudem als deren Nachkommen betrachteten. Die wichtigsten Handwerkergilden waren die Federflechter (Amanteca) und die Goldschmiede (Teocuitlahuaque), besonders angesehen war der Schreiber oder Buchmaler (Tlacuilo). Es gab auch **Sklaven**, Tlatlacotin, deren Lebensbedingungen allerdings wesentlich humaner als in Europa waren. Ihnen wurde Besitz zugestanden, sie konnten Geld sparen und sich freikaufen. Ehen zwischen Freien und Sklaven waren gestattet. Die Sklaven rekrutierten sich aus den Kriegsgefangenen, die nicht geopfert wurden. Außerdem konnte man wegen eines Vergehens zur Sklaverei verurteilt werden. Der größte Teil jedoch scheint sich **freiwillig** in die Sklaverei begeben zu haben, wobei sie den Kaufpreis erhielten und in Freiheit blieben, bis das Geld aufgezehrt war.

Mythologie

Die Azteken glaubten, dass unserer Welt andere, durch kosmische Katastrophen zerstörte Welten vorausgegangen seien. Für sie war unsere die fünfte, weshalb der berühmte Kalenderstein auch der **»Stein der Fünften Sonne«** (▶ S. 205) heißt. Nach der Zerstörung der vierten Welt durch eine Sintflut versammelten sich die Götter in Teotihuacán. Durch die Selbstverbrennung einer Gottheit entstand die neue Sonne, die aber zunächst noch unbeweglich blieb. Hierauf opferten sich die übrigen Götter, ihre Lebenskraft setzte die Sonne in Bewegung. Da das Universum erst durch **Opfer** in Gang gebracht worden war, konnte sein Fortbestand ebenfalls nur gesichert werden, indem man etwas Kostbares opferte, nämlich Menschenblut, auf Náhuatl **Chalchiuatl** (kostbares Wasser) genannt.

Besonders wichtig waren die **Menschenopfer** nach Ablauf eines mexikanischen »Jahrhunderts«, das 52 Jahre umfasste. Dieser Zeitabschnitt ergab sich aus dem heiligen Wahrsagekalender, dessen Daten sich aus zwanzig Glyphen und 13 Grundzahlen zusammensetzten. Der Jahresbeginn konnte nur auf vier der Glyphen fallen, die, multipliziert mit den 13 Grundzahlen, 52 Jahresbeginne ergaben, nach denen der erste Tag des Jahres wieder die gleiche Glyphe und die gleiche Zahl hat. An diesen Tag »knüpfte« man die Jahre, und die Azteken glaubten, dass in diesem Moment die Gefahr einer kosmischen Katastrophe besonders groß sei. Im ganzen Land wurden die Feuer gelöscht und die bunte Stuckschicht auf Pyramiden und Tempeln zerschlagen. In der Nacht begaben sich die Hohepriester auf den Gipfel des Bergs Uixachtecatl, um die Gestirne zu beobachten. Wenn sie sich wider Erwarten weiterbewegten, wurde in der Brust eines getöteten Opfers eine Flamme entfacht und durch Sendboten das »neue Feuer« ins Land getragen. Danach versah man die Heiligtümer mit einer neuen Ummantelung.

Im Mittelpunkt der aztekischen Religion stand **Huitzilopochtli** (Kolibri des Südens), Kriegsgott und Symbol der Sonne, der wie diese jeden Abend starb und morgens wiedergeboren wurde. Zu den anderen, überwiegend von unterworfenen Völkern übernommenen **Gottheiten** gehörten: **Tláloc** (Tlalli = Erde, Gott des Regens und des Wachstums), **Tezcatlipoca** (Rauchender Spiegel, Gott des Nachthimmels, der Zerstörung, der Zauberei und der strafenden Gerechtigkeit), **Xipe Tótec** (Unser Herr der Geschundene, Gott der natürlichen Erneuerung und der Juweliere), **Quetzalcóatl** (Gefiederte Schlange, vieldeutige Gottheit des Morgensterns, des Windes und der Zivilsationstechniken), **Coatlícue** (Die mit dem Schlangenschurz, Erdgöttin und Mutter Huitzilopochtlis) sowie ihre Tochter **Coyolxauhqui** (Die sich das Gesicht mit Glocken bemalt, Göttin des Mondes und der Nacht).

Kriegswesen

Die Azteken hatten eine **grundlegend andere Kriegsauffassung** als die Europäer, was die Ratlosigkeit angesichts der Kriegsführung der Spanier erklärt. Es gab keine Überraschungsangriffe; der Kriegserklärung gingen stets Gesandtschaften voraus, die in langwierigen Verhandlungen dem Gegner immer wieder die Wahl zwischen freiwilliger Unterwerfung und Kampf ließen. Kam es zum Krieg, war das Ziel nicht die Tötung, sondern die **Gefangennahme der Gegner**.

Sobald der Haupttempel der feindlichen Stadt erobert war, galt das als Gottesgericht: Huitzilopochtli, der Kriegsgott der Azteken, hatte sich als der Stärkere erwiesen. Die Kämpfe wurden sofort eingestellt, und es begann das Feilschen um den Tribut, der so festgesetzt wurde, dass das Wirtschaftsgefüge des unterworfenen Volkes intakt blieb. Dieses durfte auch seine Sitten und Gebräuche beibehalten.
Zur Zeit der spanischen Eroberung hatte das Aztekenreich aber bereits seine größte Ausdehnung erreicht, neue Feldzüge waren sehr selten. Daher mangelte es an Kriegsgefangenen für die Opferungen. Die Stadtstaaten Tenochtitlán, Texcoco und Tlacopan kamen deshalb mit den Lehnsherrschaften Tlaxcala, Huejotzingo und Cholula überein, **regelmäßig rituelle Kampfhandlungen** nur zum Zweck der Gefangennahme abzuhalten. Unter diesen **Xochíyáoyotl** (Blumenkrieg) hatte besonders Tlaxcala schwer zu leiden, sodass sich die Tlaxcalteken mit den Spaniern gegen die Azteken verbündeten; ohne diese Hilfe wäre die Eroberung von Tenochtitlán wohl kaum gelungen.

Codices

Die Kenntnisse über die Azteken beruhen neben Aufzeichnungen der Konquistadoren und der Mönche auf den in einer ideografischen Schrift abgefassten **Codices**. Die Ordensbrüder, die die christliche Umerziehung der Indigenen in die Hand nahmen, fanden noch genügend Jüngere aus der Oberschicht, die der Bilderschrift mächtig waren. Nach deren Diktat konnten sie die Náhuatl-Texte in lateinischer Schrift niederschreiben oder sie unsere Lautschrift lehren.

KUNSTGESCHICHTE

Die überwältigenden prähispanischen Bauwerke und die teils fröhlichen, teils verstörenden Bilder der Frida Kahlo sind den meisten bekannt. Doch auf den folgenden Seiten erfahren Sie einiges mehr: von Einflüssen der Kolonialzeit vor allem auf die Architektur oder dem genuin mexikanischen Muralismo.

Malerei

Prähispanische Zeit

Vor der spanischen Conquista (bis etwa 1520) dominierte in Mexiko die Wandmalerei. Hervorragende Beispiele hierfür sind die Fresken des Maya-Tempels in Bonampak oder die Malereien in Teotihuacán, Tepantitla, Atetelco, Cacaxtla und Cholula bei Puebla. Leider blieben nur wenige dieser Zeugnisse erhalten. Die Rot- und Orangetöne, das Gold und das berühmte Blau der Fresken von Bonampak geben einen Eindruck vom hohen Stand der Maltechnik zur Zeit der klassischen

Maya-Kultur. Außer Fresken hat man ebenfalls kunstvoll bemalte Keramik gefunden. In diese Epoche gehören auch die Bilderhandschriften mit figürlichen Darstellungen und Bildzeichen.

Kolonialkunst

Bald nach der Conquista begannen europäische Künstler an der von Franziskanermönchen gegründeten Schule in Mexiko-Stadt zu lehren. Sie standen unter dem Einfluss der niederländischen Schule. Bedeutung erreichte in dieser Epoche allein der in Mexiko lebende flämische Maler **Simon Pereyns** (1566–1603). Zu Beginn des 17. Jh.s entstand eine eigenständige Kolonialkunst, dokumentiert in den Werken von **Baltazar de Echave Orío** (1548–1620), **Baltazar de Echave Ibía** (1585–1645) und **Luis Juárez** (1600–1635). Später folgten **José Juárez** (1615–1667), **Baltazar de Echave Rioja** (1632–1682) und **Pedro Ramírez** (1650–1678), denen es gelang, Stile so unterschiedlicher europäischer Maler wie Murillo und Rubens mit ihrem eigenen Duktus zu verbinden.

Mexikanischer Barock

Bedeutende Vertreter der ersten Phase des mexikanischen Barock (Ende 17. Jh./Anfang 18. Jh.) sind **Cristóbal de Villalpando** (1652 bis 1714), **Juan Correa** (1674–1739) und **Juan Rodríguez Juárez** (1675–1728). Ihre Bilder lassen deutlich europäischen Einfluss erkennen. Die Correa-Schüler **José María de Ibarra** (1688–1756) und **Míguel Cabrera** (1695–1768) bestimmten die mexikanische Malerei des 18. Jahrhunderts. Im Gegensatz zur Architektur bleibt die mexikanische Malerei dieser Zeit fast gänzlich frei von indigenen Einflüssen.

19. Jahrhundert

Für die Mitte und die zweite Hälfte des 19. Jh.s sind als Porträtist der Vertreter der naiven Kunst, **José María Estrada** (1830–1862), und als Landschaftsmaler **José María Velasco** (1840–1912), der spätere Lehrer von Diego Rivera, zu erwähnen. In der Provinz entwickelte sich jetzt eine volkstümliche, aussagekräftige Malerei, deren beste Zeugnisse in den vielen Dorfkapellen zu finden sind. Gegen Ende des 19. und zu Beginn des 20. Jh.s verstärkte sich der Einfluss des französischen Impressionismus, so in den Landschaftsbildern von **Joaquín Claussel** (1866–1935) und **Mateos Saldaña**.

Muralismo (▶Baedeker Wissen, S. 434)

Mit dem Muralismo entstand eine eigenständige Kunstform. Ausgangspunkt dieser Richtung war eine sezessionistische Ausstellung im Jahr 1910, in deren Mittelpunkt Gerardo Murillo (1875–1964) stand, der sich **Dr. Atl** (Náhuatl: Wasser) nannte; als Vorläufer der neuen Kunstrichtung gilt der Metallstecher und politische Karikaturist José Guadalupe Posada (1851–1913).
Noch heute werden die drei führenden Künstler der neuen Stilrichtung »Los tres grandes« genannt: **Diego Rivera** (1886–1957), **José Clemente Orozco** (1883–1949) und **David Álfaro Siqueiros**

DIE GROSSEN DREI DES MURALISMO

BAEDEKER WISSEN

Die Geschichte des mexikanischen Muralismo war im Wesentlichen die der »Los Tres Grandes« – Diego Rivera, José Orozco und David Álfaro Siqueiros –, obwohl von Anfang an auch viele andere Künstler beteiligt waren. Es entstand eine neue Form der Volkskunst: als überdimensionales »mural« (Wandgemälde), frei zugänglich für das ganze Volk.

Obwohl **José Orozco** (1883–1949) und **David Álfaro Siqueiros** (1896–1974) bereits seit 1914 an Plänen zu einer künstlerischen und sozialen Revolution beteiligt waren, entstand erst sieben Jahre später – nach den Revolutionswirren – der Wunsch, die Einheit und Identität Mexikos **(Mexicanidad)** auch bildlich darzustellen. Die Voraussetzung für die Etablierung einer neuen Kunstform schuf Anfang der 1920er-Jahre der damalige Erziehungsminister José Vasconcelos, der den Künstlern die Wände von Schulen und öffentlichen Gebäuden zur Verfügung stellte. Nach seinem Paris-Aufenthalt wurde Diego Rivera (1886–1957) 1921 Teil des Teams, das versuchte, eine mexikanische Form des Modernismus zu entwickeln (▶ Baedeker Wissen, S. 216).

Tradition und Vision

Die Maler wandten sich jetzt der alten, lebendig gebliebenen Volkskunst zu, übernahmen Formen, Farben und Themen aus der prähispanischen Kunst und zeigten auf Wandbildern Szenen, die **die mexikanische Geschichte** zum Thema hatten wie auch den Blick auf **eine bessere Zukunft für die Massen** mittels Mechanisierung, moderner Landwirtschaft und Medizin. Nicht Ateliers, Museen, Galerien waren die passenden Ausstellungsorte für dieses Anliegen, sondern öffentliche Räume, zu denen auch das einfache Volk Zugang hatte. In puncto Fortschrittsglaube und Erziehung analphabetischer Massen fühlten sie sich zwar einer bestimmten Ideologie verpflichtet, doch meist ohne dabei in einen doktrinären sozialistischen Realismus zu verfallen.

Die Bewegung zerbricht

Trotz der guten Vorsätze hatte die Bewegung der Muralisten, wie sie sich mittlerweile nannten, keine Zukunft. Schon bald fiel sie auseinander: Es kam zu einer Auseinandersetzung über den (kommunistischen) Gehalt einiger Wandgemälde, womit ein langer **künstlerischer und ideologischer Diskurs zwischen Siqueiros und Rivera** begann. Höhepunkt war der 28. August 1935, als Rivera mit einer Pistole in der Hand einen Vortrag Siqueiros' im Palacio Bellas Artes stürmte und eine Debatte über das Wesen des mexikanischen Muralismo verlangte. Diese dauerte mehrere Tage an – man einigte sich schließlich darauf, sich nicht einigen zu können. Trotz all der Widrigkeiten entstanden über einen langen Zeitraum viele außergewöhnliche Kunstwerke des Muralismo. Da sich Siqueiros öfters im Gefängnis oder im Exil aufhalten musste, wurden aus den großen Drei schließlich nur noch Zwei, wobei Rivera vor allem in Mexiko-Stadt

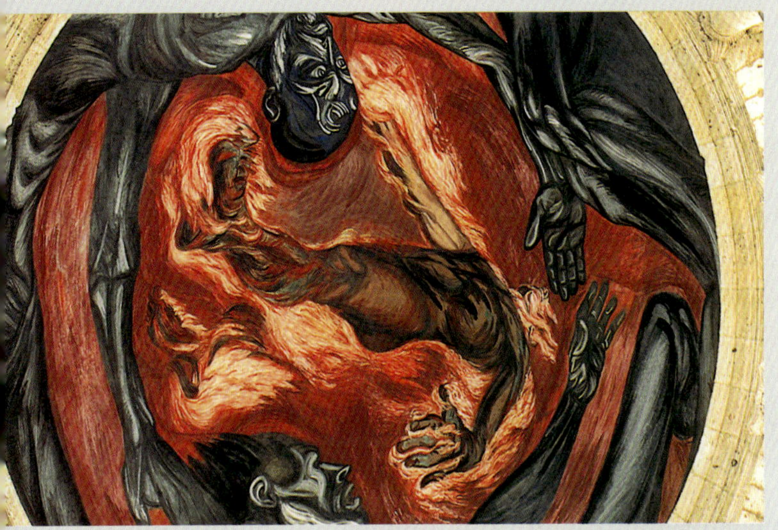

»Mensch in Flammen« von José Orozco (1938/1939)

und Orozco in Guadalajara tätig war. Allerdings wurden beide von Siqueiros überlebt, der bis zu seinem Tod zu Muralismus und Revolution stand.

Die wichtigsten Werke

Die streng komponierten Bilder Orozcos sind oft von Skepsis und Mitleid über das menschliche Schicksal durchzogen. Sein Hauptwerk sind die Wandgemälde im Instituto Cultural Cabañas in Guadalajara (1938/1939), vor allem die Darstellung **»Mensch in Flammen«** in der Kuppel. In Guadalajara hat er auch das Treppenhaus des Regierungspalasts mit Fresken bemalt; in Mexiko-Stadt schuf er für die EPN und den Palacio Nacional de Bellas Artes imposante Wandgemälde.
In seinen riesigen Fresken stellt Diego Rivera meist Szenen aus dem politischen und sozialen Leben Mexikos dar. Unter seinen zahlreichen Wandbildern sind jene im Palacio Nacional und in der Escuela Nacional de la Agricultura in Chapingo hervorzuheben. Das berühmte Gemälde **»Traum an einem Sonntagnachmittag im Alameda-Park«** befindet sich in Mexiko-Stadt nahe der Plaza de la Solidaridad. Weiterhin erwähnt seien Fresken im Gebäude des Erziehungsministeriums, im Palacio de Bellas Artes, im Gebäude des Gesundheitsministeriums (jeweils in Mexiko-Stadt) sowie im Cortés-Palast in Cuernavaca.
Im Werk Siqueiros' sind seine Darstellung von Bewegung, Maschinen und Technik auffallend. Im Auftrag verschiedener Regierungen schuf er große Fresken von monumentaler Wirkung. Man findet seine Werke vor allem in Mexiko-Stadt, so im Hospital de la Raza, im Palacio Nacional, im Palacio de Bellas Artes und am Rektorat der Universität. Auch das Polyforum wurde von ihm entworfen und künstlerisch gestaltet.

(1896–1974). Voller Liebe für ihr Land und das mexikanische Volk malten sie mit großem Engagement Wandbilder an öffentlichen Einrichtungen. Sie erzählen von ihren indigenen Wurzeln, der wechselvollen Geschichte des Landes und von der Aussicht auf ein Leben in Gesundheit und Wohlstand.

Moderne

Frida Kahlo (1907–1954; ▶ Baedeker Wissen, S. 216), zweimal in turbulenter Ehe mit Diego Rivera verheiratet war, vertritt hingegen die Staffelmalerei. Nach einem Unfall in ihrer Jugend musste sie zeitlebens mit schweren Behinderungen zurechtkommen. Ihre Ängste und Schmerzen verarbeitete sie in ihrer Malerei. Dabei entwickelte sie einen surrealistischen Stil, der selbst den französischen Meister des Surrealismus, André Breton, stark beeindruckte.

Als Altmeister der mexikanischen Moderne gilt der Zapoteke **Rufino Tamayo** (1899–1991), der Elemente der Volkskunst mit denen der modernen Malerei, besonders des Kubismus, verband. Wie Rivera setzte er sich für eine Renaissance der indigenen Kunst ein. Er wurde zum Begründer der modernen Malerei in Mexiko und malte ausschließlich bei Tageslicht.

Das Leben in abgeschiedenen Dörfern, der ritualisierte Alltag und die Beziehung zu Ahnen, Pflanzen und Tieren sind die hauptsächlichen Themen der zeitgenössischen Maler. Richtungsweisend für diese subjektive, von Träumen geprägte Volkskunst sind vor allem Werke von **Rufino Tamayo**, **Rodolfo Morales** (1925–2001) und **Francisco Toledo** (1940–2019). Während Tamayo einfühlsame Gebilde aus dem Tierreich kreierte, bezog sich Toledo auf poetische Kindheitsträume , und Morales befasste sich mit der geheimnisvollen Welt der Frauen. Dieser magisch-realistische Oaxaca-Stil ist auch in der Kunstwelt anerkannt.

Bildhauerei

Prähispanische Zeit

Bei den Maya, Azteken und anderen altamerikanischen Völkern diente die Plastik ebenso wie die Malerei vorwiegend der **Verzierung der Tempelbauten**. Dort findet man figürliche Darstellungen, etwa die berühmten Danzantes von Monte Albán, und geometrische Mauerreliefs, deren Muster wie in Mitla oft eine Verwandtschaft mit der Textilweberei zeigen. Als Kleinplastiken entstanden einfache Gebrauchsgegenstände sowie kunstvolle Objekte, die in erster Linie als Grabbeigaben dienten. Besonders häufig sind kleine Frauenfiguren, die manche Archäologen als Fruchtbarkeitsgöttinnen deuten.

Kolonialzeit

Berühmt wurde der zu Anfang des 18. Jh.s nach Mexiko eingewanderte **Jerónimo Balbás**, der unter anderem den prächtigen Altar der

Könige in der Kathedrale von Mexiko-Stadt schuf und durch sein Werk großen Einfluss auf andere mexikanische Künstler ausübte. Bei den **Bauernaltären** und den volkstümlichen Sakralfiguren, die es in großer Zahl gibt, entwickelte sich eine mexikanisch geprägte Form der einfachen, aber originellen Bildhauerei.

20. Jahrhundert

Nach der Revolution (1910–1920) schufen die Bildhauer vorzugsweise Monumentalskulpturen, oft im Dienst der Politik. Erst in der zweiten Hälfte des Jahrhunderts wuchs eine Generation von Künstlern heran, die fantasievolle eigenständige Werke schufen. **Juan F. Olaguímbel** (1889–1971) z. B. gestaltete den Brunnen »Diana Cazadora« mit einer bronzenen Dianastatue in Mexiko-Stadt, von **Germán Cueto** (1893–1975) stammt »La Tehuana« im Palacio Nacional de Bellas Artes in Mexiko-Stadt. Las Puertas de Monterrey und La Puerta de Chihuahua in den gleichnamigen Städten stammen von **Sebastián** (eigentlich: Enrique Carbajal Gonzáles, geb. 1947).

Architektur

Kolonialarchitektur

Nach der Eroberung durch die Spanier wurden viele der indigenen Werke zerstört. In den nachfolgenden 400 Jahren kam vorwiegend aus Spanien eine Reihe europäischer Architekturstile in die »Neue Welt«, die vielfach lokale Varianten entwickelten. Die für eine relativ kurze Epoche sehr zahlreichen Beispiele der Kolonialarchitektur sind auf den Reichtum an Baumaterialien zurückzuführen. Zudem verfügten die Eroberer über ein Heer an billigen Arbeitskräften. Besonders vielseitig verwendbar war und ist der poröse Vulkanstein **Tezontle**, der vor allem im zentralen Hochland abgebaut wird. Diese in Farbtönen von Rosa bis Dunkelbraun vorkommende Steinsorte wurde bereits von den Azteken genutzt und ist bis heute an den meisten Palästen in Mexiko-Stadt zu sehen.

Frühe Sakralbauten

In der ersten Generation nach der Conquista entfaltete sich die Bauform der Klosterfestung. Die zuerst vom Franziskanerorden erbauten Kirchen und Klöster wurden oft an Stelle altindigener Pyramiden oder Tempel errichtet, wobei man als Material Teile der geschleiften alten Bauwerke nutzte. Die wenigen Fenster wurden hoch und mit weitem Abstand zueinander gesetzt, das Innere einfach mit gerippten Decken oder Tonnengewölben versehen. Weitere Besonderheiten sind das ummauerte Atrium und die nur in Mexiko anzutreffenden **Capillas Posas** (kleine Prozessionskapellen) in den vier Hofecken. Daneben entwickelten sich auch die nach vorn offenen **Capillas Abiertas** (Offene Kapellen), die wie Atrium und Posas der Abneigung der Indigenen gegen geschlossene Kultbauten Rechnung trugen. Hervorragende Beispiele für Atrium und Posas findet man in Izamal und Tlaxcala (San

Blick in den Kreuzgang von San Antonio de Padua in Izamal

Francisco). Interessante Offene Kapellen gibt es in Teposcolula, Tlaxcala (San Francisco) und Cuernavaca (Kathedrale).

Mudéjar-Stil Der spanische Mudéjar-Stil stellt eine Mischung von **maurischen und gotischen Elementen** dar. Sein besonderes Merkmal ist der Alfiz, eine rechteckige Umrahmung des maurischen Torbogens durch einen schmalen Fries. Erst später auftretende Kennzeichen des mexikanischen Mudéjar ist u. a. die Verwendung von Azulejos (Fliesen).

Plateresker Stil Im 16. Jh. kam die Frühform des plateresken Stils (»platero« = Silberschmied) auf. Die **ziselierten Steinmetzarbeiten**, deren Muster vor allem Elemente der Heraldik sowie Rankenwerk enthalten und meist Portale schmücken, lehnten sich an Entwürfe von Silberschmieden an.

Barock Im 17. Jh. erschien der Barock zunächst noch in einer relativ nüchternen Form (z. B. La Soledad in Oaxaca). In diese Phase fielen auch die Bauarbeiten an den großen Kathedralen. Gleichzeitig baute man Nonnenklöster und Pfarrkirchen. Sie sind Ausdruck wachsender Macht der direkt der Krone unterstellten Kirche, während der Einfluss der unabhängigen Orden zurückging. Die zunehmend üppigere Entfaltung des mexikanischen Barock in verschiedenen Spielarten spiegelt auch das **Erstarken der in Mexiko geborenen Spanier** (Criollos) gegenüber

den aus dem Mutterland kommenden Spaniern (Gachupines) wider. Mit dem **Churriguerismus** entwickelt sich das mexikanische Hochbarock im 18. Jh. zu voller Blüte. Benannt nach dem in Spanien tätigen Architekten José Benito Churriguera (1665–1723), sind die Hauptkennzeichen dieses Stils Wandpfeiler (Estípites) in Form eines Pyramidenstumpfs, der auf der kleineren Fläche steht. Sie schmücken oft Fassaden und Altaraufsätze. Zu den zahlreichen Beispielen für diesen **»Überbarock«** gehören: in Mexiko-Stadt die Fassaden des Sagrario Metropolitano, der Kirche La Santísima und der Casa de los Mascarones sowie der Altar der Könige in der Kathedrale, San Francisco Xavier (Tepotzotlán), San Sebastián y Santa Prisca (Taxco), die Kirche La Valenciana (Guanajuato) und die Kathedrale von Zacatecas.
Eine besonders originelle Variante des mexikanischen Barock ist der nach der Stadt Puebla benannte **Poblano-Stil**, der die regionaltypische Bauweise zwischen Tlaxcala und Puebla bezeichnet. Hier vereint sich fantasievolle, oft indigen geprägte Stuckornamentik mit farbenfrohen Kacheln und roten Ziegeln, so in der Casa del Alfeñique und der Kapelle von San Antonio in Puebla sowie die Casa de los Azulejos in Mexiko-Stadt.

Neoklassizismus

Im späten 18. Jh. gelangte auch der Neoklassizismus nach Mexiko. In der Überzeugung, das Alte verwerfen zu müssen, wurden unersetzliche Kulturgüter zerstört. So versuchte der aus Spanien stammende Architekt und Bildhauer **Manuel Tolsá** (1757–1816), die Kirchen klassizistisch anzugleichen. Die bedeutendste Persönlichkeit der neuen Stilrichtung war der Dichter, Musiker, Maler, Bildhauer, Kupferstecher und Architekt **Francisco Eduardo Tresguerras** (1759–1833) Zu seinen schönsten Bauten gehören der Umbau der Kirche Santa Clara in Querétaro und das Stadtpalais der Grafen Rul in Guanajuato. Ein wichtiges neoklassizistisches Werk mit barocken Wurzeln ist der Hauptaltar des Sagrario Metropolitano in Mexiko-Stadt von **Pedro Patino Ixtilinque** (1774–1835), einem indigenen Schüler Manuel Tolsás. **José Damián Ortiz de Castro** (1750–1793) sind die Glockentürme und die letzten Änderungen an der Fassade der Kathedrale von Mexiko-Stadt zu verdanken.

Moderne

Erst in den 1950er- und 1960er-Jahren gelangen eindrucksvolle Bauten. **Enrique del Moral** (1906–1987) gestaltete im Wesentlichen die Universität in Mexiko-Stadt mit und **Mathias Goeritz** (1915–1990) entwarf u. a. die »Funktionslosen Türme« in der Colonía Satélite (Mexiko-Stadt). Gemeinsam mit ihnen entwarf **Luis Barragán** (1902 bis- 1988) einen Architekturstil, der vor allem wegen seiner Farb- und Raumkompositionen bekannt ist, in die die Natur möglichst miteinbezogen wurde (Pritzker-Preis 1980). Zu nennen ist hier ebenso **Pedro Ramírez Vázquez** (1919–2013), der Architekt des weltbekannten Anthropologischen Nationalmuseums in Mexiko-Stadt.

BRAUCHTUM

Die spanischen Kolonialherren etablierten zahlreiche Brauchtümer in ihrer neuen Heimat. Daneben haben sich in Mexiko aber auch viele indigene Traditionen bis heute erhalten.

Volkstänze Viele der heute noch getanzten Volkstänze (»bailes folklóricos«), ein wesentlicher Teil der Fiestas, haben ihren Ursprung in der prähispanischen Zeit, andere stammen aus Europa und wurden von Einwanderern ins Land gebracht. Während die Konquistadoren die heidnischen Tänze abzuschaffen versuchten, waren die Franziskaner- und Dominikanermönche bestrebt, die indigenen Gesänge und Tänze in den katholischen Ritus zu integrieren. So wurde etwa der **Tanz der Azteken**, der den Kampf zwischen Tag und Nacht, zwischen Gut und Böse symbolisiert, zum Ausdruck des Kampfes der Kirche mit den teuflischen Mächten. Die Zeremonialtänze zu Ehren der aztekischen Erdmutter Tonantzín werden heute in fast unveränderter Form für die Muttergottes von Guadalupe getanzt.

Beim **Quetzal-Tanz** in den Bundesstaaten Veracruz und Puebla werden farbenprächtige Kostüme und ein riesiger, kreisrunder Kopfschmuck getragen. Der **Viejito-Tanz** (Tanz der kleinen alten Männer) geht auf die Niederlage der Tarasken gegen Cortés zurück. Deren Herrscher erschien in der symbolischen Rolle eines alten Mannes vor den Eroberern, um seine Unterwerfung auszudrücken. Die Tänzer tragen Masken, ahmen die müden Bewegungen von Greisen nach und verwandeln sich allmählich wieder in junge Männer. Der **Penachos-Tanz** (Federtanz) in Oaxca verdankt seinen Namen dem mit Spiegeln geschmückten Federkopfputz. Wichtigste Requisiten der **Sonajero-Tänzer** sind Rasseln sowie Pfeil und Bogen. Der Tanz ist dem Symbol des Kreuzes und den Naturkräften gewidmet.

Stierkampf Der Stierkampf (»corrida de toros«) ist auch in Mexiko heimisch geworden. In den großen Städten gibt es Stierkampfarenen, darunter in Mexiko-Stadt die größte der Welt (40 000 Plätze).

Charreadas Die Charreadas-Reiterspiele werden von den meist in Vereinen organisierten Charros (= Reiter) stehen in der **Tradition der berittenen Viehhirten** der einstigen großen Haciendas. Die Reiter zeigen ihre Künste im Reiten, Lassowerfen sowie dem Einfangen wilder Stiere und ungezähmter Pferde.

Trachten Die **traditionellen indigenen Trachten** sind noch vielerorts zu sehen. Die Spinn- und Webemethoden haben sich bis heute nicht geändert; lediglich die früher üblichen Pflanzenfarben wurden durch synthetische Farben ersetzt. Meist sind es die Frauen, die sich vor

Reich geschmückt ehrt man mit dem traditionellen Federtanz die Götter.

allem noch in den Bundesstaaten Oaxaca, Veracruz, Yucatán und Chiapas in traditioneller Art kleiden. Schwere wollene Umhänge (**Sarapes**) mit geometrischen Mustern schützen vor Kälte und Regen. In den warmen Gegenden von Yucatán trägt man weit geschnittene plissierte Hemden (**Guayaberas**) mit vielen Taschen. Die Frauen tragen den **Huipil**, ein rechteckiges Stoffstück aus bestickter Baumwolle mit Öffnungen für Kopf und Arme. Ähnlich gearbeitet ist der in Nord- und Zentralmexiko gebräuchliche **Quechquémetl** aus zwei Stoffbahnen. Der **Sombrero** aus Stroh wurde von den Spaniern übernommen.

Kunsthandwerk

Wie vieles andere im Land zeigt auch die Volkskunst eine **reizvolle Mischung aus spanischen und mexikanischen Elementen**. Viele Landschaften haben ihren eigenen Kunststil entwickelt, sodass man auf dem Land ein abwechslungsreiches Angebot antrifft (▶ Erleben und Genießen, Shoppen).

INTERESSANTE MENSCHEN

Leben und Wirken folgender Persönlichkeiten widmet sich jeweils ein gesondertes Baedeker Wissen: Frederick Catherwood und John Lloyd Stephens (▶ S. 270), Frida Kahlo (▶ S. 214), José Orozco, Diego Rivera und David Siqueiros (▶ S. 434) sowie Emiliano Zapata (▶ S. 414).

Rücksichtslos: Hernán Cortés

1485–1547
Konquistador

Als Diego de Velásquez, Gouverneur von Kuba, Hernán Cortés, dem Sohn eines adligen Hauptmanns **aus Medellín** in Spanien, den Oberbefehl über eine Expedition ins mittelamerikanischen Festland übertrug, sah dieser seine große Chance gekommen. Am 18. Februar 1519 stach er mit elf Schiffen mit etwa 100 Mann Besatzung und 500 Soldaten in See. An der Golfküste gründete er Villa Rica de la Vera Cruz (in der Nähe des heutigen Veracruz). Nachdem ihm Abgesandte des Aztekenherrschers Moctezuma II. reiche Geschenke überbracht hatten, wollte der größte Teil seiner Leute wieder umkehren. Cortés ließ daraufhin alle Schiffe bis auf eines verbrennen und trat den Marsch ins Landesinnere an. Am **3. November 1519 erreichte er Tenochtitlán**, wo sich Moctezuma II. ihm unterwarf, da er den Spanier für den wiedergekehrten Gott Quetzalcóatl hielt. Im Mai 1520 musst Cortés Tenochtitlán verlassen, um sich Panfilo de Narváez zu stellen, den ihm der Gouverneur wegen seiner Unbotmäßigkeit nachgeschickt hatte. Cortés siegte und kehrte er in die Aztekenhauptstadt zurück. Dort fand er die Bevölkerung nach einem Massaker der zurückgebliebenen Spanier in Aufruhr und musste erneut fliehen. Über ein Jahr später, am 13. August 1521, eroberten seine Truppen zusammen mit ihren indigenen Verbündeten die Stadt zurück und machten sie dem Erdboden gleich.
Kaiser Karl V. ernannte ihn 1522 zum Gouverneur und Generalkapitän der Kolonie Neuspanien. In der folgenden Zeit unterwarfen seine Truppen fast alle indigenen Staaten. 1528 bis 1530 hielt er sich wieder in Spanien auf, wo er zwar ehrenvoll empfangen wurde, aber wegen Anfeindungen den Gouverneursposten verlor. Er blieb jedoch Oberbefehlshaber der Truppen und erhielt den Titel eines Marqués del Valle de Oaxaca. Nach seiner Rückkehr nach Mexiko unternahm er noch mehrere, wenig erfolgreiche Expeditionen, die ihn u. a. nach Honduras und auf die kalifornische Halbinsel führten. Wiederum nach Spanien zurückgekehrt, nahm er noch am Feldzug gegen Algier teil. Er starb verbittert in Castilleja de la Cuesta bei Sevilla.

Liebeslyrik einer Nonne: Juana Inés de la Cruz

1651–1695
Nonne und Dichterin

Juana Inés de la Cruz wurde auf der Hacienda San Miguel Nepantla im heutigen Estado de México geboren. Schon früh wurde ihre außergewöhnliche Begabung deutlich. Sie studierte in Mexiko-Stadt Latein und kam 1665 an den Hof der Vizekönigin. Auch dort fiel ihre Wissensgier auf, sodass Vizekönig Marqués de Mancera sie einem Examen vor 40 Gelehrten unterzog, das sie mit Bravour bestand. Zwei Jahre später trat sie in ein Kloster ein, da sie nach ihren eigenen Worten nur dort ihre Erlösung zu finden glaubte. Im **Kloster San Jerónimo** war sie als Wirtschafterin und Archivarin tätig und widmete sich zusätzlich ihren Studien und der Literatur. Sie schrieb u. a. drei religiöse Schauspiele, zwei Komödien (»Los empeños de una casa« und »Amor es más laberinto«) und zahlreiche Liebesgedichte, die ein beredtes Zeugnis von den inneren Qualen der Klosterfrau ablegen.

Opfer der Conquista: Cuauhtémoc (1496–1525)

Letzter freier Aztekenherrscher

Als Nachfolger des nur drei Monate regierenden Cuitláhuac war Cuauhtémoc (Herabstürzender Adler) der letzte freie Aztekenherrscher. Wie alle Söhne der aztekischen Oberschicht genoss er eine hervorragende Erziehung und Bildung. Bei der Verteidigung seines Volkes gegen die Konquistadoren zeichnete er sich durch große Tapferkeit und Umsicht aus. Am 13. August 1521 wurde er von den Spaniern gefangen genommen, woraufhin er Cortés um die Gnade seines Todes bat. Dieser jedoch zwang den Herrscher, ihn auf seinem Zug nach Honduras zu begleiten. Im Jahr 1525 wurde Cuauhtémoc wegen angeblicher Verschwörung bei Izancanac erhängt.

Anlass für die Revolution: Porfirio Díaz

1830–1915
General und Politiker

Über 30 Jahre lang war der in Oaxaca geborene General die alles beherrschende Figur in der mexikanischen Politik. Ihm ist einerseits die Modernisierung des Landes zu verdanken, andererseits führte eben diese zu einer extremen Ungleichheit, die bis heute anhält. Díaz kämpfte zunächst gegen die Konservativen und an der Seite von Benito Juárez **gegen die Franzosen**, was ihn zum zum Volkshelden werden ließ. 1871 kandidierte er überraschend für das Präsidentenamt gegen seinen einstigen Gefährten Juárez. Nach seiner Niederlage rebellierte er offen, wurde jedoch geschlagen. Nach Juárez' Tod eroberte er sich 1876 mit militärischer Gewalt die Macht. Fortan regierte er rücksichtslos und unterdrückte mithilfe der Armee jegliche Oppositon. Er öffnete das Land ausländischem Kapital, womit er Mexiko wirtschaftlich und politisch eng **an die USA anschloss**.

Salma Hayek in ihrer bislang berühmtesten Filmrolle als Frida Kahlo

Doch nur die wenigsten Mexikaner profitierten Die Landkonzentration in den Händen einiger Großgrundbesitzer führte schließlich zum **Bauernaufstand unter Emiliano Zapata**. Der offene Wahlbetrug von Díaz sowie die Verhaftung seines Gegenkandidaten Francisco Madero führten im November 1910 zur Revolution. Schließlich trat Díaz im Mai 1911 zurück und ging nach Paris, wo er starb.

Mehr als Frida Kahlo: Salma Hayek

geb. 1966
Schauspielerin

Als »Frida« wurde sie weltberühmt, doch schon lange vor dem opulenten Film über die mexikanische Malerin Frida Kahlo, mit dem sie sich einen Lebenstraum erfüllte, war die **aus Coatzacoalcos** (Veracruz) stammende Tochter eines libanesischen Ölmanagers und einer mexikanischen Opernsängerin ein Star. Denn bald nach dem Studium (Internationale Beziehungen und Drama) gab Salma Hayek die »Teresa« in einer der erfolgreichsten TV-Shows in Mexiko.
In Hollywood musste sie zunächst mit kleinen Rollen vorlieb nehmen, 1995 kam dann mit Robert Rodriguez' **»Desperado«** (an der Seite von Antonio Banderas) aber auch hier der Erfolg. Seither hat Salma Hayek in über sechzig Filmproduktionen mitgewirkt, darunter »From

Dusk Till Dawn«, »Dogma« und »Wild Wild West«. Nach ihrem Traumprojekt »Frida«, für das übrigens der mexikanische Modezar **Armando Mafud** die Kostüme beisteuerte, drehte Hayek unter Rodriguez die »Desperado«-Fortsetzung »Irgendwann in Mexiko«. Zu ihren jüngsten Filmen zählen »House of Gucci«, »Magic Mike: The Last Dance« und »Eternals«.

Mexikos Nationalheld: Miguel Hidalgo y Costilla

1753–1811
Freiheitskämpfer

Alljährlich am 15. September, eine Stunde vor Mitternacht, erscheint in ganz Mexiko der **»Ruf von Dolores«** (Grito de Dolores):

»
Mexikaner, es lebe Mexiko!
Es lebe die Jungfrau von Guadalupe!
Es lebe Ferdinand!
«

Allerdings verzichtet man heute auf den letzten Satz »Tod den Gachupines!«, der auf die einstige spanisch-stämmige Elite gemünzt war. Dieser Ruf, ausgestoßen in der Dorfkirche von Dolores bei Querétaro, machte den Priester Miguel Hidalgo y Costilla zu einem Nationalhelden. Er war – zusammen mit dem Bürgermeister von Querétaro, Miguel Domínguez, dessen Frau und Hauptmann Ignacio Allende – Mitglied einer Verschwörung für die Unabhängigkeit von Spanien. Als sie entdeckt zu werden drohten, trat er die Flucht nach vorn an und trommelte binnen kurzer Zeit **ein Heer von Zehntausenden** zusammen, mit dem er Guanajuato, Morelia und Guadalajara eroberte. Dabei standen sich er und seine Gegner in Brutalität und Terror in nichts nach. Bei Puerto Calderón musste er sich General Calleja stellen und wurde geschlagen. Hidalgo und seine Offiziere versuchten, in die USA zu fliehen, wurden jedoch gefasst und in Chihuahua erschossen.

Erster indigener Präsident: Benito Juárez

1806–1872
Präsident und Reformer

Benito Juárez kam als **Sohn zapotekischer Eltern** in San Pablo Guelatao in Oaxaca zur Welt. Mit 13 Jahren lernte er Lesen und Schreiben, studierte dann und wurde Rechtsanwalt. 1848 wurde er zum Gouverneur von Oaxaca gewählt und setzte sich schon hier bis zum Ende seiner Amtsperiode 1852 für Reformen ein. 1858 wurde er schließlich Präsident. Die ersten Jahre seiner Amtszeit waren geprägt von kriegerischen Auseinandersetzungen, die seine **Reformvorhaben** – Abschaffung der kirchlichen Privilegien, Einführung der Zivilehe und der Staatsschule, Verstaatlichung der Kirchengüter und Ausbau der Industrialisierung – stark behinderten. Waren es zunächst die Konservativen, vor denen er mit seiner Regierung nach Guadalajara und Veracruz fliehen musste, hatte er sich ab 1861 mit den Franzosen auseinanderzusetzen, weil er die Auslandszahlungen eingestellt hatte. Nach dem Ende der habsburgischen Episode übernahm Juárez 1867 erneut das Präsidentenamt. Er starb sieben Jahre später eines natürlichen Todes.

Verteidiger der Indigenen: Bartolomé de Las Casas

1474–1566
Missionar

Der Vater des Dominikaners Bartolomé de Las Casas, Don Francisco, fuhr auf der »Santa María« von Christoph Kolumbus mit. Nach dem Studium der Theologie und Jurisprudenz in Salamanca hielt sich Bartolomé ab 1502 in den spanischen Besitzungen in Mittelamerika auf. Schon bald erkannte er die Ungerechtigkeit und Grausamkeit der Spanier. Seit 1514 setzte er sich gegen Intrigen und Anfeindungen vehement für deren Rechte ein. Der Großinquisitor verlieh ihm den Titel eines »Defensor universal de los Indios«. In Audienzen bei Ferdinand V. und Karl V. legte er seine Vorschläge zur Verbesserung der Situation der Ureinwohner vor. Als seine Bemühungen nichts fruchteten, zog er sich 1523 für zehn Jahre in das Dominikanerkloster auf Hispaniola (Kuba) zurück und arbeitete dort an seiner »Apologética Historia de las Indias« (»Apologetische Geschichte der Westindischen Länder«) und der »Historia General de las Indias« (**»Allgemeine Geschichte der Westindischen Länder«**).
Sein wohl berühmtestes Werk ist die »Brevísima relación de la destrucción de las Indias occidentales« (»**Kurzgefasster Bericht von der Verwüstung der Westindischen Länder**«). Er erreichte, dass Karl V. 1542 die Neuen Gesetze verkündete, die den Indígenas weitreichenden Schutz gewähren sollten, 1545 aber revidiert wurden. De Las Casas wurde zum Bischof von Chiapas in Mexiko berufen, wo er wiederum die Kolonialisten gegen sich aufbrachte 1547 verließ er Mexiko. In der berühmten Disputation von Valladolid legte er 1550 noch einmal seine Auffassungen dar. Er starb 1566 in Madrid; sein Grab ist nicht bekannt.

Der »Marionettenmonarch«: Maximilian I.

1832–1867
Kaiser von Mexiko

Maximilian von Habsburg, ein jüngerer **Bruder von Kaiser Franz Joseph I.**, wurde in Wien in Schloss Schönbrunn geboren und durchlief eine Militärkarriere. 1857 wurde er zum Generalgouverneur von Lombardo-Venezia ernannt. Nach dem Verlust dieser Provinz zog er sich auf Schloss Miramare bei Triest zurück. Dort erreichte ihn das Angebot einer konservativ-klerikalen Gruppe von Mexikanern, Kaiser des Landes zu werden. Der Vorschlag kam vom französischen Kaiser **Napoleon III.**, dessen Truppen in Mexiko gegen die republikanische Regierung unter Benito Juárez aufmarschiert waren. Maximilian nahm an und betrat am 28. Mai 1864 in Veracruz erstmals mexikanischen Boden. Zum Entsetzen der Konservativ-Klerikalen setzte er das **Reformwerk** von Juárez fort, führte u. a. Pressefreiheit ein und setzte die Verstaatlichung der Kirchengüter durch. Nachdem sich die Franzosen zurückgezogen hatten, war er im nach wie vor tobenden Bürgerkrieg ohne Unterstützung. Er floh nach Querétaro, wo er am 15. März 1867 in die Hände der Generäle Corona und Escobedo fiel. Nach einem Militärprozess wurde er in Querétaro zusammen mit seinen Generälen Mejía und Miramón **erschossen**. Im Dezember 1867 traf sein Leichnam in Wien ein, wo er bestattet wurde.

Ein Despot und sein tragischer Irrtum: Moctezuma

Bedeutende aztekische Herrscher

Moctezuma II. Xocoyotzin (der Jüngere; reg. 1502–1520) ist wohl eine der tragischsten Figuren in der Geschichte Mexikos. Zu spät erkannte er seinen Irrtum, Hernán Cortés für einen Nachfahren des Quetzalcoátl gehalten zu haben. Mexikanische Forscher beschreiben ihn als hart, despotisch und tief religiös. Unter seiner Regentschaft dehnte sich der Machtbereich Tenochtitláns bis zur Landenge von Panama aus. Die Stadt selbst erlebte ihre höchste Blüte. Nach spanischen Quellen starb Moctezuma II. am 27. Juni 1520 durch einen Steinwurf aus einer Menschenmenge, die er vom Wohnhaus Cortés' aus beschwichtigen wollte. Indigene Quellen berichten hingegen, dass er von den Spaniern umgebracht wurde.

Mit dem »Blick der Güte«: Tina Modotti

1896–1942 Fotografin

Geboren und aufgewachsen in Udine (Italien), siedelte Tina Modotti mit ihrer Familie 1913 nach San Francisco über, wo sie zunächst als Textilarbeiterin ihren Lebensunterhalt verdiente. 1918 zog sie mit ihrem Mann, dem Maler und Dichter Roubaix Richey, nach Los Angeles. Sie bekam Rollen in mehreren Hollywood-Stummfilmen und begann eine Affäre mit dem Fotografen Edward Weston. 1922 folgte sie zusammen mit Weston ihrem Mann nach Mexiko, wo sie u. a. Bekanntschaft mit **Diego Rivera** und dessen Kreis machte. Nach dem Tod Richeys übersiedelten Modotti und Weston gemeinsam nach Mexiko-Stadt. Weston lehrte sie die Fotografie und bald wurde sie von seiner Assistentin zur eigenständigen Künstlerin.

Ihr Interesse galt zunächst Stillleben aus Pflanzen. Ihr zunehmendes **politisches Engagement** im revolutionären Mexiko spiegelte sich aber bald auch in der verstärkten Hinwendung zur Fotografie von

Menschen, sodass bald städtische Straßenszenen und soziale Studien der Landbevölkerung dominierten. Egon Erwin Kisch schrieb über sie, dass »ihrer Kamera vollkommene Gemälde entsprangen« und das Geheimnis ihrer Werke darin lag, dass sie, »mit dem Blick der Güte, die Welt sichtbarer machten«. Als auf den neu gewählten mexikanischen Präsidenten ein Anschlag verübt wurde, musste die **bekennende Kommunistin** Modotti das Land verlassen. Sie begann eine Affäre mit dem kubanischen Revolutionär Julio Mella. Als er ermordet wurde, reiste sie nach Europa und Moskau, wo sie sich in der Roten Hilfe engagierte. Zahlreiche Mythen ranken sich bis heute um Modottis Leben. Sie sei, so heißt es, sowohl in den Präsidentenanschlag als auch in den Tod Mellas verwickelt gewesen, habe für Stalin spioniert und sei letztlich vergiftet worden. Tina Modotti starb in Mexiko-Stadt in einem Taxi auf dem Heimweg von einer Dinnerparty.

Vom Labyrinth der Einsamkeit: Octavio Paz

1914–1998
Lyriker und Essayist

Bereits im 19. Jh. zählten Mitglieder der indigenen-spanischen Familie Paz zu den wichtigen Persönlichkeiten Mexikos. Octavios Großvater Ireneo war herausragende Figur des mexikanischen Liberalismus; er war Minister und Biograf von Porfirio Díaz. Der Vater arbeitete für Zapata. Octavio war bereits mit 17 Jahren Mitbegründer einer literarischen Zeitschrift. Nach seinem Jura- und Philosophiestudium arbeitete er als Lehrer und engagierte sich politisch. 1937 reiste er nach Spanien, von 1946 bis 1952 lebte und arbeitete er in Paris, wo er zur surrealistischen Bewegung um André Breton gehörte. 1962 wurde Paz als Botschafter nach Indien gesandt. Dieses Amt legte er 1968 aus Protest gegen das Massaker an Studierenden in Mexiko-Stadt nieder. Von dieser Zeit an lehrte er als Gastprofessor in den USA. 1971 kehrte er nach Mexiko zurück, wo er – unterbrochen von Lehrtätigkeiten an nordamerikanischen Universitäten – bis zu seinem Tod lebte und schrieb. Höhepunkt seiner Autorenkarriere war der **Literaturnobelpreis**, der ihm 1990 für sein lyrisches und essayistisches Werk verliehen wurde. Sein berühmtestes Werk **»Das Labyrinth der Einsamkeit«** erschien bereits 1950, gilt aber bis heute als Schlüssel zur Seele Mexikos.

König des Latin Rock: Carlos Santana

geb. 1947
Rockmusiker

Bereits als Fünfjähriger erhielt Carlos Santana von seinem Vater Geigenunterricht, wechselte aber 1955, mit dem Aufkommen des Rock 'n' Roll, zur Gitarre. **In den Clubs von Tijuana**, wohin die Familie im selben Jahr von seinem Geburtsort Autlán im Bundesstaat Jalisco gezogen war, verfeinerte er sein Spiel. 1960 siedelte die Familie

OBEN: Tina Modottis Porträt einer »Frau aus Tehuantepec« (1929)
LINKS: In Woodstock schlug seine Stunde: Carlos Santana.

nach San Francisco über. Carlos folgte ein Jahr später. Bald lernte er dort Gleichgesinnte kennen und gründete 1966 mit Gregg Rolie, Gus Rodriguez, Michael Carabello und Danny Haro die Santana Blues Band. Ihr unverwechselbarer Sound, eine Mischung aus Rock 'n' Roll, Blues und lateinamerikanischen Rhythmen, machte die Gruppe rasch in und um San Francisco bekannt. Als **Latin Rock** ging ihr Stil in die Musikgeschichte ein. 1969 erschien die erste LP »Santana«, die auf Anhieb ein Erfolg wurde und der Band einen Auftritt beim legendären Woodstock Festival einbrachte. Das zweite Album, »Abraxas«, enthält die Klassiker **»Samba Pa Ti«** und **»Black Magic Woman«**. 1972 veröffentlichte Carlos Santana seine erste Soloplatte. Im Lauf der Zeit sank der Erfolg der Band und auch die Soloambitionen von Santana wurden geringer. Dennoch blieb er ein begehrter Gast bei den Musikgrößen der Zeit. 1999 gelang Santana mit seiner Band eines der größten Comebacks der Musikgeschichte: Das Album **»Supernatural«** wurde weltweit ein Erfolg und erzielte bei der Grammy-Verleihung 2000 mit neun Auszeichnungen einen neuen Rekord.

Rivale Stalins: Leo Trotzkij

1879–1940
Russischer Revolutionär

»Trotzkij« war seit 1902 der Deckname des in Janowska geborenen russischen Revolutionärs Lew Davidowitsch Bronstein. Er war der Organisator der bewaffneten Revolution in Russland und Schöpfer der Roten Armee. Ideologisch vertrat er die Position der **»Permanenten Revolution«**, die den Sozialismus in der Sowjetunion erst nach erfolgreichen Revolutionen auch in den kapitalistischen Ländern als gesichert ansah. Damit stand er im klaren Gegensatz zu Stalin, der den »Sozialismus in einem Land« propagierte. Die Rivalitäten verschärften sich, als Trotzkij in der Diktatur Stalins ein Abweichen von den Ideen Lenins sah, sodass er 1929 aus der Sowjetunion ausgewiesen wurde. Er kam 1937 in Mexiko-Stadt an und lebte bis zu seiner von Stalin beauftragten Ermordung 1940 mit seiner Frau und seinem Stiefsohn in einem festungsartigen Haus in Coyoacán.

Robin Hood Mexikos: Francisco »Pancho« Villa

1878–1923
Revolutionär

Francisco »Pancho« Villa, eigentlich Doroteo Arango, war eine der schillerndsten Figuren der mexikanischen Revolution. Im Jahr 1910 schloss er sich dem bewaffneten Kampf gegen den Diktator Díaz an. Im September 1913 gründete er die **»División del Norte«**, eine berühmt-berüchtigte Reiterschar, die sich zwar in Kämpfen gegen die Regierungstruppen auszeichnete, sich aber auch beim Plündern nicht zurückhielt. Seinen größten Triumph erlebte Villa im Dezember 1914, als er zusammen mit **Emiliano Zapata** in Mexiko-Stadt einzog.

Doch wie Zapata blieb er politisch ohne Wirkung (▶ Baedeker Wissen, S. 414). Nach seiner Rückkehr in den Norden Mexikos zerrieb er sich in zahlreichen Gefechten. Als auch US-Truppen gegen ihn zogen, überfiel seine Division sogar die zu den USA gehörende Stadt Columbus. Unter Präsident Álvaro Obregón wurde er amnestiert und erhielt eine Hacienda bei Hidalgo de Parral im Bundesstaat Chihuahua. Doch holte ihn dort seine Vergangenheit ein, als er 1923 zusammen mit seinem Kampfgefährten Miguel Trillo erschossen wurde.

Der Erfinder des Reiseführers: Karl Baedeker

1801–1859
Verleger

Als Buchhändler kam Karl Baedeker viel herum, und überall ärgerte er sich über die »Lohnbedienten«, die die Neuankömmlinge gegen Trinkgeld in den erstbesten Gasthof schleppten. Nur: Wie sollte man sonst wissen, wo man übernachten könnte und was es anzuschauen gäbe? In seiner Buchhandlung hatte er zwar Fahrpläne, Reiseberichte und gelehrte Abhandlungen über Kunstsammlungen. Aber wollte man das mit sich herumschleppen? Wie wäre es denn, wenn man all das zusammenfasste?

Gedacht, getan: Zwar hatte er sein erstes Reisebuch, die 1832 erschienene »Rheinreise«, noch nicht einmal selbst geschrieben. Aber er entwickelte es von Auflage zu Auflage weiter. Mit der Einteilung in »Allgemein Wissenswertes«, »Praktisches« und »Beschreibung der Merk-(Sehens-)würdigkeiten« fand er die klassische Gliederung des Reiseführers, die bis heute ihre Gültigkeit hat. Bald waren immer mehr Menschen unterwegs mit seinen **»Handbüchlein für Reisende, die sich selbst leicht und schnell zurechtfinden wollen«**. Die Reisenden hatten sich befreit, und sie verdanken es bis heute Karl Baedeker. Mexiko beschreibt er erstmals im 1893 erschienenen »Baedeker's Nordamerika ... nebst einem Ausflug nach Mexiko«.

»
Seit der Eröffnung der Eisenbahnen lässt sich ein Ausflug nach Mexiko leicht vom Süden der Vereinigten Staaten ausführen und der Besuch des durch Naturschönheiten wie durch eine eigenartige, für den Europäer völlig neue Kultur ist sehr zu empfehlen.
«

Baedeker's Nordamerika, 1. Auflage 1893

E

ERLEBEN & GENIESSEN

Überraschend, stimulierend, bereichernd

Mit unseren Ideen erleben und genießen Sie Mexiko

Die Auswahl schöner, handgewebter Teppiche ist in Mexiko riesig. ►

BEWEGEN UND ENTSPANNEN

Wer an Mexiko als Urlaubsdestination denkt, hat natürlich in erster Linie die Maya-Stätten inmitten des Dschungels und die endlosen Sandstrände in den Ferienzentren Yucatáns im Sinn. Aber auch der Abenteuer- und Aktivtourismus hat einen hohen Stellenwert erlangt. Ob Wandern, Radfahren oder Klettern, Raften, Tauchen, Schnorcheln oder einfach nur ein paar Schwimmzüge im Pazifik oder Karibischen Meer – oft lässt sich gar der Aktivurlaub mit Besichtigung archäologischer oder kolonialzeitlicher Stätten verbinden.

Aktiv zu Land ...

Wandern und Klettern

Die abwechslungsreiche Natur Mexikos sorgt dafür, dass Sport- und Naturbegeisterte auf ihre Kosten kommen. So beispielsweise Bergsteiger und -wanderer. Die vielen Vulkane und ungezählten anderen Berge warten mit unterschiedlichsten Anforderungen auf und bieten nebenbei eine unvergleichliche Fauna und Flora. Beliebt sind beispielsweise geführte Touren rund um die großen Vulkane. Da der **Popocatépetl** (5462 m) wegen anhaltender Eruptionen immer wieder und aktuell gesperrt ist, weichen Sie dort auf den kleineren Bruder, den **Iztaccíhuatl** (5286 m), aus. Auch der **Citlaltépetl** (Pico de Orizaba; 5700 m) wartet mit alpinem Charakter auf. Gute Bedingungen für Bergwanderungen bieten ferner die großen Gebirgszüge, die **Sierra Madre Oriental**, **Occidental und del Sur**. Auch mehrtägige Wanderungen durch die **Kupferschlucht** sind beliebt. Fast alle Hotels an der Bahnstrecke bieten derartige Ausflüge an. Viele Wanderer starten von Creel, da dort das Angebot besonders groß ist. Und schließlich gibt es noch genug andere Berge; allein die Natur- und Nationalparks bieten genug Möglichkeiten zum Klettern und Canyoning bzw. Canoyeering.
Da Unterkunftsmöglichkeiten selten sind, sollten Sie sich besser auf **Tagestouren** beschränken. Die Vegetation verdeckt oft das Geländeprofil, so dass man Umwege fahren und das Überwinden von aus der Ferne nicht sichtbaren Schluchten einkalkulieren muss.

Canopy

Touristen, die nicht gerade unter Höhenangst leiden, können Canopy-Touren für sich entdecken, die beispielsweise in **Jalisco** und **Tabasco** angeboten werden. In etwa 30 m Höhe geht es dabei – gut gesichert, aber trotzdem abenteuerlich genug – an zwischen den Baumkronen gespannten Seilen quer durch den tropischen Regenwald.

SAUNIEREN WIE DIE AZTEKEN

Heißer Dampf steigt von glühenden Steinen auf, der Duft von Rosmarin erfüllt die Luft, Trommellaute und der Singsang indigener Melodien versetzen Sie in einen nahezu tranceartigen Zustand. Entspannung in einer indigenen Dampfsauna, einem »temazcal«, ist einzigartig. In runden, niedrigen Lehmhütten sitzen Sie im Schummerlicht im Kreis und lassen sich in eine andere Welt entführen.
(▶ S. 53, 123, 224, 253)

Moutainbiken

Inzwischen hat sich auch immer mehr das Mountainbiken bei den Mexikanern durchgesetzt. Kaum eine Ecke des Landes, wo man nicht geländegängige Räder leihen könnte, wobei das Angebot auf der Halbinsel **Yucatán** wahrscheinlich am größten ist, gefolgt von dem in **Baja California**. Am reizvollsten ist aber sicherlich das Bergland von **Chiapas** mit seiner besonders spektakulären Natur.

Golf

Golfplätze, meist von örtlichen Klubs oder in Hotels, befinden sich in der Nähe der größeren Städte und in den Zentren des Tourismus, u. a. in Cancún, Chalapa, Cuernavaca, Guadalajara, Huatulco, Ixtapa de la Sal, Los Cabos, Manzanillo, Mazatlán, Mexiko-Stadt, Mérida, Monterrey, Morelia, Puebla, Puerto Vallarta, Querétaro, San Carlos, San Miguel de Allende, Taxco, Valle de Bravo und Veracruz.

Zuschauersport

Den meisten Publikumszuspruch erfährt in Mexiko der Stierkampf, der jedoch schwerlich unter die Kategorie Sport fällt. Weniger blu-

Mexiko bietet bunte, faszinierende Unterwasserwelten.

tig geht es bei den **Charreadas** zu, rodeoähnlichen Reiterspielen, bei denen die Reiter (»charros«) ihre Geschicklichkeit unter Beweis stellen müssen (▶ Kunst und Kultur, Brauchtum).
Jai Alai (Frontón) ist eine attraktive Sportart, bei der die Spieler einen kleinen Ball mittels eines langen Fanggeräts aus Korb an eine Wand schleudern. In Mexiko-Stadt finden jeden Abend außer montags und freitags Spiele im Frontón México an der Plaza de la Revolución statt.

... und am Wasser

Tauchen und Schnorchel

Egal, welche Sportart Sie am, im oder auf dem Wasser betreiben möchten – in Mexiko ist alles möglich. Unzweifelhaft zu den Highlights des Landes gehören das Tauchen und Schnorcheln. Ganz egal, ob an der **karibischen oder pazifischen Küste** – postkartenreife Korallenriffe mit reicher Flora und Fauna findet der Besucher der Unterwasserwelten hier wie dort. Vorzügliche Reviere finden sich insbesondere vor Akumal, Cancún, Cozumel, am Chinchorro-Riff in Quintana Roo, vor Huatulco, Los Cabos, Paamul, Playa del Carmen, Puerto Escondido, Puerto Vallarta und Zihuatanejo. Und selbst die Bergseen im Landesinneren laden zu Entdeckungstouren mit Schorchel oder Sauerstoffflasche ein.

Surfen

An der Pazifikküste – besonders der Westküste von Niederkalifornien und der Festlandküste südlich von Mazatlán – können Surfer ihrer Leidenschaft nachgehen. Die von der Hochsee kommende starke Dünung bietet hier gute Voraussetzungen für Wellenreiten und Surfen.

Angeln

An den Küsten hat sich neben dem Baden und Wassersport auch noch dank dem Fischreichtum in den Schelfregionen eine andere Aktivität etabliert: das **Hochseeangeln**. Beliebt ist das Bootsangeln von Großfischen. Harpunen und Speere sind verboten.
Das **Süßwasserangeln** ist hingegen nicht sehr verbreitet, da Mexiko nur wenige Flüsse mit ganzjähriger Wasserführung hat. Lediglich in manchen Seen und Stauseen lässt es sich gut angeln. Sportfischen unterliegt in Mexiko gesetzlichen Reglements, die bei dem jeweiligen Tourismusbüro zu erfragen sind.

Walbeobachtungen

Ein besonderes Highlight im Hinblick auf die Artenvielfalt in den Gewässern Mexikos ist – zum Glück – zu groß für jede Angel: **Buckel – und Grauwale** bieten in den vorgelagerten Lagunen und Buchten des Naturschutzgebietes von El Vizcaíno in der Baja California besonders zur Paarungszeit von Dezember bis März ein einzigartiges Stelldichein. Viele Veranstalter bieten »Whale Watching«-Touren an.

Rafting, Kajak- und Kanufahren

Selbst das In- bzw. Hochland Mexikos kann mit einem eigenen Angebot für die Freunde des Wassersports aufwarten: Ein Beispiel des sich schnell entwickelnden Extremsport-Tourismus in Mexiko ist Rafting in Veracruz, San Luis Potosí, Chiapas und anderen Staaten. Ein besonders begehrtes Zentrum für diesen Sport ist Jalcomulco am Ufer des Río Pescados. Seit mehreren Jahren begleiten Expeditionsleiter Besucher den mitunter tobenden Fluss abwärts. Der Pescados bietet verschiedene Schwierigkeitsgrade (I – V auf der internationalen Skala), von besinnlichen Spazierfahrten bis zu reißenden Stromschnellen (hauptsächlich nach der Regenzeit). Es gibt Tagesausflüge oder Touren mit ein oder zwei Zeltübernachtungen. Kanu- und Kajakfahrten findet man ebenfalls an vielen Orten, es gibt zudem eine große Zahl von Anbietern begleiteter Touren.

NÜTZLICHE ADRESSEN

BERGSTEIGEN

CLUB EXPLORACIONES DE MÉXICO
Tel. 55 57 40 80 32
www.cemac.org.mx

CLUB ALPINO MEXICANO
Tel. 55 55 74 96 83 oder
www.clubalpinomexicano.com.mx

CLUB CITLALTÉPETL DE MÉXICO
Tel. 55 52 64 32 58
www.clubcitlaltepetl.com

ÖKOTOURISMUS

GRUPO ECOLÓGICO SIERRA GORDA
Av. Benito Juárez 9
Jalpan de Serra
Tel. 441 2 96 02 29
www.sierragorda.net

ECOTURISMO YUCATÁN
Calle 3 No. 235 x 32A y 34
Col. Pensiones Mérida
Tel. 999 9 20 27 72
www.ecoyuc.com

WANDERREISEN
Stefan Günther Tölle
Cuernavaca
stefanguenther70@hotmail.com

RADFAHREN

BICI TOURS »LOS PINGÜINOS«
Av. 5 de Mayo No. 10 B
San Cristóbal d. l. Casas
Tel. 967 8 02 02
www.bikemexico.com

Traumhaft: Am Strand von Cabo San Lucas

ECORIDE
Miramar 382
Colonia Centro El Cerro
Puerto Vallarta
Tel. 322 2 22 79 12
www.ecoridemex.com

RAFTING

JUPITER 7
Cuernavaca,
Tel. 777 1 21 20 17
www.mexicorafting.com

EXPLORA TRAVEL
Av. Diego Dugelay 14
San Cristóbal de las Casas
Tel. 967 6 74 66 60
www.exploratravel.com.mx

WASSERSPORT

CAREY DIVE CENTER
Av. Matamoros 13a
Isla Mujeres
Tel. 998 8 77 07 63
www.careydivecenter.com

AQUA WORLD
Paseo Kukulkán, bei Km 15,3
Cancún
Tel. 554 1 66 30 92
www.aquaworld.com.mx

TREKKING

MEXTROTTER
Cuernavaca
Tel. 841 9 79 19 67 6
(Anrufumleitung nach Mexiko)
www.mextrotter.com

Badeurlaub

Strände

Mit einer Küstenlinie von annähernd 10 000 km Länge am Golf von Mexiko und am Pazifischen Ozean bietet Mexiko eine Vielzahl abwechslungsreicher Badestrände (»playas«). An der Golfküste (Atlantik) und im Golf von Kalifornien (Pazifik), der durch die Halbinsel Baja California gegen die offene See abgeschirmt ist, ist das Meer im Allgemeinen ruhig. An der offenen Pazifikküste muss allerdings mit stärkerer Brandung und Strömungen gerechnet werden. Jeder findet den richtigen Ort für sein persönliches Badevergnügen, egal, ob in den großen, pulsierenden Fremdenverkehrszentren Cancún oder Puerto Vallarta, oder in den kleinen, paradiesischen Buchten.

Wasserqualität

In der Nähe der **großen Häfen** wie Tampico, Veracruz, Coatzacoalcos und Lázaro Cárdenas ist die Wasserqualität schlecht. Durch den Ölboom und die Ansiedlung petrochemischer Industrie ist die Golfküste besonders in Mitleidenschaft gezogen worden, wobei die Küste um **Coatzocoalcos** ein besonders abschreckendes Beispiel ist. In den großen Badeorten wie **Puerto Vallarta und Mazatlán** wechselt die Qualität, an allen übrigen Stränden ist sie gut bis ausgezeichnet.

Thermalquellen

Die meisten mexikanischen Thermalquellen liegen im südlichen Teil der **Sierra Madre Occidental** und im **südlichen zentralen Hochland**. Einen durchorganisierten Kurbetrieb mit entsprechender Inf-

BAEDEKER WISSEN

REISEN MIT REINEM GEWISSEN

Fast überall im weltweiten Tourismusgeschäft ist ein großer Trend zum sanften Tourismus zu verzeichnen. Auch Mexiko-Besucher entscheiden sich immer häufiger für eine Reiseform, in der die Natur und der verantwortungsvolle Umgang mit ihr und den dort lebenden Menschen und Tieren im Mittelpunkt steht.

Längst schießen Agenturen wie Pilze aus dem Boden, die das Label »Ökotourismus« oder »Ecotourism« tragen. Und längst hat auch das Land selbst dem Natur- und Umweltschutz Rechnung getragen, immer mehr Biosphärenreservate eingerichtet und Nationalparks und andere Naturschutzgebiete unter behördliche Aufsicht gestellt. Trotzdem steckt man mit den Bemühungen, gefährdete Landstriche zu schützen und die Artenvielfalt zu erhalten, in Mexiko vergleichsweise noch in den Kinderschuhen.

Und nicht immer führt der gute Ansatz auch zu einem zufriedenstellenden Ergebnis. Denn auch für den Ökotourismus muss eine Infrastruktur geschaffen werden, von Straßen bis hin zu Hotels und Restaurants – und schnell wird ein Schutzgebiet zu einem neuen Hotspot. So gibt es etwa traurige Beispiele aus Chiapas, wo Indigene aus ihren Dörfern vertrieben wurden, um Platz für ein an sich vorbildliches Aufforstungsgebiet zu schaffen.

Der Natur ganz nah

Dennoch ist natürlich grundsätzlich nichts gegen einen umweltverträglichen Tourismus einzuwenden, im Gegenteil. Und Mexiko hat auch in dieser Hinsicht viel zu bieten. In Baja California wurde zuletzt bewiesen, dass mit Ökotourismus gerade dadurch Geld zu verdienen ist, wenn man die Natur so belässt, wie sie erschaffen wurde: 35 % der weltweit existierenden Walarten und 82 % aller Meeressäugetiere sind hier heimisch. Das zunehmende touristische Interesse an Walbeobachtungstouren ermöglichte das Schaffen vieler Arbeitsplätze und kurbelte die lokale Wirtschaft an, ohne dass die Natur darunter litt.

Ein weiteres Beispiel für einen gelungenen Ökotourismus ist die **Barranca del Cobre**, die größte Schlucht Nordamerikas, in der mehr als 500 Pflanzen- und 300 Vogelarten zu bewundern und keine großen Eingriffe in die Natur zugunsten des Tourismus erlaubt sind.

Das Eldorado für alle Schmetterlingsfreunde befindet sich im geschützten Hochland von **Michocacán**, wo jedes Jahr Millionen gelb-braun gestreifte Monarch-Schmetterlinge nach einer langen Reise aus Kanada und den USA ankommen, um zu überwintern.

Auch die wegen ihrer einzigartigen Fauna und Flora berühmten Nationalparks um die »Haus-Vulkane« von Mexiko-Stadt, dem Popocatépetl und dem Iztaccíhuatl, sowie um den Nevado de Toluca haben sich zu großen Tourismusattraktionen entwickelt, wo sanfter Tourismus nicht nur angesagt, sondern unumgänglich ist. Als einer der am besten erhaltenen Ökosysteme des ganzen Kontinents gilt indes das Naturschutzgebiet **Pantanos de Centia** im Bundesstaat Tabasco, wo immer noch einige Tierarten leben, die anderswo längst vom Aussterben bedroht sind. Im Ökoerlebnispark Cañón del Sumidero in Chiapas

schließlich stören sich die hier lebenden Krokodile, Affen oder Zopilote kein bisschen daran, dass sie von Touristenbooten aus fotografiert werden.
Zu den namhaftesten und schönsten gehören selbstredend auch die Nationalparks rund um die größten Kulturschätzen des Landes wie der archäologischen Stätte von Palenque. Unweit von hier liegen die berühmten **Cataratas de Agua Azul**: Inmitten tropischer Vegetation stürzt sich der Rio Yax, durch den hohen Kalkanteil des Wassers blau-türkis eingefärbt, die Felsentreppen hinab.
Selbst in den ausgewiesenen Tourismusregionen wie auf der Halbinsel Yucatán findet man an der Karibikküste eines der Gebiete Mexikos, das als Erstes von der UNESCO zum Biosphärenreservat erklärt worden ist: Sian Ka'an, südlich von Tulum gelegen, bietet auf einer Fläche von fast 5000 km² ein buntes Konglomerat aus tropischem Regenwald, Feuchtgebieten und maritimen Ökosystemen, in dem eine vielfältige Tier- und Pflanzenwelt zu Hause ist.

Hilfe zur Selbsthilfe

In den letzten Jahren wurden auch Tourismusprojekte zunehmend beliebter, die Einheimische und Reisende zusammenführen. Als herausragendes Beispiel sind die Wander- und Trekkingangebote der zapotekischen Bewohner der Sierra Norte zu nennen. In den Zentraltälern Oaxacas mit ihrem einzigartigen Ökosystem aus Pinienmischwäldern, in denen allein 400 Vogelarten leben, werden von den hier lebenden Einheimischen ein- bis mehrtägige Touren angeboten. Entlang der Strecke sorgen für die Verpflegung und Übernachtung in einfachen Gästehäusern die Dörfer, die sich in der Kooperative **»Los Pueblos Mancomunados«** zusammengetan haben. Die Besucher bekommen so einen unvergleichlichen Einblick und Kontakt mit dem »Volk der Wolken«.

In der Barranca del Cobre wird zurückhaltender Tourismus betrieben.

rastruktur gibt es nur in den wichtigen Badeorten Aguascalientes, Ixtapán de la Sal, Río Caliente, Comanjilla und Tehuacán, aus dem auch das bekannteste mexikanische Mineralwasser »Agua Tehuacán« stammt. In den anderen Orten sind die Badeeinrichtungen sehr einfach; vielerorts treten nicht gefasste Mineralquellen zutage, die nur von den Einheimischen aus der Umgebung genutzt werden.

Wellness

Wellness hat eine lange Tradition in Mexiko. Schon die Azteken entspannten in heilenden Thermalquellen und begaben sich zum Schwitzen in ein **»temazcal«**, eine medizinische Kräutersauna. Zahlreiche Luxushotels und Spa-Resorts (z. B. an der **Riviera Maya**, in **Cuernavaca**) bieten heute Wellnessprogramme und -aufenthalte an.

ESSEN UND TRINKEN

Ohne Zweifel nimmt Mexiko auch in kulinarischer Hinsicht eine Sonderstellung auf dem amerikanischen Kontinent ein. Zwar nehmen die Mexikaner in den Statistiken der Weltgesundheitsorganisation WHO beim Konsum von Fast Food eine Spitzenposition ein – mit all den üblichen Folgen. Und dennoch ist die traditionelle Küche des Landes von einer einzigartigen Vielfalt und Reichhaltigkeit geprägt, weshalb diese 2010 von der UNESCO in die Liste des immateriellen Kulturerbes aufgenommen wurde.

Küche mit Tradition

Was Wunder, kann Mexiko doch auch in diesem Zusammenhang auf eine **beispiellose Geschichte** zurückblicken: Schon die Mayas wussten den Mais zu schätzen, die Azteken verehrten sogar einen eigenen Maisgott. Und was kommt nicht alles ursprünglich aus Mexiko: Der Kakao und die Vanille wurden hier entdeckt und in die Welt gebracht, ebenso die Tomate, die Paprika, die Chili, Erdnüsse oder auch die Avocado. Später dann gelangten die **kulinarischen Vorlieben der einwandernden Völker** ins Land: Spanier führten – vor allem im Norden – die Viehzucht ein, und damit das Rindfleisch, der Gebrauch von Olivenöl ging später auf die Franzosen, die unzähligen Nudelfabriken vor allem rund um Mexiko-Stadt auf die Italiener zurück, das Bier auf die Deutschen. Anrainer aus der Karibik brachten schließlich Obst und Gemüse ins Land. Die Mischung der Einflüsse ist also gewaltig, der Reichtum an Geschmacksfacetten beispiellos.

Zu Tisch in Mexiko

Und doch dreht sich in Mexiko zu Tisch bis heute mehr oder weniger alles um die Maisfladen, die berühmten **Tortillas** in all ihren Varianten der Zubereitung und mit den unterschiedlichsten Füllungen. Am

Kann eine wahre Verführung sein: eine gut gemixte Margarita aus Tequila, Limonensaft und Cointreau oder Triple Sec.

Tacostand am Straßenstand dürfen sie genauso wenig fehlen wie auf der Speisekarte des mehrsternigen Luxusrestaurants. Überall sind sie auf dem Speiseplan allgegenwärtig.

Auch Fleisch aller Art bestimmt die Küche in ganz Mexiko, wobei es im **Norden**, innerhalb des Tex-Mex-Gürtels, aufgrund der dortigen spanischen Prägung insgesamt weniger scharf gegessen wird. Typisch ist hier auch, dass man erst die Beilage wie Reis oder Bohnen serviert bekommt, bis das Hauptgericht – eben meistens Fleisch – im Anschluss serviert wird. Die Tortillas bestehen in der nordmexikanischen Küche zudem eher aus Weizen als aus Mais. Im **Süden** hingegen ist der Einfluss der indigenen Tradition auch auf die Küche unübersehbar. Eintöpfe und Saucen – die meisten mit Chili in den unterschiedlichsten Schärfen abgeschmeckt – stehen hier im Mittelpunkt. So hält der südliche Landesteil die schmackhaftesten und variationsreichsten Rezepte Mexikos parat. Im **Hochland von Mexiko** wiederum sind kleine Häppchen für zwischendurch allgegenwärtig. Schweinefleisch steht hier besonders hoch im Kurs. Ein typisches Mittagessen besteht in diesem Teil von Mexiko meistens aus einer Suppe, gefolgt von Reis, der Hauptspeise und einem kleinen Dessert, das aufgrund des hier verbreiteten Bohnenanbaus häufig mit Kaffee, Kakao oder Schokolade zubereitet wird. An den **Küsten** stehen natürlich vor allem Fischgerichte und Meeresfrüchte in den unterschiedlichsten Variationen auf dem Speiseplan, zumeist mit Tomaten und Kräutern angemacht oder als Beilage serviert. Krabben- oder Meeresfrüchtecocktail dürfen hier ebenfalls nicht fehlen.

TYPISCHE GERICHTE

Enchiladas und Guacamole sind inzwischen auch feste Bestandteile der europäischen Küche. Doch Mexiko hat kulinarisch noch weit mehr zu bieten. Die Fülle der Aromen, die den Mexiko-Urlauber dabei erwartet, ist überwältigend!

Cochinita pibil: Übersetzt bedeutet der Name »vergrabenes Ferkel«: Schweinelende oder -schulter kommen zum Einsatz, wenn dieses aus Yucatán stammende Gericht, mit Bananenblättern bedeckt, auf einem Grill langsam garend bereitet wird. Die Marinade beseht aus bitteren Orangen und Achiote (Annatto) und sorgt durch ihren hohen Säuregehalt für besonders zartes Fleisch, das in seiner Konsistenz an Gulasch erinnert. Es wird gerne auf öffentlichen Festen serviert.

Chiles en nogada: Über das große Traditionsgericht aus grüner Poblano-Paprika, die mit gewürztem Hackfleisch und einer wahlweise süßen oder salzigen weißen Soße aus Walnuss und roten Granatapfelkernen serviert wird, ranken sich die Mythen, kommt es doch in den Nationalfarben Mexikos daher. Die Schoten werden paniert und frittiert. »Chiles en nogada« sollen ursprünglich aus Puebla stammen und werden vor allem zur Walnussernte im August serviert.

Mole Poblano: Was für Franzosen die Bouillabaisse und Schweden der Gravad Lax ist, ist für die Mexikaner dieses entweder mit Hühner- oder Truthahnfleisch bereitete Gericht, dessen Ursprung von einigen Experten den Ureinwohnern, anderen zufolge den spanischen Eroberern zugeschrieben wird. Viel ungesüßte Schokolade und reichlich Chilis und Gewürze wie Nelken, Pfeffer, Anis und Sesam geben dem dunklen Gericht einen unverwechselbaren, einzigartigen Geschmack.

Tamales: Dieser Snack wird in ganz Lateinamerika zubereitet und soll dort schon seit mehreren tausend Jahren bekannt sein. Man fertigt ihn aus einem dünnen Maisteig (»masa«), der dann mit einer süßen oder – in Mexiko eher üblich – salzigen Füllung (Schwein oder Huhn) komplettiert wird. Die Zubereitung auf einem Pflanzenblatt ist etwas aufwendig und wird daher gerne in Gesellschaft vollzogen. Angeboten werden die Tamales meistens von Straßenhändlern oder an Ständen. Mexikaner lassen sie sich auch gerne zum Frühstück schmecken.

Pozole: Das Besondere an diesem Eintopf sind die vorgekochten und enthülsten Maiskörner aus Jelisco an der Westküste als Hauptzutat. Dazu wird Schweine- oder Hühnerfleisch gegeben, wodurch das Gericht erst seinen charakteristischen Geschmack bekommt. Je nach Gewürz bekommt die Pozole ihre eher rote oder grüne Farbe. Dazu werden Beilagen wie Frischkäse und Chilisauce sowie Salat und frittierte Maistortillas, die »tostadas« serviert.

FEURIGE BEEREN

BAEDEKER WISSEN

Kein mexikanisches Essen ohne Chile! Allerdings wird die scharfe Schote überwiegend nur zum Würzen verwendet, ob als Salsa oder in Pulverform. Die mildere, grüne Poblano-Paprika füllt man mit Hackfleisch; die edlere Variante Chiles en Nogada kommt sogar in den mexikanischen Nationalfarben daher. Chili con Carne ist übrigens nicht typisch mexikanisch.

▶ **Anatomie der Chile**

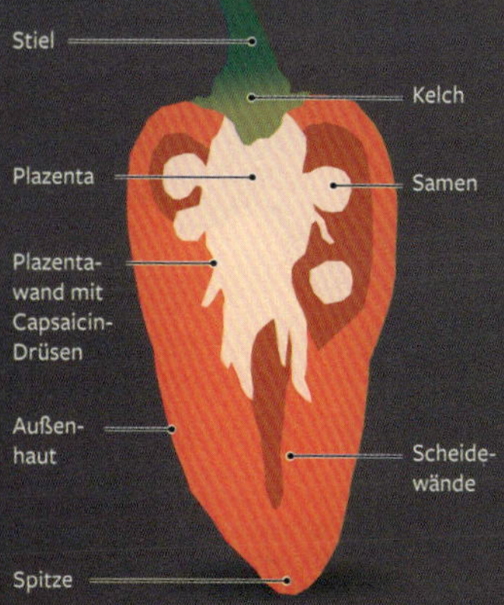

Zutaten für »Chiles en nogada« (gefüllte Poblano-Paprika mit Walnusssauce und Granatapfelkernen) für acht Portionen

8 Poblano-Chiles, geschält und entkernt, 1 Tasse Granatapfelkerne

Füllung:
700g Hackfleisch, 1/2 Zwiebel, 2 Knoblauchzehen, 6 große Tomaten, 1 Zimtstange, 1 Prise gemahlene Nelken, 1 Pfirsich, 1 Apfel, 1/2 reife Banane, 1/4 Tasse Rosinen, 1/2 Tasse Pinienkerne, 1/3 Tasse Mandeln, 1/2 Tasse Sherry, Salz, Zucker, Pfeffer

Walnusssauce:
250g Walnüsse, 1 Becher Sahne, 125g Frischkäse, Salz, Zucker

▶ **Die Chilepflanze**

Chiles und Paprikas sind eigentlich Beeren. Sie gehören zu den Nachtschattengewächsen und sind mit Tomaten sowie Kartoffeln verwandt.

▶ **Chileanbau in Mexiko**

Jährlich werden insgesamt ca. 2 Mio. Tonnen Chiles in Mexiko produziert.

Sortenanteile

Jalapeño 619 000 t
Serrano 217 000 t
Poblano 192 000 t
Paprika 162 000 t

Der Stoff, der die Chile scharf macht
Das Alkaloid Capsaicin gibt den Chiles ihre Schärfe. Es wird u.a. verwendet zur Herstellung von schmerzlindernden Salben, den Blutkreislauf fördernden Mitteln, Nasensprays – und für Abwehrmittel wie Pfeffersprays, Rauchgranaten etc.

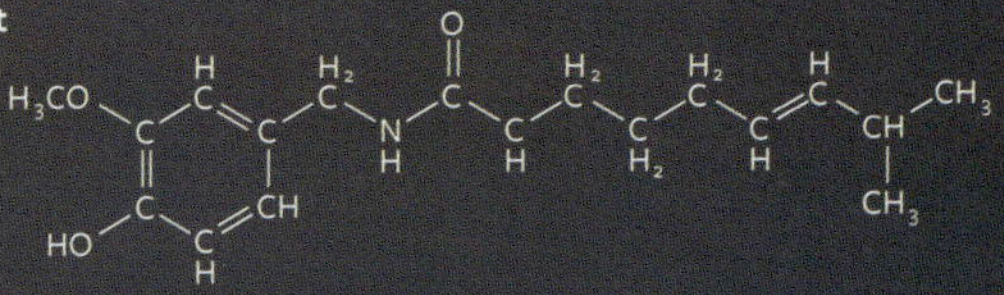

Scoville Heat Units (SHU)
Schärfe wird in Scoville gemessen (1912 definiert von dem Pharmakologen Wilbur Scoville). Der Wert ist abhängig vom Capsaicingehalt der getrockneten Frucht. Reines Capsaicin hat einen SHU von 15 bis 16 Millionen.

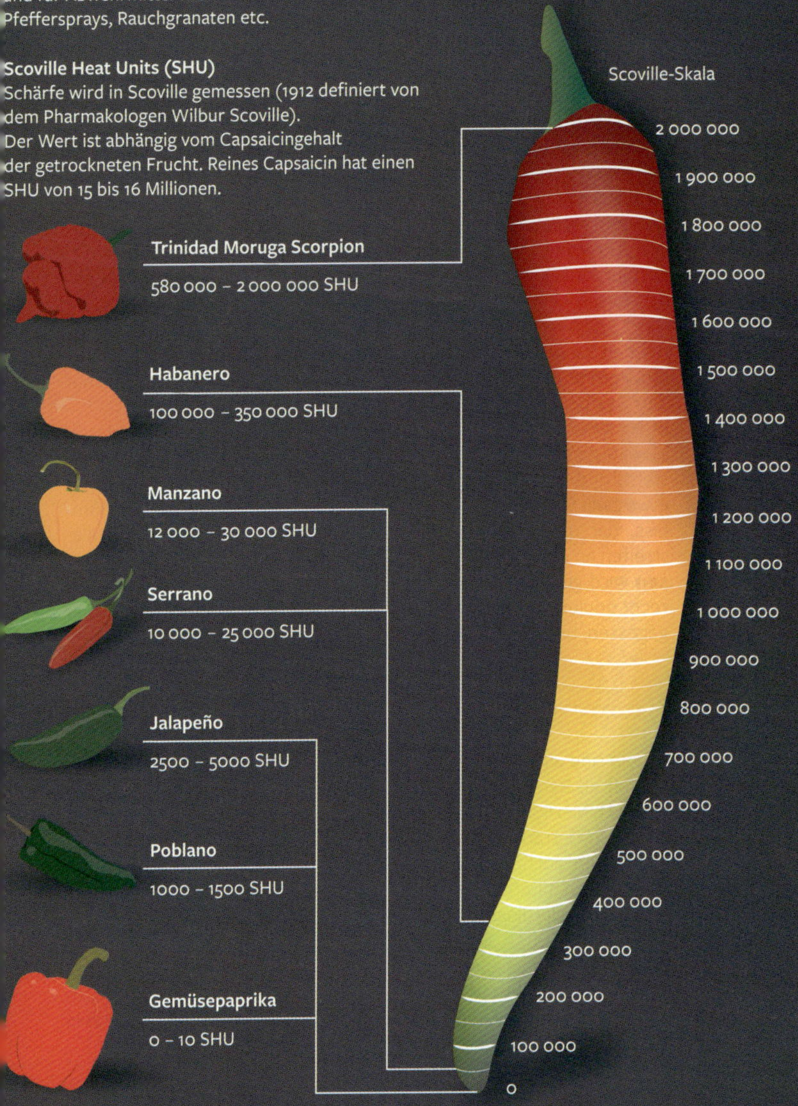

Trinidad Moruga Scorpion
580 000 – 2 000 000 SHU

Habanero
100 000 – 350 000 SHU

Manzano
12 000 – 30 000 SHU

Serrano
10 000 – 25 000 SHU

Jalapeño
2500 – 5000 SHU

Poblano
1000 – 1500 SHU

Gemüsepaprika
0 – 10 SHU

Scoville-Skala
2 000 000
1 900 000
1 800 000
1 700 000
1 600 000
1 500 000
1 400 000
1 300 000
1 200 000
1 100 000
1 000 000
900 000
800 000
700 000
600 000
500 000
400 000
300 000
200 000
100 000
0

Doch so sehr die Mexikaner ihre kulinarischen Tradition auch in Ehren halten, vor allem in den Großstädten sind sie zuletzt experimentierfreudiger geworden. Und nicht selten trifft man auf moderne Mischungen zwischen einheimischer und ausländischer Küche.
In ganz Mexiko stehen krabbelnde, kriechende oder fliegende Arten seit jeher auf dem Speiseplan: Ob mit Schokolade überzogene Ameisen oder lebende Stinkkäfer, die »frisch« mit heißer Chilisauce übergossen und in Tortillas eingerollt werden – **mehr als 500 essbare Insektenarten** zählt man in Mexiko, u. a. »abjeas« (Bienen), »avispas« (Wespen) und »libélulas« (Libellen), »arañas« (Spinnen), »chines acuaticas« (Wasserwanzen), »ciempiés« (Tausendfüßler), »grillos« (Grillen) oder »termitas« (Termiten). Als echter Gaumenschmaus gelten u. a. »chapulines« (Grashüpfer). Mit Limón und Chile Piquín geröstet, schmecken vor allem die ausgewachsenen Exemplare gut. Man kann sie entweder kalt wie Chips essen oder in einem Restaurant frisch geröstet mit einer speziellen Salsa de Gusano in einer Tortilla bestellen.

Essgewohnheiten

Bei den Essgewohnheiten, vor allem bei der Üppigkeit der Mahlzeiten, kommt es in Mexiko, wie überall auf der Welt, in erster Linie auf den Geldbeutel an.
In ärmeren Regionen muss oft das spartanische **Frühstück**, das in Mexiko generell nur aus einem Kaffee und einem süßen Stück besteht, und ein warmes Essen am Abend ausreichen. Anderswo ist etwa zwei Stunden nach dem Frühstück der **Almuerzo** dran, ein Imbiss, der meistens aus Chilaquiles besteht, getrockneten Tortillastreifen an einer Soße mit viel Chili, Sahne und Käse. Das **Mittagessen** wird gewöhnlich erst gegen 15 Uhr eingenommen und ist gern recht opulent mit mehreren Gängen. **Abends** wird oft noch sehr spät gegessen, und die Tortilla darf auch hier nicht fehlen.

Typische Getränke

Bier

Schuld sind jene Deutschen, die im 19. Jh. nach Mexiko auswanderten und oft als Bergleute arbeiteten. Sie brachten die Kunst des Bierbrauens nach Mexiko. Heute zählen mexikanische Biere überall auf der Welt zu den In-Getränken. **Corona**, **Negra Modelo** oder **Dos Equis** haben inzwischen auch europäische Supermärkte erobert. In Mexiko bekommt man mitunter ein Stück Zitrone oder Limone zum Bier serviert – das dient allerdings lediglich zum Reinigen des Flaschenhalses.

Tequila, Mezcal und Pulque

Anders beim Tequila, dem **mexikanischen Kultgetränk**: Zuerst leckt man sich etwas Salz vom Handrücken, leert das Glas mit dem Hochprozentigen möglichst in einem Zug und beißt anschließend beherzt in ein Limettenstück. Dieser Brauch gilt für den einfachen Tequila.

Der echte Tequila muss aus der Region um das gleichnamige Städtchen bei Guadalajara kommen und wird aus einer blauen Agavenart hergestellt. Oftmals ist er Basis leckerer Cocktails. Der Mezcal ist der übergeordnete Agavenschnaps, der überwiegend in der Region Oaxaca gebrannt wird. Charakteristisch ist der **Wurm in der Flasche**, der lediglich auf einen Marketingag zurückzuführen ist (▶ S. 8). Aus einer anderen Agavenart erzeugten schon die Maya den Pulque, ein heute noch weit verbreitetes Getränk mit geringerem Alkoholgehalt.

Wein

Weinbau hat in Mexiko zwar eine lange Tradition, doch wird der mexikanische Wein überwiegend exportiert. Vor allem im Norden Mexikos gibt es renommierte Weinkellereien (»bodegas«), die aber nicht die Qualität ihrer kalifornischen Konkurrenz erreichen. Weintrinken ist unter den Mexikanern nicht allzu populär. Wer jedoch die Möglichkeit hat, einheimische Weine zu probieren, sollte diese ruhig nutzen: Sie ergänzen oft prima die deftigen Speisen.

Kaffee und Schokolade

Wer als Ausländer in Mexiko Kaffee bestellt, bekommt meist »café americano« (Filterkaffee). Was international als Espresso bekannt ist, heißt »café solo«, »café tinto« oder auch »café negro«. Eine Spezialität ist »chocolate caliente«, heiße Schokolade, die nach altmexikanischer Tradition ebenfalls gewürzt wird. Hierbei hat jeder seine eigene Vorliebe, die von Zimt und Vanille bis zu Pfeffer und Chili reichen.

FEIERN

Wenn es ein weltweites Zentrum des Feierns und des laut-fröhlichen Stelldicheins gibt, dann ist das ohne Zweifel Mexiko. Ob der örtliche Heilige zu feiern ist oder einer der Feiertage, die der offizielle Feiertagskalender hergibt, ein Dorffest oder ein landesweiter Anlass, ob ein lokaler Rummel oder Karneval – ein Anlass findet sich immer.

Fiesta mexicana

Über die genaue Zahl der jährlichen Feste gibt es eigentlich nur Schätzungen um die 5000 herum, aber genau weiß das nicht einmal die nationale Statistikbehörde. Fest steht: Die Mexikaner lieben es, feucht-fröhlich zu feiern, gerne mit allerlei Leckereien, viel Musik und Tanz oder gar einem kleinen Flirt, noch lieber lautstark und ausgelassen. Was Wunder! Die Spanier haben schon immer gern gefeiert und die Mayas und Azteken huldigten ihren Göttern mit aufwendigen (wenngleich mitunter blutigen) Riten. Beides vermischte sich im Laufe der Zeit zu dem, was im heutigen Mexiko die Fiestas sind. Und diese präsentieren sich als **heißblütige und farbenfrohe Events**, die sich oft über mehrere Tage erstrecken und dem mexikanischen Leben seine Würze geben.

Ein Anlass findet sich immer

Viele der Feieranlässe haben einen **staatstragenden Hintergrund**, wie etwa der 16. September, an dem im ganzen Land mit viel Brimborium der Unabhängigkeitstag, der Día de la Independencia, begangen wird und die Massen sich auf dem Zócalo der Hauptstadt und allen anderen örtlichen Hauptplätzen im Lande versammeln. Die allermeisten Feste haben allerdings – der Trennung von Kirche und Staat zum Trotz – einen eher **religiösen Hintergrund**. Selbst die kleinsten Ortschaften ehren ihren Schutzheiligen in einem rauschenden Fest. Herausragendes Ereignis ist jedoch der im ganzen Land begangene **Día de los Muertos**, der Tag der Toten. Während in Deutschland an Allerheiligen und Allerseelen ein stilles Innehalten zu Ehren der Toten üblich ist, sieht man in Mexiko in dem Datum keinen Trauertag, sondern eher Tage der liebevollen Erinnerung an die Verstorbenen. Obwohl die UNESCO den Tag der Toten 2003 für schützenswert erklärt hat, gerät die alte Tradition zunehmend unter Druck – der aus den USA importierte Kommerzdruck rund um Halloween zeitigt seine Wirkung.

VERANSTALTUNGSKALENDER

FEIERTAGE

1. Januar: Año nuevo (Neujahr)
6. Januar: Día de los Reyes (Dreikönigstag)
5. Februar: Día de la Constitución (Verfassungstag)
21. März: Geburtstag des Nationalhelden und Präsidenten Benito Juárez
März/April: Semana Santa (Karwoche)
1. Mai: Día del Trabajo (Tag der Arbeit)
5. Mai: Jahrestag der Schlacht von Puebla 1862
Mai/Juni: Jueves de Corpus (Fronleichnam)
1. September: Tag der Nation
16. September: Día de la Independencia (Unabhängigkeitstag)
12. Oktober: Día de la Raza (Tag der Rasse)
1. und 2. November: Todos los Santos, Día de los Muertos (Allerheiligen, Allerseelen)
20. November: Día de la Revolución
12. Dezember: Día de la Virgen de Guadalupe (Tag der Muttergottes von Guadalupe)
25. Dezember: Navidad (Weihnachten)

FIESTAS

NEUJAHRSFEST

Wird in ganz Mexiko mit Festessen, Umzügen, Tanz und Musik begangen

DÍA DE LOS REYES

Am 6. Januar, dem Dreikönigstag, stellen die Kinder Teller vor die Tür, in der Hoffnung, dass diese mit Süßigkeiten gefüllt werden.

Totenstimmung? Fehlanzeige! Am Totenfest wird in Mexiko getanzt und gefeiert.

DÍA DE LA CANDELARIA

Mariä Lichtmess wird im ganzen Land gefeiert, besonders farbenprächtig in Cholula, Taxco und Tlacotalpan (Ver.).

DÍA DE LA CONSTITUCIÓN

Am Verfassungstag (5. Februar) finden in ganz Mexiko Reiterparaden und Stierkämpfe statt.

CARNAVAL

Natürlich wird der Karneval Mitte/ Ende Februar bzw. Anfang März im ganzen Land gefeiert, doch besonders berühmt ist der Karneval von Veracruz. Aber auch Mazatlán, Villahermosa und Mérida halten rauschende Feste ab.

ASCHERMITTWOCH

In Amecameca de Juárez (Mex.) Wallfahrt zum Señor de Sacromonte

KARWOCHE/OSTERN

Prozessionen und Wallfahrten in ganz Mexiko. Besonders sehenswert sind am Karfreitag die Darstellung des Leidenswegs Christi in Mexiko-Stadt im Stadtteil Ixtapalapa und während der ganzen Karwoche die Passionsspiele bei der Kirche Santa Prisca in Taxco.

FERÍA DE SAN MARCOS

Zu Ehren des Stadtheiligen feiert man in Aguascalientes (Stadt) seit 1604 am 25. April eines der lebendigsten und schönsten Feste in ganz Mexiko. Dann gibt es ein volles Programm mit Stier- und Hahnenkämpfen, Gesang,

Tanz u. v. m. Es beginnt schon eine Woche vor dem offiziellen Termin und dauert ganze drei Wochen!

DÍA DE LA SANTA CRUZ

Zum Tag des Heiligen Kreuzes am 3. Mai ist es in Mexiko Brauch, dass die Bauarbeiter ihre Baustellen schmücken; zudem gibt es Feuerwerk und Tänze. Besonders schön sind die Feierlichkeiten in Tepotzotlán und Valle de Bravo.

FERIA DE SAN ISIDRO

San Isidro, der Schutzheilige der Landarbeiter, wird am 15. Mai in ganz Mexiko mit dem besonderen Schmücken der Arbeitstiere und der Segnung der Äcker geehrt. Etwas ganz Besonderes ist die Feier in Huistan (Chis.), wo Stelzentänze der indigenen Tzotzil gezeigt werden.

FRONLEICHNAM

Im ganzen Land gehören zu Fronleichnam Tänze, Gesänge von Kindern in Bauerntracht sowie Spielzeugesel aus Maishülsen. In Papantla (Ver.) treten acht Tage lang die »Fliegenden Menschen« (►Baedeker Wissen, S. 132) auf.

DÍA DE SAN JUAN BAUTISTA

Den Tag des hl. Johannes am 24. Juni feiert man mit Jahrmärkten und Taufen in Flüssen; weithin bekannt ist zudem in San Juan Chamula (Chis.) eine feierliche Fahnenprozession der Indigenen des südlichen Hochlands.

DÍA DE NUESTRA SEÑORA DEL CARMEN

Den Tag der hl. Jungfrau vom Berge Karmel (16. Juli) begeht man im ganzen Land; in Mexiko-Stadt im Stadtteil San Ángel gibt es einen Jahrmarkt und eine Blumenschau.

TANZFEST VON CUETZALÁN

Weithin bekannt ist das vom 15. bis 18. Juli stattfindende Tanzfest, bei dem viele Folkloregruppen der Umgebung ihre traditionellen Tänze vorführen.

GUELAGUETZA

An den letzten zwei Montagen im Juli scheint ganz Oaxaca zu tanzen: Bei der farbenfrohen Guelaguetza bekommt man eine Mischung prähispanischer und christlicher Traditionen zu Ehren der Korngöttin zu sehen. Die indigenen Tänzer tragen Originaltrachten.

13. AUGUST

An diesem Tag finden zwei wichtige Feste statt: in Juchitán (Oax.) ein viertägiges Ortsfest mit Tänzen und in Mexiko-Stadt ein Gedenken an den Kampf um Tenochtitlán. Auf dem Platz der Drei Kulturen werden indigene Tänze gezeigt.

MARIÄ HIMMELFAHRT

Am 15. August werden in Huamantla (Tlax.) mosaikartige Blumenteppiche (»xocipecate«) ausgelegt. Das ganze Land feiert mit Tänzen, Wallfahrten und Jahrmärkten.

DÍA DE LA INDEPENDENCIA

Auch am 16. September, dem Unabhängigkeitstag, feiert das ganze Land. In Mexiko-Stadt ziehen Militärparaden und patriotische Darbietungen auf dem Zócalo die Massen an.

DÍA DE SAN MIGUEL ARCÁNGEL

Patronatsfest des Erzengels Michael mit großem Stadtfest am 29. September in San Miguel de Allende (Gto.)

VIRGEN DE ZAPOPÁN

Besonders beliebt ist am 12. Oktober die große Fiesta zu Ehren der Jungfrau von Zapopán in Guadalajara (Jal.) mit Umzügen, Tänzen, Stier- und Hahnenkämpfen. In einer eindrucksvollen Prozession wird das

Bildnis der Jungfrau von der Kathedrale in ihre Kirche in Zapopán gebracht.

TODOS LOS SANTOS Y DÍA DE LOS MUERTOS

Allerheiligen und Allerseelen (1./2. November) gehören zu den allerwichtigsten mexikanischen Feiertagen: Die Angehörigen besuchen ihre Toten auf den Friedhöfen und bringen ihnen Geschenke, Essen und Trinken mit oder bauen zu Hause einen Gabentisch auf, auch mit persönlichen Gegenständen des Toten. Besonders feierlich wird das Fest auf der Insel Janitzio im Pátzcuaro-See begangen (►S. 278).

FEST DER MARIACHIS

Am 22. November in Zapotitlán (Jal.)

DÍA DE NUESTRA SEÑORA DE LA SALUD

Am 8. Dezember begeht Pátzcuaro (Mich.) den Tag der Erlöserin mit einem Jahrmarkt.

DÍA DE LA VIRGEN DE GUADALUPE

Dies ist der höchste religiöse Feiertag in Mexiko. Anlässlich des Tages der mexikanischen Nationalheiligen (12. Dezember) ist das ganze Land auf den Beinen. Vor der Basilika der hl. Jungfrau von Guadalupe in Mexiko-Stadt gibt es inmitten der Menschenmenge eine Vielzahl von folkloristischen und religiösen Darbietungen.

VORWEIHNACHTSTAGE

Vom 16. bis zum 24. Dezember finden in allen Orten Posadas statt: Prozessionen und Aufführungen, die die 9-tägige Flucht der hl. Familie aus Ägypten und ihre Herbergssuche symbolisieren.

DÍA DE LOS NIÑOS INOCENTES

Am 8. Dezember Tag der Unschuldigen Kinder, ähnlich dem 1. April

SHOPPEN

Man kann natürlich aus jeder Ecke der Welt etwas mitbringen, und sei es nur ein Stück Lavagestein aus Island oder die sprichwörtliche Dose Luft aus Berlin. Aus Mexiko »muss« man sich indes ein Mitbringsel ergattern, das gebietet schon die verführerische Vielfalt allein aus dem Bereich des Kunsthandwerks, ganz egal, ob es sich um aufwendigste Webarbeiten, filigranen Silberschmuck oder um hochwertige Lederwaren handelt. Zudem ist die Auswahl riesig, die Preise aber sind unschlagbar niedrig.

Regional geprägt

Förmlich ins Auge sticht natürlich die enorme **Farbenpracht**, die sich in nahezu allen Kunstformen ausdrückt: Ob in den staatlichen Fonart-Läden, wie sie in Mexiko-Stadt und nahezu allen anderen größeren Städten des Landes anzutreffen sind, oder auf den zahllosen opulent bestückten Märkten – herzerfrischend bunt ist das Sortiment überall. Zwar wird man in Mexiko – wie auch in anderen vom Tourismus geprägten Ländern – vielerorts die ewig gleichen Artikel vorfinden: Keramikbecher mit mehr oder weniger einfallsreichen Mexiko-Motiven, fröhliche Totenköpfe aus Plastik oder tönerne Bienvenidos-Schilder. Und doch liegt der Reiz der mexikanischen Kunsthandwerksproduktion gerade darin, dass sie in hohem Maße örtlich ausgerichtet ist und man bei der Reise durch das Land doch immer wieder sehr regionalspezifischen Produkten und Formen begegnet.

Im Angebot

Webarbeiten und Stickereien

Auffallen werden Ihnen vielerorts sicherlich die kunstvoll gewebten Textilien. Meist werden die diversen Waren von indigenen Frauen gefertigt. In **Chiapas**, wo die meisten Indígenas leben, finden Sie z. B. ausnehmend schöne, handgewebte weite Blusen (»huipiles«), Tischdecken, Schals und Kleider, die von Dorf zu Dorf von einer völlig anderen Farbgebung und Gestaltung geprägt und deswegen stets ein Unikat sind. Seinen Einkauf sollte man übrigens möglichst direkt bei den Produzentinnen tätigen und nicht in den oft hochpreisigen Geschäften der größeren Städte, die in der Regel nur einen Bruchteil ihrer Marge an die Urheber der Waren weitergeben. Allerdings sind die Preise ohnehin recht unterschiedlich, da sie oft vom Material, Muster und von den aufwendigen Stickereien abhängen.

Keramik und Tonwaren

Der westliche Bundesstaat **Michoacán** ist Ursprung vieler schöner, oft mit knallgrüner Farbgebung versehener Tonwaren, die von den Tarasken gefertigt werden. Charakteristisch sind auch die Keramikwaren aus **Puebla**, z. B. die gelb-blauen Kacheln (»azulejos«) mit arabesken Mustern, wie man sie oft auch an den Außenwänden von Häusern findet. Ebenfalls rund um Puebla gefertigt wird das Talavera-Geschirr. Schwarz, beinahe metallisch präsentieren sich die Vasen aus **Oaxaca**. Am bekanntesten sind die Arbeiten aus dem Töpferdorf Tonalá, wo sie sorgfältig und farbenfroh bemalt werden. Kleine Tierfiguren (»animalitos«) aus Ton werden in **Chiapas** hergestellt und von Kindern auf den Straßen verkauft.

Silber

Wer sich für **Silbererzeugnisse** interessiert, für den ist der Besuch des Bergstädtchens **Taxco** ein absolutes Muss. Hier ist das Angebot an Ringen, Ketten und anderen Accessoires wahrscheinlich größer als irgendwo anders auf der Welt – und dennoch preiswert und von hoher Qualität.

Metalle und Steine

Santa Clara del Cobre ist bekannt für seine **Kupferarbeiten**; Tarasken fertigen aus Kupfer sehr schöne Krüge, Pfannen und Platten daraus. Votivbilder (»milagros«) werden häufig aus Weißblech geformt. Da das Material einfach zu bearbeiten ist, werden daraus auch

BAEDEKER ÜBERRASCHENDES

6X EINFACH UNBEZAHLBAR

Erlebnisse, die für Geld nicht zu bekommen sind

1. PANORAMA SATT

Zum Sonnenuntergang die Treppen zum Fortín-Hügel erklimmen, schon sind Sie über den Dächern der Kolonial-Schönheit von **Oaxaca**.
(▶ **S. 246**)

2. WELLENREITER BEOBACHTEN

In **Puerto Escondido** können Sie sich mit einem kühlen Bier in den warmen Sand setzen und den spektakulären Performances der Surfer zuschauen.
(▶ **S. 291**)

3. VIVA LA MUSICA!

Der Cowboystiefel wippt im Takt, der Sombrero nickt dazu, bis zu zwölf Mann spielen auf Gitarren, Geigen und Trompeten. An der Plaza Garibaldi in **Mexiko-Stadt** geben die Mariachi jeden Abend ihre Shows zum Besten.
(▶ **S. 139**)

4. MIT ALLEN SINNEN

Dunkler Sand, Abendsonne, die Gischt der Wellen, der Hauch des Windes: Am Mermejita-Strand von **Mazunte** die Yogamatte auszurollen ist eine berauschende Erfahrung.
(▶ **S. 294**)

5. SPEKTAKEL IN ROSA

In **Celestún** waten und staken sie, zu Tausenden. Wenn von Dezember bis März bis zu 50 000 Flamingos in die Lagune kommen, wird es laut – ein echtes Spektakel.
(▶ **S. 166**)

6. VERSUNKEN

Farbenprächtige Waren, Getuschel in indigenen Sprachen – schauen, staunen und feilschen Sie auf den vielen bunten Märkten mit den Indígenas in **Oaxaca** oder **San Cristóbal de las Casa**.
(▶ **S. 246, 312**)

Lebensbäume mit Vogel- oder Fruchtmotiven, Spiegelrahmen und Kerzenhalter gefertigt. Die meisten **Artikel aus Onyx** werden heute für Touristen und den Export gefertigt, meist sind es Schachspiele, Buchstützen und Figuren.

Souvenirs Hübsche Holzschnitzereien und Lackarbeiten sind preiswertere Souvenirs. Aus der Gegend um **Uruapán** stammen mit Lackmalerei verzierte Holzarbeiten – das Angebot reicht von Kästchen bis zu Truhen und Schalen. Vielfach sieht man auch die aus Oaxaca stammenden bemalten Holztierchen, die Alebrijes.

Typisch mexikanische Mitbringsel sind auch die Hängematten (»hamacas«, ▶ S. 160), die einem in der Heimat gleich Urlaub und süßes Nichtstun vermitteln. Orte, in denen sie gefertigt werden und Sie schöne Exemplare ergattern können, sind **Mérida** und **Chetumal**.

Antiquitäten Vom Erwerb von Antiquitäten ist abzuraten, da deren Ausfuhr verboten ist. Im **Anthropologischen Nationalmuseum von Mexiko-Stadt** werden aber hervorragende **Repliken** verkauft. Die an den archäologischen Stätten häufig angebotenen größeren »Ausgrabungsfunde« sind ausnahmslos Fälschungen, die kurz zuvor erst verscharrt wurden.

Tipps für den Einkauf

Märkte Ein wesentliches Element des täglichen Lebens in Mexiko ist der Markt (»mercado«). Schon die spanischen Konquistadoren waren von der Größe der mexikanischen Marktplätze, der Vielfalt des Warenangebots und der perfekten Organisation überrascht. Noch heute spielt sich das Marktgeschehen in einer wesentlich ruhigeren Weise ab als in anderen südlichen Ländern. Auf dem Markt ist das **Feilschen** um den Preis noch allgemein üblich, es wird sogar erwartet – jedoch sollten Sie auch hier ein vernünftiges Maß walten lassen und respektvoll auftreten. Wandermärkte der Indigenen werden »Tianguis« genannt.

Öffnungszeiten Die Einzelhandelsgeschäfte haben keine allgemein gültigen Öffnungszeiten (»horarios«). Sie sind meist bis in die Abendstunden und teilweise auch sonntags geöffnet. In den heißen Gegenden wird zwischen 14 und 17 Uhr eine Siesta eingehalten.

Erstattung der Mehrwertsteuer (»Tax Back«) Mexiko erstattet Touristen beim Einkauf die Mehrwertsteuer zurück. Die Regelung gilt für alle Ausreisenden, die Einkäufe im Wert von mehr als 1200 MEX$ vorweisen können. Den Service bieten u. a. die Flughäfen von Mexico-City, Cancún, Guadalajara, Los Cabos und Puerto Vallart, Monterrey, Cozumel, El Bajío, Mazatlán und Morelia an. Maximal 50 % des Betrags wird direkt in bar erstattet (Höchstgrenze

10 000 MEX$), der Rest innerhalb von 40 Tagen aufs Konto überwiesen. Vorweisen muss man lediglich eine Quittung über den Kauf der Ware, einen Beleg über die elektronische Zahlung und ein ausgefülltes Antragsformular, das man bereits im Geschäft ausgehändigt bekommt.

ÜBERNACHTEN

Die Vielfalt Mexikos als Reiseland drückt sich in vielerlei Hinsicht aus. Und so verwundert es nicht, dass auch das Angebot an Unterkünften die unterschiedlichsten Urlaubswünsche erfüllen kann. Ob luxuriöse Haciendas in ländlichen Regionen, mondäne Resorts an der Küste oder kleine Posadas mit familiärem Flair – für jeden ist das Passende dabei.

Hotels in allen Varianten

In den bekannten Badeorten wie Playa del Carmen oder Cancún findet man natürlich die großen **Bettenburgen**, die häufig All-Inclusive-Pakete anbieten und entsprechend von den Chartertouristen frequentiert werden. Bei allem folkloristisch angehauchten Rahmenprogramm: Mexikanisches Flair will da freilich nicht so recht aufkommen. Man findet es aber anderswo. Richtig interessant und ein Urlaubserlebnis wert sind jedoch vor allem die geschichtsträchtigen und meist luxuriösen Hotels, wie sie vor allem auf der beliebten Halbinsel Yucatán anzutreffen sind. Dort gibt es zahlreiche kleine **Sisal-Haciendas**, die zu exklusiven Urlaubsdomizilen umgebaut wurden. Aber auch in den Städten Zentralmexiko findet man derartige Kolonialhotels vor, so etwa in Oaxaca, wo alte Herrenhäuser mit gediegenem Ambiente aufwarten. Diese oft exquisiten, aber nicht zwangsläufig teuren Hotels mit ihrer zumeist sehr farbenfrohen Architektur sind durch und durch landestypisch, und vor allem für Paare geeignet, die einen Sinn für romantisches Ambiente haben, und weniger für Familien mit Kindern, die sich austoben und nach Herzenslust im Pool plantschen wollen.
Besonders naturverbundene Reisende kommen in Mexiko auch auf ihre Kosten: z. B. in **Dschungelhotels**, wie man sie in der näheren Umgebung der einstiegen Maya-Stadt Palenque im südlichen Bundesstaat Chiapas vorfindet. Die meist einfachen, teilweise aber auch luxuriösen Hotels bieten im tropischen, immergrünen Regenwald ein Abenteuer der ganz besonderen Art, können doch von dort aus Expeditionen zu den Maya-Stätten und in die reiche Flora und Fauna des Landes unternommen werden. Ansonsten sind natürlich auch in Mexiko **Spas und Wellness-Hotels** groß in Mode. Etliche Luxushotels, die oft spanischen, mexikanischen oder US-amerikanischen Ketten angehören, bieten in den Urlaubszentren ihre Verwöhn- und Erholungsprogramme an.

Standards und Preise

Grundsätzlich gilt: In Hotels der gehobenen Kategorie, wie man sie in Mexiko City, den anderen Großstädten und in den Ferienzentren vorfindet, kann man einen Standard erwarten, der der **europäischen Mittelklasse** entspricht. Die Einrichtung ist meistens US-amerikanischen Konventionen angepasst, die häufig das Praktische in den Mittelpunkt rückt und weniger das Geschmackvolle. Wer in mexikanischen Ambiente nächtigen will, sollte also eher Unterkünfte wählen, die unter mexikanischer Leitung stehen. Abseits der Hauptreiseziele kann es auch passieren, dass man Abstriche beim Komfort in Kauf nehmen muss.

Die Zimmerpreise richten sich nach Angebot und Nachfrage. Die hier angegebenen Preise können daher nur grobe **Anhaltspunkte** sein. Sie richten sich auch nach der regionalen Situation und können gegebenenfalls individuell ausgehandelt werden. Neben der allgemeinen Mehrwertsteuer (IVA) von 16 % kommt vorläufig nur in Mexiko-Stadt und in Orten am Meer eine **Hotelsteuer** von 2 % hinzu.

Gasthäuser und Privatunterkünfte

In den Strandregionen bieten oft Privatanbieter, die man im Internet oder über die örtlichen Touristenzentralen ausfindig machen kann, das typische Ensemble vom schlichten Bungalow für kleine Ansprüche und Geldbeutel über die einfache bis komfortable Ferienwohnung bis hin zur eingezäunten Designervilla mit Pool und klimatisierten Zimmern. Aber auch sonst gibt es in ganz Mexiko ein breites Spektrum an authentischen **Gasthöfen** (»huéspedes«) oder auch kleinen **Familienunterkünften** (»posadas familiares«), die wegen ihres einfachen, aber familiären Standards sehr günstig sind und vor allem für Individualreisende eine gute Alternative darstellen.

Weitere Alternativen

Wer besonders günstig reisen möchte oder muss, dem bietet sich auch in Mexiko die Möglichkeit, in einer **Jugendherberge** (»albergues de la juventud«; www.imjuventud.gob.mx) unterzukommen, oftmals umgerechnet für wenige Euros. Es gibt sie an folgenden Orten: Aguascalientes, Campeche, Cancún, Chetumal, Durango, Guadalajara (zwei Einrichtungen), La Paz, Monterrey, Morelia, Playa del Carmen, Puerto Vallarta, Querétaro, Tuxtla Gutiérrez und Zacatecas. In diesen Jugendherbergen besteht keine Altersbeschränkung. Die Anmeldung muss bis 20 Uhr erfolgen; man kann bis zu 15 Tagen in ein und derselben Jugendherberge bleiben. Weitere Hostels listen die Websites www.hostelworld.com und www.hostelz.com auf.

Relativ verbreitet und fest in US-amerikanischer Hand sind die **»Trailer-Parks«** für Wohnmobile (»campos para remolques«). **Zeltplätze** (campamentos) dagegen sind weniger häufig. Ein Verzeichnis billiger Unterkunftsmöglichkeiten, das auch die Liste der Campingplätze enthält (Directorio de albuerges, cabañas, campamentos, campos para remolques), ist beim mexikanischen Tourismusministerium erhältlich (▶ Auskunft). Wer über die Vereinigten Staaten von Amerika einreist, kann sich dort beim US-amerikanischen Automobilklub AAA (American Automobile Association) erkundigen oder an der Grenze bei einer mexikanischen Versicherungsgesellschaft Unterlagen besorgen. Obwohl nicht verboten, ist von wildem Zelten abzuraten, auch wenn schöne Strände und Gegenden dazu verleiten mögen.

P

PRAKTISCHE INFOS

Wichtig, hilfreich präzise

Unsere Praktischen Infos helfen in allen Situationen in Mexiko weiter.

Der größte Teil des Inlandverkehrs wird mit Bussen bestritten. ▶

RIO DE ARRECIFE DE CORAL • ZONA AR

KURZ & BÜNDIG

ELEKTRIZITÄT
110, gelegentlich auch 126 od. 220 Volt, Steckkontakte: meist US-Norm (Flachstecker, Typ A und B), Adapter sind notwedig.

GELD

WECHSELKURSE:
1 € = ca. 20 MEX$
1 CHF = ca. 20 MEX$
1 US$ = ca. 18 MEX$
Aktuelle Kurse:
www.oanda.com

NOTRUFE

TOURISTEN-HOTLINE
des mexikanischen Tourismusministeriums SECTUR
landesweit, gebührenfrei,
24 Std. besetzt, englisch und spanisch
Tel. 800 4 68 87 22

ALLGEMEINER NOTRUF
Tel. 911

AUSWÄRTIGES AMT IN BERLIN
Tel. +49 30 1 81 70

SPERRNOTRUF
Unter folgender Nummer kann man Bank- und Kreditkarten, Handys und Krankenkassenkarten sperren lassen.
Tel. +49 116 116
www.sperr-notruf.de

VORWAHLEN

VON DEUTSCHLAND, ÖSTERREICH UND DER SCHWEIZ
0052 (danach Ortsvorwahl ohne die »0«)

AUS MEXIKO
nach Deutschland 0049
nach Österreich 0043
in die Schweiz 0041

WAS KOSTET WIE VIEL?
Einfaches Doppelzimmer:
700–1500 MEX$
Einfache Mahlzeit:
50–100 MEX
Drei-Gänge-Menü:
ab 250 MEX$
Getränk:
15–40 MEX$
Benzin (1 l):
25 MEX$

ZEIT

DREI ZEITZONEN:
Hora Oficial del Centro
(MEZ – 8 Std.): im Osten und im Hochland
Hora Oficial de las Montañas
(MEZ – 9 Std.): Nayarit, Sinaloa, Sonora und Chihuahua
Hora Oficial del Pacífico
(MEZ – 10 Std.): Baja California Norte

SOMMERZEIT
Seit 2023 gilt in Mexiko durchgehend die Sommerzeit.

ANREISE · REISEPLANUNG

Anreisemöglichkeiten

Mit dem Flugzeug

Direktverbindungen mit einem Linienflug nach Mexiko-Stadt bietet ausschließlich die Lufthansa von Frankfurt a. M. und München an. Günstigere Charterflüge nach Cancún gibt es mit Condor. Außerdem bestehen zahlreiche Verbindungen von den wichtigsten europäischen Flughäfen wie Madrid, Amsterdam und Paris.

Auf dem Landweg

Die Anreise mit dem **Auto** geschieht in aller Regel aus den USA. Die wichtigsten **Grenzübergänge** sind: San Diego (California) – Tijuana (B.C.N.), Calexico (California) – Mexicali (B. C. N.), Nogales (Arizona) – Nogales (Son.), El Paso (Texas) – Ciudad Juárez (Chih.), Presidio (Texas) – Ojinaga (Chih.), Del Río (Texas) – Ciudad Acuña (Coah.), Eagle Pass (Texas) – Piedras Negras (Coah.), Laredo (Texas) – Nuevo Laredo (N. L.), McAllen (Texas) – Reynosa (N. L.) und Brownsville (Texas) – Matamoros (Tamps.). Das Fahrzeug wird im Reisepass vermerkt und muss wieder ausgeführt werden. Die Einfuhrgenehmigung (Permiso de importación temporal de Vehiculos) wird für maximal 180 Tage erteilt man sollte sich rechtzeitig um Verlängerung bemühen, da eine Überschreitung mit empfindlichen Geldbußen geahndet wird. Eine in den USA abgeschlossene **Versicherung** erstreckt sich nicht auf Mexiko. Obwohl in Mexiko eine Haftpflichtversicherung nicht vorgeschrieben ist, wird der Abschluss einer solchen dringend angeraten. Als zuverlässig hat sich die Gesellschaft Sanborn's erwiesen, die in allen wichtigen mexikanischen Grenzstädten Filialen unterhält. US-amerikanische **Busse** fahren die wichtigen Grenzorte an, von wo man mit den billigeren mexikanischen Busgesellschaften nach Mexiko-Stadt und anderen Orten weiterfahren kann. Von den USA aus lassen sich auch Direktfahrten von den Grenzorten in die mexikanische Hauptstadt buchen.

Ein - und Ausreisebestimmungen

Reisepass

Bürger der Bundesrepublik Deutschland, Österreichs und der Schweiz, die als Touristen nach Mexiko reisen, können ohne vorherige Einholung eines Visums einreisen. Sie benötigen einen noch mindestens sechs Monate gültigen Reisepass; für Kinder unter 12 Jahren muss ein **Kinderreisepass** mitgeführt werden.

NÜTZLICHE ADRESSEN

FLUGGESELLSCHAFTEN

AEROMÉXICO
Tel. 55 51 33 40 00
www.aeromexico.com

BRITISH AIRWAYS
www.britishairways.de

CONDOR
www.condor.com

DELTA AIRLINES
www.delta.com

IBERIA
www.iberia.com

KLM
www.klm.com

LUFTHANSA
in Deutschland: Tel.
069 86 79 97 99
in Mexiko: Tel. 55 52 30 00 00
www.lufthansa.com

FRACHTSCHIFFREISEN

HAMBURG-SÜD REISEAGENTUR
Domstr. 21
20095 Hamburg
Tel. 040 3 70 51 57
www.hamburgsued-frachtschiffreisen.de

FRACHTSCHIFF-TOURISTIK ZYLMANN
Exhöfter Damm 12
24404 Maasholm/Ostsee
Tel. 04642 9 65 50
www.zylmann.de

Führerschein Wer in Mexiko mit dem Auto unterwegs sein möchte, benötigt lediglich den nationalen Führerschein. Die Mitnahme eines **internationalen Führerscheins** ist dennoch anzuraten.

Tiere Tiere benötigen ein von einem mexikanischen Konsulat beglaubigtes **Tollwut-Impfzeugnis**, das nicht älter als ein halbes Jahr ist.

Zollbestimmungen

Einreise Touristen dürfen **Gegenstände des täglichen Bedarfs und der Ausrüstung** zollfrei einführen. Dazu gehören u. a. 400 Zigaretten bzw. eine Stange Zigaretten, 50 Zigarren oder 250 g Tabak, 3 l Spirituosen (für Personen über 18 Jahre), Geschenke im Wert von bis zu 500 US$ und drei gebrauchte Sportgeräte. Nicht erlaubt ist die Einfuhr von Waffen und Munition, bestimmte Pflanzen und Früchten sowie Drogen und pornografischen Produkten.

Ausreise Verboten ist die Ausfuhr von Gold, Antiquitäten und archäologischen Gegenständen sowie Mitnahme auch von kleinsten Drogenmengen.

Zollfrei sind alle bereits nach Mexiko mitgenommenen persönlichen Gebrauchsgegenstände (s. o.), zudem 200 Zigaretten bzw. 100 Zigarillos, 50 Zigarren oder 250 g Tabak, 1 l Spirituosen mit über 22 Vol.-% Alkohol oder 2 l Spirituosen unter 22 Vol.-% oder 2 l Schaumwein. Ferner 2 l Wein, 500 g Kaffee oder 200 g Kaffee-Extrakt (Pulverkaffee), 100 g Tee oder 40 g Tee-Extrakt, 50 g Parfüm, 0,25 l Toilettenwasser (Tabakwaren und alkoholische Getränke nur bei Personen über 17 Jahre, Kaffee nur bei über 15-Jährigen). Andere Waren und Geschenke sind bis zu einem Wert von 430 € zollfrei. Waren aus Duty-Free-Shops dürfen einen Wert von 85 € nicht übersteigen. Reist man von einem EU-Land wieder nach Deutschland oder Österreich ein, sind die Mengen für zollfrei eingeführte Waren größer (www.zoll.de).

Wiedereinreise in die EU-Länder Deutschland und Österreich

Für die Schweiz gelten folgende Freimengengrenzen: 250 g Kaffee, 100 g Tee, 200 Zigaretten oder 50 Zigarren oder 250 g Tabak, 2 l Wein oder andere Getränke bis 22 Vol.-% Alkoholgehalt sowie 1 l Spirituosen mit mehr als 22 Vol.-% Alkoholgehalt. Souvenirs dürfen in die Schweiz bis zum Wert von 100 CHF zollfrei eingeführt werden.

Wiedereinreise in die Schweiz

Im Sinne des Washingtoner Artenschutzabkommens kann jeder zum Erhalt bedrohter Tier- und Pflanzenarten beitragen, wenn man auf Souvenirs in Form von wild lebenden Tieren und wild wachsenden Pflanzen verzichtet. Auch Gegenstände, die aus geschützten Tieren oder Pflanzen hergestellt sind, fallen unter das Artenschutzabkommen. In Mexiko gehören zu diesen Gegenständen und Arten: Kakteen, Schildpatt, schwarze Korallen, Schildkrötenpanzer, Echsenhäute, lebende oder präparierte Krokodile, Papageien, Schildkröten und Vogelspinnen. Man sollte auch das Einfangen von Tieren und Ausgraben von Pflanzen unterlassen. Spätestens am europäischen Zoll wird der Verstoß gegen das Artenschutzabkommen entdeckt und mit Geldstrafen bis zu 50 000 € bzw. bis zu fünf Jahren Haft geahndet.

Washingtoner Artenschutzabkommen

AUSKUNFT

NÜTZLICHE ADRESSEN

IN DEUTSCHLAND

MEXIKANISCHES FREMDENVERKEHRSBÜRO
Taunusanlage 21
60325 Frankfurt a. M.
24-Stunden-Informationsservice:
Tel. 069 25 35 41
www.visitmexico.com/de

DEUTSCH-MEXIKANISCHE GESELLSCHAFT
Ulmenweg 12
50259 Pulheim
Tel. 02238 5 40 91 78
www.deutschmexikanisch.de

IN MEXIKO

MINISTERIUM FÜR TOURISMUS
Secretaria de Turismo
Av. Presidente Masaryk 172
11587 México, D. F.
Tel. 55 30 02 63 00
24-Stunden-Hotline: 800 0 06 88 39
www.sectur.gob.mx

MEXIKANISCHE BOTSCHAFTEN

IN DEUTSCHLAND
Klingelhöferstr. 3
10785 Berlin
030 2 69 32 30
http://embamex.sre.gob.mx/alemania/mail@mexale.de

IN ÖSTERREICH
Renngasse 5, 1010 Wien
Tel. 013 1 07 38 30
http://embamex.sre.gob.mx/austria/embamex@embamex.or.at

IN DER SCHWEIZ
Welpoststrasse 20, 3015 Bern
Tel. 031 3 57 47 47
http://embamex.sre.gob.mx/suiza/
embamex1@swissonline.ch

VERTRETUNGEN IN MEXIKO

BOTSCHAFT DER BUNDESREPUBLIK DEUTSCHLAND
Av. Horacio 1506
Col. Los Morales, Sección Alameda
11530 México, D.F.
Tel. 55 52 83 22 00
www.mexiko.diplo.de
info@mexiko-stadt.diplo.de

ÖSTERREICHISCHE BOTSCHAFT
Sierra Tarahumara 420
Colonia Lomas de Chapultepec
11000 Mexico D.F.
Tel. 55 52 51 08 06
www.bmeia.gv.at/oeb-mexiko
mexiko-ob@bmeia.gv.at

BOTSCHAFT DER SCHWEIZ
Torre Optima, piso 11
Paseo de las Palmas No. 405
Lomas de Chapultepec
11000 México, D.F.
Tel. 55 91 78 43 70
www.eda.admin.ch/mexico

INTERNET

WWW.PLANET-MEXIKO.COM
Ausführliche Informationen zu allen Regionen Mexikos.

WWW.VISITMEXICO.COM
Website der Behörde für Tourismusförderung mit Hinweisen zu sportlichen Aktivitäten, Ökotourismus, Kunsthandwerk, Architektur u. v. m.

ETIKETTE

Indígenas Zu den Errungenschaften der Revolution von 1910 gehört, dass die altmexikanische Geschichte als integraler Bestandteil der nationalen Identität verstanden wird. Natürlich erzählt jeder Mexikaner begeistert von den historischen Leistungen, gerne verspeist er Gerichte, die noch nach indigener Tradition zubereitet werden und schimpft heftig über die brutalen Kolonisatoren – den Beitrag der indigenen Nachfahren zur zeitgenössischen mexikanischen Kultur bewertet er jedoch eher abfällig. Die »indígenas« (Ureinwohner), immerhin 6 % der Bevölkerung, die heute in meist entlegenen Gebieten leben, haben sich über die Jahrhunderte ein **erstaunlich hohes Maß an kultureller Integrität** bewahrt. Grundpfeiler des indigenen Lebens sind die kleinteilige Landwirtschaft und die Dorfgemeinschaften, in denen bestimmte Aufgaben gemeinschaftlich erledigt werden. Zerstören Land- oder unbedachte Sozialreformen diese Strukturen, entstehen massive Probleme. Kein Wunder, dass alles was von außen kommt – hierzu zählen auch Besucher – eher skeptisch beäugt wird. So fühlen sich viele Indígenas in ihrer Ehre verletzt, wenn sie ohne ihre Zustimmung fotografiert werden. Das negative Bild der meisten Mexikaner begründet sich in der **vermeintlichen Rückständigkeit** der »indígenas«. Tatsächlich scheitern viele entwurzelte Ureinwohner in der heutigen Gesellschaft. Vorurteile und Diskriminierung erschweren ebenso die Integration wie die Bedrohung durch wirtschaftliche Entwicklungen der modernen Konsumgesellschaft.

Machismo

Männlichkeit ist oberstes Gebot – wenigstens für die mexikanischen Männer. In unseren Augen eher typisches Machogehabe, doch in Mexiko scheinen sich nur wenige daran zu stoßen. Die Mexikaner verehren ihre Mütter, ihre Ehefrauen rangieren weiter hinten. Nach der Hochzeit können die Frauen oft nur hoffen, durch eigene Mutterschaft bald in die traditionell ehrwürdige Mutterrolle zu schlüpfen. Frauen ohne männliche Begleitung, kurze Röcke, knappe Shorts und Oberteile wirken auf viele Mexikaner wie eine Herausforderung. Gegen Anmache und massives Anbaggern hilft u. a. freundliche, aber entschiedene Distanz und dezente Kleidung. Tradierte Rollenklischees und der Machismo kommen jedoch mehr und mehr ins Wanken. Sexuellen Themen stehen die Mexikaner zunehmend offener gegenüber. Die LGBTQ+-Community in Mexiko hält sich insbesondere auf dem Land bedeckt, aber Diskriminierung oder offene Gewalt erlebt sie immer weniger.

Religion

Es ist schwer zu sagen, wen die Mexikaner mehr verehren – die eigene Mutter oder die Jungfrau von Guadalupe. Tatsächlich gehört Mexiko mit fast 90 % Katholiken zu den katholischsten Ländern der Erde. Doch – wieder einer der mexikanischen Widersprüche – die volkstümliche Religiosität verbindet problemlos **prähispanische Traditionen** mit katholischen Riten. Diese Traditionen spiegeln sich heute vor allem bei den »fiestas« wider (► S. 12, 469).

Arm und Reich

Mexiko leidet weiterhin schwer an der Diskrepanz von Arm und Reich. Wer das Land bereist, kann vor den krassen sozialen Verhältnissen die Augen nicht verschließen. Oftmals muss das Einkommen eine ganze Großfamilie ernähren. Dieser Tatsachen sollte man sich als Reisender bei **Trinkgeldern** oder eventuellen **Gastgeschenken** bewusst sein. Merken die Mexikaner, dass man sich um **respektvolles Benehmen** bemüht, wird man sehr gastfreundlich aufgenommen.

Mañana! Zeit ist in Mexiko ein relativer Begriff, **Geduld eine Nationaltugend**. Es gibt viele Gründe für ein »mañana!« (Morgen) – dann hilft oft auch kein Trink- oder Schmiergeld, sondern eben nur Geduld. So sind z. B. Abfahrtszeiten meist verbindlich, Ankunftszeiten nicht, denn unterwegs kann Unvorhersehbares passieren. Aus diesem Grund werden Verspätungen meist nicht als unhöflich empfunden. Und in einem Fall ist es gar unhöflich pünktlich zu sein: Bei privaten Abendeinladungen bringt man durch frühes Erscheinen die Gastgeber meist in Verlegenheit – denn ein Abend ist lang und für ein gemeinsames Essen hat man eben Zeit in Mexiko.

GELD

Mexikanischer Peso Die mexikanische Währungseinheit ist der **Peso** (Kurzzeichen: $, also dasselbe Zeichen wie für den US-Dollar, was immer wieder zur Verwirrung führt). Es gibt Banknoten zu 20, 50, 100, 200, 500 und 1000 Pesos. Münzen sind mehrheitlich zu 1, 2, 5 und 10 Pesos im Umlauf. Seltener erhält man 20, 50 oder 100 Peso-Münzen. Centavo-Münzen finden im Alltag nur selten Verwendung. Es empfiehlt sich, immer etwas Bargeld in Form von Münzen und kleinen Banknoten für Trinkgelder und kleine Einkäufe bei sich zu haben. Die **Wechselkurse** basieren auf dem US-Dollar und schwanken entsprechend gegenüber dem Euro und europäischen Währungen. Für den Tourismus gilt ein am US-Dollar orientierter Kurs, der sich nach Angebot und Nachfrage richtet. Die **Devisenbestimmungen** in Mexiko sehen vor, dass die Ein- und Ausfuhr von Landeswährung und ausländischen Zahlungsmitteln im Wert von mehr als 10 000 US-Dollar grundsätzlich anmeldepflichtig ist.

Kredit- und Bankkarten Kreditkarten sind ein gängiges Zahlungsmittel und werden gerne auch zum Begleichen kleinerer Geldbeträge angenommen. Ebenso ist das Abheben von Bargeld an Bankautomaten problemlos.

Geldwechsel Geldwechsel ist möglich in Banken und in manchen Hotels. Unkomplizierter und schneller vonstatten geht es allerdings in den überall im Land (und am Flughafen) vorhandenen Wechselstuben (**casas de cambio**). Dabei findet auch der Euro ausnahmslos Akzeptanz. Travellerschecks hingegen spielen nur noch eine sehr untergeordnete Rolle. Die Einlösung in Banken ist zeitaufwendig.

GESUNDHEIT

Impfungen

Bei Einreise aus Gelbfieber-Infektionsgebieten wird eine entsprechende Impfbescheinigung verlangt, ansonsten bestehen keine Impfvorschriften. Neben den gängigen Impfungen wird für eine Mexikoreise auch eine Impfung gegen Hepatitis A, bei Langzeitaufenthalten auch Hepatitis B empfohlen. Für Reisende, die in Kontakt mit Tieren kommen könnten (vor allem weitab medizinischer Einrichtungen), wird auch eine Tollwutimpfungen angeraten.

Vorbeugung

Auf keinen Fall sollte man Leitungswasser trinken. Die meisten Restaurants und Hotels halten »agua purificado« (gefiltertes Wasser in Flaschen) bereit. **Gemüse und Salat** wäscht man mit »agua purificado«, **Obst** sollte man zudem schälen. Grundsätzlich empfiehlt es sich, zuerst einen Blick auf die hygienischen Verhältnisse zu werfen, bevor man sich etwas zu essen kauft, etwa in den Garküchen in den Markthallen, den »Comedores«.

Hilfe

Trotz aller Vorsichtsmaßnahmen kann einen dennoch »Moctezumas Rache« (Magen-Darm-Probleme) ereilen. In diesem Falle ist die wichtigste Regel: **liegen und viel trinken**, um den Flüssigkeitsverlust auszugleichen. Ein bewährtes Mittel ist das frei verkäufliche, in Deutschland rezeptpflichtige Imodium. Mit einer schweren und fiebrigen Darminfektion sollte man auf jeden Fall einen Arzt konsultieren. In den meisten Hotels wird man Hilfesuchenden einen Arzt nennen können. Ansonsten sollte man sich an die örtlichen Tourismusbüros oder an die diplomatische Vertretung des Heimatlands (▶Auskunft) wenden, welche auch deutsch- oder englischsprachige Ärzte nennen. Zum Arzt sollte man immer ein Wörterbuch mitnehmen. Arztrechnungen müssen sofort beglichen werden. Man sollte eine Quittung verlangen.

Apotheken, Krankenhäuser

In den Apotheken (**»farmacias«**), die außer Arzneimitteln oft auch noch andere Waren führen, sind manche Medikamente rezeptfrei erhältlich. Apotheken erster Klasse werden von einem Arzt geleitet.
Krankenhäuser (**»hospitales«**) mit englischsprachigem Personal findet man u. a. in Mexiko-Stadt und Guadalajara.

CENTRO MÉDICO ABC
(HOSPITAL INGLÉS,
AMERICAN-BRITISH COWDRAY)
Calle Sur 136, Col. Américas
01120 México 18, D. F.
Tel. 55 52 30 80 00

HOSPITAL
MÉXICO-AMERICANO
Colomos 2110
44100 Guadalajara (Jal.)
Tel. 33 36 41 31 41

6X ERSTAUNLICHES

Hätten Sie das gewusst?

1. DIE MASSE MACHT`S

Mexiko ist weltweit der größte Exporteur für Bier und verkauft in ca. 180 Länder. 2021 lag der Umsatz bei knapp 5 Mrd. € (Deutschland: 1,3 Mrd. €). Viele der Biere werden in **Monterrey** gebraut. (▶ **S. 235**)

2. OMNIPRÄSENT

Überall werden Sie »Lupita« begegnen: am Spiegel der Busse, an Lederbändern um den Hals, als Sticker am Auto. Die **Jungfrau von Guadalupe** ist nämlich die Schutzpatronin des Landes und hat sogar ihren eigenen Feiertag. (▶ **S. 409**)

3. AUGEN AUF

Blech schiebt sich an Blech, jeder fährt wie er will. In den Städten wirkt der Verkehr wie das reinste Chaos, jeder Dritte Mexikaner besitzt ein Auto. Zumindest alte Rostlauben dürfen in **Mexiko-Stadt** nicht mehr fahren, seitdem der »grüne Plan« ins Leben gerufen wurde. (▶ **S. 167**)

4. AZTEKENKUNST

Die **U-Bahn-Linie 8** in Mexiko-Stadt ist vollständig mit **Aztekenmotiven** dekoriert. Die Namen der Stationen basieren auf Nahuatl, der Sprache der Azteken. Das ist eine Hommage an die reiche prähistorische Kultur der Region.

5. DEUTSCH KOMMT AN

Deutschsprachige Metal- und Rockbands wie Lacrimosa und Rammstein haben in Mexiko Hochkonjunktur. Trotz deutscher Ticketpreise sind die Konzerthallen voll. Es wird gehörig mitgegrölt, insbesondere, wenn Bands Passagen ihrer Songs auf Spanisch singen.

6. WEISSE WÜSTE?

Der **Saguaro-Kaktus** in der mexikanischen Wüste von Sonora überlebt nicht nur trockene Hitze, sondern auch **Schneestürme**, die in der Region gelegentlich auftreten.

LESE- UND FILMTIPPS

Geschichte

Díaz del Castillo, Bernal: Die Geschichte der Eroberung von Mexiko. Frankfurt a. M.: Insel Verlag 2017. Die interessanteste und lebendig geschriebene Chronik der Eroberung, aus der Feder eines einfachen Soldaten und Mitkämpfers von Hernán Cortés.

Roman

Esquivel, Laura: Bittersüße Schokolade. Frankfurt a. M.: Insel 2011. Eine witzige und einfühlsame Geschichte rund um die mexikanische Küche, mit traditionellen Rezepten zu jedem Kapitel. Der Roman wurde verfilmt und in der ganzen Welt ein großer Erfolg.

Moreno-Garcia, Silvia: Der mexikanische Fluch. München: Limes 2022. In den 1950er Jahren spielende Schauergeschichte, die soziale Themen wie Rassismus und Klassenunterschiede in Mexiko aufgreift.

Kunst und Kultur

Kahlo, Frida: Jetzt, wo Du mich verläßt, liebe ich dich mehr denn je. Briefe und andere Schriften. München: Schirmergraf 2007. Tiefe, zum Teil intime Einblicke in die Persönlichkeit der Künstlerin.

Neubauer, Jürgen: In Mexiko. Reise in ein magisches Land. TWENTYSIX: 2018. Mittendrin im mexikanischen Leben sind Sie während der Lektüre dieses Buches, in dem der Autor seine ganz persönlichen Mexiko-Erlebnisse beschreibt.

Filme

Alfonso Cuarón: Roma (2018). Oscarprämiertes Drama über das Kindermädchen Cleo, das in den 1970ern in einem gutbürgerlichen Haushalt arbeitet und während politischer Unruhen und persönlicher Tragödien bald zu einem vertrauten Mitglied der Familie wird.

Julie Taymor: Frida (2003): Sie waren das wohl schillerndste Paar, das die Kunstgeschichteje gesehen hat: Frida Kahlo (dargestellt von Salma Hayek) und Diego Rivera.

REISEZEIT

Man kann Mexiko zwar das ganze Jahr über bereisen, doch ist die Zeit **von Mitte September bis Mitte Mai** die beste, um Mexiko zu erkunden. Die Temperaturen sind dann erträglich und auch die Niederschläge halten sich in Grenzen. Im Hochland von Mexiko, vor allem auch in

FÜNF REGIONALTYPISCHE KLIMASTATIONEN

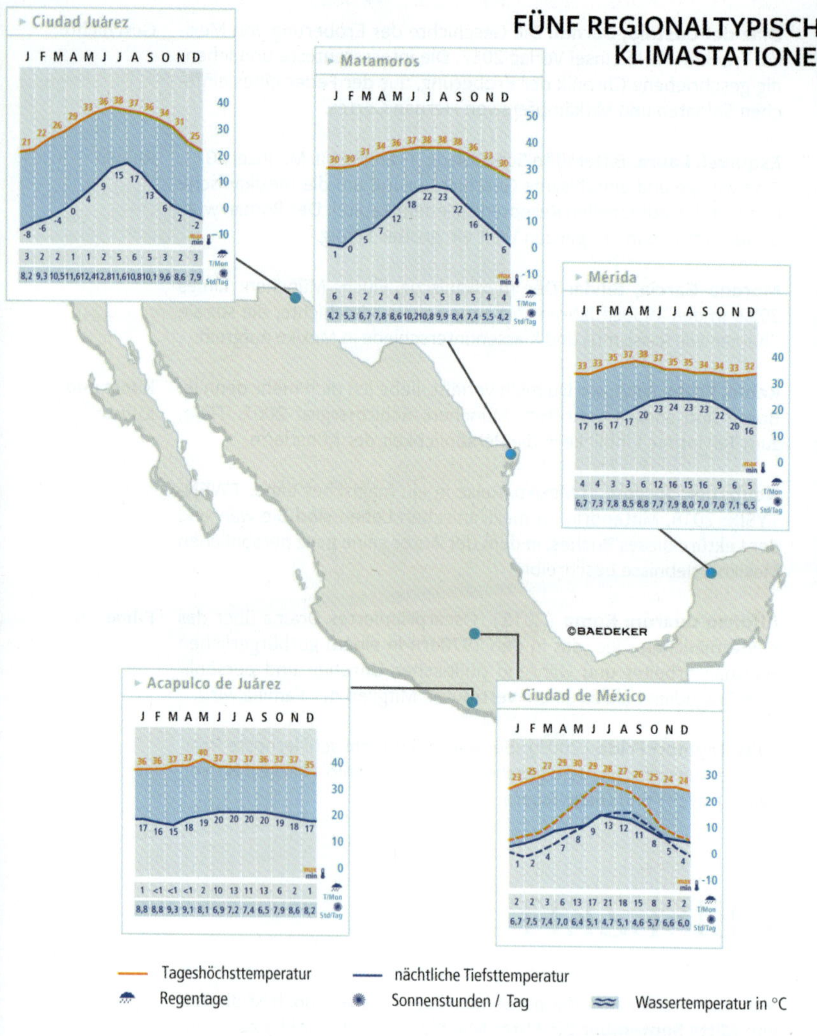

der Hauptstadtregion, kann es im Winter nachts und in den frühen Morgenstunden empfindlich kühl werden. Mit höherer Luftfeuchtigkeit hat man in den Küstengebieten und auf der Halbinsel Yucatán zu rechnen. Hier, sowie in den anderen Dschungelgebieten Mexikos, kann es extrem schwül werden mit einer Luftfeuchtigkeit, die fast 100 % erreicht. Die Temperaturen sinken hier auch in den Wintermonaten kaum unter 27 °C (► S. 492). **Beliebte Badestrände und Ferienorte**, beispielsweise Cancún, Cuernavaca und San Miguel de Allende, sind in der Weihnachtszeit, in der Osterwoche sowie an den mexikanischen Feiertagen ziemlich überlaufen.

SICHERHEIT

Vorsicht ist besser als Nachsicht!

Folgende allgemeine **Sicherheitsvorkehrungen** sind auch in Mexiko angebracht: Bargeld und Wertsachen im Hotelsafe lassen und nie mehr als nötig mitführen, die Brieftasche unzugänglich aufbewahren und die Kamera nicht nur locker um den Hals tragen. Eventuell auf eine Kreditkarte zurückgreifen, mit der man in Mexiko flächendeckend bezahlen kann; außerdem bekommt man bei Verlust innerhalb von 24 Stunden eine neue Karte ausgestellt. Den Reisepass sollte man lieber im Hotel lassen und stattdessen eine hochwertige Kopie des Personalausweises mit sich führen. Geld sollte man an Geldautomaten nur in Begleitung und nicht in der Dunkelheit abheben.

In **Mexiko-Stadt** sollten nur Taxis von offiziellen Taxiständen (Sitios) benutzt werden. Wichtige Erkennungsmerkmale für ein seriöses Taxi sind ein funktionierendes Taxameter und ein Zulassungsschein, auf dem der Name des Taxifahrers steht. Alternativ steht der Fahrdienstanbieter UBER, den es auch in weiteren Großstädten wie Cancún und Cuernavaca gibt, mit stets verifizierten Fahrern und günstigen Preisen bereit (www.uber.com). Bei **Überlandfahrten** – ob mit dem Bus oder mit dem Mietwagen – sollte man möglichst tagsüber unterwegs sein. Vor allem im Norden Mexikos wurden schon mehr Autofahrern mittels Straßensperren zum Anhalten gezwungen und ausgeraubt. Auch auf Reisen per Anhalter sollte man grundsätzlich verzichten; dies ist in Mexiko unüblich und gefährlich. Der **Drogenkrieg** hält seit Ende 2006 besonders die nördlichen Bundesstaaten an der Grenze zu den Vereinigten Staaten von Mexiko in Atem. Die Gewalt spielt sich zwar fast nur zwischen den Drogenbanden oder zwischen diesen und staatlichen Sicherheitskräften ab; Touristen sind bislang nur sehr selten Opfer der Auseinandersetzungen geworden. Dennoch ist von Reisen in die Krisengebiete wie besonders die Bundesstaaten Sinaloa, Nuevo León, Durango, Tamaulipas und Chihuahua derzeit abzuraten. Generell gilt, sich vor Ort über möglicherweise erforderliche Vorsichtsmaßnahmen zu erkundigen und Medienberichte genau zu verfolgen. Aktuelle Reise- und Sicherheitshinweise erhält man zudem auf der Webseite des Auswärtigen Amtes (**www.auswaertiges-amt.de**).

SPRACHE

Spanisch ist die Muttersprache von über 220 Mio. Menschen und damit die **wichtigste lebende romanische Sprache** und nach Englisch die bedeutendste Verkehrssprache der Erde. Zwar wird man sich – vor allem in touristisch geprägten Regionen – mit Englisch problemlos verständigen können, doch wer Spanisch spricht, dem werden sich auch Türen und Herzen der Menschen schneller öffnen.
Es gibt zwei **Artikel** im Spanischen: Der männliche Artikel lautet »el« (pl. »los«), der weibliche »la« (pl. »las«). Das Neutrum »lo« wird nur in bestimmten Verbindungen gebraucht, z. B. »lo bueno«, »lo malo«, »lo mejor« = das Gute, das Schlechte, das Beste. Die Deklination geschieht mit Benutzung der Präposition »de« für den Genitiv und »a« für den Dativ, die im Singular des Maskulinums mit den Artikeln zu »del« und »al« zusammengezogen werden. Der Akkusativ wird bei Personen durch die Präposition »a« eingeleitet, z. B. »Veo a Juan.« = Ich sehe Juan.

SPRACHFÜHRER SPANISCH

AUF EINEN BLICK

Ja.	**Sí.**
Nein.	**No.**
Vielleicht.	**Quizás./Tal vez.**
In Ordnung!/Einverstanden!	**¡De acuerdo!/¡Está bien!**
Bitte./Danke.	**Por favor./Gracias.**
Vielen Dank.	**Muchas gracias.**
Gern geschehen.	**No hay de qué./De nada.**
Entschuldigung!	**¡Perdón!**
Wie bitte?	**¿Cómo dice/dices?**
Ich verstehe Sie/dich nicht.	**No le/la/te entiendo.**
Ich spreche nur wenig ...	**Hablo sólo un poco de ...**
Können Sie mir bitte helfen?	**¿Puede usted ayudarme, por favor?**
Ich möchte ...	**Quiero .../Quisiera ...**
Das gefällt mir (nicht).	**(No) me gusta.**

Haben Sie ...?	**¿Tiene usted ...?**
Wie viel kostet es?	**¿Cuánto cuesta?**
Wie viel Uhr ist es?	**¿Qué hora es?**

KENNENLERNEN

Guten Morgen!	**¡Buenos días!**
Guten Tag!	**¡Buenos días!/¡Buenas tardes!**
Guten Abend!	**¡Buenoas tardes!/ ¡Buenas noches!**
Hallo! Grüß dich!	**¡Hola!**
Ich heiße ...	**Me llamo ...**
Wie ist Ihr Name, bitte?	**¿Cómo se llama usted, por favor?**
Wie geht es Ihnen/dir?	**¿Qué tal está usted?/ ¿Qué tal?**
Gut, danke. Und Ihnen/dir?	**Bien, gracias. ¿Y usted/tú?**
Auf Wiedersehen!	**¡Hasta la vista!/¡Adiós!**
Tschüss!	**¡Adiós!/¡Hasta luego!**
Bis bald!	**¡Hasta pronto!**
Bis morgen!	**¡Hasta mañana!**

UNTERWEGS

links/rechts	**a la izquierda/a la derecha**
geradeaus	**todo seguido/derecho**
nah/weit	**cerca/ lejos**
Wie weit ist das?	**¿A qué distancia está?**
Ich möchte ... mieten.	**Quisiera alquilar ...**
... ein Auto	**... un coche.**
... ein Boot	**... una barca/un bote/un barco.**
Bitte, wo ist ...	**Perdón, dónde está ...**
... der Bahnhof?	**... la estación (de trenes)?**
... der Busbahnhof?	**... la estación de autobuses/ la terminal?**
... der Flughafen?	**... el aeropuerto?**

PANNE

Ich habe eine Panne.	**Tengo una avería.**
Würden Sie mir bitte einen Abschleppwagen schicken?	**¿Pueden ustedes enviarme un cochegrúa, por favor?**
Gibt es in der Nähe eine Werkstatt?	**¿Hay algún taller por aquí cerca?**
Wo ist bitte die nächste Tankstelle?	**Dónde está la estación de servicio/ a gasolinera más cercana, por favor?**
Ich möchte ... Liter ...	**Quisiera ... litros de ...**
... Normalbenzin.	**... gasolina normal.**
... Super./...Diesel.	**... súper./... diesel.**
... bleifrei.	**... sin plomo.**
Volltanken, bitte.	**Lleno, por favor.**

UNFALL

Hilfe!	**¡Ayuda!, ¡Socorro!**
Achtung!	**¡Atención!**
Vorsicht!	**¡Cuidado!**
Rufen Sie bitte schnell ...	**Llame enseguida ...**
... einen Krankenwagen.	**... una ambulancia.**
... die Polizei.	**... a la policía.**
... die Feuerwehr.	**... a los bomberos.**
Haben Sie einen Verbandskasten?	**¿Tiene usted un botiquín de urgencia?**
Es war meine (Ihre) Schuld.	**Ha sido por mi (su) culpa.**
Könnten Sie mir Ihren Namen und Ihre Anschrift geben?	**¿Puede usted darme su nombre y dirección?**

EINKAUFEN

Wo finde ich ...	**Por favor, dónde hay ...**
... einen (Super-)Markt?	**... un (super-)mercado?**
... eine Apotheke?	**... una farmacia?**
... ein Einkaufszentrum?	**... un centro comercial?**

ARZT

Können Sie mir einen guten Arzt empfehlen?	**¿Puede usted indicarme un buen médico?**
Ich habe ...	**Tengo ...**
... Durchfall.	**... diarrea.**
... Fieber.	**... fiebre.**
... Kopfschmerzen.	**... dolor de cabeza.**
... Zahnschmerzen.	**... dolor de muelas.**

ÜBERNACHTUNG

Können Sie mir bitte ... empfehlen?	**¿Podría usted recomendarme ...**
... ein Hotel	**... un hotel?**
... eine Pension	**... una pensión?**
Ich habe ein Zimmer reserviert.	**He reservado una habitación.**
Haben Sie noch ...	**¿Tienen ustedes todavía...**
... ein Einzelzimmer?	**... una habitación individual?**
... ein Doppelzimmer?	**... una habitación doble?**
... mit Dusche/Bad?	**... con ducha/baño?**
... für eine Nacht?	**... para una noche?**
... für eine Woche?	**... para una semana?**
Was kostet das Zimmer mit ...	**¿Cuánto cuesta la habitación con**
... Frühstück?	**... desayuno?**
... Halbpension?	**... media pensión?**

BANK

Wo ist hier bitte ...	**Por favor, dónde hay por aquí ...**
... eine Bank?	**... un banco?**

POST, TELEFON, INTERNET

Was kostet ...	**¿Cuánto cuesta ...**
... ein Brief ...	**... una carta ...**
... eine Postkarte ...	**... una postal ...**
nach Deutschland?	**para Alemania?**
Briefmarken	**sellos, estampillas**
Ich suche eine Prepaidkarte für mein Handy.	**Busco una tarjeta prepago para mi móvil.**
Internetanschluss	**conexión a internet**
Computer	**ordenador**
Ladegerät	**cargador**
Akku	**recargable**
E-Mail-Adresse	**dirección de correo electrónico**

ZAHLEN

0	**cero**	18	**dieciocho**
1	**un, uno, una**	19	**diecinueve**
2	**dos**	20	**veinte**
3	**tres**	22	**veintidós**
4	**cuatro**	30	**treinta**
5	**cinco**	40	**cuarenta**
6	**seis**	50	**cincuenta**
7	**siete**	60	**sesenta**
8	**ocho**	70	**setenta**
9	**nueve**	80	**ochenta**
10	**diez**	90	**noventa**
11	**once**	100	**cien, ciento**
12	**doce**	200	**doscientos, -as**
13	**trece**	1000	**mil**
14	**catorce**	2000	**dos mil**
15	**quince**	10000	**diez mil**
16	**dieciséis**	½	**medio**
17	**diecisiete**	¼	**un cuarto**

RESTAURANTE — RESTAURANT

Wo gibt es hier ...	**¿Dónde hay por aquí cerca ...**
... ein gutes Restaurant?	**... un buen restaurante?**
Könnten Sie uns bitte für heute Abend einen Tisch für vier Personen reservieren?	**¿Puede reservarnos para esta noche una mesa para cuatro personas?**
Auf Ihr Wohl!	**¡Salud!**
Die Rechnung, bitte!	**¡La cuenta, por favor!**
Hat es (Ihnen) geschmeckt?	**¿Le/Les ha gustado la comida?**
Das Essen war ausgezeichnet.	**La comida estaba excelente.**
almuerzo, comida	**Mittagessen**
botella	**Flasche**
cena	**Abendessen**
camarero/mozo	**Kellner**
cubierto	**Gedeck, Besteck**

cuchara	**Löffel**
cuchillo	**Messer**
lista de comida, menú	**Speisekarte**
plato	**Teller**
sacacorchos	**Korkenzieher**
tenedor	**Gabel**
taza	**Tasse**
vaso	**Glas**
ahumado	**geräuchert**
a la plancha	**gegrillt**
a punto	**medium**
bien hecho	**durchgebraten**
crudo	**roh**
empanado	**paniert**
frito	**frittiert**
hervido	**gekocht**

DESAYUNO	FRÜHSTÜCK
café con leche	**Milchkaffee**
café cortado	**Espresso mit Milch**
café solo	**Espresso**
café descafeinado	**koffeinfreier Kaffee**
chocolate	**Schokolade**
churros	**im Fett gebackene Hefekringel**
factura	**süßes Stückchen**
fiambre	**Aufschnitt**
huevo tibio	**weiches Ei**
huevos fritos	**Spiegeleier**
huevos revueltos	**Rühreier**
jamón crudo/cocido	**roher/gekochter Schinken**
jugo de fruta	**Fruchtsaft**
lágrima	**Milchkaffee mit wenig Kaffee**
mantequilla	**Butter**
medialuna	**Croissant**
mermelada	**Marmelade**
miel	**Honig**
pan/bolillo/pan tostado	**Brot/Brötchen/Toast**
queso	**Käse**
té con leche/limón	**Tee mit Milch/Zitrone**

ENTRADAS, SOPAS	VORSPEISEN, SUPPEN, EINTÖPFE
caldo	**Brühe**
cazuela	**Eintopf**
empanada	**kleine Pastete**
ensalada mixta	**gemischter Salat**
menestra	**Gemüsetopf**
puchero	**Eintopf (Fleisch mit Gemüse, Kartoffeln)**
sopa de pescado	**Fischsuppe**

sopa de verduras/sopa juliana	**Gemüsesuppe**

TAPAS	
albóndigas	**Fleischbällchen**
boquerones en vinagre	**Sardellen in Essig-Knoblauch-Marinade**
calamar	**Kalamar**
caracoles	**Schnecken**
chipirones	**kleine Tintenfische**
chorizo	**Paprikawurst**
jamón serrano	**getrockneter Schinken**
morcilla	**Blutwurst**
tortilla de patatas	**Kartoffelomelette**

PESCADOS Y MARISCOS	FISCHE UND MEERESFRÜCHTE
atún	**Thunfisch**
centolla	**Königskrabbe**
dorado	**Goldmakrele**
langostinos	**Riesengarnelen**
lenguado	**Seezunge**
ostras	**Austern**
pulpo	**Krake/Tintenfisch**
salmón	**Lachs**
trucha	**Forelle**

CARNE Y AVES	FLEISCH UND GEFLÜGEL
bife	**Steak**
cabrito	**Zicklein**
carne picada	**Hackfleisch**
cerdo	**Schwein**
ciervo	**Wild**
cochinillo	**Milchferkel**
chorizo	**Grillwürstchen**
chuleta	**Kotelett**
conejo	**Kaninchen**
cordero	**Lamm**
escalope	**Schnitzel**
estofado	**Schmorfleisch**
hígado	**Leber**
lechón	**Spanferkel**
lengua	**Zunge**
lomo/filete	**Lenden- oder Rückenstück**
milanesa	**paniertes Schnitzel**
mollejas	**Bries**
morcilla	**Blutwurst**
parrillada	**Grillplatte (Fleisch)**
pato	**Ente**
pavo/guajolote	**Pute**

pollo/gallina	**Huhn/Henne**
res	**Rind**
ternera	**Kalb**
vacio	**Hüftsteak**

ENSALADA Y VERDURAS	SALAT UND GEMÜSE
arroz	**Reis**
guisantes	**Erbsen**
berenjenas	**Auberginen**
calabacitas	**Zucchini**
batata	**Süßkartoffel**
cebollas	**Zwiebeln**
espárragos	**Spargel**
espinaca	**Spinat**
lechuga	**Kopfsalat**
patatas	**Kartoffeln**
patatas fritas	**Pommes frites**
pepinos	**Gurken**
perejil	**Petersilie**
pimientos	**Paprikaschoten**
POSTRES, PASTELES	NACHSPEISEN, GEBACKENES
copa de helado	**Eisbecher**
crema	**Sahne**
dulces	**Süßigkeiten, Desserts**
dulce de leche	**Karamellcreme**
flan	**Pudding, Creme caramel**
galletitas	**Kekse**
natillas	**Cremespeise (sahnig)**
nieve	**Fruchteis, Sorbet**
pan dulce	**Kuchen, ähnlich dem italienischen Panettone**
pastel/tarta	**Kuchen/Torte**
tocino del cielo	**Dessert aus Eiern, Zucker, Sahne**

FRUTAS	OBST
cerezas	**Kirschen**
ciruelas	**Pflaumen**
albaricoques	**Aprikosen**
melocotón	**Pfirsich**
limón	**Zitrone**
manzana	**Apfel**
melones	**Honigmelonen**
naranjas	**Orangen**
nueces	**Nüsse**
peras	**Birnen**
plátanos	**Bananen**
sandías	**Wassermelonen**
nectarinas	**Nektarinen**
uvas	**Weintrauben**

BEBIDAS	GETRÄNKE
aguardiente	**Schnaps**
agua mineral	**Mineralwasser**
con/sin gas	**mit/ohne Kohlensäure**
cerveza	**Bier**
caña	**Glas Fassbier**
gaseosa	**weiße Limonade**
horchata	**Erdmandelmilch**
jugo/exprimido de naranja	**Orangensaft**
leche	**Milch**
manzanilla	**Kamillentee**
té	**Tee**
vino	**Wein**
blanco/tinto	**weiß/rot**
rosado	**rosé**
trocken/süß	**seco/dulce**

TELEKOMMUNIKATION · POST

Telefon und Internet

Die in Europa verwendeten Mobiltelefone funktionieren auch in Mexiko. Achten Sie auf die zum Teil sehr hohen Roaming-Gebühren ihres Netzanbieters. Für die mobile Erreichbarkeit in Mexiko empfiehlt es sich, ein zweites Smartphone im Reisegepäck zu haben.
SIM-Karten können problemlos und kostengünstig in den Shops von TelCel und Movistar erworben und mit Guthaben aufgeladen werden.
WIFI ist mittlerweile an allen Ecken zu finden, ob im Hotel, Restaurant oder in Parkanlagen. Günstige Telefonate können weltweit mit Skype, kostenfreie Gespräche via Whatsapp und Facebook gemacht werden.

Post

Postkarten (»tarjeta postal«) und **Briefe** (»carta«) per Luftpost (»correo aéreo«, »por avión«) nach Europa haben verschiedene Tarife, die sich mehrmals im Jahr ändern, die aktuellen hängen in den Postämtern aus. Mit einer Laufzeit von zwei bis drei Wochen ist zu rechnen. Frankierte Post (Briefmarken = »timbres«) sollte man besser in einem Postamt einwerfen und nicht in einen Briefkasten (»buzón«) auf der Straße. Wer ein **Paket** (»paquete«) aus Mexiko nach Hause schicken möchte, sollte bedenken, dass dieses auf dem Seeweg drei bis fünf Monate unterwegs ist. Als Luftfracht wiederum sind sie sehr teuer. Die Postämter haben in der Regel Mo–Fr 9–18, Sa 9–13 Uhr geöffnet.

VERKEHR

Straßenverkehr

Straßennetz

Mexikos Straßennetz ist im Norden, u. a. in Baja California, etwas weitmaschiger, vorwiegend die Nord-Süd-Achsen sind ihrer Bedeutung entsprechend ausgebaut. Besser ist die Erschließung in den mittleren und südlichen Landesteilen, etwa zwischen der Linie Mazatlán – Monterrey – Matamoros und der Grenze zu Guatemala bzw. Honduras.

Das Rückgrat des Straßennetzes bilden die nummerierten Bundesstraßen (**»rutas federales«**), die durch Tafeln mit der Aufschrift MEX und einer Nummer gekennzeichnet sind (z. B. MEX 180). Ergänzt werden sie durch die ebenfalls nummerierten Staatsstraßen der einzelnen Bundesstaaten (z. B. GTO 49).

Autobahnen (**»autopistas«**) gibt es vor allem in der Nähe der großen Städte bzw. Verkehrsknotenpunkte (Mexiko-Stadt, Guadalajara, Monterrey, Saltillo, Coatzacoalcos, Villahermosa, Veracruz, Hermosillo, Mazatlán, Tijuana, Chihuahua, Puebla, Querétaro, Colima). Sie sind meist – wie auch viele Brücken – **gebührenpflichtig**. Oftmals nicht befestigte Nebenstraßen stellen die Verbindung zu kleineren Orten und abgelegenen Gebieten her.

Warnung

In der Regenzeit werden unbefestigte Straßen für normale Kraftfahrzeuge meist unpassierbar und können selbst mit Geländewagen nur unter Schwierigkeiten befahren werden. Das **Tourismusministerium** (▶ Auskunft) gibt ein monatliches Bulletin heraus, in dem über den Straßenzustand berichtet wird.

Theorie ... und Praxis

Es gilt das **Rechtsfahrgebot**. An gleichberechtigten Einmündungen und Kreuzungen hat das von rechts kommende Fahrzeug Vorfahrt. Kreisverkehr hat ebenfalls Vorfahrt. Die Verkehrszeichen entsprechen im Wesentlichen den internationalen Normen. Innerorts gilt eine **Höchstgeschwindigkeit** von 40 km/h, auf Fernstraßen 80 km/h, auf Autobahnen 110 km/h. Vor Ortsdurchfahrten zwingen künstliche Bodenwellen (»topes«) zur Herabsetzung der Geschwindigkeit.

Die Verkehrsregeln haben allenfalls theoretischen Charakter. Im **Alltagsverkehr**, insbesondere in den Großstädten, sollte man sich nicht unbedingt darauf verlassen, dass die einheimischen Autofahrer die Vorschriften strikt befolgen. Ein grundsätzlich defensiver Fahrstil ist daher ratsam. Und in den äußerst lebhaften Straßenverkehr von Mexiko-Stadt sollten sich ohnehin nur geduldige, geübte und reakti-

onsschnelle Fahrer mit guten Nerven begeben. Im Übrigen verfügt die mexikanische Hauptstadt über ein gutes Nahverkehrsnetz.
Eine Vorschrift sollte man jedoch strikt beachten: das **Parkverbot**. Mexikanische Verkehrspolizisten haben eine sinnige Methode entwickelt, Parksünder zu stellen: Sie schrauben die Nummernschilder ab. Diese erhält man gegen einen Strafzettel oder eine »Gebühr« zum Vorteil des Polizisten zurück.
Mitunter signalisiert der Vorausfahrende durch Betätigung des linken (!) **Blinkers**, dass man überholen darf. Wenn man nach links abbiegen will, fährt man ganz auf die rechte Seite, betätigt den linken Blinker und wartet, bis der Verkehr in beiden Richtungen eine Abzweigung zulässt. Mexikaner betätigen die **Lichthupe** als Warnung vor Hindernissen wie Kühen und Eseln. Bei einspurigen Brücken oder sonstigen Engpässen hat grundsätzlich derjenige Vorrang, der zuerst aufgeblendet hat.

Pannenhilfe: Ángeles Verdes

Das mexikanische Tourismusministerium unterhält eine Flotte von Pannenhilfsfahrzeugen, die als Grüne Engel (Ángeles Verdes) bekannt sind und auf den Straßen patrouillieren. Sie führen Reparaturen durch, leisten erste Hilfe und geben Auskunft. Bezahlt werden müssen nur Ersatzteile und Benzin. Auch der **mexikanische Automobilklub AMA** betreibt mit gelben Fahrzeugen einen Pannenhilfsdienst. Es gibt keine landeseinheitliche Rufnummer für die »Grünen Engel«, sodass man im Zweifel gezwungen ist, am Straßenrand zu warten und mit geöffneter Motorhaube anzuzeigen, dass man Hilfe benötigt. In abgelegenen Gegenden ist man jedoch auf sich selbst angewiesen. An Tankstellen und in Dörfern wird man aber oft jemanden finden, der Reparaturen ausführen kann. Es empfiehlt sich, bei längeren Fahrten, vor allem in entlegene Gebiete, eine Anzahl wichtiger Ersatzteile mitzunehmen.

Tankstellen

Das Tankstellennetz der staatlichen **PEMEX** ist relativ dicht. Der PEMEX-Straßenatlas verzeichnet die Tankstellen. Mittlerweile gibt es neben der PEMEX noch weitere Tankstellen.

Mietwagen

Hertz, Avis, Budget und Co.

In allen Großstädten und Ferienzentren gibt es Autoverleihfirmen wie Hertz, Avis und Budget. Die Fahrzeuge internationaler Unternehmen befinden sich meist in ordentlichem Zustand, während man die kleinerer örtlicher, mitunter deutlich günstigerer Firmen genau anschauen sollte. Wer auf Nummer sicher gehen will, bucht die Fahrzeuge schon von Deutschland aus bei einem internationalen Anbieter. Zum Mieten eines Fahrzeugs genügt der nationale Führerschein, die Mitnahme eines **internationalen Führerscheins** ist jedoch zu empfehlen. Die meisten Firmen verlangen eine Kreditkarte.

Fähren

Im Pazifik

Zwischen dem mexikanischen Festland und der Baja California verkehren Autofähren, die sich anbieten, wenn man sich die zeit- und kräfteraubende Fahrt um den Golf von Kalifornien herum ersparen will. Es empfiehlt sich die rechtzeitige Reservierung in den Büros in Mexiko-Stadt oder den Büros in den einzelnen Häfen.
Routen und Fahrtdauer: Guaymas – Santa Rosalía: 8 Stunden; Topolobampo – La Paz (Pichilingue): 10 Stunden; Mazatlán – La Paz (Pichilingue): 18 Stunden

In der Karibik

Die Fähren der Reedereien Cruceros Marítimos del Caribe und Naviera Turistíca de Quintana Roo verbinden täglich mehrmals das Festland mit den Inseln Cozumel und Isla Mujeres. Reservierungen sind nicht erforderlich, die Fahrkarten werden direkt am Anleger verkauft. **Routen und Fahrtdauer:** Playa del Carmen – Cozumel: von Cruceros tgl. zehn Verbindungen hin (7.30 – 21 Uhr) und zurück (6.30 – 20 Uhr), von Naviera tgl. sechs Verbindungen hin (6.30 – 20 Uhr) und zurück (7.30 bis 21 Uhr); Fahrtdauer ca. 1 Stunde; Puerto Aventuras – Cozumel: tgl. hin 9.30 und 17.30 Uhr, zurück 8.30 und 16.30 Uhr; Fahrtdauer ca. 2 Stunden (Naviera); Puerto Morelos – Cozumel: regelmäßige Verbindung (Autofähre) zwischen Puerto Morelos und Cozumel; Cancún – Isla Mujeres: tgl. vier Verbindungen hin (9 – 19 Uhr) und zurück (10 – 20 Uhr); Fahrtdauer 30 Minuten (Cruceros)Puerto Juárez – Isla Mujeres: regelmäßige Verbindung (Autofähre) zwischen Puerto Juárez (Punta Sam) und Isla Mujeres

Bahnverkehr

Touristenzüge

Touristisch interessant sind der **Tequila Express und der Ferrocarril Chihuahua al Pacìfico**. Der Tequila Express verkehrt zwischen Guadaljara und Amatitán. Während der eineinhalb Stunden dauernden Fahrt können die Gäste landestypische Getränke und Speisen probieren. Legendär ist die Fahrt im Ferrocarril Chihuahua al Pacìfico (Ferrocarril Mexicano, kurz **»Chepe«** genannt) auf der Copper Canyon Railway (►S. 62). Für 2023 ist die Eröffnung des Tren Maya geplant. Über 1500 km zieht sich dann das umstrittene Bauprojekt von Yucatan bis nach Guatemala.

Busverkehr

Nr. 1 in Mexiko

Der Bus (**»camión«, »autobús«**) ist das beliebteste öffentliche Verkehrsmittel in Mexiko. Fast jeder Ort lässt sich mehr oder weniger komfortabel mit den Linien der verschiedenen Busgesellschaften er-

NÜTZLICHE ADRESSEN

AUTOMOBILKLUBS

ASOCIACIÓN MEXICANA AUTOMOVILISTICA (AMA)

Orizaba 7, Colonia Roma
06700 México, D.F.
Tel. 55 5 53 48 58 3

MIETWAGEN

HERTZ/BUDGET/THRIFTY

Cancún International Airport
Tel. 998 8 48 03 35

AVIS

Reforma 308, Col. Juárez
06600 México, D.F.
Tel. 55 55 11 22 28

La Isla Mall Blvd, Kukulcan,
Km 12,5, Cancún
Tel. 998 1 76 80 30

BUDGET

Aeropuerto Internacional
de Cancun
Tel. 800 46 28 34 38

Central Riviera Maya
Centro Comercial
Calle 3 Sur, Mza 11
Col. Centro Cancun
Tel. 800 46 28 34 38
www.budget.com.mx

EUROPCAR

Calle Estocolmo 8/
Paseo de la Reforma
06600 México City
Tel. 55 2 07 55 80

Calle 56-A Centro 451 INT 66
Plz. Americana Av. Cupules y Av.
Colon
97000 Mérida
Tel. 999 25 35 48
www.europcar.com.mx

FÄHREN

BAJAFERRIES

Allende esq. Marcelo Rubio,
La Paz
Col. Centro
Tel. 612 1 25 74 43,
612 1 23 13 13, 800 1 22 14 14

Plaza Encuentro, Local 5,
Los Mochis
Tel. 668 8 17 37 52, 668 8 17 38 64,
800 0 12 87 70

Terminal Topolobampo
Tel. 668 8 62 10 03, 800 7 18 27 96
www.bajaferries.com.mx

BAHN

FERROCARRIL MEXICANO (»CHEPE«)

Auskünfte und Tickets:
Tel. 614 4 36 72 12 oder
800 1 22 43 73
www.chepe.com.mx

TEQUILA EXPRESS

Auskünfte und Tickets:
Tel. 33 38 80 90 99,
Tel. 800 503 9720
www.tequilaexpress.com.mx

BUSVERKEHR AB MEXIKO-STADT

TERMINAL INDIOS VERDES

Busse nach Teotihuacán und in die nördlichen Vororte
Metrostation: Indios Verdes
(Linie 3)

TERMINAL CENTRAL DEL NORTE

Busse nach Tula, Querétaro, Guanajuato, San Luis Potosí, Nordmexiko und in die USA

Eje Central Lázaro Cárdenas 4907
Col. Magdalena de las Salinas
Tel. 55 55 87 15 52
www.centraldelnorte.com
Metrostation: Terminal del Norte (Linie 5)

TERMINAL DEL ORIENTE
Busse nach Puebla, Oaxaca, Mérida und Yucatán
Calz. Ignacio Zaragoza 200
Col. 1er de Mayo
Tel. 55 57 62 59 77
Metrostation: San Lázaro (Linie 1)
www.transportamex.com/centrales/tapos

TERMINAL DEL SUR
Busse nach Cuernavaca, Taxco, Acapulco und nach Süden
Av. Taxqueña 1320
Col. Campestre Churubusco
Tel. 55 56 89 97 45
Metrostation: Taxqueña (Linie 2)
www.mexicoautobuses.com/central-de-autobuses/central-del-sur.html

TERMINAL DEL PONIENTE
Busse nach Toluca, Morelia und an die Westküste
Av. Sur 122, Esq. Río Tacubaya
Col. Real del Monte
Tel. 55 52 71 01 49
Metrostation: Observatorio (Linie 1)

FLUGVERKEHR

AEROMÉXICO
Tel. 800 0 21 40 00
www.aeromexico.com

VOLARIS
Tel. 800 1 22 80 00
www.volaris.com

VIVA AEROBUS
Tel. 81 82 15 01 50
www.vivaaerobus.com

---

reichen. Mehrmals täglich, teilweise sogar stündlich, gibt es Verbindungen zwischen den wichtigsten Städten im Landesinneren, an den Grenzen und an der Küste. Neben den lokalen Bussen gibt es Busse erster und zweiter Klasse.

Auskunft Auskunft und Fahrkarten erhält man in den Busterminals (**»camionera«**), die meistens an der Stadtperipherie liegen. Einfacher buchen lässt sich das Busticket auf
www.clickbus.com.mx

Erste Klasse / Zweite Klasse Die Busse der ersten und der Luxusklasse (**»primero«, »de lujo«, »ejecutivo«**) sind vor allem für Überlandfahrten zu empfehlen. Sie sind zwar 10 – 20 % teurer als die Busse der zweiten Klasse, haben dafür aber oft Klimaanlagen und komfortable Sitze. **Rechtzeitige Platzreservierung**, möglichst ein Tag vorher, ist erforderlich, da man auf den nächsten Bus vertröstet wird, wenn sämtliche Plätze besetzt sind. Die Busse der zweiten Klasse sind **oft recht betagt und daher auch langsamer**. Sie halten häufig, auch zu Erfrischungspausen, ständig steigen neue Fahrgäste zu und überfüllen oft den Bus – dennoch sind sie ein idealer Ort, um mit der Bevölkerung in Kontakt zu kommen.

Es ist ratsam, sich rechtzeitig um Abfahrtszeiten, Fahrkarten, Anschlüsse und Platzreservierungen zu kümmern. Während der Schulferien, an Ostern, im August und um Weihnachten und Neujahr ist der Andrang auf die Busse besonders groß, sodass man in dieser Zeit Busfahrten nach Möglichkeit vermeiden oder Wochen im Voraus buchen sollte. **Hinweise**

Flugverkehr

Mexiko verfügt über 59 nationale und internationale Flughäfen. Die Drehscheibe des Landes ist der **Aeropuerto Internacional Benito Juárez** in Mexiko-Stadt. Je nach Preis können sich Flüge bei weiteren Strecken lohnen – vor allem dann, wenn die Alternative eine zeitraubende Busreise ist. **Flughäfen**

INDEX

A

B

C

D

E

T

U

V

W

X

Y

Z

BILDNACHWEIS

Adobe Stock Galyna Andrushko 261, javarman 70, jkraft5 263, LMspencer 363 u., Marcos 330, mardoz 455, Michael 177, Alice Nerr 453

akg-images 215, 270, 342, 426, 449 r.

AWL Images Demetrio Carrasco 165, John Coletti 190 u., Matteo Colombo 3 u., 96, 309, 361, Danita Delimont 16/17, Richard T. Nowitz 7, Rob Tilley 387

Baedeker-Archiv 430

DuMont Bildarchiv/Kay Maeritz 66, 137, 183, 230, 313, 338, 350, 356, 377, 380

Getty Images Bloomber 389, John Coletti 168/169, Andrew Hasson 218, Jean-Pierre Lescourret 157, Donald Miralle 78 (© Jason deCaires Taylor. All rights reserved / VG Bild-Kunst, Bonn 2023), Linka A. Odom 20/21, robertharding/Richard Maschmeyer 268, Omar Torres 18, Jacobo Zanella 303

huber images Paolo Giocoso 322, Johanna Huber 115, Susanne Kremer 103, Giovanni Simeone 56

iStockphoto Juanmonino 464 o., maogg 465 u., sf_foodphoto 465 o.

Israel, Juliane 5, 8/9, 10, 11, 15, 24/25, 155, 292

laif Aurora/Russell Gordon 123, Aurora/David Zentz 490, Eid 132, Gonzalez 273, 373, 410, 435, Christian Heeb 101 o., 207, 345, 423, 461, 463, hemis.fr/ Bertrand Gardel 475, hemis.fr/Gil Giuglio 481, hemis.fr/Hervé Hughes 124, Naftali Hilger 2, 12/13, 471, Holland. Hoogte/ Bert Spiertz 415, Lutz Jaekel 108/109, Le Figaro/ Martin 3 o., 363 o., Heiko Meyer 172, 276, Redux/VW Pics/Lucas Vallecillos 202

Lookphotos age fotostock 29, 129, 438, Jan Greune 139, Christian Heeb 140

mauritius images 74, age fotostock 50, Alamy/Diego Grandi 285, Alamy/Konstantin Kalishko 82, Alamy/ Rsdphotography 289, Alamy/Witold Skrypczak 232, Aurora Photos 146, foodcollection 465 M., imagebroker/Oliver Gerhard 199, imagebroker/Schoening 162, Masterfile/R. Ian Lloyd 213, Carlos Sánchez Pereyra 349, robertharding 243, United Archives 441, Steve Vidler 23

Mielke 396, 456

picture-alliance akg-images 413, dpa 85 u., 414, 449 l., Picture Press/ Everett Collection/Miramax 444

Pouwels, Joseph/Castro, Sofía 254 (Jacobo y María Ángeles)

Stadler 150/151

Shutterstock Aberu.Go 369, AG-Cuesta 464 u., Rimma Bondarenko 19, Brady Barrineau 143, BondRocketImages 209, Claudio Briones 222, Cristobal Garciaferro 280, Mariano Gaspar 22, Globe studio 227, Kelloi Hayden 26/27, javarman 85 o., jejim 101 u., karamysh 458, Kwanbenz U7, Elijah Lovkoff 62, 195, 247, 250, Jose Moreno 240, mundosemfim 45, Byelikova Oksana 326, page frederique 43, roberto086 111, ScottYellox 332/333, WitR 190 o.

Vogt, Anette 92, 297, 319

Titelbild Getty Images/EyeEm/Jose Manuel Espinola Aguayo

VERZEICHNIS DER KARTEN UND GRAFIKEN

IMPRESSUM

Ausstattung:
135 Abbildungen, 59 Karten und Grafiken, eine große Reisekarte

Text:
Juliane Israel, Rita Henss, Beate Szerelmy

Bearbeitung:
red.sign, Stuttgart
(Lisa Spägele, Anja Schlatterer)

Kartografie:
Christoph Gallus, Hohberg;
Franz Huber, München;
Klaus-Peter Lawall, Unterensingen;
© 2023 KOMPASS-Karten GmbH, A-6020 Innsbruck; MAIRDUMONT, D-73751 Ostfildern
(Reisekarte)

3D-Illustrationen:
jangled nerves, Stuttgart

Infografiken:
Golden Section Graphics GmbH, Berlin

Gestalterisches Konzept:
RUPA GbR, München

16., überarbeitete Auflage 2024

Trotz aller Sorgfalt von Redaktion und Autoren zeigt die Erfahrung, dass Fehler und Änderungen nach Drucklegung nicht ausgeschlossen werden können. Dafür kann der Verlag leider keine Haftung übernehmen. Irrtümer können trotzdem nie ganz ausgeschlossen werden. Kritik, Berichtigungen und Verbesserungsvorschläge sind jederzeit willkommen. Schreiben Sie uns, mailen Sie oder rufen Sie an:

Baedeker-Redaktion
Postfach 3162, D-73751 Ostfildern
Tel. 0711 4502-262
www.baedeker.com

Printed in China

BAEDEKER VERLAGSPROGRAMM

Viele Baedeker-Titel sind als E-Book erhältlich.

A
Ägypten
Algarve
Allgäu
Amsterdam
Andalusien
Australien

B
Bali
Baltikum
Barcelona
Belgien
Berlin · Potsdam
Bodensee
Böhmen
Bretagne
Brüssel
Budapest
Burgund

C
China

D
Dänemark
Deutsche Nordseeküste
Deutschland
Dresden
Dubai · VAE

E
Elba
Elsass · Vogesen
England

F
Finnland
Florenz
Florida
Frankreich
Fuerteventura

G
Gardasee
Golf von Neapel
Gomera
Gran Canaria
Griechenland

H
Hamburg
Harz
Hongkong · Macao

I
Indien
Irland
Island
Israel · Palästina

BAEDEKER
F
FLORIDA

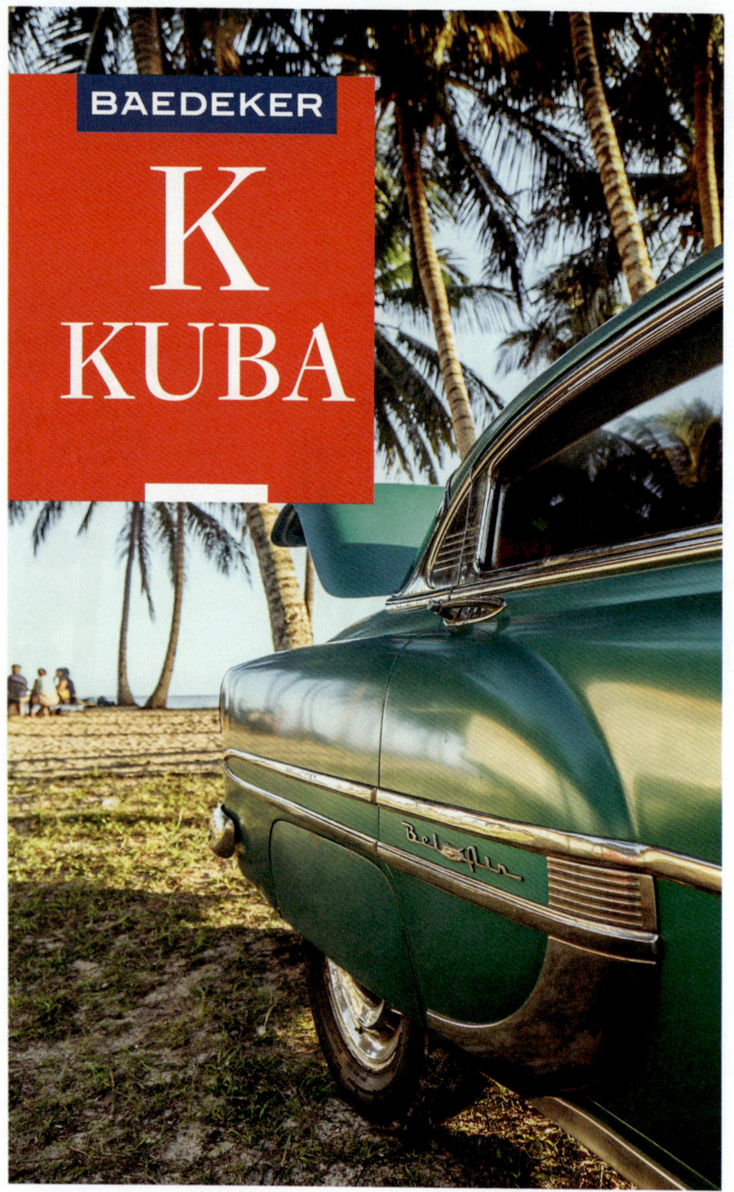
BAEDEKER
K
KUBA

Istanbul
Istrien · Kvarner Bucht
Italien

J
Japan

K
Kalifornien
Kanada · Osten
Kanada · Westen
Kanalinseln
Kapstadt · Garden Route
Kopenhagen
Korfu · Ionische Inseln
Korsika
Kreta
Kroatische Adriaküste · Dalmatien
Kuba

L
La Palma
Lanzarote
Lissabon
London

M
Madeira
Madrid
Mallorca
Malta · Gozo · Comino
Marrokko
Mecklenburg-Vorpommern
Menorca
Mexiko
München

N
Namibia
Neuseeland
New York
Niederlande
Norwegen

O
Oberbayern
Österreich

P
Paris
Polen
Polnische Ostseeküste · Danzing · Masuren
Portugal
Prag
Provence · Côte d'Azur

R
Rhodos
Rom
Rügen · Hiddensee
Rumänien

S
Sachsen
Salzburger Land
Sankt Petersburg
Sardinien
Schottland
Schwarzwald
Schweden
Schweiz
Sizilien
Skandinavien
Slowenien
Spanien
Sri Lanka
Südafrika
Südengland
Südschweden · Stockholm
Südtirol
Sylt

T
Teneriffa
Thailand
Thüringen
Toskana

U
USA · Nordosten
USA · Südwesten
Usedom

V
Venedig
Vietnam

W
Wien

Z
Zypern

Meine persönlichen Notizen

Meine persönlichen Notizen

Meine persönlichen Notizen

Meine persönlichen Notizen

Los Angeles
San Diego
Tijuana
Mexicali
San Luis Río Colorado
Flagstaff
Gallup
Holbrook
Blythe
Phoenix
Casa Grande
Tucson
Santa Fe
Albuquerque
Amarillo
Clovis
Alamogordo
Roswell
Las Cruces
El Paso
Hobbs
Pecos
Odessa
Fort Stockton
Ciudad Juárez
Nogales
Agua Prieta
Sonoyta
Caborca
San Felipe
Rosario de Ariba
Punta Prieta
Punta Eugenia
Santa Rosalia
Loreto
La Poza
San Carlos
Cabo San Lázaro
La Paz
Todos Santos
Cabo San Lucas
Los Cabos
Baja California
Golfo de California
Cerro Viejo 1646
Isla del Tiburón
Hermosillo
Guaymas
Ciudad Obregón
Navojoa
Los Mochis
Guasave
Culiacán
Mazatlán
Sierra Madre Occidental
Chihuahua
Delicias
Barranca del Cobre
Hidalgo del Parral
Ojinaga
Río Bravo del Norte
Ciudad Acuña
Piedras Negras
Sabinas
Monclova
Santiago Papasquiaro
Torreón
Cuencamé
Saltillo
Durango
Fresnillo
Zacatecas
Aguascalientes
MÉXICO
Tepic
Las Tres Marías
Puerto Vallarta
Costa Alegre
Guadalajara
León de los Aldama
Guanajuato
Irapuato
Zamora
Morelia
Uruapan
Colima
Manzanillo
Tecomán
Lago de Pátzcuaro
Punta Telmo
Lázaro Cárdenas
Zihuatanejo
OCÉANO PACÍFICO
400 km
© BAEDEKER